Ed Siedler
Duft
ist Lebenslust -
Parfums und
duftende Kosmetik
© EdS-Parfums.de

Die unterschiedlichen Hersteller liefern oftmals Zusammenstellungen mit deutlich voneinander abweichenden Riechstoff-Qualitäten.
Die Nennung von Warenzeichen, Marken und-oder Trademarks erfolgt nur zur eineindeutigen Kenntlichmachung der möglicherweise jeweils eingesetzten Rohstoffe.
Dies dient den Herstellern der erwünschten Original-Riechstoffe und ermöglicht Interessierten die zweifelsfreie Bestellung.

Die genannten Daten sind ohne Gewähr und können sich nachhaltig ändern. - Irrtum und-oder Änderung durch neuere Forschungsergebnisse sind stets vorbehalten. -

Zur Vermeidung von unnötigen Rechtsstreitigkeiten und damit verbundenen Kosten, bitten wir Sie uns im Falle von rechtlichen Problemfällen bereits im Vorfeld zu kontaktieren. Ed Siedler ist auch über t-online.de erreichbar. Mit dieser Maßnahme kommen Sie Ihrer Schadenminderungspflicht im Sinne des Gesetzgebers nach. Ohne vorhergehende Kontaktaufnahme, über die Ihnen hier zugänglichen Kommunikationsmöglichkeiten, werden Kostennoten anwaltlicher Abmahnungen bereits jetzt, wegen Nichtberücksichtigung der gesetzlich vorgeschriebenen Schadenminderungspflicht, als unbegründet zurückgewiesen.

mein Buch
https://osiander.bookmundo.de

ISBN 9789463862813

Ed Siedler

Duft ist Lebenslust

Parfums und duftende Kosmetik

mein Buch
https://osiander.bookmundo.de

ISBN 9789463862813

Ed Siedler

Duft ist Lebenslust

Parfums und duftende Kosmetik

mein Buch
https://osiander.bookmundo.de

ISBN 9789463862813

EdS Titelbild - alt

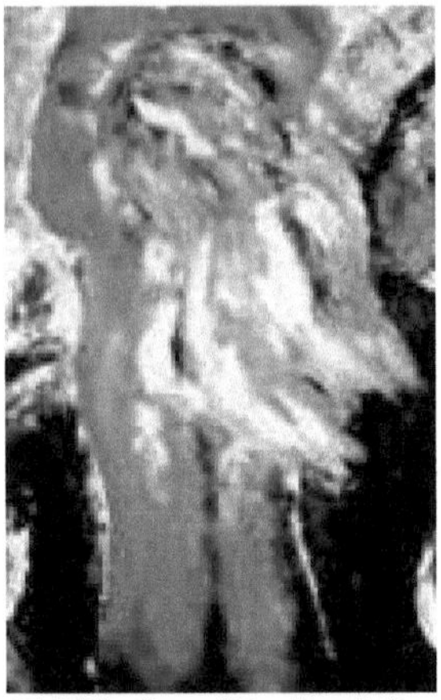

Ed Siedler: "Badende"
Öl auf Leinwand
Ed Siedler: Parfums – natürlich – Abb.:1

EdS Titelbild - neu

Ed Siedler: "Feldrain"
Öl auf Leinwand
Ed Siedler: Parfums – natürlich – Abb.:2

Impressum
Ed Siedler: Parfums - natürlich - 1997[1] 2013[2]
Überarbeitete und erweiterte Neuauflage:
Ed Siedler: Duft ist Lebenslust - Parfums und duftende Kosmetik - 2019[3]
Herausgeber: EdS-Parfums.de

EdS is a new Perfume-Classification since 1993
EdS is a registered registered trademark ® 1997-2017

EdS Parfum Daniel 2003

Ed Siedler:
Parfums – natürlich – Abb.:3

Fotoserie 'Flakons'
© 2003 *EdS*-Parfums

Inhaltsverzeichnis

Der freie Parfumeur Ed Siedler

Ed Siedler wurde als Nachkriegskind mit dem großgezogen, was gerade zu bekommen war. Wenn es überhaupt Wurst gab, dann war es meist die preiswerte Leberwurst. Ed mag bis heute weder Grießbrei, Schupfnudeln, Spinat noch Leberwurst. Sehr eilig hatte Ed es jedoch, wenn seine Nase ihm rare Kost signalisierte: Das sonntägliche allenfalls mit ein paar Rosinen durchsetzte weiße Kranzbrot, alle vierzehn Tage frisches Brot, und sehr selten etwas aus Brät, egal ob als Königsberger Klopse, als (gerauchte) Bratwürste oder als Fleischküchle...[1]

Farben und Düfte faszinieren Ed seit seiner Kindheit. Ed malte gern. Seine Bilder in Acryl und Öl sind überwiegend in Privatbesitz. Einige seiner Stadtansichten, auf leichtem Luftpostpapier gemalt, befinden sich in Japan. Noch Jahrzehnte später kann Duft ihn an längst vergessen geglaubte Episoden erinnern: Duft, Dialog und Szenen sind ihm dann plötzlich, meist in Farbe, wieder präsent.

Am Ende seiner Realschulzeit schrieb Ed seine Jahresarbeit über Isoprenoide. Nach seinem Abschluss am Gymnasium verkürzte er an der Hochschule gemeinsam mit Studienkollegen die Zeit für die geforderten chemischen Analysen, einschließlich Gegenproben, von 6 bis 8 Stunden auf maximal 2 Stunden. Statt den von ihm favorisierten Duftstoffen musste Ed Farbstoffe herstellen, oxidieren und analysieren. Ein Teil seiner Bilder in Öl oder Acryl sind mit selbst hergestellten, hochwertigen und nahezu ungiftigen Farbpigmenten gemalt. Sein Wissen über Farbpigmente nutzte Ed Siedler später zur Kreation von Lippenstiften und anderer dekorativer Kosmetik.

Nur einige wenige Pflanzenauszüge enthalten nur Haut schützende und Haut pflegende Inhaltsstoffe ohne bedenkliche Begleitstoffe. Aus den ab 1988 gesuchten und gefundenen Haut schützenden und Haut pflegenden Grundstoffen, fertigte er zuerst Hautcremes. Ein Wunsch war, daraus auch ein Parfum herstellen zu können. Ed verringerte den Gesamt-Riechstoff-Anteil von rund 10% und mehr auf rund 1%, und ergänzte diesen mit den Haut schützenden und Haut pflegenden Stoffen. Die neuartige von Ed Siedler 1993 erfundene und nach ihm ***EdS*** benannte Parfum-Klasse und Kosmetik hat nahezu kein irritierendes Potenzial und gilt allgemein als anti-entzündlich und als Haut pflegend.[2]

Eine weitere Innovation: Ed Siedler verwendet neben speziell ausgesuchten Kopf- und Herznoten lang anhaltende Fondnoten. ***EdS*** duften deshalb meist länger als ***EdC*** und nahezu so intensiv und anhaltend sind wie ***EdT.*** Für seine Parfum-Kollektion und seine Skin-Tonic-Duftwässer senkte er den Alkohol-Anteil auf rund 70%v/v..[3]

---

[1] Fleischklößchen, Buletten, Frikadellen; (österreichisch) Fleischlaiberl; (bayrisch) Fleischpflanzerl

[2] ***EdS*** – Im speziellen ***EdS***-*Verfahren* ab 1993 hergestellte neuartige Parfum-Klasse (Parfum-Classification), benannt nach Ed Siedler. Synonyme: ***EdP***, ***EdT***, ***EdC***

[3] 70%iger Weingeist gilt als hervorragendes Desinfektionsmittel. http://www.chemie.de/lexikon/Ethanol.html

Als Basis für Lip Balm, Face Balm und Skin Balm erfand er eine hochwertige Variation der seit Jahrhunderten bewährten, Haut schützenden, Cold-Cream.[4] Die Lippenpflege und die Hautpflege von ***EdS*** basierten 1993-1997 auf dieser Creme-Grundlage. Die Naturkosmetik von ***EdS*** nutzt als Basis seit 1997 von Ed Siedler entwickelte neuartige Fett- und Wasser-freie ***Liquid Cold Cream Concentrate*** für die Einsatzgebiete Lip Balm (Lip Gloss, Lippenpflege und Hautschutz), sowie für Face Balm und Skin Balm (Hautpflege und Hautschutz).

Vorwort

Die erste Grundlage bei mir, war das sehr umfangreiche von meinem Großvater mir behutsam vermittelte Wissen über die natürlichen Abläufe und Vorgänge, welche erst einen erfolgreichen Anbau von Pflanzen und gute Nahrungsmittel ermöglichen.
Prägend für mich war sein sorgsamer Umgang mit Menschen, Tieren, Pflanzen und Maschinen, allgemein: mit seiner gesamten Umwelt. Er war an Neuem interessiert, ließ das Querdenken und andere Lösungswege zu, hinterfragte die erzielten Ergebnisse und nutzte wirkliche Verbesserungen für die Gemeinschaft und sich.
Meinen Lehrern, Dozenten und Professoren verdanke ich ebenfalls viel: Meine Lieblingsfächer in der Realschule waren Chemie, Mathematik, Musik und Kunst. Im Gymnasium vergällte mir die nur flüchtig erklärte Kurvendiskussion etwas die Freude an der Mathematik. An der Hochschule interessierte mich neben der Chemie, Mathematik, Musik auch Philosophie und Psychologie.
Meine selbst gewählte Ausbildung, mein Denken und mein sich stetig erweiterndes Wissen konzentrierten sich seitdem auf Chemie und Wirtschafts-Mathematik. Gleichzeitig habe ich mir die Naturnähe meines Großvaters, dessen Weitsicht und gelassene Weisheit, das Gespür für die feinen oftmals verborgenen Zusammenhänge und eine gesunde Portion Skepsis bewahrt.
Parfumeur-Leistungen erfordern heutzutage ein umfangreiches Wissen und stetes Lernen. Das Schulwissen vom Gymnasium ist allenfalls Voraussetzung für das Studium an einer Hochschule (Universität). Hinzu kommt das Erfahrungs-Wissen von mindestens zwei Jahrtausenden sowie das durch neue Forschungsergebnisse und immer feinere Messmethoden sich ständig erweiternde Wissen über Düfte und Hautpflege. Dies ist die Basis für mein eigenes persönlich über Jahrzehnte erworbenes Wissen über Haut pflegende Parfum-Grundstoffe und deren Wirkung in meinen Cremes und Parfum-Kompositionen.

[4] *Cold Cream, Cerat de Galien, Ceratum refrigerans galeni bestand ursprünglich aus Rosenwasser, Mandel-Öl und Bienenwachs (rose water, almond oil and beeswax). Es wurde bereits im Altertum verfälscht. → Oliven-Öl.*

Dieses Wissen habe ich über ein halbes Jahrhundert stetig erworben, gesammelt und gespeichert. Ich nutze all dieses Wissen. Oftmals gewannen flüchtige Hinweise erst Jahrzehnte später in einem anderen Zusammenhang an Bedeutung. Gespeichert wurden die mir wichtigen Erkenntnisse, vergessen wurden dabei leider jedoch oftmals die ursprünglichen Quellen. Manche Forschungsergebnisse sind mit Personen, Orten, Hochschulen, Firmen, Pflanzen und Riechstoffen verknüpft. Viele - aber nie alle - Quellen ließen sich so nachträglich anhand dieser Begleitdaten finden.

Egal ob Ölbild, Pigmente für Farben, Lidschatten oder Rouge, Creme oder Parfum: Farb- und Duftwirkungen beruhen meist auf konjugierten Doppelbindungen. Auch bei der Chemie gibt es die Unschärferelation: Bei genauer Darstellung der Strukturen - und im Besonderen der Vielfalt isomerer Verbindungen - geht allgemein rasch die Übersicht verloren. W erden jedoch diese oftmals Duft bestimmenden Isomere ignoriert, dann ist das Gesamtbild verfälscht. *"Parfums – natürlich"* möchte einesteils diese biochemischen Besonderheiten zeigen, und zugleich mit diesem Wissen die höchst persönliche Beziehung zu Ihren jeweiligen Lieblingsdüften vertiefen.
Die Grundstoffe für Parfums waren vor 1889 duftende Pflanzenbestandteile und tierische Düfte. Werden tierische Düfte heutzutage noch verwendet? Sind inzwischen alle Parfums durch und durch künstliche Schöpfungen? Was haben Aromen mit Parfums gemein? Was ist Aromatherapie?
Fanatische Befürworter und Gegner der Parfums und duftender Kosmetik werden sich ebenso informieren wollen wie Fachberater, Verkäufer(innen) und Verbraucher.
Düfte sind biochemische Botschaften; sie wecken Gefühle, Erinnerungen und kollektiv anerzogene oder höchst subjektive Assoziationen. Deshalb wurde der Titel der dritten, erweiterten Auflage auf *"Duft ist Lebenslust – Parfums und duftende Kosmetik"* erweitert. Düfte alarmieren und provozieren, können anziehend oder abstoßend sein, Emotionen beeinflussen, betrügen und verführen. Sie wirken sich auf unser Sozial- und Sexualverhalten aus, sind Auslöser für Sympathie und Antipathie und verändern sogar unseren Hormonstatus.
Neue Erkenntnisse über die Erstreaktion, Irritationen der Haut und Empfehlungen für Allergie-Tests schließen dieses Kapitel ab.
Bei Parfums als Luxusgut erwartet Frau / Mann eine vornehme Verpackung. Doch die schönen individuellen Parfumflakons und Miniaturen werden seltener. Der schlichte Glasflakon gilt auch heute noch als das beste gasdichte Behältnis für Parfums. Informationen und eine Betrachtung der Gegenwart und der Zukunft der Parfums schließen die Betrachtung ab.
Eines steht mit Sicherheit fest: Jede(r) kann sich heutzutage Parfum leisten. Es liegt letztendlich bei Ihnen, wie Sie die zu Ihren passenden Düfte finden und einsetzen.
Für mich gilt weder "die-Technik-macht's" noch "nur-Natur-pur": Das wäre einseitig, fanatisch und falsch. Ich bin aufgeschlossen für alles Moderne,

zugleich möchte ich all das Gute des Altbewährten bewahren. Ich möchte das wirtschaftlich machbare nachhaltige Beste aus Natur und Technik bei gleichzeitiger umwelttechnischer Optimierung. Utopie? Reine Theorie? Nein! Trotz Zeit- und Kosten-intensiver Einzel- und Gruppenfertigung hielten sich die Kosmetika und Parfums von ***EdS*** erfolgreich zwanzig Jahre, von 1993 bis 2013, auf dem freien Markt.
"Parfums – natürlich" und "*Duft ist Lebenslust – Parfums und duftende Kosmetik"* basieren auf eigenen höchst persönlichen Dufterinnerungen, Erfahrungen mit Riechstoffen, einer eigenen Fach-Bibliothek sowie einer umfangreichen Sichtung von Fachbüchern. Die genannten Daten sind Stand der Technik, aber ohne Gewähr; Irrtum und nachhaltige Änderung durch neue Forschungsergebnisse sind stets vorbehalten. Im Besonderen bei dem Wissen über das Riechen, über Düfte und deren Wirkung auf Pflanzen, Tiere und Menschen und neuen oftmals erstaunlichen Forschungsergebnissen der Analysen und der Biochemie präsentiere ich dem Leser nahezu vier Jahrtausende altes Erfahrungswissen in neuem Zusammenhang als Basiswissen für unsere Parfums gestern, heute, morgen und übermorgen.

Ed Siedler

Duft ist Kommunikation

Duftsignale

Nichts wird so sehr missverstanden, wie der Gesang der Vögel. So schön es klingt, mit dem Gesang kennzeichnen Vögel Ihre Reviere. Wehe dem, der die Reviergrenzen überschreitet!
Wir erfreuen uns am Duft der Blumen. Kennzeichnen Pflanzen mit ihrem Duft Ihre Reviere? Es gibt Hinweise darauf, dass einige Pflanzen über ihre Wurzeln spezifische Wachstum-hemmende Stoffe ausscheiden. Rosen sollte man niemals nach Rosen pflanzen, oder zumindest die Erde austauschen.[5]
»Riechen mag für den Menschen die unwichtigste Sinneswahrnehmung sein, aber sie ist bedeutender, als wir bisher dachten«, Menschen werden vorsichtiger, wenn sie fremden Angstschweiß wahrnehmen.[6]
Viele Düfte sind Isoprenoide. *Isopren* enthält konjugierte Doppelbindungen; natürliche Vielfache und Variationen dieser C_5H_8-Grundstruktur sind enthalten in Natur-Kautschuk, Löwenzahn und anderen Pflanzenmilchsäften, *Carotin* und ähnlichen Pigmenten, Harzen und Steroiden (Hormonen), Balsam und *Vitamin A*, Bitterstoffen und den meisten Riechstoffen.
Pflanzen-Düfte sind vielfach auch Pheromone. Beispielsweise signalisieren Pflanzen mit Duftstoffen: "Hilfe, ich werde angefressen!" Nachbarpflanzen bilden daraufhin binnen Stunden vermehrt photo-sensibilisierende *Coumarine,* vergällende und giftige *Tannine, Cyanverbindungen* (Blausäure), Insektizide wie *Pyrethrum oder* Alkaloide wie *Nikotin.*[7]
Der Jasminriechstoff *Methyljasmonat*, ein Methylester der *Jasmonsäure,* signalisiert beispielsweise Insektenfraß an Blättern und Sprossen von Pflanzen. Dieser Duft warnt beispielsweise andere Tomatenpflanzen und ist oftmals zugleich das Signal: "Bei mir sind Raupen!" Und dies wiederum lockt Reptilien, Wanzen und andere Feinde der Raupen an... [8]
Aus diesem Pflanzen-Duft-Cocktail entstehen durch Extraktion, Destillation und andere konzentrierende Verfahren natürliche ätherische Öle, Absolues und Resinoide. Ab 1988 sammelte ich alle erreichbaren Daten über Inhaltsstoffe und die Hautfreundlichkeit von Düften, Extrakten und Essenzen. Bald wurde der Arbeitstitel ARGE FEE doppeldeutig. [9]

---

[5] Spezifische Bodenmüdigkeit: Rosen sondern tatsächlich Wurzelausscheidungen ab. „specific replant disease“ http://wwwuser.gwdg.de/~instphyt/karlovsky/research/publications/2009_Rosenmuedigkeit_Gartenbaupraxis.pdf

[6] http://www.zeit.de/2011/02/Geruch-der-Angst/komplettansicht

[7] Pheromone, Duft-Signale: Die Tabakpflanze wehrt sich gegen Fraß. http://www.mittelbayerische.de/junge-leser/junior/taeglich/jemand-knabbert-an-mir-wenn-der-wilde-tabak-sich-wehrt-21990-art773369.html

[8] Pflanzenkommunikation: http://www.genius.co.at/index.php?id=710 Aber: Manche Raupen blockieren Phytohormon http://www.internetchemie.info/news/2009/sep09/cis-opda.html

[9] ARGE FEE - Die Hautfreundlichkeit von Düften / Pflanzenauszügen und Ätherischen Ölen, Englischer Titel: Fragrances / Extracts and Essentials (FEE). Da die ursprüngliche mit einem Apotheker geplante Arbeitsgemeinschaft (ARGE) eine einseitige Sache war, wurde sie 1988 von Ed Siedler alleine fortgesetzt.

Die Natur erwies sich oftmals als heimtückische, arge Fee: Viele Inhaltsstoffe der Pflanzen erwiesen sich als aktiver Selbstschutz. Nur einige wenige Pflanzenauszüge enthalten nur Haut schützende und Haut pflegende Eigenschaften ohne bedenkliche Begleitstoffe. Parfum ist weit mehr als nur Duft: Parfum ist Kommunikation. Duft bestimmt unser Flirt-Verhalten, unsere Partnerwahl und kann unbewusst und innerhalb von Sekunden unser Leben unwiederbringlich beeinflussen. [10]
Angenehmer Duft macht Frauen generell femininer und noch attraktiver. [11]

Duftende Pflanzen und die darin enthaltenen ätherischen Öle finden seit Jahrtausenden Anwendung bei seelischen Problemen und Ängsten, bei Erkältungskrankheiten und Durchblutungsstörungen, bei der Hautpflege und in der Mundhygiene und bei der Abwehr von lästigen Insekten.[12] [13]
Allein schon durch das Einatmen von Duft verändert sich unser Allgemeinbefinden. Anwendungen auf der Haut durchdringen die Hautbarriere und wirken meist ganzheitlich auf den gesamten Körper. Gewürzpflanzen verbessern Duft und Geschmack von Mahlzeiten, erleichtern die Verdauung und verbessern die Bekömmlichkeit.
Früher war allgemein bekannt, dass Riechstoffe weit mehr können als Duft zu spenden. Der Jahrhunderte alte Brauch des Riechfläschchens erfreute sich, besonders bei den Damen, großer Beliebtheit.
"Frau Nachbarin, Ihr Riechfläschchen!" [14]
Der damalige Erfahrungsschatz empfahl Parfums bei Reisekrankheit, Übelkeit in der Anfangsphase der Schwangerschaft, zum Schutz gegen schlechte Gerüche und ansteckende Krankheiten. Das Aussuchen und der Kauf eines Parfums ist weit mehr als eine bewusste Kaufentscheidung.

---

[10] Liebe: Hormonstatus und Gentyp bestimmen die Partnerwahl: Dopamin, Serotonin, Östrogen, Testosteron https://www.zdf.de/wissen/leschs-kosmos/liebe-das-maerchen-von-der-freien-wahl-leschs-kosmos-mit-100.html

[11] http://www.aponet.de/aktuelles/kurioses/20140604-angenehmer-duft-macht-frauen-noch-attraktiver.html

[12] Beispiele: Citronellal- und Kampfer-haltige ätherische Öle wie Lavandin und Geranium-Öl gegen Stechfliegen; ebenso : Walnussblätter (*Juglans regia*), Zedernholz / Red (giant) cedar (*Thuja plicata)*; Patchouli gegen Teppich- und Kleidermotten.

[13] *+(-)-Citronellal* verhindert das Wachsen von Leberkrebs https://www.swr.de/swr2/wissen/krebszellen-haben-riechrezeptoren/-/id=661224/did=14963444/nid=661224/6zvzrx/index.html

[14] Parfüm, allgemein Riechfläschchen dienten in alter Zeit auch als Erste Hilfe bei emotionalem Schock: „Frau Nachbarin, ihr Riechfläschchen..." (Gretchen in Goethes Faust). Einige moderne Naturparfums eignen sich auch bei Reisekrankheit, Flugangst und Angst vor Neuem. http://www.chemie.de/lexikon/Parf%C3%BCm.html

Der Duft des Lebens

Ab dem 4. Tag erkennen Babys ihre Mütter am Duft. Ein, in einem Kindergarten, durchgeführtes Experiment beweist, dass Kinder aus einem Stapel T-Shirts das von ihrer Mutter getragene innerhalb von sehr kurzer Zeit herausfinden können. Diese Experimente zeigen, welche große Rolle der Geruchssinn bei Mutter und Kind spielt. Mütter erkennen ihr Baby am Duft.[15] Aus einem Stapel T-Shirts erkannten Mütter auch noch im Kindergarten- und Schulalter die eigenen Kinder am Duft, ab der Pubertät wird sogar das Geschlecht richtig zugeordnet.
Bei Kindern im Alter bis zu drei Jahren prägt sich der Duft der umgebenden Personen derartig ein, dass auch in der Pubertät und später Geschlechtsverkehr mit den Vertrauenspersonen meist abgelehnt wird. Werden trotzdem Ehen oder Ehe-ähnliche Verbindungen eingegangen, so bleiben diese oft ohne Kinder.[16]

Bekannt ist:
Jede Körperzelle besitzt je einen MHC-Komplex von der Mutter und vom Vater.[17]
Frauen riechen, ob die MHC-Komplexe eines Mannes von den ihren abweichen. Sie empfinden kurz vor ihrem Eisprung (unbewusst) das am meisten unterschiedliche Aroma attraktiv – und bevorzugen in dieser für die Fortpflanzung relevanten Zeit gesunde mutige Männer mit möglichst fremden Genen.[18]
Je unterschiedlicher die MHC-Komplexe eines Paares sind um so zufriedener ist das Paar in ihrer Paarbeziehung und in ihrem Sexualleben.[19]
Angeblich werden Spermazellen hauptsächlich nur von solchen Eizellen angelockt, deren MHC-Komplex sich deutlich unterscheidet. Diese Hypothese ist noch unbewiesen. Es «siegen» jedoch in der Tat meist die Spermazellen, welche der Eizelle – und damit dem neuen Lebewesen – eine möglichst große Vielfalt von fremden Genen sichern. Je stärker sich diese beiden MHC-Versionen voneinander unterscheiden, desto reichhaltiger ist unser Immunsystem und desto besser können wir uns gegen Infektionskrankheiten wehren. Lange war es ein Rätsel wie die Samenzellen befruchtungsfähige

---

[15] http://www.zeit.de/2001/02/Der_Duft_der_Babies/komplettansicht Sowohl *Mütter und Babies erkennen sich gegenseitig am Duft. Siehe auch* www.Familienhandbuch.de

[16] Die Natur hat etwas gegen Inzucht. Sie bevorzugt Gen-Strukturen, die deutlich von der eigenen abweichen.
http://www.forumgesundheit.at/portal27/portal/forumgesundheitportal/content/contentWindow?contentid=10007.690042&action=2&viewmode=content und *http://www.focus.de/wissen/natur/verhalten-null-bock-auf-inzucht_aid_150167.html*

[17] *MHC-Komplex wird beim Menschen auch HLA (engl. human leucocyte antigen) genannt.*

[18] Gen-shopping: *http://www.spiegel.de/wissenschaft/mensch/seitenspruenge-immunsystem-kann-frauen-untreu-machen-a-448027.html*

[19] Dr. Cornelia Hummel: Körpergeruch und Partnerschaft. Untersuchung der TU Dresden an 250 Paaren. *http://www.dgp-die-parfumeure.de/index.php/foerderpreis/foerderpreis-2015*

Eizellen so rasch finden: Samenzellen können im Labor Duftstoffe wie Lyral und Bourgeonal genau orten.[20]
Tatsächlich orten die Samenzellen das weibliche Geschlechtshormon Progesteron und kleine Proteine.[21]

Seit jeher wird der Geschlechtsgeruch als Aphrodisiakum angesehen.
Sex erzeugt einen besonderen Duft.[22]
Artgenossinnen reagieren darauf eifersüchtig, zumindest jedoch mit erhöhter Aufmerksamkeit. Aber Duft kann noch viel mehr.[23]

Pheromone sind potente Düfte: Schon eine Fliegenfrau ruiniert den Wein. Essig- und Fruchtfliegen sowie die verwandten Taufliegen *(Drosophila melanogaster)* werden z.B. von Weinduft angezogen. Weibchen dieser Insekten sondern pro Stunde etwa 2,4 Nanogramm eines Pheromons ab, mit dem sie Männchen anlocken wollen. Bereits ein Fliegen-Weibchen im Wein genügt und dieser bekommt eine seltsame Geschmacks- und Duftnote. Schon ein Nanogramm des Pheromons sorgt dafür, dass der Wein negativ und als "irgendwie merkwürdig" auffällt.[24]

Die amerikanischen Sexualforscher Masters & Johnson behaupten, dass bei 80% jener Patienten, die wegen Frigidität und Potenzstörungen in Behandlung seien, auch der Geruchssinn gestört sei. Säugetiere senden mit Geruchsstoffen, den sogenannten Pheromonen, die von speziellen Drüsen produziert werden, sexuelle Signale aus. Beim Menschen befinden sich die meisten dieser Drüsen im Genital- und Analbereich, am Oberkörper und am Unterleib sowie in der Umgebung der Brustwarzen, wobei die verschiedenen Rassen Abweichungen aufweisen.

Ein weiteres Phänomen, ist die angebliche zeitliche Übereinstimmung der Menstruationsperioden in Mädchenpensionaten und Wohngemeinschaften. Verschiedene Untersuchungen mit T-Shirts und Riechstoffen liefern Hinweise auf eine Zyklus-Synchronisierung innerhalb von drei Monaten durch, im weiblichen Achselschweiß vorkommende, Pheromone.

[20] Im Reagenzglas lassen sich menschliche Spermazellen auch von Blumenduftstoffen wie *Lyral* betören,... Spermazellen können ... die Quelle des Duftstoffs präzise orten. http://www.nzz.ch/aktuell/startseite/wundersame-reise-1.1611236

[21] http://www.welt.de/gesundheit/article13890410/Spermien-folgen-doch-nicht-dem-Maigloeckchenduft.html

[22] Der Schweißbestandtel *(+)-(3S)-1-Methoxyhexane-3-thiol* hat eine 'teuflische' Bei-Note nach verbranntem Schwefel und ist bereits ab 0,04 pg/Liter Luft wahrnehmbar.

[23] http://www.imageberater-nrw.de/ib-kompetenzbereiche/psychologie/hintergrundwissen-intuitive-geruchswahrnehmung/

[24] http://www.spektrum.de/news/warum-schon-eine-tote-fliegenfrau-den-wein-ruiniert/1520299

Der erste Tag der Blutung ist zugleich der 1. Zyklustag. Üblicherweise rechnet Frau mit dem Eisprung um den 13.Tag: Aber manchmal findet der Eisprung vor dem 10. oder oft erst nach dem 20. Zyklustag oder später statt.[25] [26]
Sicher ist nur, dass der Eisprung etwa 14 Tage vor der nächsten "Monatsblutung" stattfindet; und dies unabhängig von der Periodenlänge. Im Nachhinein wissen Sie: Bei einer Periodenlänge von 27 Tagen war der Eisprung etwa am 13. Tag. Hinzu kommt: Samenzellen können meistens drei Tage und bis zu 5 Tage auf eine befruchtungsfähige Eizelle warten. Ab dem 8. Tag ist deshalb eine Schwangerschaft möglich.
Bei einer Periodenlänge von 35 Tagen war der Eisprung etwa am 21. Tag, ab dem 16. Tag warten die Samenzellen möglicherweise erfolgreich – bei einer Zykluslänge von 23 Tagen war der Eisprung jedoch etwa schon am 9. Tag und die Samenzellen haben dann möglicherweise schon während der Regelblutung ab dem 4. Zyklus-Tag mit Erfolg.[27]
Allgemein gilt: Die "feuchte" empfängnisbereite Zeit ist erst vorüber, wenn drei "trockene, warme" Tage mit erhöhter Basaltemperatur folgen.[28]

Beachtenswert ist, wie sich - unregelmäßige, 34 bis 70 Tage dauernde Zyklen auf relativ regelmäßige 27 Tage-Zyklen umstellen. Allein schon der stete Duft des von einem Mann getragenen T-Shirts wirkt: Auch Rosmarin hat eine Monatszyklus normalisierende und bereits nach drei Wochen eine überflüssiges Östrogen inaktivierende, regulierende Wirkung. Die Periode verkürzt sich. Der Eisprung, vorher - unregelmäßig - erst ab dem 20. Tag, erfolgt nun - relativ regelmäßig - schon um den 13. Tag. Ab dem 8. Tag ist dann eine Schwangerschaft möglich!

Ab dem Eisprung erhöht sich die Körpertemperatur jeder Frau. Ihr Zervixschleim wird wahrnehmbar klar, flüssiger, dehnbar und "spinnbar". Auch bei Verliebten erhöht sich die Körpertemperatur. Die gesteigerte Durchblutung bewirkt zugleich einen höheren Rotanteil der Haut.[29]
Schon das Gesicht kennzeichnet die Frau: Innerhalb von 12 Millisekunden wird ihr höherer rot-grün Farbkontrast zwischen Lippen und Haut generell meist richtig zugeordnet.[30]

---

[25] In der Hälfte aller Zyklen findet der Eisprung erst nach dem 13. Zyklustag statt. Bei jungen Frauen findet der Eisprung nahezu in jedem vierten Zyklus am 20. Zyklustag oder später statt. http://www.zyklus-wissen.de/8. - Die am häufigsten vorkommende Zykluslänge bei Frauen beträgt tatsächlich 27 Tage. Als normal werden Zyklen bezeichnet, die eine Länge von 23 - 35 Tagen zeigen. http://www.zyklus-wissen.de/6.html -

[26] Mehrfacheisprung: http://www.brigitte.de/gesund/gesundheit/eisprung-47822/ und https://wissenstagebuch.com/2018/02/22/brochmann-stokken-dahl-viva-la-vagina-2018/

[27] Samenzellen können drei Tage auf eine befruchtungsfähige Eizelle warten. http://www.gesund.at/a/fruchtbare-tage – https://wissenstagebuch.com/2018/02/22/brochmann-stokken-dahl-viva-la-vagina-2018/ spricht anfangs von bis zu 7 Tagen, später von 5 Tagen.

[28] Ab dem dritten Tag nach dem vollendetem Anstieg der Basaltemperatur um mindestens 0,2°C beginnen die unfruchtbaren Tage. http://www.gesund.at/a/fruchtbare-tage

[29] http://www.wissenschaft-aktuell.de/artikel/Rosiger_Teint_an_fruchtbaren_Tagen1771015589873.html

[30] Frauen werden innerhalb von 12 Millisekunden erkannt: Kennzeichnend für Sie ist u.a. der höhere rot-grün-Farbkontrast zwischen Lippen und Haut - Nicolas Dupuis-Roy, University of Montreal / Michael J. Tarr, Brown University - www.physorg.com/news147955343.html

Das sogenannte 'Rotlicht-Mileu' nutzt rotes Licht zur Umsatzsteigerung: Rot an Frauen hat auf Männer offenbar eine starke Signalwirkung.[31]
Männer stufen auch Frauen mit roten Kleidungsstücken offener, attraktiver und sexuell begehrenswerter ein.[32]
Fotodokumentationen beweisen, dass der Eisprung mit einer (für Männer) erkennbar größerer Attraktivität und einer leichteren, helleren und farbigeren Bekleidung einhergeht. Dem Eisprung folgt eine Temperaturerhöhung.[33]
Die Folge: 'Sie' wird schneller wahrgenommen und erfreut sich größerer Aufmerksamkeit. Gleichzeitig erscheint 'Ihr' jetzt der Duft von gesunden Partnern mit fremden Genen besonders attraktiv.[34]
Ihr frischer Duft wirkt nun bei ihm wie ein leichter Backenstreich aus dem Nichts: Er ist in Ihren Duft-Bannkreis geraten, stoppt, schüttelt den Kopf, schaut sich verwirrt um und muss sich neu orientieren. 'Sie' amüsiert sich. Selbst ausgesuchte, sanfte Parfums, stören die natürliche Aura keineswegs.[35]
In den nächsten zehn Sekunden entscheidet es sich, ob der andere als Sexualpartner in Frage kommt. Frauen erfassen dabei unbewusst in seinem Körpergeruch, ob und wie weit die MHC-Komplexe dieses Mannes von den ihren abweichen. [36]
Wobei Frauen prägnant maskulinen Duft meist ablehnen und unbewusst mit Aggressivität gleichsetzen.[37]
Wenn er Glück hat, spricht 'Sie' ihn an. Die Partnerwahl der Frau, ihre Ablehnung oder Zuneigung sind abhängig vom Gentyp und vom Hormonstatus.[38]
Das "Nicht-riechen-können" geht oft so weit, dass die Angeflirtete ihn brüsk ablehnt: *"Tut mit leid, du bist nicht mein Typ."* - Er ist brüskiert und beleidigt. - Rund vierzehn Tage später tänzelt sie und lockt: *"Komm, mach' mit mir was Du willst."* Ihr Flirt-Verhalten verwirrt ihn total, gleichzeitig klagt sie kurz über einen Schmerz in der Bauchgegend. Nimmt er unbewusst ihren Duft-Bann wahr? Ja! [39]

---

[31] Rot und Rosa werden im Sinne von "optimistisch, erfreulich, positiv“ genutzt; diese Deutung geht auf "rosig“ beziehungsweise "rosarot“ (rosenrot) zurück. Wendungen mit dieser Bedeutung sind "die rosa Brille" und „rosige Zeiten“, die weiterführende Bedeutung im Sinne von "alles in rosigem Licht sehen“ ist "unrealistisch, verklärend“. Caroline Kaufmann: Zur Semantik der Farbadjektive rosa, pink und rot Dissertation für den Doktor der Psychologie, Herbert Utz Verlag, München 2006

[32] Uni Rochester: Wenn Männer eine attraktive Frau in Rot erblicken, sind sie hin und weg. Frauen sehen 'rot' und wollen ihren Partner ungern mit einer 'Lady in red' allein lassen.
Vergleiche hierzu auch: http://sciencev1.orf.at/science/news/153106

[33] Sie zeigt 'mehr Haut', die Temperaturerhöhung um mindestens 0,2°C (meist 0,3°C bis 0,5°C) intensiviert gleichzeitig den Körperduft. Vergleiche hierzu auch: Estradiol = Östradiol http://www.womenshealth.de/beauty/haut/hormone-machen-frauen-attraktiv.19370.htm

[34] Die Natur hat etwas gegen Inzucht. Sie bevorzugt Gen-Strukturen, die deutlich von der eigenen abweichen. https://www.partnerschaft-beziehung.de/verliebt-sein.html

[35] Zu intensive Düfte verursachen eine Flucht-Reaktion!

[36] Karl Grammer, Evolutionsbiologe, Wien: http://www.brigitte.de/liebe/singles/sich-verlieben-560563/2.html#a0

[37] University of Sterling, Scotland: http://www.ehbonline.org/article/S1090-5138(16)30068-X/abstract

[38] Liebe: Hormonstatus und Gentyp bestimmen die Partnerwahl: Dopamin, Serotonin, Östrogen, Testosteron https://www.zdf.de/wissen/leschs-kosmos/liebe-das-maerchen-von-der-freien-wahl-leschs-kosmos-mit-100.html

Er ist in ihrem Duft-Bann. Er ist irritiert, zögert, muss sich neu orientieren, auch weil 'ihr' Duft nun sein Denkvermögen weitgehend ausschaltet.[40]
Er schüttelt den Kopf, und reagiert eventuell anders als erwartet. Die Verwirrung bei 'Ihr' ist nun groß. *"Warum hilft er Ihr nicht über den Zaun?"* Warum will er nicht? Kann er nicht? Sie hatte alles so schön vorbereitet und sich alles so schön vorgestellt. Sie ist enttäuscht und traurig, jammert, schluchzt und weint. Außer ihren Tränen 'läuft' jetzt gar nichts mehr, denn Tränen haben offenbar eine Schutzfunktion.[41]
Sie bezeichnet diesen fürsorglichen verantwortungsbewussten Mann, der sie lediglich keinesfalls gleich beim ersten Mal schwängern möchte, nun wahrscheinlich wütend als Versager und schickt ihn "in die Wüste"...
Für die Männerwelt mag es wenig schmeichelhaft erscheinen: Frau bestimmt, wer wann, was und wie machen darf. Wobei die meisten Frauen zwar einen mehr oder weniger großen Schmerz verspüren, diesen jedoch meist keinesfalls ihrem Eisprung zuschreiben. Da zugleich ihre Risikobereitschaft und ihre Neugier für Fremdes steigt, muss ein "Womanizer" weder sportlich und wohlgestaltet noch reich oder schlau sein. Um Erfolg zu haben muss "Er" lediglich skrupellos zum richtigen Zeitpunkt "da" sein.
Der Jungfräulichkeit wird vielfach immer noch eine Bedeutung zugemessen, die anatomisch meist nicht nachvollziehbar ist: Die Hautfalte am Scheideneingang – das Hymen – ist normalerweise sehr dehnbar und deshalb auch nach dem Sexualverkehr meist unverändert. Das oftmals nicht nur beim ersten Sex beobachtete Blut stammt meist aus der Scheidenwand: Sie ist wegen mangelnder Geduld trocken und voller Angst verkrampft.[42]
Wenn anfangs alles gut läuft findet Frau den häufig eingeforderten Sex toll: "Er ist ganz wild auf mich!" Häufiger Geschlechtsverkehr, auch außerhalb der fruchtbaren Zeit, bereitet den weiblichen Körper vor. Die Wahrscheinlichkeit einer Schwangerschaft steigt. [43]
Wird die Periode "überfällig", droht Schwangerschaft, fordert Frau Verantwortung. Wenn "Er" die nun eingeforderte Verantwortung nur widerwillig akzeptiert oder gar brüsk ablehnt findet Frau das nachträglich zum

---

39 Männer nehmen den Eisprung (unbewusst) wahr:_ http://www.scienceticker.info/2010/01/14/maennerhormone-reagieren-auf-fruchtbarkeit/ und http://www.vistaverde.de/news/Wissenschaft/0406/21_eisprung.php sowie http://whttp://www.ehbonline.org/article/S1090-5138(16)30068-X/abstractww.spiegel.de/wissenschaft/mensch/fortpflanzung-die-geheimen-signale-weiblicher-fruchtbarkeit-a-848666.html

40 http://www.welt.de/welt_print/article720380/Der-Duft-der-Frauen.html Verlust der Urteilskraft: http://www.spiegel.de/panorama/eisprung-der-duft-der-maenner-wild-macht-a-67287.html

41 Wer vernascht werden möchte, darf niemals traurige Tränen weinen: Die Tränen von traurig schluchzenden Frauen enthalten ein chemisches Signal, das den Testosteronspiegel und die sexuelle Erregbarkeit von Männern reduziert. http://www.wissenschaft-aktuell.de/artikel/Chemie_der_Traenen1771015587317.html

42 https://wissenstagebuch.com/2018/02/22/brochmann-stokken-dahl-viva-la-vagina-2018/ - Pearl S. Buck beschreibt eine sogar eine vorsätzliche unbefleckte Empfängnis : Die junge Gattin war absichtlich schon von ihrem sehr geduldigen Liebhaber schwanger bevor ihr Gatte sie "entjungferte".

43 Änderung der Immun-Antwort: Sexual activity causes immune system changes that increase chances of conception http://www.eurekalert.org/pub_releases/2015-10/iu-iss100515.php und Sex Dramatically Increase Chances Of Pregnancy http://www.biospace.com/news_story.aspx?StoryID=394134

Heulen. Frau wundert sich, wie sie auf solch ein "Sex-Monster" und "treulosen Weiberhelden" hereinfallen konnte, der nur "das" wollte...
Diese Frau mag ihren "tollen Draufgänger" jetzt gar nicht mehr. "Macho-Typen" sind bei erfahreneren Frauen entschieden weniger gefragt als bei jüngeren Frauen.[44]
Während ihrer Schwangerschaft kann manche Frau den Erzeuger plötzlich "nicht mehr riechen" und bevorzugt nun den vertrauenswürdigen fürsorglichen Typ. Die so oder so ähnlich entstehenden "ausgereiften Frühgeburten" sind in Wirklichkeit arme "Kuckucks-Kinder".[45]
Der Partner sollte Frau zu jeder Zeit in ihrem Zyklus gefallen. Sie braucht mehr als einen skrupellosen Draufgänger: Einen guten Gesprächspartner, einen guten Sexualpartner und einen Partner auf den sie sich stets verlassen kann. Steigern Sie Ihre Attraktivität, und erweitern Sie Ihren Dunstkreis, in dem Sie dezent Rouge und Parfum benutzen.[46]
Flirten Sie. Und testen Sie ihn als Gesprächs- und Event-Partner. [47]
Wenn es zum Kuss kommt, waren die Duftstoffe und Hormone, die Biochemie als Regisseur, längst aktiv.[48] [49]
Tut er mir gut? Je unterschiedlicher die MHC-Komplexe eines Paares sind, um so angenehmer werden Sie seinen Duft – besonders kurz vor Ihrem Eisprung – empfinden. Und um so zufriedener werden sie dann als Paar in Ihrer Paarbeziehung und mit Ihrem Sexualleben sein.[50]
Passt er zu mir? Knöpfen sie ihm seinen verschwitzten Pullover – oder noch besser – sein T-Shirt als Trophäe ab. Schnuppern sie täglich daran. Ein für Sie besonders angenehmer Duft wird oftmals bereits beim ersten Atemzug, spätestens bei den nächsten Atemzügen, einen Mmmh-Effekt auslösen.[51]
Wenn Sie ihn und seinen Duft auch noch nach über 14 Tagen als angenehm empfinden, dann nehmen Sie ihn "an der Hand". Wenn er Ihnen zu schüchtern ist, führen Sie seine freie Hand. Er hat dann lediglich die Wahl, ob er Ihre Vorgehensweise akzeptiert: Egal ob Jungfrau, oder bereits in der Menopause: Nicht reden; handeln, führen Sie! Wenn er Sie mag, wird er gern darauf eingehen.

[44] Macho: http://www.menshealth.de/artikel/junge-frauen-stehen-auf-machos.250806.html
[45] "Kuckucks-Kinder": "Mother's baby, father's maybe" *http://www.t-online.de/eltern/familie/id_18825354/kuckuckskind-unterhalt-folgen-einer-lebensluege-.html*
[46] Intensive Düfte mit großer Duftschleppe (Sillage) irritieren und vertreiben nicht nur Fliegen...
[47] Studie des österreichischen Forschers Karl Grammer ergab, dass Frauen – ohne sich dessen bewusst zu sein – die Männer verführen._ *http://gesund.co.at/flirten-verfuehren-12235/*
[48] *http://www.abendblatt.de/ratgeber/wissen/article106781170/Was-hat-ein-Kuss-mit-Chemie-zu-tun.html* Frosch oder Prinz? *http://www.zeit.de/online/2009/08/kuessen-forschung/komplettansicht* - Das Kuss-Peptin: Das Hormon *Kisspeptin* wurde 2001 entdeckt und nach einer Schokolade benannt. – Es löst u.a. auch die Pubertät aus. *http://flexikon.doccheck.com/de/Kisspeptin* *http://www.chemie.de/lexikon/Kisspeptin.html*
[49] *http://www.zeit.de/2016/38/liebe-gesundheit-nervensystem-koerper-gehirn-geist-biochemie/komplettansicht*
[50] Untersuchung der TU Dresden an 250 Paaren.
[51] Beim Einatmen auftretender Augenreflex: Schließen der Augen, oftmals mit einem genussvollen: "Mmmh"

Sie spüren keine Erregung? Geben Sie ihrem Körper mindestens zwei Monate Zeit die entsprechenden Nervenbahnen aufzubauen.[52]
Ihr Angebeteter zaudert noch? Küssen Sie ihn! Notfalls betreiben Sie Duft-Marketing in eigener Sache und stecken Sie Ihr Höschen in Ihren Ausschnitt. Unmöglich sagen Sie? Es gibt Damen die verkaufen ihre getragenen Höschen im Internet...[53]
Bei manchen Konzerten werfen kreischende Damen ihren BH und-oder ihr Höschen auf die Bühne... Haben die so beschenkten Stars jemals verstanden, warum diese Frauen ihre Unterwäsche auf die Bühne werfen? [54]
Auch wenn diese weiblichen Fans gleichzeitig ein Plakat mit dem Text "... take me!" hochhalten, so wirkt das meist abstoßend und bei der Partnersuche kontraproduktiv: Denn, Überreizung verursacht Überdruss, Sie stellen sich öffentlich bloß. Männer finden kreischende Weiber furchtbar und Tränen erzeugen zusätzlich Distanz.[55] [56]
Lächeln bewirkt Nähe. Flirten und tanzen Sie. Machen Sie ihrem Schwarm klar und zeigen Sie ihm, dass und wann er freie Bahn hat. Beim Liebesspiel ist nahezu nichts tabu: Erlaubt ist, was beiden gefällt und gut tut. Die Frau bestimmt mit ihrer Kleidung, Ihrer Körperhaltung und mit Ihren Händen. Hinzu kommt ihre bewusste Entscheidung: "Ja. Mit dem." Dies steigert Ihre Sicherheit und Ihre Zufriedenheit. Sie als Frau bestimmen, wer wann, was und wie machen darf.

---

[52] https://wissenstagebuch.com/2018/02/22/brochmann-stokken-dahl-viva-la-vagina-2018/ Siehe hierzu auch: Ann-Marlene Henning, Tina Bremer-Olszewski. Make Love - ein Aufklärungsbuch. Berlin, 2012.

[53] Von Ihr getragene Unterwäsche sind gefragte Artikel. → Internet → Copuline

[54] "Haben Sie jemals verstanden, warum die Frauen Ihnen Unterwäsche auf die Bühne werfen?" Tom Jones: "Nein, nie. Wenn die Konzerte vorbei sind, interessieren mich die Dinger nicht mehr. ... Manchmal bete ich vor Konzerten, sie mögen nicht wieder ihre BHs werfen oder ihre Höschen. Meistens passiert es dann aber doch." http://www.spiegel.de/kultur/musik/interview-mit-tom-jones-da-stehen-frauen-nun-mal-drauf-a-222395.html

[55] „Tränen sind peinlich..." http://www.psychotipps.com/Traenen.html

[56] Wer vernascht werden möchte, sollte niemals traurige Tränen weinen: Die Tränen von traurig schluchzenden Frauen enthalten ein chemisches Signal, das den Testosteronspiegel und die sexuelle Erregbarkeit von Männern reduziert. http://www.wissenschaft-aktuell.de/artikel/Chemie_der_Traenen1771015587317.html

Frühlingsgefühle

Der Frühling ist da! Und mit ihm unsere gute Laune: Plötzlich lächeln wir wieder, flirten, sind gut drauf. Die berühmten Frühlingsgefühle gibt es wirklich. Aber warum eigentlich?
Das liegt am Licht, es hat eine positive Auswirkung auf die Psyche. Wenn es heller wird sind wir wacher und aktiver. Serotonin, das Glückshormon, wird durch das Sonnenlicht stimuliert. Dann kommt die Temperatur hinzu, wir fühlen uns wohler, weil wir nicht mehr in dicken Sachen eingepackt sind.[57] [58]
Alles wird luftiger, duftiger, freier. Durch das frühlingshafte Grün wird das nun vermehrt sichtbare komplementäre lichte Rot der Haut hervorgehoben. Er (und Sie) sehen nun vermehrt "Rot".[59]
Wir verlieben uns: Angenehme Düfte erhöhen den Serotonin-Spiegel und das Glücksgefühl: "Frühling lässt sein blaues Band wieder flattern durch die Lüfte. Süße, wohlbekannte Düfte streifen ahnungsvoll das Land." [60]
Frühling ist die Zeit der Veränderungen. Im Frühling und im Sommer wird beim Mann mehr Testosteron produziert als zu den übrigen Jahreszeiten. Ist der Testosteron-Spiegel erhöht, fühlt sich der Mann einfach wohler. [61]
Frauen beginnen mit dem Frühjahrsputz: Sie räumen ihr Nest auf. Alles was missfällt fliegt raus. Aber nicht immer ist der Frühling schuld: Während Sie die Pille einnimmt - oder schwanger ist - kann es passieren, dass Sie Ihn plötzlich "absolut nicht mehr Riechen-kann".[62]
Alles wird zurechtgerückt, geputzt, aufgemöbelt oder gegen Neues ausgetauscht. Manchmal auch der Mann...

---

[57] Prof. Alexander Lerchl, Hormonbiologe an der Jacobs- University in Bremen: "Frühlingsgefühle: Woher sie kommen, was sie mit uns machen" *https://www.berlin.de/special/gesundheit-und-beauty/gesundheit/psychologie/1127964-2260865-fr%C3%BChlingsgef%C3%BChlewohersiekommenwassiemi.html*

[58] Liebe: Hormonstatus und Gentyp bestimmen die Partnerwahl: Dopamin, Serotonin, Östrogen, Testosteron *https://www.zdf.de/wissen/leschs-kosmos/liebe-das-maerchen-von-der-freien-wahl-leschs-kosmos-mit-100.html*

[59] Rosa oder Rosarot ist eine Mischfarbe aus viel Weiß und blaustichigem Rot. Die purpur durchschimmernde rosarote Hautfarbe wird durch seine Kompementärfarbe, das frühlingshafte Grün, leuchtender und auffälliger.

[60] Eduard Mörike, 1804-1875

[61] Liebe: Hormonstatus und Gentyp bestimmen die Partnerwahl: Dopamin, Serotonin, Östrogen, Testosteron *https://www.zdf.de/wissen/leschs-kosmos/liebe-das-maerchen-von-der-freien-wahl-leschs-kosmos-mit-100.html*

[62] *http://wissen.schwitzen.com/koerpergeruch/allgemeines/item/653-k%C3%B6rpergeruch-wissenswertes.html*

Duft ist Werbung

Die durch den Geruch eines anderen Menschen hervorgerufene Anziehung oder Ablehnung war nach Andrea Hurton nicht nur unerschöpfliches Thema beim Film und in der Literatur, sondern bietet auch Theoretikern und Esoterikern noch immer ausreichend Stoff.[63]
Am Vorabend der französischen Revolution entwickelten einige Wissenschaftler eine Theorie, nach welcher Männer und Frauen von Teilchen einer unsichtbaren Materie umgeben sind. Diese hätten eine Wirkung auf die Sinne des Menschen und würden Sympathie bzw. Antipathie hervorrufen. Sie hatten Recht: Jeder weiß heutzutage aus dem eigenen Alltag, wie bedeutend der Geruch für die Attraktivität einer Person ist - sei es nun Parfum und-oder der Körpergeruch selbst.[64]
Es gibt jedoch auch Menschen, deren natürlicher Geruch auf andere abstoßend wirkt. Ludwig XIV. hat so starke Schweißfüße gehabt, dass sich angeblich seine Höflinge entfernten, weil sie seine Ausdünstungen keinesfalls mehr ertrugen. Rasputin, so heißt es, stank wie ein Bock. Aber nicht nach Schweißfüßen, sondern nach Sperma. Die Frauen lagen ihm zu Füßen, weil sie die Potenz des Mannes förmlich riechen konnten. In einigen Dörfern Ungarns ist es bei den Burschen Brauch ein Schweiß-getränktes Ziertuch einzustecken; wenn die Tanzpartnerin ihn trotzdem 'gut riechen' konnte, dann war es „die Richtige“.
Es heißt, Eunuchen besitzen einen faden, geschlechtslosen Geruch. Der Kontakt zum anderen Geschlecht kann offenbar den Körperduft der Männer verändern: Junggesellen riechen nach getrockneten Feigen, richtige Männer nach Moschus. Josephine Bonaparte bevorzugte sehr starke Moschusdüfte, die später aus der Mode kamen. Napoleon, ihr Gemahl, muss diese intensiven Moschusdüfte nur bedingt gemocht haben: Die Aufforderung, Josephine solle sich nicht waschen, er sei auf dem Weg zu ihr, ist in einem seiner Briefe überliefert.
Charles Baudelaire beschrieb die Frau als "Riechkissen" und "Duftmeer des Waldes". In einem seiner Gedichte fragt er den Leser, ob er schon einmal "betäubt und genießerisch an einem Säckchen Moschus gerochen" und "jenes tiefe, magische Entzücken genossen habe, wenn uns in der Gegenwart die heraufbeschworene Vergangenheit berauscht". [65] [66]

---

[63] Andrea Hurton: Erotik des Parfums - Geschichte und Praxis der schönen Düfte

[64] http://www.welt.de/gesundheit/article112746638/Koerpergeruch-kann-andere-abstossen-oder-verbinden.html

[65] http://www.t-online.de/eltern/schwangerschaft/id_69489802/eisprung-macht-schoen-maenner-sehen-frauen-die-fruchtbarkeit-an.html Männer erkennen die Empfängnisfähigkeit.

[66] Betäubende Düfte: Die → Copuline *Ethansäure, Butansäure* und *Methylbutansäure:*
Butansäure "ranzige Butter, Schweiß" ODT 3mg/L Wasser → *Buttersäureester* = *Butanoatate* = *Butyrate*
3-*Methylbutansäure* = *Isovaleriansäure* riecht nach Baldrian (Hauptinhaltsstoff) → *Isovaleriansäureester*
(R)-2-*Methylbutansäure* riecht durchdringend käsig, schweißig, nach altem Hopfen (z.B. in Bier)
(S)-2-*Methylbutansäure* riecht angenehm süß, fruchtig Aprikose = Marille vergl. → *Isobuttersäureseester*

Die Geschichten von der Verführungskraft des Parfums sind beinahe so alt wie die Substanzen selbst. Das erste moderne Parfum, eine um 1370 entstandene Mischung aus ätherischen Ölen und Alkohol namens Eau d'Hongrie (Ungarnwasser), ging als klassisches Aphrodisiakum in die Parfumsaga ein. Ein Eremit stellte die auf Rosmarin- und Lavendel-Öl basierende Substanz für die alternde Elisabeth von Ungarn angeblich mit der Zusicherung her, es werde ihre Schönheit ewig erhalten.[67]
Prompt soll die schon 72-jährige Monarchin damit den König von Polen betört haben.[68]
Aufwendige Untersuchungen an menschlichen Zellkulturen ergaben, dass Lavendelöl langfristig östrogenartige und anti-androgene Eigenschaften besitzt.[69]
Rosmarin hat eine Monatszyklus normalisierende und bereits nach drei Wochen eine überflüssiges Östrogen inaktivierende, regulierende Wirkung. Schon im antiken Griechenland wurde Rosmarin der Liebesgöttin Aphrodite geweiht. Hochzeitspaare trugen ein Kränzchen oder Sträußchen mit Rosmarinzweigen. Es versprach eine glückliche Ehe. Rosmarin ist ein Symbol für Liebe und Treue. Shakespeare ließ seine Ophelia zu Hamlet sagen: "Rosmarin, das ist für die Erinnerung" woraufhin sie ihm einen Kranz aus Rosmarin als Zeichen der Treue flocht.[70]
In der Bäckerei lockt der Duft frischer Brötchen zum Kauf, viele Putzmittel riechen (ebenso wie ihre Bank) citrus-frisch sauber, dem Reiseprospekt, das für einen Urlaub in Italien wirbt, entströmt zarter Pinien-Geruch: Immer mehr Unternehmen folgen dem Trend, sie parfümieren ihre Produkte und-oder Geschäftsräume. Ihr Ziel: ein 'angenehmes Konsumklima' schaffen, die Kauflust steigern.
Tatsächlich stehen die Chancen, Geruchs-bedingte Umsatzsteigerungen zu erzielen, ziemlich gut. Denn Gerüche sprechen uns viel stärker an als andere Sinneswahrnehmungen. Sie wandern durch die Nase direkt ins Gehirn, genauer in das limbische System, wo Gefühle und Erinnerungen angesiedelt sind. Hinzu kommt, dass wir uns Gerüchen kaum entziehen können: Sie sind überall und gelangen mit jedem Atemzug in unseren Körper.
Können Kunden durch Düfte 'an der Nase herumgeführt' werden? Gegen den eigenen Willen hilft kein noch so betörender Duft, um Kaufentscheidungen herbeizuführen. Aber wenn er gefällt, dann halten sich die Kunden schon mal länger in den Verkaufsräumen auf. Und darauf setzt die Industrie.[71]

---

[67] Gemeinsam mit *Linalool* bringt vor allem das *Linalylacetat* (ein Essigsäureester) jugendliche Frische in diese Creation. *Ethansäure* = *Essigsäure* riecht verdünnt frisch (Assoziation: gesund, jugendlich) → Copuline

[68] Aus: Andrea Hurton: Erotik des Parfums - Geschichte und Praxis der schönen Düfte

[69] https://www.aerzteblatt.de/archiv/57051/Gynaekomastie-nach-Lavendel-und-Teebaumoel Ärzteblatt 39/2007

[70] Untersuchungen an der der Northumbria University in Newcastle upon Tyne (England) bestätigten 2013, dass das Aroma von Rosmarin-Öl bei gesunden Erwachsenen offenbar eine deutliche Verbesserung des Denk- und Erinnerungsvermögens bewirkt. Das im Rosmarin-Öl enthaltene *Cineol* kann kognitive Fähigkeiten steigern. http://grenzwissenschaft-aktuell.blogspot.de/2013/04/studie-zeigt-rosmarin-duft-erhoht.html

[71] Manipulation durch Düfte: Vergleiche hierzu auch ZDF, Umwelt vom 11.Nov.2001

Laut der Werbung der Duftstoffindustrie, wird mit dem richtigen Duft einiges machbar. Doch so einfach ist es in der Realität selten: Die Duftwirkung ist abhängig von den äußeren Umständen und der inneren Verfassung. Jahres- und Tageszeit, Temperatur- und Lichtverhältnisse, Hunger oder Sättigung, körperliche und seelische Ermüdung oder Frische, niedergeschlagene Stimmung oder gute Laune beeinflussen die Wahrnehmung.
Darüber hinaus werden Gerüche sehr individuell wahrgenommen. Was der eine als angenehm empfindet, ist für den nächsten scheußlich. Jeder verbindet mit einem Duft eine ganz eigene Erinnerung und damit ein eigenes Gefühl. Viele mögen Lavendel und Rosmarin - Anderen wird dadurch regelrecht schlecht. Fett-Aldehyde oder Sandelholz-Öl riechen für die Meisten attraktiv, aber etwa 40% bezeichnen diesen Duft als 'fettig', 'urinal', 'nach Kanal'. Fatal!
Die besondere Kunst der Parfumeure der Riechstoffindustrie besteht deshalb darin, einen Duft zu entwickeln, der möglichst viele Menschen anspricht. Doch auch wenn dies gelingt, lässt sich der Mensch fast nie so ohne weiteres 'an der Nase herumführen': Der Duft muss genau passen. Geringste Abweichungen lösen Bedenken aus. Duft, Intensität und Fixierung sind von Riechstoff zu Riechstoff stark unterschiedlich. Mit steigender Konzentration wird aus angenehmem Duft penetranter Gestank. Bitte lassen Sie Ihre Finger von intensiven Düften bei Shampoo, Deo, Intimspray und allzu intensiven Parfums mit großer Duftschleppe. Man(n) flüchtet! Die Industrie nutzt diesen generellen Fluchtreflex auf Riechstoffe hoher Konzentration, beispielsweise als nonverbales Warnsignal: Nichts wie weg! [72]
Parfums sind nonverbale Werbebotschaften, zur Unterstützung der persönlichen Ausstrahlung im täglichen Leben und beim Flirt. Die Grundstoffe waren früher duftende Pflanzen und tierische Düfte. Zu Anfang des zwanzigsten Jahrhunderts eroberten Düfte ein Teilgebiet der Medizin: Die Aromatherapie nutzt seitdem die Eigenschaften der ätherischen Öle, fast nie als Bestandteil eines Parfums, sondern um Patienten zu heilen. Die nachgewiesenen beruhigenden und krampflösenden, sowie antiseptischen Wirkungen der Essenzen finden zunehmend Anwendung in der Medizin. Die ARGE FEE sammelte ab 1988 alle erreichbaren durch genauere Analyseverfahren gewonnene Erkenntnisse über Pflanzenauszüge genauer: Fragrances & Extracts & Essentials.[73]
1993 entstand daraus das erste emotional ausgleichende Parfum vom Typ ***EdS***.
"Kaufen Sie ein verführerisches Parfum und tragen Sie diesen bezaubernden Duft auf. Sie werden vermehrt Beachtung finden." Hinter diesem brasilianischen Liebeszauber steckt Jahrtausende altes Wissen: Wählt

[72] Schadgasen wird oft ein intensiver, den Fluchtreflex auslösender, Riechstoff beigemischt.
[73] Die Daten der ARGE FEE sind Eigentum von Ed Siedler. Sein erster Wunsch war, aus diesen ausgewählten als besonders hautfreundlich geltenden Düften, Pflanzenextrakten und Essenzen ein Parfum herstellen zu können. Dies gelang ihm erstmals 1993. Nach Ed Siedler ist seitdem die Parfum-Klasse ***EdS*** benannt. Trademark: ***EdS*** ®

jemand den Duft selbst aus, dann jeweils unbewusst den, der die eigenen Duftnoten verstärkt.[74]
Bitte beachten Sie: Vermeiden Sie intensive Düfte, auch Intimsprays sind oftmals sehr dominant.[75]
Sie benötigen ein dezentes Parfum. Und: Frau sollte ihr Parfum möglichst in der Zeit kurz vor ihrem Eisprung selbst aussuchen, dann verstärkt es Ihre persönliche Aura.[76]

Die Pille, Attraktivität und Partnerwahl

Welchen Einfluss die Pille auf den Körperduft der Frau und deren Attraktivität hat zeigt die Stripperinnen-Studie: "Jene sieben Tänzerinnen, [welche] die Anti-Baby-Pille einnahmen und deswegen keinen Eisprung hatten, bekamen die ganze Zeit über immer etwa gleich viel Trinkgeld. Bei den elf Stripperinnen hingegen, die keine Pille nahmen und deswegen einen Eisprung hatten, schwankten die Einnahmen stark: Während ihrer Blutung bekamen sie rund 37 US-Dollar Trinkgeld pro Stunde, in der Zeit um den Eisprung 67 US-Dollar pro Stunde, also fast doppelt so viel." [77]
Die Pille verursacht(e) auf Dauer eine bislang wenig beachtete Gefahr: Der Körperduft der Frau verändert sich, gleichzeitig werden von 'Ihr' nun fürsorgliche Partner mit ähnlichen Genen bevorzugt. Das ist auf Dauer absolut die falsche Zielgruppe: Inzucht durch Ehen mit Cousinen mit Cousins verursachen ein sehr hohes, heutzutage stark unterschätztes, Gesundheitsrisiko für die Kinder und Kindeskinder.[78]

---

[74] Siehe auch: Prof. Manfred Millinski, Max-Planck-Institut Plön, Vortrag Münster, 04.Juno 2002
[75] Sillage, franz. "Kielwasser", Duftschleppe, intensive Duftwolke. Zu viel Duft löst Flucht-Reflex aus!
[76] Aura, nahezu unmerklicher meist generell als angenehm empfundener sanfter Dufthauch.
[77] Das berichtete der Psychologe Geoffrey Miller 2007 in der Fachzeitschrift "Evolution and Human Behavior". - Angeblich greifen die neueren Pillen nicht mehr so stark in den Hormonhaushalt ein : Aber, sie verhindern trotzdem den Eisprung.
[78] Gefahr durch Verwandtschafts-Ehen: Gendefekt, Missbildungen, Geisteskrankheiten, debile Kinder,.... *http://www.welt.de/gesundheit/article4433752/Einwandererkinder-sind-anders-krank.html* *http://www.welt.de/vermischtes/article732888/Wenn-der-Cousin-mit-der-Cousine-schlaeft.html* sowie *http://www.zeit.de/gesellschaft/zeitgeschehen/2012-07/inzest-migranten-ehe/komplettansicht* und *http://wissen.schwitzen.com/koerpergeruch/allgemeines/item/653-k%C3%B6rpergeruch-wissenswertes.html*

Riechen und Fühlen

Die Liebe ist eine Angelegenheit der Sinne. Von der Frau gehen dabei wesentlich mehr sexuelle Signale aus, als vom Mann. Erst eine Sache der Augen: Blickkontakt. Zu den eineindeutigen Werbe- und Flirt-Signalen gehören das Glätten der Kleidung oder der Haare mit den Fingern. Ein kurzes Anschauen, Wegschauen und nochmaliges kurzes Anschauen zeigt, dass Interesse vorhanden ist. [79]

Dann: die mündliche Kontaktaufnahme. "Darf ich mich zu Ihnen setzen?" Wenn sie dies bejaht, plaudert Sie los, sendet eindeutige sexuelle Signale und fordert die männliche Aufmerksamkeit. Sie beachtet dabei seine Reaktion.

"Man kann das männliche Verhalten durch das weibliche Verhalten vorhersagen, aber andersherum geht es nicht, ..." [80]

Die erste Berührung mit unverbindlichen Küsschen rechts und links erfolgt bei manchen Kulturen bereits bei der Begrüßung, bei anderen Kulturkreisen erst beim freundlichen Abschied... Sie erfassen den Duft.

Sie riecht ob er Bier trinkt und ob er raucht. Sie erfasst, ob er sich pflegt und unbewusst, ob seine Gene von den Ihren abweichen. Seit Urzeiten sucht die Natur für den Nachwuchs Gen-Strukturen, d.h. möglichst fremdes Erbgut um fehlerhafte Stellen in den eigenen Erbinformationen reparieren zu können. [81] [82]

Auch wenn noch nichts entschieden ist und alles vage in zarten Anfängen steckt: Dieser erste Eindruck ist intensiv und prägt ihr Verhalten. Lässt sie eine weitere Annäherung zu? [83]

Patrick Süßkind beschrieb ihr Duftbouquet mit den Worten: „Dieser Geruch hatte Frische; aber nicht die Frische der Limetten oder Pomeranzen, nicht die Frische von Myrrhe oder Zimtblatt oder Krauseminze oder Birken oder Kampfer oder Kiefernadeln, nicht von Mairegen oder Frostwind oder von Quellwasser..., und er hatte zugleich Wärme; aber nicht wie Bergamotte oder Zypresse oder Moschus, nicht wie Jasmin und Narzisse, nicht wie Rosenholz und nicht wie Iris..." [84]

---

[79] Bei Grizzllies und anderen Bären ist das ein Aggressions-Hinweis: *Wenn ich nochmal schaue und Du bist noch da, dann greife ich an…* http://www.touridee-usa.de/infos/baeren_s1.htm

[80] http://www.spiegel.de/wissenschaft/mensch/eindeutige-signale-frauen-verfuehren-unbewusst-a-117623.html

[81] Die Natur hat etwas gegen Inzucht. Sie bevorzugt Gen-Strukturen, die deutlich von der eigenen abweichen.
http://www.forumgesundheit.at/portal27/portal/forumgesundheitportal/content/contentWindow?contentid=10007.690042&action=2&viewmode=content und http://www.focus.de/wissen/natur/verhalten-null-bock-auf-inzucht_aid_150167.html

[82] Vergleiche hierzu: Spiegel online 2008 http://www.spiegel.de/wissenschaft/mensch/geruchsempfinden-pille-laesst-frauen-auf-falsche-maenner-fliegen-a-571641.html und http://www.focus.de/gesundheit/natuerlich-frisch/ich-kann-ihn-nicht-riechen-welche-rolle-unser-individueller-duft-fuer-die-partnerwahl-spielt_id_4893936.html

[83] Liebe: Hormonstatus und Gentyp bestimmen die Partnerwahl: Dopamin, Serotonin, Östrogen, Testosteron https://www.zdf.de/wissen/leschs-kosmos/liebe-das-maerchen-von-der-freien-wahl-leschs-kosmos-mit-100.html

[84] Kopfnote Rosmarin http://www.zeit.de/1994/46/kopfnote-rosmarin/komplettansicht

Und wie geht es weiter? Lebensgefährlich wie bei dem wiederholtem Blickkontakt mit Grizzlies und Braunbären oder wie bei Grenouille in Patrick Süßkinds Roman das Parfüm wird es Gott sei Dank äußerst selten. Sondern? Manche benutzen *GHB* und deren Salze als KO-Tropfen. Erhöhte Werte von sind bis zu 12 Stunden nachweisbar. Bei dieser als Partydroge missbrauchten, auch Liquid Ecstasy genannten, seifig schmeckenden *Gamma-Hydroxy-Buttersäure* und deren nach salziger Lackritze schmeckenden *Oxybaten* genügt im Zusammenhang mit Alkohol bereits die vierfache Dosis um statt der erwünschten Enthemmung lebensgefährliche Atemnotzustände auszulösen. [85]
Unverständlich für mich ist, warum dieses hohe Risiko eingegangen wird. Erfahrungsgemäß genügt als positive Grundstimmung eine nette Atmosphäre und zuvorkommendes Verhalten. Mein Geheimnis? Ganz einfach: Ich benutze dezente selbst ausgesuchte Düfte.[86]
Diese enthalten Pflanzenauszüge, welche von Klöstern schon seit Jahrhunderten genutzt werden und meinen Kompositionen eine angenehme Frische, unaufdringliche natürliche Wärme und exaltierenden Duft verleihen. Denken Sie dabei beispielsweise an den lieblichen Frühlingsduft in vielen Weingärten. [87]
Und: Ich offenbare meine Gefühle zum Beispiel durch Selbstgespräche: "Endlich. Feierabend." oder "Das Essen sieht gut aus."
Es waren die Damen, die darauf eingingen und, wenn ich ihnen gefiel, das Gespräch aufrecht erhielten. Die Frauen lenkten das Gespräch mit Nicken und und dominierten es mit ihren Gesprächsbeiträgen. Ihre wahren Ziele offenbarten sie erst später. Fazit: Ich erhielt mehr Angebote und Möglichkeiten zum "Abschleppen" als mir lieb waren.
Der Geruchssinn funktioniert hauptsächlich auf einer unbewussten Ebene; die Geruchsnerven sind direkt mit dem limbischen System verbunden, dem primitivsten Teil des Gehirns, den bereits die Saurier besaßen. Der Geruchsnerv ist gewissermaßen ein Teil des Gehirns, zu dem eine unmittelbare Verbindung durch die Nase führt. Werden die Geruchssinneszellen stimuliert, so senden sie elektrische Signale an den Teil limbischen Systems, der für die Reaktionen der inneren Organe und für die Verhaltensreaktionen zuständig ist, wodurch das Verdauungs- und Sexualsystem und das emotionale Verhalten beeinflusst werden. Im Französischen bedeutet 'sentir' sowohl "riechen" als auch "fühlen". Tatsächlich lösen Gerüche im Gehirn ähnliche Reaktionen aus wie Emotionen.
Der Geruchssinn ist sehr empfindlich: Wir können einen Duftstoff unter mehr als 10.000 Milliarden anderen wahrnehmen. Eine geübte Nase vermag

---

[85] 4-*Hydroxybutansäure,* HO-CH_2-CH_2-CH_2-COOH und deren Salze und Ester (Oxybate): Der Einsatz von K.O.-Tropfen ist strafbar. Der sexuelle Missbrauch widerstandsunfähiger Personen ist eine Straftat und wird mit bis zu zehn Jahren Haft geahndet und danach wird oft Sicherheitsverwahrung angeordnet! Bei Todesfolge lautet die Anklage zumindest auf Tötung aus Heimtücke und niederen Beweggründen...
[86] Seit 1993 sind es Parfums der Parfum-Classification und der Marke ***EdS***
[87] Esskastanien: Maronen-Blüte http://www.oepb.at/allerlei/berauschender-kastanienblueten-duft.html

mehrere hundert verschiedene Gerüche zu unterscheiden. Wir verfügen jedoch über keinen geeigneten Wortschatz und können nur vergleichend beschreiben, dass etwas wie eine Rose oder wie Pfirsich riecht. Die Geruchsnerven enden in einem Teil des Gehirns, der keineswegs über die gleiche Art von Logik verfügt wie unser Intellekt. Obwohl Gerüche der Kommunikation dienen, können sie nie analytisch in Sprache umgesetzt werden, sondern nur assoziativ oder bildlich ausgedrückt werden.
Abnormitäten des Geruchssinnes können verschiedene Folgen haben. So ist die Anosmie, der völlige Verlust des Geruchssinnes, meist mit Depressionen verbunden, die sehr schwer sein können. Zusammen mit dem Geruchssinn geht auch der Geschmackssinn, so dass die Betroffenen die Welt nur sehr eingeschränkt erleben.[88]
Meist ist jedoch nur ein Teil des Geruchssinns betroffen: Dies ermöglicht Parfums mit emotional aufhellenden Eigenschaften für die Betroffenen und allgemein angenehmen Dufteigenschaften für die Umwelt.[89]
Es ist bekannt, dass die meisten Parfums sexuell stimulierende Stoffe wie Zibet, Moschus, Bibergeil oder Ambra enthalten.[90]
Diese Riechstoffe können unser Verhalten beeinflussen: Inzwischen muss kein Tier mehr leiden, die meisten Parfumeure verwenden die für die Verhaltensänderung verantwortlichen inzwischen identifizierten einheitliche Riechstoffe. Wird damit beispielsweise in einem großen Wartezimmer die Unterseite einer Sitzfläche benetzt, so wird dieser Sitzplatz bevorzugt und seine Umgebung als angenehm empfunden. Meist genügt eine winzige unmerkliche Menge: Die Aufenthaltsdauer in (Verkaufs-) Räumen verlängert sich, Bilder und Personen werden plötzlich positiver bewertet...[91]
Dies ist keineswegs verwerflich. Wenn Sie als Gast einen Blumenstrauß oder Schokolade mitbringen, dann betreiben auch Sie Duft-Marketing in eigener Sache: Der Duft der Blumen oder der Schokolade stimmt die Gastgeber(in) gnädig und sie werden in einem besseren Licht gesehen...
Inzwischen wurden auch beim Menschen Stoffe entdeckt, die selektiven Pheromon-Charakter aufweisen und bereits in Verdünnungen unter 10^{-11} wirken. Das bedeutet, davon genügt weniger als ein Tropfen auf 5.000m³ Wasser, oder auf ein Freibad mit den Ausmaßen 50m*50m und einer durchschnittlichen Wassertiefe von 2 Metern. Duft ist Kommunikation mittels Pheromonen, und duftenden und (nahezu) geruchlosen Abkömmlingen der menschlichen Hormone und der Erbinformationen.[92]
Sicher ist: Nur die natürliche Grundstimmung unserer zwischenmenschlichen Gefühle ist biochemisch beeinflusst.

[88] Anosmie, Hyposmie,... http://www.pharmazeutische-zeitung.de/index.php?id=6323
[89] ***EdS*** Parfum-Collection: gilt allgemein als emotional ausgleichend, Stress lindernd.
[90] Die Verwendung von Zibet, Moschus, Bibergeil, Ambra ist, teilweise bereits seit 1979, verboten.
[91] Feldversuche zeigen: Hohe Konzentrationen bewirken das Gegenteil !
[92] *Erbinformationssequenzen, genauer : Der beim Menschen auch HLA (engl. human leucocyte antigen) genannte MHC-Komplex.*

Die Grenzen des Riechens

Ein selbst ausgesuchtes Marken-Parfum verstärkt bereits deutlich merkbar die eigene Stimmung und die höchst eigene Aura. Ein zu starker Duft kann ebenso wie eine zu starke Pheromon-Zugabe einesteils Fluchtreaktionen und andererseits sogar Aggressionen auslösen.[93]
"Boarmate", eine Entwicklung für die Schweinezucht, wirkt nur bei Schweinen.[94]
Die Pheromone der Schmetterlinge wirken spezifisch nur bei diesen. Aber Mensch ist Mensch...
Ab welcher Duft-Konzentration beginnt die Wahrnehmung als Aroma oder Duft? Dieser Schwellenwert wird in der Fachliteratur auch Odo(u)r Detection Threshold (ODT) genannt. Die unbenannte Einheit ppb kennzeichnet wie viel Teile des Geschmack- oder Riechstoffs sich jeweils in einer Milliarde Teilen (Wasser bei Aromen, oder Luft bei Düften) befinden. [95]
So sind 1 ppb m/m = 1µg/kg Gesamtmenge. Wird bei Flüssigkeiten grob vereinfachend Masse = Volumen gesetzt, sind dies 1µg/Liter bzw. 10^{-9} oder D9. Üblich sind auch Angaben in ng/Liter was dann etwa 10^{-12} oder D12 entspricht.

Bei *Androstenon* beginnt die bewusste Duft-Wahrnehmung ab 0,18 ppb, für *Androstenol* schon ab 0,02 ppb; das sind rund 180 bzw. 20ng/Liter. *Androstenon* ist für Stimmungsveränderungen bei beiden Geschlechtern, *Androstenol* für die beobachtete Verkürzung, Normalisierung bzw. Synchronisation der Menstruation verantwortlich.[96]
Tänze, wie die Quadrille oder der Cancan, sowie im Fasching die Tänze der Gardemädchen tragen sichtlich zur guten Stimmung bei.[97]
Androstenon hat diese Stimmungs-verändernde Eigenschaft, riecht jedoch intensiv nach Urin. Reagieren unsere Körper bereits unter der Wahrnehmungs-Schwelle darauf? Dies würde erklären, warum es so lange gedauert hat, bis die Wissenschaft erkannte, dass *Androstenon* für die Stimmungsänderungen bei beiden Geschlechtern und *Androstenol* für die Verkürzung, Normalisierung und Synchronisation der Menstruation, den McClintock-Effekt, zumindest mitverantwortlich sind.[98] *Ambrox* und seine Isomere haben Duft-Wahrnehmungs-Schwellen von 0,15-34 ppb, das sind

---

[93] Beispiel: *4,16-androstadien-3-one* → "Die psychologischen Grundlagen der Parfümerie" Seite 183

[94] Eine übel riechende Mischung aus 5α-*Androst-16-en-3-on* und 5α-*Androst-16-en-3α-ol* → Fluchtreflex

[95] ppm "part-per-million", sind ein Teil auf eine Million Teile = 1 / 10^6 ppb sind 1 / 10^9
1 ppm m / m entspricht 1 mg / kg 1 ppb m / m entspricht 1 µg / kg

[96] Martha McClintock: Menstrual synchrony and suppression. Nature 229, 1971, S. 244–245, *PMID 4994256*.

[97] Närrischer Ohrwurm 2015: "Mariele tanz, tanz, tanz ... tu deine Füß weit nuff, hoch in die Luft, du bist der edlen Narren Blumenduft." *http://www.swr.de/fastnacht/baden-wuerttemberg/das-gewinner-video-die-ziebere-mariele-tanz/-/id=2674820/did=16452678/nid=2674820/srav26/index.html*

[98] http://www.faz.net/aktuell/wissen/leben-gene/pheromone-duftstoffe-beim-menschen-als-botschaftsaustausch-12921974.html?printPagedArticle=true#pageIndex_2 – Das ***4-Ethyloctanal*** im Körperduft des Ziegenbocks lockt Ziegen an, beeinflusst deren Hormonhaushalt und sorgt für eine Empfängnisbereitschaft.

rund 150-34000 ng/Liter. Der einheitliche Riechstoff *Georgywood* zeigt einen Duft-Schwellenwert von 20 pg/Liter. Ihm werden Stimmungs-aufhellende Pheromon-artige Eigenschaften nachgesagt.[99] Ähnliche Mehrfachring-Strukturen finden sich auch beim Adlerholz.[100]
Nur die Thiolverbindungen in der Grapefruit haben mit 80 bzw. 20 pg/Liter (nahezu) ebenfalls diesen niedrigen Wert. Unsere Nase ist hierfür tausendmal empfindlicher als bei *Androstenol.* Die *Pyrazine IBMP* im Paprika und *IPMP* im Spargel benötigen einhundert Mal höhere Konzentrationen. Auch die Duft-Schwellen der Moschusriechstoffe *Galaxolid* und *Exaltolid* liegen um das rund dreißig- bis hundertfache höher.
Diese potenten Düfte verblassen jedoch gegen *Methoxyhexane-3-thiol* mit seiner dem Brandgeruch ähnlichen teuflischen Bei-Note nach verbranntem Schwefel. Auch das *Weinlacton* und das *Ahornfuranon* haben Duft-Schwellenwerte von 40 bzw. 10 fg/Liter. Das Coumarinartig duftende *Perhydro-3,6-dimethyl-2-benzo[beta]furanon* hat sogar einen Duft-Schwellenwert von nur 1 fg/Liter.

Duft-Schwellenwerte (ODT) einiger Enantiomere

Ed Siedler: Parfums – natürlich – Abb.:4	**µg/Liter ppb *D9**	**ng/Liter ~ *D12**	**pg/Liter ~ *D15**	**fg/Liter ~ *D18**
Steroide	**µg/Liter**	**ng/Liter**	**pg/Liter**	**fg/Liter**
(+)-Androstenone – intensiv nach Urin - Androsta-4,16-dien-3-on verändert Stimmung bei beiden Geschlechtern.	0,18	180		
(+)-5-alpha-Androst-16-en-3-ol – Moschus-artig, Sandelholz (→ Trüffel) – Synchronisiert Menstruation – erhöht Attraktivität und Duldung bei Frauen	0,02	20		
Sesquiterpenoide & Diterpenoide	**µg/Liter**	**ng/Liter**	**pg/Liter**	**fg/Liter**
Ambrox® (→ Ambra) - ***(–)-Ambrox*** 0,3 *(-)-3a-epi-(–)-Ambrox* 34 *9b-epi-(–)-Ambrox* 0,15 *(+)-Ambrox* 2,4 Duft-Schwellenwerte ODT in ppb[101]	0,3 34 0,15 2,4	300 150		
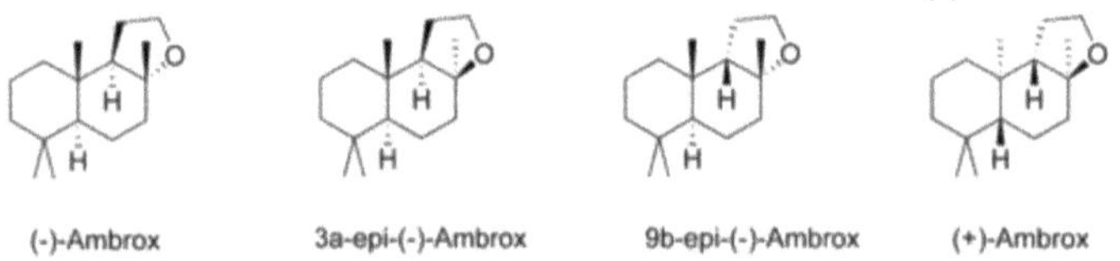 (-)-Ambrox 3a-epi-(-)-Ambrox 9b-epi-(-)-Ambrox (+)-Ambrox				
sanft, cremig, langanhaltend, warm, veilchenartiger Amber-Ton				
(2R,4R)-2,4-Dimethyl-2-(1,1,3,3-tetramethyl-1,3-disilaindan-5-yl)-1,3-dioxolane = *2,3-dihydro-1,1,3,3-tetramethyl-5-((2R,4R)-2,4-dimethyl-1,3-*		0,5		

[99] *(-)-(1R,2S)-**Georgywood***® = ***Iso E Super***® ist Bestandteil vieler Parfums und alleiniger Duft-Bestandteil von "Molecule 01" von Geza Schön.
[100] Inhaltsstoffe von Adlerholz, al-Oud, Aloeholz, Agaro, Jinko, dem verpilzten Holz des Aquilaria agallocha sind z.B. *Karanone.* Wenn *(+)-(1S,2S,5R,7R,8R)-Jinkohol II* erhitzt / verbrannt wird verstärkt es den charakteristischen Duft des Adlerholzes.
[101] ***ppm*** = *mg/kg ~* ***mg/L*** *~ *D6* ***ppb*** = *mg/t = ug/kg ~* ***ug/L*** *~ *D9*
ng/kg ~ ***ng/L*** *~ *D12* *pg/kg ~* ***pg/L*** *~ *D15* ***fg/L*** *~ *D18*

Ed Siedler: Parfums – natürlich – Abb.:4	µg/Liter	ng/Liter	pg/Liter	fg/Liter
Steroide	µg/Liter	ng/Liter	pg/Liter	fg/Liter
(+)-***Androstenone*** – intensiv nach Urin - Androsta-4,16-dien-3-on	0,18	180		
dioxolan-2-yl)-1H-benzo[d][1,3]disilole – powerful woody–ambery in the direction of okoumal with weak musk facets and a slightly sweat-like undertone				
*(-)-(1R,2S)-**Georgywood**® = **Iso E Super**® =* *(-)-1-[(1R,2S)-1,2,8,8-tetramethyl-1,2,3,4,5,6,7,8-octahydronaphthalen-2-yl] ethanone =* *1-(1,2,3,4,5,6,7,8-octahydro-2,3,8,8,-tetramethyl-2-naphthyl)ethan-1-one = 1,2,3,4,5,6,7,8-octahydro-2,3,8,8-tetramethyl-2-acetonaphthalenone* Holzig-ambraartig, als Fond-Note frischgrün, süß, ODT 20 pg/Liter 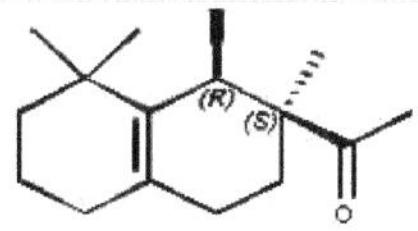			20	
*(+)-(1R,2R,8aS)-**Arborone*** - possesses an intense woody odor that was clean and very pleasant. <5pg/Liter			5	
Moschus-Riechstoffe & Lactone	**µg/Liter**	**ng/Liter**	**pg/Liter**	**fg/Liter**
1,15-pentadecanolide; ***Exaltolid*** (*Angelica archangelica*) 2ng/Liter		2	2000	
(4S,7R)-(-)-galaxolide – ***Galaxolid*** – intensiver Moschusduft		0,63	630	
Ahorn-furanon; ODT **in Wasser** ***(R)-(+)-Maple furanone*** = *(5R)-(+)-5-ethyl-3-hydroxy-4-methylfuran-2(5H)-one* 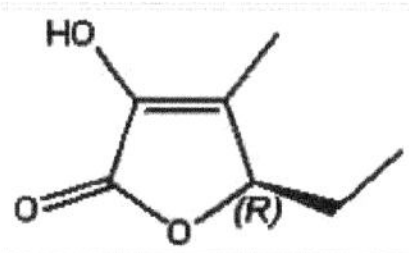		0,00001	0,01	10
(-)-(3S,3aS,6R,7aS)-Perhydro-3,6-dimethyl-2-benzo[b]furanone – Coumarin-artiger Duft mit einer deutlichen Heunote, wird von Frauen auch als Kokosnuss-artig beschrieben. [102]			0,001	1
(3S,3aS,7aR) – ***Weinlacton*** - Wine lactone = *(3S,3aS,7aR)-3,6-Dimethyl-3a,4,5,7a-tetrahydro-3H-1-benzofuran-2-on* - intensiver süßer Kokosnuss-Duft, wird von Frauen auch als Heu-artig beschrieben.			0,01 - 0,04	10 - 40
Pfirschlacton, der sogenannte ***Aldehyd C14*** (R)-γ-*Undecalacton* (RG11) ODT 0,8 ng/Liter (S)- (SG11) ODT 4,5 ng/Liter		0,8		
Kokoslacton, der sogenannte ***Aldehyd C18*** (R/S)-γ-*Nonalacton* (RG9, SG9)		4,5		
*(6Z)-**Dodec**-6-**en**-4-**olid** = (S)-cis-6-gamma-dodecenolactone* → Deer lactone Warn- / Hilferuf-Pheromon und eine der Hauptkomponenten des Interdigitaldrüsensekrets des Bunt- / Blessbocks *Damaliscus dorcas* – → Duftbestandteil von Pfirsichsaft und Weißwein, Aromabestandteil in Milch → Yuzu Orange Citrus junoa: *(Z)-9-dodecen-12-olide*		4,6		
Ionone, Irone, Damascone & Andere	**µg/Liter**	**ng/Liter**	**pg/Liter**	**fg/Liter**
*beta-**Ionone***	0,007	7		
*(+)-(6S)-3,4-**Didehydro**-gamma-**Ionone*** – blumig-holzig, leicht fruchtig, süß		0,08	80	
*(+)-(6R)-alpha-**Iso-methylionone*** – warme Irisnote, rein Tee-artig.		0,079	79	
*(-)-(4R,4aR,8aR)-**Dehydrogeosmin*** – leicht Kampferartig-frisch erdig			10	
*2-**Isobutyl**-3-**Methoxypyrazin***; *IBMP*; → Paprika; → Urin des Menschen - steigert Appetit - erhöht Eigröße und Merkfähigkeit bei Hühnern	0,002 - 10	2		

[102] Vergleiche hierzu http://elpub.bib.uni-wuppertal.de/servlets/DerivateServlet/Derivate-877/dc0616.pdf *3S,3aS,6R,7aR)-3,6-Dimethyl-3a,4,5,6,7a-hexahydro-2(3H)-benzofuranon* Duft-Schwellenwert (ODT) $1*10^6$ ng/Liter = 1fg/Liter Geruchsqualität «Kokosnuss-artig»

Ed Siedler: Parfums – natürlich – Abb.:4	**µg/Liter ppb *D9**	**ng/Liter ~ *D12**	**pg/Liter ~ *D15**	**fg/Liter ~ *D18**
Steroide	**µg/Liter**	**ng/Liter**	**pg/Liter**	**fg/Liter**
(+)-Androstenone – intensiv nach Urin - Androsta-4,16-dien-3-on verändert Stimmung bei beiden Geschlechtern.	0,18	180		
2-Isopropyl-3-Methoxypyrazin; *IPMP;* → Spargel → Maiglöckchen (Spuren) → Marienkäfer-Schrecksubstanz	0,002 - 0,016	2 - 16		
Galbanumpyrazin; *3-sec-butyl-2-methoxypyrazine = 2-ethoxy-3-isiobutyl pyrazine* – Erbsenschoten-Duft	0,001	1		
*(S)-(-)-1-p-**Menthen**-8-**thiol*** - Grapefruit, fruchtig	0,00008	0,08	80	
*(R)-(+)-1-p-**Menthen**-8-**thiol*** - Grapefruit, schwefelig	0,00002	0,02	20	
a-Pinen	6			
Vanillin	20 - 200			
Acyclische Terpenoide und Andere	**µg/Liter**	**ng/Liter**	**pg/Liter**	**fg/Liter**
***Decanal**; Aldehyde C10*	0,1 - 2			
Decadienal; *trans,trans-2,4-Decadienal*; (*tt-DDE* or *2,4-De*); → Soja	0,07	70		
Geranyl acetate **=** *trans-3,7-Dimethyl-2,6-octadienyl acetate*, ein Essigsäure-Ester	9			
Octenone; *1-octen-3-one* – "metallischer Duft" 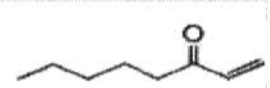	0,005	5		
*(E.Z)-2,6-**Nonadienal***; *trans,cis-2,6-Nonadenal* → Wassermelonen-Duft	0,01	10		
*a-**Sinensal*** = *alpha-(E,E,E)-2,6,10-Trimethyl-2,6,9,11-dodecatetraenal*	0,05	50		
Ethyl** (S)-(+)-2-**methylbutanoate – ein Ester - frisch, fruchtig; bei extremer Verdünnung: angenehme Apfelnote	0,006	6		
*(3R)-3-**Mercaptohexan**-1-**ol*** – schwefelig-herbkrautiger Duft, fruchtiges an Grapefruit-Schalen erinnerndes Aroma		0,08	80	
*(4S)-4-**Mercapto-2-Octanon*** – angenehm Grapefruit-, schwarze Johannisbeer-Note (Ribes nigrum) 0,04 ng/L air		0,04		
*(+)-(3S)-1-**Methoxyhexane**-3-**thiol*** – Salvia (sclarea) / (Muskateller) Salbei-Duft mit deutlicher Bei-Note nach verbranntem Schwefel der Assoziationen an menschlichen Achselduft weckt. Duft-Schwellenwert ODT 0,04 x 10-3 ng/Liter Luft			0,04	40
Schweiß-Gerüche	**µg/Liter**	**ng/Liter**	**pg/Liter**	**fg/Liter**
(E)/(Z)-3-methyl-2-hexenoic acid (M2HA) Frau / Mann			144 / 259	
(R)/(S)-3-hydroxy-3-methylhexanoic acid (HMHA) Frau / Mann			200 / 149	
(R)/(S)-3-methyl-3-sulfanylhexan-1-ol (MSH) ein Thiol Frau / Mann			1,53 / 2,31	
	µg/Liter	**ng/Liter**	**pg/Liter**	**fg/Liter**

Duftmoleküle

Aura, Duft und Gestank – Herkunft und Wirkung

Der Körpergeruch eines stark riechenden Menschen kann sich deutlich verbessern, wenn es gelingt Bakterienstämme eines wenig duftenden Menschen anzusiedeln. Der Kontakt zum anderen Geschlecht verändert den Körperduft der Männer: Junggesellen riechen nach getrockneten Feigen, richtige Männer nach *Moschus.*[103]

Ein Mann kann noch so gut duften - eine Frau, die sich bereits in einen anderen Sexualpartner verliebt hat, ist offenbar unempfänglich für diesen Reiz. [104]

Der Individualgeruch eines rein gehaltenen Körpers beispielsweise im Axillarbereich wird hauptsächlich von der Erbinformation und dem Hormonstatus, die Beigerüche beispielsweise von der Ernährung, dem Gesundheitszustand und den Waschgewohnheiten bestimmt.[105]

Die daraus resultierende Bakterienflora ist entscheidend für Duft oder Gestank. Die Unterarm- und Schweiß-Gerüche werden durch die Bakterienflora auf der Haut erzeugt.[106]

Schweiß-Gerüche bestehen hauptsächlich aus:

	Duft-Schwellenwerte der Schweiß-Gerüche	ODT Frau pg/L	ODT Mann pg/L	**Geruch**
M2HA	*(3-methyl-2-hexenoic acid (E/Z 3:1) Methyl-Hexensäure (Isomer-Gemisch)*	144	259	**Sauer**, ranzig und käsig
HMHA	*3-hydroxy-3-methylhexanoic acid (R/S) Hydroxy-Methyl-Hexansäure (Racemat)*	200	149	**Animalisch**, käsig und ranzig
MSH	*3-methyl-3-sulfanylhexan-1-ol (R/S) Mercapto-Methyl-Hexanol ein Thiol*	1,53	2,31	**Schwefelig**, pilzig und nach Grapefruit

Haben diese geschlechtsspezifischen Unterschiede der Geruchsschwellenwerte (ODT) der Schweiß-Gerüche eine Bedeutung? [107]
Das Menstruation-synchronisierende ***(+)-5-alpha-Androst-16-en-3-ol*** wird ab ~20ng/L wahrgenommen. ***Exaltolid,*** das *1,15-Pentadecanolid* der *Angelica archangelica* benötigt mit ~2ng/L noch wesentlich weniger Moleküle. *Exaltolid* wird von Frauen (Zyklus-abhängig) bei höherem Östrogenspiegel früher wahrgenommen. Die ODT der Schweiß-Gerüche

---

[103] Andrea Hurton: Erotik des Parfums - Geschichte und Praxis der schönen Düfte

[104] http://www.stern.de/panorama/wissen/mensch/geruchssinn-liebe-verwirrt-frauennasen-3436066.html

[105] Jellinek: Die psychologischen Grundlagen der Parfümerie, 4. Auflage, Individual- und Beigerüche, Seite 27

[106] *hauptsächlich durch Staphylococcus epidermidis Ax3, / haemolyticus Ax4 und Corynebacterium jeikeium*

[107] http://wissen.schwitzen.com/koerpergeruch/allgemeines/item/653-k%C3%B6rpergeruch-wissenswertes.html

M2HA und *HMHA* ist wiederum noch deutlich geringer und sind bei dem Thiol *MSH,* tausendfach geringer als beim *Exaltolid,* im Bereich von ~2pg/L.
Das ***(+)-(3S)-1-Methoxyhexane-3-thiol*** im *Salvia sclarea* weckt bereits bei ~40fg/L Assoziationen an menschlichen Achselduft. Das ***Weinlacton*** und ein weiteres ***Furanon*** machen sich bereits ab ~10fg/L als süßer Kokosnuss-Duft bzw. geschlechtsspezifisch ab ~1fg/L als Heu- oder Kokosnuss-Duft bemerkbar.
Bei der anaeroben Verstoffwechselung von Proteinen entstehen zusätzlich lineare, aber auch verzweigte ***Fettsäuren*** (*iso-Valeriansäure, iso-Buttersäure*). Daneben werden noch ***Indole*** und *Amine,* ***Thiole*** *(Mercaptane)* sowie Schwefelwasserstoff *(H_2S)* und ***Lactone*** *(Furanone)* gebildet.

Fettsäuren und ihre Ester

Die Gene bestimmen Haarfarbe und Augenfarbe, die UV-Verträglichkeit und die Pigmentierung der Haut, die Kettenlänge der Haut-Fettsäuren, und das allgemeine natürliche persönliche Duftprofil:

- Grüne Augen finden sich meist bei Personen mit leuchtend brandroten, rotbraunen und rotblonden Haaren. Die weiße Haut zeigt meist "Sommersprossen" und ist sehr UV-empfindlich. Ihr Individualgeruch wird durch die ***Capron-*** und ***Heptyl-Säure*** (Fettsäure C_6 und C_7) bestimmt und wird meist als exaltierend (stimulierend erogen) scharf und durchdringend empfunden.
- Graubraune Augen gehen meist mit braunen und dunkelbraunen Haaren, dunkelbraune überwiegend mit schwarzbraunen oder blauschwarzen Augen einher. Mit Ausnahme vieler Asiaten, welche für uns "Butterstinker" kaum riechen, wird der meist narkotisch-süßlich-ranzige Individualgeruch der braun- bis schwarzhaarigen Europäer(innen) von der ***Capryl-*** und ***Nonyl*-Säure** (Fettsäure C_8 und C_9) determiniert.
- Hellblaue und blaue Augen finden wir meist bei Menschen mit blonden Haaren. Ihr stimulierend-säuerlicher, relativ schwacher Individualgeruch beruht hauptsächlich auf der ***Butter-*** und ***Valerian*-Säure** (Fettsäure C_4 und C_5).

Im menschlichen Achselschweiß sind alle ***Fettsäuren*** von C_2 bis C_{16} vorhanden. Selbstverständlich haben diese unterschiedlichen Fett-Säuren auf der Haut auch Einfluss auf die Wirkung der Parfum-Inhaltsstoffe und die Parfümanwendung.[108]
Von den *Aldehyden* gleicher Kettenlänge wird hauptsächlich jedoch nur der *Nonyl-* und *Lauryl-Aldehyd* ***(Nonanal, Dodecanal)*** bei den *Alkoholen* nur der *Octyl-* und *Nonyl-Alkohol,* als erogen eingestuft.[109]

[108] *Siehe hierzu Hauttyp und Parfumanwendung, Genotyp Ed Siedler : Parfums – natürlich - Abb.13 Seite 39*
[109] Jellinek: Die psychologischen Grundlagen der Parfümerie, 4. Auflage, Seite 12 ff.

Die Trivialnamen von ***1-Octanol*** und ***1-Nonanol*** als Capryl- und Pelargon-Alkohol kennzeichnen deren Duftqualitäten.[110] [111]
Die Darmflora produziert ***Acetate, Propionate*** und ***Butyrate.***[112]
Diese Beigerüche werden bei der bakteriellen Verwertung von Ballaststoffen, Milchprodukten und weiteren Nahrungsmitteln produziert. Über das Blut gelangen die dazugehörenden ***Essig-***, ***Propion-*** und ***Buttersäuren*** als Botenstoffe ins Gehirn und helfen dort den Mikrogliazellen, Entzündungsreaktionen schnell und effizient zu bekämpfen.
Ein kaum wahrnehmbarer Hauch von ***Essig-, Propan-, Methylpropan-, Butan-, Methylbutansäure*** - oder einem Gemisch daraus - gelten als Attraktanzien. [113]
Deutlich wahrnehmbare Mengen an *Äthan-, Propan-, Butan-, Pentan-* und *Hexan- Säuren* riechen dagegen meist unangenehm scharf, ranzig nach Butter, Käse oder gar nach Ziegenbock. Mit *Alkoholen* wie *Methanol*, *Ethanol* oder *Propanol* entstehen jedoch auch Frucht-Ester: wohlriechend nach Apfel, Ananas, Himbeeren, Rum...
Die *Acetate*, die Ester der Essigsäure, sind meist anti-erogene frische Duftnoten. Die auch *Butanoate* genannten ***Butyrate,*** die Ester der Buttersäure, gelten dagegen überwiegend als erogene Duftstoffe.

Amine und das Abbauprodukt Indol

Die biogenen ***Amine*** besitzen große Bedeutung als Gewebshormone, Transmethylierungs- oder Transmitter-Substanzen. Außerdem befinden sich Amin-Derivate als Basen in der DNA. Im Eiweiß peptidisch gebundene Aminosäuren werden biochemisch zu Aminen und Kohlendioxid abgebaut.
Das Ausscheidungsprodukt ***Indol***, als Abbauprodukt der essentiellen Aminosäure *Tryptophan*, hat einen Duft-Schwellenwert von 140 ppb und gilt in sehr geringer Dosierung als erogener einheitlicher Riechstoff.[114]
Auch die Urfrauen leisteten sich (heimliche) Seitensprünge, um dabei eventuell Gene eines kräftigen Draufgängers abzustauben. Schaltet das Gehirn ganz einfach ab? Für die "Lust im Gehirn" sind Phenylethylamine verantwortlich, körpereigene Drogen, die wie Aufputschmittel wirken.[115]

[110] 1-*Octanol* = *Capryl*-Alkohol - Der Name leitet sich wie bei der *Caprylsäure* von capra (lateinisch: Ziege) ab, was auf den charakteristischen Geruch der Säure hinweist.
[111] 1-*Nonanol* erinnert an Citronell und Pelargonien bzw. Geranienduft ; 2-*Nonanol* riecht nach Gurke
[112] Acetate, Propionate und Butyrate sind die Ester der Essig-, Propion- und Buttersäuren. http://www.spektrum.de/lexikon/ernaehrung/kurzkettige-fettsaeuren/5068 Siehe auch : http://www.qucosa.de/fileadmin/data/qucosa/documents/3432/Dissertation_Vorpagel_Thomas.pdf
[113] Das gilt auch für viele Ester dieser Säuren: *Ester* + *Wasser* = *Alkohol* + *Säure*
[114] L-Tryptophan, Symbol Try: eine essentielle, heterozyklische Aminosäure mit aromatischem Indol-Ringsystem; F 293 °C; kristallisiert in farblosen, heißwasserlöslichen Blättchen; kommt, meist in geringer Menge, in vielen Eiweißen vor. L-Tryptophan wird oft als stimmungsaufhellend, beruhigend und gewichtsreduzierend beschrieben. Die stimmungsaufhellende Wirkung von L-Tryptophan beruht dabei vermutlich auf der Tatsache, dass es im menschlichen Körper zu Serotonin umgewandelt wird. Freie Amine sind verantwortlich für den charakteristischen Geruch nach Fisch. Säuren vermindern den unangenehm intensiven Amingeruch. In höheren Konzentrationen ist *Indol*, neben *Skatol* (3-Methylindol), Ursache für den typischen Gestank von Fäkalien.
[115] http://www.welt.de/print-welt/article177194/Treue_ist_von_der_Natur_nicht_geplant.html

Amine sind auch Signalstoffe, welche Erbinformationen kennzeichnen und unterschiedliche Reaktionen bei der Frau auslösen.[116]
Dabei ist Ablehnung oder Zuneigung auch abhängig vom Zyklus der Frau: Interessant ist hierbei, dass geschlechtsspezifisch zeitlich unterschiedliche Schwellenwerte und Duft-Wahrnehmungen bei Androstenol und Aminen auftreten. Kurz vor ihrem Eisprung bewerten Frauen Androstenol- und Schweiß-Gerüche der Männer wesentlich positiver. Wobei Frauen prägnant maskulinen Duft sonst meist ablehnten und unbewusst mit Aggressivität gleichsetzen. Amin-Derivate aus den Aminosäure-Sequenzen der männlichen Erbinformation lösen unterschiedliche Reaktionen bei der Frau aus. Kurz vor dem Eisprung werden fremde Gene bevorzugt. Dies soll gesunde Nachkommen sichern. In der übrigen Zeit, auch während der Einnahme der Pille und in der Schwangerschaft, sind der Frau ähnliche Gene und wenig ausgeprägter männlicher Duft lieber. Das kann so weit gehen, dass Frau während der Schwangerschaft oder während Einnahme der Pille ihren Mann "nicht (riechen) mag". [117]

Copuline

Aus sozialpsychologischen Studien wissen wir, dass die Frau – ohne sich dessen bewusst zu sein – die Männer verführt. [118]
Auch zeigen Fotoserien, dass Frau gleichzeitig mit dem Temperaturanstieg kurz vor dem Eisprung sich auffälliger kleidet und freizügiger auftritt. Hinzu kommt der Duft der Frau: Männer bewerten Frauen deutlich positiver, wenn sie (unbewusst) einem Hauch von *Essig-, Propan-, Methylpropan-, Butan-, Methylbutansäure* - oder einem Gemisch daraus - ausgesetzt sind.[119]
Einige Damen glauben, dass Vaginalsekret auf Brustwarzen ihren Umsatz steigert. Diese Attraktanzien sind kurz vor dem Eisprung vermehrt im Vaginalsekret der Frau vorhanden und werden auch Copuline genannt.[120]
"Zwar erkannten die Männer die Empfängnisfähigkeit nicht am Duft, doch ausgerechnet dann stieg ihr Testosteronspiegel - was wiederum die Bereitschaft der Männer zum Sex immens erhöhte und deren Verstand weitgehend ausschaltete." Diese rasche Testosteron-Ausschüttung wird von mir und vielen Forschern bezweifelt. Trotzdem bleibt es Tatsache, dass Copuline Männer unbewusst derart beeinflussen, dass deren Beurteilungsfähigkeit nahezu völlig zusammenbricht.[121]

---

[116] Liebe: Hormonstatus und Gentyp bestimmen die Partnerwahl: Dopamin, Serotonin, Östrogen, Testosteron https://www.zdf.de/wissen/leschs-kosmos/liebe-das-maerchen-von-der-freien-wahl-leschs-kosmos-mit-100.html
[117] Die Pille als Liebeskiller: http://www.medi-cine.tv/gesundheit/gesundheit-frau.html und http://wissen.schwitzen.com/koerpergeruch/allgemeines/item/653-k%C3%B6rpergeruch-wissenswertes.html
[118] Studie des österreichischen Forschers Karl Grammer ergab, dass Frauen – ohne sich dessen bewusst zu sein – die Männer verführen. http://gesund.co.at/flirten-verfuehren-12235/
[119] Das gilt auch für viele Ester dieser Säuren: Ester + Wasser = Alkohol + Säure
[120] attractants: Die Vagina stellt in sechs bis acht Stunden ~ 0,1mg = 0,0001g dieser Säuren her.
[121] https://www.welt.de/welt_print/article720380/Der-Duft-der-Frauen.html

Sicher ist: Bei Kellnerinnen verdoppelt sich das Trinkgeld vor und während dem Eisprung.[122]

Thiole (Mercaptane)

Der Gestank von *Dihydrogensulfid* (H_2S) sowie der, als Warnsubstanz im Erdgas zugemischten, früher Mercaptane genannten Thiole ist hinreichend bekannt. *Schwefelwasserstoff* und ***Thiole*** sind unangenehm riechende Warnsubstanzen.

Die Zwiebeln der Kaiserkrone *(Fritillaria imperialis)* verströmen einen intensiven Geruch nach *3-Methyl-2-buten-1-thiol*. Besonders verrufen ist diese schwefelhaltige Verbindung bei Braumeistern, da sie dem zu lange im Licht gelagerten Bier ein ausgesprochen übles schwefelartig stinkendes Bouquet verleiht. Die gefürchteten "Stinkerbohnen" im Kaffee enthalten ebenfalls Prenylthiol. *3-Methyl-2-buten-1-thiol* schmeckt so intensiv, dass wir es herausschmecken können, wenn zwei Tropfen davon in ein Schwimmbad geträufelt werden.[123]

Das im Muskateller Salbei je nach Herkunft mehr oder weniger vorkommende ***(+)-(3S)-1-Methoxyhexane-3-thiol*** liefert einen Salbei-Duft, welcher Assoziationen an stark verschwitzte Unterwäsche weckt, mit einer deutlichen Bei-Note nach verbranntem Schwefel. Muskateller Salbei enthält daneben auch *Buttersäure, Caryophyllenoxid, Gerbsäure, Kampfer, Limonen, Linalool, Myrcen, Nerolidol, Rosmarinsäure, Terpinolen, Sclareol.* Aus ***Sclareol*** kann das wohlriechende ***Ambrox*** hergestellt werden. Beschrieben wird eine östrogenartige Wirkung. Muskateller Salbei wirkt leicht halluzinogen und innerlich zusammen mit Alkohol oder eisenhaltigen Stoffen stark euphorisierend.

Im Mittelalter wurde mäßiger Wein durch Zugabe von *Salvia sclarea* zum "Muskateller" aufgewertet. Die Verstärkung der Alkohol-Wirkung wird, wegen der angeblich besonderen Süffigkeit des so gepanschten Weins, (auch) auf vermehrten Genuss zurückgeführt. Die damit Besoffenen neigten vermehrt zu Übermut und grobem Unfug. Die Betroffenen wussten danach meist nie, was sie taten und wie was geschah.[124]

Das im menschlichen Schweiß vorkommende Thiol ***3-Methyl-3-sulfanylhexan-1-ol*** riecht schweflig und nach Grapefruit. Auch das den Duft des Muskateller Salbei dominierende ***(+)-(3S)-1-Methoxyhexane-3-thiol*** hat

[122] *Das berichtete der Psychologe Geoffrey Miller 2007 in der Fachzeitschrift "Evolution and Human Behavior".*

[123] *3-Methyl-2-buten-1-thiol*, *Prenylthiol* : http://www.zeit.de/2013/18/stimmts-bier http://www.chemspider.com/Chemical-Structure.129292.html?rid=1df60ffc-4f97-4f34-a801-f2ce9108f986

[124] "Blackout nach Sauftour": Ursprünglich Victor von Hase 1855 in Heidelberg (später ein bekannter Jurist) : "Mein Name ist Hase, ich verneine alle Generalfragen, ich weiß von nichts." Dies sprach sich sich blitzschnell unter den Studenten herum. Zur unverhohlenen Freude all der beteiligten Studenten und Professoren, bestritt angeblich auch ein Jura-Student in Marburg unerschütterlich seine Beteiligung an einer Sauftour und Nachtruhestörung mit den Worten: "Mein Name ist Hase. Ich bestreite die Anklage in allen wichtigen Punkten, ich weiß von nichts". -

eine Bei-Note nach verbranntem Schwefel. *„Hatte dieses Pärchen gerade Sex?“* Artgenossinnen erkennen dies an der erhöhten Schweißproduktion und angeblich auch am verräterischen Duft...
Die bereits ab 0,04 pg/Liter Luft wahrnehmbare Bei-Note nach verbranntem Schwefel ist meines Erachtens keinesfalls ein Attraktant sondern ein Alarm-Pheromon: Schon die Aura, der Hauch dieses Duftes, bewirkt eine erhöhte Adrenalin-Ausschüttung, erhöht unsern Puls und Blutdruck, und löst das Gefühl aus: *"Achtung! - Da ist noch jemand.“* Oder: *„Da war doch gerade noch jemand da!"*
Dazu passt auch die bei beiden Geschlechtern beobachtete Zunahme der Geruchssensibilität für *Mercaptane* bis zum zwanzigsten Lebensjahr, danach folgt eine sukzessive Abnahme bis fünfzig, eine beschleunigte Abnahme bis siebzig und einen massiven Verlust der Geruchssensibilität ab achtzig Jahren. Während rund 75% der Zwanzigjährigen Mercaptan-Geruch als widerwärtig stinkend einstufen, akzeptieren nahezu 75% der Achtzigjährigen diesen Duft.[125]

Lactone

Besonders interessant sind die ***Lactone*** mit ihren während dem weiblichen Zyklus schwankenden Duft-Schwellenwerten. Während das aus dem natürlichen Rohstoff Angelica-Wurzel gewonnene ätherische Öl (in *Fougère-Noten)* als krautig und anti-erogen eingestuft wird, gilt das reine ***Exaltolid*** verdünnt generell als süßblumig und erogen.
Es gibt Lactone, genauer *Furanone,* welche geschlechtsspezifisch unterschiedlich Dufteindrücke auslösen: Das *Weinlacton* empfinden Männer als intensiven süßen Kokosnuss-Duft, Frauen jedoch als Heu-artig. Dagegen beschreiben Männer das zehn Mal intensivere *Furanon* mit dem Duft-Schwellenwert von 1fg/Liter als deutliche Heu-Note Coumarin-artig, Frauen jedoch als Kokosnuss-artig.

Attraktivität und das Hormon Oxytocin

Perfekte Gesichtszüge, ein durchtrainierter Körper und optimale Pflege machen einen Mann attraktiv. Glänzende Augen, kräftige und glänzende Haare, schöne Haut – all das deutet darauf hin, dass ein Mann gesund ist: **Attraktivität ist an die Gesundheit gekoppelt.** Wenn er zu wenig zuhört, zu viel und nur "Nonsens" redet, ist das schlimm. Aber entscheidend ist meist sein Mut und sein Gesamtkörpergeruch. Viele Männer empfinden anscheinend ihren eigenen Körperduft und ihren Körperschweiß in der Kleidung erst dann als störend, wenn sie darauf hingewiesen werden.[126]

"Wenn mein Mann seine Jagdklamotten anzieht,

[125] Empfindlichkeit auf *Mercaptan* (als Gas-Indikator): Gilbert & Wysocki, National Geographic 1987, 172, 515-525
[126] Damenkränzchen kommentiert schmunzelnd den "Duft" der Männer

dann geht sein Jagdhund freiwillig voraus an die frische Luft."

Also meine Herren, denken Sie bitte an Folgendes, bevor Sie auf "Pirsch" gehen:

"Neulich kam er (mein Mann) heim, und meinte,
irgend etwas würde sein Wild vergraulen..."

Wenn das "Wild" ihren Körperduft als unangenehm empfindet, vergraulen sie es. Frauen geben uns manchmal eine zweite Chance, spätestens dann sollte Mann duschen und die Kleider wechseln, sonst ist alle Liebesmüh vergebens...

90% der Frauen finden es attraktiv, wenn ein Mann gut duftet. Die richtige Duftnote ist jedoch bekanntlich Geschmackssache. Wählen Sie einen Duft, den Sie selbst gern mögen und der Ihre Persönlichkeit unterstreicht. Heute ist allgemein bekannt:

Frauen sind bei der innigen Freundschaftsentwicklung wesentlich aktiver als Männer. Das häufig auch als „Liebeshormon" bezeichnete Antistresshormon *Oxytocin* wird im Körper bei Berührungen und Umarmungen mit Freunden produziert. Aber auch der Blick in die Augen eines geliebten Menschen setzt das Hormon frei. *Oxytocin* baut Vertrauen auf und reduziert die Angst.[127]

Frauen unterstellen Männern mit sanfteren Gesichtszügen und ähnlichen Genen Zuverlässigkeit, Treue und ein häusliches Wesen – und damit Beziehungstauglichkeit. Auch Freunde haben – ebenso wie Verwandte vierten Grades – eine verblüffend ähnliche DNA und auch einen ähnlichen Geruchssinn.[128]

Das auch als "Kuschelhormon" bekannte *Oxytocin* macht für Männer die eigene Partnerin im Vergleich mit anderen Frauen attraktiver. *Oxytocin* hält Männer vom Flirten mit anderen Frauen ab, sie halten mehr Abstand zu fremden Frauen.[129]

69% der Frauen schauen einem Mann zuerst ins Gesicht. Abhängig von der jeweiligen Zyklusphase stehen Frauen auf sanfte oder markante Gesichtszüge: Kurz vor und während ihrer fruchtbaren Tage finden Frauen gesunde mutige Männer mit markanten Gesichtszügen und fremden Genen am attraktivsten.[130]

Das "Kuschelhormon" Oxytocin baut Vertrauen auf, reduziert Angst und Schmerz: Frauen dulden nun generell prägnanteren maskulinen Duft und, auch bei fremden Männern, mehr Nähe.[131]

---

[127] *Oxytocin* : http://www.fr-online.de/liebe/freundschaft-die-kleine-schwester-der-liebe,30735670,30809682.html

[128] http://de.sott.net/article/14934-Freunde-haben-mehr-genetisches-Material-gemeinsam-als-Fremde

[129] Oxytocin : http://www.spiegel.de/wissenschaft/medizin/treue-maenner-kuschelhormon-oxytocin-macht-partnerin-attraktiver-a-935659.html http://www.zeit.de/2016/15/oxytocin-hormon-gehirn-forschung/komplettansicht http://www.spektrum.de/news/oxytozin-mehr-als-nur-ein-kuschelhormon/1357235?wt_zmc=sm.int.zonaudev.facebook.ref.zeitde.redpost.link.sf http://www.zeit.de/2016/15/oxytocin-hormon-gehirn-forschung/komplettansicht http://neurosciencenews.com/oxytocin-blood-levels-5441/

[130] http://suite101.de/article/was-frauen-attraktiv-finden-a45564#.VQm6ol6DEsY

[131] http://derstandard.at/2000033655451/Der-sozio-emotionale-Schalter-im-Menschen?ref=rss

Gene - gute Fremde

MHC-Komplexe werden beim Menschen auch ***HLA*** *(engl. human leucocyte antigens)* genannt. Ein gutes Immunsystem besitzt eine Vielzahl unterschiedlicher Antigene. Mit der Bevorzugung gesunder Männer mit möglichst fremden *MHC-Komplexen* erhöhen Frauen die Chance auf gesunden, kräftigen Nachwuchs mit einem guten Immunsystem. Wenn das so ist, müssten sich fremde Antigene auch im heutigen Erbgut nachweisen lassen.

Schauen wir uns die Verteilung der Varianten des Antigens ***HLA-A-C*** genauer an: Rund 2% dieses Genoms finden wir heute in Mitteleuropa, im Baltikum sind es 3%, in Nord-Skandinavien 4% und in Großbritannien und Irland sogar 5%. In Südostasien finden wir heute vor allem im Grenzbereich von Myamar zu China bis zu 6,8 Prozent dieses *HLA-A-C*-Antigens. Forscher vermuten, dass diese Genvarianten der Nordeuropäer vom Neandertaler bzw. bei den Südosteuropäern vom Denisova-Menschen stammen. [132]

Bei Afrikanern finden wir die Antigen-Variante ***HLA-A*11*** nie. In Europa haben meist nur vier bis acht Prozent der heutigen Bevölkerung dieses Antigen. In Südostasien (Tibet, Südchina im Grenzbereich zu Birma) ist es mit bis zu achtundfünfzig Prozent extrem häufig. *HLA-A*11* bietet einen besseren Schutz gegen einige Stämme des Epstein-Barr-Virus, welches das Pfeiffersche Drüsenfieber auslösen kann und mit einigen Krebserkrankungen in Verbindung gebracht wird. [133] [134]

Die Hälfte der Antigene der ***HLA-A-Klasse***, die heute bei Europäern zu finden sind, kommt den Forschern zufolge von Neandertalern. In einigen Regionen in Ostasien (Korea, Amurgebiet, Japan) sind es über achtzig Prozent. Bei den Südostasiaten stammten insbesondere in Myamar und Südchina sowie in Papua-Neuguinea sogar bis zu 98,2% dieser *HLA-A Antigene* von den Denisova-Menschen. [135]

Kurz vor und während ihrer fruchtbaren Tage finden Frauen gesunde mutige Männer mit möglichst fremden Antigenen am attraktivsten. Bei Antigen-Anteilen von rund 50% bis zu 98,2% wie beim *MHC-Komplex HLA-A* ist in den letzten 100.000 Jahren mehrheitlich von einvernehmlichen Sexualkontakten auszugehen. [136]

---

[132] http://www.spiegel.de/fotostrecke/genvarianten-fuers-immunsystem-neandertaler-spuren-im-menschlichen-erbgut-fotostrecke-72148.html

[133] http://www.spiegel.de/fotostrecke/genvarianten-fuers-immunsystem-neandertaler-spuren-im-menschlichen-erbgut-fotostrecke-72148-2.html

[134] http://wissen.schwitzen.com/koerpergeruch/allgemeines/item/653-k%C3%B6rpergeruch-wissenswertes.html MHC, Ohrenschmalz und Neigung zum Schwitzen

[135] http://www.spiegel.de/fotostrecke/genvarianten-fuers-immunsystem-neandertaler-spuren-im-menschlichen-erbgut-fotostrecke-72148-3.html - Denisova - Fundort Altai-Gebirge

[136] Seither waren oftmals andere Szenarien im Gespräch. Vergleiche hierzu auch die Erzählung Rulaman von David Friedrich Weinland http://www.wissen-im-netz.info/literatur/weinland/rulaman/28.htm

Beachtenswert ist hierbei: „..die Frauen der Neandertaler besaßen eine um zehn Prozent höhere Muskelmasse als heutige europäische Männer..." [137]

Fremde *MHC-Komplexe* erhöhten und erhöhen effektiv die Chance auf gesunden, kräftigen Nachwuchs mit einem guten Immunsystem. Bereits durch Sexualkontakte von Neandertalern und Cro-Magnon-Menschen und anderen frühen Menschen gelangten diese guten fremden Gene in unser heutiges Erbgut. [138] [139]

---

[137] https://www.welt.de/wissenschaft/evolution/article4871071/Powerfrauen-und-Muskelmaenner-im-Neandertal.html - https://www.cam.ac.uk/research/news/prehistoric-womens-manual-work-was-tougher-than-rowing-in-todays-elite-boat-crews

[138] http://www.scinexx.de/wissen-aktuell-17026-2013-12-19.html Bislang unbekannte frühe Menschen.

[139] https://www.zdf.de/dokumentation/zdfinfo-doku/die-vergessenen-vorfahren-der-menschheit-100.html http://www.mpg.de/7666290/neandertaler_genomprojekt Das Forscherteam von Svante Pääbo, Direktor am Max-Planck-Institut für evolutionäre Anthropologie Leipzig hat Ende 2013 einen endgültigen Katalog der Gene zusammengestellt, in denen sich heute lebende Menschen von Neandertalern, Denisova-Menschen und den Menschenaffen unterscheiden.

Parfums sind mehr als nur Duft

Duft-Erinnerungen

Winter auf der Schwäbischen Alb
Ed Siedler: Parfums – natürlich – Abb.:5

Frühling, Kloster Neustift, Südtirol
Ed Siedler: Parfums – natürlich – Abb.:6

Düfte können ebenso wie Bilder alte längst vergessen geglaubte Erinnerungen an einen kalten schneereichen Wintertag oder an einen warmen Frühlingstag auslösen.
Die meisten Düfte sind Terpenoide, d.h. Abkömmlinge der *Terpene.* Dazu gehören die Holz-Düfte der Pinien, Zedern und anderer Bäume, die Citrus-Noten der Orangen ebenso wie die von Lemongras, Frucht-Aromen von Aprikosen, Trauben oder Kirschen, die würzigen und herbfrischen Noten der Kräuter Thymian, Fenchel, Kümmel, Pfefferminze, Rosmarin oder Lavendel, und noch viele mehr. Die Systematik der *Terpene* orientiert sich an der Anzahl der C-Atome des jeweiligen Moleküls.
Aufgrund der Bio-Synthese aus aktiviertem Isopren kennen wir *Hemiterpene* (C5), doppelt so lange *Monoterpene* (C10), dreimal so lange *Sesquiterpene* (C15), viermal so lange *Diterpene* (C20), die relativ selten vorkommenden *Sesterterpene* (C25), die 30 C-Atome enthaltenden *Triterpene* (C30), acht Mal so lange *Tetraterpene* (C40), sowie *Polyterpene*, die durchaus 500 oder mehr C-Atome enthalten können.
Es ist erscheint vermessen die Vielfalt der Duftstoffe in zwei Tabellen zusammenfassen zu wollen: Die meisten dieser Stoffe wurden aus Platzgründen nicht in den Tabellen genannt. Hinzu kommt, dass es sehr viele Aromen und Riechstoffe gibt, die keinesfalls zu den *Terpenoiden* gehören: So sind neben *Methylbutyrat* beispielsweise *Ethylbutyrat, Isopentylbutyrat* oder *Methylisobutyrat* die nach 'Apfel', 'Ananas', 'Birne' oder 'Aprikose' schmecken und riechen, sogenannte Fruchtester.[140] [141]

---

140 *Isopentylbutyrat = Isoamylbutyrat = Buttersäure-Isoamylester*
141 *Fruchtester* → Tabelle

Auch der Blütenduft des Jasmin beruht neben dem Mono-Terpen-Alkohol *Linalool* auf Nicht-Terpenen, wie *Benzylalkohol,*[142]
Benzylacetat, Benzylbenzoat, Jasmon,[143]
Indol[144]
und *Methyljasmonat*[145]
als wichtigste Inhaltsstoffe.

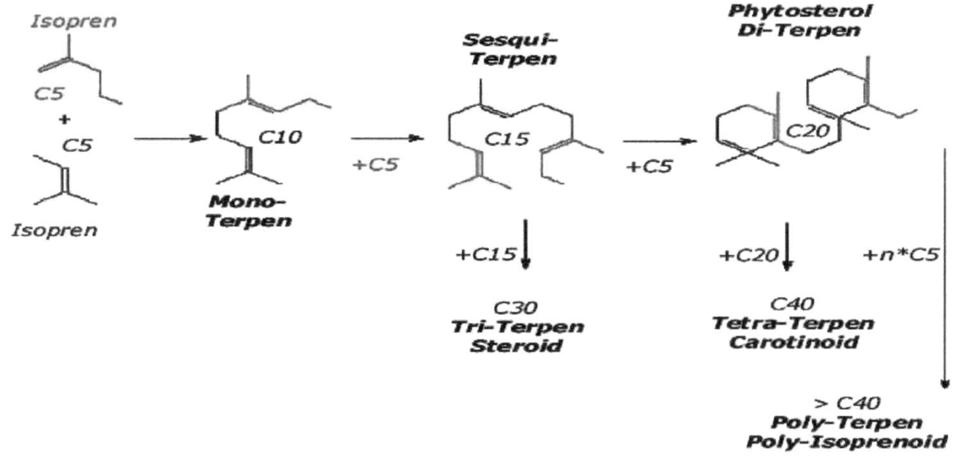

Die Biosynthese der Terpenoide [146]
Die aktivierenden -OPP Pyrophosphat-Gruppen entstehen in den Pflanzen aus der Mevalonsäure.
Ed Siedler: Parfums – natürlich – Abb.:7

Betrachten wir die Strukturen genauer, so finden wir Moleküle, die ebenso wie das acyclische *Myrcen* und *Ocimen* zehn C-Atome enthalten. *Squalen* ist ein acyclisches Triterpen. Ebenfalls keine funktionellen Gruppen aber eine oder zwei Ringstrukturen haben das monocyclische *Limonen*, *Terpinen*, *Humulen* oder das bicyclische *Pinen,* *ß-Caryophyllen*.

Hinzu kommen eine Vielzahl an Stoffen, die sich daraus ableiten: *Terpen-Säuren*, *n-* und *iso-Alkohole, Aldehyde* und *Ketone, Ester* und *Lactone, Oxide, Phenolisopropane* und *Phenylpropane,...*

Kurzkettige *Säuren, Alkohole, Aldehyde*,... sind meist in Wasser löslich. Bei langkettigen Verbindungen mit polarer Struktur nimmt die Wasserlöslichkeit deutlich ab. Die meisten Terpene sind in Wasser schwer löslich, lösen sich aber gut in unpolaren Lösungsmitteln.

---

[142] *Benzalalkohol* oder *Benzylmethanol* mit C_6..*C-OH* Struktur
[143] *Jasmon,* $C_{11}H_{16}O$ mit Ketonstruktur
[144] *Indol,* eine konzentriert widerlich riechende Stickstoffverbindung mit C_8..*NH* Struktur
[145] *Methyljasmonat,* $C_{13}H_{20}O_3$ ein *Ester.* Ebenso wie die *Jasmonsäure* ein Phytohormon.
[146] Vereinfachte und ergänzte Darstellung. Die ursprüngliche Darstellung stammt aus Peter v. Sengbusch: Botanik online, Isoprenoide / Terpene http://www.biologie.uni-hamburg.de/b-online/d20/20b.htm

Terpenoide - einheitliche Riechstoffe

C	Terpen	-COOH Säure	C-OH -C-OH iso-, n-Alkohol -ol	H -C=O Aldehyd -al	C=O Keton -on
5	-OPP	GHB [147] Methylbutan-[148] Methylbuten-[149]			
10	Myrcen Ocimen Perillen [150] Limonen Phellandren Terpinen, Pinen 3-Caren	Geranium-	Nerol Geraniol Linalool Citronellol Terpineol [151] Menthol Borneol	Neral (Citral) Geranial (Citral) Citronellal Nonanal [152] Decanal	Carvon [153] Piperiton [154] Fenchon Verbenon [155] Thujon [156] Pinacarvon [157] Campher(on)
15	Dendrolasin Zingiberen ß-Bisabolen Humalen Caryophyllen Daucan	Abscisin- [158] Artemisia-	Farnesol [159] Nerolidol Bisabolol Carotol Viridiflorol Cedrol	Farnesal Sinensal Vanillin [160] Heliotropin [161] Coumarin [162]	Vetivon Nootkaton Jonon [163]
20	Phytan	Phytan- Abietin- Gibberellin-[164]	Phytol Retinol [165] Sclareol [166]		
25	Ircinin [167]				
30	Squalan [168] Squalen	Fusidin- [169] Betulin- [170]	Ambrein [171] Ambrinol Betinol	Iridal [172]	
40	ß-Carotin [173]				
50	Polyterpene		Betulaprenol		
100	Polyprene [174]		Dolichol [175]		

Terpenoide - einheitliche Riechstoffe – Übersicht Teil 1
Ed Siedler: Parfums – natürlich – Abb.:8

---

[147] *Gamma-Hydroxy-Buttersäure* = *4-Hydroxybutansäure* = Liquid Ecstasy, Partydroge
[148] *3-Methylbutansäure* = *Isovaleriansäure* riecht nach Baldrian → *Isovaleriansäureester*
(R)-2-Methylbutansäure riecht durchdringend käsig, schweißig, nach altem Hopfen (in Bier)
(S)-2-Methylbutansäure riecht angenehm süß, fruchtig Aprikose = Marille. → *Isobutansäure-Ester*
[149] *(E)-2-Methyl-2-butensäure* = *Tiglin-Säure*, → röm. Kamille; Apfel, Renette → *Isobutensäure-Ester*
(Z)-2-Methyl-2-butensäure = *Angelica-Säure* riecht beißend sauer (Beruhigungsmittel)
[150] *Perillen,* Aroma / Abwehrpheromon der Termiten
[151] *Thio-Terpineol*, im Grapefruitsaft. Geruchschwelle des Racemats in Wasser 10^{-13} ~ D13
[152] *Nonanal* = *Pelargonaldehyd* ist ein *C9-al* mit orangen-blumig-rosenartigem durchdringendem Duft.
[153] *Carvon*, z.B. in Dill ***[!]*** Vorsicht: ***giftiges*** Keton. → ***Die Menge macht's.***
[154] *Piperiton*, Inhaltsstoff in → *Eucalyptus dives*
[155] *Verbenon*, Pheromon des Borkenkäfers, → *Rosmarinus officinales* Chemotyp *Verbenon*
[156] *Thujon*, z.B. in Beifuß, Thuja, Salbei, Wermut ***[!]*** Vorsicht: Thujon ist ***giftig.*** → ***Die Menge macht's.***
[157] Pinocarvon, Sexualhormon des Kiefernspanners, Inhaltsstoff in → *Eucalyptus globulus*
[158] *Abscisin-Säure,* ein Phytohormon, steuert Blattabwurf, hat Wachstums-hemmende Wirkung
[159] Genschalter = QSM. Farnesol, Nerolidol blockieren die Mycel-Bildung bei Hefen.
[160] *Vanillin, Benzaldehyd* C_6CHO mit einer zusätzlichen *Methoxy-* $-OCH_3$ und *Hydroxy-* $-OH$ Gruppe
[161] *Heliotropin* = *Piperonal* enthält statt $-OCH_3$ $-OH$ einen zweiten Ring $-OCH_3-O-$
[162] *Coumarin* = *Chromen-2-on* =*1,2-Benzopyron,* $C_9H_6O_2$ der Duft von Waldmeister, Heu, Tonkabohnen
[163] *C13-Ketone: Pseudojonon* und *Jonon* $\alpha\ \beta\ \gamma$ *'Veilchen* sowie *Damascenon* $\alpha\ \beta\ \gamma\ \delta$ 'Rose
[164] *Gibberellinsäure,* ein Phytohormon, fördert die Keimung und hebt die Winterruhe auf
[165] Retinol = Vitamin A
[166] *Sclareol,* Ausgangsstoff für die Synthese von *Ambrox.* → *Muskateller Salbei*
[167] *Ircinin I* blockiert das Wachstum von menschlichen Hautkrebszellen.
[168] Weitere Triterpene sind z.B. die *D-Vitamine* und *Gallensäuren,* sowie *Gonan (Steroide)*

Besonders *Mono-, Sesqui-* und begrenzt *Diterpene* sind wasserdampfflüchtig, dies ermöglicht die Gewinnung ätherischer Öle mittels Wasserdampfdestillation. Einige haben ein höheres spezifisches Gewicht und sammeln sich langsam am Boden unter dem Wasser...
Die meisten ätherischen Öle sind leichter als Wasser, manche sind (teilweise) wasserlöslich und bilden mit dem Wasser Hydrolate.[176]

Die gezielte Verkettung des Kohlenwasserstoffs Isopren war bislang problematisch und erzeugte meist eine Vielzahl an unterschiedlich langen Terpenen. „Es gab bislang keine zuverlässige Kontrolle über den Beginn und den Abbruch der Reaktion", erklärt Prof. Ludwig von der Universität Rostock. Jetzt wissen wir, zu welchem Zeitpunkt das Produkt entnommen werden muss, damit es nicht zu unbrauchbaren großen Molekülen weiterreagiert.[177]

Monoterpene (C10) wie beispielsweise die *Limonen* und *Pinen* sind meist dünnflüssig und klar. Sie gelten allgemein als antiseptisch, stimulierend sowie erfrischend. Die ***Alkohole** Nerol**,** Geraniol* und *Linalool* sind zusätzlich Stimmung-aufhellend und allgemein Haut-pflegend.
Sesquiterpene (C15) wie beispielsweise *ß-Bisabolen* sind dickflüssig und überwiegend gelb bis braun. Sie gelten als beruhigend und Haut regenerierend. Der Alkohol *Bisabolol* beschleunigt zusätzlich die Wundheilung. *Farnesol* und *Nerolidol* sind Haut-freundliche Deo-Wirkstoffe und Gen-Schalter.

Aldehyde wie beispielsweise *Neral* und *Geranial (Citral)* oder *Citronellal* und *Heliotropin* sind bewiesenermaßen antiviral und haben ebenso wie ***Vanillin*** und *Coumarin* beruhigende Eigenschaften.

Ester wie beispielsweise die *Acetate* (Essigsäureester) *Linalyl-acetat* und *Bornyl-acetat,* die *Butyrate* wie *Methyl-butyrat* oder die *Tigliate* wie *Geranyl-tigliat* haben entkrampfende und emotional ausgleichende Wirkungen.
Interessante ***innere Ester*** (Lactone) sind beispielsweise das Vitamin C *(Ascorbinsäure),* die pfirsich- oder kokosartig schmeckenden *Decanlactone (Decanolide)* und der Moschusriechstoff *Pentadecanolid.*

---

[169] *Fusidinsäure* beeinflusst den Stoffwechsel von Bakterien. Einsatz als → Antibiotikum
[170] *Betulinsäure,* Inhaltsstoff z.B. von Birkenrinde, hemmt HIV. Birkensaft enthält Feuchtigkeit-speichernde, zellschützende, entzündungshemmende Zuckermoleküle.
[171] *Ambrein,* geruchloser Hauptinhaltsstoff des *Ambra grisea. Ambrein* oxidiert zu *Ambrinol und Ambrox.*
[172] *Iridale,* Duftstoffe in Schwertlilien → *Iris x*
[173] *ß-Carotin, Provitamin-A* und weitere Farbstoffe → *Carotinoide*
[174] *Guttapercha, Kautschuk,* Löwenzahn-Saft und andere Pflanzensäfte → *Polyisoprene* → *Gummi*
[175] *Dolichole,* organische Moleküle aus 17...22 Isopren-Einheiten.
[176] *Echtes Rosenwasser* ist ein *Hydrolat. Rosenwasser* ist heutzutage meist nur *Rosen-Öl* in *Wasser.*
[177] Gezielte Herstellung von Terpenen durch Verkettung des Kohlenwasserstoffs Isopren - Ziegler-Natta-Katalyse - http://www.uni-rostock.de/detailseite/news-artikel/rostocker-chemiker-am-innovationspreis-fuer-herst/

Terpenoide - einheitliche Riechstoffe					
C	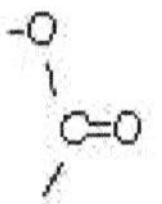 ***Ester -at***	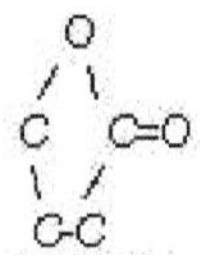 ***Lacton -olid***	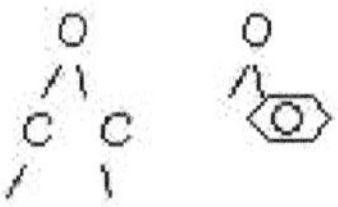 ***Ether, Oxid***	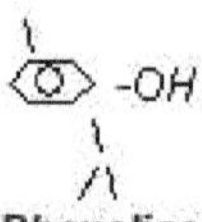 ***Phenolisopropan***	 ***Phenylpropan***
5	*Methyl-butyrat*				
10	*Geranium-formiat* *Linalyl-,* *Bornyl-acetat* *Geranyl-tiglat* *ASS* [178]	*Decanolid* [179]	*Neroloxid* *Rosenoxid* *Linalooloxid* [180] *Dillether* *Cineol =* *Eucalyptol*	*Anethol* *Eugenol* *Cinnamal* [181] *Estragol* [182]	*Thymol* *Carvacrol*
15		*Pentadecanolid* = *Exaltolid* [183] *Costunolid* [184]	*Caryophyllen-oxid* *Aucubin* [185]		
20	*Chlorophyll*				
30			*Ambrox* [186]		
50			*Ubichinon* [187]		

Terpenoide - einheitliche Riechstoffe - Übersicht Teil 2
Ed Siedler: Parfums – natürlich – Abb.:9

Oxide wie *Cineol* bzw. *Eucalyptol* sind beispielsweise Bestandteil von schleimlösenden und Auswurf-fördernden Arznei-, Heil- und Hausmitteln. Die *Phenolisopropane Anethol* und *Eugenol* sowie das Phenylpropan *Thymol* sind sowohl Riechstoffe als auch bewährte Inhaltsstoffe von Arzneimitteln.

Einheitliche Riechstoffe sind durch Destillation und weitere meist sehr aufwändige Trennverfahren aufbereitete natürliche oder synthetische Einzelstoffe. Dazu zählen die oben genannten ***Nicht-Terpenoide*** wie *Ethylbutyrat,Methylbutyrat, Isopentylbutyrat* oder *Methylisobutyrat, Benzylalkohol*, *Benzylacetat, Benzylbenzoat, Jasmon, Indol* und *Methyljasmonat,* sowie die **terpenoiden Duftstoffe** *Geraniol, Nerol,*

---

[178] *Acetylsalizylsäure = Aspirin = Essigsäuresalizylester,* $C_9H_8O_4$ ein Schmerzmittel

[179] *Decanolid, Decalacton,*
(R)-(+)-γ-Decalacton hat ein pfirsichartiges, fruchtiges Aroma ~ *Pfirsichlacton* = γ-*Undecalacton = »Aldehyd C14« (S)-(−)-γ-Decalacton* besitzt ein kokosartiges, fettiges Aroma ~ *Kokoslacton* = γ-*Nonalacton = »Aldehyd C18«*

[180] *Linalooloxid,* antiviraler Inhaltsstoff in *Hyssopus off. var. decumbens*

[181] *Cinnamal = Zimtaldehyd = trans-3-Phenyl-2-propenal =* C_9H_8O irritiert Haut.
Tötet ab 29 mg/kg Mückenlarven: http://www.wissenschaft.de/wissenschaft/news/243037.html

[182] Limit für *Methyleugenol, Estragol = Methylchavicol, Safrol* 10mg/kg Endprodukt = 0,0010% = 10^{-5} ~ D5

[183] *Exaltolid* gehört ebenso wie *Ambrettolid, Muscon, Zibeton* (C_{16}) zu den macrozyklischen Moschusriechstoffen.

[184] *Costunolid,* unerwünschter photo-sensibilisierender Bestandteil im *Costuswurzel-Öl, Lorbeer-Öl,* in *Artemisia balchanorum,* Lebermoosen, im Tulpenbaum und anderen Magnoliagewächsen, in *Tanacetum* der "ägyptischen Kamille"

[185] C_9 weil eine *Methylgruppe* während der Biosynthese oxidiert und dann als CO_2 abgespalten wurde.

[186] *Ambrox*, halbsynthetisch aus *Sclareol* oder ähnlich wie Vitamin A synthetisch hergestellter Ambrariechstoff.

[187] *Ubichinon10, Q10,* Coenzym, Nahrungsergänzung. Strukturverwandt: *Vitamin K* und *Vitamin E = Tocopherol*

Citronellol, und deren *Aldehyde Geranial, Neral, Citronellal,* und noch viele mehr.

Natürliche ätherische Öle und Pflanzenauszüge

Im Gegensatz zu einheitlichen Riechstoffen bestehen natürliche ätherische Öle und Pflanzenauszüge aus einer Vielzahl von Inhaltsstoffen. Die heutzutage verwendeten Qualitätskontroll- und Strukturanalyse-Methoden kombinieren bewährte chromatische Methoden, Kristallstrukturanalysen mit denen der modernsten Messmethoden der Massen- und Magnetresonanz. Manche angenommene Strukturen mussten dadurch inzwischen korrigiert werden:
Citral ist beispielsweise kein einheitlicher Riechstoff sondern ein Gemisch (Racemat) aus den *Aldehyden Neral* und *Geranial.*
Sogar das jeweilige Alter der verwendeten Pflanzen hat einen Einfluss: Jungpflanzen liefern bevorzugt *Terpene*, ausgewachsene Pflanzen zunehmend *Alkohole*, *Aldehyde* und *Ketone.*Riechstoffe sind oftmals Signalstoffe und mit bereits nachgewiesenen Pheromonen aus der Pflanzen- und Tierwelt sowie der Menschheit verwandt.

Der Übergang von den Duftstoffen zu den Molekülschaltern[188]
wie ***Nerolidol*** mit 15 C-Atomen und weiter zu den *Balsamen* und *Harzen* und einigen *Vitaminen* sowie zu den als *Hormone* bekannten *Phytosterolen* und *Steroiden* mit 20 bzw. 30 C-Atomen zu einigen *Cytostatica, Antibiotica* sowie den meist gelb bis rot färbenden *Carotinoiden* mit C_{40} ist fließend.

Deosprays enthalten meist Weingeist *(Ethanol,* Alcohol denat.), *Glycerin* und Hautpflegestoffe. Weitere Bestandteile sind häufig Pflanzenextrakte und ätherische Öle des Thymians *(Thymol)* und anderer Gewürz- und Duftpflanzen. Um Gerüche zu unterbinden werden zunehmend auch Geruchsabsorber *Zinc ricinoleate, Farnesol* und ähnlich wirkende Stoffe eingesetzt.[189]
Desinfektionsmittel enthalten meistens ein Propanol-Gemisch.[190]

Die Kloster-Rezepturen für Kräutergeist nutzen beispielsweise Duft- und Gewürzpflanzen wie

(20g) Zitronenmelisse,
(10g) Ysop ,
(6g) Engelswurz,
(2g) Koriander,
(2g) Fenchel,

[188] Genschalter = Quorum sensing molecules (QSM). *Farnesol, Nerolidol* blockieren die Mycel-Bildung bei Hefen.
[189] *Zinc ricinoleate, ein Zinksalz der Ricinolsäure* - Zinkricinoleat ist ein Deowirkstoff (bindet Gerüche).
[190] Propanolgemisch aus *2-Propanol (Isopropanol) 45% v/v* und *1-Propanol 30% v/v*

(1g) Macis (Muskatblüte), (1g) Zimtrinde,
(zwei) Gewürznelken,
Kümmel, Kardamom, Muskateller-Salbei, Anis, Rosmarin, Pfefferminze, Salbei, Basilikum, Oregano, Kamille, Zitronenschalen, Heidelbeeren in 70%v/v Weingeist.
Die Klammerwerte sollen nach einer 12-tägigen Mazeration, einen Likör vom Typ Chartreuse ergeben.[191]

Terpenoide - in nachwachsenden Pflanzen					
C	*Terpen*	-COOH *Säure*	\ C-OH -C-OH / ***iso-, n-Alkohol -ol***	H -C=O ***Aldehyd -al***	\ C=O / ***Keton -on***
5		Angelica			
10	Pinie Orange Kiefer	 Pelargonium	Orangenblüte Pelargonium Lavendel Rose Pfefferminze Rosmarin	Lemongras, Citronell [192], Melisse, Zitronenverbene [193], Eucalyptus citriodora	Vetiver, Eucalyptus, Rosmarin, Strohblume, Kampfer [194][195] Ysop Wermut
15	Ingwer Kamille, deutsche Hopfen Nelkengewürz Karotte	Lebermoos Beifuß	Akazie Neroli Kamille, deutsche Karotte Niaouli Juniperus	Orange	Grapefruit
20		Baumharz	Muskateller Salbei		
30	Keim-Öle Oliven-Öl	Birke Platane	 Birke	Iris	
40	Karotte				
50	Guttapercha		Birke		
100	Kautschuk Löwenzahn				

Terpenoide - in nachwachsenden Pflanzen – Übersicht Teil 3
Ed Siedler: Parfums – natürlich – Abb.:10

Bénédictine enthält angeblich 27 Kräuter. Dabei werden zunächst getrennt voneinander verschiedene Kräuter und Gewürze mit Neutralalkohol (früher ~95%v/v, heutzutage 96,5%v/v) angesetzt. Ein verbreitetes Mixbuch aus den 1930er Jahren erwähnt als Zutaten des Likörs Bénédictine: Kardamom, Arnika, Engelwurz (Angelica root), Zitronenschale, Thymian, Muskatnuss, Zimt (Cassia), Ysop, Pfefferminze und Nelken.

[191] Ähnliche Rezeptur mit 170g Kräuter auf 1Liter Alkohol 50%v/v, 250ml Alkohol 90%v/v, 1Liter Wasser und 800g Zucker: http://www.einfach-familie.de/gesundheit/heilkrauter/engelwurz/heilwirkung.htm

[192] *Cymbopogon winterianus* (Java) und *Cymbopogon nardus* (Ceylon)

[193] *Lippia citriodora = Aloysia triphylla*

[194] Für Kinder gefährlich sind Pfefferminze *(Menthon)*, Schafgarbe *(Thujon)*, Speik-Lavendel *(Campher)*, Salbei *(Thujon)*.

[195] *Wegen ihres hohen Ketonanteils **giftig sind Schopflavendel / Lavandula stoechas** (Campher), **Poleiminze** (Pulegon), **Ysop / Hyssopus off.** (Pinocamphon), **Wermut** und **Beifuß / Artemisia x, Thuja occ.**, (Thujon). Meiden Sie bitte besonders **Santolina** (Santolineon ein Artemisia-Keton) und **Raute** (Methylnonyl-Keton).*

Auffällig ist der dort angegebene ungewöhnlich hohe Alkoholgehalt von 52%v/v gegenüber 43%v/v und anderen, heutzutage üblichen, Alkoholgehalten mit 39,5%v/v oder nur 36,5%v/v.

Terpenoide - in nachwachsenden Pflanzen

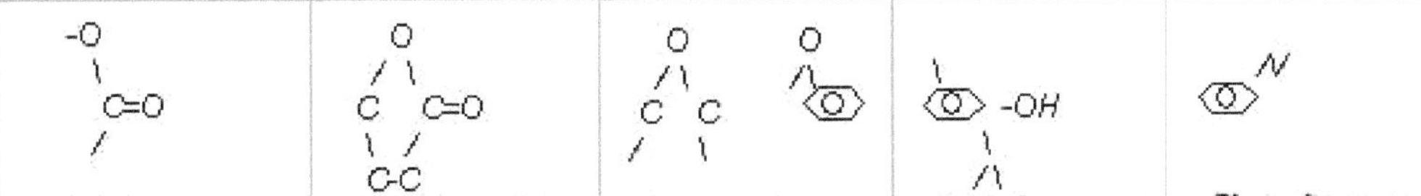

C	*Ester -at*	*Lacton -olid*	*Ether, Oxid*	*Phenolisopropan*	*Phenylpropan*
5					
10	Pelargonium Lavendel Strohblume Alant, Tanne, Kardamom Kamille röm. Ylang Mandarinen-Petitgrain	Osmanthus	Orangenblüte Rose Ysop [196] Eucalyptus Niaouli Teebaum	Anis Nelke Zimt Estragon Basilikum Muskatnuss Petersilie	Thymian Oregano Bohnenkraut
15		Galbanum Angelica	Spitzwegerich [197]		
20	Chlorophyll				
30			Cistrose [198]		
50			Pistazien [199]		

Terpenoide - in nachwachsenden Pflanzen – Übersicht Teil 4
Ed Siedler: Parfums – natürlich – Abb.:11

Liköre werden danach, ebenso wie Whisky, meist mit weichem Wasser von den ursprünglichen ~70%v/v oder höheren Alkoholanteilen auf rund 40%v/v verdünnt: Die im Alkohol gelösten Aromen werden dadurch frei und entfalten nun einen stärkeren Duft sowie einen intensiveren Geschmack. Aromen, wie das in Whisky enthaltene rauchig riechende und süß schmeckende *Guajacol*, *Vanillin*, das fruchtig riechende *Ethylacetat* oder das nach Orangen riechende *Limonen* kommen durch die Verdünnung mit Wasser deutlich stärker zur Geltung.[200]

Mittels Frischpflanzen-Auszügen lassen sich aus verblüffend wenig Anteilen an Duft- und Gewürzpflanzen gefällige Liköre erzeugen. Bei Rezeptur-Angaben, wie: "27 oder 30, 77 oder gar 120 Kräuter" gehe ich davon aus, dass es sich dabei um die Gesamtzahl der verwendeten Kräuter handelt. Unterschiedliche Pflanzenanteile gleichen die Intensität der eingesetzten Pflanzen aus. Je nach Pflanzenmaterial, ob frisch oder getrocknet, und

---

[196] *Hyssopus officinalis* Variation *decumbens* enthält das antivirale, expektorirende *Linalooloxid*

[197] Spitzwegerichsaft ist antibiotisch → *Aucubin*, er schimmelt nicht, im Gegensatz zu anderen Pflanzensäften.

[198] *Ambrox*, ein heute halbsynthetisch aus *Sclareol* hergestellter Ambrariechstoff.

[199] *Ubichinon10, Q10,* Coenzym, Nahrungsergänzung. Strukturverwandt: *Vitamin K* und *Vitamin E →* *Tocopherol*

[200] http://www.stern.de/genuss/trinken/stammtisch/trinken-sie-whisky-niemals-pur---sagen-wissenschaftler-7591816.html

Auszugszeiten (Mazeration) von einigen Tagen, bis zu mehreren Wochen ergeben sich hellgrüne, gelbe bis dunkelbraune, mit Heidelbeeren purpurrote Pflanzenauszüge, die dann verdünnt, gelagert und abgefüllt werden.[201]

Eigene Versuche ergaben, dass viele Kräuter-Liköre sehr intensiv sind: Einige Inhaltsstoffe selbst gemachter Liköre sind über den mir bekannten Limits. Auch nach mehrfacher Filterung haben auf Trinkstärke verdünnte Kräuter-Liköre die Tendenz einzutrüben. Die Löslichkeit wird durch Verringerung der Anteile der Pflanzenauszüge (z.B. auf 0,1% im Gesamtrezept) und-oder mittels Erhöhung des Alkoholanteils auf über 40%v/v verbessert.

Der Zuckeranteil pro Liter Likör beträgt (laut Gesetz) heutzutage mindestens 100g. Fruchtliköre für den Hausgebrauch werden meist nach der Faustregel 250g Zucker, 500g Früchte und 750g Alkohol angesetzt. Invertzucker löst sich besser in Alkohol.[202]

Likören aus reinen ätherischen Ölen fehlt zumindest die Farbenvielfalt dieser Pflanzenauszüge.

Zitronenmelisse, Koriander, Zimtrinde, Fenchel, Rosmarin, Pfefferminze, Salbei, Zitronenschalen haben zusätzlich antivirale Eigenschaften. Die Wirkstoffe mit antiviralen Eigenschaften sind unter anderen die *Aldehyde Citral* und Cinnamal, die *Alkohole Citronellol, Linalool* und der *Ester Linalylacetat,* die *Phenolisopropane Anethol* und *Eugenol,* das *Keton Carvon,* und die *Terpene β-Caryophyllen, Limonen, γ-Terpinen* und das giftige *α-Sabinen.*
Das heißt, dass sowohl Rosen und Lemongrass, die meisten Gewürze und alle Citrus-Öle (Agrumen) virostatische Eigenschaften haben.

Duft und Duft-Wirkung

Es ist Ihnen sicherlich schon aufgefallen, dass ein und derselbe Parfum im Flakon, am Riechstreifen, und auf der Haut bei Ihnen, bei Ihrem Freund oder Ihrer Freundin ganz anders riecht. Abgesehen von den deutlichen Unterschieden der Riechstoffkonzentration im Flakon und am Riechstreifen, sind kleine genetische Unterschiede der Haut Ursache für deutliche Unterschiede im Duft. Im menschlichen Achselschweiß sind alle Fettsäuren von C_2 bis C_{16} vorhanden, hauptsächlich die *Propan-, Butan-* und *Methylbutan-Säuren.* Davon riechen die meisten unangenehm scharf, ranzig, käsig. Diese Säuren ergeben mit *Methanol, Ethanol* oder *Propanol* jedoch

[201] Neuere Untersuchungen zeigen, dass kurze Auszugszeiten bessere und stabilere Pflanzenauszüge liefern.
[202] 1g Zitronensäure und 1kg Kristallzucker in 450ml Wasser einrühren und erhitzen = 1 Liter Invertzucker (falls es weniger ergibt mit Wasser auf 1 Liter auffüllen).

u.a. wohlriechende nach Apfel, Ananas, Himbeeren oder Rum duftende *Ester.*

Die Gene bestimmen

- ▶ Haarfarbe und Augenfarbe,
- ▶ die *UV-Verträglichkeit und die Pigmentierung der Haut,*
- ▶ die Kettenlänge der Haut-*Fettsäuren, und*
- ▶ das natürliche persönliche Duftprofil.

Selbst ausgesuchtes Parfum verstärkt diese natürliche Aura.

Die unbewusste Einflussnahme bezieht sich meistens auf eigene, höchst subjektive Erinnerungen. So verbindet Frau / Mann bestimmte Blumendüfte mit Frühling, bestimmte Gründüfte mit Heu / Öhmd / Grummet und Wald,... oder Gewürze wie Nelken, Zimt mit Lebkuchen und Weihnachten. Manche mögen Lavendel oder Rosmarin,... andere können das keinesfalls leiden, denen wird regelrecht schlecht. Die Reaktionsbereitschaft ist jedoch hauptsächlich abhängig vom Gentyp, von der Tagesform und dem täglichen und monatlichen Biorhythmus. Besonders der Gentyp aber auch der monatliche Biorhythmus beeinflussen das Duftempfinden. Es kann Frau durchaus passieren, dass der Duft heute missfällt, vierzehn Tage später findet Frau denselben Duft passend und angenehm. Und das hat deutliche Auswirkungen auf die Partnerwahl, sowie auf den Genpool und die Gesundheit ihrer Kinder.

Die *Duftwirkung ist beeinflusst von*

- ▶ dem Gentyp und dem höchst-persönlichen *Biorhythmus,*
- ▶ der inneren Verfassung und den äußeren Umständen,
- ▶ Jahres- und Tageszeit,
- ▶ Temperatur- und Lichtverhältnissen,
- ▶ vollem Magen oder Hunger,
- ▶ Ermüdung und niedergeschlagene Stimmung oder Frische und *gute Laune.*

Einer Manipulation sind bereits im Vorfeld deutlich individuelle Grenzen gesetzt. Dufterfahrung und Dufterinnerung unterscheiden sich von Mensch zu Mensch. Düfte erinnern an Heimat und persönliche, höchst individuelle Erlebnisse. Das bei längeren Reisen, Klinik- und Auslandsaufenthalten auftretende Heimweh ist oftmals das Fehlen des bekannten heimatlichen Dufts. Allein schon das geliebte Stofftier ermöglicht meist einen mehrwöchigen Aufenthalt im Klinikum ohne großes Heimweh.[203]

Paare sollten ihr Parfum gemeinsam aussuchen, dies schafft gemeinsame Erinnerungen. Sie können sich und den Partner nicht mehr leiden? Dann

---

[203] ***EdS*** empfiehlt gegen Heimweh: Nehmen Sie die Kuscheldecke oder das zerknautschte Bärchen mit!

sollten Sie zumindest das Parfum wechseln. Jeder neue Duft verändert Sie und ihre Umwelt.[204]
Plötzlich reagieren Andere, oftmals bislang unbeachtete Personen aus Ihrem Umfeld. Sie können Stimmungen durch die Wahl bestimmter Parfums beeinflussen:
Fruchtige Parfums sind meist angenehm beruhigend, blumige süß, grüne erfrischend und orientalische oft raffiniert erotisierend. Sie können mit Ihrem Duft verschiedene, sehr persönliche Botschaften aussenden: Es gibt frische Parfums für öffentliche Anlässe und erogene Düfte für heiße Nächte.
Mit dem entsprechendem Duft kann Frau / Mann sich besser erinnern, wird sich mehr zutrauen und besser vertrauen. Frau / Mann wird allgemein sogar mehr Beachtung finden. Die mit dem Alter in der Aktivität nachlassenden Neurotransmitter werden angeregt und aktiviert. Tatsächlich werden in Pflanzen die Stoffe Serotonin, Dopamin und Glutamat nachgewiesen, welche unsere Gefühle beeinflussen. [205]
Bei den meisten Menschen übt Duft einen Stimmung-verbessernden Effekt aus. Mit dem richtigen Parfum kann Frau / Mann selbst Flugangst, Reisekrankheit, Schulangst, die Angst vor einem Klinikaufenthalts und Angst vor Neuem lindern. Anspannungen, Nachtschweiß, Kopfschmerzen, Gelenkbeschwerden, Hitzewallungen, Gereiztheit und depressive Verstimmungen verschwinden.[206] [207]

Duft kann

- ► anregen, glücklich machen,
- ► Mut machen,
- ► emotionale Schockreaktionen, Flugangst und Reisekrankheit lindern,
- ► beruhigen, Östrogenschwankungen (Pubertät, im Zyklusverlauf, Menopause) ausgleichen,[208]
- ► seelisch ausgleichen, Stress und Angst vor Neuem verringern, Entzündungen kühlen,
- ► die Hautdurchblutung steigern, Haut schützen, Haut pflegen,...
- ► einige Riechstoffe lindern sogar Schmerz und Hunger.[209]

Vegetativen Reaktionen erfolgen bereits unter der Wahrnehmungsgrenze.

---

[204] Ein neuer Duft erregt Aufmerksamkeit.

[205] Liebe: Hormonstatus und Gentyp bestimmen die Partnerwahl: Dopamin, Serotonin, Östrogen, Testosteron https://www.zdf.de/wissen/leschs-kosmos/liebe-das-maerchen-von-der-freien-wahl-leschs-kosmos-mit-100.html

[206] Studie mit Frauen im Alter von 45 bis 60 Jahren, Medizinisches Zentrum der Duke Universität, Durham (USA)

[207] Gelenkschmerzen durch Arthrose: Nach Angaben der Deutschen Arthrose-Stiftung können unter anderem Arnika, Cayennepfeffer, Ingwer, Weidenrinde, Brennnessel, Beinwell, Weihrauch und Hirse die Schmerztherapie positiv unterstützen. Als bewährte natürliche Heilmittel zur Schmerzlinderung bei Arthrose gilt auch eine Gewürzmischung aus Koriander, Muskat und Kreuzkümmel. http://www.portal-naturheilkunde.de/gt_allgemein/arthrose-mit-heilpflanzen-die-schmerzen-lindern-4404.html

[208] Östrogenschwankungen in der Pubertät, im Zyklusverlauf, in der Menopause ausgleichen (Phytohormone)

[209] Studie an 200 Übergewichtigen. St. Georges Hospital, London

Wir reagieren bereits auf Düfte bevor wir sie als Düfte wahrnehmen, und lange bevor wir sie benennen können.

Duft-Intensität und Duft

Je nach Zusammensetzung des Duftes haben Parfums unterschiedliche Duftintensitäten und Duftwirkungen. Riechstoff-Auswahl und Riechstoff-Konzentration beeinflussen sowohl die Duftintensität als auch die Duftwirkung. Dabei werden folgende Schwellenwerte beobachtet:

- **Duftwirkungs-Schwelle**, ab dieser noch nicht wahrnehmbaren Intensität reagiert der Körper auf den Duft.
- **Wahrnehmungs-Schwelle (Aura)**, wir nehmen etwas wahr, können es jedoch noch in keinster Weise zuordnen. Plötzlich sind Erinnerungen an längst vergessen Geglaubtes wieder präsent.
- **Erkennbarkeits-Schwelle**, Duft ist erkennbar und benennbar; mit steigender Duft-Intensität wandelt sich der Duft von angenehmem Duft über aufdringlichem Duft bis hin zur
- **Flucht-Schwelle**, die unbewusst eine Fluchtreaktion auslöst.[210]

Auch angenehme Duftstoffe und Parfums verändern ihren Charakter von "Aura" über "gerade noch erkennbar und benennbar", "deutlich wahrnehmbar" und "angenehm", "aufdringlich", "stark", nach "atemberaubend". Ab einer bestimmen Konzentration werden Düfte so unangenehm, dass Frau / Mann sofort flüchtet. Es gibt übrigens ein Patent, welches diese Fluchtreaktion ausnutzt: Hierbei wird der Duftstoff Citral zur Warnung vor sauerstoffarmen Räumen (Gärgasen) eingesetzt.

In Gesamtheit haben Düfte positive Wirkungen,

- nur zu bestimmten Zeiten,
- nur individuell, und
- nur innerhalb von bestimmten *Konzentrationen*.

Die Kunst des Parfumeurs ist es, hautfreundliche Riechstoffe in der jeweils richtigen Konzentration so zusammenzubringen, dass ein angenehm duftendes, haltbares Parfum mit allgemein als angenehm empfundener Aura entsteht.[211]

---

[210] Diese Einteilung wurde von *Ed Siedler (**EdS**)* pseudonym in Wikipedia veröffentlicht.

[211] Aura, meist angenehm empfundener Dufthauch. Im Gegensatz zu: Sillage, franz. "Kielwasser", Duftschleppe, meist bereits intensiv empfundene Duftwolke. Weiter steigende Duft-Intensität löst Flucht-Reflex aus!

Die Duftwirkung der Riechstoffe

[AS] - frisch - sind hauptsächlich Wasser-liebende (hydrophile) und zugleich Elektronen-abgebende (nucleophile) **anti-erogene stimulierende Riechstoffe**. Dies sind zum Beispiel die ***Aldehyde*** *Citral und Citronellal* sowie ***Ketone*** wie *Carvon, Thujon, Verbenon* oder *Vetiveron.*
Frische Duftnoten riechen zitrusfrisch wie **Zitronen** - harzig, wie **Kiefernnadeln** - minzig wie **Spearmint** oder würzig wie **Zimtblätter** - holzig nach **Vetiver** oder krautig nach **Salbei**. **Elemi**, **Galbanum** und **Myrrhe** sind ebenfalls frisch. -
Auch Elektronen-aufnehmende (elektrophile) und zugleich Öl-liebende (lipophile) Duftstoffe wie *Limonen* und *Pinen* werden meist als frisch empfunden.
Die Duftrichtungen **Citrus, Iris**, **Maiglöckchen** und **Grünnoten** wirken zusammen mit anderen, süßeren Riechstoffen **frisch**.

[SE] - exaltierend - sind allgemein Wasser-liebende (hydrophile) und zugleich Elektronen-aufnehmende (elektrophile) **stimulierende und erogene Düfte**. Exaltierend sind die oft schweren Düfte **-** moosig, wie **Eichenmoos** - rauchig, wie **Birkenteer** und **Olibanum** - schweißig süß wie **Daucus** - heuartig grün wie **Tonka** - nussartig, fettig bis ranzig wie **Wachs**. **- Vanille**, **Gewürze**, **Cassie** und **Aldehydnoten** werden im Konsens mit anderen Riechstoffen meist **exaltierend**.

[EN] - schwül - sind allgemein Elektronen-aufnehmende (elektrophile) und zugleich Öl-liebende (lipophile) **erogen-narkotisierende Duftstoffe** - *Limonen* und *Pinen* werden jedoch meist frisch empfunden. - Schwüle Duftstoffe sind - urinös und fäkalartig wie **Indol** - honigartig - balsamische Düfte wie **Perubalsam**, **Tolu** und **Styrax** oder süßblumig wie **Orangenblüten**. **- Ambra**, **Leder**, **Jasmin**, **Narzisse** und **Rose** sind trotz ihrer starken Verschiedenheit erogen und **schwül**.

[NA] - beruhigend - narkotisch anti-erogen - sind hauptsächlich Öl-liebende (lipophile) und zugleich Elektronen-abgebende (nucleophile) ***Ester*** wie *Geranylformiat und -tigliat oder Essigsäureester (Acetate) von Linalool und Citronellol.* – Beruhigend sind die leichten blumigen Maiglöckchen-Noten, wie ***Lyral*** und **Citronell** (Java) – das fruchtiges *Geranylformiat* in **Cassie** und der **Blätter-Alkohol**, **Sandelholz** und **Opoponax. - Lavendel**, **Mandarine**, **Orange** und **Bergamotte** wirken in Parfums meist beruhigend. [212]

Die Wirkungen der Düfte sind derart komplex, dass selbst weltweit anerkannte Parfumeure gerne auf vereinfachende bildliche Darstellungen zurückgreifen.

---

[212] Untersuchung an der japanischen Universität Okayama zeigen, dass der Stresshormon-Spiegel, die Müdigkeit und das Ausmaß negativer Gefühle durch den Duft von *Citrus bergamia abnehmen.*

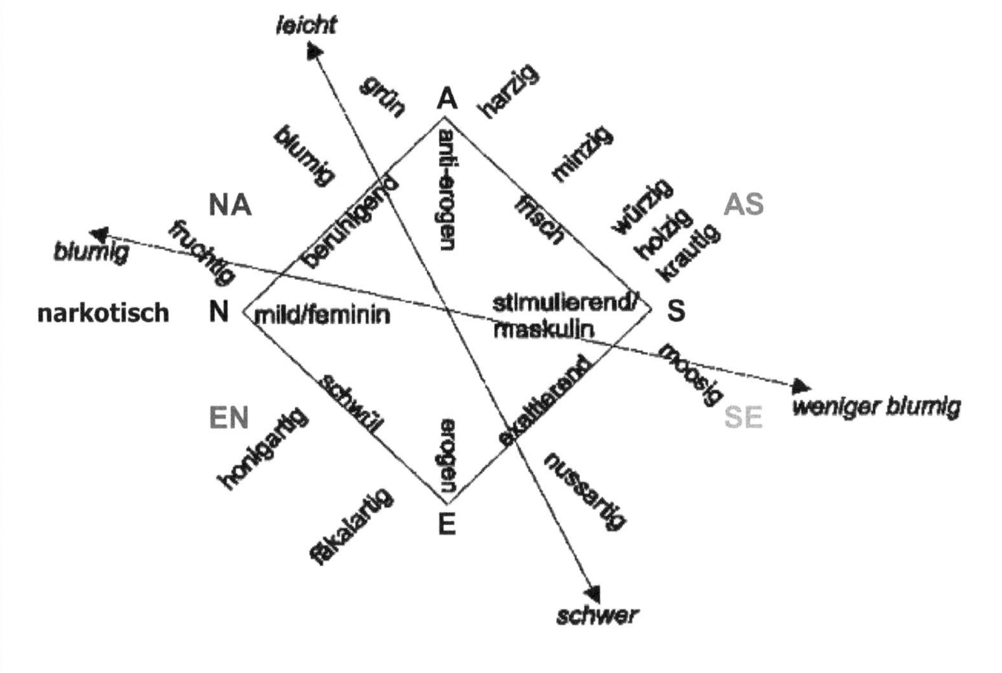

Die Duftwirkung der Riechstoffe
Ed Siedler: Parfums – natürlich – Abb.:12 Ergänztes Duftwirkungs-Schema [213]

Das Schema in Abbildung 12 stellt wie jedes Schema eine Vereinfachung dar. Diese Abbildung wurde von mir ergänzt; sie stammt ursprünglich von Paul Jellinek.

Einzelne ätherische Öle und Pflanzenauszüge (Absolues, Essences / Extraits), deren allgemeine psychologischen und emotionalen Duftwirkungen, lassen sich verschiedenen Einsatzgebieten und Zielgruppen (öffentlich / privat, männlich / weiblich, Alter und Hauttyp) zuordnen. Die aromatherapeutische Wirkung und die homöopathischen Einsatzgebiete sind abhängig von der Zusammensetzung und der Konzentration der Inhaltsstoffe.

Wer nun glaubt, er könne anhand der Hauptbestandteile von ätherischen Ölen die Duftrichtung den Duftablauf und die Gesamtwirkung einer Komposition sicher festlegen, der irrt sich gewaltig.

Entscheidend für den Duft sind oftmals keineswegs die Hauptbestandteile: So ist beispielsweise das *D-(+)-Limonen* mit über 90 % Hauptbestandteil des Orangenöls. Daneben finden wir noch die Aldehyde *Octanal, Ethyloctanal, Decanal* und *Sinensal* sowie u.a.die Essigsäureester *Octyl-* und *Nerylacetat.* Diese letzten paar Prozent geben dem Orangenöl sein Aroma. Der Anteil an

[213] Ergänztes Duftwirkungs-Schema. Die ursprüngliche Darstellung stammt aus Paul Jellinek- J. Stephan Jellinek (Hrsg.): Die psychologischen Grundlagen der Parfümerie 4. stark erweiterte Auflage, Hüthig, Heidelberg 1994, Seite 19

bitteren oder metallischen Untertönen und der Estergehalt, der je nach Anbauregion schwankt, bestimmen die Genuss-Tauglichkeit und den Verkaufspreis.
Entscheidend ist der Geruchsschwellenwert ODT der intensiv Duft-bestimmenden Bestandteile und deren Konzentration im Verhältnis zueinander, deren Reaktion miteinander und deren Gesamtwirkung im Duftablauf.

Hauttyp und Parfumanwendung

Dass sich aus dem Genotypus, den natürlichen Haar- und Augenfarben, allgemeine Empfehlungen für den Lichtschutz ableiten lassen, ist hinreichend bekannt.

Genotyp				
Augenfarbe	grün	**hell blau**	grau braun	**dunkel**
Haarfarbe	**rot**	blond	braun	**schwarz**
Haut-Bräunung	nie, keine	kaum, schwach	gut	schnell, tief
Schwelle für vorzeitige Hautalterung	2...7 Minuten	7...14 Minuten	14...20 Minuten	20...30 Minuten
Sonnenbrand	rasch	häufig	selten	kaum
Ungefährdeter Aufenthalt mit SF3 ~	5... 20 Minuten	... 40 Minuten	...1 Stunde	...1½ Stunden
Allgemeine Duft-Wirkung	**Exaltierend**	**Frisch**	**Beruhigend**	**Schwül**
Typ	**[SE]** **Stimulierend** **Erogen**	**[AS]** **Anti-erogen** **Stimulierend**	**[NA]** **Narkotisch** **Anti-erogen**	**[EN]** **Erogen** **Narkotisch**
Duft-Assoziation				
Farbe	Orange-gelb	Lind-grün	Eis-blau	Purpur-rot
Sternzeichen	♊♎♒ Luft	♉♍♑ Erde	♋♏♓ Wasser	♈♌♐ Feuer
Persönlichkeit	raffiniert Geliebte rational	natürlich rational	natürlich Mutter feminin	raffiniert feminin
Alter	30	20	50	40
Einsatzgebiet	**Gesellschaft** **Sport**	**Beruf** **Sport**	**Beruf** **Heim**	**Gesellschaft** **Heim**
Duftrichtung	Cassie Pfirsich Aldehyde Vanille Gewürze	Citrus Grün Iris Maiglöckchen	Lavendel Bergamotte Orange Mandarine	Leder Jasmin Narzisse Rose Ambra
Parfum-Familie				
Chypre	Woody	Citrus		
pH	Woody	Citrus	Citrus fresh	
pH	Sweet tabac	Green		Sweet cuir
	Sweet fruity	Green		Sweet fruity
Fleur	Fleur fruity	Fleur green	Fleur fresh	Fleur fleur
Floriental	Floriental sweet			Floriental sweet
Oriental	Oriental spicy			Oriental sweet
pH	Oriental spicy			Oriental sweet
Fougère pH	Fougère sweet	Fougère woody	Fougère fresh	

Hauttyp und Parfum
Tabelle aus: Parfums - natürlich – © 2003 EdS-Parfums
Ed Siedler: Parfums – natürlich – Abb.:13

Die Schwelle für die vorzeitige Alterung ungeschützter Haut unter dem Einfluss von Sonnen-Licht reicht von 2 bis 30 Minuten. Bereits der

Lichtschutzfaktor SF3 verlängert den ungefährdeten Aufenthalt an der Sonne, von wenigen Minuten für Rothaarige bis 1½ Stunden für Schwarzhaarige.[214] Die Tabelle Hauttyp und Parfum nennt allgemeine Leitlinien, die Zusammenhänge zwischen Duft, Haut, Farbempfinden, Persönlichkeit und Altersgruppe aufzeigen und Einsatzgebiete empfehlen.

Parfum ist wie Kleidung: Es gibt Latzhosen und Blaumänner für den Bau, den Anzug und das Kostüm für die Arbeit in Banken und im Büro, passende Abendkleidung für klassische Empfänge und Konzerte. Ein feines Négligé oder Nichts für die Nacht, oder soll es ein warmer Schlafanzug sein?

Der Verwendungszweck bestimmt die Kleidung.
Sie brauchen etwas für jeden Anlass!

Es gibt frische Parfums für öffentliche Anlässe und erogene Düfte für heiße Nächte.
Natürliche Vanille-Auszüge geben Parfums beispielsweise oft eine langanhaltende schwüle nach und nach deutlich hervortretende erogen-narkotisierende Note.

Welch' wichtige Bedeutung das Einsatzgebiet hat beweist folgendes Erlebnis:
Mama: *"Na wie war's heut' in der Schule?"*
Sohn: *"Wir haben 'ne neue Lehrerin."*
Mama: *"Und?"*
Sohn: *"Ihr Parfum - stinkt - wie ein orientalischer Puff."* [215]

Dieser Knirps wollte lediglich pointiert äußern, dass seine Lehrerin mit ihrem Naturparfum, einem **schwülen** Duft vom Typ **Oriental sweet**, in der Primarstufe (Grundschule) voll daneben lag. Das gewählte raffiniert feminine Parfum wäre für den persönlichen Bereich, (intime) Gesellschaft, Altersgruppe 40, schwarzhaarig, dunkle Augen das 'Richtige' gewesen. Die **erogen-narkotischen [EN]** Duftstoffe schaffen eine **schwüle** Atmosphäre. Ihre persönliche Botschaft: Ich bin Frau…

[EN] In der Duftrichtung **Fleur fleur** dominieren Jasmin, Narzisse, Rose, Tuberose. Hier finden wir auch abgerundete Blumenbouquets mit holzigen und grünen Komponenten. Romantisch, sehr feminin, bieten erotisch-narkotisierende Düfte Schwarzhaarigen ein Hauch vom Paradies. Raffiniert, eventuellen Konflikten aus dem Weg gehend, sind diese Duftnoten zum Verlieben und Verwöhnen. Tabak-Leder, klassisch edle Parfums vom Typ **Sweet cuir** (leathery) sind das männlich markant animalisch oder moosig unterlegte Gegenstück, wie es als **Sweet fruity** (ambery) auch viele Frauen lieben.

---

[214] Vorsicht: Erhöhte UV-Strahlung am Meer (Spiegelung durch Wasser), auf Schnee und in Bergregionen! Tendenz: zunehmend.
[215] Beurteilung eines Naturparfums: Es enthält Vanille mit dumpfem Unterton. Entschuldigung. Aber diese pointierte Beschreibung der Duftwirkung konnte ich Ihnen keinesfalls vorenthalten.

[EN] Es gibt auch Männer die Parfums vom Typ **Oriental sweet (ambery)** mögen. Der Kontrast zu einem blonden blauäugigen Jüngling um die 20 betont den Wunsch nach Abenteuer, kann aber auch zu Missverständnissen führen: Erogen-narkotische **[EN]** Düfte empfehlen sich auch, wenn Mann mit einem süßen Freund beisammen sein möchte.
Kontrast zu den Tabak- und Ledernoten Sweet tabac (fruity) und Sweet cuir bieten für Ihn Parfums vom Typ [**AS**] Fougère woody.

[AS] Dem beruflichen Einsatzgebiet mit sportlichem und jugendlichem Ambiente entspricht ein **frisches** Parfum mit **[AS]** anti-erogenen und stimulierenden Duftstoffen, auch wenn es gerade das Gegenteil des Genotyps darstellt!
[AS] Citrus- und Grünnoten in **Green, Citrus** und **Fleur green** und teilweise auch in **Fougère woody** erinnern an Zitronen, Limonen, Orangen, Gräser und grüne Blätter. Belebend wie ein junger Frühlingsmorgen, kühl und frisch. Ausgeglichene, partnerschaftliche Denkweise und natürliches ungezwungenes Handeln werden durch diese Düfte unterstützt. Fleur green (vormals Chypre green) oder sogar der für Mann und Frau gleichermaßen geeignete, volkstümlich meist als "Eau de Cologne" oder als "Kölnisch Wasser" bekannte Duftfamilie **Citrus** (vormals Chypre citrus) bringt den natürlichen Flair. Die Schüler riechen und fühlen: Ich bin eine Frau mit Lehrauftrag! Der Kontrast Duft-Genotyp warnt vor zu großer Nähe und betont das Rationale.
Deshalb sind keinesfalls nur blonde Jünglinge mit **Citrus** für Beruf und Sport gut beraten. Der angenehme Citrus-Duft **[AS]** bringt frischen Wind. Tests und Beurteilungen beweisen: Personalchefs bevorzugen **frische** Parfums **[AS]**. Mit zunehmendem Alter der männlichen Personalchefs werden orientale, exaltierende, **[SE]** stimulierend-erogene Parfums und vanilleartig duftende Bewerberinnen bevorzugt.[216]

[SE] Stimulierend-erogen sind alle sinnlichen Düfte der Welt. Aldehyde sind den natürlichen Fett-Aldehyden der Haut ähnliche Duftstoffe, die in hoher Verdünnung lieblich nach Citrus duften. Für Frau und Mann gleichermaßen geeignet sind die schweren Orientals. Würzig als Oriental spicy oder herb-süß mit viel - identischem - Amber, Moschus und Zibet als Oriental sweet. Erotik bestimmt die Beziehung, 1001 Nacht, lebensfroh und unbekümmerte Freude am Duft.
[SE] Stimulierend-erogene Parfums erwecken Aufmerksamkeit. Sie bilden die Brücke zwischen Gesellschaft und Sport. Bis auf **Fougère sweet** (ambery), welche wie alle anderen Fougère-Noten nur den Männern vorbehalten sind, werden die würzigen **Oriental spicy** und holzigen **Woody** auch von Frauen gerne benutzt.
Die fruchtigen und aldehydigen Düfte vom Typ **Sweet fruity**, **Fleur fruity** und **Floriental sweet** sind Frauenparfums, die nicht nur gern von Rothaarigen

[216] ***EdS*** nutzt dieses Wissen für *"Aurapher"* – ein Parfum für Einstellungsgespräche made by ***EdS**-Parfums.de*

getragen werden. Weitere Duftschwerpunkte der exaltierenden, stimulierend-erogenen **[SE]** Düfte sind blumige, holzig-pudrige oder frische-moosige Komponenten, raffiniert die eigene Attraktivität steigernd, schätzend und nutzend. Die Maskierung durch Gewürze, Aldehyde oder Cassie lassen sie im Angeruch und auch noch in der Herznote unverfänglich erscheinen. Die stimulierenden Anteile verfliegen nach und nach, zuerst die Gewürze und Aldehyde, nach einer Stunde bestimmen Cassie und die fixierenden erogenen Riechstoffe den Duftcharakter. Flirt und Verführung: "Zu Dir - oder zu Mir?" Diese stimulierenden und erogenen **[SE]** Düfte werden von erfahrenen Geliebten und Liebhabern, und solchen die es werden wollen, gerne ausgesucht.

[NA] Sie, Altersgruppe 50, blond blauäugig möchte für sich ein Parfum. Es empfehlen sich narkotische und zugleich anti-erogene beruhigende **Fleur fresh** (lavender) und das etwas maskuline **Citrus fresh** (lavender), die dem Basis-Genotyp braun, graue Augen entsprächen und für Beruf und Heim hervorragend geeignet sind. vor allem braunhaarige Frauen mit (reh)braunen Augen, Frauen in Vertrauenspositionen, langjährige Chefsekretärinnen, Unternehmerinnen und Mütter wählen dieses Duftkleid. Das Erscheinungsbild lässt genauso **[AS] Fleur green** und **Citrus** vom Typ "Kölnisch Wasser" zu. **[NA] Narkotisch** und zugleich **anti-erogene** moderne Parfums vom Typ **Fougère fresh** (lavender) bieten der beruhigenden nach **Lavendel** und **Heunoten** duftenden Vaterfigur um die 50, Chefs alten Schlags und Vertrauenspersonen das richtige Outfit. Viele Handels- und Pharmavertreter nutzen ebenfalls diese beruhigende, Vertrauen einflößende Wirkung ... - Lavendel dominiert in den beruhigend wirkenden, Vertrauen erweckenden Duftnoten der wie frische Wäsche duftenden Parfums vom **Fleur fresh** (lavender), und für Ihn im **Citrus fresh** (lavender) und im modernen **Fougère fresh** (lavender). **Heu- und Grasdüfte** mit ihren nach Amber, Holz oder Lavendel duftenden Variationen **Fougère sweet** (ambery), **Fougère woody** und **Fougère fresh** (lavender) sind **Männern vorbehalten**.

Chypre, eine - wahrscheinlich von den Kreuzrittern erstmals auf Zypern entdeckte - vielseitige Fondnote, erinnert hauptsächlich an holzig-grünen Herbstwald, Moos und Pilze. Die Chypredüfte **Woody** und **Citrus** sind bei **Ihr** und **Ihm** gleichermaßen beliebt.

Citrus fresh und die Düfte **Sweet tabac** sowie **Sweet cuir** sind für Ihn. Die sehr interessanten Duftrichtungen **Sweet cuir** sowie **Sweet tabac** und **Sweet fruity** werden von kritischen Geistern bevorzugt und kennzeichnen Zwiespalt und Abwehr. Viele rot- und schwarzhaarigen Frauen und Frauen um die Dreißig bis zur Menopause bevorzugen die Düfte vom Typ **Sweet fruity** (animalic).

Blumenbouquets aller Duftrichtungen, egal ob **Fleur fruity**, **Fleur** green, **Fleur fresh**, **Fleur** fleur oder **Floriental** sweet sind Frauen vorbehalten.

Sowohl aus dem Genotypus, als auch aus dem Phänotypus lassen sich allgemein gültige Hinweise darauf ableiten, welche Parfums zu der jeweiligen Person und deren Lebensgewohnheiten passen. Jedoch: Typisierung beruht stets auf Vereinfachung. Typ-Beratung kann deshalb nur Anregungen bieten. Wie bei Lebensmitteln, die mit einem fremden Duft behaftet sind, lehnen wir auch Menschen mit falsch gewähltem Parfum ab. Wichtig ist also auch hierbei, dass das Parfum für das jeweilige Anforderungsprofil und Einsatzgebiet passend selbst ausgesucht wird.

Parfums richtig anwenden

Unbedingt vermeiden sollten Sie

- die Anwendung von Düften vor einem Sonnenbad oder vor Bestrahlungen. -
- die gleichzeitige Verwendung verschiedener Düfte. -
- intensive Düfte. -
- zu häufiges Nach-Parfümieren. -

Benutzen Sie niemals parfümierte Produkte vor einem Sonnenbad oder vor Bestrahlungen. Konservierungsstoffe und einige Riechstoffe erhöhen die Wirkung von energiereicher Strahlung. Die bekannteste photo-sensibilisierende Reaktion ist die sogenannte "Mallorca-Akne". Bei einigen Konservierungsstoffen, verdichten sich die Hinweise, dass die aufgenommenen Mengen und Kombinationen schädlich sein könnten. Parabene stehen im Verdacht, in den Hormonhaushalt einzugreifen - bei Männern und bei Frauen.[217] [218]
Verwenden Sie mineralische Sun-blocker: Etwa 45% der zugelassenen ***chemischen UV-Filtersubstanzen*** steht 2016 im Verdacht ähnlich wie ***Progesteron*** zu wirken und die Beweglichkeit der Spermien zu verringern.[219]

Benutzen Sie niemals unterschiedlich parfümierte Produkte gleichzeitig. Die unterschiedlichen Duftträger und Duftformeln interagieren miteinander. Es entstehen zumindest Disharmonien und unerwartete Duftabläufe. Auch Ihre Haut könnte darunter leiden.
Intensive Düfte und zu häufiges Nachparfümieren verursachen eine Duftschleppe. Man(n) flüchtet, wenn diese zu intensiv ist.

---

[217] http://www.spiegel.de/gesundheit/diagnose/stiftung-warentest-cremes-ohne-konservierungsstoffe-bleiben-keimfrei-a-896472.html

[218] Schon im Jahr 2011 haben Wissenschaftler nachgewiesen, dass Parabene aus Körperpflegeprodukten ins Blut und ins Gewebe gelangen. Eingriff in Hormonhaushalt - bei Männern und bei Frauen. http://www.swr.de/marktcheck/parabene-in-kosmetika/-/id=100834/did=16964846/nid=100834/18zqkov/index.html

[219] http://derstandard.at/2000034179432/Sonnenmilch-koennte-zu-Unfruchtbarkeit-beitragen https://www.sciencedaily.com/releases/2016/04/160401111847.htm Progesteron-ähnliche Wirkung

Generell gilt

- weniger ist mehr:
- Ein Tropfen auf Ellenbogen, Halsschlagader und das Schlüsselbein.
- Warme Hautpartien – hinter dem Ohr, Pulsader – lassen Düfte rasch entfalten.
- Parfum braucht Zeit, bis es sich voll entfaltet.
- Kühle und trockene Haut verlangsamt den Duftablauf.
- Duft verfliegt keinesfalls so schnell, wie wir denken, sondern die Nase gewöhnt sich an den Geruch.
- Wir duften also nie nur für uns, sondern vor allem für die Anderen.

Die Adaption

Ein neuer Duft wird Aufmerksamkeit hervorrufen. Mitmenschen werden auf Sie und Ihr Duftkleid aufmerksam, auch wenn das neue Parfums für Sie kaum mehr wahrnehmbar ist. Wenn Sie Ihr eigenes Parfum nicht mehr riechen, dann hat Ihre Nase diesen Duft ebenso wie Ihren eigenen Körpergeruch 'ausgeblendet' um trotzdem für alle anderen Dufteindrücke offen zu sein. Der Duft wird adaptiert: Wir werden dem Geruch gegenüber, mit dem wir länger bzw. ständig in Kontakt kommen, unempfindlich.[220]
Die mit diesem Geruch zusammenhängenden elektrischen Signale erreichen zwar weiterhin das Gehirn, doch der Kontakt mit unserem Bewusstsein ist unterbrochen. Wir sind wieder offen gegenüber neuen Düften.

[220] Geruchsadaption

Die Geschichte der Parfums

Ursprung des Parfums

Der Ursprung der Parfumerie ist bis heute ungeklärt. Das Wort Parfum stammt aus dem Lateinischen per-fumum. Wann beschloss der Mensch, duftende Stoffe Gott als ein Feueropfer darzubringen? Spätestens im 5. Jahrtausend v. Chr. wurden, ebenso wie noch heute Weihrauch, wohlriechende Harze und Hölzer zur Ehrung der Götter verbrannt.

Im alten Ägypten

Das älteste bisher bekannte 'göttliche' Myrrhe-Parfum der Pharaonin Hatschepsut, welche um 1479 v. Chr. die ägyptischen Regierungsgeschäfte für ihren Stiefsohn Thutmosis III. übernahm, entpuppte sich nach jahrelangen aufwändigen Untersuchungen lediglich als Hautpflegemittel.[221]
Relativ gut überliefert ist das Räucher- und Einreibe-Mittel Kyphi. Hauptbestandteile waren Weihrauch, Benzoe, Myrrhe, Rosinen, Wacholderbeeren, Galgant oder Ingwer, Zimtrinde, (Libanon)-Zeder, Lotusaroma, Wein und Honig und eventuell Mastix, Kalmus oder Eisenkraut, Kardamom, Iris, Zypresse. Die Ägypter waren in ihren Gewohnheiten sehr reinlich und die Erfinder jenes vollständigen Bäder-Systems, das die Griechen und die Römer von ihnen übernahmen und das bis heute bei modernen orientalischen Nationen praktiziert wird. Manche Salben enthielten in Ägypten heimische Duftpflanzen, der größte Teil der Ingredienzen kam jedoch aus Arabien. Sie wurden in Flaschen, Vasen oder Töpfen aus Alabaster, Onyx, oder Glas aufbewahrt, die gelegentlich die seltsamsten Formen hatten. Diese Kosmetika waren sehr kostspielig, und die ärmeren Schichten, die sich derartigen Luxus kaum leisten konnten, verwendeten ersatzweise das in Ägypten in Überfluss produzierte Rizinus-Öl.

Düfte aus Tausend und einer Nacht

Einige behaupten, dass die Destillation von Rosenblättern zuerst in Persien entdeckt wurde und die Parfumierung von Arabien ausging, das noch heute als "Land der Düfte" gilt. Avicenna, ein im zehnten Jahrhundert tätiger arabischer Arzt, gilt als der Erste, der die Prinzipien der Chemie studierte und anwandte.[222]
Er soll die Kunst des Extrahierens des aromatischen oder heilkräftigen Prinzips von Pflanzen und Blumen mit Hilfe der Destillation erfunden haben. Düfte waren seinen Landsleuten seit vielen Jahrhunderten vertraut und gebräuchlich, und lange vor Mohammeds Zeit war Musa, eine der bedeutendsten Städte im heutigen Saudi-Arabien, ein berühmter Stapelplatz für Olibanum, Myrrhe und andere aromatische Gummiharze.

---

[221] http://www.fr-online.de/wissenschaft/parfuemflakon-entraetselt-die-kranke-haut-der-pharaonin,1472788,9556456.html
[222] Ibn Sina, ~980-1037, persischer Arzt http://www.onmeda.de/lexika/persoenlichkeiten/avicenna.html

Die Araber hegten für die Rose immer eine Vorliebe, daher führte Avicenna seine ersten Experimente mit der *Rosa centifolia* durch. So gelang ihm die Erzeugung der als Rosenwasser, deren Formel in seinen Werken über die Chemie enthalten ist. Rosenwasser wird im Orient immer noch in hohem Ansehen gehalten. Wenn ein Fremder ein Haus betritt, ist der angenehmste Willkommensgruß, der ihm angeboten werden kann, das Besprengen mit Rosenwasser. Auch unser altes Kinderlied "Guten Abend, gute Nacht, mit Rosen bedacht" erinnert an Rosen und andere duftende Dinge, die dem Kind einen gesunden und guten Schlaf schenken. [223] [224]

1709 Johann Maria Farina - EdC / Köln

Auch die seit 1709 bekannten ***EdC*** enthalten meist kein Jasmin. Erfrischende Citrus-Düfte bestimmen diese Parfum-Klasse. ***EdC*** haben fast keinen Fond, d.h. sie enthalten auch kaum langanhaltende Düfte. Die ersten ***EdC*** bestanden neben verdünntem Weingeist aus duftenden Pflanzenauszügen. Nach und nach wurden immer mehr pflanzliche Rohstoffe durch einheitliche Riechstoffe ersetzt.

1988 Ed Siedler - EdS / Aalen

EdS sind seit 1993 eine neue Parfum-Klasse und neuartige Kosmetik-Spezialitäten. Durch das spezielle ab 1988 von Ed Siedler entwickelte mehrstufige ***EdS*-Verfahren** - gezielte Auswahl von Rohstoffen mit **Haut pflegenden und Haut schützenden Eigenschaften,** nahezu homöopatische Aufarbeitung, Zusammenstellung nach Hautpflegewirkung, Zusammenstellung nach Duftwirkung (Parfumeurleistung) - wird die **Wahrscheinlichkeit unerwünschter Nebenwirkungen tendenziell Null.**

[223] "Des Knaben Wunderhorn" (1808), 2. Georg Scherer (1849), Weise: Johannes Brahms, op.49, Nr 4 (1868)

[224] Vergleiche hierzu auch: der türkische Abschiedsgruß "Güle, güle", wörtlich auf deutsch "Rosen, Rosen"

Die Gewinnung der Duftstoffe

Menschen waren schon immer daran interessiert, Düfte der Natur einzufangen, aufzubewahren und zu verwenden. Die ergiebigsten Quellen sind seit dieser Zeit Früchte, Blüten, Wurzeln und Pflanzen. Diese natürlichen Grundstoffe werden in letzter Zeit, auch aus Kostengründen, immer häufiger durch künstlich hergestellte Stoffe ersetzt.[225]
Der etwa ab 2000 einsetzende Boom der Naturkosmetik beschert natürlichen Duftstoffen jährliche Zuwachsraten von über 20%. Insbesondere durch "Wildsammlung" sind inzwischen einige Pflanzen in ihrer Art und deren Rückzugsgebiete gefährdet.

Die Destillation

Die Destillation zählt zu den ältesten Methoden Düfte einzufangen. Auf die Idee so Duft- und Geruchsstoffe zu gewinnen, können wir auch heute noch leicht kommen, indem wir das Beispiel des Teekochens betrachten. Durch die Wärme werden die ätherischen Öle ausgetrieben und der Duft verteilt sich so schnell und deutlich wahrnehmbar im Raum. Es gibt drei Arten von Destillation. Bei allen Destillationsverfahren gilt: Die verwendeten Temperaturen und Zeiten müssen genau eingehalten werden. Dazu benötigen wir Spezialisten, Destillateur ist ein Ausbildungsberuf.[226]
Die Wasserdestillation gilt heute in der Regel als veraltet. Dabei wurden Pflanzenteile in Wasser zum Sieden gebracht und der aufsteigende Wasserdampf anschließend in Kühlschlangen abgekühlt. Dieser Prozess ist äußerst energieaufwendig, besonders hitzeempfindliche Öle verändern sich, gehen dabei verloren und die Ausbeute ist meist wesentlich geringer als bei der Destillation mit Wasserdampf

Die Destillation mit Wasserdampf

Die heute gebräuchliche Methode ist die Wasserdampfdestillation, bei der statt siedendem Wasser, Wasserdampf durch die Pflanzenteile geführt wird, der Dampf wird anschließend abkühlt. Sowohl Duftstoffe, die erst bei hohem Siedepunkt gewonnen werden, wie auch empfindliche, bleiben dabei besser erhalten. In dem gewonnenen, mit Duftstoffen angereicherten Wasser, setzen sich die leichteren ätherischen Öle an der Oberfläche ab, die schwereren sinken zu Boden. Die Löslichkeit der Duftstoffe in Wasser ist meist sehr gering. Das war schon im Mittelalter bekannt und es gab spezielle Flaschen für diesen Herstellungsprozess, die sogenannten Florentiner. Bei ihnen wird das Öl an speziellen Ausläufen abgeschöpft. Das beste Verfahren geht noch einen Schritt weiter, als die Wasserdampfdestillation:

---

225 Vergleiche hierzu auch Ökotest: „...doch heute sind die Düfte, die in Parfumerien und Drogerien angeboten werden, durch und durch künstliche Schöpfungen.“
226 Berufsbild: Destillateur

Die Vakuum-Destillation

Es handelt sich um die sogenannte Vakuum-Destillation. Dabei wird durch den geringeren Druck der auf dem Wasser lastet ein niedrigerer Siedepunkt (zum Teil schon bei 50°C) erreicht. Der Duft der so gewonnenen ätherischen Öle wird intensiver, gleichzeitig lassen sich durch die Vakuum-Destillation beispielsweise photo-sensibilisierende und andere bedenkliche Inhaltsstoffe wesentlich besser abtrennen.

Die Extraktion

Die Extraktion setzt auf die Lösung von ätherischen Ölen im Lösungsmittel. Dazu füllen wir Blüten oder andere Pflanzenteile in ein Lösungsbad. Als Lösungsmittel bieten sich Benzol, Hexan, Gemische von Kohlenwasserstoffen, Ammoniak oder Kohlendioxid an. So lösen sich die ätherischen Öle aus der Pflanzenmasse und gehen in die Flüssigkeit über. [227]

Der Vorgang wird meist mehrfach (bis zu 10 Mal) wiederholt, bis das Lösungsmittel vollkommen mit den ätherischen Ölen gesättigt ist. Da der Siedepunkt bei den oben genannten Gasen und Flüssigkeiten sehr niedrig liegt, erreichen wir einen ähnlich, aber technisch weniger aufwendigen Effekt, wie bei der Vakuum-Destillation: Wir sprechen in diesem Zusammenhang von der "Rektifikation durch Lösungsmittel".

Es kommt bei dieser Verfahrensweise also hauptsächlich auf eine hervorragende Auswahl des Lösungsmittel an. Benzol ist zwar gut geeignet, kann in kleinsten Mengen aber schon Krebs auslösen. Zudem muss es sich um ein absolut reines Produkt handeln, das die Duftstoffe auf gar keinen Fall verändert oder zerstört. Wie schon erwähnt, wird heute Ammoniak und Kohlendioxid bevorzugt, mit dem auch erstmals eine Extraktion aus Maiglöckchen- und Fliederblüten gelang. Das lösungsmittelfreie Extrakt, das so genannte "Concrète", hat die Konsistenz von Wachs. Nach weiteren Lösungs- und Filtervorgängen erhalten wir das "Absolue".

Da die Extraktion schonend bei niedriger Temperatur vorgenommen werden kann, riechen die Erzeugnisse naturgetreuer als die der Destillation. Eine der besten Methoden ist die Extraktion durch flüssiges Kohlenstoffdioxid bei niedriger Temperatur. Diese Methode und vermeidet das Einbringen von zusätzlichen Schadstoffen und bewahrt den natürlichen Duft der Rohstoffe.

---

[227] http://www.verfahrensingenieur.de/Extraktion.html

Der alkoholische Auszug aus getrockneten Pflanzen

Die wässrig-alkoholische Tinktur hat gegenüber dem Ölauszug den Vorteil einer guten mikrobiellen Haltbarkeit. Manche lagern Tinkturen fünf bis zehn Jahre. Schon nach einem Jahr muss man jedoch mit chemischen Veränderungen durch Oxidation und Abbau durch Enzyme rechnen.

Tinkturen werden auch Kräuter-Tropfen, allgemein Extrakt oder Essenz genannt. Essenzen mit bitteren Kräutern kennen wir als Magenbitter.

Allopathie versus Homöopathie unterscheiden zwischen normalen Tinkturen aus getrockneten Pflanzen und so genannten Urtinkturen, bei denen frische Pflanzen in Alkohol eingelegt werden. Für Kinder werden Tinkturen auch ohne Alkohol hergestellt. Als Heilmittel erhältliche Kräuterauszüge auf Alkoholbasis (Tinkturen) dürfen nur in Apotheken offiziell gehandelt werden.[228]

Die im privaten Bereich oftmals verwendeten klaren Alkoholika wie Korn oder Wodka, Doppelkorn oder 60%-iger Rum bringen Aromen ein. Alkohol löst Wasser- und Öl-lösliche Stoffe. Im Vergleich zu rein wässrigen Auszügen werden durch den Alkohol höhere Anteile an Bitterstoffen (Alkaloide, Glycoside, Saponide), Farbstoffen (Carotinide und Flavonide) und Riechstoffen (ätherischen Ölen) extrahiert. Saponine und Glykoside lösen sich bevorzugt in Ethanol bei 20% bis 40%v/v, Flavonoide und Bitterstoffe bei 38%v/v, ätherische Öle ab 50% bis 70%v/v und danach die Gerbstoffe ab 70%v/v.

Ein gewisser Anteil an Wasser wird benötigt, um die Zellwände der Pflanzen aufquellen zu lassen und das Zellinnere besser zu erschließen. Alkohol *(Ethanol)* mit 70 %v/v hat sich als optimaler Standard für viele pflanzliche Drogen bewährt: Diese Konzentration verhindert ein zu starkes Aufquellen der Zellwände und ist (auch deshalb) optimal für Duftstoffe.

Der Frischpflanzenauszug

Frische Pflanzen enthalten etwa zehn Mal mehr Wasser als getrocknete. Die erforderliche Einsatzmenge m/m ist rund zehn Mal höher. Oftmals führt das zu unhandlichen Mengenverhältnissen. Unter Beibehaltung des bewährten Masseverhältnisses beträgt der Wirkstoff-Anteil bei Frischpflanzenauszügen jedoch nur rund ein Zehntel.

Oftmals werden an-gewelkte Frischpflanzen verarbeitet. Dies hat auch den Vorteil, dass Insekten während der Welke-Phase das Pflanzengut verlassen.

Als Auszugsmittel üblich ist Alkohol (Ethanol) mit 70 bis 95%v/v. Zu beachten ist: Durch den relativ hohen Wasseranteil der Frischpflanzen verringert sich auch der effektive Alkohol-Anteil entsprechend.

Tinkturen mit geringeren effektiven Ethanol-Anteilen als 30%v/v sind meist nur bedingt stabil. Abhängig vom Pflanzenteil reichen bei Blüten und Blättern

[228] Arzneimittelrecht: Unerlaubte Heilmittelherstellung - Tinkturen: Nur für den eigenen Bedarf.

meist schon effektive Werte ab 32%v/v; üblich sind Werte ab 38%v/v und um 48%v/v.[229]

Frische Pflanzen kommen zum Ausziehen z.B. in Ethanol : Glycerin : Wasser bzw. Hydrolat im Verhältnis 50:20:30.

Alkohol (Ethanol) mit 70%v/v hat sich als optimaler Standard für viele Duftpflanzen bewährt. Je nach Pflanzenteilen und Wirkstoffen kann z. B. bei Harzen eine höhere Konzentration sinnvoll sein.

- Frischpflanzen: 1 Teil m/m
- auf: 10 Teile Auszugmittel
- Auszugmittel: z.B. Ethanol 70%v/v.
- Zerkleinerung: ohne Erwärmung möglichst schnell und fein
- stete Durchmischung
- Temperaturmaximum: z.B. 35°C (Umgefäß kühlen)
- Dauer der Extraktion: z.B. 5 Minuten

Bei einer steten Durchmischung und kontinuierlichen Zerkleinerung der Droge - im Labor und für den Hausgebrauch mittels "Zauberstab" (Stabmixer) - ist bereits nach 5 Minuten das Konzentrations-Gleichgewicht der Inhaltsstoffe erreicht.

In der pharmazeutischen Fachliteratur wird dringend von den früher üblichen wochenlangen Auszugszeiten und warmer und heller Lagerung abgeraten, da sich Substanzen unter Licht- und Wärmeeinfluss oxidativ und enzymatisch zersetzen.[230]

Die saubere (mehrmalige) Filtrierung ist wichtig. In dunklen Flaschen, dunkel und kühl gelagert ist die so gewonnene Tinktur zwar mit 70%v/v Ethanol über Jahre gut konserviert, aber der Duft verändert sich oft bereits innerhalb eines Jahres merklich. D.h. die oxidative und enzymatische Zersetzung einiger Inhaltsstoffe lässt sich verzögern, aber keinesfalls auf Dauer aufhalten.

[229] Alkoholanteil vieler bewährter Kräuterliköre

[230] *Ausnahme ist das Johanniskraut-Öl, hier wird der Zersetzungsprozess gezielt genutzt.*

Der Ölauszug / Das Ölmazerat

Ölauszüge lösen hauptsächlich fettlösliche Inhaltsstoffe, darunter *Carotinoide*, ätherische Öle und *Phytosterole.*

Verwendet wird trockenes Pflanzenmaterial.

Frische Pflanzen sollte man zumindest einige Stunden welken lassen. Kurz vor der Extraktion wird das Pflanzenmaterial zerkleinert und mit Ethanol besprüht: Dies erhöht die Ausbeute und mindert die Schimmelgefahr.

- Trockene Pflanzen: 1 Teil m/m
- Bindung von Restwasser: durch Einsprühen mit 1 Teil Ethanol
- auf: 10 Teile Auszugmittel
- Auszugmittel: oxidativ stabiles Öl (Sesam-, Jojoba-Öl)
- Zerkleinerung: ohne Erwärmung möglichst schnell und fein
- Bewegen und langsames Erwärmen
- Temperaturmaximum: z.B. 68°C
- Dauer der Extraktion: z.B. 2,5 bis 4,5 Stunden

Ölauszüge werden meist bei Zimmertemperatur angesetzt.

Generell gilt:

- Bei offenen Auszug-Systemen verdunstet sehr viel der ätherischen Öle.
- Je höher die Auszugstemperatur, desto kürzer die Dauer der Extraktion.

Das Bewegen des Ansatzes bringt frisches, noch nicht gesättigtes Öl an das Auszugsgut. Durch die Extraktion entsteht rasch ein Konzentrations-Gleichgewicht der Wirkstoffe in Droge und Öl. Tagelange Auszugszeiten oder ein wiederholter Ansatz machen daher keinen Sinn.

Die früher üblichen Auszugszeiten von mehreren Wochen verursachen darüber hinaus Gefahr: In Öl schimmeln und zersetzen sich Pflanzenteile wesentlich schneller als in alkoholischen Auszügen. Durch Restwasser wächst auf Pflanzen in Öl z.B. sehr rasch ein "Pelz" aus Schimmelpilzen.[231]

[231] *Carotinide zersetzen sich. Oliven-Ölauszüge waren nach 7–14 Tagen ranzig: Michael Heldmaier: Phytochemische Charakterisierung öliger Extrakte aus pflanzlichen Drogen. Dissertation. Hamburg, 2007*

Die Enfleurage

Wenn eine ganz besondere Qualität benötigt wird, kommt manchmal auch noch die "Enfleurage" zum Einsatz. Hierfür werden Glasscheiben in Holzrahmen eingesetzt, die "Chassis", und dann beidseitig mit Schweineschmalz bestrichen. Auf dieses Fett werden die Blütenblätter gedrückt. Wir müssen die Blütenblätter öfter erneuern, weil es einige Lagen benötigt, bis das Fett, wie bei der Extraktion, vollkommen gesättigt ist. Mit Alkohol werden anschließend die Duftstoffe herausgelöst. Dieses Verfahren ist in heutiger Zeit viel zu aufwändig, auch wenn, wie erwähnt, die Qualität besonders gut sein kann. In Ausnahmefällen gewinnen wir heute wohl nur noch Jasmin-Absolue damit.

Die Grundstoffe heute

'Tierische Düfte'

Diese Duftstoffe, die in ihrer Reinform alles andere als betörend riechen, werden auf unterschiedliche Art gewonnen. *Ambra* finden wir schwimmend auf dem Meer. Als Produkt des Walfangs wurde es dem toten Tier entnommen.[232]
Es musste dann allerdings noch mindestens ein Jahr in Meerwasser reifen, ehe wir es zur Parfumherstellung verwenden konnten. Um die Geschlechts-Sekrete *Moschus* und *Bibergeil* zu entnehmen, mussten die Tiere getötet werden. Das Markierungssekret der Zibetkatze wurde dem Tier lebend entnommen.[233]

Moschusriechstoffe

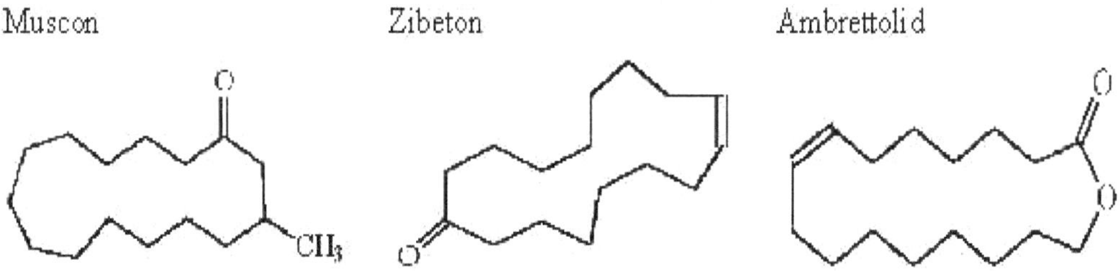

Ed Siedler: Parfums – natürlich – Abb.:14
Moschusriechstoffe
aus: Parfums - natürlich – © 2003 EdS-Parfums

Die meisten Parfumeure verzichten schon lange auf tierische Riechstoffe: Dies schützt Biber, Moschustier, Wal und Zibetkatze.
Die weltweit gesuchten teuren tierischen Ausgangsprodukte wurden oft bereits im Ursprungsland mit den wesentlich billigeren *Benzol-Derivaten* und Anderem gestreckt.
Seit 1994 muss bei Neuentwicklungen auch auf die *Benzol-Derivate HHCB, AHTN, ADBI, AHDI, Tonalid, Galaxolid* und (die besonders preisgünstigen auch Baur-Moschus genannten) *Moschus*-Ambrette, *Moschus-Xylol, Moschus-Mosken, Moschus-Zibeten* verzichtet werden.[234]

Durch diesen doppelten Verzicht, hat sich die Hautfreundlichkeit deutlich verbessert.

Echtes *Ambra* und *Moschus* spielen heute bei der Parfumherstellung keine Rolle mehr, da sie ausschließlich synthetisch hergestellt werden. Das riechende Prinzip von Moschus und Zibet sind die einheitlichen Riechstoffe

[232] Der Walfang ist heutzutage nur noch einigen auf den Walfang angewiesenen Naturvölkern erlaubt.
[233] *Vergleiche hierzu Dupotit: Natürliches Zibet vom Kaiman.*
[234] Seit 1994 nicht mehr für Neuentwicklungen bei Waschmitteln und Körperpflege. Anreicherung im Fettgewebe.

Muscon und ***Zibeton.*** Sie sind als teure einheitliche Riechstoffe synthetisierbar. Um Wildkatzen wie Jaguare, Geparde und Tiger in die Nähe einer automatischen Kamerafalle zu locken, benutzen Feldbiologen angeblich ein Eau de Cologne als Lockmittel, welches u.a. *Zibeton* enthält.

Überraschen mag, dass einige Pflanzen ebenfalls "tierische Düfte" erzeugen.
Das Moschuskörner-Öl [235]
und das Angelicawurzel-Öl [236]
enthalten die animalisch duftenden Lactone ***Ambrettolid*** und ***Exaltolid.***

Duftende Pflanzen

Duftveilchen

Ed Siedler: Parfums – natürlich – Abb.:15
Duftveilchen
aus: Parfums - natürlich – © 2003 EdS-Parfums

All die obengenannten Verfahrensweisen zur Gewinnung von Duftstoffen beruhen auf dem Gebrauch von natürlichen Pflanzenteilen, seien es

- **Blüten,** wie bei Jasmin, Kamille, Narzissen, Orangen, Rosen,
- **Blätter,** wie bei Citronell, Lemongras und anderen Ruchgräsern, Melisse, Minze, Patchouli, Rosmarin, Eukalyptus, Zimt,
- **Nadeln** und Zweige, wie bei Fichten. Kiefern und Tannen,
- Zweige, Blätter und unreife Früchte, wie bei der Bitterorange (→ Petitgrain)

---

[235] Die Malvenart *Hibiscus abelmoschus L.* = *Abelmoschus moschatu*s enthält das phototox.Lacton → *Exaltolid*

[236] *Angelica archangelica Hoffm.* enthält die photo-sensibilisierenden Lactone → *Ambrettolid* → *Exaltolid*

- **Frucht-Schalen**, wie bei den Citrus-Ölen,
- **Früchte,** wie bei Piment,
- **Samen,** wie bei Anis, Fenchel, Kardamom, Karotte, Kümmel, Pfeffer,
- **Rinde**, wie bei Zimt,
- **Wurzeln,** wie bei Angelica, Curcuma, Galbanum, Ingwer, Iris, Narde, Vetiver,
- **Holz,** wie bei Adler-, Rosen-, Sandel- oder Zedernholz,
- **Harz,** wie bei Amyris, Benzoe, Myrrhe oder Olibanum (Weihrauch).

Wie bei gutem Jahrgangs-Wein sind die erhaltenen Qualitäten und die jeweiligen Preise abhängig von Boden, Klima, Lage, Sorte, Erntemenge, Erntemethode und Erntezeitpunkt, Transport und Lagerung und der weiteren Verarbeitung. Leichte Unterschiede in Duft, Farbe und Konsistenz sind Zeichen der Naturnähe.[237]

Neue Analyseverfahren und einheitliche Riechstoffe

Die Entwicklung von synthetisch produzierten Duftstoffen wurde erst durch Analysemöglichkeiten, der für den Duft verantwortlichen Molekül-Arten, möglich. Diese werden von Gaschromatographen erfasst, welche die Moleküle trennen und einzeln analysieren. Unter Anwesenheit von Edelgasen, als Schutzgase, wird das zu analysierende Produkt erhitzt und destilliert, mit Computern werden auch winzigste Spuren benannt und auf dem Bildschirm wiedergegeben. Wir können aber auch die Massenspektroskopie einsetzen, um in die Atomstruktur vorzudringen. Dazu ionisieren wir die Atome und Moleküle und lenken sie durch ein elektromagnetisches Feld ab. Dabei hängt die Ablenkung von der Masse ab und erlaubt auf diesem Weg eine Analyse. Die dritte und neueste Technologie heißt Kernspinresonanz-Methode, auch NMR.

Die wichtigsten natürlichen aromatischen Verbindungen sind die Terpene. Zuerst gelang es die ätherischen Öle umzuformen, später auch sie total zu synthetisieren. Die zunehmende Genauigkeit der Analysemethoden hat auch weit reichende Auswirkungen auf die Rezepturen von natürlichen Arzneimitteln, Kräuterlikör, Backwaren und andere Lebensmittel, duftende und Haut pflegende Cremes und andere Natur-Kosmetik.

[237] 1993-2013 fertigte ***EdS***-Parfums.de natürliche und naturnahe Parfums an, auf Wunsch auch individuell.

Anethol

(E,Z)-Anethol mit dem ODT 70 µg/L Wasser, ist der überwiegende Bestandteil (80 bis 96%) in den ätherischen Ölen aus **Anis**- und **Sternanis** - *Pimpinella anisum* bzw. *Illicum verum* -. Auch beim Bitterfenchel-Öl, ist *Anethol* die Hauptkomponente (55-75% *Anethol*, neben bis zu 11% *Estragol* und bis zu 20% *Fenchon*).

Süßfenchel-Öl aus - *Foeniculum vulgare var. dulce* - hat eine ganz ähnliche Zusammensetzung wie das Sternanis-Öl (80% *Anethol* neben *Estragol*, jedoch kaum *Fenchon*). Anis-Öl enthält neben *Anethol* noch *Anisaldehyd*, *Anisketon*, *Vanillin* und *Eugenol*, welche trotz ihres relativ geringen Anteils eine deutliche Duft-Abweichung verursachen.

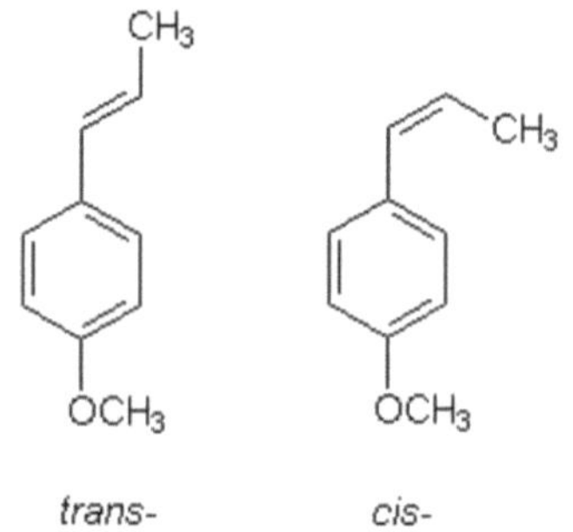

Anethol

Anethol ist Doppelbindung-isomer zu Estragol und hat ähnlich wie dieses ein süßliches Lakritz-ähnliches krautiges Aroma. In der Natur kommt hauptsächlich das ***trans-Anethol*** vor. Anis- und Fenchel-Öl sind begehrte Aromen in der Bäckerei und Getränkeindustrie. Wichtig ist die Verwendung als Aroma für Anisette-Liköre (griechischer Ouzo, türkischer Raki, spanischer Pacharan, französischer Pastis und Pernod) und in kleiner Menge in Lebensmitteln (z.B. in manchen Fruchtaromen wie Himbeere und Erdbeere).
In der Pharmazie wird die Substanz auch als aromatischer Wirk- und Hilfsstoff gebraucht (Hustenmittel, Förderung der Schleimproduktion). Eine antiseptisch-desinfizierende Wirksamkeit wird ebenfalls beschrieben (Zahnpflege). Fenchel wurde bisher bedenkenlos in Schleimlösern als Fenchelhonig, und magenberuhigenden Fenchel-Tees insbesondere Babys verabreicht.

Estragol, Methyleugenol und *Safrol*

gelten als gentoxische Kanzerogene.[238]
Bei Duft-Ölen (leave on products) gilt aus Vorsorgegründen ein Höchstwert von 0,001% oder 10mg/kg Fertigerzeugnis.
Estragol, *Methyleugenol* und *Safrol* sind jedoch natürliche Bestandteile von gebräuchlichen Gewürzen. Die Konzentrationen in Lebensmitteln betragen bis zu 40 ppm (0,004% oder 40mg/kg Endprodukt).

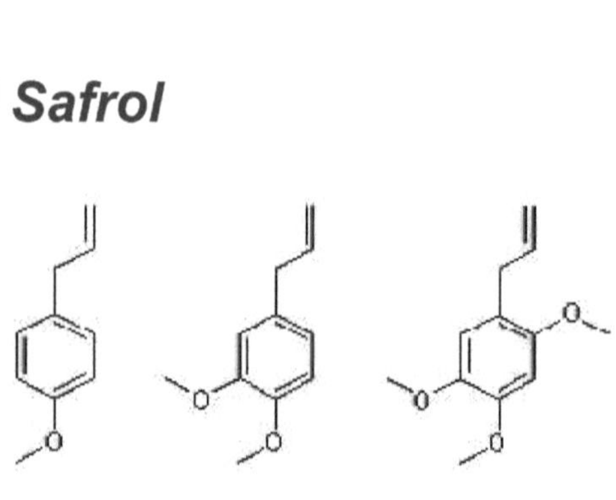
Estragole Methyl Eugenole γ-Asarone

[238] Induzieren den Austausch von Schwesterchromatiden, Auslöser von Mutationen, kann DNA verändern.

Estragol

ist mit >80% Öl-Haupt-Bestandteil in **Basilikum** - *Ocimum basilicum* - und mit 60...75% Öl-Haupt-Bestandteil in **Estragon** - *Artemisia dracunculus* -. Daneben ist es Bestandteil der Aromen von Anis, Bay, Fenchel, Majoran, Stenanis sowie Bestandteil von Pinien- und Terpentin-Öl. All diese Aromen müssen so verdünnt werden, dass 0,004% *Estragol* oder 40mg/kg im Endprodukt keinesfalls überschritten werden. Bei Kosmetika und Parfums (leave on products) sind 0,001% oder 10mg/kg Fertigerzeugnis einzuhalten.

Methyleugenol

ist zu >90% Haupt-Bestandteil im Huon-Pinien-Öl. **Piment** (<15% *Methyleugenol* im ätherischen Piment-Öl), **Basilikum** (<6%), Bay (<4%), **Rose** (<3,5%), **Citronell** (<2%), Die ätherischen Öle von **Estragon** - *Artemisia dracunculus* - und **Liebstöckel** (Maggikraut - *Leviscum officinale* -) enthalten <1,5%; ätherisches Öl von Cascarilla - Kascarillrinde von *Croton eluteria* -, **Ysop**, Winter- oder **Berg-Bohnenkraut**, **Muskatnuss**, **Kalmus** (Aronstabgewächs - *Acorus calamus* -) enthalten <1% *Methyleugenol.* Die natürlichen Öle von **Gewürznelke**, **Ylang** - *Cananga odorata* -, **Karotte** (Gelben Rübe - *Daucus carota* -), **Macis** (Muskatblüte der - *Myristica fragans* -) enthalten <0,5% *Methyleugenol.* Cassia-**Zimtrinden**-Öl enthält immerhin noch <0,1% *Methyleugenol.* All diese Aromen müssen so verdünnt werden, dass 0,004% Methyleugenol oder 40mg/kg im Endprodukt keinesfalls überschritten werden. Reine natürliche Rosenparfums (***EdT***) mit Riechstoff-Anteilen von 10% enthalten demgemäß bis zu 0,35% *Methyleugenol*, und ***EdP*** noch mehr... Bei Kosmetika und Parfums (leave on products) sind jedoch 0,001% oder 10mg/kg Fertigerzeugnis einzuhalten.

Asaron

ist in **Kalmus** (Aronstabgewächs - *Acorus calamus* -) und im Fenchel aus Portugal enthalten. *Foeniculum vulgare spp. Piperitum* - und dessen ätherische Öle zeigen, dass dort zwei Chemotypen existieren:

Typ1 enthält 3,1% ätherisches Öl, davon sind 72% *γ-Asaron*

Typ2 enthält 2,2% ätherisches Öl, davon sind 15% *Methyleugenol* und 41% *γ-Asaron* enthalten.

Safrol

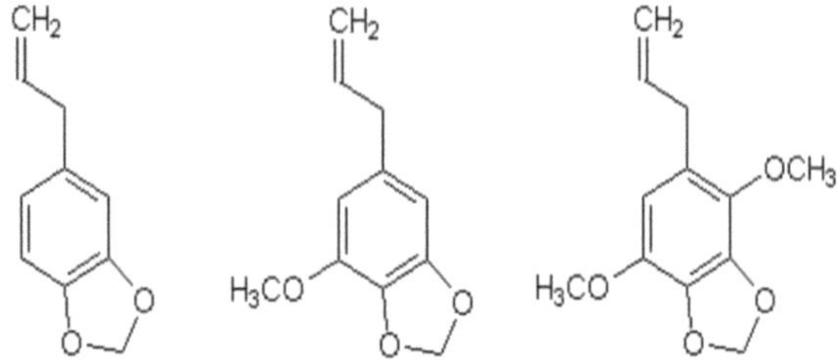

Safrol Myristicin Apiol

ist zu 75% Haupt-Bestandteil des Öls von *Sassafras albidum* und kommt unter Anderem auch in (gelbem) Kampfer, und in den Gewürzen Sternanis, Lorbeer, Fenchel, Muskatnüssen und Safran vor. All diese Aromen müssen so verdünnt werden, dass 0,004% *Safrol* oder 40mg/kg im Endprodukt keinesfalls überschritten werden. Bei Kosmetika und Parfums (leave on products) sind 0,001% oder 10mg/kg Fertigerzeugnis einzuhalten.

Myristicin

ist ein wesentlicher Bestandteil im ätherischen Öl der **Muskatnuss**, botanisch Myristica fragrans VAN HOUTT. Daneben ist *Myristicin* enthalten im Petersilien-Öl (der Blätter und vor allem der Samen von *Petroselinum hortense HOFFM.* - beim Chemotyp *Myristicin* wurden sogar Gehalte bis zu 77% *Myristicin* festgestellt), im Galbanumharz sowie in Möhren (*Radix Dauci*). Das Vorhandensein im duftenden Prinzip von Galbanum wurde erstmals von Alan F. THOMAS entdeckt. Der Geruchsstoff ist Träger des typischen, würzigen Muskatnussduftes und -aromas, mit einer warmen, balsamischen Pfeffernote. Der Geruch ist intensiv, der Geschmackseindruck scharf.
Es handelt sich bei *Myristicin* - wie bei den verwandten Stoffen *Elemicin*, *Asaron*, *Apiol* und *Safrol* - um einen Scharfstoff, der in einigen bekannten Aromapflanzen enthalten ist. In Parfumerie und Heilkunde hat die Substanz selbst keinen Eingang gefunden. Sie spielt lediglich eine Rolle als Bestandteil der genannten Gewürzpflanzen und ihrer ätherischen Öle. Muskat-Öle werden vor allen Dingen im Bereich der Herrenparfumerie zur Unterstreichung der Würznote verwendet.
Zusammen mit *Elemicin*, *Methyleugenol* und *Safrol* wird *Myristicin* für die halluzinogene bzw. psychotropische Wirkung überhöhter Dosen von Muskatnusspulver verantwortlich gemacht. Im ältesten bekannten Hindu-Dokument wird die Muskatnuss als mada shaunda, die "narkotische Frucht" bezeichnet. Die Einnahme solcher Mengen von Muskatnussgewürz führt jedoch gleichzeitig zu regelrechten Vergiftungssymptomen wie Übelkeit, Erbrechen, Leibschmerzen, Unruhe, Zittern, Schweißausbrüche, Wahnvorstellungen und Gleichgewichtsstörungen.

Besonders für Kinder sind die Muskatnüsse gefährlich: Nachdem ein 8jähriger Junge zwei Muskatnüsse, entsprechend etwa 12 g, gegessen hatte, fiel er in tiefe Bewusstlosigkeit und starb 20 Stunden nach der Aufnahme.

Durch den Gehalt an Myristicin und Petersilien-Apiol wirken die Petersilienfrüchte und ihr Öl zwar krampflösend, aber auch stark uteruserregend. Die Verwendung bei Schwangeren ist daher gefährlich.

Basilikum-Öle verzögern durch eine Juvenil-Hormon-Wirkung die Entwicklung von Insekten-Larven. Allgemein wurden für *Myristicin* insektizide Eigenschaften nachgewiesen, es verstärkt auch die Wirksamkeit anderer Insekten-abtötender Stoffe (sog. synergistische Wirkung).

Fenchel zeigt eine Milchfluss fördernde Hormonwirkung. Auch Anis- und Fenchel-Öle gelten als wirkungsvolles Breitband-Insektizid. Sie können durch ihren hohen Anteil an Anethol Halluzinationen und epileptische Anfälle auslösen.

Anis-Aldehyd

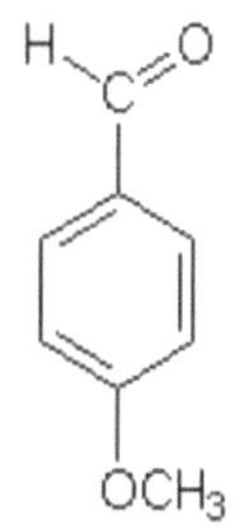

ist Bestandteil vieler ätherischer Öle, beispielsweise in den Essenzen von Anis, Bitterfenchel, Sternanisblättern und Bucco.[239]

Anis-Aldehyd ist auch in den Absolues aus *Acacia cavenia* und *Acacia farnesiana* sowie in natürlichen Vanilleextrakten nachweisbar.

Der *Anis-Aldehyd* gilt als leicht wassergefährdend und oxidiert bei Licht- und Luftsauerstoffzutritt gerne zu *Anissäure.* Der Duft ist kräftig süßlich-blütenhaft, mimosen- bis weißdornblütenähnlich mit anishafter Note und daneben Coumarin-artiger Nuance nach "frischgemähtem Heu".

Anis-Aldehyd wird in der Parfumerie häufig verwendet in Flieder-, Heliotrop-, Akazien- oder Weißdornblütennachempfindungen.

Jonone und Irione

Hinzu kamen nach und nach synthetische Riechstoffe. Bei der Suche nach dem riechenden Prinzip der Iris wurden die *Jonone* entdeckt.

Wesentlich billiger als das die natürlich vorkommenden α-, β- und γ-Irone ist auch heute noch das β-*Jonon.* [240]

---

[239] Bucco-Barosma, Bukko-Strauch: *Agathosma* (*Diosma*) *crenulata*

[240] β-*Jonon* ist ein Teilschritt zur Synthese von Vitamin A – Veilchenduft in der Krebsforschung http://news.rub.de/presseinformationen/wissenschaft/2016-06-02-duftforschung-riechrezeptor-pigmentzellen-der-haut-entdeckt und https://www.swr.de/swr2/wissen/krebszellen-haben-riechrezeptoren/-/id=661224/did=14963444/nid=661224/6zvzrx/index.html

β-Jonon

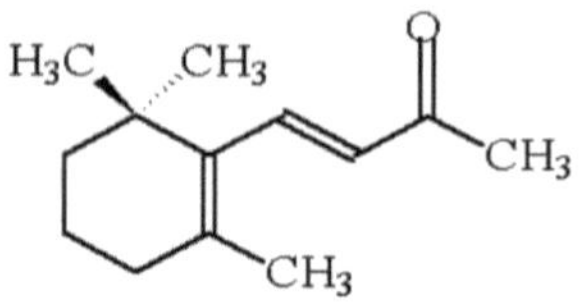

In hoher Konzentration verströmt einen holzigen Geruch, der mit zunehmender Verdünnung der natürlichen Veilchennote weicht.

Allyljonon

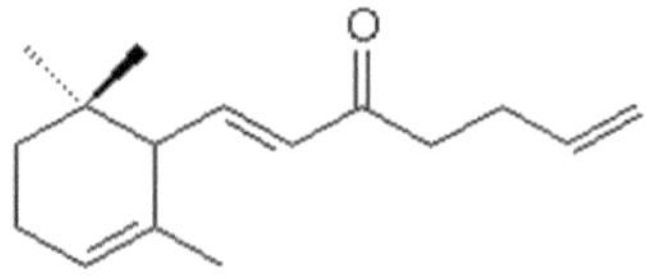

Allyl-α-jonon

verstärkt den fruchtigen Ton eines Parfums, wovon bereits im legendären Mitsouko (1919) Gebrauch gemacht wurde. *Allyljonon* kommt in der Natur nicht vor und verströmt einen Parma-Veilchen-Duft mit fruchtiger Ananasnote mit außergewöhnlicher Haftfestigkeit. Der Duft verschlechtert sich bei schlechten Lagerbedingungen (Licht, Wärme, Luft).

Jasmin-Riechstoffe

Die wichtigen Jasmin-Riechstoffe werden in industriellem Maßstab synthetisiert. Neue Erkenntnisse zwischen Struktur und Duft ermöglichten die Erfindung einer bedeutenden Anzahl von nicht natürlich vorkommenden Riechstoffen vom Jasmin-Typ.

Cis-OPDA (*12-Oxophytodiensäure*) ist ebenso wie sein metabolisches Abbauprodukt *Jasmonsäure* ein hochreaktives Phytopheromon. Es bewirkt vorzeitige Verpuppung und greift möglicherweise auch in die Immunreaktion der Raupen ein. Der Riechstoff *Methyljasmonat*, ein Methylester der Jasmonsäure, signalisiert ebenso Insektenfraß an Blättern und Sprossen von Pflanzen und löst zusammen mit anderen Stoffen die Verteidigungsbereitschaft der Pflanze aus. [241]

Nachrichten über Hormon- und Pheromon-Wirkungen bei Pflanzen und Tieren sind für mich immer interessante Hinweise: Zellphysiologen der Ruhr-Universität Bochum haben 2015 veröffentlicht, dass der Duftstoff *Hedion* den Pheromonrezeptor VN1R1 aktiviert. *Methyldihydrojasmonat* erzeugt im menschlichen Gehirn ab 240ppb geschlechtsspezifische Aktivierungsmuster, die bei klassischen Riechstoffen nicht entstehen. [242]
Frauen, die mit dem Duftstoff in Kontakt kamen, reagierten stärker als Männer. *Hedion* hat eine zarte frische Jasmin-Magnoliennote und findet in vielen Parfüms Einsatz. [243]

---

[241] *Methyljasmonat, $C_{13}H_{20}O_3$* ein *Ester.* Ebenso wie die *Jasmonsäure* ein Phytohormon.
[242] Pheromonwirkung : http://www.internetchemie.info/news/2015/apr15/hedion-pheromonrezeptor.php
[243] *Methyldihydrojasmonat, Dihydrojasmon,* Hedion ™ [Firmenich S.A.] nach dem griechischen Wort „hedone“ für Vergnügen, Genuss, Lust benannt – mit seiner zarten frischen Jasmin-Magnoliennote - zählt heute zu den bedeutendsten Jasmin-Riechstoffen. ODT 240 ppm

Zimtaldehyd

wird vor allem in würzigen und orientalischen Parfumkompositionen eingesetzt. Er ist der Hauptbestandteil von künstlichem Zimt-Öl. Leider wird das teure Zimtrinden-Öl oft mit diesem Stoff verschnitten. Das natürlich in Cassia-, Ceylon-, Zimtrinde-, Myrrhe- und Patchouli-Öl vorkommende *Zimtaldehyd* ist heutzutage der häufigste Auslöser von Irritationen der Haut.

α-Amylzimtaldehyd

ist beliebt für Blumenparfums - natürlich speziell für solche mit Jasmin-Charakter, aber auch Fliederkompositionen profitieren vom Einsatz dieses Jasmin-Aldehyds. Das Duftbouquet von Jasmin-Enfleurage kann nur mit Hilfe des *α-Amylzimtaldehyds* erfolgreich nachgeahmt werden. Bezüglich der Handhabung und Einsatzmenge sollten wir Vorsicht walten lassen. Der Eigengeruch neigt oftmals dazu, sich im Laufe einiger Tage zu verstärken. Es empfiehlt sich daher, zu Beginn versuchsweise kleinere Mengen von *α-Amylzimtaldehyd* anzuwenden und die Kompositionen anschließend 2 bis 4 Wochen zu beobachten.

Benzaldehyd

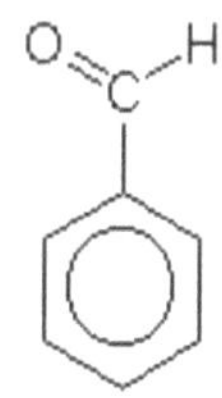

Benzaldehyd

Dieser bekannte Riechstoff mit "Marzipanduft" ist die typische und im Gehalt weit überwiegende Komponente von ätherischem Bittermandel-Öl. Daneben ist der aromatische Aldehyd in zahlreichen anderen ätherischen Ölen von wie Zimtrinde (Cassia), Patchouli, Makassarsamen enthalten.

Bittermandel-Öl kann jedoch auch synthetisch hergestellt werden: Dieses ***Benzaldehyd*** muss blausäure- und chlorfrei sein und die Anforderungen des Food Chemicals Codex (FCC) erfüllen.

Benzaldehyd-Verwendung:

- In Parfumerie Creationen der Typen Heliotrop, Flieder, Maiglöckchen und Veilchen allenfalls in Spuren (Einsatzmenge beachten!).
- Als "Marzipanduft", in Bittermandel-Aromen und als Geschmackskorrigens.

Zur besseren Dosierbarkeit als Geschmacksstoff wird *Benzaldehyd* in einem Ethanol-Wasser-Gemisch gelöst, beispielsweise nach folgender Rezeptur ("Benzaldehyd-Spiritus"):

Benzaldehyd-Spiritus

ad 100 ml		
Benzaldehyd, food grade, chlorfrei	1 ml	1%v/v
Ethanol 90% (unvergällter Weingeist)	80 ml	72%v/v
Auffüllen mit gereinigtem Wasser		

Der *Benzaldehyd* wird zuerst im Ethanol 90% gelöst, danach gereinigtes Wasser bis zum angegebenen Gesamtvolumen hinzugefügt.
Ein Sirup, der 0,2% des Benzaldehyd-Spiritus d.h. 1%v/v*0,2% = 0,002%v/v *Benzaldehyd* enthält, hat Wildkirsch-Charakter.

Bittermandelgeruch

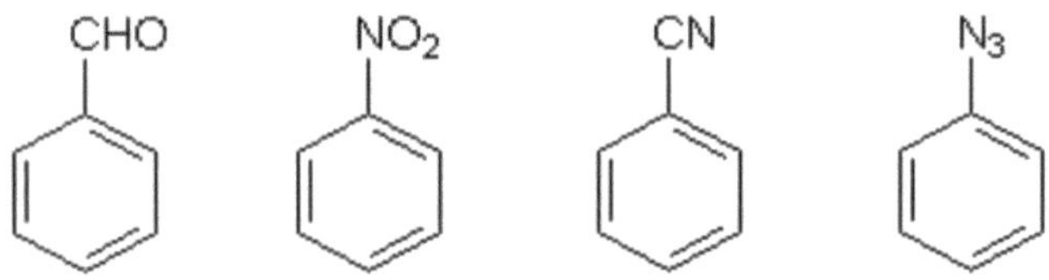

Der Geruch von *Nitrobenzol, Benzylcyanid* und sogar *Benzo-1,2,3-triazol*: ist demjenigen von *Benzaldehyd* frappierend ähnlich!

Benzylalkohol

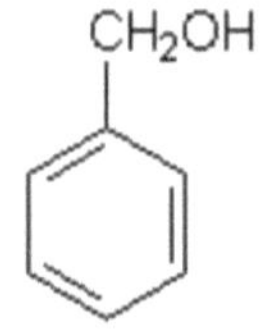

Dieser Riech- und Aromastoff ist ein natürlicher Bestandteil vieler ätherischer Blüten-Öle, insbesondere von "gehaltvollen" Duftpflanzen wie Ylang-Ylang, Tuberose, Jasmin und Goldlack. Auch in echtem Rosen-Öl, Hyacinthen- und Cassienblüten-Absolues sowie im Duft von *Robinia pseudo-acacia* wurde *Benzylalkohol* gefunden und ist in Perubalsam, Tolubalsam, Styrax als *Benzoat* und *Cinnamat* enthalten.

Die industrielle Herstellung erfolgt ausgehend von Toluol, da eine Isolierung aus pflanzlichen Ausgangsstoffen sehr teuer und aufwendig wäre. Der Dufteindruck ist angenehm und etwas süßlich, jedoch wenig intensiv. Der Stoff besitzt ein schwaches Mandelaroma, das sich bei Lagerung an der Luft durch Bildung von *Benzaldehyd* verstärkt und einen scharfen, brennenden Geschmack.

Benzylalkohol ist durch Anlage 6 der deutschen Kosmetikverordnung in einer Konzentration bis zu 1% (bezogen auf das fertige Produkt) als Konservierungsstoff für kosmetische Mittel zugelassen.

Die Verträglichkeit ist in aller Regel gut, Hautirritationen sind - wie bei fast allen Konservierungsstoffen - aber möglich. Im ÖKO-TEST Ratgeber Kosmetik beurteilt Dr. Dieter Wundram den Inhaltsstoff als "empfehlenswert".

Die (Lebensmittel-) Zusatzstoff-Zulassungsverordnung lässt *Benzylalkohol* als Lösungsmittel für Farbstoffe bestimmter Anwendungsgebiete z.B. Ostereierfarben, Käseüberzüge zu. In der Parfumerie und Aromenproduktion wird der aromatische Alkohol aufgrund seines guten Lösungsvermögens und dem unaufdringlichen Duft vorwiegend eingesetzt als Verdünnungs- und Lösungsmittel. In manchen Blumenkompositionen zur Abrundung und als Fixateur. Der Alkohol ist ein wichtiges Ausgangsprodukt für Riechstoffsynthesen, vor allem zur Herstellung der verschiedenen Benzylester: *Benzylacetat, Benzylbenzoat, Benzylpropionat, Benzylcinnamat.*

In der pharmazeutischen Industrie dient der Stoff als Konservans, beispielsweise in parenteral verabreichten Arzneiformen. *Benzylalkohol* wirkt auch lokal anaesthesierend.

Bisabolol

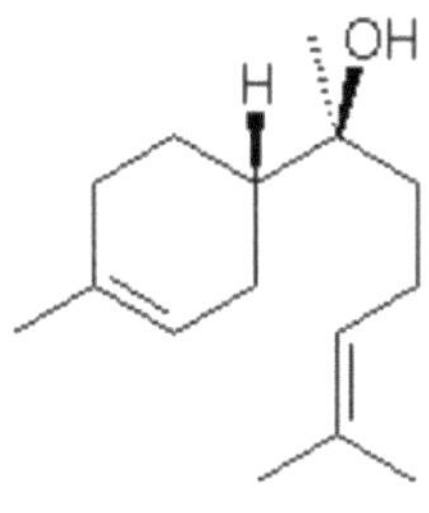

(-)-α-Bisabolol

Meist >85% *D,L-α-Bisabolol*; als Begleitsubstanzen sind hauptsächlich *Farnesol-Isomere* enthalten. Die Bestimmung erfolgt durch Gaschromatographie. Der Duft ist schwach, blumig-süßlich.
Im ätherischen Öl der deutschen Kamille kann bis zu 50% optisch linksdrehendes *(-)-α-Bisabolol* enthalten sein. Neben diesem natürlichen *Bisabolol* kommen in den Kamillenblüten auch davon abgeleitete *Bisabololoxide* vor. Das optisch linksdrehende auch *L-Bisabolol* genannte *(-)-α-Bisabolol* ist auch im ätherischen Holz-Öl von *Myoporum grassifolium FORST* (einem neukaledonischen Strauch) in hoher Menge enthalten.

Optisch rechtsdrehendes *(+)-α-Bisabolol* wurde in den Blattknospen einiger Pappelarten entdeckt. Das hauptsächlich in der Kosmetik verwendete racemische Gemisch aus *(-)-* und *(+)-α-Bisabolol* wird aus Zwischenprodukten der Vitaminsynthese technisch hergestellt.

Die hauptsächlichen Einsatzgebiete von *Bisabolol* sind Hautschutz- und Hautpflegemittel für die empfindliche und problematische Haut, wobei sich der Wirkstoff für den Zusatz in Cremes, Salben und Lotionen gleichermaßen eignet. Aufgrund seiner Stabilität und guten Verträglichkeit lässt sich *Bisabolol* darüber hinaus für Sonnenschutzpräparate, After-Sun-Kosmetika und sogar in Säuglingspflegemitteln einsetzen. Abgerundet werden die Gebrauchsmöglichkeiten mit der Empfehlung für After-Shave-Produkte und Mundpflegepräparate (wie Zahncremes und Mundwässer). Es liegen zahlreiche wissenschaftliche Studien über diesen Wirkstoff vor, die dessen Anwendung kosmetologisch und dermatologisch als abgesichert gelten lassen. *Bisabolol* zeigt gute, statistisch abgesicherte entzündungshemmende (antiphlogistische-antiproliferative) Wirkungen, wobei das racemische Produkt *D,L-α-Bisabolol* sogar besser abschneidet als die meist natürlich vorkommende *L-Form*. Daneben spielen auch die antibakteriellen Eigenschaften der Substanz eine Rolle für den Einsatz in kosmetischen Mitteln, während die weiterhin beschriebene krampflösende (spasmolytische)

Wirksamkeit bei der hier dargestellten äußerlichen Verwendung kaum zum Tragen kommt.

Die Einsatzmenge des racemischen *D,L-α-Bisabolols* liegt, je nach Anwendungsgebiet, im Bereich zwischen 0,1 und 1,0%. Wobei, bezogen auf die vorgesehene Ansatzmenge Fertigprodukt, das Wirkmaximum liegt bei 0,8%. In den meisten Fällen liegt die Einsatzmenge zwischen 0,2 und 0,5%.

Im Gegensatz zu ätherischem Kamillenblüten-Öl oder *Azulen* tritt bei der Verwendung von *Bisabolol* keine Farbveränderung bei längerer Aufbewahrung auf. Ein Durchdringen von Kunststoffverpackungen wie beim *Azulen* findet praktisch nicht statt. Der Vorteil einer weitaus höheren Stabilität wurde bereits erwähnt. Bei Tests im Wärmeschrank bzw. unter der Einwirkung von UV-Strahlung und Luftsauerstoff veränderte sich die Substanz nicht.

Blätter-Alkohol

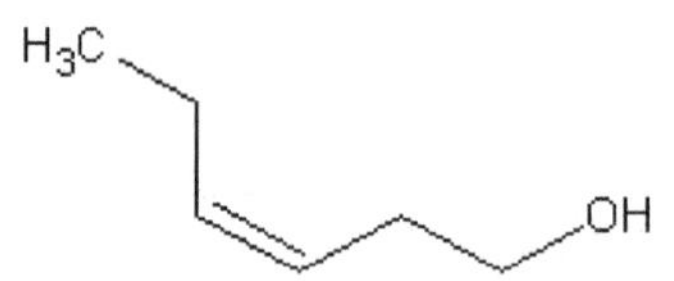

In der Natur kommt *(Z)-3-Hexen-1-ol = cis-3-Hexen-1-ol* in den Blättern und Früchten duftender Pflanzen vor, auch im grünen Tee. Er ist enthalten im Maulbeerblätter-Öl und erscheint als Duftkomponente der Robinie, *Robinia pseudo-acacia*. Weiterhin wurde *Blätteralkohol* im japanischen Minz-Öl gefunden und ist in geringen Mengen in den grünen Teilen nahezu aller Pflanzen enthalten. Der wichtige Riechstoff wird heute vorwiegend synthetisch gewonnen. Die Jahresproduktion beträgt ca. 10 t.
Der Duft ungesättigten Alkohols *cis-3-Hexen-1-ol* hat frappierende Ähnlichkeit mit dem Geruch frisch geschnittenen grünen Grases bzw. grüner Blätter. ODT 10 – 70 µg/L Wasser.

Der "grüne" Dufteindruck ist kraftvoll und ausgeprägter als beim *1-Hexanol*. In (Tee-)Aromen und Parfum-Ölen zur Erzeugung und Unterstreichung natürlicher, "grüner" Top-Noten. *cis-3-Hexen-1-ol* ist unentbehrlich zur Komposition des Duftes von farbigem Flieder, weiterhin ist er wesentlicher Bestandteil des Wohlgeruches von Viktoria-Veilchen-Öl. *cis-3-Hexen-1-ol* ist auch in Tomatengrün-, Apfel- und Apfelsaftaroma enthalten. Neben Flieder- und Veilchendüften vorwiegend passend zu blumigen und kräuterhaften Kompositionen der Typen Muguet, Rose, Chypre und Fougère. *Blätteralkohol* ist u.a. enthalten in den Marken Diorissimo (1,3% !), Capricci, Fidji und in Eaux de Givenchy. *Blätteralkohol* ist Ausgangsprodukt für die Synthese der Stoffe *2-trans-6-cis-Nonadien-1-ol* und *2-trans-6-cis-Nonadien-1-al*.

Cineol

1,8-epoxy-p-menthane ist ein Oxid (es enthält eine Sauerstoffbrücke) und ist der Hauptbestandteil von Rosmarin-Öl. Cineol, und wird nach seinem

Vorkommen auch ***Eucalyptol*** oder ***Cajeputol*** genannt. *Cineol* ($C_{10}H_{18}O$, M_r = 154.3 g/mol) ist eine - in Wasser praktisch unlösliche, jedoch mit Weingeist (Ethanol 96%v/v) mischbare - klare, farblose Flüssigkeit. *Cineol* hat einen Kampfer-artigen Duft und verursacht auf der Haut ein Kältegefühl. *1,8-Cineol* ist ebenso wie *a-Pinen*, *(-)Menthol*, *Histamin*, *Bradykinin*, und *Serotonin* spasmogen, glatte Muskulatur anspannend.

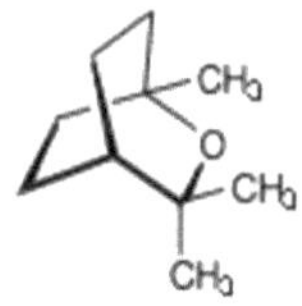

Cineol

Citral

Citral - mit einem sehr ausgeprägten Zitronenduft, intensiv-frisch, etwas "grün" und einer bitter erscheinenden Note - ist kein einheitlicher Riechstoff, sondern ein Gemisch aus ***Geranial*** und ***Neral***,.

Geranial (trans-Form) hat einen "herben Zitronenduft" und

Neral (cis-Form) einen "lieblichen Zitronenduft".

Geranial Neral

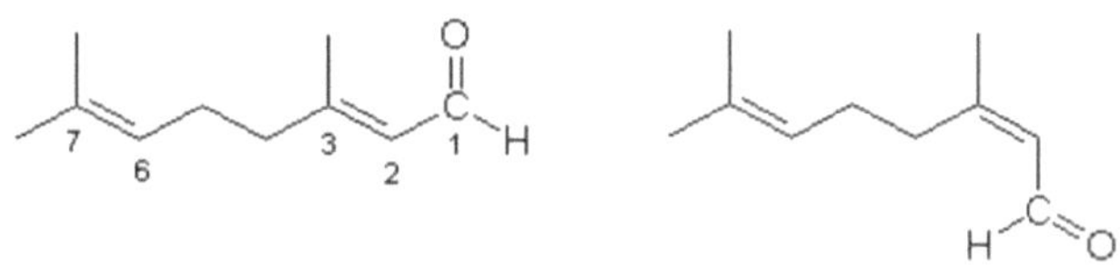

Stereoisomere des Citral

Citral ist Hauptbestandteil der durch Wasserdampfdestillation erzeugten ätherischen Öle von Lemongras - *Cymbopogon citratus* STAPF (85% Geranial zu 15% Neral)- und May-Chang - *Litsea cubeba* PERS - und fast einziger Bestandteil im Öl der Pflanze *Bakhousia citriodora*.
Citral bestimmt auch wesentlich den Geruchseindruck von Citronen-Öl (Gehalt jedoch nur 3,5 bis 5%). ***Citral*** ist auch in Orangen- und Mandarinenschalen-, Petitgrain-, Limette-, Verbena- sowie Eucalyptus-Ölen enthalten (z.B. von *Eucalyptus staigeriana*).

Interessant ist die Funktion von ***Citral*** als Alarmierungsstoff der Blattschneiderameisen (Allomon). ***Citral*** ist in Wasser nahezu unlöslich, aber mischbar mit zahlreichen organischen Lösungsmitteln wie *Ethanol*, *Ether*, *Phthalsäure-diethylester*, *Propylenglycol* sowie mit *Mineral-Ölen* und ätherischen Ölen. Der Siedepunkt liegt bei 228 °C.

Lyral

besitzt einen süßen, Blüten-Duft und ist auch im ätherischen Öl des Salbeis, Rosmarins, und Lorbeers nachweisbar. Mit seiner ausgeprägten Maiglöckchen-Note zählt *Lyral* aufgrund seiner ausgezeichneten fixierenden

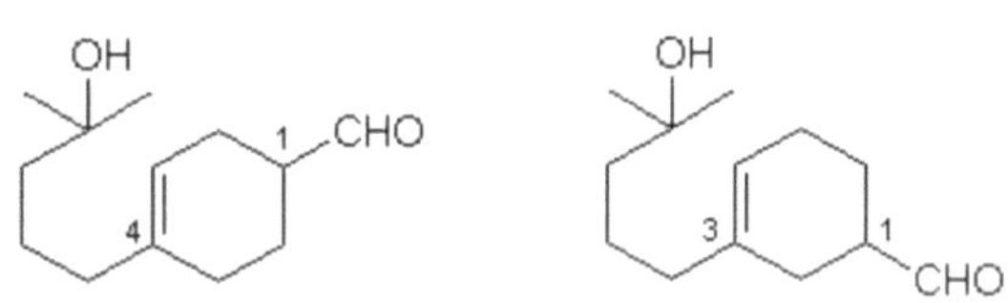

Lyral

Isomer 1 Isomer 2

Eigenschaften zu den meist benutzten zehn Riechstoffen der letzten 25 Jahre. Wie bei vielen Riechstoffen entfaltet sich der volle Dufteindruck erst bei der Verdünnung.

Lyral lässt sich für Anwendungen in der Kosmetik- und Seifen-Parfumerie gleichermaßen einsetzen. Sein Duft ist sehr angenehm, seine Maiglöckchennote ausgeprägter als die von *Hydroxycitronellal* - mit dem Vorteil besserer Haftfestigkeit und höherer Stabilität in Seifen. Die Zugabe von *Lyral* verstärkt die blumige Note und bewirkt eine Abrundung von Parfumkompositionen (wie beispielsweise Muguet, Hyacinthe, Flieder).

Interessant sind die Beziehungen zwischen chemischer Struktur und Duft: Die Geruchsqualität von ***Lyral*** ändert sich bei der Verkürzung der Seitenkette kaum. Verschieben wir dagegen die isoliert stehende Doppelbindung in Konjugation zur Aldehydgruppe, so verlieren diese Isomere die Dufteigenschaften vollkommen (Struktur rechts).

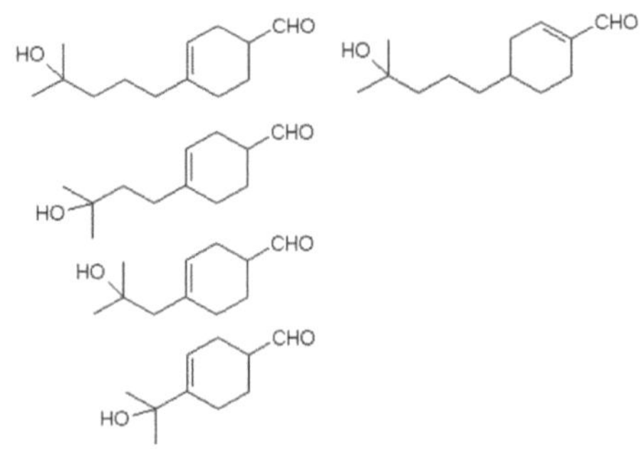

Vanillin und Heliotropin

Das meist halbsynthetisch gewonnene *Heliotropin (Piperonal™)* ist mit dem *Vanillin* eng verwandt. ***Heliotropin*** duftet süßblumig und schmeckt mandelartig und hat ebenfalls Duft und Geschmack hervorhebende Eigenschaften und eine hohe Haftfestigkeit.

Dagegen hat *Isovanillin* nur einen sehr schwachen Duft.

Natürliches *Helioptropin* kann aus dem destillierten Wurzel-Öl der Sassafrasbaumes, Tahiti-Vanille, Acacia, Kampferholz und aus der lilafarbenen Sonnenwende (*Heliotropium peruvianum*) durch physikalische Verfahren gewonnen werden.[244]

Piperonal im Schokolade kann sowohl von einem halbsynthetischen Aroma, teilweise aber auch ganz von einem natürlichen Aroma als Zutat stammen.[245] [246]

---

[244] Natürliches *Heliotropin* http://www.takasago.com/cgi-bin/detail.cgi?key=C103835 sowie http://www.fragrantica.com/news/Heliotrope-in-Perfumes-2755.html

[245] Natürliches Aroma ? http://www.stern.de/ernaehrung/aktuelles/stiftung-warentest-vs-ritter-sport-zoff-ums-natuerliche-aroma-2073710.html

[246] *Heliotropin* EEU Natural Certification http://www.adv-bio.com/ProductDocs/IsEUNatural.aspx?ProdNo=1199

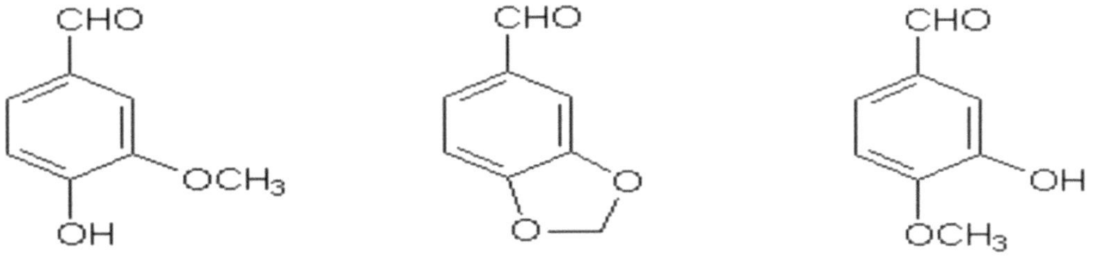

Vergleich der Strukturen von

Vanillin Heliotropin Isovanillin

Vanillin (ODT 20 - 200 µg/L Wasser) gehört zu den wichtigsten Aroma-Stoffen. Vanille diente bereits den Azteken als Aroma bei der Schokolade-Herstellung.

Der Anbau von *Vanilla planifolia* erfolgt heute hauptsächlich auf Madagaskar, Réunion, Tahiti, Java und den Seychellen. Natürliche Vanille enthält neben 3,5% *Vanillin* über 35 weitere aromatische Bestandteile. *Vanillin* ist auch in vielen Naturharzen und Balsamen enthalten. *Vanillin* entsteht als Nebenprodukt bei der Papierherstellung sowie aus *Eugenol*. Die Intensitätvon *Ethylvanillin* übertrifft den Duft des natürlichen Vanillins etwa um das Fünffache.

Coumarin

Im Gegensatz zum *Chroman* und *Chromen* mit je einem Sauerstoffatom enthält *Coumarin,* auch *Cumarin* geschrieben, zwei Sauerstoffatome.

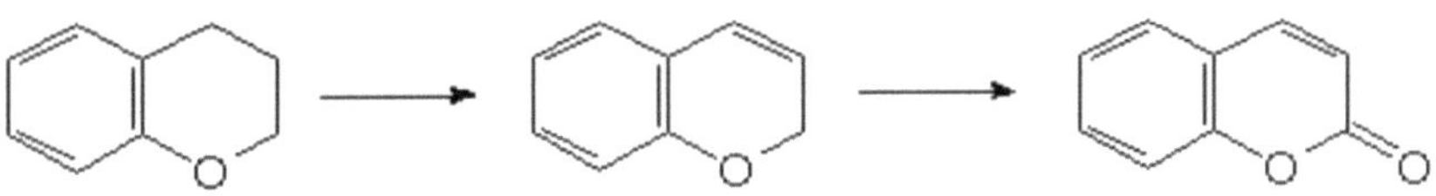

Chroman *Chromen* *Chromen-2-on (Cumarin)*

Der Geruch von *Coumarin* erinnert an Waldmeister; aber auch Heugras, viele Kleearten und Tonka verströmen diesen etwas an Vanille erinnernden süßen Duft. Das geschieht, wenn die Pflanzen verletzt werden. Deshalb riecht auch frisch Gemähtes nach *Coumarin*. Von einem Rüsselkäfer ist bekannt, dass er von dem Duft angezogen wird. Er findet so seine Lieblingsspeise, den Steinklee *Melilotus*. **Chromen-2-on** *(Coumarin)* leitet sich vom *Chroman* ab. Es wird in verschiedenen Pflanzen durch Cyclisierung von *cis-2-Hydroxyzimtsäure (Coumarinsäure)* gebildet. Es ist also deren innerer Ester, ein Lacton. *Coumarine* leuchten unter UV-Bestrahlung blau auf; sie fluoreszieren. Deshalb nutzt die Industrie *Chromen-2-on* und seine Derivate auch als optische Aufheller, welche sie Waschmitteln zusetzt.

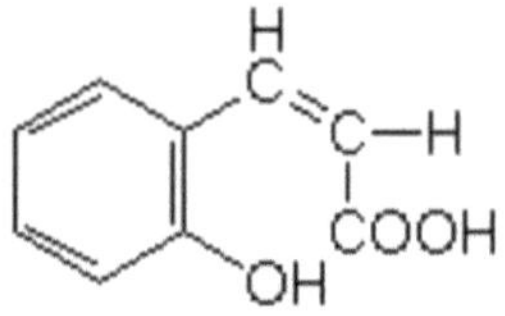

cis-2-Hydroxyzimtsäure (Coumarinsäure)

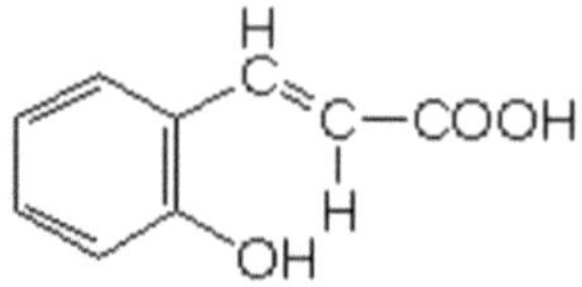

trans-2-Hydroxyzimtsäure

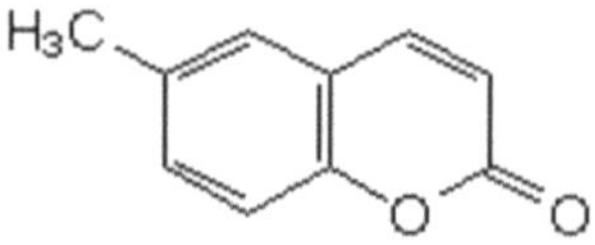

6-Methyl-Cumarin

Coumarin darf nicht mehr unbegrenzt als Waldmeister-Aroma zum Verfeinern von Speisen oder Getränken genutzt werden.
Aber bekanntlich können wir doch in jedem Supermarkt Speisen wie die beliebte grüne Götterspeise oder Brausepulver mit Waldmeister-Aroma kaufen. Glücklicherweise gibt es Stoffe, die so ähnlich wie *Coumarin* nach Waldmeister riechen. So ein Stoff ist die trans-Form der 2-*Hydroxyzimtsäure (Cumarsäure* genannt). Da sie wegen der anderen Anordnung der COOH-Gruppe niemals zum *Chromen-2-on* (*Cumarin* = *Coumarin*) werden kann, ist sie ungiftig und darf als Lebensmittelzusatz verwendet werden. Außerdem wird noch etwas *Vanillin* zugegeben.
Ein weiterer Ersatzstoff ist das 6-*Methyl-Coumarin. Chromen-2-on (Cumarin = Coumarin*) darf bei manchen Produkten verwendet werden, da es relativ wenig toxisch ist. Maximale Konzentrationen liegen zwischen 2 bis 10 mg pro kg Lebensmittel. In diesem Zusammenhang ist festzustellen: Nur oral aufgenommenes *Chromen-2-on (Coumarin)* ist ab einer bestimmten Menge giftig.[247]

Furocoumarine

Das heterocyclische Ringsystem *Chromen* ist aber auch Bestandteil von photo-sensibilisierenden Stoffen wie die *Furano-Coumarine (Furocoumarine).* Das sind *Chromene* mit ankondensierten Furanringen:

Ein Beispiel ist das Furocoumarin *Psoralen:*
Psoralen enthält drei Sauerstoffatome und kommt in Sellerie und Petersilie vor. Es greift bei Bestrahlung sogar die DNA an und wirkt krebserregend!

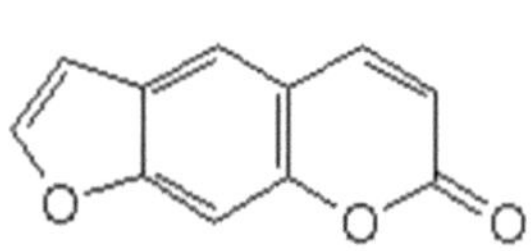

Wir finden Furocoumarine vor allem in Doldenblütlern. Berüchtigt sind auch die Furocoumarine im Bärenklau *(Heracleum).* Dessen großer Bruder ist die bis zu 3 m hohe Herkulesstaude. Erstere löst das relativ harmlose Wiesenekzem aus. Letztere ist die weitaus größere Pflanze, mit viel heftigerer Wirkung: Kontakt mit ihrem Saft führt bei gleichzeitiger Exposition in

---

[247] *Chromen-2-on = 1,2-Benzopyron = 2H-1-Benzopyran-2-on = 2-Oxo-1,2-benzopyran = Tonka bean camphor = cis-o-Coumarinic acid lactone = o-Hydroxycinnamic acid deltalactone = Cumarin*; *Cumarina* (spanisch); *Coumarine* (franz.); CAS 91-64-5, *C9H6O2* ist für Parfums zugelassen. - Dagegen sind *6-Methyl-Cumarin* und alle *Furo-Coumarine* photo-sensibilisierend! - https://www.pharmazeutische-zeitung.de/index.php?id=29055 Eventuelle Alternativen: https://scentandmolecules.wordpress.com/

Sonnenlicht zu Verbrennungen dritten Grades!!! Hier hilft nur: Gut abwaschen und Sonnenbestrahlung unbedingt vermeiden. [248]

5-MOP oder ***5-Methoxy-Psoralen*** [249]

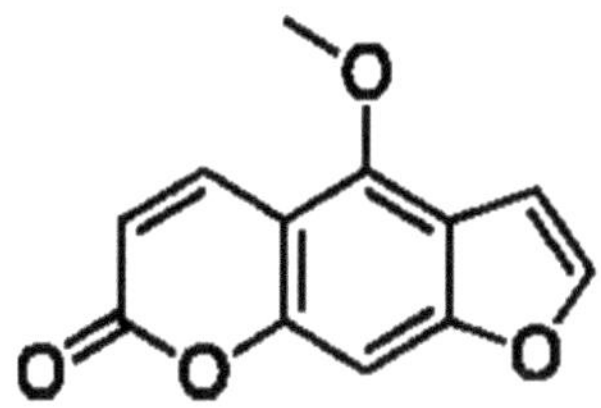

enthält vier Sauerstoffatome und ist ein Furocoumarin:
Im Endverbraucherprodukt darf höchstens 15mg/kg dieses, auch ***Bergapten*** genannten Furocoumarins vorkommen.
Daraus folgen Anwendungsbeschränkungen für Angelica-Wurzel-Öl, Kumin-Öl, Rauten-Öl, Petersilien-Öl und für die (kalt) gepressten Agrumen-Öle von Bergamotte, Bitterorange, Grapefruit, Zitrone, Limette, Petitgrain-Mandarine, Tangerine und Mandarine.

Wofür brauchen Pflanzen Furocoumarine?
Schafe fressen keine Pflanzen, die nach *Coumarin* riechen. Glücklicherweise verdampft es beim Trocknen von Pflanzen rasch, da es gut wasserdampfflüchtig ist. Dienen *Coumarine* also zur Abwehr von Fressfeinden? Sicherlich gilt das Abwehrprinzip für Doldenblütler. Hier geht es insbesondere um die Furocoumarine. Deren Phototoxizität (*Giftwirkung* in Zusammenhang mit Lichteinstrahlung) wirkt sogar gegen Insekten und deren Raupen. Das durch UV-Strahlung induzierte mutagene Potential ist Grund dafür, dass *Furocoumarine* auch auf Mikroorganismen toxisch wirken. Es scheint sogar so zu sein, dass befallene Pflanzen im Krankheitsbereich verstärkt *Furocoumarine* bilden!

Synthetisch / natürlich? Fanatisch ist immer falsch!

Parfum-Liebhaber stellen sich auf der Suche nach ihren neuen Duftfavoriten häufig Fragen zu deren Inhaltsstoffen. Sind sie natürlich oder synthetisch? Wie entsteht die Bio-Lücke? Warum gibt es Bio-Parfums nur in bestimmten Duftrichtungen? Enthalten die Parfums heute mehr synthetische Stoffe als ältere Creationen? Duften die natürlichen Parfums feiner, harmonischer, eben "natürlicher" als die synthetischen? Werden vor allem die billigeren Parfums aus synthetischen Riechstoffen gemacht?
Da die Unterscheidung zwischen dem Natürlichen und dem Künstlichen in Parfums ein komplexes Thema ist, müssen zunächst einige historische und wissenschaftliche Feststellungen gemacht werden:
Synthetische Riechstoffe wurden erstmalig um 1876 in Parfums eingesetzt. Damit ist der Einsatz synthetischer Riechstoffe so alt wie die moderne Parfumerie selbst. Er war sogar eine Voraussetzung für das Entstehen von Parfums, wie wir sie heute kennen. Der Anteil synthetischer Riechstoffe in den Parfums hat aus verschiedenen Gründen tendenziell ständig

[248] Giftzentrale - http://www.giftinfo.uni-mainz.de/ - Tel.: 06131-19240
[249] *5-Methoxy-Psoralen = 5-MOP = Bergapten* - Limit 15 ppm = 15 mg / kg = 0,001.5%

zugenommen. Zum einen hat das wirtschaftliche Ursachen, wobei sowohl der oft günstigere Preis der synthetischen als auch die großen Schwankungen in den Preisen wichtiger natürlicher Riechstoffe eine Rolle spielen. Ebenso relevant sind jedoch die gleichbleibende Qualität und der Gewinn an künstlerischer Gestaltungsfreiheit, den der Einsatz synthetischer Stoffe dem Parfumeur gebracht hat.

Wissenschaftlich betrachtet gibt es nur einen Unterschied zwischen natürlichen und synthetischen Riechstoffen:

- Natürliche sind meist Gemische aus vielen Substanzen.
- Einige einheitliche Riechstoffe sind hochgereinigte Naturstoffe andere halb-synthetische, chemisch veränderte Natur.[250]
- Synthetische bestehen meist nur aus einer Substanz oder sind Racemate / Gemische von Enantiomeren oder enthalten Reaktionsbegleitstoffe.

Heute stehen dem Parfumeur neben etwa 200 allgemein erhältlichen natürlichen Riechstoffen über 2000 synthetische zur Verfügung. Zwei Drittel der synthetischen Riechstoffe sind "naturidentisch", d.h. sie kommen auch (als Bestandteil) in natürlichen Ölen und Extrakten vor, und alle ihre Merkmale sind mit diesen identisch.

In ihren Geruchseigenschaften unterscheiden sich die natürlichen und synthetischen Riechstoffe vor allem in zweierlei Hinsicht. Die natürlichen wirken wegen der Vielzahl der in ihnen enthaltenen Riechstoffe oft "runder" und "voller". Die synthetischen haben eine mehr gleichbleibende Qualität, unabhängig von ernte- und produktionsbedingten Schwankungen; für Markenartikel ist das ein wichtiger Vorzug.

Auch die Intensität und Fixierung von Düften lässt sich mit synthetischen Riechstoffen verändern, so dass der Parfumeur zum Beispiel einen Zitronenduft mit übernatürlicher Haftung erzeugen kann. Ohne solche Korrekturen, vor allem bei der Fixierung, wäre die moderne Parfumerie undenkbar.

Nur Natur oder nur Technik? Fanatisch ist immer falsch: Was Haut- oder Umweltverträglichkeit betrifft, so kann festgestellt werden, dass keine der beiden Gruppen positiver als die andere abgeschnitten hat.[251]

Das Beste aus Natur und Technik ist in jedem Fall besser!

[250] Einheitliche Riechstoffe sind meist teure Reinsubstanzen.

[251] Siehe auch: Dragoco: "Synthetisch oder natürlich?"

Die Wirtschaft um das Parfum

Die Parfumindustrie ...

Das französische Parfum ist das Ergebnis einer jahrhundertealten gewerblichen Tradition. Heute machen Parfums einen Gutteil der französischen Exporte in alle Welt aus. Vier der acht größten Parfum-Konzerne der Welt stammen aus Frankreich. So flüchtig das Parfum als Substanz auch ist, an ihm hängen Tausende Arbeitsplätze und gigantische Umsatzziffern. Es ist ein Luxusgut, das sich freilich immer mehr demokratisiert hat, und so hat auch die Parfum-Branche in den letzten Jahren bedeutende Veränderungen durchgemacht.
Einerseits ist das Parfum Inbegriff der luxuriösen Großzügigkeit, der Sinnlichkeit und der Raffinesse, andererseits ist die Parfum-Branche ein gnadenloser Geschäftszweig. Mächtige Industriekapitäne mit viel Kapital setzen mit gekonntem Marketing, einer weltweiten Werbestrategie und einer intensiven Lobbyarbeit ihre Strategien um. Sie gründen für ihre Zwecke Interessenverbände, deren Anwälte mit allen Mitteln die Interessen dieser Unternehmen wahrnehmen. Mitbewerber und Wiederverkäufer, selbst die Fachhändler und sogar Hersteller von Riechstoffen wurden in der Vergangenheit mit einer Unzahl an Abmahnungen und Gerichtsverfahren bis zu den höchsten Instanzen überzogen. Viele dieser Beauftragten und Verbände nutzten ihre Marktmacht gegen den lauteren Wettbewerb. Ich habe es selbst erlebt, dass deshalb Fachverkäuferinnen haltlos in Tränen ausbrachen, mir sogar Mitbewerber ihre Niederlagen sowie ihre Verteidigungs-Strategien gegen diese "Bluthunde" offenlegten. Beispielsweise hatten sie systematisch Fachverkäufer(innen) durch bezahlte Scheineinkäufe dazu provoziert Parfums zu vergleichen und mit "riecht ähnlich wie" zu beschreiben. Trotz abgegebener Unterlassungserklärung wurden sie verklagt und so lange von Instanz zu Instanz getrieben, bis das Ergebnis den Auftraggebern gefiel: Eine betroffene Fachverkäuferin erzählte mir schluchzend, dass sie nur wegen der horrenden Kosten nachgebe und nun Privatinsolvenz beantragen müsse.

Parfum büßt auch in Rezessionszeiten kaum etwas von seiner Attraktivität ein: Die Wachstumsziffern der Branche sind zwar zurückgegangen, jedoch gab es nie ein Negativwachstum - immerhin verwenden neun von zehn Französinnen und jeder zweite Franzose Parfums. Die französischen Parfum-Hersteller sind die Erben einer jahrhundertealten Tradition, aber das hindert sie keineswegs, die neuesten Technologien einzusetzen. Mischungen verschiedener Essenzen unter Zuhilfenahme der neuesten Entdeckungen der Chemie sowie der teuersten Rohstoffe herstellen, die dann sorgfältig verpackt, mit vielsagenden Namen getauft und von den größten Namen der Modebranche signiert werden; und dennoch sind die Parfums auf dem besten Wege der Demokratisierung, denn sie finden sich in den Regalen der

Kaufhäuser oder werden im Internet gekauft. Und gleichzeitig überspringen sie die Barriere der Geschlechter: Ursprünglich hauptsächlich Frauen, nun vermehrt auch Männer und Jugendliche, ja sogar Kinder (ein sehr rasch expandierender Markt) lassen sich vom Zauber des Parfums verführen. In dieser Branche nimmt Frankreich weltweit mit vier Unternehmen im Spitzenfeld, hinter denen eine Unzahl kleinerer Gesellschaften nachdrängt, einen bevorzugten Platz ein.
Insgesamt repräsentiert die Parfum-Wirtschaft (alle Marken zusammen) innerfranzösisch bereits einen Milliarden-Euro-Markt. Und dabei ist zusätzlich noch zu berücksichtigen, dass französische Parfums einen Gutteil der weltweiten Exporte dieser Branche ausmachen.
Jährlich wurden meist mehr als hundert neue Parfums auf den Markt gebracht. Das bedeutet ebenso viele wirtschaftliche Operationen mit großen Folgewirkungen. Üblicherweise konzentrieren sich die Einführungen neuer Parfums auf das Jahresende, wenn das Weihnachtsgeschäft winkt. [252]
Hinzu kommen außerdem das halbe Dutzend neuer Parfums, die unter den Markennahmen italienischer oder amerikanischer Modeschöpfer laufen, oft aber auch von den Großen der Branche entwickelt wurden.
Der Werbeaufwand für diese neuen Produkte beläuft sich auf über hundert Millionen Euro. Und dies ohne die Kosten für Flacon-Gestaltung, das Verpackungsdesign, zu berücksichtigen...
Eine neue Marke folgt der anderen, und die meisten Parfum-Firmen spielen mit großem Einsatz. Um Erfolg zu haben muss seit 1987 muss jede Markteinführung neuen Massen-Produkts weltweit und in großem Stil erfolgen und mindestens einen Jahresumsatz von 150 Millionen Euro erreichen.

Parfum ... viele Marken und ein paar große Konzerne

Unter den Größten dieser Branche haben sich die Franzosen einen besonderen Platz gesichert. Allgemein kann also feststellen: Die ganz Großen der Branche sammeln förmlich eine Reihe von Marken, und manche, die Verbraucher(innen) für amerikanische oder italienische Marken halten, gehören zu französischen Konzernen. Oftmals sind sie in internationaler Zusammenarbeit entstanden: Beispielsweise entwickelte ein französischer Designer sein Parfum mit einem japanischen Parfumeur...
Hinter diesen ganz großen Konzernen rangiert eine ansehnliche Zahl von kleineren Firmen, die auf diesem Markt gut leben - oder wenigstens überleben. Dazu gehören Juwelen- und Kristallglashersteller aber auch weniger bekannte Marken wie ein Marktführer bei den Billig-Parfums, dessen Produkte - zumindest in Frankreich - ausschließlich über Kaufhäuser und Supermärkte vertrieben werden.

---

[252] https://www.tagesspiegel.de/wirtschaft/ein-grosser-markt-mit-eigenen-regeln-parfuem-ist-das-beliebteste-last-minute-geschenk/12746140.html

Ein sich wandelnder Industriezweig

Die Parfum-Industrie in Frankreich hat eine sehr alte Tradition, wobei seit dem 18. Jahrhundert Grasse an der Côte d'Azur das Zentrum der Branche war. Heute jedoch macht dieser Wirtschaftszweig eine grundlegende Wandlung durch, denn die Waschmittelfabrikanten haben diesen Markt, dessen Wachstumsraten bislang jeder Wirtschaftskrise getrotzt haben, für sich entdeckt. So sind in den letzten Jahren amerikanische Konzerne unter die Parfum-Hersteller gegangen. Diese Gruppen sind oft auch Spezialisten im Bereich der Hygiene- und Schönheitsartikel, und daher liegt die Versuchung nahe, ihre Produktpalette nach oben hin, in den Bereich der Luxusgüter, zu ergänzen. Auch deutsche Waschmittelhersteller sind dank einer sehr aktiven Einkaufspolitik ebenfalls in der Parfumbranche vertreten.

Dieses Auftreten neuer Konzerne hat zwei Konsequenzen: Einerseits wird die Konkurrenz härter, was die Inflation der Kosten für die Markteinführung neuer Produkte erklärt. Andererseits entwickeln die Waschmittelproduzenten neue Vertriebspraktiken, sie investieren vor allem Dingen in den Großvertrieb.

Die meisten Parfumhersteller wollten dagegen nur einen sehr selektiven Vetrieb ihrer Produkte zulassen. Aber Parfums findet man immer mehr auch in den Supermärkten und Kaufhäusern.

Manche Fachleute meinen dagegen, dass die großen Marken sehr wohl ihre selektiven Vertriebsnetze in Parfumerien und exklusiven Kaufhäusern behalten werden. Nun, es liegt in ihrem Firmeninteresse, den Vertrieb der eigenen Artikel unter Kontrolle zu behalten. Eines erscheint weltweit gesichert: Der Kampf auf dem Parfum-Markt ist brutal. In Asien wie auch in den Ländern Osteuropas sind Fälschungen und Imitationen längst Legion.

Parfum - Hersteller und Parfumeure

Anders als in anderen Branchen sind die Hersteller unter den Parfum-Konsumenten weitestgehend unbekannt, und werden oft in keiner Weise mit Parfums in Verbindung gebracht. Denn bei Parfum kommt es für den Konsumenten in erster Linie darauf an, sich einen für ihn zugeschnittenen, eben individuellen Duft, zu kaufen.[253]

Auch die Qualität steht für viele Menschen selten an erster Stelle, wenn sie sich ein Duftwasser kaufen, sondern es ist meist die Marke, häufig auch der Flakon, und oftmals sogar weniger der Duft der die Kaufentscheidung bestimmt und den Wiedererkennungseffekt hat. Gute Parfumeure sind den Konzernen soviel wert, dass selbständige Parfumeure, mit der Aussicht auf regelmäßigen Verdienst, ihr Können meist unter Vertrag stellen. Nur noch wenige anerkannte Parfumeure arbeiten eigenständig.

So ist auch der Weg, wie ein Parfum entsteht, auch ein durchaus anderer, als Laien, beruhend auf alten Vorstellungen, meinen könnten. Wenn Patrick Süskind in seinem Buch "Das Parfum" noch von einem Meister erzählt, der

[253] Individuelle kundenspezifische Parfums: Eau de Solide made by ***EdS*** [***EdS***-Parfums.de]

seinen eigenen kleinen Laden mit Labor hat, so mag das auch heute noch vereinzelnd zutreffen.
Die weltweit verkauften Parfums werden meist mittels kostenintensiver Werbung und aufwendigen Verpackungen an die Marktspitze gepuscht. Die Entscheidung, ein neues Parfum auf den Weltmarkt zu bringen, bedeutet ein hohes ökonomisches Risiko. Werbe- und Marketingbudgets von einer Million und mehr Euro für ein neues Parfum sind heutzutage üblich. Die Größe des Erfolges kann jedoch niemand vorhersagen.
In fast allen Fällen wird auch erst der Name und die Richtung festgelegt, bevor das Komponieren des Duftes beginnt. Und während der Parfumeur an seiner 'Duftorgel' sitzt - einem Arbeitstisch, umgeben von Regalen voller Fläschchen mit ätherischen Ölen und synthetischen Duftpräparaten - versucht er schrittweise, den gewünschten Duft aufzubauen.[254]
Dieser Beruf ist kein Ausbildungsberuf. Wir benötigen eine gute Nase, chemisches Wissen und großes Interesse, Geduld und ein gutes Gedächtnis. Die meisten Parfum-Grundstoffe erhält heutzutage nur, wer einen Sachkunde-Nachweis und eine einschlägige mehrjährige Hochschulausbildung nachweisen kann. Viel Erfahrung und gute Sachkenntnis sind nötig, um dem neuen Duft einen ganz eigenen Stil zu geben, ihm eine persönliche Note zu verleihen, die zudem noch dem Auftraggeber gefallen muss.
Üblicherweise werden rund 70 Zutaten für die Mischung eines Parfums benötigt. Einige sollen 621oder gar 700 verschiedene Stoffe enthalten.[255]

Die ätherischen Öle werden überall auf der Welt gewonnen und erfordern zum Teil eine schnelle Verarbeitung, weshalb viele Parfum-Firmen auf der ganzen Welt Niederlassungen gegründet haben. Ist einmal einem Duft der Durchbruch gelungen, wird er häufig auch in vielen anderen Produkten verwandt. In Cremes, Duschgels oder Deodorants findet er neben dem klassischen Eau de Toilette Gebrauch. Besonders auf diese Produktvielfalt haben es die Manager abgesehen, die Fernsehserien, Markenartikeln oder berühmten Persönlichkeiten ihre Duftkollektion zueignen.

[254] Jellinek, Stephan J.: "Parfum - Der Traum im Flakon" Seite 27

[255] ***Zutaten ≠ Inhalt**: Eine einzelne natürliche Zutat kann mehr als hundert Stoffe enthalten. Abhängig von den Substanzen im System verschiebt sich das Reaktions-Gleichgewicht oder es bilden sich sogar neue Substanzen, beispielsweise durch Umesterung. Auch deshalb sind Zutaten und Inhalt nur selten dasselbe. Aber machen Sie das einmal einem Juristen klar: Der englischsprachige Begriff Ingredient ist zweideutig und bedeutet sowohl Zutat als auch Inhaltsstoff...*

Die Verpackung um das Parfum

Der Flakon des Herrenduftes ist bewusst einem Cocktail-Shaker nachempfunden, um Assoziationen zu aufregendem Nachtleben zu wecken. Die markante blaue Farbe des Produkts und die Kombination von Glas und Metall erinnern an die nächtlichen Farben und Stimmungen in einer Bar. So intensiv hängt heute das Produkt Parfum am Flakon. Auch schon früher war der Flakon mehr als ein bloßes Aufbewahrungsgefäß, nahezu immer ein Stück Kunst.

Die frühen Anfänge

Es gab Zeiten - und die liegen noch gar nicht einmal so weit zurück - da hatten es die Menschen wirklich nötig sich mit Parfum-Duft zu umnebeln. Hauptsächlich bei Hofe war es üblich, in einer Wolke von wohlriechenden Düften aufzutreten.
Der Grund dafür war ziemlich banal: Die hygienischen Verhältnisse ließen zu wünschen übrig. Tage, ja wochenlang haben sich die Menschen kaum gewaschen. Puder und Parfum kaschierten übelriechende Ausdünstungen. Wenn wir bedenken, dass viele große Schlösser weder Bad noch Toilette hatten, können wir uns in etwa die dringliche Notwendigkeit von Parfums vorstellen.
Könige pflegten gewöhnlich, wenn sie zu den Saubermännern ihres Standes gehörten, sich in einem Mini-Waschbecken das Gesicht und ausnahmsweise auch einmal den Körper zu benetzen. Dann schlüpften sie in schwere Brokat-Gewänder, die schon wegen ihrer kunstvollen Stickereien und ihres empfindlichen Tuchs mit Wasser oder gar mit einer Lauge nie in Berührung kamen. Wenn wir dann noch die stickige Luft in den Gemächern berücksichtigen, so ergibt sich in etwa die Geruchsvorstellung, die zu einem ständigen Gebrauch der Parfum-Flasche führte.
Die Fläschchen für das Parfum gehörten zu den wichtigsten Begleitern und Mitbringseln. Deshalb wurden sie in der Tasche, und auch an Arm- und Halsbändern getragen. Wenn sie am Handgelenk getragen wurden, waren es "Flacon bracelets" oder kurz Flakons. [256]

Vielfältig war der Formenreichtum dieser Parfum-Flaschen. Besonders aufwendig gestaltet wurden die Flakons in der Rokoko-Zeit, als Blumenmotive, Schäfer-Szenen und auch manche frivole Darstellung die Flaschen schmückten. Die Formen reichten bis hin zu modellierten Mönchen oder weiblichen Formen.
Auch waren Flakons, die sich an den Fingern aufstecken ließen, bekannt. Später wurden die Flakons weniger aufwendig gestaltet; aber immer noch so schön, dass sich das Sammeln lohnte.

---

[256] ["flakô", franz.] das oder der, geschliffenes Parfumfläschchen

Von einem sehr interessanten Experiment wird aus Frankreich und England berichtet, dessen Resultat erst in wenigen Stücken und dann in größerer Auflage um die Mitte des 19. Jahrhunderts produziert wurde. Es handelt sich um zwei ineinander gewachsene Fläschchen. Das eine war für Parfum, das andere für die Aufbewahrung von Riechsalz bestimmt.

Ed Siedler: Parfums – natürlich – Abb.:16
Glas-Flakon 'Dover' Hersteller: Villeroy&Boch
Fotoserie 'Flakons und Gläser' © 2003 EdS-Parfums

Für Flakons bevorzugen wir seit jeher Glas. Zum einen gibt sich dieser Stoff neutral zu den Duftwässern, zum anderen wurde lange Zeit kein so dichtes Gefäß gefunden, sowohl vom Stoff selber, als auch in der Verschlusstechnik. Wir müssen nur einmal den Verschluss einer Glasflasche mit dem eines Tongefäßes vergleichen, um den eklatanten Unterschied sofort verstehen zu können.

Ungefähr im 4. Jahrhundert v. Chr. entdeckten die alten Ägypter ein Verfahren zur Glasherstellung, und im Laufe einiger Jahrhunderte entwickelten sie auch Techniken zur Herstellung von Gefäßen. Zu Beginn aber auch im Verlaufe dieser Entwicklung waren Glasgefäße, im Gegensatz zu denen, die damals aus Terrakotta gefertigt wurden, nur für reiche Menschen erschwinglich. Die wohlhabende Klientel bevorzugte allerdings auch Arbeiten aus Onyx, Alabaster oder Porphyr, die einem schnellen Ranzig-werden der Salb-Öle vorbeugte.

Durch die Perfektionierung der Glasblastechnik gewann die Kunst im klassischen Altertum an Bedeutung, verlor diese dann aber wieder durch die vermehrte Porzellanbenutzung im Mittelalter.

Der Glasflakon

Trotzdem starb der Gebrauch von Glasflakons nicht aus. Ursprünglich wurde neben dem Duftwasser als solchem, ein eigenständiges Glasgefäß im Handel erworben und füllte dies dann auf. In Folge der Mechanisierung wurde das Parfum später in den Fabriken direkt abgefüllt. Der Flakon gewann an direkter wirtschaftlicher Bedeutung, sollte er nun die Käufer anlocken. Aus diesem Grund ist der Markt der Flakon-Designer hart umkämpft. Sowohl die Parfum-Häuser, wie die Glashersteller, wie unabhängige Designer drängen in die Sparte und schaffen so ein reichhaltiges Ideenangebot.

Doch die schönen individuellen Parfumflakons und Miniaturen werden immer seltener. Oft ersetzen Silikondichtungen, selbst bei mundgeblasenen Glas, die teuren Stopfen. Einige Männerparfums sehen aus wie der alte und berühmte 'Flachmann'. Die Flakons bestehen aus Metall. Bewährt hat sich, wie bei der Lebensmittelindustrie und der Weinverarbeitung, vor allem hochwertiger nichtrostender Edelstahl. Billiganbieter und Imitatoren verwenden Aluminium oder PTFE, PE, PP und andere Kunststoffe. Flakons aus Kunststoff lassen sich weit billiger herstellen und bedrucken.
Aber - abgesehen davon, dass einige Kunststoffe und ihre Weichmacher einen eignen Duft verströmen - besonders leicht flüchtige Inhaltsstoffe der in Kunststoff abgefüllten Parfums entweichen, andere ätherische Öle verändern sich (und den Kunststoff). Viele Kunststoffgefäße werden auf Dauer verformt und der Duft des Parfums verfälscht.

Apothekerfläschchen bestehen meist aus Braun-Glas der 3. hydrolytischen Klasse, diese können den Inhalt beeinflussen und gelten als nicht Dokumentation-sicher.[257]
Weiß-Glas der 3. hydrolytischen Klasse und Braun-Glas der 2. hydrolytischen Klasse sind deshalb beispielsweise Mindestanforderungen für Aromen.
Für empfindliche Aromen, Headspace-Analysen, Bachblüten und andere homöopatische Aufarbeitungen empfiehlt sich Glas der 1. hydrolytischen Klasse. Labor-Gläser sind grundsätzlich aus Glas der 1. hydrolytischen Klasse.
Der Glasflakon gilt auch heute noch als der beste gasdichte Behälter für Parfums. Glasflakons sind heute, meist Maschinen-gefertigt, aus Pressglas. Die Besten bestehen aus hochwertigem Glas, der 1. hydrolytischen Klasse, mit engem Hals. Dichtungen aus Mehrschichtmaterialien in den Deckeln und Sprühköpfen verhindern das Verflüchtigen und Oxidieren des teuren Inhalts.

[257] Glasart III (DIN 719 bzw. Behältnisklasse III nach DIN 52339-TO180) nach dem Europäischen Arzneibuch

Die Dosierung wird durch Tropf-Einsätze und Pump-Zerstäuber mit definiertem Hub optimiert. Die Verpackung aus Karton schützt das Glas vor Bruch und den lichtempfindlichen Inhalt.

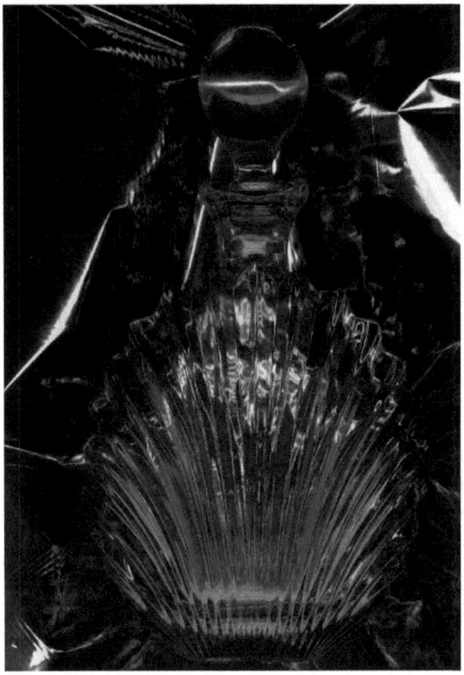

Ed Siedler: Parfums – natürlich – Abb.:17
Glas-Flakon IV Hersteller: Villeroy&Boch
Fotoserie 'Flakons und Gläser' © 2003 EdS-Parfums

Forschung und moderne Aromatherapie

Die moderne Aromatherapie wurde um die Jahrhundertwende von dem französischen Chemiker R. M. Gattefossé entwickelt und stieß in Frankreich, Deutschland, der Schweiz und Italien auf großes Interesse. Laborwissenschaftler Therapeuten haben auf diesem Gebiet zahlreiche Untersuchungen angestellt. Eingeengt durch die vorherrschende wissenschaftliche Ideologie, beachteten diese Forschungen meist nur die antiseptischen (die Bakterienwachstum hemmenden) Wirkungen der ätherischen Öle und deren allopathischen (deren Infektion entgegenwirkenden) Eigenschaften. Darüber hinaus zeigen Pflanzenauszüge und ätherische Öle bei entsprechender Aufarbeitung homöopathische Eigenschaften.[258]

Anhänger der Aromatherapie glaubten, dass diese auf verschiedenen Ebenen wirkt und neben den angesprochenen Bereichen auch einen subtileren Effekt haben und eine Wirkung auf den Geist ausüben. Bekannt war bereits, dass bestimmte Inhaltsstoffe der ätherischen Öle über Nasen- oder Lungenschleimhaut ins Blut gelangen. Auch können diese kleinen Moleküle leicht die Blut-Hirn-Schranke passieren und so direkt auf bestimmte Rezeptoren oder Enzyme im Gehirn wirken.

Die Wirkung der Düfte auf den psychischen und physischen Zustand des Menschen, und die emotional ausgleichende Wirkung wird 2013 bestätigt: So hemmt beispielsweise das in Rosmarin enthaltene *1,8-Cineol* den Abbau des Neurotransmitters Acetylcholin im Gehirn – was die Wirkung des ätherischen Öles auf unsere Denkleistung möglicherweise erklärt. Die Versuchspersonen rechneten umso besser, je mehr *Cineol* sich in ihrem Blut nachweisen ließ.[259] Tatsächlich lösten die Probanden mehr Aufgaben richtig, wenn sie den ätherischen Ölen des Rosmarins längere Zeit ausgesetzt waren. Zudem errechneten sie die Ergebnisse auch wesentlich schneller als vorher. *1,8-Cineol*, das wegen seinem Vorkommen in Eukalyptus- und Melaleucaarten auch *Eucalyptol* oder *Cajeputol* genannt wird, ist neben *a*-Pinen der Hauptinhaltsstoff des Rosmarin-Öls. *Cineol* gilt ebenso wie *a*-Pinen Aufmerksamkeit erhöhend und Stimmung aufhellend.[260]

---

[258] ***EdS***-Parfums: "Parfums mit besonderen Eigenschaften"

[259] Siehe hierzu auch: http://www.spektrum.de/news/schlaue-duefte/1143141 und http://grenzwissenschaft-aktuell.blogspot.de/2013/04/studie-zeigt-rosmarin-duft-erhoht.html

[260] *Cineol* (*1,8-epoxy-p-menthane*) ist ebenso wie *a-Pinen,* (-)*Menthol, Histamin, Bradykinin,* und *Serotonin* spasmogen, glatte Muskulatur anspannend.

Das Aromatogramm

Ein weiterer Fortschritt war die Entwicklung des Aromatogramms durch Dr. Maurice Girault. Es stellt eine wertvolle Methode zur Diagnose und Verschreibung von Arzneien dar. Girault, ein französischer Gynäkologe und Geburtshelfer, studierte zwanzig Jahre lang die Wirkungen ätherischer Öle und Tinkturen (in Verbindung mit anderen Naturheilmethoden wie Homöopathie) in der Gynäkologie. Die Ergebnisse seiner Arbeit veröffentlichte er 1979. Bei seiner Methode werden auf Abstriche von Vaginalsekret verschiedene ätherische Öle aufgebracht, um festzustellen, welches Öl die stärkste Wirkung gegen einen bestimmten Mikroorganismus hat. Die Anwendung dieses Tests wurde von anderen französischen Aromatherapeuten auf alle Infektionskrankheiten ausgedehnt. Sein Vorteil besteht darin, dass die Wirkung der Öle auf einem natürlichen, vom Patienten stammenden Nährboden untersucht wird. Dies bedeutet wiederum, dass für jeden Patienten ein individuelles Medikament zusammengestellt werden kann.

Nach Operationen verabreichen Gynäkologen ihren Patientinnen speziell für sie konzipierte Ölmischungen, um der Verhärtung der Narben vorzubeugen. Darüber hinaus finden ätherische Öle auch als Medikament gegen Kopf- und Blasenschmerzen, wo sie meist als Kompresse zum Einsatz kommen - so gelangen die Wirkstoffe über die Haut ins Blut. Eine andere Methode ist die Inhalation von Dämpfen der ätherischen Öle, mit der Atemwegserkrankungen behandelt werden.

Anerkennung in der klassischen Medizin

Trotz aller Unvollkommenheit und Begrenztheit haben die verschiedenen Methoden zur Untersuchung der keimtötenden Wirkung ätherischer Öle den Wert der Aromatherapie auf wissenschaftliche Weise bewiesen. Wir wissen heute, dass diese Wirkung der Essenzen darauf beruht, dass sie bestimmte Stoffwechselvorgänge bei den Mikroorganismen hemmen und sie schließlich dadurch zerstören.

Auch kennen wir inzwischen einige ätherische Öle, die als Genschalter ein verändertes Verhalten der damit versorgten Zellen bewirken. Obgleich bei der antiseptischen Wirkung der ätherischen Öle Einigkeit herrscht, haben verschiedene Autoren deren Abwehrkraft auf unterschiedliche Weise klassifiziert. Da die ätherischen Öle natürliche Produkte sind, hängt ihre chemische Zusammensetzung von so vielen Faktoren ab, dass die Essenzen sich nie völlig gleichen. Deshalb führen verschiedene Analysen zu verschiedenen Ergebnissen. Laut Jean Valnet weisen Mikroorganismen gegenüber ätherischen Ölen keine Resistenz auf. Neuere Untersuchungen lassen jedoch darauf schließen, dass es Resistenz-Erscheinungen gibt, doch in viel geringerem Maß als bei synthetischen Antibiotika. Das scheint

plausibel, denn ätherische Öle haben eine komplexere Struktur und sind außerdem Produkte des Abwehrmechanismus der Pflanze.
Der medizinische Nutzen von *Citral* und der einheitlichen Riechstoffe *Eugenol* und *Thymol* ist inzwischen unbestritten. *Eugenol* hemmt das Wachstum von Bakterien, Pilzen und Viren und hat eine örtlich betäubende Wirkung. Inzwischen kennen wir sogar Duftstoffe, welche an Erbinformationen andocken und als Genschalter (QSM) eine Verhaltensänderung der Zellen bewirken. Bestandteile des Rosen-Öls hemmen so beispielsweise die Mycelbildung von Hefen und anderen Pilzen. Hautzellen besitzen offenbar einen Riechrezeptor für Sandelholzduft.[261]
Das entdeckten Wissenschaftler der Ruhr-Universität Bochum. Ihre Resultate zeigen, dass sich die Teilungsrate der Hautzellen erhöht und Wunden besser heilen. Eucalyptus-Öl hemmt beginnenden Hautkrebs – leider bislang nur bei weißen Mäusen. Klinische Studien, die diesen Effekt auch bei Krebspatienten nachweisen können, fehlen jedoch noch immer.

Wissenschaftler beschäftigen sich mittlerweile immer häufiger mit natürlichen ätherischen Ölen, die bis vor kurzem noch nur mit Wellness oder gar mit Esoterik in Verbindung gebracht wurden. Die Bedeutung ätherischer Öle auf medizinischem Gebiet liegt vor allem in ihrer Wirkung auf den menschlichen Organismus. Selbst wenn es einfach wäre, sie durch synthetische antiseptische Produkte zu ersetzen, könnten wir uns nie sicher sein, wie diese einheitlichen Stoffe auf den Körper als Ganzes wirken, obgleich sie chemische Nachbildungen von Komponenten sind, die in natürlichen ätherischen Ölen vorkommen.
Ätherische Öle enthalten Hunderte von chemischen Bestandteilen, die meisten in sehr geringen Mengen. Wir wissen, dass bestimmte Spurenelemente von lebenswichtiger Bedeutung sind. In gleicher Weise beruht die Wirkungskraft natürlicher Stoffe auf der Kombination ihrer Bestandteile, und die mengenmäßig sehr geringen Komponenten sind mindestens ebenso wichtig wie ihre Hauptbestandteile. Keine synthetische Nachbildung entspricht vollkommen dem natürlichen Produkt.
Die Nutzung des homöopathischen Heilmittels Arnica D4 und Arnica D8 vor und nach größeren Eingriffen in der Zahnmedizin hat sich bewährt und ist inzwischen Stand der Technik.

---

[261] Sandalore - Sandelholzduft verbessert Wundheilung - Das Team um Dr. Daniela Busse und Prof. Dr. Dr. Dr. med. habil. Hanns Hatt vom Lehrstuhl für Zellphysiologie publizierte die Studie im „Journal of Investigative Dermatology“. http://heilpflanzen-info.ch/cms/blog/archive/tag/sandalorehttp://heilpflanzen-info.ch/cms/blog/archive/tag/sandalore

Beruhigende und krampflösende Parfums?

Pernod, Ouzo und andere Kräuter-Liköre nutzen die krampflösende Wirkung von Anis und anderen Gewürzen, sind jedoch keinesfalls immer und alle zu empfehlen.[262]

Die beruhigende und krampflösende Wirkung ätherischer Öle wurde klinisch einwandfrei durch eine Doppelblindstudie nachgewiesen. Gute bis sehr gute Therapieerfolge wurden bei über 80% der Patienten beispielsweise mit den Symptomen Nervosität, Depression, Kopfschmerz, Schlaflosigkeit erzielt. Das allgemeine Volks-Heilwissen wird bestätigt: Lavendel und andere Kräuter haben eine stark beruhigende Wirkung.[263]

Auch prämenstruelle und andere Schmerzen, die auf Verspannungen beruhen, lassen sich erfolgreich durch ätherische Öle lindern. Nach Verbrennungen zweiten Grades unterstützen Lavendel-Öl und Lavendelhydrolat die Heilung. Grapefruit-Öl bewirkt positive Verhaltensänderungen bei dementen und schwer kranken Patienten. Der aus der Gardenie stammende und nach Jasmin riechende Duftstoff „*Gardenia Acetal*" wirkt angstlösend und schlaffördernd - und zwar nach den gleichen molekularen Mechanismen wie Beruhigungsmittel aus der Gruppe der Benzodiazepine. „Aromatherapieeffekte lassen sich heute belegen und bei Probanden in klinischen Studien nachweisen." Außerdem sei völlig unbestritten, dass diese Öle eine starke antibakterielle oder antifungale Wirkung haben, „denn dafür werden sie in den Pflanzen erzeugt." [264]

Mit Kräutern werden auch Wermut, Gin und Chartreuse aromatisiert. Ich habe mir, soweit erreichbar und mit neuesten Analysemethoden zugänglich, einige Kräuter-Likör-Rezepturen etwas genauer angesehen. In der Schulmedizin herrscht die Überzeugung, dass Krankheiten von äußeren Erregern (Mikroben, Keimen, Viren) verursacht werden. Es ist deshalb verständlich, dass Forscher sich bei den ersten Experimenten mit den antiseptischen Eigenschaften der ätherischen Öle beschäftigten. Bereits 1887 wurden diese Wirkungen bei den ätherischen Öle von Oregano, Zimt und Gewürznelke nachgewiesen.[265]

Die Tendenz zu immer höheren Riechstoff-Anteilen mit immer längerer Verweildauer stimmt bedenklich. Die häufige Verwendung dieser Öle zeigte, dass gerade die stark desinfizierende Wirkung auf Dauer Haut-Irritationen auslöst. Die Arzneimittelindustrie benötigt definierte Wirkstoffgehalte, dies lässt sich am einfachsten mit einheitlichen Rohstoffen erreichen. Auch die meisten Düfte, die heutzutage in Parfumerien und Drogerien angeboten werden sind durch und durch künstliche Schöpfungen.[266]

---

[262] Vorsicht! Kontraindikationen siehe Glossar

[263] "hochsignifikante Verbesserung der Gesamtstimmung bei den Teilnehmern" https://edoc.ub.uni-muenchen.de/7994/1/Eidt_Julia.pdf

[264] Hanns Hatt von der Bochumer Ruhr-Universität 2010 -

[265] Vorsicht, z.T. stark Haut reizend, Kontraindikationen siehe Glossar

[266] Öko-Test 12/98

Homöopathie / Aromatherapie aus holistischer Sicht

Der menschliche Körper ist eine Einheit, und die Interaktion zwischen dem Ganzen, seinen Teilen und der Umgebung wird durch das Prinzip des inneren Gleichgewichts, der Homöostase, bestimmt.Homöostase ist ein Prozess der Selbstregulation, bewirkt durch Hormone und Sekrete der endokrinen Drüsen, die durch die Nebennieren, den Hypothalamus und die Hypophyse gesteuert werden. Jeder äußere oder innere Angriff löst eine ausgleichende Reaktion aus. Jede Störung des Gleichgewichts ruft eine Abwehrreaktion hervor. Hippokrates, der Begründer der abendländischen Medizin, stützte sich in seiner Heilkunst auf zwei Grundprinzipien:

- Die Homöopathie und das Prinzip der Ähnlichkeit: Gleiches wird durch Gleiches geheilt - so eine Vergiftung durch das Gift sowie
- die Allopathie und das Prinzip der Gegensätzlichkeit: die Verwendung eines Gegenmittels.

Das erstere jedoch erfordert Intuition und Feingefühl; es inspirierte im Mittelalter den Alchimisten und Philosophen Paracelsus zur Aufstellung der Ähnlichkeits-Theorie und ist auch die Basis der Homöopathie und der anthroposophischen Medizin. Auf Grund der Morphologie der Pflanzen und ihrer Charakteristika wie Geruch, Geschmack und Umgebung konnte Paracelsus ihre Heilwirkungen vorhersagen. Rudolf Steiner und die Anthroposophen wandten die gleichen Methoden an. Ein Teil ihrer Ergebnisse waren erstaunlich genau, sie wurden und werden mehr oder weniger nach und nach durch neuere wissenschaftliche Untersuchungen bestätigt.

Das zweite Prinzip ist relativ leicht zu befolgen und bildet die Grundlage der modernen Medizin (Allopathie). Die Einnahme chemischer Medikamente stellt häufig einen Angriff auf das Gleichgewicht dar. Behandeln wir eine Krankheit chemotherapeutisch, so beantworten wir einen Angriff mit einem Gegenangriff und lösen einen Kampf aus, wodurch der menschliche Körper zu einem Schlachtfeld wird und schwere Schäden davontragen kann.

Die holistische Lehre besagt: "Wir sind Teil eines Ganzen - des Lebens. Deshalb greifen Pflanzen den menschlichen Körper nicht an, und nur wenn wir falschen Gebrauch von ihnen machen, können sie uns schädigen."

Diese Aussage muss inzwischen deutlich relativiert werden:

- Allgemein bekannt ist, dass Pflanzen mit Duftstoffen ihre Bestäubung durch Insekten sichern.
- Neuere Untersuchungen zeigen, dass natürliche Duftstoffe aber auch Signalstoffe darstellen, die Schädlingsbefall signalisieren und wie natürliche Pflanzenschutzmittel abwehrend, reizend, vergrämend und selbst für Menschen toxisch wirken können!

Auch hier gilt: Die Menge, macht's!

Wie entsteht ein Parfum?

Zuerst einmal fragen wir, wovon die Qualität eines Parfums abhängig ist. Sicherlich sind die Ingredienzien und ihre Qualität besonders wichtig. Auch die benutzten Stoffe, wie jene, die bei der Gewinnung der ätherischen Öle verwendet werden, sind mitentscheidend. Doch letztlich kommt es auf den Parfumeur alleine an, denn er ist derjenige, der aus all den Einzelstoffen ein Ganzes schafft, das Parfum.

Parfumeure stehen meist unter Vertrag mit einer Firma, sind heutzutage also meist nicht mehr selbständig. Das ist besonders in letzter Zeit wichtig geworden, und es hat auch Vorteile, auf neueste hochwertige Technik und umfangreiche Datenbanken zurückzugreifen zu können. Es sind über 2.000 Duftstoffe zu unterscheiden und richtig einzusetzen, und zusätzlich eine Reihe weiterer nationaler Vorschriften und internationale Empfehlungen zu beachten. In vielen Ländern sind nationale "Riechstoffrichtlinien" neben der sogenannten IFRA-Liste gültig, das heißt: Ein Parfum darf nur bedingt weltweit vertrieben werden. Ein weiterer immer wichtiger werdender Punkt ist die heutige internationale gesundheitsbewusste Gesellschaft. Große Häuser sind natürlich daran interessiert, ihre Produkte keinesfalls einer nationalen Einschränkung zu unterwerfen.

Die Dienstleistung der Parfumeure umfasst speziell das Parfum und auch all die Riechstoffe enthaltenden Produktserien im Ganzen, einschließlich den Kosmetika, Seifen, Duschgels und Deodorants. Der Duft der Wasch- und Putzmittel beruht auf der Leistung von Industrie-Parfumeuren. Selbst unsere Suppen und Fertiggerichte munden uns erst durch den gezielten Einsatz von Gewürzen, Geschmack- und Riechstoffen.
Parfumeure sind Komponisten. Viele, so sagt ihr Image in Fachkreisen, seien auch Maler oder fühlten sich zur Musik hingezogen. Sie suchen die Harmonien in diesen Bereichen. Stundenlang tauchen sie weiße Papierstreifen in die Flüssigkeit und vergleichen sie mit der Idee, denn ein Parfum entsteht zuerst in der Vorstellung. Für diese Arbeit wird ihnen sehr viel Freiheit eingeräumt. Über Jaques Guerlain wird erzählt, dass er jedes Mal, wenn er ein Parfum testen wollte, es nach Hause nahm, um es dort in seiner natürlichen Umgebung zu testen. Auch er war in seiner Freizeit Maler.[267]

---

[267] "Erotik des Parfums" Seite 48

Duftrichtungen und Duftfamilien

Der Parfumeur muss viel sehr gut beherrschen um überhaupt die Chance zu haben, ein gutes Parfum herstellen zu können. Als erstes ist die Kenntnis über die Düfte zu nennen. Für die Technik der Parfum-Komposition werden Gerüche in 18 verschiedene Riechstoff-Klassen eingeteilt:

- **Aldehyde** wie *Neral* und *Geranial* (*Citral*), *Citronellal;* welche beispielsweise natürlich in Lemongras, Melisse oder Rosen vorkommen.
- **Fruchtdüfte** wie *Isoamylacetat* oder *γ-Undekalacton;* welche wir beispielsweise als natürlichen Duft von Bananen oder Pfirsichen kennen.
- **Frische Düfte** wie *Menthol, Thymol, Campher(on)* oder *(+)-Camphen*; welche natürlich in Pfefferminze, Thymian, Rosmarin und Terpentin vorkommen.
- **Beruhigende Düfte** wie *Linalool,* welches den Duft von Koriander und Lavendel prägt.
- **Blütendüfte** wie *Nerol* oder *Farnesol;* welche beispielsweise in Orangenblüten-Öl oder Akazienblüten vorkommen.
- **Jasmindüfte** wie α-Amylzimtaldehyd oder Indol; welche u.a. in Jasmin oder Ylang-Ylang (Cananga) vorkommen.
- **Hyacinthdüfte** wie *Zimtaldehyd* oder *Phenylacetaldehyd;* Benzoe (Styrax) oder Tolubalsam.
- **Nelken**-artige wie *Eugenol;* welche u.a. in Gewürzen wie Nelken, Muskatnuss oder Zimt vorkommen.
- **Honig**-artige welche *Phenylessigsäure* oder ihre Ester enthalten.
- **Rosendüfte** wie *Geraniol* oder *Phenyläthylalkohol;* wie sie für Rosen und (Pelargonium roseum) typisch sind.
- **Iris**-artige wie *α-iso-Methyljonon*; Iris- und Veilchendüfte.
- **Holzgerüche** wie *Vetiverylacetat;* welche an Guajak-, Sandel- oder Zedernholz erinnern. Dazu gehören auch die *gamma-Methylionone* mit ihren interessanten Holz-Ambra-Leder-Düften.
- **Patchouli**- und **Pfeffer**-Noten
- **Moos**-, **Erd**- und **Rauch**-Noten wie Carvacrol; Eichenmoos, Leder, Birken- oder Buchen-Teer-Gerüche.
- **Heu**-artige wie Coumarin aber auch Anisaldehyd; wie sie auch in Tonkabohnen oder Tabak vorkommen.
- **Vanille**-artige Düfte wie Vanillin aber auch Heliotropin (Piperidin); welche häufig auch in Balsamen wie Benzoe (Styrax) enthalten sind.
- **Ambragerüche** wie heutzutage Ambrox; aber auch Duftnoten aus Labdanum, Zypresse, Salbei oder Weihrauch.
- **Animalische Gerüche** sind heutzutage einheitliche Riechstoffe wie Zibeton, Muscon aber auch Indol und Skatol sowie Exaltolid und u.a. Galaxolid.

Er muss sie in die Duftfamilien einordnen können, also ihre Zugehörigkeit kennen. Denn daraus ergibt sich der Charakter eines Duftes. Parfumeure unterscheiden

- **Fleur** Rose und andere blumige Noten [268]
- **Floriental** Narzisse, Pfirsich – sogenannte "aldehydige" Düfte
- **Oriental** Orientalische (tropische) Vanille- und Gourmand-Noten
- **Sweet** süße Düfte: Ambra, Moschus, Tabak- und Ledernoten [269]
- **Woody** Vetiver und andere holzige Noten
- **Citrus** Citrus-Düfte (Agrumen / Hesperiden) wie Bergamotte, Orange...
- **Green** Rosmarin und andere (frische) Kräuter- und aromatische Düfte
- **Fougère** beruhigende Heu- und Lavendel-Noten [270]

Um dies zu können, braucht der Parfumeur das Wissen, aus welchen Pflanzen bzw. Pflanzenteilen welche Duftstoffe gewonnen werden. Neben den Blütendüften, die jeder mit Parfum verbindet, wie Rosen, Lavendel, Jasmin und zum Beispiel Maiglöckchen, benötigt der Parfumeur auch Gewürze: Kümmel, Ingwer, Fenchel, Pfeffer, Vanille u.a., wie auch Küchenkräuter: Pfefferminze, Salbei, Thymian, Rosmarin, um nur eine kleine Auswahl zu nennen.
Einige Pflanzen zeichnen sich durch besondere Vielfalt aus. Hierzu gehört beispielsweise der Orangenbaum. Seine Blüten ergeben Neroli-Öl, aus Blättern und Zweigen gewinnen wir Petitgrain-Öl und die Fruchtschalen dienen zur Erzeugung von Orangen-Öl. Des weiteren muss der Parfumeur genaue Kenntnisse über die Intensität der Riechstoffe und deren Eigenschaften besitzen. Das ist für die Mengendosierung unumgänglich.

Die Duft- und Parfum-Komposition

Seit der Entwicklung der ersten Parfums hat sich viel verändert. Seit die Werbung den Duft als Werbeträger entdeckt hat, fließt vermehrt Geld in die Duft-Forschung. Der Begriff Parfum umfasst heute die Parfum-Klassen ***EdC***, ***EdT***, ***EdP***, und seit 1993 die modernen emotional ausgleichenden Parfums vom Typ ***EdS***. Entscheidend sind, ähnlich wie beim Wein, die Herkunft, die Anbauweise und der Jahrgang der Rohstoffe. Dazu gehören die genaue Einhaltung der speziellen Herstellungs-Verfahren, die richtige Wahl der verwendeten Duftträger und deren Alkoholgehalt, die angestrebten und zusätzlich nutzbaren Einsatzgebiete. Am wichtigsten aber ist die vom Parfumeur geleistete innovative Unterstützung der individuellen natürlichen Aura und vor allem die allgemeine Hautfreundlichkeit der verwendeten Rohstoffe.

---

[268] Fleur ~ Family : Foral & Sub-families : Orange & White flowers, Rose
[269] Juchten, russisch: Mit Birkenteer eingelassenes Rindsleder.
[270] *Fougère ist eine traditionelle, aber unpassende Bezeichnung, da Farn (französisch: Fougère) kaum duftet.*

Zuerst ist da die Duftidee. Ein Dufthauch inspiriert. Am besten ist es sicherlich, wenn der Parfumeur unverzüglich darangehen kann, diese Duftidee mit den ihm zur Verfügung stehenden Mitteln Wirklichkeit werden zu lassen. Selbst ohne Duftmuster war es mir noch Tage später möglich ein neues Parfum derselben Duftrichtung zu kreieren.
Um dem Original möglichst gerecht werden zu können, müssen wir neben dem Angeruch, die Kopf-, Herz- und Fondnote und damit auch die passenden Fixateure erfassen können. Allein die Beobachtung des Duftablaufs erfordert mindestens zwei Tage. Oftmals braucht ein Parfumeur Jahre um die richtige Creation zu finden. Für manche verbotene Riechstoffe suchen manche Parfumeure bereits seit über einem Jahrzehnt adäquaten Ersatz.
Anwälte und viele andere Laien glauben, dass die mittels der Nase gewonnenen Eindrücke eine Kopie des ursprünglichen Duftcocktails ergibt. Die Vielfalt der Riechstoffe ist jedoch so groß, dass jeder Parfumeur sich seine Rohstoff-Palette selber auswählt. Vergleicht wir dann das Original mit dem von Dritten mit der Nase kreierten Duft anhand der üblichen NMR- und Massenspektren so können wir das Original eineindeutig unterscheiden. Selbst wenn die Inhaltsstoffe vollständig bekannt wären, Original und Nachahmung haben dann noch Unterschiede in den verwendeten Mengenverhältnissen und bei (unbeabsichtigten) Begleitstoffen durch unterschiedliche Rohstoff-Lieferanten.

Nachahmungen entstehen meist in Fernost: In diesen Kulturen ist der Nachahmer stolz, wenn er etwas (nahezu) ebenso gut fertigen kann. Durch den Einsatz modernster Analyse-Methoden werden bewährte Parfum-Neuheiten zwar innerhalb weniger Monate nachgeahmt; aber nahezu stets bleiben Inhaltsstoffe – auch aufgrund von Binnenreaktionen – , welche den üblichen Zutaten nicht zugeordnet werden können.
Meist jedoch wird für eine bestimmte Zielgruppe oder zur Unterstützung einer Corporate Identity ein Duft gezielt gesucht. Die Parfum-Klasse und die Duft-Richtung (Duft-Familie) wird ausgesucht und festgelegt...
Parfumeure planen, entwickeln und präsentieren Düfte und Kompositionen, die ihrer Meinung nach zu der gewünschten Zielgruppe passen. Die meisten Düfte werden von Grund auf aufgebaut: Dies ist vergleichbar mit dem Bau eines Hauses: Fundament, Keller, Erdgeschoss, Dach...
Die Basis besteht bei Kosmetika meist aus Wirkstoffen, bei Parfums aus einem oder mehreren Fixateuren, als Fundament. Die Basis aus einer oder mehreren Fondnoten bestimmt nun weitgehend wie langanhaltend ein Duft ist und in welche Ausrichtung er bekommt. Der Keller steht. Nun kommt das Herzstück: das Erdgeschoss...
Die nun auszuwählenden Herznoten werden stundenlang den Duft des Kosmetikums oder Parfums bestimmen...
Jetzt fehlt noch das, was wir in einer Landschaft am ehesten wahrnehmen: das Dach. Eine oder mehrere Kopfnoten bilden die Spitze, den Duft, der zuerst auf das Kosmetikum oder Parfum aufmerksam macht.

Die Spitze – Kopfnoten (Top / Head)

Beim Öffnen des Flakons, oder beim ersten Aufsprühen des Parfums werden die Kopfnoten sofort wahrgenommen. Oftmals bestimmt bereits das erste Duftempfinden (der Angeruch) die Kaufentscheidung. Die Kopfnote ist in den ersten Minuten nach dem Auftragen des Parfums auf die Haut wahrnehmbar. Die intensiven, leicht und schnell flüchtigen Duftstoffe mit ihrer geringen Verweildauer werden meist lediglich maximal bis zu zwei Stunden wahrgenommen.

Beispiele für ätherische Öle für ***Kopfnoten*** sind:

- Bergamotte, Petitgrain, Orangenblüte / Neroli, Blutorange, Clemetine, Limette, Mandarine, Grapefruit, Zitrone, Lemongras, Zitronenverbene, Melisse / Citronell, Palmarosa, Maiglöckchenduft / Muguet, Eukalyptus, grüne Myrte, Föhre, Kiefer, Latsche,
- Bay, Gewürznelke, Nelken, Zimt,
- Angelica, Anis, Basilikum, Geißbart / Mädesüß, Rosmarin, Petersilie, Thymian, Pfefferminze, Krauseminze / Spearmint,
- Pfeffer, Meerrettich, Senf,...

Normalerweise setzt sich die Kopfnote aus den am schnellsten flüchtigen, leichten Bestandteilen zusammen. Fehlen diese können an deren Stelle schon Herz- und Fond-Noten anklingen.

Das Herz – Körpernoten (Heart / Coeur)

Die Herznote ist nachdem sich die Kopfnote verflüchtigt hat, zu riechen und bildet den eigentlichen Duftcharakter (das Herzstück). In der Herznote finden sich meistens Blütennuancen, die mit anderen Aromen kombiniert werden. Sie wird häufig auch als Mittelnote bezeichnet.
Beispiele für ätherische Öle für ***Herznoten*** sind:

- Bay, Nelke, Zimt,
- Baldrian, Beifuß, Dill, Estragon,
- Bohnenkraut, Karotte / Daucus, Koriander, Kümmel, Kurkuma, Liebstöckel, Sellerie,
- Lavendel, Majoran, Muskateller-Salbei, Muskatnuss, Pfefferminze, Salbei, Thymian,
- Fenchel, Sternanis, Kardamom,
- Geranie, Hyacinthe, Kamille (römische), Lilie, Rose, Tagetes, Veilchen, Neroli / Orangenblüte, Petitgrain, Jasmin abs., Ylang[271]
- Hopfen, Ingwer,

[271] Bei Ylang ylang (*Cananga odorata*) gibt es mehrere Fraktionen mit stark unterschiedlichen Duft-Qualitäten: Ylang I, II, III und Extra. Ylang III gllt als guter Fixateur für blumige Noten.

◆ Cistrose, Davana, Eukalyptus, Fichtennadel, Douglasie, Thuja, Wacholder, Ysop, Zypresse,...

Die Herznote eines Parfums ist verantwortlich für den eigentlichen Duftcharakter eines Parfums. Die Herznote besteht überwiegend aus Duftstoffen mit einer maximalen Wahrnehmungsdauer von einem Tag.

Der Fond - Fondnoten

Die Fondnoten sind der letzte Teil des Duftablaufes und enthalten schwer lastende, lang haftende Bestandteile.
Beispiele für ätherische Öle für ***Fondnoten*** sind:

◆ Benzoe, Elemi, Myrrhe, Weihrauch, Birkenrinde, Eichenmoos, Galbanum,
◆ Amyris, Sandelholz, Zedernholz (Juniperus virg. = Red Cedar), Patchouli,
◆ Ginster, Jasmin, Iris, Kamille (blaue deutsche), Magnolie, Mimose, Narzisse,
◆ Damaszener Rose, Tuberose, Lorbeer, Oregano, Tonka, Vanille,...

Die Basisnote ist der Duft, der als Letztes wahrnehmbar ist. Sie enthält lang haftende, schwere Duftstoffe, die eine Woche und länger haften können.

Fixateure

Im Gegensatz zu den am Schluss des Duft-Verlaufs deutlich hervortretenden Fondnoten ist die Duftwirkung der Fixateure eher subtil. Parfums enthalten eine Vielzahl von Verbindungen mit deutlich unterschiedlichen Verdunstungs-Geschwindigkeiten welche in Gesamtheit eine Duft-Folge von einigen Minuten, einigen Stunden, einigen Tagen und sogar Wochen ergeben. Deshalb müssen meist wesentlich mehr als ein oder zwei Fixateure eingesetzt werden. Fondnoten sind oder enthalten oftmals Fixateure, welche das Verdunsten des Parfums verzögern.
Die eingesetzten Fixateure müssen in ihrer Einsatz-Konzentration, in ihrer Duft-Note und ihrem Duft-Folge genau aufeinander und auf die eingesetzten Kopf-, Herz und Fond-Noten abgestimmt werden.
Als ***Fixateure*** gelten beispielsweise:

◆ Harze und Balsame wie Benzoe, Copaiva, Elemi, Canada-Balsam, [272] Gurjun-Balsam, Myrrhe, Olibanum (Weihrauch), Opoponax, Styrax, Peru- oder Tolu-Balsam und die darin enthaltenen *Harzsäuren* wie die Abietin-Säure, aber auch *Benzoe*- und *Zimt-Säure* sowie deren Ester.
◆ Eichen- und Baum-Moose enthalten ebenfalls *Harzsäuren.* [273]

---

[272] Harz der Balsam-Tanne (*Abies balsamea*), frisch aromatisch duftend. Hauptbestandteile: α- und β-*Pinen* sowie *β-Phellandren* und *Limonen.* Das ebenfalls darin enthaltene *(+)-cis-Abienol* wird auch für die synthetische Herstellung von → *Ambrox* verwendet.

[273] Kaum hatte die EU die Verwendung von Eichenmoos eingeschränkt, stellte sich heraus, dass der Bösewicht das billigere *Baummoos* war, das zum Strecken des Eichenmooses benutzt wurde...

- ◆ Resinoide (harzartige Dampfdestillations-Rückstände) von Iris, Nelken, Patchouli oder Vetiver.
- ◆ Das riechende Prinzip von Ambra, Moschus oder Zibet heutzutage meist in Form von *Ambrox*, *Exaltolid*, *Muscon*, *Zibeton*,...
- ◆ Einheitliche Stoffe wie *Benzylbenzoat* und *Benzylcinnamat* und andere *Zimtsäureester*, aber auch *Acetylsalicylsäure-Ester*, *Salicylsäure-Benzylester*, *Benzoe-* und *Phthalsäure-Ester*, *Adipinsäure-Ester*, *Gerbsäuren*. [274]

Bei Billig-Parfums wird meist aus Kostengründen auf die Parfumeurleistung d.h. auf die zeitraubende Suche nach den richtigen Fixateuren und deren optimaler Einsatzmenge verzichtet.[275]

- Billig-Parfums zeigen dem entsprechend oftmals Mängel bei der zeitlichen Abfolge; sie haben Duft-Lücken oder es fehlen sogar die passenden Fondnoten einschließlich Fixateure.
- Ein Zuviel an fixierenden Stoffen hält die Riechstoffe so sehr fest, dass sie (zeitweilig) gar nicht mehr wahrgenommen werden.

Die Erfahrung des Parfumeurs, d.h. die Menge, genauer:
die Parfumeurleistung und die Konzentration, macht's.

Das *Baummoos* ist der Bösewicht: Luca Turin: Ehre, wem Ehre gebührt, in: NZZ Folio Heft 4, 2007.

[274] *Gallotannine* und *Catechin-Gerbstoffe,* allgemein: *Tannine (Polyhydrophenole)*

[275] *Manche bezeichen Fixateure auch als Fixative. – Fixative sind farblose Sprüh-Lacke, beispielsweise aus Lösungsmitteln und Schelllack, um Zeichnungen unverwischbar zu machen.*

Der Aufbau eines *EdS*

Duft-Schwerpunkte

Je nach verwendeten Riechstoffen ergeben sich unterschiedliche Duft-Schwerpunkte die als

- Duft-**Familie**
- Duft-**Nuance** und
- Duft-**Tendenz**

bezeichnet werden.
Oftmals auch nur benannt als **Duft, Nuance** und **Tendenz.**

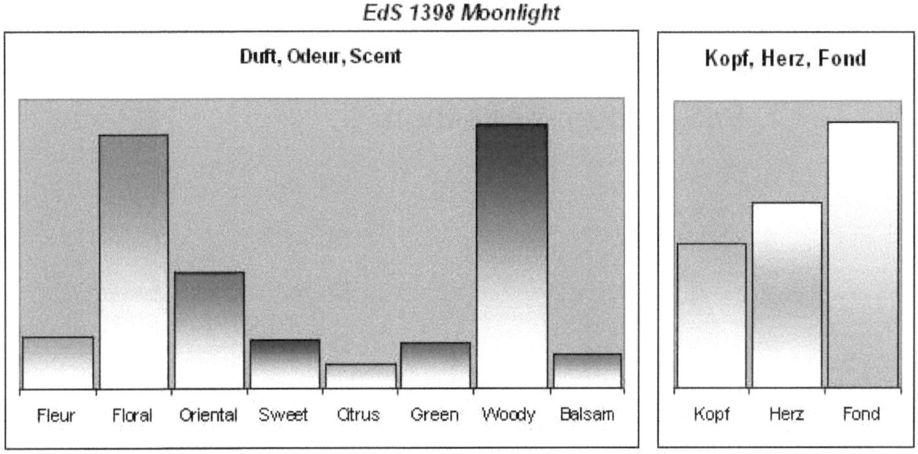

Ed Siedler: Parfums – natürlich – Abb.:18
EdS 1398 Moonlight: Duft und Duftverlauf
aus: Parfums - natürlich – © 2003 EdS-Parfums

Beim ***EdS-Parfum Moonlight*** erkennen wir, dass

- der 1. Schwerpunkt auf der (vormals als Chypre bezeichneten, oben blau eingetragenen holzigen) **Duft-Familie Woody** liegt. Das ***EdS-Parfum Moonlight*** ist ein von Damen bevorzugter Duft dieser Duftfamilie. - Die Duftfamilie Chypre wurde 1917 durch den berühmten Parfumeur François Coty eingeführt. Sie umfasste ursprünglich nur die Duftfamilie Woody.[276]

- Der 2. Schwerpunkt (oben rotorange gezeichnet) ist die Duft-**Nuance Floriental** bestehend aus einer Pfirsichnote, Aldehyden und anderen süßfruchtigen Düften. Kennzeichen von ***Moonlight*** sind die Kombination

---

[276] *Chypre* - Durch den berühmten Parfumeur François Coty 1917 eingeführte Duftfamilie. (Chypre französisch: Zypern) - Andere glauben, dass Chypre von Zypresse abgeleitet ist.

von Holz mit langanhaltenden süßfruchtig-***florientalen*** und angenehm tropisch-***orientalen*** Fondnoten.

- Der 3. Schwerpunkt ist gekennzeichnet durch (oben rot eingetragene) orientalische Düfte sowie tropischen Vanille- und Gourmand-Noten: Duft-**Tendenz Oriental.**

EdS-Parfum Moonlight enthält neben den drei Duft-Schwerpunkten Woody, Floriental, Oriental auch Duft-Anteile der Duft-Familien Fleur, Sweet, Citrus, Green und damit (ungenannt) zugleich auch Fougère.[277] -
Der stattdessen olivfarben dargestellte Anteil an hochwertigen fixierenden balsamischen Noten kommt im Herz und vor allem im Fond dieses Parfums richtig zur Geltung.

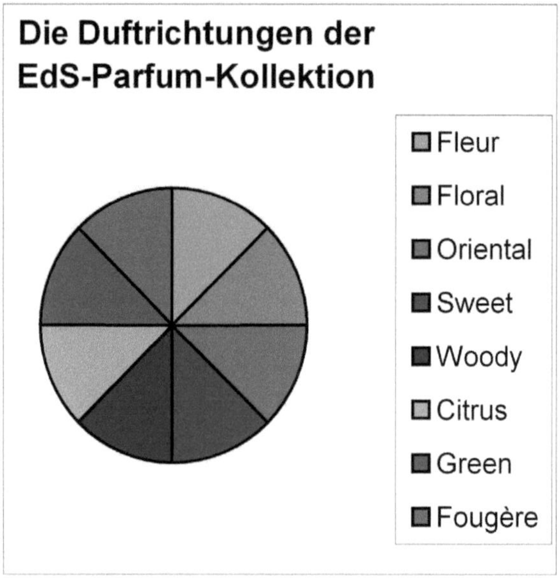

Ed Siedler: Parfums – natürlich – Abb.:19
Die Duftrichtungen der EdS-Parfum-Kollektion
aus: Parfums - natürlich – © 2003 EdS-Parfums

Die **Duft-Familien** der ***EdS-Parfums*** sind:

Fleur	Rose und andere blumige Noten [278]
Flor'al	Pfirsich "aldehydige" süßblumig-fruchtig-balsamische Düfte [279]
Oriental	Orientalische (tropische) Vanille- und Gourmand-Noten

[277] *Fougère-Noten* bestehen aus grünen und Heu-artigen Düften wie *Coumarin,* wobei das *Linalool* die blumige und das *Linalyl-acetat* des Lavendels die frische Komponente einbringt.
[278] *Fleur ~ Family : Foral & Sub-families : Orange & White flowers, Rose*
[279] *Flor'al ~ Families : Floriental & Fruity*

Sweet süße Düfte: Ambra, Moschus, Tabak und Leder (Juchten) [280]
Woody Vetiver und andere holzige Noten
Citrus Citrus-Düfte (Agrumen / Hesperiden) wie Bergamotte, Orange...
Green Rosmarin und andere (frische) Kräuter, aromatische Düfte
Fougère beruhigende Heu- und Lavendel-Noten (Foin / Fougère) [281]

Der Dampfdruck und der Duftablauf

Es geht dabei um die Flüchtigkeit der Inhalts-Stoffe. Je höher der Dampfdruck, desto höher ist die Flüchtigkeit. Ein Parfum übt seine Wirkung in drei aufeinanderfolgenden Sequenzen aus, deren Übergänge fließend sind. Der Hauch von Duft, den wir wahrnehmen, wenn wir den Flakon öffnen, ist die **Kopfnote** oder Spitze. Von diesem flüchtigen ersten Eindruck, der einige Minuten, bis maximal 10 Minuten anhält, sollte sich jedoch niemand zum Kauf verführen lassen.
Als zweite Sequenz folgt die **Herznote,** auch Körper genannt. Sie wird im Anschluss an die Kopfnote wahrgenommen und setzt den Hauptakzent in einer Duftkomposition. Einige Stunden, oft auch nur zwei Stunden, wird sie wahrgenommen.
Die **Basisnote** oder der Fond besteht aus oft Tage lang anhaltenden Duftstoffen, die den Eindruck von Kopf- und Herznote abrunden und zur Vollendung bringen. Die Fondnote wird manchmal auch als **Fixateur** benutzt. Sie bindet die anderen Duftnoten und sorgt dafür, dass nach Stunden immer noch eine Spur des Dufts zurückbleibt. Der Duftablauf ist also ein Qualitätsindex.

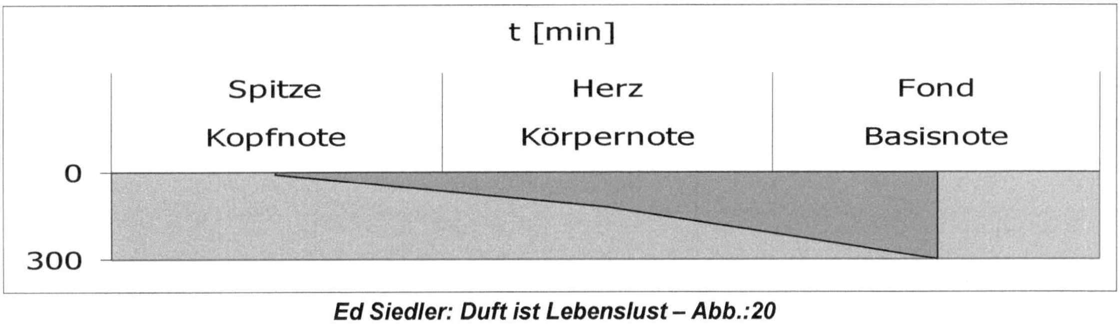

Ed Siedler: Duft ist Lebenslust – Abb.:20
Parfum-Aufbau: Spitze, Herz und Fond
Computergraphik aus 'Parfums - natürlich naturnah - oder?' © 2003 EdS-Parfums

Der vertikale Aufbau

Der vertikale Aufbau eines Parfums nutzt den unterschiedlichen Dampfdruck in derselben Duft-Familie. Ed Siedler fügt **Fixateure, Basis-, Körper- und**

[280] Juchten, russisch: Mit Birkenteer eingelassenes Rindsleder.
[281] *Fougère ist eine traditionelle, aber unpassende Bezeichnung, da Farn (französisch: Fougère) kaum duftet.*

Kopfnoten mit dem Parfumträger Alkohol derart zusammen, dass sich weiche oder kontrastierende Übergänge von Spitze, Herz auf Fond ergeben.

- **Fleur** - blumig-florale Düfte, wie das sich erst ab einer halben Stunde nach und nach entfaltende *Phenyläthylalkohol* und *Geraniol* der Rose und Rosengeranie, die Kopfnote *Nerol* wie in Orangenblüten, das fixierende *Lyral* oder *Farnesol* in "weißen Blumen" wie Maiglöckchen- oder Akaziendüften, *α-iso-Methyljonon* in Iris- und Veilchendüften, *α-Amylzimtaldehyd* und andere in Jasmindüften.[282]

Wird beispielsweise das Nerol der Orangenblüten mit dem Kokoslacton unterlegt, so ergibt sich ein relativ lang anhaltender Duft.

- **Flor'al** - "aldehydige" florientale kokosartige wie das 5-*Decanolid* und der *Kokoslacton* (*γ-Nonalacton*) - süßfruchtige Düfte, wie der *Pfirsichlacton* (*γ-Undekalacton*) welcher auch in Narzissen vorkommt. Das *Benzaldehyd*, welches in Alkohol stark verdünnt nach Wildkirsche schmeckt und riecht. *Fruchtester*, wie sie auch in der Banane und Ylang vorkommen.[283]

  Dazu gehört auch der über drei Stunden anhaltende fruchtige und nach Johannisbeeren riechende Duft der Cassisblüte (Ribes nigrum). Honig-artige welche *Phenylessigsäure* oder ihre *Ester* enthalten. Hyacinth-Düfte wie *Zimtaldehyd* oder *Phenylacetaldehyd*; Benzoe (Styrax) oder Tolubalsam.[284]
- **Oriental** - (tropische) Vanille- und Gourmand-Noten wie *Vanillin* aber auch *Heliotropin (Piperidin);* welche häufig auch in Balsamen wie Benzoe (Styrax) enthalten sind. Aber auch Nelken-artige wie *Eugenol;* welche u.a. in Gewürzen wie Nelken, Muskatnuss oder Zimt vorkommen.[285]

  Hinzu kommen Scharfstoffe wie das *Myristicin,* welches u.a. in der Muskatnuss vorkommt und auch eine pfeffrige Note einbringt. Basis sind oftmals Patchouli und Ambra-artige Duftnoten. - Natürliche Vanille-Auszüge geben Parfums oftmals einen langanhaltenden und schwülen Unterton. Deutlich angenehmer sind meines Erachtens süße Gourmand-Kompositionen mit *Heliotropin* und *Vanillin* oder *Ethylvanillin.* - Das *Zimtaldehyd* im Zimtrinden-Öl hat einen alles durchdringenden Zimt-Duft und gilt heutzutage als das häufigste natürliche Kontakt-Allergen. Würzige Orientals verwenden deshalb auch den angenehmeren Ceylon-Zimt und auch das Öl der Gewürznelken nur äußerst sparsam. Da die Mittelnote rasch nachlässt werden würzige Orientals, welche *Eugenol* enthalten, oftmals mit Benzoe oder Ylang fixiert.
- **Sweet** - intensive und langanhaltende *Carvacrol*, Birken- oder Buchen-Teer-Gerüche, Tabak- und Ledernoten,[286]

---

282 *Fleur ~ Family : Foral & Sub-families : Orange & White flowers, Rose*
283 *Flor'al ~ Families : Floriental & Fruity*
284 Harze und Balsame wie z.B. Benzoe sind für die fixierende balsamische Grundnote verantwortlich.
285 *Oriental ~ Family : Oriental & Sub-families : Edible (Gourmet) & Spicy*
286 Juchten, russisch: Mit Birkenteer eingelassenes Rindsleder.

gamma-Methylionone, süße Ambragerüche wie heutzutage *Ambrox*; aber auch Duftnoten aus Labdanum, Zypresse, Muskateller-Salbei oder Weihrauch und Moschus-Düfte, wie heutzutage die einheitlichen Riechstoffe *Muscon*, *Zibeton*, aber auch *Indol* und *Skatol* sowie *Exaltolid* und u.a. *Galaxolid.*[287]
Bestandteile wie *Sinensal* in der süßen Orange / im Portugal-Öl verstärken die Neigung der Moschus-Düfte intensiver zu werden.

- **Woody** - holzige Noten mit *Vetiverylacetat* wie Vetiver und anderen Düften, welche an Zypresse, Patchouli, Guajak-, Sandel- oder Zedernholz erinnern. Aber auch die beim Chypre typischen Moos-, und Erd-Noten vom *Eichenmoos -Absolue*. Dazu gehören auch die intensiv blumig-waldigen *Didehydro-gamma-Ionone* und die deutlich schwächeren *alpha-n-Methylionone* sowie alle *gamma-Methylionone* mit ihren interessanten Holz-Ambra-Leder-Düften mit ihren fruchtigen Facetten in Richtung Iris / Veilchen und grünen Akzenten.
- **Citrus** - Citrus-Düfte (Agrumen / Hesperiden) geprägt von *Limonen* und den Aldehyden wie *Neral* und *Geranial* (*Citral), Citronellal* oder *Sinensal*; welche beispielsweise natürlich in den Citrusfrüchten wie Orangen, Zitronen, Limetten, Bergamotten, aber auch in Lemongras, Citronell oder Melisse vorkommen. - So zeigt beispielsweise eine Komposition, welche Petitgrain-Öl, Zitronen-Öl (ohne harzende Anteile), Verbena- und Bergamotte-Öl enthält, in den ersten zehn Minuten eine starke Spitze und einen über drei Stunden anhaltenden Duftverlauf.
- **Green** - frischgrüne aromatische Düfte wie *Campher*(on) oder (+)-*Camphen*, *Menthol*, *Thymol*; welche natürlich in Rosmarin, Pfefferminze, Thymian und anderen (frischen) Kräutern vorkommen.[288]
  Aber auch *Linalool* welches den Duft von Koriander und Lavendel prägt. Blätteralkohol, Petitgrain und Galbanum enthalten ebenfalls frische Grünnoten. - Eine Komposition aus Lavandin,[289]
  Rosmarin und Thymian werden hauptsächlich als frische Kopfnote eingesetzt, bleiben aber auch noch in der Herznote und bis zum Schluss ausgewogen angenehm herbgrün. -
  Blätteralkohol mit Galbanum (Absolue) sind, bei Überdosierung zwischendurch aufdringlich werdend, frischgrün von der Spitze bis zum Fond.
- **Fougère** - beruhigende Heu- und Lavendel-Noten (Fougère). [290]
  Heuartige wie *Coumarin* aber auch *Anisaldehyd*; wie sie auch in Tonkabohnen vorkommen. Wobei das *Linalylacetat* des Lavendels die frische Komponente einbringt.[291]

---

[287] *Sweet ~ Family : Fruity & Sub-families : Ambery & Animalic & Leathery & Musky*
[288] *Green ~ Family : Green & Sub-family : Aromatic*
[289] Campher betonte natürliche Hybride aus Lavendel (Lavandula angustifolia) und Speik (Lavandula latifolia)
[290] *Fougère ist eine traditionelle, aber unpassende Bezeichnung, da Farn (französisch: Fougère) kaum duftet.*
[291] *Fougère ~ Family : Fougère & Sub-family : Lavender*

Eine Komposition Fougère fresh (classic) aus Lavendel und *Coumarin* ist auch nach drei Stunden noch besonders intensiv.

Parfum-Basen

Der vertikale Aufbau eines Parfums nutzt den unterschiedlichen Dampfdruck in derselben Duft-Familie. Es müsste doch möglich sein für jede Duftrichtung der 18 Riechstoff-Klassen eine (oder mehrere) Zusammenstellungen (Duftbasen) zu finden, welche bereits als vertikale Komposition Kopf-, Herz- und Fondnote harmonisch mit einem Fixateur verbindet.
Zusammenstellungen davon sollten wiederum wohlriechende Kompositionen der jeweilig gewünschten Duftfamilie ergeben.

Fleur "Jasmin"

Nahezu alle Parfums – außer den meisten Zitrusdüften vom Typ Eau de Cologne – enthalten Jasmin, den "Duft der Jugend":
Neben dem ***Jasminum grandiflorum*** */ officinale / odoratissimum* der neben *Benzylalkohol, Eugenol* und *Geraniol* enthält gibt es den sogenannten arabischen Jasmin ***Jasminum sambac*** *(*Indien*)* dessen Duft von *Linalool* und dem fixierenden *Benzylbenzoat* mitbestimmt wird. Diese Absolues kosteten (2017) rund 24 EUR / 1ml.

Jasminriechstoffe werden in industriellem Maßstab synthetisiert. ***Hedion*** ™ *[Firmenich S.A.]* ist heute einer der bedeutendsten Jasmin-Riechstoffe: (1R,2R)-(-)-*Methyldihydrojasmonat* erzeugt im menschlichen Gehirn ab 240ppb Aktivierungsmuster, die bei klassischen Riechstoffen nicht entstehen. Frauen, die mit dem Duftstoff in Kontakt kamen, reagierten stärker als Männer.
(+)-*Z-Methyl-epijasmonat* riecht intensiv blumig, sehr Jasmin-ähnlich.
(+)-(2S,3R)-*Magnolione*® duftet nach Jasmin, ist blumig und frischfruchtig.
(2R,4S)-*cis-2-Methyl-4-phenyl-[1,3]dioxolan* ist ein intensiver klarer Duft nach Indol, Rosen und Jasmin.

Mit bis zu 2,5% ist *Indol* ein wichtiger natürlichen Duft-Bestandteil im **Jasmin-Absolues**. Deklarationspflichtig im Absolue (Ägypten) sind *Benzyl Alcohol, Geraniol, Isoeugenol, Benzyl Benzoate* und *Linalool.*

Die natürlichen Methyljasmonate *(Z)-(3R,7S)-Methyljasmonat* (ODT 0,012ng/L) und *(Z)-(3R,7R)-Methyljasmonat* (ODT 0,240ng/L) sind Methylester der *Jasmonsäure.* Diese Methylester sind ebenso wie die *Jasmonsäure* Phytohormone. Fraßbedingte mechanische Schädigung der Pflanze bewirkt eine Freisetzung von *Jasmonaten.*

Meist werden für Jasminbasen neben 1% **Jasmin**-Absolue (Ägypten) beispielsweise Benzoe oder 30% *Benzylacetat*, je ~20% *Benzylalkohol* und *2-Phenylethanol*, 10% *Isophytol*, je ~5% *Benzylpropionat* und *α-Amylzimtaldehyd* sowie *Linalool*, 2% *Geraniol*, ~1% (Z)-*3-Hexenyl-methyl-ether*, 0,2% *Eugenol*, 0,1% Ylang-Öl und 0,05% *Indol* verwendet. Oder oftmals auch **Jasmin-Absolue** mit *Methyldihydrojasmonat (**Hedion**) und Cinnamein (Benzylcinnamat 10%ig), dem* manche auch *Benzylsalicylat* oder sogar *Skatol* hinzufügen. Die Jasminbase "J" darf in ***EdS*** bis zur Hälfte des Gesamt-Riechstoff-Anteils ausmachen. Ein ***EdT*** besteht aus ~10% Riechstoffen plus *~86%v/v Ethanol*.

Fleur "Rose"

Ein ***EdT*** oder ***EdP*** der Duftrichtung Rose ist anscheinend leicht zu kreieren: Mit **Rosen-Öl** und **Rosen-Absolue** hat man bereits die **Herz-** und **Fond-**Note. Deklarationspflichtig im Absolue sind *Benzyl Alcohol*, *Citral, Eugenol* und *Geraniol.*

Aber **Rosen-Öl** und **Rosen-Absolue** enthalten bis zu 3,5% *Methyleugenol.* Reine natürliche Rosenparfums (***EdT***) mit Riechstoff-Anteilen von 10% enthalten demgemäß bis zu 0,35% Methyleugenol, und ***EdP*** noch mehr...
Der zulässige Grenzwert 10mg/kg = 10g / t Fertigprodukt für leave-on products verlangt, dass insgesamt nur 0,001% *Methyleugenol* enthalten sind. Um auch all die anderen Grenzwerte und Vorschriften zu kennen und einzuhalten ist das Wissen, die Erfahrung und die Kreativität eines Parfumeurs erforderlich. Man kann selbstverständlich darüber streiten, ob derartige Grenzwerte sinnvoll und-oder zielführend sind. Aber wer Produkte verkauft, muss für diese Produkte haften und sollte alle Empfehlungen und Vorschriften befolgen.[292]
Allein ein 10%-Anteil sogenannter "*Methyleugenol* - armer" Rosen-Öle mit 0,1...0,5% *Methyleugenol* bringt in ein ***EdT*** bis zu 0,050% *Methyleugenol* ein. Das zulässige Limit ist damit bereits weit überschritten. Hinzu kommen jedoch noch das Rosen-Absolue und weitere ätherische Öle, welche ebenfalls *Methyleugenol* enthalten (können). Selbstverständlich könnte man nahezu *Methyleugenol*-freie Rosenparfums kreieren und auch entsprechende Rosen züchten. Doch Sie werden diese brüskiert ablehnen: Der feine natürliche Duft nach *Methyleugenol* fehlt!

Palmarosa oder Rusagras (*Cymbopogon martinii var. motia*) enthält bis zu 80% *Geraniol* und ist der Ausgangsstoff für das sogenannte türkische Geranien-Öl. Natürliche nach Rosen duftende Öle werden allgemein und bei der Umra und Haddsch gern verwendet. Statt dem Duft aus *Rosa damascena, gallica* oder *centifolia* erhalten viele Kunden jedoch eine Komposition aus natürlichem Palmarosa- und Pelargonium-Öl (Ruch-Gräsern

[292] http://aroma-therapie.blogspot.de/2009/08/methyleugenol.html

und Geranium). Das **Citronellgras Java** 85/35 (*Cymbopogon winterianus)* enthält ~38% *Citronellal*, ~12% *Geraniol*, ~5% *Geranylacetat*, ~2% *Limonen*. Mit ~55% Gesamt-Anteil an *Geraniol*, *Citronellal* und *Geranylacetat* eignet sich dies ebenfalls für rosenartige Kompositionen.[293]
Auch in unseren Breiten kann man aus **Duftrosen** interessante Auszüge gewinnen.[294] [295]

Rosen-Öl ist eines der teuersten ätherischen Öle. Im Großhandel kostete 2017 ein Liter echtes bulgarisches Rosen-Öl (*Rosa damascena x alba*) bis zu 10.000 Euro, selbst türkisches oder persisches Rosen-Öl kostete mindestens 45 EUR / 1ml. Dagegen kostet gutes naturidentisches Rosen-Öl en gros weniger als 100 EUR / kg.

Rosenoxide [296]
Das *(+)-cis-Rosenoxid = (4S,2R)-(+)-cis-rose oxide* – hat einen ODT: 50µg/ L wird als herbgrün, blumig wie frisches Heu aber auch als süßblumig beschrieben.
Bedeutender und mit einem ODT von 0,5µg/ Liter Luft hundert Mal intensiver ist das *(-)-cis-Rosenoxid = (4R,2S)-(-)-cis-rose oxide* – welches beispielsweise im Geranium-Öl oder im bulgarischen Rosen-Öl vorkommt, was blumig und grün aber auch als stark fruchtig beschrieben wird.
(2S,4R)-cis-Doremox® = (2S,4R)-4-methyl-2-phenyltetrahydro-2H-pyran – ist das stärkste und angenehmste dieser 4 Rosenoxid-Isomere.[297]
Von Bedeutung ist auch das blumig grün nach reifen Früchten duftende *(4S,2S)-(-)-cis-Dihydroroseoxid = (2R,4R)-(+)-cis-tetrahydro-2-isobutyl-4-methyl-2H-pyran* mit dem ODT: 17µg/ L. Sowie das 3 Tage lang wahrnehmbare, uns auch als Maiglöckchen-Duft bekannte,
(-)-(2R,4R)-Florol® = (-)-(2R,4R)-2-isobutyl-4-methyltetrahydro-2H-pyran-4-ol (ODT: 1,21 ng/L air) – an den natürlichen Blütenduft der Maiglöckchen erinnernden Duft mit Beinoten von Rosenoxid und erdigen Nuancen.

Rosenketone – *Damascone* [298]
Aus dem bulgarischen Rosen-Öl gewannen Professor Ruzicka und Dr. Kovats u.a. eine Fraktion mit 0,0008 Gramm einer bislang unbekannten Substanz mit starkem Rosenduft:
(E)-beta-Damascon = (E)-1-(2,6,6-Trimethyl-1-cyclohexenyl)but-2-en-1-one

Aus dem Balkan-**Storchschnabel** oder Felsen-Storchschnabel (*Geranium macrorrhizum*) wurde früher Geranium-Öl zur Parfümherstellung gewonnen.

---

[293] *+(-)-Citronellal* verhindert das Wachsen von Leberkrebs https://www.swr.de/swr2/wissen/krebszellen-haben-riechrezeptoren/-/id=661224/did=14963444/nid=661224/6zvzrx/index.html
[294] *http://www.helpster.de/rosen-parfum-selber-machen_46972*
[295] http://www.rosenhof-taubertal.de/index.php?cat=Produkte&page=Rosenhof%20Eigenprodukte
[296] *https://scentandmolecules.wordpress.com/2017/02/23/rose-oxide/*
[297] *Isomere haben Metall und-oder Plastik-Untertöne. Siehe auch: http://www.leffingwell.com/chirality/doremox.htm*
[298] *https://scentandmolecules.wordpress.com/2017/03/17/rose-ketones/*

Heute wird er vor allem als sogenanntes „Stadtgrün“ gepflanzt, da er Schatten sehr gut verträgt und die intensiv duftende Pflanze von Kaninchen nicht verbissen wird und Hunde fernhält.[299]
Alkoholische Auszüge aus dem Trauben-Storchschnabel (*Geranium dissectum*) haben ebenfalls eine blumig-süsse Note. Für die Herstellung des Geranium-Öls werden heute jedoch Pelargonien-Arten verwendet.
Das ätherische Öl der **Rosengeranie** (*Pelargonium roseum x*) hat eine blumig-süße, Rosen-ähnliche Herz-Note. Zusammen mit alkoholischen Rosenauszügen und-oder Rosenwasser (*Phenyläthylalkohol = 2-Phenylethanol)* ergibt sich ein Parfum welches nach einer halben Stunde einen üppigen frischen Rosenduft entfaltet.

Mit folgenden einheitlichen Riechstoffen lässt sich ebenfalls der Dufteindruck Rose erzeugen: ~55% *Citronellol*, ~22% *Phenyläthylalkohol = 2-Phenylethanol,* ~11% *Linalool,* je ~6% *Geraniol* und *Amyl-Phenylacetat,* 0,3% α-*Pinen* und 0,2% *C12-al = Dodecanal = Laurinaldehyd*. Diese Nachbildungen kommen dem Dufterlebnis von echtem Rosen-Öl sehr nahe und haben den Vorteil, dass sie kein *Methyleugenol* enthalten. Mit etwas **Rosen-Öl** aus Bulgarien und Marokko und etwas **Geranium-Öl** *(Pelargonium roseum*) entsteht die Rosenbase "R". Sie darf in ***EdS*** bis zur Hälfte des Gesamt-Riechstoff-Anteils ausmachen. Ein ***EdT*** besteht aus ~10% Riechstoffen plus *Ethanol* mit *~86%v/v.*

Fleur "Tuberose / Hyacinthe"

Der honigartig, betäubend süßblumig narkotisch-berauschende Blütenduft der Nachthyazinthe *(Polianthes Tuberosa)* ist heute meist als Extrakt - mittels Hexan oder CO_2 – erhältlich. Tuberose-Absolue 5% in Weingeist kostete (2017) ~17 EUR / 1ml. Je nach Auszugmittel erhält man unterschiedliche Duftqualitäten. So enthält beispielsweise ein Hexanauszug der Blüten aus Indien neben den geruchsbestimmenden Lactonen deklarationspflichtiges *Benzylsalicylat, Eugenol* und *Isoeugenol, Benzylbenzoat* sowie *Farnesol.*

Als **Tuberose-Lacton** wird das *Dihydro-5-((Z,Z)octa-2,5-dienyl)-2(3H)-furanon = (Z,Z)-6,9-Dodecadien-4-olid* bezeichnet. Das **Aerangis-Lacton** *(4S,5S)-(+)-cis-4-methyl-5-decanolid* zeigt Anklänge an den Duft der Tuberoseblüte, erinnert jedoch gleichzeitig speziell an den Milch-Duft der Kokosnuss. Die Übergänge zu der Vielzahl an Kokosnuss-artig duftenden Lactonen ist fließend: Als Beispiele werden hier lediglich das **Kokoslacton** = *(R/S)-γ-Nonalacton* - der sogenannte »Aldehyd C18« - und das *(S)-(−)-γ-Decalacton* mit seinem kokosartig, fettigen Aroma genannt.[300]

[299] http://botanio.de/pflanze-42-Storchschnabel.htm
[300] (*R*)-(+)-γ-Decalacton hat pfirsichartiges, fruchtiges Aroma ~ Pfirsichlacton = γ-Undecalacton = »Aldehyd C14«

Kokoslacton, *Styralylacetat* und *Methylanthranilat* ergeben den Duft der **Gardenie** *(Gardenia jasminoides).* Monoi-Öl oder **Monoi Tiare** de Tahiti ist ein traditionelles Schönheitsmittel. Das Öl wird durch Mazeration der weißen, stark duftenden Blüten der Tiare (*Gardenia tahitensis*) mit Kokosnuss-Öl (*Cocos nucifera*) hergestellt und äußerlich angewendet.

Interessant ist der Einsatz von dem Stimmung aufhellenden betäubend süßen Duft aus den Blüten der Orangen: **Neroli** (*Citrus aurantium amara*) Bitter Orange Flower Oil: Orangenblüten-Öl ist eine für Eau de Cologne unentbehrliche Kopfnote. Bei den nordafrikanischen Ölen (aus Ägypten, Marokko, Tunesien) sind als natürliche Bestandteile des ätherischen Öls *Geraniol, Farnesol, Limonen* und *Linalool* deklarationspflichtig. Die darin enthaltenen *Limonene* sind ein racemisches Gemisch aus *D-(+)-* und *(S)-(–)-Limonen.*
Das Neroli-Destillat kostete (2017) ~17 EUR / 1ml ; Bioware ~26 EUR / 1ml.

Mit ~32% Petitgrain-Öl, 28% *Methylanthranilat,* ~20% *Eugenol,* ~8% *Linalylacetat und Geraniol,* ~4% *Phenyläthylalkohol = 2-Phenylethanol,* ~0,5% *Indol* und 0,3% *C8-al = Octanal* erhält man eine etwas frischere aber über Stunden anhaltende Duftbasis vom Typ Neroli. Ebenfalls Verwendung findet das intensiv süßblumige *R-(-)-(Z)-Nerolidol* – und das eher grüne nach Petitgrain duftende *(2S,6R)-trans-Pelargen "A"* – mit seinem sehr angenehmen Orangenblütenduft der am Schluss herber wird. In der Parfum-Base verwendet werden neben *Neroli* und dem *Kokoslacton* auch (3S)-(-)-*Aurantiol,* sowie *Prunolide.*[301]
Mit **Orangenblüten-Öl** 1% und etwas *Kokoslacton* ergibt dies die Tuberosenbase "T" mit ~10%v/v Riechstoffen. Wird das *Nerol* der Orangenblüten mit *Kokoslacton* unterlegt, so ergibt sich ein angenehmer relativ lang anhaltender floriental-süßblumiger Duft. Diese Duftbase darf bis zur Hälfte des Gesamt-Riechstoff-Anteils in ***EdS*** ausmachen. Ein ***EdT*** besteht aus ~10% Riechstoffen plus *~86%v/v Ethanol.*

Der Dufteindruck **Hyazinthe** entsteht mittels *Phenyläthylalkohol = 2-Phenylethanol* und *Benzylacetat* mit etwas Galbanum und kann z.B. auch durch ~30% *Zimtalkohol*, je ~15% *Linalool*, *Heliotropin*, je ~10% *Phenylacetaldehyd*, *Phenyläthylalkohol = 2-Phenylethanol* und *Benzylacetat*, je ~3% *α-Jonon*, *Eugenol* und Rosen-Öl aus Bulgarien und Marokko nachgebildet werden. Man vermeidet dadurch bedenkliche Anteile an *Zimtaldehyd* und *Methyleugenol.*

---

[301] *Prunolides A-C (1, 3, and 4)* have been isolated from the Australian ascidian *Synoicum prunum.* The prunolides contain a unique *1,6,8-trioxadispiro[4.1.4.2]trideca-3,10,12-triene-2,9-dione carbon skeleton.* The known compound *rubrolide A (5)* was also isolated.

Der Dufteindruck **Flieder** *(Syringa vulgaris)* entsteht durch den Einsatz von dem mit 0,2ng/L aufffallend frischblumigen *Fliederaldehyd = (2S,2'S,5'S)-Lilac* aldehyde, *α-Pinen*, *Heliotropin*, *Anisaldehyd* und *Farnesol.*

Die Zugabe von *Lyral* verstärkt die blumige Note und bewirkt eine Abrundung der Parfumkompositionen Hyazinthe und Flieder, Maiglöckchen, Veilchen und Iris.

Fleur "Muguet"

Maiglöckchen, "Lily of the Valley" oder Muguet (franz.) haben einen betörenden Duft. Aber leider: Maiglöckchen sind **sehr giftig [T+].** Die Giftstoffe *Convallatoxin* und andere Herz-wirksame *Glycoside* sind in allen Teilen der Pflanze enthalten. **[!]** Gefahr droht durch die Blätter für unkundige Sammler von Bärlauch und durch die roten Beeren besonders für Kinder.

Deshalb enthalten Düfte mit der Bezeichnung **Maiglöckchen**, "Lily of the Valley" oder **Muguet** meist *Hydroxycitronellal* = *Cyclosia* oder besser *α-Hexylzimtaldehyd = Hexylcinnamal* mit ~0,2% *Lyral = 3 and 4-(4-Hydroxy-4-methylpentyl)-3-cyclohexene-1-carboxaldehyde (HMPCC).* Mit etwas **Citronellgras Java** *(Cymbopogon winterianus)* gibt dies die Maiglöckchenbase "M". Sie darf in ***EdS*** bis zur Hälfte des Gesamt-Riechstoff-Anteils ausmachen.

Hydroxycitronellal versteckt sich oft unter den Begriffen: *Fliederaldehyd, Cyclosia; 3,7-dimethyl-7-hydroxyoctan-1-al; Lily aldehyde, Laurine, Muguet synthetic. Hydroxycitronellal* ist als 'Allergen' in Verruf geraten. Und dies obwohl die Sensibilisierungshäufigkeit: gelegentlich, und die Sensibilisierungspotenz: schwach bis mäßig ist. Und: Bei dem seit über 50 Jahren verwendeten *Hydroxycitronellal* berichten, bezogen auf die Anwendungshäufigkeit und die Anwendungsdauer, lediglich Einzelfallberichte von Hautirritationen.[302]

Weitere Maiglöckchen-artige Düfte sind beispielsweise

(R,R)-Iso-beta-bisabolol,
(R)-(-)-Suzaral,
(1'R,1"R,2'R,3"S,5"S)-Javanol,
(R)-(-)-Lilial®,
Citronellyl oxyacetaldehyd = Mugenal = Muguet aldehyde = 6,10-Dimethyl-3-oxa-9-undecanal (FEMA 2310),
(-)-(2R,3S)-Muguesia,
(-)-1-(R)-cis-Mugetanol,
(3R)-(+)-dihydrocitronellyl acetate (ODT: 250ng/L),

302 http://www.alles-zur-allergologie.de/Allergologie/Artikel/3864/Allergen,Allergie/Hydroxycitronellal/

(-)-(2R,4R)-Florol® (ODT: 1,21 ng/L air) – ist 3 Tage lang wahrnehmbar.

Lyral ist ein süßer Blüten-Duft mit ausgeprägter Maiglöckchen-Note und auch im natürlichen ätherischen Öl des Salbei, Rosmarin, und Lorbeer nachweisbar. *Lyral* zählt aufgrund seiner ausgezeichneten fixierenden Eigenschaften zu den meist benutzten zehn Riechstoffen der letzten 25 Jahre. Wie bei vielen Riechstoffen entfaltet sich der volle Dufteindruck erst bei der Verdünnung. Sein Duft ist sehr angenehm, seine Maiglöckchen-Note ausgeprägter als die von *Hydroxycitronellal* - mit dem Vorteil besserer Haftfestigkeit.

Citronellgras Java (*Cymbopogon winterianus*) mit einem Endverbraucher Preis (2017) von ~1 EUR / 1ml in Bioqualität, wird irreführend auch als "Indische Melisse" bezeichnet. Mit ~50% Gesamt-Anteil an Geraniol ~12% und Citronellal ~38% gleicht dieser zitronenartige Duft mit seinem Hauch Rose jedoch nur scheinbar dem durch seinen zusätzlichen Gehalt an *Citral* und *Linalool* herberen und wesentlich teureren Melissa Officinalis Leaf Oil (2017) ~26 EUR / 1ml der **Zitronenmelisse.**

Fleur "Iris / Violette"

Veilchen-Absolue wird aus den Blättern des *Viola odorata* gewonnen. Es hat einen sehr kräftiges Aroma das an Heu erinnert und einen Laub-artig grünen Duft.

Gemeint ist hier jedoch der Duft der Veilchenblüten. Die Ausbeute aus den Blüten ist sehr gering. Der Duft des Alpenveilchen (*Cyclamen hederifolium*) animierte die Forscher *Hydroxycitronellal Cyclosia* zu nennen.

Die **Karotte**, Carrot (*Daucus carota*) – hat einen Iris-Duft. Dies ist zugleich ein schwüler Ähnlichkeitsgeruch mit rothaarigen Menschen.

Das Öl aus den Wurzeln der **Costus** (*Saussurea lappa*) – aus der Familie der Gänseblümchen – riecht exotisch Veilchen-artig, warm (aber auch nach Haar und nassem Hund). – Das **Costus** rootoil, **Absolue** und **Concrete** ist prohibited und sollte keinesfalls mehr verwendet werden.

Die auch "Veilchenwurzeln" genannten **Rhizome der Iris** (*Iris germanica var. florentina, I. pallida, I. versicolor*) duften Veilchen-artig mit süßen, fruchtig-blumigen Nuancen. **Iris Absoue** 75% in Ethanol kostet (2017) ~30 EUR / 1ml. Die Rhizome enthalten neben *C9-al – Nonanal = Pelargonaldehyd* sowie *Iron* auch Haut-reizende *Lactone.*[303]

[303] ***[!]*** *Alle Teile der Iris sind Haut reizend, besonders die Rhizome.*

Bei der Suche nach dem riechenden Prinzip der Iris wurden die *Jonone* (engl.: ionone) entdeckt. Auch heute noch wesentlich billiger als das die natürlich vorkommenden α-, β- und γ-*Irone* ist das β-*Jonon.* [304]

Die intensiven *alpha-iso-Methyljonone* haben konzentriert eine Teenote, verdünnt eine warme Irisnote. - Nur die *Didehydro-gamma-Jonone* sind nahezu ebenso intensiv blumig-waldig und leicht fruchtig. -

Die *alpha-n-Methyljonone* sowie *gamma-Methyljonone* sind deutlich schwächer, jedoch trotzdem interessante Holz-Ambra-Leder-Düfte mit fruchtigen Facetten in Richtung Iris / Veilchenblüte mit zusätzlichen grünen Akzenten.

Weitere Veilchen-Riechstoffe:

(+)-(6R)-alpha-iso-Methyljonon in Iris- und Veilchendüften, ODT: 0,079 ng/L;

(R)-(+)-(E)-alpha-Jonon – stark wirkender Veilchen-ähnlicher blumiger Duft, mit Himbeernote,

(R)-(+)-Dihydro-alpha-Jonon - floraler Veilchen-typischer Duft mit holziger Nebennote.

(S)-(+)-gamma-Jonon – angenehmer und mit einem ODT: 0,07 ng/L starker blumig grüner und waldiger Duft mit sehr naturnahem Veilchen-Ton.

(1'S,3'S,6'S)-(E)-(+)-Dihydroiron - Iris-Iron-Note mit sehr warmem balsamischen-Myrrhe-Holz-Charakter.

(1S,5R)-(+)-cis-gamma-Iron – wird einesteils als schwacher floral-grüner Duft beschrieben; andere beschreiben ihn als blumig, fettig-süß und holzig.

(1S,5S)-(-)-trans-gamma-Iron – blumige Iris-Note, *Jonon* und wie *trans-alpha-Iron* – andere bezeichnen Duft als schwach wie 'orris-butter'-(Irisbutter, Iris concret).

Die Zugabe von *Lyral* verstärkt die blumige Note und bewirkt eine Abrundung von Parfumkompositionen wie "Muguet", Hyacinthe und Flieder sowie Veilchen und Iris.

Hydroxycitronellal ist ein Verwandlungskünstler: Wie vielfältig er eingesetzt werden kann zeigen auch seine Synonyme: *Fliederaldehyd*, *Cyclosia, Lily aldehyde*, *Muguet synthetic, Laurine.*[305]

---

[304] β-*Jonon* ist ein Teilschritt zur Synthese von Vitamin A – Veilchenduft in der Krebsforschung http://news.rub.de/presseinformationen/wissenschaft/2016-06-02-duftforschung-riechrezeptor-pigmentzellen-der-haut-entdeckt und https://www.swr.de/swr2/wissen/krebszellen-haben-riechrezeptoren/-/id=661224/did=14963444/nid=661224/6zvzrx/index.html

[305] *Der Zwergenkönig Laurin machte sich unsichtbar und sprang, unsichtbar wie er zu sein glaubte, im Rosengarten hin und her. Aber die Bewegungen der Rosen verrieten den Rittern, wo der Zwergenkönig Laurin sich verbarg.*

Floriental-Fruity "Jonquille / Peach"

Osmanthus (*Osmanthus fragrans*), auch Duftblüten genannt - aus den Blüten dieses Strauches kann Osmanthus-Absolue extrahiert werden, welches einen fruchtig-blumigen und dennoch holzigen Pfirsichduft mit ledrigen und animalischen Noten verströmt.

Ylang-ylang (*Cananga odorata*) - bietet Pfirsich- und Aprikosen-Aroma für Lebensmittel, sowie einen intensiven Duft.

Narzisse -Absolue – **Jonquille** – Aus den Blüten der weißen Osterglocke / Dichter-Narzisse (*Narcissus poeticus*) gewinnt man durch Extraktion ein heuartig-erdig-würzig duftendes ätherisches Öl, welches verdünnt nach Narzissen riecht. **Narzisse** -Absolue 80% in Weingeist kostete (2017) ~ 63 EUR / 1ml.
Der ***Pfirsichlacton*** - »Aldehyd C14« - γ-*Undekalacton,* welcher auch im Blüten-Öl der Narzisse natürlich vorkommt liefert, je nach Einsatzmenge, blumige Dufterinnerungen an Narzissen oder fruchtige Pfirsich-Noten. Mit *Farnesol* entsteht die blumig-fruchtige Base "P" wie Peach mit ~10%v/v Riechstoffen. Sie darf in ***EdS*** bis zur Hälfte des Gesamt-Riechstoff-Anteils ausmachen.

Weitere Pfirsichdüfte:

Linalylbutyrat riecht nach Pfirsich.

C14-al – Tetradecanal = Myristylaldehyd – zeigt Pfirsichschalen-Duft.

(2R,2'S,1"R)-Nectaryl hat einen sehr intensiven süßfruchtigen Duft nach Pfirsichen und Aprikosen.

(R)-(+)-γ-Decalacton hat ebenfalls ein pfirsichartiges, fruchtiges Aroma, dagegen hat
(S)-(−)-γ-Decalacton ein kokosartig, fettiges Aroma.
(S)-cis-6-gamma-dodecenolactone – riecht blumig, fruchtig Kokosnuss-, Pfirsich- und Aprikosen-artig.
(R)-(+)-4-heptylbutan-4-olid – erinnert mit seinem starken, fettig-süßen Duft viele an Pfirsiche andere auch an Kokosnuss-Aroma.[306]

(6Z)-Dodec-6-en-4-olid = (S)-cis-6-gamma-dodecenolactone ist ein Duftbestandteil von Pfirsichsaft und Weißwein, sowie ein Aromabestandteil in Milch.[307]

---

306 *Andersartige Geruchseindrücke durch andere Gene.*
Gen- und Gender-abhängig andersartige Geruchseindrücke sind oftmals ein Hinweis auf Pheromone.

307 Warn- / Hilferuf-*Pheromon des Bunt- / Blessbocks Damaliscus dorcas*

Fruity "Cassis"

Die **Cassie-Blüte** – die gelbe, süße Akazie (*Cassier du Levant, Acacia / Mimosa / Vachellia farnesiana*) – liefert einen über 3 Stunden anhaltenden fruchtigen Riechstoff. -
Farnesol ist ein Bestandteil vieler Blüten-Öle und kommt u.a. in ätherischen Rosen-, Jasmin-, Lindenblüten-Ölen vor. *Farnesol* erinnert dezent an Lindenblüten oder Maiglöckchen. Seine Eigenschaften als Fixateur sind hervorragend. *Farnesol* hemmt die Bildung von *Staphylokokken* und als Genschalter (QSM) das Hyphenwachstum von Pilzen wie *Candida albicans*. **Cassieblüten-Absolue** enthält neben *Farnesol* u.a. *Geraniol, Citral, Benzyl-Alcohol, Benzyl-Benzoat*. Dazu passt der über drei Stunden anhaltende fruchtige und nach Johannisbeeren riechende Duft der **Cassis-Blüte** (*Ribes nigrum*, blackcurrant buds / Bourgeons de Cassis). **Cassis** – ist meist eine synthetische Duftbase mit fruchtigem Johannisbeerblüten-Duft.

Bucco-Barosma (Agathosma serratifolia = Diosma crenulata) - Buccoblätter-Öl als Lebensmittelaroma und intensiver Riechstoff unterstützt das Johannisbeeraroma. Die Base Fruity "F" mit ~10%v/v Riechstoffen hat ihre fruchtige Citrus-Note vom ***Lemongras-Öl***. Sie darf in ***EdS*** bis zur Hälfte des Gesamt-Riechstoff-Anteils ausmachen.

*(4S)-4-**Mercapto-2-Octanon*** – ist eine angenehme Grapefruit-, schwarze Johannisbeer-Note (Ribes nigrum), ODT 0,04 ng/L air.
(3S)-3-Mercaptohexan-1-ol - besitzt ein ODT 0,07 ng/L und eine tropische Fruchtnote mehr Passionsfrucht als Grapefruit, Johannisbeer (Cassis), Mango Guave.
(3R)-(-)-*3-Mercaptohexyl-acetat* - besitzt ein ODT 0,10 ng/L und eine attraktive tropische Fruchtnote nach Grapefruit, Johannisbeer (Cassis), Buccu, Mango, Guave.
(+)-(2S,5S)-*Cassyrane* – (ODT 40 ng/L) riecht fruchtig nach Cassis, Himbeeren mit leichten herben Anklängen nach Rosmarin.

Stemon = 5-Methyl-3-heptanone oxime mit *gamma-Octalacton = 4-Octanolid* erwecken den Duft von getrockneten **Feigen** (*Ficus carica*).

Fruity "Apple / Renette"

Die Duftrichtung (grüner) Apfel entsteht durch den sogenannten Apfelester ***Fructon** = Ethyl-2-methyl-1,3-dioxolan-2-acetat = Methyldioxolan* mit *Benzylacetat* und *Blätteralkohol = cis-3-Hexen-1-ol*.[308]
Der Apfelduft der römischen Kamille (*Anthemis nobilis*) ist dagegen geprägt durch verschiedene ***Methylbutanoate.*** Die Base Apple "A" enthält zusätzlich

[308] http://magazin.spiegel.de/EpubDelivery/spiegel/pdf/88137186

Öl der echten deutschen (blauen) **Kamille** (*Matricaria recutita*). Die Base "A" darf bis zur Hälfte des Gesamt-Riechstoff-Anteils in ***EdS*** ausmachen.

Die relativ preiswerte sogenannte marokkanischen Kamille (*Ormenis mixta var. Multicaulis* - Camomille sauvage) mit ihrem mehr frisch-holzigen Duft und ihren Anteilen u.a. an *alpha-Pinen*, *Santolin-Alkohol*, *1,8-Cineol*, *Farnesen* und *Limonen* wird gern mit Thymian sowie Beifuß und Zedernholz als frisch-aromatische Base verwendet.

Ebenfalls aus Marokko und Ägypten kommt der (blaue) Rainfarn und sogenannte Mutterkraut (*Tanacetum annum* - Tanaisie annuelle sauvage, Camomille Bleue) mit den deklarationspflichtigen Inhaltsstoffen *Limonen* und *Linalool.*
Noch teurer sind die echte deutsche (blaue) Kamille (*Matricaria recutita*) deren ätherisches Öl neben *Limonen* Haut pflegendes *(−)-α-Bisabolol* enthält und durch seinen hohen Anteil an *Azulen* ebenfalls blau ist.
Das Destillat der römischen Kamille (*Anthemis nobilis*) kann ebenfalls blau sein, ist jedoch durch geringere Anteile an *Azulen* meist grün und wird nach und nach gelb. Verantwortlich für den Apfelduft ist *Ethyl (S)-(+)-2-methylbutanoat* mit dem ODT 6ng/L. Dieser Ester riecht frisch-fruchtig und hat bei extremer Verdünnung eine angenehme Apfelnote.
(+)-Ethyl (2R)-2-(1,1-dimethylpropoxy)propanoat – ist ein Kamillenduft.

(S)-Ethyl 2-methylpentanoat – ist ausgeprägt fruchtig-süß wie er bei Äpfeln, Birnen, Sternfrüchten (Baumstachelbeeren - *Averrhoa carambola*) und Ananas vorkommt.

Fructon mit *Ethylmaltol* erweckt den Eindruck **Erdbeere.**

"Citrus" (Fruity)

Citrus-Düfte (Agrumen / Hesperiden) sind geprägt von *Limonen* und den Aldehyden wie *Neral* und *Geranial* (*Citral), Citronellal* oder *Sinensal;* welche beispielsweise natürlich in den Citrusfrüchten wie **Orangen, Zitronen, Limetten, Bergamotten,** aber auch in **Lemongras**, **Citronell** oder **Melisse** vorkommen. ***EdC*** und **Splash Cologne** gemeinsam ist die Besonderheit, dass sie meist aus Citrusnoten bestehen und nur sehr wenig Fond-Anteile enthalten.

Citrusnoten wirken hauptsächlich als Kopfnote. Eine Komposition, welche Petitgrain-Öl, Zitronen-Öl (ohne harzende Anteile), Verbena- und Bergamott-Öl enthält, hat in den ersten zehn Minuten eine starke Spitze und einen über drei Stunden anhaltenden Duftverlauf.

So besteht ein ausgeprägter Zitrusduft beispielsweise aus ~36% furocoumarinfreiem **Bergamotte-Öl**, je ~10% *Ethyl ethyl-alpha-cyclogeranat* = Givescone, *Methyl-Dihydrojasmonat*, *alpha-Hexylcinnamaldehyd* und **Zitronen-Öl** (ohne harzende Anteile), ~6% *Citral,* je ~4% *Benzylacetat, Eugenol,* **Lavendel-Öl** (Lavandin), **Neroli-Öl,** ~2% Ylang-Öl, ~0,1% *Indol und* ~1% *Coumarin.* [309]
Mit etwas ***Petitgrain-Öl*** aus den Blättern und Zweigen, der bitteren Orange (*Citrus aurantium)* entsteht die Base Citrus "C" mit ~10%v/v Riechstoffen. Sie darf in ***EdS*** bis zur Hälfte des Gesamt-Riechstoff-Anteils ausmachen. Mit ~10% Riechstoffen plus *Ethanol 86%v/v* erhält man ein ***EdT***; für ein ***EdC*** benötigt man ~5% Riechstoffe, für ein leichtes Sommerparfum (Parfum d' Été) noch weniger, ***EdS*** benötigen nur ~1% Riechstoffe.

Citral ist kein einheitlicher Riechstoff, sondern ein Gemisch aus *Geranial* und *Neral*, mit einem sehr ausgeprägten Zitronenduft, intensiv-frisch, etwas "grün" und einer bitter erscheinenden Note. Die trans-Form *Geranial* hat einen "herben Zitronenduft" und die cis-Form *Neral* einen "lieblichen Zitronenduft".

Petitgrain-Öl unterstützt die frische Note. **Petitgrain** wird aus den Blättern und Zweigen, **Neroli** aus den Blüten der bitteren Orange (*Citrus aurantium x*) gewonnen. **Mandarinen-Öl** (*Citrus reticulata)* ist das Lieblings-Öl der Kinder und wird meist mit Thymian-Öl unterlegt. Süßes **Orangen-Öl** *(Citrus sinensis)* gilt als weiche warme feminine Note.

Weitere wichtige Riechstoffe sind u.a.
*D-(+)-**Limonen*** – dieser Orangenduft ist vor allem in Orangen-, Zitronen- und Pomeranzenschalen-Öl, sowie u.a. in Koriander enthalten.
(R)-(+)-Limonen – hat einen frischen orangenartigen Zitrusduft.
(3S)-(-)-Aurantiol – ist ein Orangenduft mit sauberer grüner Note mit besserer Duftqualität und weniger irritierend als *Hydroxycitronellal.*
*(3S)-(-)-**Citronellal*** – ein starker, frischer, sauberer herber Zitrusduft.
(S)-2-Methylbutansäure – ist auch in Orangen enthalten, duftet angenehm süß, fruchtig nach Aprikose = Marille.
(3S)-(+)-2-Methylen-Citronellal – duftet wie Bergamotte.
(3S)-(+)-3,7-Dimethyl-2-methylene-6-octen-1-al – ist ein extrem frischgrüner Bergamotte-ähnlicher Zitrusduft.

*(S)-(-)-1-p-**Menthen-8-thiol*** - Grapefruit, fruchtig - ODT: 80pg/L und
(R)-(+)-1-p-Menthen-8-thiol - Grapefruit, schwefelig - ODT: 20pg/L
sind Duft-bestimmende einprägsame Riechstoffe.

---

[309] *Coumarin = 1,2-Benzopyron = 2H-1-Benzopyran-2-on = Chromen-2-on.* Eventuelle Alterativen: *Cantryl, ...* https://scentandmolecules.wordpress.com/

Sweet / Animalic "Musk / Zibet"

Animalische Düfte **Ambra** (Wal), **Castoreum** (Biber), **Moschus** und **Zibet** waren früher tatsächlich tierischen Ursprungs. Das hat sich grundlegend geändert:

Castoreum -Absolue-Substitut - Das warm, ledrig, animalisch, in Verdünnung angenehm süß riechende Prinzip des Geschlechtssekrets prägt zusammen mit gereinigtem Buchen- oder Birken-Teer (*Birch Tar rectified)* die Leder-Note "Juchten".[310]

Cistrose, Cistus-Labdanum - Balsam aus (*Cistus ladanifer* - und anderen Zistrose-Arten) riecht lederartig mit einem lang anhaltenden Ambra-Ton. – Cistus-Öl ist eine intensive warmwürzige Ambra-artige Herz- bzw. Fondnote welche zu fruchtig-frischen Kopfnoten gut passt.

Ambrox und ***Ambrinol*** sind das riechende Prinzip des holzig, balsamisch, warm, (erdig) riechenden Ambra.
Auch die einheitlichen Riechstoffe wie
(–)-Ambrox und ***(2S, 4aS)-(-)-alpha-Ambrinol*** werden heute ausschließlich synthetisch hergestellt.

Ambrettolid = *Oxacycloheptadec-8-en-2-on = Omega-6-Hexadecenlacton = (Z)-7-Hexadecen-1,16-olid* wurde früher als Fruchtaroma genutzt.
[!] Die innerliche Anwendung von ***Ambrettolid*** wurde wegen der Giftwirkung aufgegeben.

alpha-n-Methyljonon sowie alle ***gamma-Methyljonone*** sind zwar sehr deutlich schwächer, jedoch trotzdem interessante Holz-Ambra-Leder-Düfte mit fruchtigen Facetten in Richtung Iris / Veilchen und zusätzlichen grünen Akzenten.

Mit einem Anteil von 0,5 bis 2 % ist ***Muscon*** der wichtigste Duftstoff des natürlichen Moschus. Das riechende Prinzip dieses Geschlechtssekrets wird heute ausschließlich synthetisch hergestellt. Der einheitliche Riechstoff *(R)-(-)-Muscon = (3R)-(-)-3-Methylcyclopentadecanon* mit seinen ODT von 61 µg/L hat einen angenehmen starken Moschusduft. *Muscon* wirkt als Fixateur, rundet ab und riecht verdünnt animalisch süß.

(12R,9Z)-Nirvanolid = *(12R,9Z)-(-)-12-Methyl-14-tetradec-9-enolid* mit dem ODT 0,05 µg/L = 50ng/L, ist ein intensiver Moschusduft mit fruchtigen, pudrigen Untertönen.

---

[310]**Castoreum** wird heute synthetisch hergestellt. **Birch Tar rectified** enthält u.a. *Phenol, Kresol, Betulin, Xylenol, Brenzcatechin* und *Guajacol.* **Birken-Öl** besteht hauptsächlich aus *Methylsalicylat.*

Exaltolid = *1,15-Pentadecanolid,* ODT: 2ng/L, ist ebenfalls ein Moschusriechstoff. *Exaltolid* ist ein Bestandteil des Angelikawurzel-Öls und findet sich auch als Hauptbestandteil im Moschus. *Exaltolid* wird (Zyklus-abhängig) bei höherem Östrogenspiegel früher wahrgenommen.

Habanolid = *Oxacyclohexadec-12-en-2-one* ist ein typischer makrozyklischer Moschusduft mit warmen, leicht holzigen Untertönen. Er ist noch nach zwei Wochen auf dem Riechstreifen wahrnehmbar. *Habanolid* unterstützt den Duft von *Exaltolid* derart, dass neben 4% *Habanolid* nur noch 40% *Exaltolid* benötigt wird.

(12R)-(-)-12-Methyl-9-oxa-14-tetradecanolid – ist eine intensive (ODT: 0,09 ng/L) blumige etwas pudrige Moschusnote mit zusätzlichen holzig-Myrrhe-artigen Beinoten.

(-)-(S)-Muscolid = (-)-(14S)-14-Methyl-15-pentadecanolid – Dieser ebenfalls makrozyklische Moschusduft ist wesentlich schwächer, bringt jedoch einen sehr angenehm-erogen-animalischen Charakter ein.

Neben den Duftkomponenten des echten Moschus gibt es ca. 1000 Substanzen, die einen Moschus-ähnlichen Geruch haben.
Nitromoschus-Verbindungen sind verboten.
(4S,7R)-(-)-Galaxolid – ist bizyklisch und mit ODT: 0,63ng/L intensiv.
(2S,3R,4E)-3-Methyl-4-[(1R,2R,6R,7R)-tricyclo[5.2.1.02,6]dec-4-en-8-ylidene]butan-2-ol – mit der Duftrichtung Sandelholz, ist ebenfalls sehr intensiv. Auch diese und die anderen *polyzyklischen Moschusriechstoffe* werden immer seltener eingesetzt.

(9Z)-cycloheptadec-9-en-1-one ist das riechende Prinzip des Markierungssekrets Zibet. Der einheitliche Riechstoff ***Zibeton*** ist ein intensiver Duft, welcher erst bei sehr starker Verdünnung angenehm animalisch süß wird.

Mit der süßen **Orange** *(Citrus sinensis)* entstand die Base "Z" mit ~10%v/v Riechstoffen. Sie darf bis zur Hälfte des Gesamt-Riechstoff-Anteils in ***EdS*** ausmachen.
Die generelle Neigung der Moschus-Düfte intensiver zu werden wird verstärkt durch die Bestandteile der süßen Orange / im Portugal-Öl wie *Sinensal*, *Octanal* und insbesonders durch *Ethyloctanal*. [311]

---

[311] *Ethyloctanal = 4-Ethyl-Octanal (FEMA4117)* – Geschmacksverstärker: 3pbb in Zuckerwasser ergeben Citrusnote, 3ppb in Salzwasser ergeben Fleischgeschmack nach fettem Lamm. - Das *4-Ethyloctanal* im Körperduft des Ziegenbocks lockt Ziegen an, beeinflusst deren Hormonhaushalt und sorgt für eine Empfängnisbereitschaft.

Wie variabel Moschus-Düfte eingesetzt werden zeigt diese Komposition eines ***EdT*** aus

3 Tropfen Moschus-Parfüm-Öl,
4 Tropfen Zedernholz-Öl, Red Cedar (*Juniperus virginiana*),
4 Tropfen Bergamotte-Öl,
1 Tropfen Lavendel-Öl,
1 Tropfen Zitronen-Öl und
6 Tropfen Amber 1%ig.

Und:
Haben Sie den Gesamtduft dieses Parfums anhand der Zutaten bereits erraten?

Der klassisch-orientalische Duft Amber, balsamisch-süß, holzig-trocken mit leichtem Tabakhintergrund besteht weder aus Bernstein noch aus *Ambra, Ambrox* oder *Ambrinol,* sondern aus Benzoe, dem Zistrosen-Harz Labdanum und Styrax, dem Harz des Storaxbaumes. Wichtiger Bestandteil dieser Harze ist das *Cinnamein* oder eine Mischung aus *Benzylcinnamat* mit anderen Estern. Auch der Einsatz von Benzoe-1%ig statt Amber liefert ein Parfum derselben Duftrichtung.

Woody "Sandel / Chypre" und "Vetiver / Cedar"

Sie erwarten bei klassischen Holznoten sicherlich **Sandelholz.**
Aber Zedern und das Vetivergras tragen Wesentliches zu dieser Holznote bei.

Das Öl der **Atlas-Zeder** (*Cedrus atlantica*) besitzt einen lang anhaftenden, etwas faden holzig-süßen Duft. Das ätherische Öl der roten **Virginia-** oder **Bleistiftzeder** (*Juniperus virginiana*) oder der Texas-Zeder (*Juniperus mexicana / deppeana*) zeichnen sich beide durch einen charakteristischen würzig-pinienartigen Zedernholzgeruch aus.
Einsatz finden auch die frischer wirkenden Essigsäureester (Acetate):
Lignofix = Vertofix = 9-Acetyl-8-cedrene
Vetivert acetate = 6-Azulenol

Mit Tonka-Absolue und den natürlichen ätherischen Ölen von Cajeput oder Zypressen, Douglasien und Grapefruit complet lässt sich der Dufteindruck Nadelwald zaubern. Etwas Vetiver-Öl bringt zusätzlich den Dufteindruck moosig ein.

Die klassischen Holznoten werden heutzutage mitbestimmt von interessanten Holz-Ambra-Leder-Düften, wie *gamma-Methylionon*, die wir bereits bei der Duftrichtung Iris / Veilchen genannt haben. Das *(S)-(+)-gamma-Jonon* mit seinem sehr angenehmen linearen floral-grün-waldigen Duft und seiner sehr natürlichen Beinote nach Veilchen und dem ODT: 0,07µg/L wird gern benutzt.

Aber auch
R-(+)-(E)-Nerolidol ist angenehm warm-holzig, aber etwas modrig;
S-(+)-(Z)-Nerolidol ist holzig wie frische Borke und etwas rasenartig.

Bestandteile von Chypre-Noten sind **Eichenmoos, Cistrose** (Cistus-Labdanum) mit seinem lederartigen lang anhaltenden Ambra-Ton, Sandelholz und *Coumarin*, Nelken und eventuell Harze wie Olibanum und zum Teil auch Ambra und Baummoos-Absolue.
Heute finden Sie statt Ambra *Ambrox* oder einen anderen Ambra-artigen Duft. Baummoos reizt die Haut, stattdessen empfehlen sich heute statt dem ebenfalls in Verruf geratenen Eichenmoos andere moosartige Düfte. Auch Kompositionen mit den ätherischen Ölen Vetiver und Patchouli erzeugen einen angenehm erdigen Mooseffekt. In dieser Aufzählung fehlt die **Zypresse** (*Cupressus sempervirens*) welche u.a. *Limonen* sowie *Linalool* enthält. Die Zypresse ist ein nachwachsender Rohstoff und vermutlich der Namensgeber für Chypre und Zypern.

Bestandteile von **Sandelholz** (*Santalum album*) weisen eine ähnliche Struktur wie *Androstenol,* einem Abbauprodukt vom männlichen Geschlechtshormon *Testosteron,* auf. Sandelholz-Öl entfaltet bei 60%, vor allem an blonden Menschen, einen urinösen Geruch. Verwendet wird stattdessen oft **Amyris** (*Amyris balsamifera*) - Der Duft dieses Öles ist, dem des Sandelholzes ähnlich, warm und holzig, würzig aber nicht so lang anhaltend und intensiv wie das echte Sandelholz aus Mysore.

Ebenso, wie das Öl der Atlas-Zeder (*Cedrus atlantica*) besitzt die **Latschenkiefer** (*Pinus mugo*) durch das rasch oxidierende *3-Caren*, *alpha-* und *beta-Pinen, beta-Phellandren, Camphen, Limonen, Myrcen, Terpinol,* das etwas instabile *Anisaldehyd, Bornylacetat* zusammen mit (-)-*Bornylformiat* einen etwas faden holzig-süßen Duft; der in Einreibemitteln oft mit süßem Orangen-Öl (sogenanntem Portugal-Öl) substantieller gemacht wird. Der herbe Duft der **Arve,** Swiss red pine, Zirbelkiefer (*Pinus cembra)* kann in Parfums für Männer verwendet werden. Ihr Duft ist anregend, Schleim lösend, waldig, balsamisch, kampferartig, frisch.

Einen holzigen Duft vom Typ "Chypre" erhält man beispielsweise auch durch ~28% *Jasmin-Parfüm-Öl*, je ~12% *alpha-isomethyl Jonon*, *Coumarin* und *Hercolyn D = Methylester des hydrierten Kolophoniums* (ein Fixateur), je ~7% *Rosen-Parfüm-Öl,* Sandelholz, *gamma-Decalacton* "C14" und Patchouli-Öl, je ~3% Eichenmoos-Absolue und *Eugenol,* je ~0,7% *Benzoe, Opoponax* und 10%iges Karottensamen-Öl. Mit ~10% Riechstoffen plus *Ethanol* mit *~86%v/v* erhält man ein ***EdT***; für ein ***EdP*** benötigt man rund 15% Riechstoffe.

Mit dem statt dem Sandelholz gerne benutzten Öl der **Amyris** (*Amyris balsamifera*) und etwas Öl der **Zypresse** (*Cupressus sempervirens*) oder dem Öl vom Khus-Khus-Gras **Vetiver** (*Vetiveria zizanoides*) und etwas Öl der roten Virginia- oder **Bleistiftzeder** (*Juniperus virginiana*) ad Ethanol entstanden

- die sandelholzartige Base "S" und
- die herbholzige Base "H"

mit je ~10%v/v Riechstoffen. Sie dürfen jeweils bis zur Hälfte des Gesamt-Riechstoff-Anteils in ***EdS*** ausmachen.

Fougére "Heu / Foin"

Fougère ist die französiche Bezeichnung für Farn oder Farnkraut. *Fougère commune* ist der Adlerfarn *(Pteridium aquilinum).* Zu diesem Duft wesentlich besser pas*sen* würde: *le foin* – das Heu.

Fougère-Noten bestehen allgemein aus grünen und Heu-artigen Düften wie ***Coumarin,*** wobei das *Linalool* die blumige und das *Linalyl-acetat* aus dem **Lavendel** die frische Komponente einbringt. Eine Komposition Fougère fresh (classic) aus Lavandin und *Coumarin* ist auch nach drei Stunden noch besonders intensiv. Darüber hinaus werden neben dem Lavandin, Rosmarin, Beifuß, Wacholderbeer, Thymian und das nach Orchideen duftende *Isoamylsalicylat* eingesetzt, aber auch *Methyleugenol*, *Heliotropin* und *Styralylacetat.*

Der Fougère-Komplex enthält neben **Eichenmoos** oder **Sandelholz** sowie Ylang, Pelargonium und-oder Rose oftmals auch Neroli, Bergamotte, Vanille, *Muscon* und *Anisaldehyd*. Auch Anis-Öl und Kompositionen mit den ätherischen Ölen Vetiver und Patchouli erzeugen den angenehm erdigen Mooseffekt. Außerdem liefert **Patchouli** die für Fougère-Parfums nötige erdige Holznote. **Lavandin** (eine Kreuzung aus *Lavendel spica* und *Lavendel vera*) bringt neben bis 37% *Linalool* bis zu 35% frischgrünes *Linalylacetat* und u-a. bis zu 14% (meist ~6%) *Borneon* = Kampfer ein. Der Heu-Gras-Duft ***Coumarin*** gehört stets dazu.

(-)-(3S,3aS,6R,7aS)-Perhydro-3,6-dimethyl-2-benzo[b]furanone – mit dem ODT 0,001pg/L was etwa 1*D18 entspricht, ist ein Coumarin-artiger Duft mit einer deutlichen Heunote. Die Duftbeschreibung ist abhängig vom Geschlecht: Derselbe Duft wird von Frauen auch als Kokosnuss-artig beschrieben. [312]

[312]Vergleiche hierzu http://elpub.bib.uni-wuppertal.de/servlets/DerivateServlet/Derivate-877/dc0616.pdf *3S,3aS,6R,7aR)-3,6-Dimethyl-3a,4,5,6,7a-hexahydro-2(3H)-benzofuranon* Duft-Schwellenwert (ODT) 1*10^6 ng/Liter = 1fg/Liter Geruchsqualität «Kokosnuss-artig»

Der *Weinlacton = (3S,3aS,7aR)-3,6-Dimethyl-3a,4,5,7a-tetrahydro-3H-1-benzofuran-2-on* hat den ODT 0,01-0,04pg/L – dies entspricht 1* bis 4*D17 – und besitzt einen intensiven süßen Kokosnuss-Duft. Dieser Duft wird von Frauen auch als Heu-artig beschrieben.

Ein ***EdC*** vom Typ Fougere woody erzielt man auch durch den Einsatz von ~5% folgender Mischung in *~81%v/v Ethanol*: ~25% *Vertofix = 9-Acetyl-8-cedrene,* je ~18% *Exaltolid* sowie furocoumarinfreies Bergamotte-Öl, je ~7,5% Vetiver und *Grisambrol*, je~ 4% Basilikum (artif.), *Coumarin*, *Eugenol*, *Methyl alpha-Jonone* (rac.) = *Iralia*, Patchouli-Öl, ~2% *Oxacyclohexadec-12-en-2-one = Habanolid* und ~0,4% *Iso-Butylquinolin.* Öl von **Lavendel** fein (*(Lavandula angustifolia / officinalis)* und etwas **Thymian** (*Thymus vulgaris*) ermöglichen die heuartige Base Xeres "X" mit nahezu 10%v/v Riechstoffen. Sie darf in ***EdS*** bis zur Hälfte des Gesamt-Riechstoff-Anteils ausmachen.

Fleur "Oeillet / Nelke"

Der Duft der Blüte der Garten-Nelke (*Dianthus caryophyllus*) lässt sich mit ~25% *Eugenol*, ~18% *Jasminaldehyd = alpha-amyl cinnamakdehyde*, je ~12% *Benzylsalicylat*, *Benzylacetat* und *Geraniol*, je ~6% *Iralia*, *Linalool* und *2-Phenylethanol*, je ~ 0,6% *Indol* und *Ethylvanillin* sowie ~0,4% *1,3,5-tribromo-2-methoxy-4-methylbenzene = 2,4,6-Tribromo-3-methylanisol* nachbilden.
Die blumig-würzige Base "N" mit mit *Eugenol* und **Ylang**-Öl (*Cananga odorata*) geht in dieselbe Duftrichtung. Der Anteil an *Isoeugenol* wird so möglichst klein gehalten. Sie darf bis zur Hälfte des Gesamt-Riechstoff-Anteils in ***EdS*** ausmachen.

Die auch **Nelken** oder Nägelein genannten getrockneten Blütenknospen des Gewürznelkenbaumes (*Syzgium aromaticum*) enthalten hauptsächlich *Eugenol, Eugenolacetat, Caryophyllen* sowie etwas *Heptanol und Nonanol. Eugenol* wird auch als medizinischer Wirkstoff eingesetzt, hemmt das Wachstum von Bakterien, Pilzen und Viren und hat eine örtlich betäubende Wirkung.

Piment, Jamaikapfeffer *(* Allspice, *Pimenta dioica)* liefert ein ätherisches Öl, welches hauptsächlich *Eugenol, Methyleugenol, 1,8-Cineol* und *beta-Caryophyllen* enthält.

Schwarzer **Pfeffer** (Piper nigrum) enthält den Scharfstoff *Piperin,* den Nelkenriechstoff *Caryophyllen,* das leicht oxidierende *3-Caren* sowie *alpha-* und *beta-Pinen.*

Zimtblätter-Öl aus (*Cinnamomum zeylanicum*) enthält hauptsächlich *Eugenol, Eugenolacetat, Benzylbenzoat und Zimtaldehyd.*

Zimt (*Cinnamomum zeylanicum*) liefert ein Zimt-Öl aus Bruchstücken von Stangenzimt welches hauptsächlich *Zimtaldehyd* und etwas Eugenol enthält. Dagegen enthält das **Cassia-Öl** aus (*Cinnamomum cassia*) bis zu 9% *Coumarin.*

Muskatnüsse des Muskatnussbaumes (*Myristica fragans*) liefern ein ätherisches Öl mit psychoaktiven Inhaltsstoffen wie *Myristicin, Elemicin* und *Safrol.*
Ätherisches Macis-Öl (macis huile essentielle, *Myristica fragans* Aril Oil) enthält *Myristicin.* und in geringeren Konzentrationen sind auch *Limonen, Linalool, Eugenol, Isoeugenol, Methyleugenol, Geraniol und Safrol,*
Der Grüne **Kardamom** (*Elettaria cardamomum*) enthält neben dem frischen *1,8-Cineol* als blumige Nuance den Flieder-Riechstoff *alpha-Terpineolacetat.*

"Oriental"

Das aus den Wurzelstöcken der schilfartigen Ingwerpflanze (*Zingiber officinale*) gewonnenen **Ingwer-Öl** erinnert mit seinem Duft nach Zingiberen, der nach und nach zu *(+)-ar-Curcumen = (+)-alpha-Curcumen = (S)-(+)-Curcumen* abgebaut wird, an Koriander und einige Zitrusnoten.
Koriander (*Coriandrum sativum*) ist Hauptbestandteil von Curry und ein Brotgewürz. Koriander-Öl ist warm, würzig, blumig, sehr aromatisch und bringt neben *Coriandrol = Linalool, Coumarine* ein.
Wichtiger Bestandteil von Curry ist **Kurkuma** - (*Curcuma longa*). Die Gelbwurz enthält den für Curry typischen gelben Farbstoff *Curcumin.*
Kurkuma-Öl ist eine beruhigende, warme, würzige Basisnote mit leichter Östrogenwirkung.
Als Gewürz mit Currygeschmack in Reis wird auch die Immortelle genannte Strohblume (*Helichrysum italicum / angustifolium*) verwendet. Das ätherische Öl der **Strohblume** ist eine Kamille- und Heu-artig duftende Herznote und enthält hauptsächlich *Nerylacetat, Italidone, Limonen, Nerol,* und *Curcumene.*
Das intensiv duftende Absolue der **Immortelle** bringt fruchtig-kräuterartige und Tabakblätter-Nuancen ein und ist ein starker Fixateur; es trägt den Beinamen: "Everlast".

Neroli und furocoumarinfreies **Bergamotte-Öl** bringen mit ihren Bestandteilen blumig-fruchtige Nuancen bei. Seinen Beitrag dazu leistet auch das leicht süße und sanft blumige *S-(-)-(E)-Nerolidol.*

Castoreum-Absolue-Substitut, das warm, ledrig, animalisch, in Verdünnung angenehm süß riechende Prinzip des Geschlechtssekrets Castoreum wird heute synthetisch hergestellt.

Ethylvanillin *(Bourbonal)* übertrifft die Duft-Intensität von natürlichem ***Vanillin*** um das Fünffache. Mit ebenfalls hoher Haftfestigkeit und mit dem

Vanillin eng verwandt ist das süßblumige, leicht würzige (Mandel-artige) *Heliotropin (Piperonal).* Mit ***Hydrozimtalkohol*** entwickelt die orientalische Vanille-Mandel-artige Base "V" eine Beinote mit leicht blumigem Duft, der an Flieder, Hyazinthe und Rose erinnert. Sie darf bis zur Hälfte des Gesamt-Riechstoff-Anteils in ***EdS*** ausmachen.

Patchouli (*Pogostemon cablin*) wurde vermutlich von dem französischen Botaniker René Louiche Desfontaines 1815 das erste Mal beschrieben. Patchouli-Öl hat eine lang haftende Holznote, wird auch aus anderen Arten gewonnen, und ist für Parfums auch heute noch eine wichtige Substanz. Mit einem Hauch **Immortelle**-Absolue (*Helichrysum italicum / angustifolium*) wurde dies die orientalisch-holzig-würzige Base "Y" mit ~10%v/v Riechstoffen. Sie darf in ***EdS*** bis zur Hälfte des Gesamt-Riechstoff-Anteils ausmachen

"Green"

Der Begriff "green" bedeutet sowohl frisch als auch grün.
Herb-frische Noten der Kräuter Thymian, Fenchel, Kümmel, Pfefferminze, Rosmarin oder Lavendel, Monoterpene (C10) wie beispielsweise die ***Limonen*** und ***Pinen*** gelten allgemein als antiseptisch, stimulierend und erfrischend. Frisch sind auch die anti-erogenen stimulierenden Riechstoffe, welche wie **Zitronen** - harzig, wie **Kiefernnadeln** - minzig wie **Spearmint** oder würzig wie **Zimtblätter** sind - holzig nach **Vetiver** oder krautig nach **Salbei** duften. **Elemi**, **Galbanum** und **Myrrhe** sind ebenfalls frisch. Die Duftrichtungen **Citrus, Iris, Maiglöckchen** und **Grünnoten** wirken zusammen mit anderen, süßeren Riechstoffen **frisch**.

Veilchenblätter-Öl (*Viola odorat*a - violet leaf oil) enthält eine wichtige intensive Grünnote. Der Duft des ungesättigten Alkohols *cis-3-Hexen-1-ol* hat frappierende Ähnlichkeit mit dem Geruch frisch geschnittenen grünen Grases bzw. grüner Blätter. Der "grüne" Dufteindruck ist kraftvoll und ausgeprägter als beim *1-Hexanol.*

Galbanum (*Ferula gummosa = galbaniflua*) - Galbanum-Öl duftet frisch-grün mit waldig-balsamischen Untertönen, sehr markant und wird meist für Herrendüfte verwendet. Rund 1% *Galbanumketon = 1-(5,5-Dimethyl-1-cyclohexen-1-yl)pent-4-en-1-one)* genügt für den entsprechenden Dufteindruck.

Petitgrain - Aus Blättern und Zweigen der Orange / Mandarine entsteht durch Wasserdampfdestillation eine über Stunden anhaltende frische grüne Note.

Rosmarin-Öl (*Rosmarinus officinalis*) bringt je nach Chemotyp u.a. mit *Cineol*, *Borneol* und *Campher* frischgrüne Eukalyptus-artige Töne ein. Die

Beinamen des Rosmarins,wie Marienkraut, Brautkraut oder Hochzeitsblümchen deuten auf seine Jahrhunderte alten Tradition als Heil-, Schutz- und Küchenkraut sowie seine wichtige Rolle bei Ritualen wie Hochzeiten. Mit dem **Galbanum-Öl** (Ferula gummosa) ensteht die grüne Base "G" mit ~10%v/v Riechstoffen. Sie darf bis zur Hälfte des Gesamt-Riechstoff-Anteils in ***EdS*** ausmachen.

Hydrozimtalkohol und seine Ester sind natürliche Duftkomponenten von Benzoe, Perubalsam und Styraxharz (Storaxbalsam). Hyazinthenduft enthält 10-11% Hydrozimtalkohol. Der Dufteindruck **Hyazinthe** entsteht z.B. auch mittels *Phenyläthylalkohol = 2-Phenylethanol* und *Benzylacetat* mit etwas Galbanum.
Benzylsalicylat mit etwas *Castoreum-Substitut* erinnert ebenso wie *2-Isobutyl-4-vinyl-[1,3]dioxolan* an grüne **Oliven** (*Olea europaea).*

Neben den Acetaten, wie Bornylacetat (Fichtennadelduft) und Linalylacetat (Lavendel) nenne ich folgende (einheitliche) Riechstoffe:

Das *(4S)-4-hydroxypentan-2-on* liefert frische herbe grasige Noten.
Das *(R)-8-Methyldecanal* ist frischgrün und intensiver und ohne die bittere Yuzu-Note von seinem (S)-Enantiomer, dem *(S)-8-Methyldecanal.*
(S)-6-Methyloctanal – wirkt frischgrün, citrusartig.

2-Methyl-2-(4-methylpent-3-enyl)-4-vinyl-[1,3]dioxolan gilt als grün und erinnert an Blüten, Zitrone und *Linalool.*

(1'R)-(+)-2-(2',2',3'-Trimethylcyclopent-3-en-1-yl)-ethanal = (1'R)-(+)-campholenic aldehyde ist ein intensiver grüner grasartiger Duft mit würzigem Nachklang.

(+)-(5S,8R,9R,10S)-20-Desmethyl-8a,13-desoxyambreinolid – ist ein wenig starker Duft, der meist als holzig-ambraartig in Richtung Ambrox, moschusartig-balsamisch beschrieben wird. Frauen reagierten sehr empfindlich und beschrieben diesen Duft dagegen als grün, Moos und Jonon-ähnlich.

(-)-(5R,8S,9S,10R)-20-Desmethyl-8a,13-desoxyambreinolid – ist ein intensiver Duft. Auch die Beschreibungen dieses Duftes variieren stark: Einerseits wird er zwar als holzig-ambraartig beschrieben, andererseits empfinden Männer ihn als minzig oder grün-pfeffrig, Frauen jedoch als cyclohexanon-acetonartig oder blumig.[313]

(3S)-3-Methylpentanal – mit dem ODT: 30µg/L Luft ist intensiv frischgrün (etwas beißend), in hohen Konzentrationen betäubend süßfruchtig.

[313] *Andersartige Geruchseindrücke durch andere Gene. Gen- und Gender-abhängig andersartige Geruchseindrücke sind oftmals ein Hinweis auf Pheromone.*

(1S,6S)-(+)-1,6-Dihydrojonon – mit dem ODT: 25µg/L ist ein grüner Duft nach Veilchenblättern – ähnlich dem von *alpha-Jonon.*

(+)-(R)-Undecavertol = (3E,5R)-4-methyldec-3-en-5-ol ist mit seinem ODT: 0,31 ng/L air ein rund 80 000 mal stärkerer blumig-frischgrüner Duft nach Veilchenblättern mit Anklängen einer Gurkennote.

Ein Beispiel einer frischgrünen Base:
Je ~22% *Linalylacetat*, *Linalool* und Lavendel-Öl, je 8% *Tetrahydrolinalool* und *Tetrahydromyrcenol = 3,7-Dimethyloctan-3-ol* und *2,6-Dimethyloctan-2-ol*, ~6% Rosmarin-Öl, je ~2% Pfefferminz-, Salbei-, *Ambersage = amber dioxepine* und *Eucalyptol*, ~1% Fichtennadel-Öl (Sibirien), je ~0,6% *Eugenol*, Galbanum-Öl und *Dione = 2-[(3,3,5-trimethylcyclohexyl)acetyl]cyclopentan-1-one* sowie ~0,06% *Methylsalicylat = Birken-Öl-Substitut*.[314]
Mit ~10% Riechstoffen in *~86%v/v Ethanol* erhält man ein ***EdT***; für ein **EdC** benötigt man ~5% Riechstoffe in *~81%v/v Ethanol. Noch weniger Riechstoffe* benötigt man für ein leichtes Sommerparfum (Parfum d' Été) oder ein Rasierwasser (After shave).[315]

"Ocean"

Marine Noten, welche an Wasser, Ozean, aber auch an das Ozon der schwülheißen Sommertage erinnern, sind beispielsweise folgende einheitlichen Riechstoffe:

Während das *(R)-(-)-Suzaral* – grün und floral nach Maiglöckchen duftet ist das
(S)-(+)-Suzaral – ein reiner Ozon-artiger Duft.

*3-((2'**R**)-6-methylheptan-2'-yloxy)-(2RS)-2-methylpropanal = (2RS)-2-methyl-3-((2'**R**)-6-methylheptan-2'-yloxy)propanal = 3-{[(1**R**)-1,5-dimethylhexyl]oxy}-2-methylpropanal* – ist ein aldehydiger Citrusduft.

3-((2'S)-6-methylheptan-2'-yloxy)-(2RS)-2-methylpropanal = *(2RS)-2-methyl-3-((2'**S**)-6-methylheptan-2'-yloxy)propanal = 3-{[(1**S**)-1,5-dimethylhexyl]oxy}-2-methylpropanal* – ist zwar wie sein Spiegelbild (Enantiomer) ein aldehydiger Citrusduft jedoch mit mariner Note.

Das Gemisch (Racemat) beider Riechstoffe riecht zwar aldehydig aber auch floral und nach Wasser.

---

[314] *Salicylsäuremethylester wird auch als **Wintergrün-** oder **Gaultheria-Öl** bezeichnet,*
[315] ***EdC** ~5% Riechstoffe ad (auffüllen auf 100% mit) Ethanol mit ~81% ~(76%+5%)v/v; **EdT** ~10% Riechstoffe ad Ethanol mit ~86% ~(76%+10%)v/v; **EdP** ~15% Riechstoffe ad Ethanol mit ~91% ~(76% +15%)v/v.*

Helional, das auch *Ocean Propanal* genannte *(-)-(2S)-Tropional* mit dem ODT: 0,64 ng/L in air ist chemisch ein *3-(1,3-benzodioxol-5-yl)-2-methylpropanal* und bietet einen grünen floralen marinen Duft, Ozon-artig mit salzigen Aspekten und einem Kreuzkümmel-artigen Unterton.

(1S,6R)-(+)-trans-2,2,6-Trimethyl-cyclohexyl methyl keton =
(1S,6R)-(+)-trans-1-(2,2,6-Trimethylcyclohexyl)-ethanone
ist angenehm minzig und Kampfer-artig und hinterlässt einen deutlich scharfen Eindruck.
Sein Spiegelbild (Enantiomer)
1R,6S)-(-)-trans-2,2,6-Trimethyl-cyclohexyl methyl keton =
(1R,6S)-(-)-trans-1-(2,2,6-Trimethylcyclohexyl)-ethanone
dagegen ist insgesamt sanfter, marin und floral nach Ozon sowie weißen Blüten.

(-)-(ent)-Calone-ol = (-)-(ent)-3,4-Dihydro-7-methyl-2H-1,5-benzodioxepin-3-ol
sind Kandis-artig zuckersüß und trotz dem ODT: 49ng/L Luft schwach Hefe-artig. Seine Spiegelbilder (Enantiomere)
Calone = *Calone-ol = 3,4-Dihydro-7-methyl-2H-1,5-benzodioxepin-3-ol*
erwecken Geruchseindrücke von frischer Seeluft und Meeresnuancen. Die *Calone-ols* haben eine ähnliche Struktur wie einige alicyclische C11-Kohlenwasserstoffe, z. B. *Ectocarpene,* die von Braunalgen als Pheromone ausgeschieden werden. Das ***Calone-Racemat*** hat einen ODT von 82 ng/L und erweckt Geruchseindrücke von frischer Seeluft und Meeresnuancen, Ozon, *Aldehyden* und sanfte fruchtig-florale Nuancen.

Ultrazur = Oceanil = Algenon ist eine von den Herstellern nicht näher beschriebene Mischung, welche bei 0,1% - 3% eine frische Ozon-artige Note mit leichten Amber-Beinoten einbringt.

Ein florales ***EdT*** für Frauen mit marinen Noten kann z.B. folgendes enthalten: ~2,4% *Benzylsalicylat*, ~2,2% *Algenon = Ultrazur*, ~1,4% *Galaxolid*, je ~1,0% Bergamotte-Öl furocoumarinfrei und *Dihydromycenol = 2,6-Dimethyl-7-octen-2-ol,* je ~0,5% *Georgywood* und *Hedion*, je ~0,2% *Lyral*, *Linalool*, *Eugenol*, *Acetylhexamethylindan = Tonalid = Fixolid* und *Ethoxymethoxycyclododecan = Amberwood* in *~86%v/v Ethanol*.

Der Dufteindruck "Wärme / Humid"

Es gibt Riechstoffe, welche als angenehm und positiv empfundene Stimmungslagen hervorrufen. Wir genießen "warme" behagliche Düfte und empfinden sie als belebt und belebend.
Wenn wir im Gegensatz dazu etwas als "metallisch" bezeichnen, dann ist es für uns leblos und kalt. Die Bezeichnung "sauer" oder "fischig" kennzeichnet darüber hinaus, dass die Zersetzung bereits begonnen hat. Unangenehme Gerüche, saure Milch und verdorbener Fisch, verursachen eine reflexartige Reduzierung des Atemvolumens. Diese Reaktion erfolgt innerhalb von 305 Millisekunden.

Bei autistischen Kindern war hingegen keine rasche Reaktion feststellbar. Anstatt bei dem Gestank von verfaultem Fisch umgehend die Luft anzuhalten, atmen Autisten weiter tief ein. Je länger Probanden die unangenehmen Gerüche normal einatmen, desto stärker ist auch die Beeinträchtigung der sozialen Kommunikation.[316]

Normal ist:
Rosen-Duft und andere als angenehm empfundene Gerüche werden tief eingeatmet. Ich zähle bei der Bewertung eines neuen Duftes von 10 abwärts. Ein für Sie besonders angenehmer Duft wird auch bei Ihnen normalerweise bereits beim ersten Atemzug, spätestens bei den nächsten Atemzügen, einen Mmmh-Effekt auslösen.[317]

Ich verwende diesen Augenreflex, dieses unbewusste Zwinkern, als Maßstab für den erogenen Wert. Die so erfassten e-Werte variieren Duft-abhängig von e(10) bis e(0) und sind – das mag Viele überraschen – kaum von der Anzahl der Wiederholungen abhängig. Der Duftablauf, d.h. der Angeruch in den ersten Sekunden, der Kopf nach etwa 15 Minuten, das Herz nach etwa einer Stunde und der Fond nach einem halben Tag beeinflusst bei nicht einheitlichen Riechstoffen den e-Wert sehr. Das Kühlen eines neuen Parfums über Nacht beschleunigt das 'Zusammenwachsen der Komposition' und verändert neben der Intensität oft auch den erogenen Wert.

Wie lässt sich prüfen, ob man z.B. noch etwas Jasmin in die Komposition geben sollte? Das Vorhandensein von anderen Düften beeinflusst den Geruchsschwellenwert ODT, die Duft-Intensität und den e-Wert. Prüfen Sie erst die Komposition und dann die Komposition in dem Sie den Jasmin-Duft annähern oder gar daneben stellen. Sie merken sofort, ob sich der Gesamtduft (und der e-Wert) verbessert. Auch andere fehlende Komponenten in einer Komposition lassen sich so rasch finden.

---

[316] *http://www.heilpraxisnet.de/naturheilpraxis/geruchstest-zur-autismus-diagnose-2015070640385*
[317] Beim Einatmen auftretender Augenreflex: Schließen der Augen, oftmals mit einem genussvollen: "Mmmh"

Von den positive Emotionen hervorrufenden (natürlichen) Riechstoffen verwenden wir seit 1988 immer mindestens einen bevorzugt bis 20%m/m, meist in einer Gesamtmenge von ~1%v/v in unseren bzw. meinen Rezepturen von ***EdS***-Parfums.

Selbstverständlich könnten wir den e-Wert eines Parfums (oder allgemein der Kosmetik) und damit auch das emotionale Wohlbefinden und die Attraktivität der Anwender(innen) auch durch die (zusätzliche) Zugabe von 0,0005 bis 0,01 Gew.% *Oxytocin* erhöhen.[318]

Aber wir kennen bereits viele Riechstoffe, welche selbst eine positive Emotion hervorrufen. Viele davon gelten z.B. als erogen. [319]

- Ambra, Substitut → *Ambrox* und → *Ambrinol* *e10*
- Benzoe, Resinoid e10
- *Benzylbutyrat; Benzylcinnamat; Benzylsalicylat*
- Birkenteer, rektifiziert e8...10
- *C 8-ol = Octylalkohol; C 9-ol = Nonylalkohol e10*
- *C 9-al = Nonylaldehyd; C12-al MNA = Methylnonylacetaldehyd e10*
- *C12-ol = Laurinalkohol e4...10*
- Castoreum, Substitut e10
- *Citronellol(-) e10 (z.B. in Geranium-Öl)*
- Daucus e7...8
- *Dihydrojasmon e8...10*
- *Dimethylbenzylcarbinylacetat e10*
- *Ethylvanillin (Bourbonal) e10*
- *Eugenol* / Gewürznelken-Öl e10
- *Exaltolid e10*
- Geranium, Bourbon e6...10
- *Geranylbutyrat e10*
- Helichrysum e8...10
- *Heliotropin / Piperonal e0...10*
- *Hydroxycitronellal e0...10*
- *Hydrozimtaldehyd; Hydrozimtalkohol e10*
- Iris, Resinoid e3...10
- Jasmin, Absolue / *Indol e10*
- *Jonon-alpha e6...*
- Jonquille, Absolue e10
- Kamille, römisch e10
- *Kokoslacton e10*
- Labdanum e8...10
- *Linalylbutyrat e3...10*

---

[318] *Patentschrift DE102011118016 A1 von Bernhard Banowski und Thomas Welss, Henkel Ag & Co. Kgaa*

[319] *Erogene Riechstoffe, siehe auch Paul Jellinek: Die psychologischen Grundlagen der Parfümerie*

- Mandarine e0...10
- *Methyl-N-methylanthranilat e7...10*
- *Methyljonon-delta e7...10*
- *Methyljonon-gamma e5...10*
- Neroli, Absolue e5...10
- Oeillet, Absolue e2...8
- Olibanum e10
- Orange, süß e0...8
- Patchouli e10
- *Pfirsichlacton e10*
- *Phenyläthyl(iso)butyrat e10*
- *Phenyläthylalkohol e10*
- Rose, Absolue e8...10
- Tuberose, Absolue e10
- *Vanillin* / Vanille e10
- *Vetiverol e5...10*
- Ylang e7...10
- Zimt, Ceylon
- *Zimtaldehyd; Zimtalkohol e10*
- *Zimtsäure-Ester, Cinnamate (Cinnamal) e10*
- Zypresse, terpenfrei e10

Vanille, viele **Gewürze, Cassie** und *Aldehydnoten* werden erst im Konsens mit anderen Riechstoffen meist exaltierend. **Eichenmoos, Birkenteer, Olibanum, Daucus, Tonka** *(Coumarin)* sind an sich weitestgehend erogen und stimulierend. Eine resultierende, dominierend werdende, stimulierende Duftwirkung kann jedoch die erogenen Anteile dermaßen überdecken, dass der angenehme Dufteindruck "Wärme" untergeht.

Interessante *innere Ester (Lactone)* sind beispielsweise das *Vitamin C (Ascorbinsäure),* die pfirsich- oder kokosartig schmeckenden *Decanlactone (Decanolide)* und der Moschusriechstoff *Pentadecanolid.*
Exaltolid, das *1,15-Pentadecanolid* der *Angelica archangelica,* ist m.E. ein Pheromon: Es wird von Frauen (Zyklus-abhängig) bei höherem Östrogenspiegel früher wahrgenommen.

Ambra, **Leder**, **Jasmin**, **Narzisse** und **Rose** sind trotz ihrer starken Verschiedenheit erogen und narkotisierend. Balsamische Düfte wie **Perubalsam**, **Tolu** und **Styrax**, sowie süßblumige wie **Orangenblüten** sind ebenfalls schwül = erogen und narkotisierend.
Auch eine resultierende atemberaubend narkotisierende Duftwirkung kann die erogenen Anteile dergestalt überdecken, dass eine unangenehme schwüle Stimmung entsteht.

Die *Monoterpene (C10)* wie beispielsweise *Limonen* und *Pinen* gelten allgemein als antiseptisch, stimulierend und erfrischend. Die *Alkohole Nerol, Geraniol* und *Linalool* sind zusätzlich Stimmung-aufhellend und allgemein Haut-pflegend. *Lavandin* und *Eucalyptus citriodora* wirken relativ frisch und bekommen einzeln jeweils niedrige e-Werte. Hält man jedoch die Flakons mit diesen ätherischen Ölen nebeneinander so schnellt der e-Wert nach oben. **Iris, Maiglöckchen, Citrus-** und **Grünnoten** wirken zusammen mit anderen, süßeren Riechstoffen frisch, anti-erogen und stimulierend. Ebenfalls frisch wirken **Kiefernnadeln**, minzige Düfte wie **Spearmint** oder würzige wie **Zimtblätter**, holzige wie **Vetiver, Wacholder** oder **Zedern,** anregende wie **Rosmarin,** krautige wie **Salbei,** sowie **Elemi**, **Galbanum** und **Myrrhe.** Viele davon enthalten *Acetate*, *Cedrol, 1,8-Cineol = Eucalyptol, Menthol* und-oder andere frisch wirkende Inhaltsstoffe. Interessant ist, dass stechend riechende anti-erogene Säuren, wie z.B. die Essigsäure, stark verdünnt zwar immer noch als frisch empfunden werden, nun stimulierende Copuline sind.

Die *Sesquiterpene (C15)* wie beispielsweise *ß-Bisabolen* gelten als beruhigend und Haut regenerierend. Die *Aldehyde* wie beispielsweise *Neral* und *Geranial (Citral)* oder *Citronellal* und *Heliotropin* sind bewiesenermaßen antiviral und haben ebenso wie *Vanillin* und *Coumarin* beruhigende Eigenschaften. Die Ester wie beispielsweise die *Acetate (Essigsäureester) Linalyl-acetat* und *Bornyl-acetat,* die *Butyrate* wie *Methyl-butyrat* oder die *Tigliate* wie *Geranyl-tigliat* haben entkrampfende und emotional ausgleichende Wirkungen.
Die leichten blumigen, narkotisch anti-erogenen, *Lyral* und **Citronell** (Java), sowie **Lavendel**, **Mandarine**, **Orange** und **Bergamotte** wirken meist beruhigend. [320]

[320]Untersuchung an der japanischen Universität Okayama zeigen, dass der Stresshormon-Spiegel, die Müdigkeit und das Ausmaß negativer Gefühle durch den Duft von *Citrus bergamia abnehmen.*

Die Parfum-Basen von EdS

Etwas leichter erscheint es, wenn man für jede dieser 8 Duft-Familien eine (oder mehrere) Zusammenstellungen sucht, welche bereits als vertikale Komposition Kopf-, Herz- und Fondnote harmonisch mit einem Fixateur verbindet.

Die 8 **Duft-Familien** und ihre Duftrichtungen sind:

Fleur Rose und andere blumige Noten [321]
Flor'al Pfirsich "aldehydige" und süßblumig fruchtig-balsamische Düfte [322]
Oriental Orientalische (tropische) Vanille- und Gourmand-Noten
Sweet süße Düfte: Ambra. Moschus-, Tabak- und Leder (Juchten) [323]
Woody Vetiver und andere holzige Noten
Citrus Citrus-Düfte (Agrumen / Hesperiden) wie Bergamotte, Orange [324]
Green Rosmarin und andere (frische) Kräuter, aromatische Düfte
Fougère beruhigende Heu- und Lavendel-Noten (Foin / Fougère) [325]

Zusammenstellungen davon sollten wiederum wohlriechende Kompositionen der jeweiligen Duftfamilie ergeben.

Soweit die Theorie:

Da die einzelnen Bestandteile untereinander und mit den anderen Inhaltsstoffen der Gesamtkomposition agieren erlebt selbst der erfahrene Parfumeur Überraschungen.

Animalische Düfte intensivieren sich gegenseitig und werden bei längerer Lagerung wahrhaft animalisch...

Ambragerüche und Vanilleauszüge machen viele Kompositionen schwer und sehr schwül...

Moos-, Erd- und Rauchnoten, Holzgerüche wie Patchouli, Sandelholz sowie Vetiver und Zimt(rinde) und einige anderen Düfte sind an sich schon intensiv und haben die Tendenz die Komposition zu dominieren.

Coumarinhaltige Stoffe und andere Fixateure fixieren viele Duftstoffe derart, dass sie erst viel später, deutlich schwächer oder gar nicht mehr wahrgenommen werden. Nelkenduft wiederum, anfangs gern aufdringlich, verschwindet rasch. Einige Honig- und Blütendüfte werden intensiver und zu penetranten Raumdüften.

In Gesamtheit ändert manch ein Duft der Komposition seine Gesamtwirkung von blumig in frisch teeartig grün, oder wird nun hervorgehoben aufdringlich intensiv und in der Kopfnote scharf hervorstechend,...

Bisher angenehme Düfte wirken plötzlich schwül statt warm, seifig oder gar ranzig,...

---

[321] ***EdS Fleur*** ~ Family : **Foral** & Sub-families : Orange & White flowers, Rose

[322] ***EdS Flor'al*** ~ Families : **Floriental & Fruity**

[323] ***EdS Sweet*** ~ Sub-Families: **Animalic** & **Leathery** & **Musky** - Juchten: Mit Birkenteer eingelassenes Rindsleder.

[324] ***EdS Citrus woody*** ~ Family: **Chypre**

[325] **Fougère** ist eine traditionelle, aber unpassende Bezeichnung, da Farn (französisch: Fougère) kaum duftet.

Andere Bestandteile erscheinen später oder sind kaum mehr wahrzunehmen,...

Es zeigte sich bald, dass die erforderliche Anzahl der Parfum-Basen sich innerhalb der 8 **Duft-Familien** mit jeder Duftrichtung erhöhte. Beispielsweise sind das mindestens bei

Fleur	**4**	u.a. Orangenblüte, Jasmin, Maiglöckchen, Rose [326]
Flor'al	**2**	fruchtige wie Pfirsich und "aldehydige" Blumendüfte [327]
Oriental	**2**	orientalische (tropische) Vanille- und Gourmand-Noten
Sweet	**4**	süße Düfte: Ambra. Moschus-, Tabak- und Leder [328]
Woody	**4**	Vetiver, Sandelholz, Zeder und andere holzige Noten
Citrus	**2**	Citrus-Düfte wie Bergamotte und Orange [329]
Green	**2**	Galbanum sowie Rosmarin und andere (frische) Kräuter
Fougère	**2**	beruhigende Heu- und Lavendel-Noten [330]

Allein gemäß dieser Aufstellung würde man zur Abbildung der **8 Duft-Familien** mindestens 22 Duftbasen benötigen. Die meisten Parfumeure benötigen 40 Basen und Zusatznoten oder mehr.

Wer Großes will, muss sich zusammenraffen;
In der Beschränkung zeigt sich erst der Meister,
Und das Gesetz nur kann uns Freiheit geben. [331]

***EdS**-Parfums* hat aus den oben genannten Riechstoffen wichtige und häufig benötigte Düfte ausgewählt. Dabei wurden die gewünschten Duftrichtungen,

- die 8 **Duft**-Familien und
- die Duft-**Nuancen** genauso beachtet wie
- die Intensität der eingesetzten Riechstoffe.

Da sich einige Duftrichtungen überschneiden und mit etwas Mut zur Lücke kommt ***EdS*** mit 4*4 d.h. mit insgesamt 16 Parfum-Basen aus:

Der blau unterlegte Teil der allgemein beruhigend wirkenden anti-erogenen narkotischen **[AN]** Riechstoffe ergibt einen ausgewogenen – je nach Einsatz der Parfum-Basen – florientalen bis fruchtigen Duft.

Die rot unterlegten Basen bestehen aus erogen-narkotischen blumig süßen und schwülwarm wirkenden **[EN]** Blumendüften; wobei Jasmin und Rosen auf einem dezenten Fond von Jonquille-Duft, süßen Orangen und Muscon schweben.

---

[326] ***EdS Fleur*** ~ Family : **Foral** & Sub-families : Orange & White flowers, Rose

[327] ***EdS Flor'al*** ~ Families : **Floriental & Fruity**

[328] ***EdS Sweet*** ~ Sub-Families: **Animalic** & **Leathery** & **Musky** - Juchten: Mit Birkenteer eingelassenes Rindsleder.

[329] ***EdS Citrus woody*** ~ Family: **Chypre**

[330] **Fougère** - traditionelle, aber unpassende Bezeichnung, da Farn (französisch: Fougère) kaum duftet.

[331] Johann Wolfgang von Goethe: Das Sonett http://gutenberg.spiegel.de/buch/sonette-3649/1

Der grün gekennzeichnete Teil der allgemein grünen anti-erogenen stimulierenden [AS] Riechstoffe ergibt einen frischgrünen waldigen Chypreduft mit blumig-fruchtig-würzigen Nuancen.

Der ockergelb eingefärbte Teilbereich umfasst die exaltierenden erogen-stimulierenden [ES] Riechstoffe. Wobei Bourbonal, Vetiver und Patchouli den orientalischen Part bestimmen.

[AN] beruhigend					[AS] frisch
	F Fruity	**C Citrus**	A Apple	G Green	
	M Muguet	**P Peach**	S Chypre	N Nelke	
	R Rose	T Tuberose	H Vetiver	V Venus	
	J Jasmin	Z Musk	Y Oriental	X Xeres	
[EN] schwül					[ES] exaltierend

Ed Siedler: Duft ist Lebenslust – Abb.:44
Die 16 Parfum-Basen
von Ed Siedler (Mitbegründer von EdS-Parfums.de)

Selbst wenn man alle 16 Parfum-Basen von ***EdS*** mit gleichen Anteilen in ein Parfum gibt, so ergibt sich aufgrund des aufwändig-umsichtigen Aufbaus der Einzelbasen ein angenehmes und ausgewogenes Duftwasser.

Der richtige Alkohol als Basis

Die meisten Parfums enthalten nahezu 76%v/v Alkohol. Als Faustregel ergeben Riechstoffanteil plus 76 Volumenprozent den erforderlichen (maximalen) Alkoholgehalt, in welchem die Riechstoffe gelöst werden.

So benötigen wir für ein

Parfum mit	~20% Riechstoffen	*Alkohol* mit	(20+76)Vol%	~ 96%v/v
EdP mit	~15% Riechstoffen	*Alkohol* mit	(15+76)Vol%	~ 91%v/v
EdT mit	~10% Riechstoffen	*Alkohol* mit	(10+76)Vol%	~ 86%v/v
EdC mit	~5% Riechstoffen	*Alkohol* mit	(5+76)Vol%	~ 81%v/v
EdS mit	~1% Riechstoffen	*Alkohol* mit maximal		~ 77%v/v

Ed Siedler: Duft ist Lebenslust – Abb.:45
Riechstoffanteil und Alkoholkonzentration
Ed Siedler (Mitbegründer von EdS-Parfums.de)

Ethanol ist ein sehr gutes Desinfektionsmittel. Bei einer Konzentration ab 50%v/v, optimal bis 70%v/v, werden die Hüllen der Bakterien zerstört. Auch deswegen enthalten die Parfums und Kosmetika (Skin-Tonics) von ***EdS*** ~70%v/v Ethanol.

Wasser mildert die Duft-Intensität und lässt das Parfum langsamer verdunsten. Einige Prozentpunkte des relativ wertvollen Alkohols lassen sich so durch Wasser ersetzen. Eintrübungen und der Beginn der Ausfällung von schwerer löslichen Riechstoffen setzen dem eine natürliche Grenze. Theoretisch könnten wir auch Lösungsvermittler benutzen. Da hilft uns die Natur: *Benzylalkohol* wird oftmals nicht einzeln beigemischt, sondern steckt bereits als natürlicher Inhaltsstoff in den verwendeten ätherischen Ölen.

Die Verwendung von *PEG* wie in den beiden besten bekannten Lösungsvermittlern ***Polysorbat*** (Tween-20 ein Polysorbat-20) und ***PEG-40 hydrogenated Castor oil*** entspricht aber keinesfalls der Moral der guten Parfumeure. Und so finden wir Mischungen mit *PEG* als Lösungsvermittler meist nur bei billigen oder kopierten Parfums.

Manche empfehlen auch hochprozentige Alkoholika wie Rum, Wodka oder Obstwasser. Selbst Weinbrand oder doppelt gebrannter guter Korn sollte lieber genossen, als zu Parfum verarbeitet werden.

Deutliche Kosten-Einsparungen ergeben sich, wenn man statt reinem Weingeist, bestehend aus *96,5%v/v Ethanol* und 3,5% Wasser, zollfreien Alkohol verwendet. Dies ist einerseits *Alcohol denat.* d.h. denaturierter, mittels bitteren Stoffen ungenießbar gemachter Ethanol. Die Vergällung erfolgt durch *Pyridin* **[T]** , *Methanol* **[T]** , *Benzol* **[T]** , *Petrolether* **[T]** , *Kampfer* **[T]** , *Kohlenstofftetrachlorid* **[T]** , durch Ätherische Öle wie Rosmarin-Öl oder Teebaum-Öl. Der Bitterstoff *Diethylphthalat* ist deutlich weniger toxisch, hautfreundlicher und Duft-unauffälliger als alle anderen o.g. Vergällungsmittel.

Die Deutsche Bundesmonopolverwaltung bevorzugt die Vergällung mit 1% *Diethylphthalat.*

Das **kosmetische Haarwasser** ist mit *Diethylphthalat* vergällter Alkohol mit 95%v/v, versetzt mit *D-Panthenol* und einem leichten Parfüm u.a. *Amyl Cinnamal, Citral, Isoeugenol, Butylphenyl Methylpropional* (Lilial), *Linalool, Citronellol,* D,L-*Limonen, Alpha-Isomethyl Ionone* (Iraldein-gamma) mit Veilchen-Note. Es gibt (inzwischen) auch *Phthalat-freie* Rezepturen (siehe unten).

Auf EU-Ebene befasst sich das SCCNFP (Scientific Committee on Cosmetic Products and Non-Food Products) als wissenschaftlicher Ausschuss mit der toxikologischen Bewertung von Inhaltsstoffen in kosmetischen Mitteln. In seiner Stellungnahme kommt das SCCNFP zu folgendem Ergebnis: Gegenwärtig empfiehlt der SCCNFP keine speziellen Warnhinweise oder Einschränkungen. [332]

Brennspiritus ist ebenfalls hochprozentiger Alkohol, der nicht zum Verzehr gedacht ist. Hierzu wird *Isopropanol, Methylethylketon = 2-Butanon* sowie *Denatoniumbenzoat* verwendet, was dem Ethanol mit 96%v/v einen extrem bitteren Geschmack verleiht. Beide Stoffe sind nicht schädlich, aber schmecken äußerst unangenehm. Selbst wunderbar duftende sorgsamst gepflückte Jasminblüten machen aus Brennspiritus keinen Parfumalkohol.

Weitere Vergällungsmöglichkeiten sind

- 0,5% *Thymol ;*
- 0,0008% *Denatoniumbenzoat* und 0,078% tert-*Butanol* ;
- 5% *Isopropanol* und 0,078% tert-*Butanol* = 2-*Methylpropan-2-ol ;*
- 0,039% Moschusketon = *Muskon* und 0,078% tert-*Butanol* .

Neuere Chargen von **Kosmetischem Haarwasser** sind *ebenfalls* vergällter Alkohol mit 95%v/v, und enthalten beispielsweise (statt *Diethylphthalat*) u.a. *Dipropylene Glycol*, *Oxacyclohexadecen-2-one* (Habanolid), *Hydroxyisohexyl 3-cyclohexene carboxaldehyde* (*Lyral*).

Aber auch die ungenießbaren Alkohole wie *Isopropanol* = *Propanol-2* habe ich schon in Parfums und Kosmetika gefunden. Der störende typische Desinfektionsmittel-Geruch des *Propanol-2* wurde dabei mit dem Wein-artig riechenden *Butanol-2 (Racemat)* teilweise überdeckt. Desinfektionsmittel enthalten meist *~70%v/v Propanol-2*. *Isopropanol IPA* enthält 40% *Ethanol.*

Sogar der wie Nagellack riechende Vorlauf (meist ***giftiges Methanol***) und den Nachlauf (u.a. *Propanole, Butanole* und andere höhere Alkohole, welche den Geschmack von falsch abgetrennten Bränden beeinträchtigen und Kopfweh verursachen) fand ich schon in (altbewährten) Einreibemitteln.

---

332 https://www.lgl.bayern.de/produkte/kosmetika/kosmetische_mittel/ue_2006_diethylphthalat_kosmetika.htm

„Alambik“ ist ein arabischen Wort für die Brennblase der (seit Jahrhunderten, meist aus Kupfer) hergestellten Destille.

"... Berauschende Mittel, Glücksspiel, ...sind gewiss Greuel und Werk des Satans. So meidet diese, dass es Euch wohlergehen möge.

Der Satan will zwischen Euch nur Feindschaft und Hass säen durch berauschende Mittel und Glücksspiel und ... vom Gebet abhalten. ..." [333]

Die äußerliche Anwendung von Ethanol als Parfum und Kosmetik, die kühlende und durchblutungsfördernde Wirkung der Einreibemittel bei Muskelschmerzen, sowie die Verwendung zur Desinfektion, sind erlaubt.

Aber auch der von uns bevorzugte ~70%v/v Ethanol hat einen etwas scharfen, anti-erogenen und stimulierenden, kühlen Duft und wirkt kühlend. Oh, wie arm wären wir ohne die Destillation und die Düfte aus Tausend-und einer-Nacht: Nur zusammen mit Haut-pflegenden Inhalten sowie (echtem, nicht konserviertem) Rosenwasser und anderen uns angenehmen warmen und wärmenden Riechstoffen erhalten wir den Basisalkohol für ein gutes Parfum.

Ob dafür etwas *Bisabolol*, Jojoba und *Curcumin; D-Panthenol, Amyl Cinnamal, Citral, Butylphenyl Methylpropional* (Lilial), *Linalool, Citronellol,* D,L-*Limonen, Alpha-Isomethyl Ionone* (Iraldein-gamma); ein Hauch Angelica-Extract *(Exaltolid),* römische Kamille und Rosmarin; *Oxacyclohexadecen-2-one* (Habanolid) und *Hydroxyisohexyl 3-cyclohexene carboxaldehyde* (*Lyral*) oder andere Riechstoffe das Richtige sind, sollte jede(r) höchstselbst entscheiden.

Um die Qualität vom eigenen Parfumalkohol als Basis möglichst rasch beurteilen zu können, werden einige fertige Varianten in verschlossenen Behältern über Nacht im Gefrierschrank bei -18°C aufbewahrt. Das (oft mehrfach notwendige) vorsichtige Abgießen oder Filtrieren um abgesetzte Bestandteile zu entfernen schwächt den Duft und sollte (möglichst) durch vorsichtigere Dosierung vermieden werden.

Frühestens nach vierzehn Tagen oder einem Monat kann der Duft beurteilt, und bei Gefallen in etwas größerer Menge hergestellt werden. Eine sofortige Erhöhung der Menge auf das Zehnfache oder mehr erhöht die Gefahr, dass Nuancen die bewährte Rezeptur nachhaltig beeinflussen. Sie machen dann möglicherweise zwei Schritte vor und drei zurück. Schon bei der doppelten Menge und bei längerer Anwendung zeigt sich ob Nachjustierungen und weitere Prüfungen nötig sind.

---

[333] *Freie Übersetzung aus* https://quran.com/5/5:90-91 *und* https://mmegaffer.wordpress.com/2014/02/11/tafsir-of-surah-al-maidah-verse-590-93/

Kosmetik selber machen

Es hört sich so einfach an:

"Man nehme eine Vanilleschote (~4g) und 50ml Pflanzen-Öl und stelle es in einem verschlossenen Glas vierzehn Tage an einen dunklen Ort. Danach wird die Vanilleschote entnommen und das so aromatisierte Öl kann als Massage- oder Duft-Öl verwendet werden."

Sie sind höchstwahrscheinlich mit diesem selbst gemachten Kosmetikum unzufrieden. Dafür gibt es mehrere Gründe:

- In der pharmazeutischen Fachliteratur wird dringend von den früher üblichen wochenlangen Auszugszeiten und warmer und heller Lagerung abgeraten, da sich Substanzen unter Licht- und Wärmeeinfluss oxidativ und enzymatisch zersetzen.[334]
- Viele Öle, besonders die kaltgepressten, oxidieren sehr rasch und die ganze Charge riecht nach kurzer Zeit ranzig. Lein-Öl, aber auch ätherische Öle in Sonnenblumen-Öl, verharzen und verkleben auf Dauer die Verschlüsse.
- Und: Wer Schraubgläser verwendet, in denen beispielsweise vorher Paprika als Sauerkonserve waren, dessen Duft- oder Massage-Öl bekommt meist eine deutliche Beinote nach Paprika.[335]

Vanilleschoten enthalten ~2%m/m Vanillin und bis zu 30% Restfeuchte (Wasser). Kurz vor der Extraktion werden die ganzen Vanilleschoten rasch zerkleinert und zwecks Bindung der Restfeuchte mit Ethanol besprüht, dies erhöht die Vanillin-Ausbeute und mindert die Schimmelgefahr. -

Wer stattdessen nur das Vanille-Mark verwenden möchte kratzt die Vanilleschote aus und gibt das Mark und etwa dieselbe Menge Weingeist in eine Rührschüssel. -

Vanillin ist in *Ethanol* besonders gut löslich. Ölauszüge lösen hauptsächlich fettlösliche Inhaltsstoffe, darunter *Carotinoide.* Die saubere Trennung der pflanzlichen Teile vom Auszugsmittel z.B. durch (mehrmalige) Filtrierung ist wichtig.
Der hier eingebrachte ~10%ige *Alkoholanteil* erhöht die Haltbarkeit. Der Duft verändert sich trotzdem bei *Mandel-Öl* bereits innerhalb eines Jahres merklich. D.h. das Öl wird nach und nach immer mehr ranzig. Diese oxidative Veränderung lässt sich z.B. durch Zugabe von *Tocopherol* und *Ascorbyl Palmitat* zwar verzögern, aber keinesfalls auf Dauer aufhalten.[336]

---

[334] *Ausnahme ist das Johanniskraut-Öl, hier wird der Zersetzungsprozess gezielt genutzt.*

[335] *2-**Isobutyl**-3-**Methoxypyrazin:** IBMP hat einen ODT von nur 2ng / Liter → Paprika*

[336] *Antiranz = **Tocopherol,** Lecithin, **Ascorbyl Palmitate**, Glyceryl Oleate, Glyceryl Stearate, Citric-Acid. - Empfohlene Einsatzmenge: 4 Tropfen / 100 ml Öl.*

Das richtige ätherische Öl für die Kosmetik

Duftende Kosmetik basiert meist auf Pflanzenauszügen, ätherischen Ölen, Haut pflegenden Anteilen und einer Basis-Creme oder einem Basis Öl.

Hautpflege		***Ätherisches Öl aus***	***Wirkstoff***
Arnikablüten *(Arnicae flos)*	Globuli		
Beinwellwurzel *(Symphyti radix)*			*Allantoin*
Johanniskraut *(Hyperici herba)*	Öl		
Kamillenblüten *(Matricariae flos)*	Tee	*Matricaria recutita*	*Bisabolol*
Ringelblumen *(Calendulae flos)*	Öl		
Schafgarben *(Millefolii herba)*	Tee		

Betrachtet man die Pflanzenauszüge, ätherischen Öle und Haut pflegenden Anteile der Kosmetik genauer, so wird offenbar: Die medizinischen Wirkungen, die kosmetischen (äußerlichen) und die Duftwirkungen der Riechstoffe sind oft nur durch die Einsatzmengen, die Einsatzart und die Verwendungsabsicht unterscheidbar.
Pflanzen, wie Arnika, Beinwell, Johanniskraut, Kamille, Ringelblumen und Schafgarbe, sind leicht erreichbar und werden von vielen gesammelt. Doch leider landen in dieser Wildsammlung statt der gewünschten oftmals auch Doppelgänger:
Das kann Ihnen nicht passieren? Das habe ich auch geglaubt.
Seitdem esse ich keinen Rucula (*Eruca sativa* bzw. *Diplotaxis tenuifolia*) mehr. Auch das Sammeln der geschützten Arnica und der Schafgarbe lasse ich bleiben.
Statt dem *Alkaloid*-haltigen Beinwell *(Symphytum officinale)* werden heute Hybride wie *Symphytum × uplandicum Nyman var. Harras* und meist der Wirkstoff *Allantoin* verwendet. Bei den Kamilleblüten schlichen sich Haut-reizende Arten ein. Darüber hinaus zeigte sich, dass die Myrrhentinktur und der Wirkstoff *Bisabolol* für die Hautpflege wesentlich effizienter sind.

Die Ölauszüge von Johanniskraut und den Ringelblumen bewähren sich und haben heute noch ihre Einsatzgebiete.

Hydrolate aus der Destillation von Neroli (Orangenblütenwasser), Rosen (Rosenwasser), Lavendel und Hamamelis sind ebenfalls gefragt. Echte Hydrolate enthalten 0,5–3 % der bei der Wasserdampfdestillation leicht flüchtigen und wasserlöslichen Komponenten. Die meisten ätherischen Öle sind leichter als Wasser, manche sind (teilweise) wasserlöslich und bilden mit dem Wasser Hydrolate.[337]

[337] *Echtes Rosenwasser* ist ein *Hydrolat. Rosenwasser* ist heutzutage meist nur *Rosen-Öl* in *Wasser.*

Hinzu kommen ätherische Öle, die im Rahmen ihrer Einsatzempfehlungen und Limits, Verwendung finden. Einige sind bei entsprechender Vorsicht ab dem Säuglingsalter ***[0+]***, viele im Alter ab ein ***[1+]*** , drei ***[3+]*** oder sieben Jahren ***[7+]*** einsetzbar. Dabei sollten die Gefahren durch ***[P]*** Photo-Sensibilisierung, Beeinträchtigungen der äußeren Geschlechtsmerkmale durch Östrogene oder des Östrogen-Hormonhaushalts in der Pubertät ***[X+]*** und der Schwangerschaft ***[B]*** und ***[!]*** Kontraindikationen genauso berücksichtigt werden wie der Artenschutz.

Ätherisches Öl		*[0+]*	*[1+]*	*[3+]*	*[7+]*	*[X+]*	*[!]*	*[B]*	*[P]*
Angelica	*Angelica archangelica*					*[X+]*	*[!]*	*[B]*	*[P]*
Anis	*Pimpinella anisum*					*[10+]*	*[!]*	*[B]*	*[P]*
Benzoe Siam	*Styrax tonkinensis*			*[3+]*					
Bergamotte	*Citrus bergamia*				*[7+]*				*[P]*
Bisabolol		*[0+]*							
Citronell Java	*Cymbopogon winter.*		*[1+]*						
Eucalyptus	*Eucalyptus globulus*				*[7+]*		*[!]*		
Eucalyptus	*Eucalyptus dives*					*[10+]*	*[!]*	*[B]*	
Eucalyptus	*Eucalyptus citriodora*			*[3+]*					
Fenchel süß	*Foeniculum*	*[0+]*					*[!]*	*[B]*	
Geranium	*Pelargonium roseum*		*[1+]*						
Grapefruit	*Citrus decumana*				*[7+]*		*[!]*		
Karotte	*Daucus carota*	*[0+]*							
Latschenkiefer	*Pinus montana*				*[7+]*		*[!]*		
Lavendel fein	*Lavandula angustifolia*	*[0+]*					*[!]*		
Lavendel Speik	*Lavandula latifolia*					*[10+]*	*[!]*	*[B]*	*[P]*
Lemongras	*Cymbopogon citratus*				*[7+]*		*[!]*		
Mandarine	*Citrus reticulta*	*[0+]*							
Melisse 30%	*Melissa officinalis*	*[0+]*					*[!]*		
Minze	*Mentha x piperita*				*[7+]*		*[!]*		
Minze	*Mentha x spicata*			*[3+]*					
Muskat. Salbei	*Salvia sclarea*				*[7+]*	*[X+]*		*[B]*	
Neroli*Citrus aurantium x*	*[0+]*								
Orange	*Citrus sinensis*	*[0+]*							*[P]*
Patchouli	*Pogostemon cablin*				*[7+]*				
Petitgrain*Citrus aurantium x*		*[1+]*						*[P]*	
Rose Destillat	*Rosa centif / gallica*	*[0+]*							

Ätherisches Öl		[0+]	[1+]	[3+]	[7+]	[X+]	[!]	[B]	[P]
Rosenholz	*Aniba roseodora*		*[1+]*				*[!]*		
Rosmarin	*Rosmarinus officinalis*					*[X+]*	*[!]*	*[B]*	
Rosmarin	*Rosmarinus off. Cineol*				*[7+]*		*[!]*		
Sandelholz	*Amyris balsamifera*		*[1+]*						
Sandelholz	*Santalum album*		*[1+]*				*[!]*		
Schafgarbe	*Achillea millefolium*				*[7+]*		*[!]*		*[P]*
Thymian	*Thymus vulgaris*				*[7+]*		*[!]*		
Thymian	*Thymus vulg. Linalool*			*[3+]*					
Vanille	*Vanilla planifolia*		*[1+]*				*[!]*		
Vetiver	*Vetiveria zizanoides*				*[7+]*				
Zeder	*Cedrus atlantica*			*[3+]*			*[!]*	*[B]*	
Zeder	*Juniperus virginiana*				*[7+]*		*[!]*	*[B]*	
Zirbelkiefer	*Pinus cembra*			*[3+]*					
Zypresse	*Cupressus sempervir.*					*[X+]*	*[!]*	*[B]*	

Die richtige Dosierung für die Kosmetik

Wichtig, neben der sorgsamen Auswahl ätherischer Öle, ist die richtige Dosierung. Unbestritten ist, dass duftende Öle für Säuglinge sanfter sein müssen.

Angaben, wie

- 5 Tropfen ätherisches Öl auf 50 ml fettes Öl – für Säuglinge
- 10 Tropfen ätherisches Öl auf 50 ml fettes Öl – für Kinder ab 2 Jahren
- 15 Tropfen ätherisches Öl auf 50 ml fettes Öl – für Kinder ab 3 Jahren
- 20 Tropfen ätherisches Öl auf 50 ml fettes Öl – für Kinder ab 7 Jahren
- 25 Tropfen ätherisches Öl auf 50 ml fettes Öl – ab 12 Jahren und Erwachsene

sollten Sie **keinesfalls** vertrauen.

Denn je nach Zusammensetzung des ätherischen Öls kann mit 1 Tropfen / 50 ml das Limit der zulässigen Inhaltsstoffe bereits überschritten sein. 12 Tropfen / 50 ml entsprechen etwa 1%m/m und sind als Gesamtmenge bei ***EdS*** das obere Limit. Erfahrungsgemäß reicht, bei entsprechender Zusammenstellung der ätherischen Öle, die Menge von 12 Tropfen / 50 ml völlig um die gewünschten Haut pflegenden und schützenden Eigenschaften und einen ansprechenden Duft zu erzielen.

Grobe Orientierungshilfe liefert folgende Tabelle: Sie nennt die 1988-2013 erarbeiteten und verwendeten ***EdS-Limits***.

Ätherisches Öl	Tr	0	1	2	4	6	8	12	/50ml
Angelica	*Angelica archangelica*		**D4**						
Anis	*Pimpinella anisum*	**Tee**							
Benzoe Siam	*Styrax tonkinensis*		**1**						
Bergamotte	*Citrus bergamia*				**4**				
Bisabolol							**8**		
Citronell Java	*Cymbopogon winter.*			**2**					
Eucalyptus	*Eucalyptus citriodora*			**2**					
Eucalyptus	*Eucalyptus dives*	**0**							
Eucalyptus	*Eucalyptus globulus*			**2**					
Fenchel süß	*Foeniculum*	**Tee**							
Geranium	*Pelargonium roseum*					**6**			
Grapefruit	*Citrus decumana*		**1**						
Karotte	*Daucus carota*			**2**					
Latschenkiefer	*Pinus montana*				**4**				
Lavendel fein	*Lavandula angustifolia*							**12**	
Lavendel Speik	*Lavandula latifolia*		**1**						
Lemongras	*Cymbopogon citratus*				**4**				
Mandarine	*Citrus reticulta*				**4**				
Melisse	*Melissa officinalis*	**Tee**							
Minze	*Mentha x piperita*		**1**						
Minze	*Mentha x spicata*			**2**					
Neroli*Citrus aurantium x*				**4**					
Orange	*Citrus sinensis*					**6**			
Patchouli	*Pogostemon cablin*		**1**						
Petitgrain*Citrus aurantium x*			**2**						
Rose Destillat *Methyleugenol-frei	*Rosa centif / gallica*	**D4**				**6***			
Rosenholz	*Aniba roseodora*	**0**							
Rosmarin	*Rosmarinus officinalis*		**1**						
Rosmarin *Cineol*	*Rosmarinus officinalis*			**2**					
Salbei, Muskat.	*Salvia sclarea*	**0**							
Salbei	*Salvia officinalis*		**D4**						
Sandelholz	*Amyris balsamifera*			**2**					
Sandelholz	*Santalum album*	**0**							

Ätherisches Öl	Tr	0	1	2	4	6	8	12	/50ml
Schafgarbe	*Achillea millefolium*	0							
Thymian	*Thymian vulgaris*		1						
Thymian *Linalool*	*Thymian vulgaris*			2					
Vanille	*Vanilla planifolia*			2					
Vetiver	*Vetiveria zizanoides*			2					
Zeder	*Cedrus atlantica*	0							
Zeder	*Juniperus virginiana*		1						
Zirbelkiefer	*Pinus cembra*			2					
Zypresse	*Cupressus sempervir.*		1						

Vitamine sind weitere interessante Inhaltsstoffe.
Genannt werden hier beispielsweise:

- ***Ascorbinsäure*** (*Vitamin C*) – Ein wasserlösliches Vitamin und *Ascorbylpalmitat* der teilweise fettlösliche Palmitinsäureester der Ascorbinsäure. Sie schützen Emulsionen vor Oxidation.
- ***Niacin*** ist der Oberbegriff für *Nicotinsäure* und ihre Derivate. Wir kennen sie auch unter den Bezeichnungen *Nicotinamid*, *Niacinamid* oder Vitamin B3 bzw. Vitamin PP.
- ***Panthenol*** *(Dexpanthenol)* – Die im Wasser lösliche, auch Provitamin B5 genannte, B-Vitamin-Vorstufe ist als Bestandteil des Coenzyms A an regenerativen Stoffwechselprozessen der Haut beteiligt. Es wird in der Haut zu Panthothensäure umgewandelt. Es gilt als sehr verträglich und wird auch in Produkten für die empfindliche Babyhaut eingesetzt.
- ***Tocopherol*** – das lipophile (fettlösliche) *Vitamin E*, das eine stark antioxidative Wirkung aufweist. Es bindet Sauerstoffatome und verlangsamt Oxidationsprozesse. Es gibt pflanzliche Öle mit hohem Tocopherolgehalt.

Hinter allen ***EdS-Rezepturen*** steckt eine intensive Vorarbeit über die unterschiedlichen Pflege-Wirkungen der für den jeweiligen Zweck und Hauttyp allgemein Empfehlung-würdigen Pflanzenauszüge. Voraussetzung für dieses Wissen über die Hautfreundlichkeit von Düften / Pflanzenauszügen und ätherischen Ölen sind die seit 1988 von Ed Siedler fortgesetzt gesammelten Daten.[338]

Aus dieser Produkt-spezifischen Vorauswahl entstand

- in aufwändiger Regie-Arbeit die Parfumeur-Leistung
- unter Einhaltung der für Kosmetika (Parfums) gültigen Limits

das jeweilige Produkt.

[338] Die Hautfreundlichkeit von Düften / Pflanzenauszügen und Ätherischen Ölen, english : Fragrances / Extracts and Essentials (FEE). Die Daten der ARGE FEE sind Eigentum von Ed Siedler.

Die bei ***EdS*** seit 1988 sowohl als Parfums oder duftenden Cremes hergestellten Kosmetika wurden von 1993-2013 als Haut pflegende ***EdS-Parfums***, ***Aromapflege / Skin Tonic*** with Skin protecting System™ und als liquide ***Lippenpflege / Lip Balm*** with Herpes blocking System™ oder als ***Face / Skin Balm Gesichts- und Hautpflege*** direkt von ***EdS-Parfums.de*** vertriebenen.
Dank unserer sehr sorgsamen Rezeptur-Zusammenstellungen war die Hautverträglichkeit hervorragend. Wegen Irritationen oder Allergien erhielt ***EdS-Parfums*** so gut wie keine Beanstandung.

Die richtige Basis für duftende Kosmetik

Bewährte Auszugmittel sind relativ oxidativ-stabile Öle wie Mandel-Öl oder flüssige Wachse wie Jojoba. Bei einer steten Durchmischung - für den Hausgebrauch mittels "Zauberstab" (Stabmixer) - ist bereits nach 10 Minuten bei 35°C ein beachtenswerter Übergang des Vanillearomas erreicht.

Bienenwachs und andere feste Wachse wie *Carnauba* müssen zuerst geschmolzen werden; sie werden bei Zimmertemperatur wieder fest.

- Sie könnten die Temperatur und die Auszugszeit erhöhen. Generell gilt: Je höher die Auszugstemperatur, desto kürzer die Dauer der Extraktion.
- Bei offenen Auszug-Systemen verdunsten jedoch bei höheren Temperaturen und (Stunden) langen Auszugszeiten sehr viel der ätherischen Öle.

Als Basis können Sie selbstverständlich auch Cremes verwenden.
Cold Cream ist heutzutage der Sammelbegriff für Schutz- und Aufbau-Cremes zur schnellen Regeneration trockener Haut, gegen Spannungsempfinden und Rötungen. *Ceratum refrigerans galeni* basiert auf Quellen, die mindestens bis ins 3. Jahrhundert v. Chr. zurückreichen. Es bewährt sich seit Jahrhunderten. Die auch *Cerat de Galien* genannte *Cold-Creme* bestand ursprünglich aus *Rosenwasser, Mandel-Öl* und *Bienenwachs* (rose water, almond oil and beeswax).

	BPC (1911)		***EdS*** (1988)
12,5 g	Soft *Paraffin*, white	6 g	Cetylpalmitat
12,5 g	Beeswax, white	6 g	Bienenwachs
50 g	Almond Oil	60 g	Mandel-Öl
1 g	*Borax*	1 g	Cetylalkohol
0,1 g	~2 Tr Oil of Rose	0,1 g	~2 Tr Destillat
25 g	Rose Water (undiluted)	28 ml	(Rosen-) Wasser
~ 101 g		~ 100 g	

Ed Siedler: Duft ist Lebenslust – Abb.:46
Cold-Creme-Rezepturen im Lauf der Zeit
Ed Siedler (Mitbegründer von EdS-Parfums.de)

Bereits im Altertum wurde das bewährte Rezept *Ceratum refrigerans galeni* zu seinem Nachteil verändert, in dem man statt dem teuren *Mandel-Öl* das leichter erreichbare und billigere *Oliven-Öl* verwendete. Sicherlich gab es viele weitere Variationen.
Das vom Council of the Pharmaceutical Society of Great Britain 1911 im British Pharmaceutical Codex veröffentlichte Rezept verwendete gebleichtes, weißes Bienenwachs *Cera alba*, Mandel-Öl (*Prunus Domestica Seed Oil*),

Rosenwasser (*Rosa Centifolia / Damascena Flower Water*), und sogar 2 Tropfen Rosen-Öl (*Rosa Centifolia / Damascena Oil*), aber auch weiches, weißes *Paraffin* und sogar *Borax.* Auch das Rosenwasser wurde schon damals gerne verdünnt oder bestand gar nur aus ein paar Tropfen Rosen-Öl (1% ~ 5Tr ad 25ml) in Wasser.

Das von uns ab 1988 bei ***EdS**-Parfums* gängige Rezept verwendet stattdessen neben nicht gebleichtem, gelben *Bienenwachs* (*Cera flava*), *Mandel-Öl* (*Prunus Domestica Seed Oil*), die hautfreundlichen emulgierenden und Emulsionen stabilisierenden Zutaten *Cetylpalmitat* und *Cetylalkohol.* Für andere Duftrichtungen werden neben Rosenwasser und Rosenöl weitere ätherische Öle verwendet. Der durch das Besprühen des Pflanzenmaterials eingebrachte ~10%ige Alkoholanteil erhöht einerseits die Haltbarkeit, kann jedoch – vor Allem, wenn man den Anteil an (Rosen-) Wasser bis auf 48 ml erhöht – auch zum Brechen der W-O-Emulsion führen.

Die Cremes mit *Cetylalkohol* und *Cetylpalmitat* wurden oftmals sehr hart. Deshalb liefen parallel Versuche mit weiteren Konsistenzgebern, wie *Kakaobutter.* Diese besonders Haut-freundlichen Wasser-in-Öl-Emulsionen sind fragil. Auch reagieren sie empfindlich auf ätherische Öle und sind besonders empfindlich gegenüber Alkohol. Hinzu kommt die relativ eng begrenzte Haltbarkeit. Das bedeutet, dass diese Cremes bei längerer Lagerung neben dem Alkoholanteil unbedingt zusätzlicher Konservierung und-oder steter Kühlung bedürfen.

Ein Grund dafür sind die Sauerstoff-empfindlichen, ranzig werdenden, ungesättigten Fettsäuren der verwendeten Pflanzen-Öle. Der zweite Grund ist das in den Cremes enthaltene Wasser, welches Bakterien, Pilzen und Viren das Vermehren ermöglicht.

Selbstverständlich kann man gesättigte Öle wie das sogenannte ***Neutral-Öl*** (*MCT-Öl*), ein umgeestertes Palm-Öl mit der INCI-Bezeichnung *Caprylic/Capric Triglyceride* verwenden. Es handelt sich dabei um ein Veresterungsprodukt von Glycerin mit *Caprinsäure* und *Caprylsäure,* gemischte *Decanoyl-* und *Octanoyl-Triglyceride* meist aus 30–45 % *Caprin-* und 50–65 % *Caprylsäure* mit geringen Anteilen an *Capron-, Laurin-* und *Myristinsäure.* Die Haltbarkeit von *MCT-Öl* – nach Anbruch des Gebindes – beträgt etwa 2 Jahre.

In den meisten Pflegeprodukten ist ***Paraffin**, Paraffinum* (liquidum), *Ceresin* oder *Microcrystalline Wax (**Vaseline**),* weil *Mineral-Öl* stabiler und auch noch wesentlich preiswerter ist. Aber die Experten warnen schon länger: *Mineral-Öle* verstopfen die Haut-Poren, die natürliche Atmung und Regeneration der Haut wird gestört und auf Dauer trocknet die Haut aus. Werden *Vaseline* und andere *Paraffin-haltige* Lippen-Pflegeprodukte verwendet, so gelangen die *Mineral-Öle* direkt in den Körper und können sich dort anreichern. Außerdem gelangen abgewaschene Kosmetika und damit die *Mineral-Öle* in die

Abwässer, stören den biologischen Abbau in den Klärwerken und gelangen in unsere Flüsse und das daraus gewonnenes Trinkwasser.[339] [340]

Und was findet man, neben Emulgatoren und Konservierungsstoffen in Cremes und Lotionen, bereits in den als "natürlich" empfundenen Kosmetik-Rohstoffen wie *Bienenwachs* und *Lanolin*?

Bienenwachs enthält vermehrt Stoffe, welche die Imker notgedrungen gegen die Varoa Milbe verwenden. [341]
Auch findet man im Bienenwachs immer wieder *Paraffin-haltiges* Wachs aus künstlichen Bienenwaben.[342]

Lanolin (*Lanolinum DAB*) enthält gereinigtes *Wollwachs,* Wasser und 15% dickflüssiges *Paraffin.* [343]
Wollwachs bringt möglicherweise *Seifen- bzw. Tensid*-Rückstände aus dem Waschprozess sowie Rückstände von *Schädlingsbekämpfungsmitteln* in die Kosmetikrezepturen ein.[344]

Ein Nachteil aller pflanzlichen Rohstoffe ist ihre je nach Erntejahr, Herkunft, Verarbeitung und Lagerung schwankende Zusammensetzung. Die Rohstoffe, deren Qualität, die Gewinnung - durch Kaltpressung, Raffination oder Extraktion mittels Lösungsmitteln - entscheiden, ob die Öle als Salat-Öl, Speise-Öl, Kosmetikzutat oder nur als Schmiermittel geeignet sind.
Nahezu alle Speise-Öle enthalten Ester aus *Propantriol* (Glycerin) und den gesättigten C16- und C18-Fettsäuren wie *Palmitin-* und *Stearin-Säure* sowie den ungesättigten C18-Fettsäuren wie *Öl-Säure*, *Linol-Säure* und α- sowie γ-*Linolen-Säure* (9,12-Octadecadien-, (all-*cis*)-9,12,15- bzw. 6,9,12-Octadecatrien-Säure). Die ungesättigte *Öl-Säure* enthält 1, die *Linol-Säure* enthält zwei, jede *Linolen-Säure* jeweils 3 Doppelbindungen.
Carotin ist eine Vitamin A-Vorstufe. Carotinoide enthalten konjugierte Doppelbindungen und geben den meisten Ölen ihre typische, meist goldgelben Farbton. Oxidieren diese Doppelbindungen so ist das Öl meist blass und farblos und zugleich ranzig.

---

[339] *Paraffinum liquidum, Petroleum, Petrolatum, Isoparaffin, Ceresin, Microcrystalline Wax (Vaseline), Mineralwachs/-Öl oder Ozokerite*

[340] https://www.derwesten.de/gesundheit/paraffin-koennte-auf-dauer-schaedlich-fuer-die-haut-sein-id7379362.html und https://www.produktqualitaet.com/de/lebensmittel/kontaminanten/mineraloelkohlenwasserstoffe-mosh-moah.html

[341] Gegen Ende der 1970-er Jahre wurde im Zuge von weltweiten Bienenimporten die Varroa-Milbe nach Deutschland eingeschleppt. Der Name Varroa destructor (zerstörerische Milbe) wurde erst im Jahr 2000 von Anderson und Trueman vergeben. Rückstände im Bienenwachs http://de.academic.ru/dic.nsf/dewiki/1450187

[342] http://www.mellifera.ch/cms/news/paraffin-mittelwand-bienenwachs und http://www.imkerpate.de/verunreinigtes-bienenwachs/

[343] Zur Abwertung um jeweils eine Note führen u.a. mehr als 1% *Paraffin*e/Erdölprodukte/Silikone in Leave-on-Produkten. Zur Abwertung um jeweils zwei Noten führen u.a. *Paraffin*e in Lippen- oder Lippenpflegestiften. http://www.oekotest.de/cgi/index.cgi?artnr=103170&action=Z&bernr=10

[344] http://www.lanolin.de/neu/deutsch/monography.php

Die im ***Oliven-Öl*** *(Olea europea)* mit seiner typischen olivgrünen Farbe enthaltene *Ölsäure* zeichnet sich durch eine ziemlich gute Oxydationsstabilität aus. Als Bestandteil von kosmetischen Produkten wie Cremes, Emulsionen und Körperölen hat *(raffiniertes) Oliven-Öl* - trotz seinem störenden Eigengeruch - eine uralte Tradition. Es wurde bereits früh als billiger Ersatz für das teure *Mandel-Öl* genutzt. *Oliven-Öl* in Kosmetika wirkt *komedogen* ***[!]***. Verantwortlich für die Einstufung als "Mitesser fördernd" ist hauptsächlich die *Ölsäure*.[345]
Der Anteil an *Ölsäure* beträgt je nach Anbaugebiet und Sorte ~60% (Arbequina, Spanien aber auch in Kalifornien und Australien) und ~75% (Griechenland / Italien).[346]
Der hohe *Ölsäure-Gehalt* macht *Oliven-Öl* zu einem hoch erhitzbaren Öl, welches sich *raffiniert* auch zum Fritieren eignet. Anbruch sollte spätestens nach zwei Monaten verbraucht sein. Untersuchungen in Zusammenarbeit mit einem Importeur beweisen: Meist verraten weder Farbe noch An-Geruch, ob das *Oliven-Öl* überlagert und bereits hinüber ist. Ich meide den Gebrauch von *Oliven-Öl* auch aus einem anderen Grund: Auch wenn auf dem Etikett kalt gepresst und Extra Virgin (oder Extra Nativ) zu lesen ist, heißt das noch lange nicht, dass es sich dabei um gutes *Oliven-Öl* handelt.[347]

Das Ingredient ***Simmondsia chinensis seed oil*** ist gemäß *INCI* und *Cosing* eineindeutig die Zutat: Oil expressed or extracted from seeds of the desert shrub *Jojoba, Simmondsia chinensis, Buxaceae.* **Jojoba** ist ebenso wie *Bienen-*, *Carnauba-* oder *Candelilla-Wachs* ein *Wachs*. Im Gegensatz zu *Bienen-*, *Carnauba-* oder *Candelilla-Wachs* ist das *Jojoba-Wachs* bei Zimmertemperatur flüssig. *Jojoba* besteht chemisch meist aus jeweils einfach ungesättigten *Wachs-Alkoholen* und *Omega-9-Fettsäuren* mit Kettenlängen von 20 bis 24 C-Atomen, bzw. meist aus langkettigen *Wachsen* (genauer *Wachs-Estern*) mit 40 bis 44 C-Atomen.

Die *Gadoleinsäure = (9Z)-9-Eicosensäure* eine *Omega-11-Fettsäure* ist reichlich in Fisch-Ölen (Dorschleber, Hering, Wal-Tran) vorhanden. *Jojoba-Öl,* gewonnen aus den Samen des Jojobastrauchs (*Simmondsia chinensis*), ist jedoch reich an *Gondosäure = (11Z)-11-Eicosensäure* einer *Omega-9-Fettsäure, wie sie auch* in Raps-Öl und Fisch-Ölen vorkommt.[348]

---

[345] https://www.hautschutzengel.de/komedogene-inhaltsstoffe.html und http://www.aknetherapie.de/faq/komedogen.htm sowie https://www.oelversum.de/magazin/komedogene-oele/
[346] http://sanabio.eu/images/PDF/sicherheitsdatenblatt/Olivenoel_raff_MSDS_01.pdf
[347] https://www.bremerwein.de/media/wysiwyg/vino-italiano/Olivenoelskandal.pdf und https://rtlnext.rtl.de/cms/fluessiges-farbiges-fett-teures-olivenoel-aus-italien-gepanscht-1814056.html sowie https://www.zentrum-der-gesundheit.de/olivenoel-qualitaet.html sowie https://www.brigitte.de/beauty/naturkosmetik/naturkosmetik--kosmetik-mit-olivenoel-10613046.html und https://opus.bibliothek.uni-wuerzburg.de/frontdoor/index/index/docId/4651
[348] http://www.internetchemie.info/chemie-lexikon/stoffe/g/gondosaeure.php - Die *Gadoleinsäure,* eine *Omega-11-Fettsäure*, wird häufiger mit der isomeren *(11Z)-Eicos-11-ensäure = Gondosäure*, eine *Omega-9-Fettsäure*, verwechselt. http://www.internetchemie.info/chemie-lexikon/stoffe/g/gadoleinsaeure.php

Die *Gadoleinsäure,* wird häufig immer noch mit der ihr isomeren *Gondosäure* verwechselt. Wichtiger als diese feine Unterscheidung bei den Inhaltsstoffen ist die gute jahrelange Haltbarkeit bei kühler und dunkler Lagerung und hauptsächlich die kosmetischen Eigenschaften von diesem meist als *Jojoba-Öl* bezeichneten Wachs.[349]

Diese beruhen, neben der besonderen Zusammensetzung der Wachsester, auch auf Bestandteilen wie *Tocopherol* (Vitamin E) und *Carotin* (Provitamin A). ***Jojoba*** ist goldgelb und bei Zimmertemperatur flüssig. Farblose Chargen waren meist Licht und Luft ausgesetzt und sollten für andere Zwecke als Kosmetik verwendet werden.

Die im Westen der Grenzgebiete USA-Mexico wohnenden einheimischen Stämme nutzen *Jojoba* von alters her zur Versorgung von Entzündungen und Wunden. *Jojoba* hat tatsächlich antimikrobielle Eigenschaften. Diese werden nun allgemein für kosmetische Zwecke, im Besonderen für die Gesunderhaltung der Haut genutzt. ***[0+]*** *Jojoba* pflegt und schützt ohne zu fetten, reguliert den Feuchtigkeitshaushalt und balanciert deren Säure-Haushalt der Haut aus. Es besitzt zudem eine leichte UV-Filterwirkung. *Jojoba* wird von der Haut, selbst bei den Sensibelsten ohne jedwede allergische oder irritierende Reaktion, rasch aufgenommen.

Aprikosenkern-Öl (*Prunus Armeniaca Oil*), hat ähnliche Eigenschaften, wie das (süße oder bittere) *Marillen-Öl.* Mit 65-70% *Ölsäure* (Z-9-Octadecensäure Oleinsäure, eine Omega-9-Fettsäure), 21-25% Linolsäure (Octadeca-9,12-diensäure, eine Omega-6-Fettsäure) und 5% Palmitinsäure (Hexadecansäure, eine gesättigte Fettsäure) als Hauptbestandteile. Es ist ein mildes Massage-Öl und eignet sich sehr gut für empfindliche, entzündete und trockene Haut. ***[0+]*** Durch den hohen Anteil an ungesättigten Fettsäuren ist die Haltbarkeit auf wenige Monate begrenzt. Es wird deshalb meist mit stabileren Ölen gemischt.

Avocado-Öl ist nur bis 4 Monate haltbar und wird deshalb meist mit stabileren Ölen gemischt. Durch seinen Anteil an *Phytosterinen* und Haut pflegendem *Squalen* ist es für trockene, rissige Haut geeignet. ***[7+]*** *Avocado-Öl* enthält außerdem *Cholecalciferol* (das meist *Vitamin D* oder *Vitamin D3* genannte Prohormon *Colecalciferol* oder *Calciol),* welches unseren Körper vor Rachitis und Knochenerweichung schützt.

Die ***Macadamianuss*** liefert ein Öl aus größtenteils ein- oder mehrfach ungesättigten Fettsäuren. ***[0+]*** Einfach ungesättigte Fette wie die *Ölsäure* (Omega-9) haben große gesundheitliche Vorteile, und sollten in der menschlichen Ernährung keinesfalls fehlen. Mehrfach ungesättigte Fette wie

---

[349] https://www.psoriasis-netz.de/themen/hautpflege/jojobaoel.html

Linolsäure (Omega-6) und *Linolensäure* (Omega-3) dürfen 4g, höchstens 10g der täglichen Fettaufnahme betragen um schädliche, ja verheerende Auswirkungen auf unsere Gesundheit zu vermeiden.
Auch aus diesen Gründen sollte man scharf, zwischen *Ölsäure* (Omega-9), *Linolsäure* (Omega-6) und *Linolensäure* (Omega-3) unterscheiden.[350]
Die essbaren Macadamia-Nüsse stammen von *Macadamia tetraphylla* und *Macadamia terniflora* und sind für Hunde und Katzen anscheinend giftig. Es gibt aber auch bittere Macadamia-Nüsse welche – wenn überhaupt – nur nach einer speziellen Vorbehandlung in klein(st)en Mengen gegessen werden dürfen.

Süsses ***Mandel-Öl*** (*Prunus amygdalus var. dulcis*) ist bis zu 10 Monaten haltbar. ***[0+]*** Es war schützender, Reiz-lindernder und pflegender Bestandteil der über Jahrhunderte bewährten *Cold-Creme* und ist für alle Hauttypen inkl. Babyhaut, vor allem bei trockener, irritierter Haut empfehlenswert.

Raps-/Canola-Öl (Kanadisches Raps-00-Öl; Rüb-Öl) - Das nach der Pressung und Extraktion gewonnene, bis zu einem Jahr haltbare hellbraune ***Raps-Öl***, wies oft einen störenden scharfen und beißenden Senf-Geruch auf. Problematisch war der hohe Anteil an *Erucasäure*, die zu Lipid-Ablagerungen im Herzmuskel führen kann.
Durch Züchtungen konnte der Anteil von 50% auf bis zu 1% *Erucasäure* gesenkt werden, was den Einsatz von Raps-00 für Speise-Öl ermöglicht (Erucasäure-VO: < 5% *Erucasäure* in Speise-Fett/-Öl).[351]
Das farblose *raffinierte* ***Raps-00-Öl*** gilt als ausgezeichneter Träger für Massage-Öle, es dringt sehr leicht in die Haut ein. Auch die Viscosität und Plastizität von dem hydrierten nicht ranzig werdenden ***Canola-Öl*** konnten damit verbessert werden: Einsatz in der Margarineindustrie.

Sonnenblumen (*Helianthus annuus*) – Es sind zwei Sorten Öl aus Sonnenblumen auf dem Markt:

- das normale Sonnenblumen-Öl und
- das *HO-Öl.*

Sonnenblumen-Öl (*Helianthus annuus*) enthält ~20 % *Ölsäure* und 45-70% *Linolsäure.* ***[3+]*** Es hat von Natur aus einen hohen Vitamin-E-Gehalt und ist bis zu 8 Monate haltbar; danach harzt es. *Sonnenblumen-Öl* wirkt leicht desinfizierend, gilt als regenerierend und pflegend bei Hautproblemen und ist für alle Hauttypen geeignet. Es hat wenig Eigengeruch und sollte für Massagen 1:1 mit *Jojoba-Öl* (bessere Gleitfähigkeit und längere Haltbarkeit) gemischt werden.
HO-Sonnenblumen-Öl aus durch Selektion gezüchteten *High Oleic-Sorten* gleicht dem *Oliven-Öl* und enthält mehr als 70 % *Ölsäure.* Der hohe *Ölsäure-Gehalt* stabilisiert das Öl, verlängert seine Haltbarkeit und macht es zu einem

[350] http://www.dragaonordestino.net/Drachenwut_Blog_DragaoNordestino/Ernaehrung/Fette_Oele.htm
[351] ErucasäureV aufgehoben 30.06.2015 http://www.umwelt-online.de/recht/lebensmt/ueber.htm

hoch erhitzbaren Öl, welches sich *raffiniert* auch zum Fritieren eignet. Daneben dient es zum Strecken (Verschneiden, Mischen) teurer Öle wie Mandelöl, um Kosten zu sparen. In diesen Fällen finden wir bei der Deklaration gemäß INCI die Angabe *»Mandelöl«* gefolgt von *»Sonnenblumenöl«.* ***HO-Sonnenblumen-Öl*** und ist ein relativ oxidationsstabiles Basisöl. Sie erhalten es als raffiniertes *HO-Sonnenblumenöl* in Bio-Qualität in Bioläden als ***»Bratöl«.***

Traubenkern-Öl (*Vitis Vinifera (Grape) Seed Oil*) ist sechs Monate haltbar. ***[1+]*** - Nur die wässrig-alkoholischen Traubenkernextrakte enthalten *Polyphenole* (oligomere *Proanthocyanidine, Flavonide* wie *Procyanidin)* mit antioxidativer Wirkung. *Flavonide* und *Isoflavonide (Phytohormone)* sind polar, Ihr Anteil im Öl sind daher sehr gering.

Weizenkeim-Öl (*Triticum Vulgare (Wheat Germ) Oil*) ist sechs Monate bis zu einem Jahr haltbar; Anbruch sollte allerdings in sechs bis acht Wochen aufgebraucht sein. *Weizenkeim-Öl* wird meist mit stabileren Ölen gemischt. Die darin enthaltenen *Phytosterine* sind dem hauteigenen *Cholesterin* strukturell sehr ähnlich und zeigen eine starke hautschützende Wirkung.

Tocopherol (Vitamin E), ist in wechselnden Mengen nahezu in allen Pflanzen-Ölen als natürliches Antioxidans vorhanden. Es erhöht die Haltbarkeit, deswegen wird es vielen Ölen gern zugesetzt.[352]
Weingeist (*Ethanol*) ist eines der natürlichsten Konservierungsmitteln, welches verwendet werden kann.[353]
Zur Konservierung von kosmetischen Produkten benötigt man eine Dosierung von 12 bis 15%v/v *Weingeist*, bezogen auf die gesamte Wasserphase. Bei Einsatzmengen von bis zu 10%m/m bezogen auf das ganze Kosmetikprodukt gilt *Weingeist* allgemein als gut verträglich und wirkt nicht austrocknend. *Weingeist* fördert auch das Einziehen von Emulsionen, dadurch wirken Fette weniger aufliegend und ziehen besser ein. Sehr angenehm ist ein Alkoholzusatz im Sommer, da diese Körperpflege einen leicht kühlenden Effekt durch die Verdunstungskälte entwickelt.
1,2-*Dihydroxypentan = Pentylene-Glycol ist ein Pentandiol.* Pentylenglycol wirkt auch in höherer Dosierung als Feuchthaltemittel mit antibakterieller Wirkung, aber nicht austrocknend. Es gehört zur Gruppe der Alkohole: *Ethanol* besitzt eine OH-Gruppe, Glycole wie *Pentandiol* 2, *Glycerin (Propantriol)* 3, und *Sorbitol* sechs. In der Kosmetikverordnung sind diese (mehrfachen) Alkohole als Feuchthaltemittel und trotz ihrer antibakteriellen Wirkung nicht als Konservierungsstoffe aufgeführt.

---

[352] *Antiranz = **Tocopherol,** Lecithin, **Ascorbyl Palmitate**, Glyceryl Oleate, Glyceryl Stearate, Citric-Acid. - Empfohlene Einsatzmenge: 4 Tropfen / 100 ml Öl.*
[353] *Oftmals wird stattdessen auch der billigere Alcohol denat. oder gar Isopropanol verwendet.*

Die Stabilität und die Hautfreundlichkeit

Soll der Duft in vielen Produkten verkauft werden, muss der Parfumeur auch über die Stabilität in den verschiedenen Medien Bescheid wissen. Dies setzt voraus, dass der Parfumeur die eingesetzten Bestandteile des Kosmetikums oder Parfums möglichst genau kennt. Der Hersteller muss die Ingredients gemäß INCI auflisten.[354]
Der Parfumeur weiß darüber hinaus, wie die einzelnen Bestandteile aufeinander reagieren. *Säuren* reagieren z.B. mit *Alkoholen.* Die so entstandenen *Ester* zerfallen oftmals wieder. So entsteht ein Reaktions-Gleichgewicht: Das kann sich abhängig von den weiteren Substanzen im System in die eine oder andere Richtung verschieben oder es bilden sich gar neue Substanzen, beispielsweise durch Umesterung. Auch deshalb sind Zutaten und Inhalt nur selten dasselbe...[355]
Jeder einzelne Bestandteil und dessen Konzentration bringt sich in die Gesamtwirkung des Produktes ein. Die Dermatologie d.h. die Hautfreundlichkeit ist eines der wichtigsten Kriterien. Diese Eigenschaften und dieses Wissen eignet sich der Parfumeur gewöhnlich in den ersten zwei Jahren seines Arbeitslebens an. Danach versucht er sich an Duftakkorden und studiert den jeweiligen Duftablauf von schon kreierten Parfums.

Parfum Classification – Parfum-Klassen

Meistens handelt es sich beim Parfum um ein "Eau" (frz. Wasser). Er findet sich jedoch auch in unserer Sprache in der Bezeichnung 'Duftwasser'. Dieser Begriff ist irritierend, da die "Eau's" vorwiegend aus *Alkohol* bestehen. Das reine Destillationsprodukt *Ethanol* beinhaltet bereits nahezu 4% Wasser.[356]

Wie hoch der verwendete Alkohol- und Wasser-Anteil letztendlich ist, hängt von der Menge sowie der Löslichkeit der jeweiligen Riechstoffe in Alkohol und Wasser ab. Die verschieden Konzentrationsverhältnisse lassen sich mit der Eintrübung erklären. Das liegt daran, dass die ätherischen Öle ausfallen und eine Dispersion entsteht.[357]

---

[354] Eine INCI-Bezeichnung kann verschiedene chemische Verbindungen abdecken. https://www.verbrauchergesundheit.gv.at/lebensmittel/lebensmittelkontrolle/l_09720060405de00010528.pdf?40xutc

[355] *Zutaten ≠ Inhalt: Eine einzelne natürliche Zutat kann mehr als hundert Stoffe enthalten. Abhängig von den Substanzen im System verschiebt sich das Reaktions-Gleichgewicht oder es bilden sich sogar neue Substanzen, beispielsweise durch Umesterung. Auch deshalb sind Zutaten und Inhalt nur selten dasselbe. Aber machen Sie das einmal einem Juristen klar: Der englischsprachige Begriff Ingredient ist zweideutig und bedeutet sowohl Zutat als auch Inhaltsstoff...*

[356] Azeotropes Gemisch, das sich durch Destillation nicht weiter trennen lässt. So enthält "Weingeist" 96,5% Ethanol und 3,5% Wasser. "Isopropanol" enthält 87,9% Propanol-2 und 12,1% Wasser.

[357] Je höher der Anteil an Ätherischen Ölen, umso häufiger werden Eintrübungen und Ausflockungen: Die einzelnen Phasen entmischen sich von selbst (Sedimentieren). - Die einzelnen Phasen können sich z.B. auch durch Diffundieren wie bei der Gaschromatographie voneinander trennen.

	Parfum-Klasse	Duft-Anteil	Parfumeur	First Launch
	Intense Parfum	Bis 40%		
	Extrait Parfum	15...30%		
EdP	Eau de Parfum	10...20%		
EdT	Eau de Toilette	6...10%		
EdC	Eau de Cologne ®	3... 5%	Johann M. Farina	1709
	Splash Cologne	1... 3%		
EdS ®	Eau de Solide	~ 1%	Ed Siedler	1993
EdS ®	Edition Sensuel	~ 1%	Ed Siedler	1993

Parfum Classification
Ed Siedler: Parfums – natürlich – Abb.:20

Der Riechstoffanteil hat sich seit dem 17. Jahrhundert vom ***EdC*** über ***EdT*** zum ***EdP*** stetig erhöht. ***Extrème-*** oder ***Intense-Varianten*** enthalten noch mehr ätherische Öle. Mit steigendem Riechstoff-Anteil kommt immer mehr 'Chemie' auf die Haut. Der Anteil der Hautirritationen stieg exponential.

Ab 1988 ausgesuchte möglichst Haut-freundliche Riechstoffe ermöglichten 1993 die neuartige Parfum-Klasse von Ed Siedler mit Haut pflegenden und Haut schützenden Eigenschaften. ***EdS*** ist ein ™(Trade Mark) und ab 1998 ® ein eingetragenes Warenzeichen. Die Duft-Intensität und die Duft-Fixierung der ***EdS*** erreicht nahezu die Duft-Intensität und die Duft-Fixierung der ***EdT*** und übertrifft, aufgrund ihres mehrstufigen Aufbaus mit Head, Heart und Fond meist alle ***EdC***, welche traditionell nahezu keinen Fond enthalten.

Der Begriff Parfum meinte ursprünglich das "***Extrait*** de Parfum" und kennzeichnet heutzutage eine Vielzahl an *Damen-Parfums* mit unterschiedlicher Duftstärke:
Das ***Extrait*** de Parfum enthält üblicherweise 20%, neuerdings 25% manchmal auch bis zu 40% Duftextrakt und verwendet als Lösungsmittel 96%igen Alkohol.
Das Eau de Parfum ***EdP*** enthält 8 - 15% Riechstoffe in 90%igem Alkohol.
In Eau de Toilette ***EdT*** finden wir 8 - 12% Duftextrakt und 85-90%igen Alkohol. Eau de Cologne ***EdC*** verfügt noch über 4 - 8% Riechstoffe in 80-85%igem Alkohol.

Herren nutzen weniger intensive Düfte:
Die Eau de Toilette ***EdT*** (pH) enthalten nur 5-10% Duftstoffe in 80-90%igem Alkohol.
Das Eau de Cologne ***EdC*** (pH) ist 3-5% Duft in 75-80%igem Alkohol. Das 'After Shave' enthält ebenfalls 3-5% Riechstoffe, mit Haut pflegenden Extrakten wie D-Panthenol oder erfrischend-kühlend mit Menthol.

EdC und **Splash Cologne** gemeinsam ist die Besonderheit, dass sie meist aus Citrusnoten bestehen und nur sehr wenig Fond-Anteile enthalten.

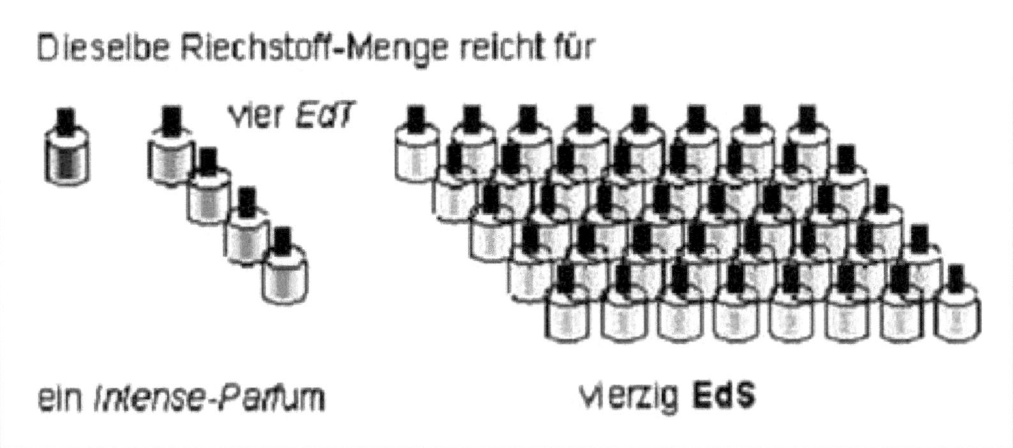

Ed Siedler: Parfums – natürlich – Abb.:21 Duft- / Riechstoff-Anteile für ein Intens-Parfum reichen für 40 EdS
aus: Parfums - natürlich – © 2003 EdS-Parfums

EdS sind seit 1993 eine neue Parfum-Klasse und neuartige Kosmetik-Spezialitäten. Durch das spezielle ab 1988 von Ed Siedler entwickelte mehrstufige ***EdS*-Verfahren** - gezielte Auswahl von Rohstoffen mit **Haut pflegenden und Haut schützenden Eigenschaften,** nahezu homöopatische Aufarbeitung, Zusammenstellung nach Hautpflegewirkung, Zusammenstellung nach Duftwirkung (Parfumeurleistung) - wird die **Wahrscheinlichkeit unerwünschter Nebenwirkungen tendenziell Null.**

Welche Vorteile hat der Kunde?
EdS gelten allgemein als besonders **hautfreundlich.**
EdS enthalten ebenso wie ***EdT*** und ***EdP*** Kopf, Herz und Fond. Trotz einem maximalen Riechstoff-Anteil von nur ~1% erreichen ***EdS*** eine angenehme Duft-Intensität und nahezu die Duft-Fixierung der meisten ***EdT***.

Der Begriff Parfum umfasst heute die Parfum-Klassen ***EdC, EdT, EdP,*** und seit 1993 die modernen Parfums vom Typ ***EdS***. Dabei spielen die dargelegten Faktoren über Herstellung und Alkoholgehalt und zusätzlich nutzbare Einsatzgebiete eine Rolle; am wichtigsten aber sind Hautfreundlichkeit und die Unterstützung der persönlichen natürlichen Sinnlichkeit.

Die Graphik (Abb.: 22) zeigt die Wahrscheinlichkeit von Irritationen der Haut in Relation zum Riechstoff-Anteil. Die Wahrscheinlichkeit von Haut-Irritationen steigt ab einer individuellen Toleranzgrenze exponential.

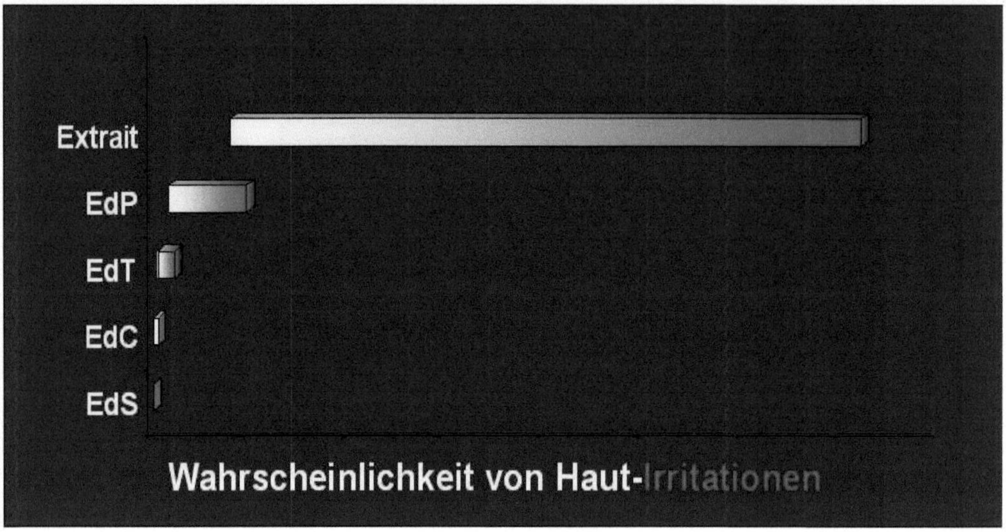

Ed Siedler: Parfums – natürlich – Abb.:22
Riechstoff-Anteile und die Wahrscheinlichkeit für Haut-Irritationen
aus: Parfums - natürlich – © 2003 EdS-Parfums

Die Wahrscheinlichkeit von Haut-Irritationen war bei ***EdC*** noch relativ gering und meist auf individuelle Unverträglichkeiten auf Citrus-Öle beschränkt. Mit der Einführung der ***EdT*, *EdP*** und den noch intensiveren ***Extraits*** mit immer höherem Riechstoff-Anteil stieg der Anteil der irreführend 'Allergien' genannten Konzentrations- und Anwendungshäufigkeits-abhängigen Irritationen der Haut exponential.
Oder anders ausgedrückt:

Die Wahrscheinlichkeit Irritationen der Haut auszulösen sinkt mit sinkendem Riechstoff-Anteil exponentiell und ist bei *EdS* nahezu Null.

Erfahrungswerte mit allgemein als 'Haut reizend' bezeichneten Riechstoffen belegen:
Eine **Wirkungsumkehr in Richtung 'Haut schützend' ist nachweisbar**. [358]
Gleichzeitig wird eine homöostatische Erstreaktion - wie bei niedrig potenzierten homöopathischen Heilmitteln - beobachtet. [359]

[358] Beispiel : Nelken-Öl gilt allgemein als sensibilisierend (Haut reizend), hat jedoch bei entsprechender Verdünnung Haut pflegende (Entzündung-hemmende) Eigenschaften.
[359] Die sogenannten Niedrigpotenzen reichen bis nahezu D24 oder C12 –
genau genommen bis zu 6,0221412927*10^{23} Teilchen / Mol - → Avogadro

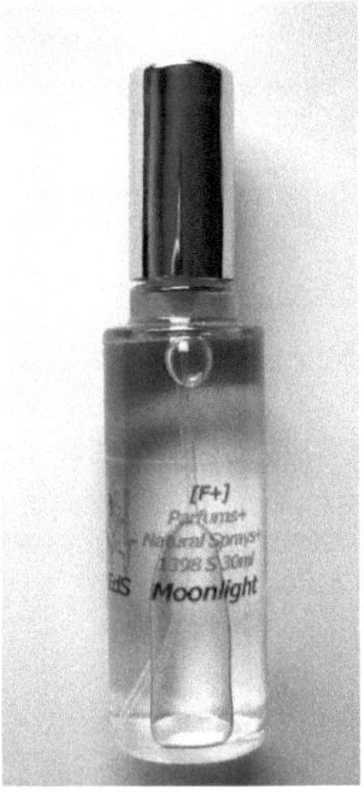

Parfums with Skin protecting System ™

Moonlight

Parfum Natural Spray

*Chypre **Woody***
Jasmin
Rose
grünes Holz
Launch: 1997_ (Abb.)
*Bestell-Nr.: **EdS Moonlight 1398 S 030** ml*
Auslieferung ab 2010 im ovalem Flakon mit e 50 ml

Ed Siedler: Parfums – natürlich – Abb.:23
EdS-Moonlight
Flakon-Hersteller: Heinz-Glas e30ml E4
Fotoserie 'Flakons und Gläser' © 2012 EdS-Parfums

***Das Parfum-Programm von EdS** (Teil/Auszug)*

Parfums+ und Sprays+			*[3+]*	***Äußerlich! Ab 3 Jahren.***
Parfums für Sie			***Fleur***	*blumig*
Floriental Green	***1251P***	***030***		Petitgrain, Jasmin, Grün,...
A Rose	***1256P***	***030***		Rose, Green,...
Yel'Rose	***1243P***	***030***		Rose, Jasmin, sanfte Würznote,... gelben Rose
Claudin's	***1245P***	***030***		Tuberosenote, Rose, Jasmin,... sehr ausgewogen
George's	***1255P***	***030***		Rose, Jasmin, Neroli, ...
Jasmine	***1260P***	***030***		Jasmin,... blumig würzig
Ninette	***1267P***	***030***		Rose, ... elegant
Trs Joli	***1276P***	***030***		Rose, Neroli, Jasmin,... sehr schöner Duft
Parfums für Sie			***Flor'al Floriental***	*blumig aldehydic*
Jazu	***1249P***	***030***		Jasmin, Fruits, Green,...
6 Fruits	***1348P***	***030***		Pfirsichnote, Mangonote, Fruchtnoten,... erogen
Frühling Neu2010	***1495P***	***030***		Sehr sanft mit deutlich aufmunterndem Bouquet
Aldehyd E	***1263P***	***030***		Rose, natürliche Aldehyde, Jasmin,...
Marylin	***1272P***	***030***		Rose, Ylang, Cassisnote, ...
By No	***1280P***	***030***		Narzissennote, Rose, Jasmin, ...
Yel'fleur	***1210P***	***030***		Jasmin, Neroli, Rose, ... gelbe Blüten
The Sun!	***1240P***	***030***		Jasmin, Rose, Patchouli,... emotional ausgleichend
Parfums für Sie und Ihn			***Oriental***	sweet, vanilleartig süß

Shalom	***1273P***	***030***		Petitgrain, Rose, Vanillenoten,... beruhigend
Juliane	***1314P***	***030***		Vanillenote, Jasmin,... aufmunternd
Vahine *besonders beliebt*	***1364P***	***030***		Vanillenote, Jasmin, Rose,... floriental
PS	***1403P***	***030***		emotional aufhellend, auch bei prämenstruellem Syndrom
Winter Neu2010	***1498P***	***030***		Angenehm floriental, zum Kuscheln
Optimum *(ersetzt 1372)*	***1269P***	***030***		Patchouli, Würznoten, Vanillenoten,... orientalisch
Aura'pher *besonders bewährt* *Für Ihn und Sie gleichermaßen angenehm*	***1292P***	***030***		Bergamotte, pheromonartige grüne- und aromatische Note, unterstützt die natürliche Aura - für Vorstellungsgespräche - besonders bewährt als Raumduft für Verkaufsflächen
Sero	***1359P***	***030***		Ylang, Mangonote, Citrusnote, ... emotional aufhellend
Parfums für Sie und Ihn			***Sweet***	*süßfruchtig und tabakartig / animalisch süß lederartig*
Red'fruity *einzigartig*	***1209P***	***030***		Bergamotte, Pfirsich-, Johannisbeernote,... angenehm fruchtig
Chypre Fem	***1215P***	***030***		Bergamotte, Rose, Johannisbeernote,... fruchtig, würzig, feminin
Atacama *(pH)*	***1232P***	***030***		Patchouli, Weihrauch,... süße und schwere rauchige Note
Comeback	***1316P***	***030***		Cassisnote, Citrus- und andere Fruchtnoten,... belebend fruchtig
Heija!	***1217P***	***030***		Jasmin, grünes Holz,... jugendlich
Go West!	***1227P***	***030***		Pfirsichnote, trockenes Holz,... Ledernote
Parfums für Sie und Ihn			***Woody***	(Chypre bois), waldig
Blue'spicy	***1211P***	***030***		Rosmarin. Zypresse, Gewürznote,... waldig, würzig
Kyphi	***1379P***	***030***		Myrrhenote, Gewürznote,... das altägyptische Original ist über fünftausend Jahre alt
Luxor *(pF)*	***1380P***	***030***		Myrrhenote, würzig und blumigere Düfte, die auch schon Cleopatra kannte
Moonlight *besonders beliebt*	***1398P***	***030***		grünes Holz, Jasmin, Rose,...
Parfums für Sie und Ihn			***Citrus***	(Chypre citrus)
Signore H	***1220P***	***030***		Bergamotte, Holznote, Grünnote,... herb, männlich
Citral	***1222P***	***030***		Bergamotte, natürliches Citral, grünes Holz,... angenehm für Sie und Ihn
Lisa	***1376P***	***030***		Citrus, grüne Holznote,... jugendlich und doch erogen

***Nero** (pH)*	***1385P***	***030***		Bergamotte, Petitgrain, Neroli, .
EdS4Top	***1394P***	***030***		Citrus, Neroli, Grünnoten,...
Sommer Neu2010	***1496P***	***030***		Sehr sanft mit deutlichem citrusfruchtigem Bouquet
Parfums für Sie / Ihn (pH)			***Green***	(Chypre green), (frisch)grün
Vert Conifer	***1248P***	***030***		Grünnoten, Jasmin, grüne Holznote,... waldig grün
Keiko	***1374P***	***030***		Grünnoten, Jasmin, Fruchtnoten,... fruity
Herbst Neu2010	***1497P***	***030***		Grün, fruchtig
Bois pH	***1221P***	***030***		Bergamotte, Holznote
Fougère fruity	***1226P***	***030***		Bergamotte, Pfirsichnote, Grünnote,... herbfruchtig, frisch
Woody fleur	***1229P***	***030***		blumig fruchtige Tabaknoten,...
Parfums für Sie / Ihn (pH)			***Fougère***	*heuartig waldig*
Fougère Citrus	***1224P***	***030***		Bergamotte, trockenes Holz, Heunote,...
Herb lav	***1225P***	***030***		Lavendel, Grünnote, Heunote,... herbal
Cinema	***1231P***	***030***		Bergamotte, grünes Holz, Lavendel,... rauchige Noten
Lavande	***1286P***	***030***		Lavendel, Kräuter, Grünnoten, ..
Green'woody	***1212P***	***030***		Patchouli, grüne Hölzer, Heugrasnote,...
Lav pH	***1223P***	***030***		Lavendel, Holznoten, Grünnote,...
Fit for Fun	***1347P***	***030***		Grün, Citrus, Heunote,...
Neues Heu	***1390P***	***030***		Citrus- und Irisnoten, Heunote,...

Ed Siedler: Parfums – natürlich – Abb.:24
EdS Parfums
aus: Parfums - natürlich – © 2003 EdS-Parfums

Natürliche Pflanzenauszüge und (einheitliche) etherische Öle bestimmen den Duft der Parfum-Compositionen der ***EdS-Parfums***.

Dazu zählen beispielsweise Absolues und Extrakte sowie etherische Öle von Bergamotte, Orange und Citrusgräsern, Pinien, Koriander, Lavendel, Rosengeranien und Rosen, Jasmin und Ylang-ylang, Gewürznelken und Zimtblättern, Fenchel und Anis.

Zutaten / Indication of Ingredients:
Alcohol denat.
[Ethanol ~70Vol%, Aqua, Diethyl phthalate ~0,7Vol%],
Parfum Composition
Citrus bergamia-, Cymbopogon-oil: [Citral, Citronellol]
Citrus aurantium-, Pinus-oil: [Limonene]
Coriandrum-, Lavandula-oil: [Linalool]
Pelargonium-oil, Rosa-abs./-oil: [Farnesol, Geraniol]
Jasminum-abs.:
[Amyl cinnamal, Amyl cinnamyl alcohol, Benzyl alcohol]
Benzyl cinnamate
Coumarin

Der Einsatz von relativ teuren einheitlichen Riechstoffen vermeidet weitgehend unerwünschte natürliche Begleitstoffe. Duftträger ist wertvoller Weingeist mit ~0,7%v/v Diethylphthalat (Alcohol denat.). [360]

+/- Alpha-isomethyl-ionone e.g. "Methylionone gamma"
+/- Butylphenyl methylpropional e.g. "Lilial"
+/- Cananga-oil: [Benzyl benzoate, Benzyl salicylate]
+/- Eugenol
+/- Farnesol
+/- Hexyl cinnamal e.g. "Jasmonal H"
+/- Hydroxyisohexyl 3-cyclohexene carboxaldehyde e.g. "Lyral"
+/- Cinnamomum-oil: [Cinnamyl alcohol, Cinnamal, Coumarin]
+/- Foeniculum-, Pimpinella anisum-oil: [Anise alcohol]
+/- Hydroxycitronellal
+/- Styrax benzoin, Benzoe-extract: [Benzyl cinnamate]
+/- Syzygium aromaticum-oil: [Eugenol, Isoeugenol].
+/- may contain ...

[...] from natural essential oils.

Aromapflege / Skin Tonic **with Skin protecting System ™**

Dem Kundenwunsch entsprechend wurden ab 1988 Sauna-Konzentrate in verschiedenen Duftrichtungen entwickelt und bis Ende 2009 auch unter dem eigenen Warenzeichen ***EdS*** verkauft.

	***Extra [!]*** ***<u>Bad- und Sauna-Konzentrat</u> 100% [!]*** *Launch: 1993_2009 (Abb.)* ***Extra Aromapflege / Skin Tonic*** ***with Skin-protecting-System ™*** *Launch: 2010_* *Bestell-Nr.:* ***EdS Extra 1000 B 050*** *ml*
	Ed Siedler: Parfums – natürlich – Abb.:25 ***EdS – Aromapflege 1993_ 2010_*** ***Flakon-Hersteller: Heinz-Glas e15ml bzw. 50 ml E4*** ***Fotoserie 'Flakons und Gläser' © 2003 EdS-Parfums***

Eine denkbare Gefahr war die Verwechslung der 100%-igen Konzentrate mit den außergewöhnlich hautfreundlichen, Haut pflegenden und Haut schützenden ***EdS***.

Seit 1993 ist ***EdS*** eine neuartige Parfum-Classification. Kennzeichen sind die besonders sorgfältige Rohstoffauswahl, die nahezu hömöopatische Aufarbeitung, die Produkt-orientierte Zusammenstellung und die Parfumeurleistung. Ab 2010 wurden deshalb auch die 100%-igen Konzentrate ***Extra***, ***Lavande***, ***Rustica*** und ***Fruits*** auf das ***EdS***-Verfahren umgestellt und nur noch als hautfreundliche, Haut pflegende und Haut schützende Aromapflege unter der Bezeichnung ***EdS Aromapflege Skin Tonic / Cooling Skin Care*** hergestellt:

Die EdS Aromapflege with Skin-Protecting-System ™

[360] 70%iger Weingeist - hervorragendes Desinfektionsmittel. http://www.chemie.de/lexikon/Ethanol.html

1000A ***Extra***
1001A ***Lavande***
1002A ***Rustica***
1003A ***Fruits***
verband den Charme des Duftes der Saunaöle mit guten und meist sehr guten Hautpflege-und Hautschutz-Eigenschaften.

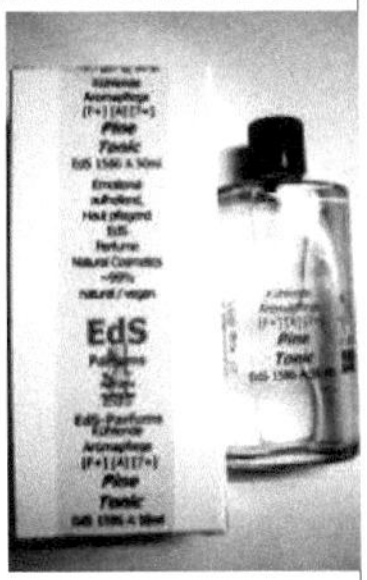

EdS Aromapflege
Skin Tonic / Cooling Skin Care Produkte
EdS Pine Alp Skin Tonic
with Skin protecting System ™

abgefüllt in Umwelf-freundlicher Schutzatmosphäre Launch 2012

EdS Orange Pine Tonic 1586 A 50 ml

Ed Siedler: Parfums – natürlich – Abb.:26
EdS – Pine Alp Skin Tonic Aromapflege für Spa und Wellness
Flakon-Hersteller: Heinz-Glas e50ml E4
Fotoserie 'Flakons und Gläser' © 2012 EdS-Parfums

Die EdS Aromapflege Skin Tonic / Cooling Skin Care Produkte
1582A ***Euca*** (fresh), [361]
1584A ***Mentha*** (fresh), [362]
1570A ***Mykonos*** (QSM), [363]
1586A ***Pine Alp*** / Orange Pine, [364]
1590A ***Relax*** [365]
haben neben dem Wundheilung fördernden
Skin-Protecting-System ™
entweder

- kühlende und anschließend Durchblutung fördernde,
- beruhigende und anschließend wärmende oder
- Candida und andere Pilzen hemmende

Eigenschaften.

Natürliche Pflanzenauszüge und (einheitliche) etherische Öle bestimmen den Duft der Parfum-Compositionen der **EdS** *Aromapflege. Dazu zählen* beispielsweise Extrakte sowie etherische Öle. Duftträger ist wertvoller Weingeist mit ~0,7%v/v *Diethylphthalat* (Alcohol denat.). [366]

---

[361] Kühlende und anschließend Durchblutung fördernde Eucalyptus-Composition.
[362] Kühlende und anschließend Durchblutung fördernde Minze-Composition.
[363] Composition mit Candida-Genschalter und Inhalten mit nahezu vierfacher Hydro-Cortison-Wirkung. Kosmetik mit Candida und anderen Pilzen hemmenden und Wundheilung fördernden Eigenschaften.
[364] Beruhigende und anschließend wärmende Pinen-Composition.
[365] Beruhigende Composition u.a. aus Gräsern (Melissenduft).
[366] 70%iger Weingeist gilt als hervorragendes Desinfektionsmittel.
http://www.chemie.de/lexikon/Ethanol.html

Aroma+ Aromapflege				***ab / age***		***99...100% natural / vegan***
Extra Skin Tonic	***1000***	***A***	***050***	***[7+]***	ab 7 Jahre	sehr angenehmer, 'verführerischer' Duft 'Jerusalems Töchter'
Lavande Skin Tonic	***1001***	***A***	***050***	***[1+]***	ab 1 Jahr	Lavendel-Öl und andere, beruhigend, bewährt bei 'Heimweh'
Rustika Skin Tonic	**1002**	***A***	***050***	***[9+]***	ab 9 Jahre	Latschenkiefern-Öl und andere
Fruits Skin Tonic	***1003***	***A***	***050***	***[3+]***	ab 3 Jahre	Lavendel und fruchtige Noten
Aroma+ Aromapflege				***ab / age***		***Cooling Skin Care***
Euca (fresh) Skin Tonic	***1582***	***A***	***050***	***[7+]***	ab 7 Jahre	Eucalyptus, kühlend und entspannend
Mentha (fresh) Skin Tonic	***1584***	***A***	***050***	***[7+]***	ab 7 Jahre	Spearmint, kühlend und entspannend
Mykonos (QSM) [367] Skin Tonic	***1570***	***A***	***050***	***[7+]***	ab 7 Jahre	Lavendel-artig, enthält Candida-Gen-Schalter
Pine Alp / Orange Pine Skin Tonic	***1586***	***A***	***050***	***[7+]***	ab 7 Jahre	Angenehm beruhigend nach Heu und Wald duftend, auch für Einreibung
Relax Skin Tonic	***1590***	***A***	***050***	***[3+]***	ab 3 Jahre	Melisse fördert die Durchblutung, festigt und glättet

Ed Siedler: Parfums – natürlich – Abb.:27
EdS Skin Tonic / Cooling Skin Care und Aromapflege
aus: Parfums - natürlich – © 2003 EdS-Parfums / homepage EdS-Parfums.de

Die Hautpflegewirkung der ***EdS*** **Aromapflege** greift durch die Entdeckung der antiviralen Eigenschaften, der Cortisol- und Genschalter-Wirkung einiger ätherischer Öle immer weiter in den jeweils damit gepflegten Zellbereich ein.

Die Abrenzung ***'Kosmetik'*** oder ***'Arzneimittel'*** wird immer mehr zur Gratwanderung:
Allein schon das einfache Waschen der Hände mit normaler Haushalts-Seife beseitigt körperfremde Stoffe und macht viele Krankheitserreger unschädlich.[368]
Es gibt sicherlich keinerlei Zweifel, dass auch normale Haushalts-Seife mit ihrer erwünschten Waschwirkung auch die Beschaffenheit des Körpers und durch ihren Duft unser Wohlbefinden beeinflussen.
„Arzneimittel" sind Stoffe ..., die nach der allgemeinen Verkehrsauffassung dazu dienen oder nach Art und Form des Inverkehrbringens dazu bestimmt sind, ... Leiden, ... oder krankhafte Beschwerden ... zu lindern, ...Krankheitserreger, Parasiten oder körperfremde Stoffe abzuwehren, zu beseitigen oder unschädlich zu machen oder die Beschaffenheit, ... des Körpers oder seelische Zustände zu beeinflussen." [369]

[367] Kosmetik mit Candida und anderen Pilzen hemmenden und Wundheilung fördernden Eigenschaften. Composition mit Candida-Genschalter und Inhalten mit nahezu vierfacher Hydro-Cortison-Wirkung.
[368] https://www.infektionsschutz.de/haendewaschen/
[369] 2008 http://www.basg.gv.at/fileadmin/_migrated/content_uploads/080509_Eukalyptus_Menthol_Balsam.pdf

EdS-Parfums und ***EdS Skin Tonic / Cooling*** **Skin Care** und **Aromapflege** sind in ihrer *gesamtheitlichen kosmetischen* Duft- und Pflegewirkung einzigartig.
Schade, dass diesen bewährten Produkten und diesem interessanten Forschungszweig das Wasser abgegraben wird. Gemäß der *Ph Eur* sind nun ätherische Öle *'Arzneimittel'*. ***EdS-Parfums*** zog die Reißleine: Am 29. August 2013 wurde die letzte Bestellung versandt.

Dekorative Hautpflege

Zur Betonung der Augenpartie werden mit Wimperntusche und farbigen Lidschatten Akzente gesetzt. Schminkfarben ermöglichen die fürs Schauspiel und die 5. Jahreszeit gewünschte Betonung und Verfremdung. Auch das zur Abdeckung von Hautunreinheiten und zur Betonung der edlen Blässe oder der (gesunden jugendlichen rosaroten) Hautfarbe gerne benutzte Rouge und die farbigen Lippenstifte gehören dazu.
Rouge und Lidschatten (auf Puderbasis) werden mit Pinseln aufgetragen und bestehen heutzutage meist aus Talkum, Maisstärke, Magnesiumstearat und einer Mischung von Titanweiß (Titanoxid) und anderen Farbpigmenten.
Daneben gibt es dekorative Hautpflege auf der Basis von Cold Creme mit einer Mischung von weißen, rotbraunen und anderen Farbpigmenten.

Farb-Pigmente

In der Steinzeit verwendeten die Menschen zum Malen und als Schminke Erdfarben (Ocker, Terra di Siena) Kalk sowie Gips (weiß) und Kohle. Hinzu kamen nach und nach gebrannte Siena (rotbraun) und die Eisenoxide (braun, rot, orange, gelb, schwarz), französischer Ocker (Sofortrouge), Chromoxid (grün), Lapislazuli (ultramarinblau) und viele mehr.

	Oxide	**Sulfide**	**Andere**	
Weiß	Titanoxid			
Gelb	Eisenoxid	Cadmiumgelb		
Rot	Eisenoxid			Cochenille
Braun	Eisenox id			
Schwarz	Eisenoxid		Ruß (C)	
Blau		Ultramarin		Indigo
Grün	Chromoxid			Chlorophyll
Perlglanz	Titanoxid, Eisenoxid		Glas, Glimmer	
Zugelassen sind heutzutage meist nur stabile hochreine synthetisch hergestellte Pigmente.				

Ed Siedler: Parfums – natürlich – Abb.:28
Pigmente

Unglücklicherweise enthalten

- Schwarz-, Grün- und Rottöne, Kupfer,
- „Ägyptisch Blau" sowie "Thenards Blau“, Kupfer bzw. Cobalt,
- Bleiweiß und Zinkweiß, Blei bzw. Zink,

- Chromgelb, Cadmiumgelb, Chrom bzw. Cadmium
- Bleimenninge und Zinnoberrot, Blei bzw. Quecksilber
- Erdfarben neben Eisen andere Schwermetalle.

Vergiftungen durch leicht Säure-lösliche Pigmente waren häufiger als allgemein angenommen.

EdS-Colors

EdS-Colors sind gebrauchsfertige Pigmente für Lidschatten und Rouge. Hauptbestandteile sind hautfreundliche einheitliche Farbstoffe in Lebensmittelqualität (EU-Standard), Stärke, Stearate und Talkum.

Mit dem Pinsel als Lidschatten und Rouge ergeben sich

- direkt auf die Haut aufgetragen dezente Pastelltöne
- auf EdS-Lippenpflege / Hautpflege intensive Farbtöne.

Colors ad Puderbasis	0951			ab / age		Farbton
Lidschatten / Rouge	0947	C	001	[7+]	ab 7 Jahre	Rotgold *
Lidschatten	0948	C	001	[7+]	ab 7 Jahre	Lindgrün
Lidschatten	0949	C	001	[7+]	ab 7 Jahre	Violettblau *
Lidschatten / Rouge	1027	C	001	[7+]	ab 7 Jahre	Rosa *
Lidschatten	1029	C	001	[7+]	ab 7 Jahre	Gold *
Lidschatten	1030	C	001	[7+]	ab 7 Jahre	Blaugrau*
Lidschatten	1031	C	001	[7+]	ab 7 Jahre	Haut 2
Lidschatten / Rouge	1033	C	001	[7+]	ab 7 Jahre	Intensives Karmin*
Lidschatten / Rouge	1146	C	001	[7+]	ab 7 Jahre	Karminrosa
Lidschatten / Rouge	1147	C	001	[7+]	ab 7 Jahre	Orangerot
Lidschatten	1148	C	001	[7+]	ab 7 Jahre	Rotorange
Lidschatten	1149	C	001	[7+]	ab 7 Jahre	Orange
Lidschatten	1150	C	001	[7+]	ab 7 Jahre	Gelb
Lidschatten	1151	C	001	[7+]	ab 7 Jahre	Sonnengelb
Lidschatten	1152	C	001	[7+]	ab 7 Jahre	Lichtgelb
Lidschatten	1153	C	001	[7+]	ab 7 Jahre	Gelbgrün
Lidschatten	1154	C	001	[7+]	ab 7 Jahre	Haut 1
Lidschatten	1155	C	001	[7+]	ab 7 Jahre	Azur *
Lidschatten	1156	C	001	[7+]	ab 7 Jahre	Reinweiss
Lidschatten	1191	C	001	[7+]	ab 7 Jahre	Rehbraun *
Lidschatten	1192	C	001	[7+]	ab 7 Jahre	Gelbbraun *
Lidschatten	1193	C	001	[7+]	ab 7 Jahre	Ocker *
Lidschatten / Rouge	1194	C	001	[7+]	ab 7 Jahre	Rostbraun
Lidschatten	1195	C	001	[7+]	ab 7 Jahre	Or'braun
Lidschatten	1196	C	001	[7+]	ab 7 Jahre	Ockerbraun
Lidschatten	1197	C	001	[7+]	ab 7 Jahre	Ultramarin
Lidschatten	1198	C	001	[7+]	ab 7 Jahre	U'blau
Lidschatten	1199	C	001	[7+]	ab 7 Jahre	Himmelblau
Lidschatten	1200	C	001	[7+]	ab 7 Jahre	Lichtblau
Lidschatten	1201	C	001	[7+]	ab 7 Jahre	Bl'weiß
Lidschatten	1202	C	001	[7+]	ab 7 Jahre	Grgn'Gold *
Lidschatten	1204	C	001	[7+]	ab 7 Jahre	Gb'gnGold *
Lidschatten	1205	C	001	[7+]	ab 7 Jahre	H'gn'Gold *
Lidschatten	1206	C	001	[7+]	ab 7 Jahre	Bn'gn'Gold *
Lidschatten	1207	C	001	[7+]	ab 7 Jahre	Bn'Gold *
Lidschatten	1208	C	001	[7+]	ab 7 Jahre	Goldocker *
Lidschatten	1294	C	001	[7+]	ab 7 Jahre	Blue-Star **
Lidschatten	1295	C	001	[7+]	ab 7 Jahre	Green-Star **
Lidschatten	1296	C	001	[7+]	ab 7 Jahre	Golden-Star **
Lidschatten / Rouge	1297	C	001	[7+]	ab 7 Jahre	Red-Star **
Lidschatten	1298	C	001	[7+]	ab 7 Jahre	Silver-Star **
Lidschatten	1299	C	001	[7+]	ab 7 Jahre	Turk-Star ** (türkis)
Lidschatten	1300	C	001	[7+]	ab 7 Jahre	Citron-Star **
Lidschatten	1301	C	001	[7+]	ab 7 Jahre	Siena-Star **
Lidschatten	1302	C	001	[7+]	ab 7 Jahre	Steel-Star ** (blaugrau)
Lidschatten	1303	C	001	[7+]	ab 7 Jahre	Beige-Star **
Lidschatten	1304	C	001	[7+]	ab 7 Jahre	Haut 4 hell ~1154
Lidschatten	1305	C	001	[7+]	ab 7 Jahre	Haut 5

Ed Siedler: Parfums – natürlich – Abb.:29
EdS-Pigmente

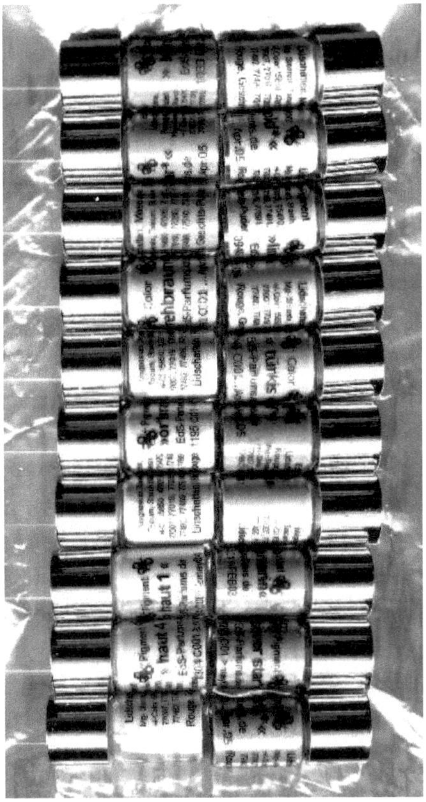

EdS*-Colors**, TM ***EdS, Gebrauchsfertige Pigmente für Lidschatten und Rouge Hauptbestandteile sind hautfreundliche einheitliche Farbstoffe in Lebensmittelqualität (EU-Standard), Stärke, Stearate und Talkum.

Ed Siedler: Parfums – natürlich – Abb.:30
EdS-Colors Auswahl
Fotoserie 'Flakons und Gläser' © 2003 EdS-Parfums

Lippenpflege und Herpes

Die Herpes-Attacke

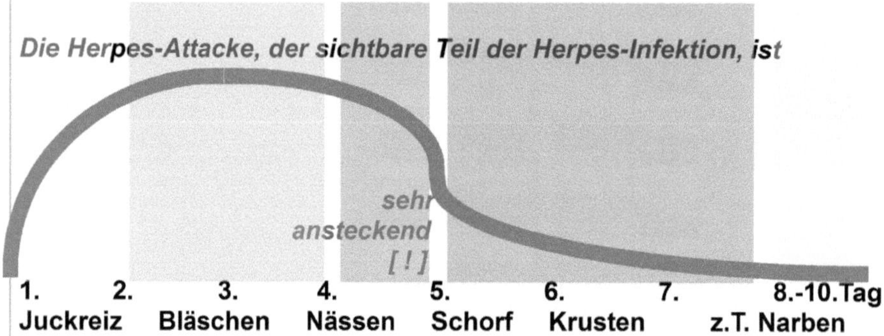

Tag 1	**Juckreiz**
Tag 2 und 3	**Bläschen füllen sich mit neuen Herpes-Viren**,
Tag 4	***Herpes-Viren infizieren weitere Hautbereiche [!]***
Tag 5 bis 7	**Schorf bildet sich, Krusten schmerzen**
Tag 8 bis10	**zum Teil bleiben kleine Narben zurück.**

Der Herpes-Virus 'schläft' in den Nervenzellen.
Die Herpes-Attacke ist seine Reproduktions-Phase.
Die Herpes-Attacke macht sich durch Juckreiz, Rötung, Hautspannung, Schwellung, Kribbeln, Brennen und Bläschenbildung bemerkbar. Das Nässen ist sehr ansteckend und endet nach etwa fünf Tagen. Danach bilden sich Schorf und Krusten. Falls sich keine Narben gebildet haben zeigt sich nach acht bis zwölf Tagen wieder glatte Haut.
Die Herpes-Viren verstecken sich wieder, sie 'schlafen' in den Nervenzellen.

Ed Siedler: Parfums – natürlich – Abb.:31
Die Herpes Attacke: Der sichtbare Teil der Herpes-Infektion, unbehandelt
aus: Parfums - natürlich – © 2003 EdS-Parfums EdS: Parfums – natürlich –

"Nach Auswertung der Ergebnisse von zwei Studien verkürzt Docosanol die Heilung des Lippenherpes im Vergleich zu einer Creme ohne Wirkstoff im Durchschnitt lediglich (von 4,8 Tagen auf 4,1 Tage) um 0,7 Tage." (...)
Im Kampf gegen Herpesviren kommen zwei Wirkstoffe zum Einsatz: Aciclovir und Penciclovir. Die Substanzen hemmen die Vermehrung und das Wachstum der Viren. Das bedeutet, dass sie nur wirksam sind, wenn sie früh im Erkrankungsverlauf zum Einsatz kommen. Sie verkürzen in der Regel aber nur den Verlauf und verhindern die Bläschenbildung nicht komplett. [370]

[370] http://www.mydoc.de/schoenheit/haut/dos-donts-lippenherpes-1664/medikamente-gegen-herpes-1252

"Die am meisten verwendete virushemmende Creme mit Aciclovir (...) verkürzt die Heilungszeit nur etwa um einen halben Tag (GPSP 3/2007; Seite 2). Gleiches gilt für Penciclovir (...), das in zwei großen Studien die Heilung der Lippenbläschen (von 5,5 Tagen auf 4,8 Tage) um 0,7 Tage verkürzte." [371]

***Stand der Technik*:**

Die mir bekannten **Virostatica**
verkürzen die Virusattacke lediglich um 0,5 bis 0,7 Tage.

- Aber innerhalb der ersten 4 Tage
- haben die *Herpes-Viren* sich bereits vermehrt,
- Lippenbläschen gebildet und
- sich bereits (wieder) in den Nervenzellen versteckt.

Trotz der ***Virostatica*** ist die Reproduktion der *Herpes-Viren weitgehend erfolgreich.*

Lippenpflege / Lip Balm von EdS

Eine Besonderheit sind die innerhalb von wenigen Minuten in die Haut einziehenden ***Liquid-Cold-Cream-Concentrate*** von ***EdS***: Sie bilden auf der Haut eine nahezu unsichtbare mono-molekulare Schutzschicht. Diese neuartigen Creme-Parfums von ***EdS*** haben Haut schützenden Eigenschaften: Sie schützen die Haut vor Austrocknung, Nässe und Fremdstoffen sowie Kälte.
Die duftenden ***Liquid-Cold-Cream-Concentrate*** von ***EdS*** haben ab 1993 erfolgreich die Einsatzgebiete **Hautpflege** und **Lippenpflege** (vegane Naturkosmetik) erobert.

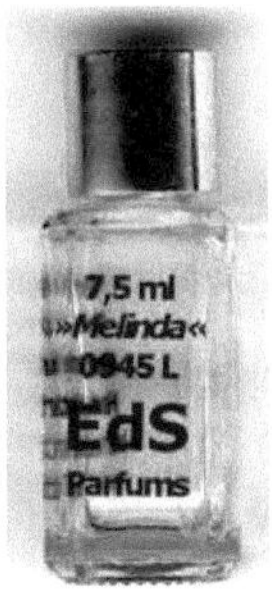	***EdS Lippenpflege Melinda*** *Liquid Cold Cream Concentrate with Skin protecting System* ™ *with Herpes-blocking-System* ™ Launch als *Creme: 1993* *Launch im Flakon: 1997 (Abb. 0945 L 007)*
	Ed Siedler: Parfums – natürlich – Abb.:32 ***EdS Melinda Lip Balm / Gloss Lippenpflege 1515 L 007 (ex 0945 L 007)*** ***aus: Parfums - natürlich – © 2003 EdS-Parfums***

EdS Melinda enthält die von Ed Siedler ab 1988 ausgesuchten, allgemein als anti-entzündlich und als besonders hautfreundlich geltenden Inhaltsstoffe. Dazu zählten 1993 duftende Öle und Pflanzenauszüge und neben einigen inzwischen ausgetauschten fetten Ölen auch Bienenwachs.

---

[371] http://gutepillen-schlechtepillen.de/pages/archiv/jahrgang-2008/nr.-4-juliaug.-2008/cremes-gegen-lippenherpes-mehr-spreu-als-weizen.php Gute Pillen - Schlechte Pillen: 2008/04, S. 3

Cremes enthalten Wasser und Emulgatoren sowie Konservierungsstoffe. Viele Cremes enthalten komedogene Öle, Lanolin und-oder Bienenwachs und *Paraffin.* Selbst in Naturkosmetik finden wir Emulgatoren und Konservierungsstoffe. Für schadstoffarme und extrem hautfreundliche Kosmetik sind Emulgatoren sowie Konservierungsstoffe und nun neben Bienenwachs auch die Verwendung von Lanolin zunehmend bedenklich. [372]
Beispielsweise besteht der Kosmetikrohstoff Lanolin (*Lanolinum DAB*) aus gereinigtem *Wollwachs,* Wasser und 15% dickflüssigem *Paraffin.*
Auch *Paraffin*-haltiges Wachs aus künstlichen Bienenwaben befand sich vermehrt im Bienenwachs. [373]
Die Akarizide finden ebenso wie Insektizide Berücksichtigung im Rahmen der ARGE FEE. [374]
Qualitätskontrollen ab 1993 ergaben, dass Bienenwachs nun auch (minimale) Rückstände von Stoffen enthallten kann, welche die Imker notgedrungen gegen die Varoa Milbe verwenden. [375]

Die Naturkosmetik von ***EdS*** nutzt deshalb seit 1997 neuartige Fett- und Wasser-freie ***Liquid Cold Cream Concentrate*** ™. Die Produktgruppe ***Lip Balm / Gloss*** und ***Lippenpflege*** wurde um einige **Duftrichtungen erweitert und erhielt nun die Bestell-Nummern** *15 . . L 007.*

Das EdS Lippenpflege-Programm (Teil/Auszug)

Lips+ Hautschutz Gesichtspflege				***ab / age***	***Produkt-Gruppe Lip Balm / Gloss Lippenpflege***
Basic SkinCare nussartig	***1510***	***L***	***007***	*[0+]*	auch bei bereits irritierter Haut
Sina Orange, beruhigend	***1513***	***L***	***007***	*[1+]*	auch bei bereits irritierter Haut
Rosina Rosenduft, beruhigend	***1511***	***L***	***007***	*[3+]*	auch bei bereits irritierter Haut
Melinda Melisse	***1515***	***L***	***007***	*[3+]*	beruhigt, mildert Stressreaktionen
Limon zitronig, anregend	***1516***	***L***	***007***	*[3+]*	auch bereits irritierte fettende Haut

Ed Siedler: Parfums – natürlich – Abb.:33
EdS Lip Balm / Gloss Lippenpflege
aus: Parfums - natürlich – © 2003 EdS-Parfums

---

[372] Detergenzien und Insektizide im Wollwachs http://www.lanolin.de/neu/deutsch/monography.php
[373] Zur Abwertung um jeweils zwei Noten führen u.a. *Paraffin*e in Lippen- oder Lippenpflegestiften; http://www.oekotest.de/cgi/index.cgi?artnr=103170&action=Z&bernr=10
[374] ARGE FEE - Die Hautfreundlichkeit von Düften / Pflanzenauszügen und Ätherischen Ölen, english : Fragrances / Extracts and Essentials (FEE). Da die ursprüngliche mit einem Apotheker geplante Arbeitsgemeinschaft (ARGE) eine einseitige Sache war, wurde sie 1988 von Ed Siedler alleine fortgesetzt.
[375] *Gegen Ende der 1970-er Jahre wurde im Zuge von weltweiten Bienenimporten die Varroa-Milbe nach Deutschland eingeschleppt. Der Name Varroa destructor (zerstörerische Milbe) wurde erst im Jahr 2000 von Anderson und Trueman vergeben. Rückstände im Bienenwachs http://de.academic.ru/dic.nsf/dewiki/1450187*

Lippen und Lippenbläschen einfach glattpflegen

"Unabhängig von den Inhaltsstoffen machen Herpescremes und -salben die Lippenhaut geschmeidiger und lindern schon deshalb das Schmerzgefühl." [376]

Die Herpes-Attacke mit EdS Lippenpflege

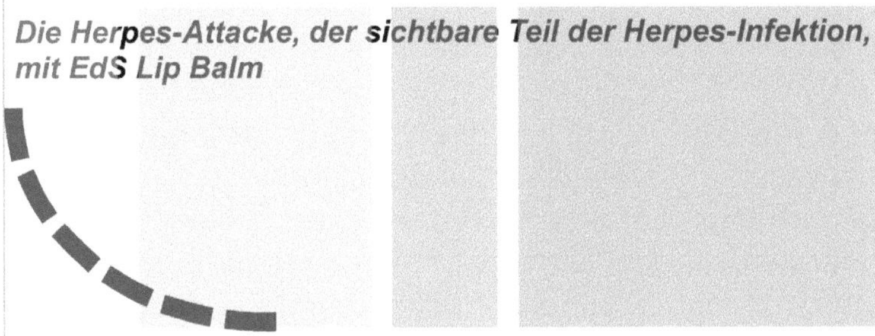

Tag 1 ***EdS Lip Balm*** *lindert den Juckreiz rasch.*
Tag 2 und 3 Sich abzeichnende Lippenbläschen werden kleiner und verschwinden meist über Nacht.
Die Lippen sind nahezu immer innerhalb von 3 Tagen glattgepflegt.
Meist ohne das ansteckende Nässen,
fast immer ohne Krusten, Schorf oder Narben.

Juckreiz, Rötung und Hautspannung, werden gelindert.
Die Herpes-Attacke wird mit ***EdS*** **Lip Balm** glattgepflegt.
Die Bläschenbildung und das Nässen, die Reproduktion der Viren, entfällt meistens vollständig: Herpes-Attacken werden schwächer und seltener.
Die Herpes-Attacke wird mittels
EdS Lip Balm meist innerhalb von 3 Tagen glattgepflegt.

Ed Siedler: Parfums – natürlich – Abb.:34
Eine Herpes Attacke ist mit EdS Lip Balm meist innerhalb von 3 Tagen glattgepflegt.
aus: Parfums - natürlich – © 2003 EdS-Parfums EdS: Parfums – natürlich –

Durch virostatische Substanzen kann das Andocken oder Eindringen der Viren in ihre Wirtszellen und-oder die Bildung und Freisetzung neuer Viren verhindert werden. "Die Wirksamkeit von ätherischen Ölen gegen Herpes und Gürtelrose ist unübertroffen." [377]

---

[376] http://gutepillen-schlechtepillen.de/pages/archiv/jahrgang-2008/nr.-4-juliaug.-2008/cremes-gegen-lippenherpes-mehr-spreu-als-weizen.php Gute Pillen - Schlechte Pillen: 2008/04, S. 3
[377] Kurt Schnaubelt "Neue Aromathrapie" Köln: vgs 1995 Seite 56 oben

2008 wird der Wirkmechanismus ätherischer Öle nahezu zeitgleich in Heidelberg (und an der Universität Florida) am Beispiel Zitronenmelisse wissenschaftlich bestätigt und mit dem Kneipp-Preis gewürdigt. [378] [379]

"Seit 1994 bewährt [sich die Lippenpflege Melinda]: Die Dauer von akuten Herpes-Attacken soll sich damit wesentlich verkürzen. Darüber hinaus sollen neue Attacken von Lippenherpes seltener auftreten." [380]
Nach Anwendung dieser natürlichen Lippenpflege von ***EdS***-Parfums traten Lippenbläschen (Herpes labialis) weniger oder über Jahre kaum mehr auf. [381]

Die natürliche Lippenpflege von ***EdS*** ist schnell direkt und punktgenau dosierbar. Zumeist verschwinden Juckreiz und sich abzeichnende Lippenbläschen rasch. Oft entfällt sogar das hoch ansteckende Nässen, die gefährlichste Phase der Herpes-Attacke. Die Lippenpflege Melinda enthält wahrscheinlich weltweit das am schnellsten Juckreiz lindernde und Lippen glattpflegende Herpes blocking System. [382]

Fazit:
EdS Lip Gloss / Lip Balm schützt die Haut,

- blockiert den Herpes-Simplex-Virus (HSV-1) und
- verhindert weitgehend seine Vermehrung.
- Die verwendeten Pflanzenauszüge lindern den Juckreiz,
- sich abzeichnende Lippenbläschen werden "über Nacht" kleiner und
- die Lippen sind nahezu immer innerhalb von 3 Tagen glattgepflegt;
- meist ohne das sehr ansteckende Nässen.

EdS Lip Balm ist damit, in seiner ganzheitlichen kosmetischen Duft- und Hautpflegewirkung einzigartig und sogar vielen Virostatica überlegen. [383]

Lip Balm / Gloss und ***Lippenpflege*** von ***EdS*** sind antivirale **Hautpflegemittel (Kosmetika).**

- Kosmetische Mittel unterliegen einer kontinuierlich entwickelnden Rechtsprechung:
- Sie stehen in Konkurrenz zu **Arzneimitteln (hier Virostatica).**

---

[378] http://www.laborundmore.de/archive/781542/Zitronenmelisse-gegen-Herpes.html
[379] http://www.klinikum.uni-heidelberg.de/ShowSingleNews.176.0.html?&no_cache=1&tx_ttnews[tt_news]=4236
[380] Herpes, http://de.wikipedia.org/wiki/Herpes_simplex#Hausmittel_und_alternative_Behandlungsm. 5.3.1 Hausmittel und alternative Behandlungsmöglichkeiten, http://de.wikipedia.org/wiki/Herpes_simplex#Helikase-Primase-Inhibitoren 5.1.2 Helikase-Primase-Inhibitoren,
[381] ***EdS*** Lip Gloss (Lippenpflege) und ***EdS*** Face / Skin Balm (Hautschutz), Erfahrungsberichte Betroffener mit ***EdS*** Melinda, Lippenpflege, Launch 1993 - Vergleiche hierzu auch: ***EdS*** Lips Lippenherpes glattpflegen. Kosmetik 1994 http://www.slogans.de/slogans.php?BSelect[]=23713
[382] ***EdS*** Melinda Lip Gloss / Lip Balm with Herpes blocking System, Launch 1997, ***EdS*** Lippenpflege mit Herpes-blocking-System. Kosmetik 1997 http://www.slogans.de/slogans.php?BSelect[]=21460
[383] http://www.openpr.de/news/683030/Lippenpflege-Mehrfacher-Wirkmechanismus-gegen-Herpes.html

- Die Marktfähigkeit wird oftmals von Gerichtsurteilen bestimmt. Von Gesetzes wegen ist immer weniger möglich: Weil gemäß der *Ph Eur ätherische Öle nun Arzneimittel sind, droht neues Ungemach!*
- "Schöne neue Welt! Und ohne Jurastudium haste ohnehin verloren, ja, mich frustriert diese *Über-Regulierung zutiefst."* [384] [385]

EdS-Parfums zog die Reißleine: Am 29. August 2013 wurde die letzte Bestellung versandt.

[384] Ätherische Öle Arzneimittel? http://blog.aromapraxis.de/2010/11/25/atherische-ole-als-arzneimittel/

[385] Die Marktfähigkeit wird oftmals von Gerichtsurteilen bestimmt: http://www.integritas-hwg.de/pdf/20141203_vortrag-dr-voss.pdf

Hautpflege

Stand der Technik

Beginnen wir bei unseren Kleinen. Wie pflegen wir Babys-Haut?

Früher verwendeten Eltern Babypuder zur Hautpflege im Windelbereich, um die Haut trocken zu halten und Entzündungen vorzubeugen. Kippte eine Puderdose um oder staubte es von den Händen der Mutter, dann war das riskant. Denn selbst wenn das Baby eingeatmeten Puder scheinbar abhustete, konnten noch Stunden später erneut starke Hustenanfälle auftreten. [386]
Fürsorglich wechseln wir heutzutage mehrmals täglich die sehr saugfähigen Windeln, pflegen und schützen die Baby-Haut durch fetthaltige Cremes. Kurzum:
Wir tun alles um die Haut trocken zu halten und Entzündungen vorzubeugen.

Und wie gehen wir mit unserer eigenen Haut um?
Wir duschen täglich möglichst heiß und schrubben unsere Haut mit Seife oder Duschgel. Die Haut braucht nun – wenn wir der Kosmetikwerbung glauben – dringend Feuchtigkeit-spendende Lotionen, Pflegemilch und Cremes.
Wir duschen und waschen zu heiß, zu oft und zu intensiv. Danach tragen wir Feuchtigkeit-spendende Kosmetik auf. Kurzum:
Wir machen die Haut nass, und halten sie ständig feucht.
Die Haut wird ständig aufgeweicht und der natürliche Schutzfilm geschädigt. [387]

Eigentlich reicht es vollkommen, sich zu waschen und höchstens alle zwei Tage zu duschen. Selbstversuche mit "drei Wochen nicht Duschen" ergaben keine Verschlechterung des Hautbilds, im Gegenteil: Haut schützende Bakterien traten vermehrt auf. [388]
Zu häufiges Waschen und Duschen, schadet ganz besonders der trockenen Haut. Falsches Haut pflegen kann zusätzlich schaden. Bei "überpflegter" Haut, in Berufen bei denen gepflegtes Aussehen wichtig sind (Kosmetikerinnen, Stewardessen) oder häufig desinfiziert wird (Ärzte, Kranken- und Altenpflegerinnen), können reizende oder allergene Substanzen leichter in die vorgeschädigte Haut eindringen und

---

[386] http://gutepillen-schlechtepillen.de/kurz-und-knapp-babypuder-bedrohliche-atembeschwerden/
[387] http://gutepillen-schlechtepillen.de/nachgefragt-ekzeme-hautentzuendungen-nichts-zu-machen/
[388] *Acinetobacter iwoffii und Pseudomonas stutzeri - diese Bakterien kommen normalerweise in Spuren bei jedem Menschen vor - diese Bakterien helfen uns gesund zu bleiben", so Prof. Dr. Schopf. "Ich werde nicht mehr jeden Tag duschen." - auch hier gilt wie so oft: Weniger ist manchmal mehr.*
http://www.swr.de/odysso/drei-wochen-ohne-dusche/-/id=1046894/did=16351962/nid=1046894/10r94ky/index.html

Entzündungen auslösen. Sich mehrmals täglich Waschen, Duschen und Cremen beeinträchtigt auf Dauer sogar die normale und selbst rasch nachfettende Haut. [389]
Wenn nun die Haut sich rötet und juckt, blasig wird oder sich verdickt und Schrunden bildet, handelt es sich in der Regel um ein Ekzem. Der Leidensdruck bei chronischen Ekzemen ist groß. Der quälende Juckreiz stresst. Salben und Cremes mit Glukokortikoiden helfen zwar, schädigen mit der Zeit jedoch die Haut, die durch das „Kortison" häufig dünner und verletzlicher wird. [390]

Clotrimazol ist ein rezeptfrei erhältliches Mittel gegen Pilzinfektionen (Antimykotikum). Es wird äußerlich als Creme, Lösung, Spray oder Puder zur Behandlung von Pilzerkrankungen der Haut (einschließlich Fußpilz) angewendet. [391]
Und was sagt der Hautarzt?
Tun Sie alles um die Haut trocken zu halten um Entzündungen vorzubeugen.

Bei Einkäufen von Körperpflegeprodukten, die mit Prädikaten wie „sensitiv" oder „für sensible Haut" werben, stieß die Verbraucherzentrale Nordrhein-Westfalen 16 mal auf Mittel, die eine oder mehrere bedenkliche Stoffe enthielten welche Kontaktekzeme oder Hautreizungen auslösen können... [392]

Bedenklich bei der Hautpflege sind beispielsweise

- der hohe Wassergehalt *(Aqua, Water)*
- Feuchtigkeit haltende Inhaltsstoffe, *Emulgatoren, Harnstoff (Urea),*
- konservierende Stoffe wie die *Parabene: Hydroxybenzoesäure, Hydroxybenzoat, Metagin, Nipagin, Oxybenzoesäure, Oxybenzoat, Parahydroxybenzoat (PHB), Propagin.* [393]
- *Paraffin, Cera Microcristallina (Mikrowachs), Ceresin (Cerin), Diisopropyl Adipate, Ozokerit (*Erd- oder Bergwachs, Bergtalg, Kenderbal, Neftgil), Petrolatum, Synthetic Wax, Vaseline und andere Haut-fremde Stoffe, [394]
- *Aluminiumsalze,*
- leicht lösliche *Schwermetalle* (dekorative Kosmetik !),
- *Kortison* und andere *Kortikoide,*
- Oliven-Öl oder andere komedogene - Mitesser fördernde - Inhaltsstoffe

[389] http://www.gesundheit.de/wellness/koerperpflege/kosmetika/stewardessenkrankheit-falsches-cremen-kann-schaden
[390] http://gutepillen-schlechtepillen.de/?s=hautcreme
[391] http://gutepillen-schlechtepillen.de/schlagwort/Hautpilz/?doing_wp_cron=1438166879.5500359535217285156250
[392] http://gutepillen-schlechtepillen.de/schlagwort/Hautpflegemittel/
[393] http://www.swr.de/marktcheck/parabene-in-kosmetika/-/id=100834/did=16964846/nid=100834/18zqkov/index.html
[394] http://www.ikw.org/schoenheitspflege/themen/recht-empfehlungen-fuer-hersteller/sicherheit-von-petrolatum-als-rohstoff-fuer-die-kosmetikindustrie/c73e6af6006565b354a0ae0b96313023/
COLIPA Recommendation No. 15 (IKW, 05.07.2004)

- *Stoffe mit Hormonwirkung (Endogene Disruptoren): Dazu zählen beispielsweise Parabene als Konservierung,* chemischer Sonnenschutz, *Bisphenol und Kunststoff*-Weichmacher.[395] [396]
- *Hormone:* Bei kaum einem Thema klaffen der wissenschaftliche Erkenntnisstand und die ärztliche Praxis in Deutschland so weit auseinander wie bei der Hormon(ersatz)therapie für Frauen in den Wechseljahren. [397]

Sonnenbrand ?

Sie bekommen Hautprobleme – die Haut ist gerötet, schmerzt und schält sich – wie bei einem Sonnenbrand. Dabei haben Sie doch alles richtig gemacht: nicht zu lange gesonnt und ein Lichtschutzmittel aufgetragen. Manchmal sind Arzneimittel die Ursache der bösen Überraschung! [398]
Einer photoallergischen Reaktion geht zunächst eine mehrtägige Phase der Sensibilisierung voraus. Erst wenn danach das Arzneimittel wieder eingenommen wird, entstehen unter Einwirkung von natürlichem oder künstlichem UV-Licht und bei Bestrahlungen Sonnenbrand-ähnlichen Reaktionen. Diese können auch später leicht wieder aufflackern, wenn das Medikament – selbst in geringer Dosis – erneut gebraucht wird.
Anders entstehen photo-sensibilisierende Reaktionen: Viele Substanzen verstärken ab einem individuell unterschiedlichen produktspezifischen Schwellenwert die Wirkung von Licht, allgemein von Bestrahlungen. Schon während dem ersten Sonnen, während kurzer Bestrahlungen kann sich Brennen und Stechen der Haut bemerkbar machen. Innerhalb von wenigen Stunden wird das Gewebe unmittelbar geschädigt, wobei oft eine scharfe Abgrenzung auffällt.

- photo-sensibilisierend bei UV-Belichtung oder anderen Bestrahlungen wirken u.a. *Hydrochlorothiazid* und ähnliche entwässernde Mittel. *Amiodaron*, das zur Behandlung von Herzrhythmusstörungen dient,
- Entzündungshemmer, Antibiotika, Antidepressiva, Mittel gegen Psychosen, Malariamittel und andere Medikamente.

After-sun-Präparate können dann nur noch die erlittenen Verbrennungen lindern.

Haut und Hautunreinheiten einfach glattpflegen

Cremes enthalten Wasser und Emulgatoren sowie Konservierungsstoffe. Viele Cremes enthalten komedogene Öle, Lanolin und-oder Bienenwachs und *Paraffin.*

---

[395] Hormonwirkung - ED - http://www.icada.eu/wp-content/uploads/2016/07/16-06-30-...Identification-of-endocrine-disruptors...pdf
[396] http://derstandard.at/2000034179432/Sonnenmilch-koennte-zu-Unfruchtbarkeit-beitragen https://www.sciencedaily.com/releases/2016/04/160401111847.htm Progesteron-ähnliche Wirkung
[397] http://gutepillen-schlechtepillen.de/meldungen/wechseljahre/
[398] http://gutepillen-schlechtepillen.de/schlagwort/Hautschaeden/ & http://gutepillen-schlechtepillen.de/schmerzlinderndes-gel/ Wirkstoff: *Ketoprofen*

Selbst in Naturkosmetik finden wir neben den bedenklichen Emulgatoren und Konservierungsstoffen oftmals komedogenes Oliven-Öl oder gar Lanolin. Bienenwachs enthielt ab 1993 vermehrt Stoffe, welche die Imker notgedrungen gegen die Varoa Milbe verwenden. [399]
Auch *Paraffin-haltiges* Wachs aus künstlichen Bienenwaben befand sich seitdem vermehrt im Bienenwachs. Beispielsweise enthält ebenfalls der Kosmetikrohstoff Lanolin (*Lanolinum DAB*) gereinigtes *Wollwachs,* Wasser und 15% dickflüssiges *Paraffin.* [400]

EdS nutzt deshalb seit 1997 neuartige Fett- und Wasser-freie ***Liquid Cold Cream Concentrate with Skin protecting System*** ™
Empfindliche, bereits gerötete, juckende Haut wird beruhigt und das gereizte Hautbild nach und nach normalisiert. Trockene Haut freut sich über den monomolekularen Hautschutz. Fettende Haut profitiert zusätzlich von den anti-entzündlichen anti-komedogenen Eigenschaften.
Als Erstes entstanden **Skin Care**, **und duftende Hautpflege / Hautschutz** mit Melissen- und Rosenauszügen:

Ed Siedler: Parfums – natürlich – Abb.:35
EdS - duftende Hautpflege mit Melissa off. und Rosa centif. 1997
Flakon-Hersteller: Heinz-Glas e7,5ml E4
Fotoserie 'Flakons und Gläser' © 1997 EdS-Parfums

Eine Besonderheit sind die innerhalb von wenigen Minuten in die Haut einziehenden ***Liquid-Cold-Cream-Concentrate*** von ***EdS***: Sie bilden auf der Haut eine nahezu unsichtbare mono-molekulare Schutzschicht. Diese neuartigen Creme-Parfums von ***EdS*** haben Haut schützenden Eigenschaften:

[399] Gegen Ende der 1970-er Jahre wurde im Zuge von weltweiten Bienenimporten die Varroa-Milbe nach Deutschland eingeschleppt. Der Name Varroa destructor (zerstörerische Milbe) wurde erst im Jahr 2000 von Anderson und Trueman vergeben. Rückstände im Bienenwachs http://de.academic.ru/dic.nsf/dewiki/1450187
[400] Zur Abwertung um jeweils eine Note führen u.a. mehr als 1% *Paraffine*/Erdölprodukte/Silikone in Leave-on-Produkten. Zur Abwertung um jeweils zwei Noten führen u.a. *Paraffine* in Lippen- oder Lippenpflegestiften; http://www.oekotest.de/cgi/index.cgi?artnr=103170&action=Z&bernr=10

Sie schützen die Haut vor Austrocknung, Nässe und Fremdstoffen sowie Kälte.
Die duftenden ***Liquid-Cold-Cream-Concentrate*** von ***EdS*** haben ab 1993 erfolgreich die Einsatzgebiete **Hautpflege** und **Lippenpflege** (vegane Kosmetik) erobert.

- Die bei zunehmender Verdünnung (tatsächlich!) auftretende Wirkungsumkehr kann gezielt die natürlichen Hautfunktionen, Hautpflege, Hautschutz und die Wundheilung unterstützen.
- Einige duftende Lippenpflege- und Hautpflege-Öle enthalten nachweislich Viren hemmende Eigenschaften.
- Ätherische Öle enthalten außer Haut schützenden, Wundheilung beschleunigende Inhalte. Hydrocortison-ähnlich wirkende ätherische Öle können zum Vorbeugen gegen Wundliegen und bei schlecht heilenden Wunden zur Unterstützung der natürlichen Wundheilung genutzt werden. Die Gesichtspflege nutzt Eigenschaften von ätherischen Ölen für den Hautschutz besonders empfindlicher Haut. Auch bei zu (entzündeten) Mitessern neigender rasch nachfettender Haut können ätherische Öle ausgleichend und desinfizierend wirken.
- Ätherische Öle verbessern die Durchblutung und können als Venentonikum eingesetzt werden. Die Inhaltsstoffe von Rosmarin-Öl erhöhen die Aufmerksamkeit und Wachheit, beeinflussen die Muskulatur und können Verspannungen lösen.
- Einige ätherische Öle sind nachgewiesenermaßen Genschalter, die Myzelbildung von Candida und anderen Pilzen wird auf natürliche Weise gehemmt. [401] [402]

Wer nun glaubt, dass beispielsweise die Hautpflege / Skin Care Rosemary von ***EdS*** lediglich einen Pflanzen-Auszug – in diesem Fall nur Rosmarin – auf einer herkömmlichen Creme-Basis enthält, irrt gewaltig. Ein ebenso intensiv riechendes Haut-Öl, das nur Rosmarin-Öl als Duft enthält,

- überschreitet die empfohlenen Limits der IFRA,
- gilt wegen seinem hohen Campher-Gehalt schon als Arzneimittel und
- darf keinesfalls als Hautpflege / Kosmetik verkauft werden.

Hinter allen ***EdS-Rezepturen*** steckt eine intensive Vorarbeit über die unterschiedlichen Pflege-Wirkungen der für den jeweiligen Zweck und Hauttyp allgemein Empfehlungs-würdigen Pflanzenauszüge. Voraussetzung für dieses Wissen über die Hautfreundlichkeit von Düften / Pflanzenauszügen und ätherischen Ölen sind die seit 1988 von Ed Siedler alleine fortgesetzt gesammelten Daten.[403]

---

[401] Genschalter (QSM): an die Erbinformation andockende Moleküle ändern das Verhalten z.B. von Hautpilzen: *Candida* bildet dann kein Mycel.

[402] Vergleiche hierzu auch: Verminderung der Candida-Adhäsion, Verminderung der Menge und/oder Vitalität von Candida. Präbiotische Intimpflege http://www.freepatentsonline.com/DE102004037505.html

Die ***EdS*** Hautpflege sind flüssige Haut schützende ***Liquid Cold Cream Concentrate*** im Flakon und enthalten – im Gegensatz zu herkömmlichen Cremes –

- kein Wasser
- keine Emulgatoren und keine Konservierung und
- hautfreundliche ätherische Öle.

Aus dieser Produkt-spezifischen Vorauswahl entsteht

- in aufwändiger Regie-Arbeit die Parfumeur-Leistung
- unter Einhaltung der für Kosmetika (Parfums) gültigen,
- gegenüber Arzneimitteln, deutlich strengeren Limits

das jeweilige Produkt,
welches erst nach wiederholter Prüfung, Alterung und verschiedenen Tests und nochmaligen meist viele Monate und oft Jahre andauernden Prüfungen und Bewertungen zum Kauf angeboten wird.

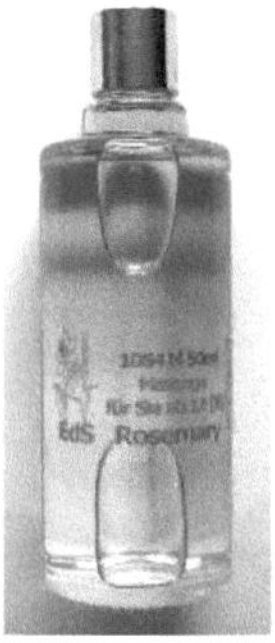

Hautpflege / Hautschutz
Rosemary

Liquid Cold Cream Concentrate with Skin protecting System ™
Hautpflege bei schweren, schmerzenden Beinen

Launch als Creme: 1993
Launch im Flakon: 1997 (Abb.)

Ed Siedler: Parfums – natürlich – Abb.:36
EdS Rosemary Face / Skin Balm Hautpflege** 1084 M 050 **ml
aus: EdS-Parfums.de und © 2003 EdS-Parfums EdS: Parfums – natürlich –

[403] Die Hautfreundlichkeit von Düften / Pflanzenauszügen und Ätherischen Ölen, english : Fragrances / Extracts and Essentials (FEE). Die Daten der ARGE FEE sind Eigentum von Ed Siedler.

Das EdS Hautpflege-Programm (Teil/Auszug)

Massage+ Hautschutz				ab / age	***Face / Skin Balm Gesichts- und Hautpflege***
Sensitiv	***1082***	***M***	***050***	*[0+]*	für besonders empfindliche Haut
Lemon	***1083***	***M***	***050***	*[3+]*	bei zu (entzündeten) Mitessern neigender fettender Haut
Calm	***1404***	***M***	***050***	*[3+]*	Neroli beruhigt
Relax	***1591***	***M***	***050***	*[3+]*	Citronell glättet Faltenwirkung 'Anti-Wrinkle' und hält Schnaken ab
Massage+ Hautschutz				ab / age	***Skin Balm Hautpflege***
Candida (QSM)	***1320***	***M***	***050***	*[3+]*	Intimpflege, Juckreiz vorbeugend
Rosemary	***1084***	***M***	***050***	*[X+] [B]*	schmerzende Beine pflegen, bei Verspannungen
Cellulite	***1451***	***M***	***050***	*[X+] [B]*	Hautpflege bei Cellulite, Venentonikum

Ed Siedler: Parfums – natürlich – Abb.:37
EdS Face / Skin Balm Gesichts- und Hautpflege
aus: Parfums - natürlich – © 2003 EdS-Parfums

EdS Face/ Skin Balm Gesichts-, Hautpflege und Hautschutz
sind in ihrer kosmetischen Duft- und *Hautpflegewirkung einzigartig und vielen Wasser-, Emulgator- und Konservierungsmittel-haltigen Kosmetika überlegen.*
Aber:

- Kosmetische Mittel unterliegen einer kontinuierlich entwickelnden Rechtsprechung:
- Die Marktfähigkeit wird oftmals von Gerichtsurteilen bestimmt. Von Gesetzes wegen ist immer weniger möglich: Weil gemäß der *Ph Eur ätherische Öle nun Arzneimittel sind, droht neues Ungemach!*
- "Schöne neue Welt! Und ohne Jurastudium haste ohnehin verloren, ja, mich frustriert diese *Über-Regulierung zutiefst."* [404] [405]

EdS-Parfums zog die Reißleine:
Am 29. August 2013 wurde die letzte Bestellung versandt.

---

[404] Ätherische Öle Arzneimittel? http://blog.aromapraxis.de/2010/11/25/atherische-ole-als-arzneimittel/

[405] Die Marktfähigkeit wird oftmals von Gerichtsurteilen bestimmt: http://www.integritas-hwg.de/pdf/20141203_vortrag-dr-voss.pdf

EdS Liquid Cold Cream - Anwendungsbereiche

Zusätzliche Anwendungsbereiche fanden unsere als Lippenpflege und Hautschutz konzipierten Fett- und Wasser-freien ***Liquid Cold Cream Concentrate*** beispielsweise

- im Bereich **Intimpflege** als Haut pflegendes und schützendes **Gleitmittel.**
- Bedenken haben wir jedoch beim Einsatz als Gleitmittel beim Diaphragma: Vorsicht: Die enthaltenen ätherischen Öle können Kunststoffe verändern und damit die Funktion dieser Verhütungsmittel beeinträchtigen.
- im Bereich **Elektroinstallation** als "**Kabel-flutsch**": Beim Einziehen von Kabeln bremst die raue Gummi-artige Masse am Kabelanfang. Ein Tropfen ***Liquid Cold Cream Concentrat*** am Kabelanfang lässt das Kabel wesentlich schneller durch Kabelkanäle gleiten. Oftmals gelingt so bereits das Einschieben des Kabels; es wird dann kein zweiter Mann zum Einziehen benötigt. Der (nun gleitfähig gemachte) Kabelanfang wird beim Anschließen der Kabel sowieso stets abisoliert und entfernt. Die Elektroinstallation geht mit "**Kabel-flutsch**" Zeit und Kräfte sparend, sauber und wesentlich schneller.
- im Möbelbereich zum **Einlassen von Holzmöbeln** und Holztüren. Die ***Liquid Cold Cream Concentrate*** bewähren sich auch als Reparaturmittel bei Wasserflecken oder nach Einwirkung von Putzmitteln auf Holz.
- im Werkzeugbereich zum **Einlassen von Holzgriffen** und als Schmutz und Feuchtigkeit abweisendes Einölen von Metallteilen. Die mit ***Liquid Cold Cream Concentrate*** behandelten Teile sind geschützt, verschmutzen weniger und sind freundlicher zu Ihrer Haut.
- im Werkzeugbereich zum **Schmieren von** (beweglichen) **Metallteilen**. Die mit ***Liquid Cold Cream Concentraten*** behandelten Metallteile verharzen nicht, weisen Schmutz und Wasser ab, gleiten besser und verschleißen weniger.
- im Bereich Lederpflege als **Schuh- und Lederpflegemittel** geben die farblosen und Wasser abweisenden ***Liquid Cold Cream Concentrate*** dem Leder wieder Glanz und ursprüngliche Farbe. Raue Lederstellen werden weicher und glatter; dies vermeidet Druckstellen, Aufreiben und Blasen. Vorsicht: Nicht Anwenden bei Kunstleder: Die enthaltenen ätherischen Öle können Kunststoffe verändern.

Parfums im Test

Viele sprechen bei jeder Hautreizung von Allergie. Diese sogenannte Allergie ist meist eine Irritation der Haut oder sogar die gesunde homöostatische Erstreaktion. Unglücklicherweise wird oftmals nur von Allergenen und Allergien gesprochen. Besonders fatal ist, dass diese weitreichenden Fehler auch im Abschlussbericht der European Commission SCCS "Fragrance allergens in cosmetic products" gemacht werden. [406]

Ingredients and Content / Zutaten und Inhaltsstoffe

Der Hersteller muss seine Zutaten als Ingredients gemäß INCI auflisten.[407] Der englische Begriff Ingredient kann als Zutat oder als Inhaltsstoff übersetzt werden. Zutat und Inhaltsstoff sind jedoch nur bei einheitlichen Stoffen dasselbe.

Die meisten Verbraucher - aber auch manche "Fachleute" – glauben immer noch, dass in der Zutatenliste gemäß INCI die Inhaltsstoffe der Menge nach aufgelistet sind. Bei der chemischen Analyse stellen wir aber fest: Meist unterscheiden sich die aufgelisteten Zutaten vom Inhalt (Ingredients ≠ Content). Die Liste der nachgewiesenen Inhaltsstoffe ist meistens wesentlich umfangreicher als die Liste der Zutaten. Durch die Rezeptur ist etwas Neues entstanden; und das ist meist mehr als die Summe der Einzelteile:

- Abhängig von den in der Rezeptur vorhandenen Substanzen kann sich das Reaktions-Gleichgewicht verschieben, es bilden sich neue Substanzen, beispielsweise durch Umesterung. Auch deshalb sind Zutaten und Inhalt nur selten dasselbe.
- Aber machen Sie das einmal einem geldgierigen Abmahn-Juristen klar: Der englischsprachige Begriff Ingredient ist zweideutig und bedeutet sowohl Zutat als auch Inhaltsstoff...
- Es gibt Zutaten, die aus mehreren Inhaltsstoffen bestehen: Dazu gehören die meisten natürlichen (ätherischen) Öle. Rosen-Öl besteht beispielsweise zumindest aus rund 300 verschiedenen Inhaltsstoffen.[408]

---

[406] http://ec.europa.eu/dgs/health_consumer/dyna/enews/enews.cfm?al_id=1283 European Commission SCCS final opinion on Fragrance allergens in cosmetic products

[407] Eine INCI-Bezeichnung kann verschiedene chemische Verbindungen abdecken. *https://www.verbrauchergesundheit.gv.at/lebensmittel/lebensmittelkontrolle/l_09720060405de00010528.pdf?40xutc*

[408] Untersuchungen eines Schweizer Teams unter Leitung des Ungarn Kovats.
Ohloff waren 1990 bereits 275 Inhaltsstoffe des Rosen-Öls bekannt: Siehe auch G. Ohloff: Riechstoffe und Geruchssinn, Springer-Verlag 1990 Seite 152

Beispielsweise der Kosmetikrohstoff ***Lanolin***

Lanolinum DAB	***Lanolin Ph.Helv.***
besteht aus	
65% gereinigtem *Wollwachs* mit	70 Teilen *Wollwachs*,
20% *Wasser* und	20 Teilen *Wasser* *und*
15% dickflüssigem *Paraffin*	10 Teilen *Oliven-Öl*

Je nach verwendetem Arzneibuch kann ***Lanolin*** neben *Wollwachs* bereits *Wasser* und *Paraffin* oder *Oliven-Öl* enthalten.[409]

Das gereinigte *Wollwachs* besteht wiederum aus einem Gemisch von *Estern, Di-Estern* und *Hydroxy-Estern.* Bei deren Hydrolyse wurden bis jetzt 69 aliphatische *Alkohole* (C_{14}-C_{36}) und 6 *Sterole (Cholesterol, Dihydrocholesterol, Lanosterol, Dihydrolanosterol, Agnosterol, Dihydroagnosterol)* sowie 138 *Fettsäuren* (C_8-C_{41}) isoliert.
Nehmen wir vereinfachend an, dass nur Monoester-Verbindungen vorliegen, ergeben sich daraus schon über zehntausend mögliche Ester-Verbindungen. Die wirkliche Zahl ist unbekannt. Und 0,5 % der *Fettsäuren* und bis zu 12 % der *Alkohole* sind nicht verestert.[410]

Das Ingredient ***Alcohol denat.*** */ Ethanol denatured*
in accordance with Customs and Excise regulations -
gemäß INCI und Cosing[411]
ist eineindeutig eine Zutat und besteht beispielsweise aus den Inhaltsstoffen:

Alcohol, *Ethanol (Weingeist)*
Water, *Aqua (Wasser)* und dem denaturierenden Bitterstoff
Diethylphthalate (*Diethylphthalat*).

Das Ingredient ***Simmondsia chinensis seed oil***
ist gemäß *INCI und Cosing*
eineindeutig die Zutat
Simmondsia Chinensis Seed Oil - fixed oil expressed or extracted from seeds of the desert shrub, *Jojoba, Simmondsia chinensis, Buxaceae -*

"*Jojoba Öl* " ist ebenso wie *Bienen-*, *Carnauba-* oder *Candelilla-Wachs* ein *Wachs*. Im Gegensatz zu *Bienen-*, *Carnauba-* oder *Candelilla-Wachs* ist das ***Jojoba-Wachs*** bei Zimmertemperatur flüssig. *Jojoba* besteht chemisch aus *Wachs-Alkoholen* und *Wachs-Säuren* mit Kettenlängen von 18 bis 24 C-Atomen, bzw. aus langkettigen *Wachsen* (genauer *Wachs-Estern*) mit 38 bis 44 C-Atomen und besteht beispielsweise zumindest aus den Inhaltsstoffen

---

[409] *Unguentum* Salbengrundlagen https://de.wikipedia.org/wiki/Salbe
[410] Es könnten zusätzlich auch noch Reste von Detergenzien und Insektiziden im Wollwachs enthalten sein: http://www.lanolin.de/neu/deutsch/monography.php
[411] http://ec.europa.eu/consumers/cosmetics/cosing/index.cfm?fuseaction=search.details&id=74174

Gondosäure (cis-Eicos-11-ensäure) [412]
neben den weiteren Omega-9-Fettsäuren
Eruca (Docos-13-ensäure) und *Ölsäure* (Octadeka-9-säure)
sowie den mit ihnen veresterten Alkoholen
Docos-13-enol, *Eicos-11-enol*, *Tetracos-15-enol*, ,...

Die wichtigsten Wachsbestandteile von "***Jojoba Öl***" sind:

Anteil ~ %	*Alkohol*	C	+ Säure	C		C
37%	*Docos-13-enol*	22	*Eicos-11-ensäure*	20	=	42
24%	*Eicos-11-enol*	20	*Eicos-11-ensäure*	20	=	40
11%	*Eicos-11-enol*	20	*Docos-13-ensäure*	22	=	42
7%	*Tetracos-15-enol*	24	*Eicos-11-ensäure*	20	=	44
5%	*Eicos-11-enol*	20	*Octadeka-9-säure*	18	=	38

sowie
Tocopherol (Vitamin E), *Carotin* (Provotamin A), *Sterole*, *Squalen*.

Indication of Ingredients / Deklaration gemäß INCI [413]

Die Zutaten-Deklaration ist, wenn wir auf Emulgatoren, Stabilisatoren und Farbstoffe verzichten, bei Parfums kurz:

Zutaten / Indication of Ingredients: **Alcohol denaturated, Parfum.**

Die verwendeten Riech- und Aromastoffe müssen nicht einzeln angegeben werden, sondern können unter dem Begriff ***Parfum*** oder ***Aroma*** zusammengefasst werden. Diese Vereinfachung ist durchaus sinnvoll: Denn selbst anhand einer deutlich erweiterten Zutatenliste ist der Duft des Endprodukts kaum vorhersehbar.

Die Zutatenliste (rechts) enthält den erweiternden Hinweis auf eine Parfum-Komposition (*Absolues* und *ätherische Öle*) aus Bergamotte, Süßgräsern, Orangen, Kiefern,

Zutaten / Indication of Ingredients:
Alcohol denat.
[Ethanol ~70Vol%, Aqua, Diethyl phthalate ~0,7Vol%],
Parfum Composition
Citrus bergamia-, Cymbopogon-oil: [Citral, Citronellol]
Citrus aurantium-, Pinus-oil: [Limonene]
Coriandrum-, Lavandula-oil: [Linalool]
Pelargonium-oil, Rosa-abs./-oil: [Farnesol, Geraniol]
Jasminum-abs.:
[Amyl cinnamal, Amyl cinnamyl alcohol, Benzyl alcohol]
Benzyl cinnamate
Coumarin

---

[412] http://www.internetchemie.info/chemie-lexikon/stoffe/g/gondosaeure.php - Die Gadoleinsäure, eine Omega-11-Fettsäure, wird häufiger mit der isomeren (11Z)-Eicos-11-ensäure = Gondosäure, eine Omega-9-Fettsäure, verwechselt. http://www.internetchemie.info/chemie-lexikon/stoffe/g/gadoleinsaeure.php
[413] Eine INCI-Bezeichnung kann verschiedene chemische Verbindungen abdecken. https://www.verbrauchergesundheit.gv.at/lebensmittel/lebensmittelkontrolle/l_09720060405de00010528.pdf?40xutc

Koriander, Lavendel, Geranium, Rosen und Jasmin sowie *Benzylcinnamat* und *Coumarin.*

- Ausgehend vom *Coumarin*, Koriander und Lavendel könnte dies ein klassisches **Fougère-Parfum** sein.
- Mit dem Schwerpunkt auf Citrusnoten wird es ein **Citrus-Duft**.
- Ebenfalls möglich wären **aldehydige Parfums.**
- Auch **blumige Rosenparfums** bis hin zu süßen Noten sind denkbar.

Selbst wenn ich nun weitere Duftnoten als mögliche Nuancen nenne, können allenfalls Vermutungen über die möglichen Duftrichtungen (Duftfamilien) gemacht werden.
Die Unsicherheit wächst, wenn den Zutaten +/- vorangesetzt wird:

+/- Alpha-isomethyl-ionone e.g. "Methylionone gamma"
+/- Butylphenyl methylpropional e.g. "Lilial"
+/- Cananga-oil: [Benzyl benzoate, Benzyl salicylate]
+/- Eugenol
+/- Farnesol
+/- Hexyl cinnamal e.g. "Jasmonal H"
+/- Hydroxyisohexyl 3-cyclohexene carboxaldehyde e.g. "Lyral"
+/- Cinnamomum-oil: [Cinnamyl alcohol, Cinnamal, Coumarin]
+/- Foeniculum-, Pimpinella anisum-oil: [Anise alcohol]
+/- Hydroxycitronellal
+/- Styrax benzoin, Benzoe-extract: [Benzyl cinnamate]
+/- Syzygium aromaticum-oil: [Eugenol, Isoeugenol].
+/- may contain ...
[...] from natural essential oils.

Werden kosmetische Mittel, in Form einer Produktpalette in den Verkehr gebracht, so können bei den einzelnen Erzeugnissen alle in der Palette verwendeten Stoffe gemeinsam aufgeführt werden, sofern "may contain ..." oder "kann ... enthalten" eingefügt oder das Zeichen "(+/-...)" angefügt werden.

Irritationen: "Sogenannte Allergene"

26 sogenannte "allergene Inhaltsstoffe" müssen seit 2005 bei 'Leave-on-products' ab einem Limit von 10mg/kg Endprodukt extra deklariert werden. Dabei ist es unerheblich, aus welchen Zutaten diese stammen. Darunter sind vor allem Inhaltsstoffe, die europaweit am häufigsten bei Menschen Irritationen hervorrufen. Damit soll der Verbraucher generell die Möglichkeit bekommen, Produkte mit Stoffen, auf die er mit Irritationen reagiert, zu meiden.
Rosen-Öl allein enthält beispielsweise mehr als 300 Einzelsubstanzen.[414] Davon sind mindestens *Citronellol*, *Geraniol*, *Nerol*, *Linalool*, *Citral*, *Eugenol* und *Farnesol* deklarationspflichtig.
Hinzu kommen in einem Natur-Parfum die Einzelsubstanzen der zusätzlich verwendeten Pflanzenauszüge und natürlichen ätherischen Öle. Und, weil die Inhaltsstoffe mit dem Jahrgang, der Herkunft und der Verarbeitung stark schwanken, werden vorsichtshalber auch all die deklarationspflichtigen Stoffe genannt, die allenfalls (worst case) möglicherweise das Limit 10mg/kg im Endprodukt überschreiten könnten.

[414] Untersuchungen eines Schweizer Teams unter Leitung des Ungarn Kovats. Siehe auch G. Ohloff: Riechstoffe und Geruchssinn, Springer-Verlag 1990 Seite 152

Der Kunde erhält mit diesem Natur-Parfum eine abschreckend lange Liste von sogenannten 'allergenen Inhaltsstoffen', die tatsächlich jedoch lediglich in deklarationspflichtiger Menge vorhanden sein könnten, aber weder deklarationspflichtig noch nachweisbar oder vorhanden sein müssen.

Bei den 26 gemäß Kosmetikverordnung zu nennenden sogenannten 'allergenen Inhaltsstoffen' zeigte es sich, dass sie anfangs falsch bewertet wurden. Inzwischen veröffentliche auch Oeko-Test eine differenziertere Darstellung.

Cinnamal, Isoeugenol und ***Baummoos*** *(Evernia furfuracea extract)* sensibilisieren. - Kaum hatte die EU die Verwendung von *Eichenmoos (Evernia prunastri extract)* eingeschränkt, stellte sich heraus, dass der Bösewicht das billigere ***Baummoos*** war, das zum Strecken des Eichenmooses benutzt wurde. [415]

Problematische Stoffe sind ***Hydroxycitronellal, Zimtalkohol*** *und* ***Lyral*** (Handelsname, INCI: *Hydroxyisohexyl 3-cyclohexene carboxaldehyde*). [416]

Farnesol, Citronellol, Coumarin, Geraniol, Citral, Eugenol, Amylcinnamylalkohol, Methylheptincarbonat *(INCI: Methyl 2-octynoate)* und ***Benzylcinnamat*** werden in den neueren ÖKO-TESTs nur informationshalber aufgeführt.

Die restlichen Stoffe der 26er-Liste werden bei ÖKO-TESTs nicht genannt: Sie sind ohne Bedeutung, trotz der Deklarationspflicht.

Außer Amyris, Sandelholz, Patchouli, Zedernholz und Narde enthalten **alle** mir bekannten ätherischen Öle schon von jeher einen oder mehrere der folgenden Bestandteile:

---

[415] Das *Baummoos* ist der Bösewicht: Luca Turin: Ehre, wem Ehre gebührt, in: NZZ Folio Heft 4, 2007.
[416] http://www.oekotest.de/cgi/index.cgi?artnr=11290&gartnr=91&bernr=10&seite=06

Sogenannte Allergene				
CAS-Nr.	Oekotest-Bewertung:	-2		
104-55-2	*Cinnamal*	*Zimtaldehyd*	*	
97-54-1	*Isoeugenol*	*Isoeugenol*	*	
90028-68-5	Evernia prunastri Extract	Eichenmoos		s.u.
90028-67-4	*Evernia furfuracea Extract*	*Baummoos*		s.u.
CAS-Nr.	Oekotest-Bewertung :	-1		
107-75-5	*Hydroxycitronellal*	*Cyclosia*	1	
104-54-1	*Cinnamyl alcohol*	*Zimtalkohol*	*	
31906-04-4	*Hydroxymethylpentylcyclohexenecarboxaldehyd*	*Lyral*	1	
4602-84-0	*Farnesol*	*Farnesol*	* 1	
CAS-Nr.	Oekotest-Bewertung :	0		
106-22-9	*Citronellol*	*Citronellol*	*	
91-64-5	*Coumarin = 2H-1-Benzopyran-2-on = Chromen-2-on*	*1,2-Benzopyron*	* 1	
106-24-1	*Geraniol*	*Geraniol*	*	
5392-40-5	*Citral*	*Citral*	*	
97-53-0	*Eugenol*	*Eugenol*	* 1	
101-85-9	*Amylcinnamyl alcohol*	*Alpha-Amylzimtalkohol*	*	
111-12-6	*Methylheptincarbonat*	*Hexansäuremethylester*	1	
103-41-3	*Benzylcinnamate*	*Benzylcinnamat*	* 1	
CAS-Nr.	Bei Oeko-Test	nicht genannt		
80-54-6	*Butylphenyl Methylpropional*	*Lilial*	1	
122-40-7	*Amylcinnamal*	*Alpha-Amylzimtaldehyd*	*	
105-13-5	*Anisyl alcohol*	*Anisalkohol*	*	
100-51-6	*Benzyl alcohol*	*Benzylalkohol*	*	
120-51-4	*Benzylbenzoate*	*Benzylbenzoat*	*	
118-48-1	*Benzylsalicylate*	*Benzylsalicylat*	*	
5989-27-5	*d-Limonene*	*Limonen*	*	
78-70-6	*Linalool*	*Linalool*	*	
127-51-5	*3-Methyl-4-(2,6,6-trimethyl-2-cyclohexen-1-yl)-3-buten-one*	*iso-alpha-Methylionon*	1	
101-86-0	*Hexyl cinnamaldehyde*	*Alpha-Hexylzimtaldehyd*	1	
	Bestandteil natürlicher ätherischer Öle		*	
		einheitlicher Duftstoff	1	
	EdS meidet Moos-Extrakte.			

Sogenannte Allergene
Ausschnitt aus der PID von EdS-Parfums.de ©1997_2013_
Ed Siedler: Parfums – natürlich – Abb.:38

Allergie und Chemie reimt sich; aber gehören diese Begriffe wirklich in einen Topf? Aus Angst vor der übermächtigen Chemie greifen viele überzeugt zur Natur pur. Abgesehen davon, dass diese Fans unsere natürlichen Ressourcen plündern...

Das auch *Cinnamal* genannte natürliche *Zimtaldehyd* und die natürlichen photo-sensibilisierenden (Furo-) *Coumarine* sind heutzutage die häufigsten Auslöser von Irritationen der Haut.

Zimtaldehyd und *Zimtalkohol*

Bei einer Haut-Reaktion (Rötung, Irritation der Haut) auf den oben genannten Duftstoff-Mix zeigten 50 – 60% auch eine deutliche Reaktion auf *Zimtaldehyd* und eine Sensibilisierungsrate von 1,9%. Das "Kontaktallergen" *Zimtaldehyd* erhielt die Einstufung: Sensibilisierungshäufigkeit gelegentlich, Sensibilisierungspotenz mittelstark bis stark. Trotzdem bleibt der Genuss von zimthaltigen Nahrungsmitteln in der Regel ohne Folgen.[417]

Zimtaldehyd kommt natürlich vor im Ceylon-Zimt-Öl, im (chinesischen) Kassie-Zimt, im Zimtblätter-Öl, im Hyacinthen-Öl, Narzissenblüten-Öl, Cassaia-Öl und einigen Lavendel-Öl-Sorten...
Der ebenfalls als "Allergen" genannte *Cinnamyl alcohol* (3-Phenylallylalkohol = *Zimtalkohol*) kommt natürlich im Hyacinthenblüten-Öl, Narzissen-Öl, Zimtblätter-Öl, in Storax und Perubalsam vor. *Zimtalkohol* durchdringt die Haut und oxidiert zu *Zimtaldehyd.* Aus der Gesamtheit der klinischen Befunde wird eine schwache Sensibilisierungspotenz abgeleitet.

Isoeugenol, Eugenol und Methyleugenol

*I*soeugenol ist ein weitverbreiteter Aromastoff in Pflanzen und ihren ätherischen Ölen, insbesondere in Nelken-Öl. In der Natur kommt es beispielsweise in Gewürzen meist zusammen mit *Eugenol* vor. Es ist als Aromastoff zugelassen. Deshalb kann es u.a. in Kaugummi, in aromatisierten Tees und sogar in zahnärztlichem Material vorkommen.[418]

Gewürz-Öle enthalten neben *Eugenol* (ODT 6 - 30 µg/L Wasser) unter anderem *Isoeugenol, Zimtaldehyd* und *Zimtalkohol*. Bei den sogenannten "Allergenen" nicht genannt, meist weit gefährlicher und mit 10ppm deutlich schärfer limitiert, sind jedoch das auch *Methylchavicol* genannte *Estragol, Safrol* und *Methyleugenol.*[419]

Baummoos und Eichenmoos -Absolue

Der Grundakkord Bergamott-Labdanum-Eichenmoos definiert die Duftfamilie Chypre.

---

[417] http://www.alles-zur-allergologie.de/Allergologie/Artikel/4417/Zimtaldehyd/Zimtaldehyd.html
[418] http://www.alles-zur-allergologie.de/Allergologie/Artikel/3888/Isoeugenol/isoeugenol.html
[419] Limit 10 ppm = 10mg/kg = 10g / t Fertigprodukt.

Moos-Extrakte dürfen seit Jahrzehnten wegen immer engerer Limits immer weniger eingesetzt werden. Da es nahezu unmöglich ist einen klassischen Chypre-Akkord ohne natürliches Eichenmoos zu kreieren, haben es Parfümeure heutzutage besonders schwer. Sie nutzen nun Extrakte, welche Eichenmoos im Duft ähneln und gleichzeitig den immer strenger werdenden Ansprüchen der IFRA gerecht werden. Findige Parfumeure haben für diesen wichtigen Duft – neben synthetischen Duftstoffen – in der Natur Ersatz gesucht und gefunden: Auch Kompositionen mit den ätherischen Ölen Vetiver und Patchouli erzeugen einen angenehm erdigen Mooseffekt.

Eichenmoos (*Evernia prunastri*) ist eine Flechte und besteht aus farblosen Pilzhyphen, in die grüne, kugelige, einzellige Algen eingelagert sind.
Zum gegenwärtigen Zeitpunkt kennen wir mindestens 115 Inhaltsstoffe des Eichenmooses, u.a. Harzsäuren, *Geraniol, Citronellol, Cineol,* D-*Limonen-, alpha-* und *beta-Pinen* sowie *Methylsalicylat.* Die Einsatzmenge von Eichenmoos-Absolue wurde stark limitiert (maximal 0,1% für caterogy 4 Skin und QRA 3 Shave; 0,03% bzw. 0,02% für caterogy 2 Deo bzw. QRA 1 Lips).[420]
Auch hierbei gilt: Die Reinheit und die Menge, genauer: die Konzentration, macht's. Sensibilisierungshäufigkeit: gelegentlich (bei vorliegender Parfumallergie), Sensibilisierungspotenz: schwach bis mittelstark.[421]
Neben den *Harzzsäuren* stimm(t)en mich bereits 1988 das *Methylsalicylat* und insbesondere die stark schwankenden Qualitäten (und Sensibilisierungstendenz) der angebotenen Moos-Extrakte bedenklich. ***EdS*** meidet deshalb Moos-Extrakte.

Das ebenfalls verwendete ***Baummoos*** wächst auf der Rinde von Fichten und Kiefern. Ab dem 01. Januar 2010 wurde die Verwendung von Eichenmoos von der EU und der IFRA (International Fragrance Association) stark eingeschränkt.
"Kaum hatte die EU die Verwendung von Eichenmoos eingeschränkt, stellte sich heraus, dass der Bösewicht das billigere ***Baummoos*** war, das zum Strecken des Eichenmooses benutzt wurde." [422]

Cyclosia und Lyral

Hydroxycitronellal versteckt sich oft auch unter den Begriffen: *Fliederaldehyd, Cyclosia*; 3,*7-dimethyl-7-hydroxyoctan-1-al*; *Lily aldehyde*, *Laurine*, *Muguet synthetic.* Sensibilisierungshäufigkeit: gelegentlich, Sensibilisierungspotenz: schwach bis mäßig.Unter den Patienten mit positivem Duftstoff-Mix finden sich bei weniger als 10% der positiv Getesteten auch eine Reaktion auf *Hydroxycitronellal.*

---

[420] IFRA_RIFM_QRA RIFM (Research Institute for Fragrance Materials) QRA (Quantitative Risk Assessment) Ohne die Kenntnis der IFRA_RIFM_QRA Kategorien sind die genannten Limits der IFRA keinesfalls nutzbar.
[421] http://www.alles-zur-allergologie.de/Allergologie/Artikel/3697/Eichenmoos-absolue/Baummoos.html
[422] Das *Baummoos* ist der Bösewicht: Luca Turin: Ehre, wem Ehre gebührt, in: NZZ Folio Heft 4, 2007.

Bei dem seit über 50 Jahren verwendeten Hydroxycitronellal berichten, bezogen auf die Anwendungshäufigkeit und die Anwendungsdauer, lediglich Einzelfallberichte von Hautirritationen.[423]

Lyral ist einer der am weitesten verbreiteten Riechstoffe in der Parfum- und Kosmetikindustrie. Gegenüber *Hydroxycitronellal* besitzt *Lyral* einen angenehmeren und ausgeprägteren Duft, in alkalischen Produkten auch eine bessere Haftung sowie eine höhere Stabilität. *Lyral* ist als Duftstoff in 33% von über 300 untersuchten Kosmetikprodukten und in 46% von 400 geprüften Parfums. In 53% von 73 Deos ließ er sich analytisch identifizieren.[424]
Lyral wird meist synthetisch hergestellt, ist aber auch als natürlicher Bestandteil im ätherischen Öl des Salbeis, Rosmarins, und Lorbeers nachweisbar. Samenzellen können im Labor Duftstoffe wie Lyral und Bourgeonal genau orten.[425]
Tatsächlich orten die Samenzellen das weibliche Geschlechtshormon Progesteron und kleine Proteine.[426] [427]
In einer Untersuchung des IVDK reagierten 1,9% der getesteten Patienten auf *Lyral* (1.7. - 31.12.2000), so dass aufgrund dieser Prävalenz im Februar 2000 von der DKG beschlossen wurde, *Lyral* in die Standardreihe aufzunehmen.[428]

Farnesol

Farnesol ist einer der 26 Duftstoffe, welche in der EU deklarierungspflichtig sind. *Farnesol* ist ein konservierender Riechstoff, der natürlich u.a. im Perubalsam (Myroxylon balsamum pereirae) sowie auch im Propolisgefunden wird.[429]

Farnesol parfumiert, löst andere Stoffe, hält diese in Lösung, blockiert die Mycelbildung von Hefen und hat (damit auch) eine Deowirkung und lindert Unbehagen an Haut und Kopfhaut. In einer größeren Untersuchung des IVDK fand sich eine Sensibilisierungsrate von 1,1%. *Farnesol* wird deshalb als eines der bedeutsameren Duftstoff-Allergene angesehen.[430]

---

[423] http://www.alles-zur-allergologie.de/Allergologie/Artikel/3864/Allergen,Allergie/Hydroxycitronellal/
[424] Es besteht ein deutlicher Zusammenhang mit ekzematischen Veränderungen in den Axillen nach Gebrauch von Deodoranzien. Verdächtigt wird das oftmals darin verwendete Aluminum:
http://www.test.de/Aluminium-in-Deos-Schweisshemmend-und-umstritten-4570934-0/
http://www.zeit.de/zeit-magazin/2014/25/antitranspirant-deo-ohne-aluminium
[425] Im Reagenzglas lassen sich menschliche Spermazellen auch von Blumenduftstoffen wie *Lyral* betören,... Spermazellen können ... die Quelle des Duftstoffs präzise orten.
http://www.nzz.ch/aktuell/startseite/wundersame-reise-1.1611236
[426] http://www.welt.de/gesundheit/article13890410/Spermien-folgen-doch-nicht-dem-Maigloeckchenduft.html
[427] http://derstandard.at/2000034179432/Sonnenmilch-koennte-zu-Unfruchtbarkeit-beitragen
https://www.sciencedaily.com/releases/2016/04/160401111847.htm
[428] http://www.alles-zur-allergologie.de/Allergologie/Artikel/3999/Lyral/lyral.html
[429] http://www.phytodoc.de/heilpflanze/propolis/gewinnung-wirkstoffe/
[430] http://www.alles-zur-allergologie.de/Allergologie/Artikel/3747/Farnesol/farnesol.html

77% der sogenannten Farnesol-Allergiker können jedoch nicht über den Duftstoff-Mix diagnostiziert werden. Bei *Farnesol* und vielen anderen natürlichen Stoffen wird schon seit Jahrzehnten im IFRA-Codex darauf hingewiesen, dass im Interesse der Hautfreundlichkeit auf die Reinheit der Riechstoffe Wert gelegt werden muss. *Farnesol* muss möglichst frei von *Farnesen* und anderen Farnesol-ähnlichen Begleit-Stoffen sein. *Farnesol* wird in den neueren ÖKO-TESTs nicht mehr abgewertet, sondern nur noch informationshalber aufgeführt.

Die Menge macht's

Bei Produkten mit natürlichen ätherischen Ölen unvermeidbar ist das Einbringen von bedenklichen Stoffen wie *Cinnamal* (sowie *Amylcinnamal* und deren *Alkohole*), *Isoeugenol*, *Methyleugenol*, *Farnesol*, *Estragol* und *Safrol*, *Benzylverbindungen*, *Coumarin* und *Coumarinverbindungen* wie *Bergapten* und von *Lactonen.*

Unbedingte Voraussetzung für den sicheren hautfreundlichen Einsatz ätherischer Öle und anderer kosmetischer Rohstoffe ist das detaillierte Wissen über die verwendeten Rohstoffe und deren Inhaltsstoffe. Durch fachmännische Rohstoffauswahl kann die Konzentration bedenklicher Inhalte gering gehalten werden.[431]

Nur Natur oder nur Technik?

Um die Liste der zu deklarierenden Stoffe klein zu halten arbeiten immer mehr Parfumeure mit einheitlichen Riechstoffen, deren Reinheit vom Riechstoff-Hersteller garantiert und deren qualitative Analyse mitgeliefert wird. Duftschwankungen treten allenfalls bei einem Lieferantenwechsel auf. Die Einhaltung der jeweils geltenden Standards wird wesentlich erleichtert. Verloren gehen dabei für den Duft, den Duftablauf und die Fixierung wichtige Begleitstoffe. Das Beste aus Natur und Technik ist in jedem Fall besser!

[431] Siehe Parfum Classification: ***EdS***

Allergie, Irritation oder Erstreaktion?

Bei neuen Kosmetika und Parfums sollten Sie vor dem dauerhaften Gebrauch stets testen, ob Sie diese reizfrei vertragen. Bitte achten Sie dabei darauf, dass der für den Test verwendete Haut-Bereich weder in den drei vorangegangenen noch in den drei folgenden Tagen mit anderen Kosmetika in Kontakt kommt.
Die meisten Verbraucher/innen tragen es an einer kleinen unauffälligen Stelle in der Arm-Innenseite der Ellbogenbeuge auf.[432]

Allergie, Irritation oder Erstreaktion?

Please: Test it two times:	*Bitte testen Sie jedes Parfum* *an einer kleinen unauffälligen Stelle.* *Wiederholen Sie den Test im Abstand von mindestens zwei Tagen.*
Again and again: Allergic reaction » Stop use !	*Sollten wiederholt Reizungen der Haut auftreten bittet **EdS-Parfums** unverzüglich um Nachricht:* *Verdacht auf **Allergie** (extrem selten).* » Unverzüglicher Anwendungs-Stopp !
Again and again: Irritation of skin » Reduce use !	*Sollten wiederholt Reizungen der Haut auftreten bittet **EdS-Parfums** unverzüglich um Nachricht:* *Verdacht auf **Irritation** (sehr selten).* » Bitte Anwendungs-Häufigkeit reduzieren !
Reaction once, only first time: » Use it !	Das einmalige Auftreten einer Rötung ist die gesunde, sehr häufig auftretende **Erstreaktion**. » Bitte weiter verwenden !

Allergie, Irritation oder Erstreaktion? Bitte testen Sie zwei Mal
Gebrauchsanweisung von EdS-Parfums.de ©1993_1997_
Ed Siedler: Parfums – natürlich – Abb.:39

Allergien und Irritationen können mit diesem 1.Test meist noch nicht erkannt werden. Deshalb ist nach etwa 10 bis 14 Tagen ein zweiter Test notwendig. Bitte achten Sie wieder darauf, dass der für den Test verwendete Haut-Bereich weder in den drei vorangegangenen noch in den drei folgenden Tagen mit anderen Kosmetika in Kontakt kommt. Tragen Sie das neue Parfum an derselben kleinen unauffälligen Stelle in der Arm-Innenseite der Ellbogenbeuge auf.

[432] Von Haut verletzenden Tests wird abgeraten: Ätherische Öle durchdringen von sich aus Ihre Haut!

Eine einmalige Rötung, das plötzliche Abheilen und Verschorfen sonst unauffälliger Hautreizungen, ist die Homöostatische Erstreaktion. Diese scheinbare **Erstverschlimmerung**, tritt nur bei der ersten Anwendung auf und zeigt den Beginn der Heilung an. **Die gesunde Erstreaktion ist weit häufiger als allgemein angenommen.**

Allergien zeigen sich meist erst im zweiten Test, da der Körper fast zwei Wochen braucht um genügend Antikörper zu bilden. Erst danach löst jede weitere Anwendung Abwehrreaktionen aus.

Irritationen, können schon beim 1.Test eine Rötung der Haut verursachen, machen oft erst beim 2.Test auf sich aufmerksam, werden aber stets nach längeren intensiven und häufigen Anwendungen beißende Qual.

Die Allergie

Die körpereigene Immunabwehr wehrt sich gegen fremdes Eiweiß.
Die Allergie ist die durch ein Allergen (oder mehrere Allergene) ausgelöste, bei wiederholtem Kontakt wiederkehrende Abwehrreaktion des Körpers. Echte Allergien sind selten. Auslöser von Allergien sind meist denaturiertes Eiweiß oder Stoffe, die Eiweiß verändern. Einige Tage nach dem Erstkontakt entstehen Antikörper. Oberhalb einer Reizschwelle kann dann jeder weitere Kontakt massive, lebensbedrohliche Abwehrreaktionen auslösen.

Die Irritation

Immer wieder: zu oft, zu viel, zu lange... Irritationen der Haut sind abhängig von Anwendungs-Häufigkeit, Anwendungs-Konzentration und Verweildauer der Reizstoffe auf der Haut. Der allgemein beobachtete Trend zu immer größeren Konzentrationen desinfizierender und emulgierender Inhaltsstoffe, immer längerer Verweildauer durch stärkere Fixierung und immer häufigerer Anwendung, führt auf Dauer zur Austrocknung und Reizung der Haut. [433]

Die Homöostatische Erstreaktion

Die gesunde einmalige Erstverschlimmerung ist weitaus häufiger als allgemein angenommen. Wie bei homöopathischen Heilmitteln kann auch bei natürlichen und naturnahen Parfums eine scheinbare Erstverschlimmerung beispielsweise Rötung, Verschorfung oder plötzliches Abheilen sonst unauffälliger Hautreizungen, auftreten. Diese gesunde Homöopathische Erstreaktion, zeigt den Beginn der Heilung an.

[433] Als Auslöser der Mallorca-Akne gelten vor allem Emulgatoren und Konservierungsstoffe.

Vorschriften und unabhängige Qualitäts-Kontrollen

"Verbotene" und limitierte RiechstoffeIFRA							
Riechstoff	CAS-Nr.	Anteil der Proben	≥mg/kg	≤mg/kg	Mittel mg/kg	Median mg/kg	Limit mg/kg
Safrol	94-59-7	42%	1	60	10	5	10
Moschus-Keton	81-14-1	23%	2	3.770	640	60	4.000
Moschus-Xylol	81-15-2	23%	1	70	20	5	500
7-Methoxycoumarin	531-59-9	10%	1	3	2	1	
Moschus-Ambrette	83-66-9	3%		<1	<1	<1	
Tabelle1: Kantonales Labor Basel-Stadt					erstellt 14.11.2002 09:56		
31 untersuchte Proben = 100%							
<1 = nachweisbar (unter der Bestimmungsgrenze)							
IFRA Limit = Empfehlung des Verbandes der Parfumeure (IFRA)							
Freiwillige Selbstbeschränkung der Parfumeure							

Unabhängige Qualitäts-Kontrolle
Quelle: Kantonales Labor Basel-Stadt erstellt 14.11.2002 09:56
Ed Siedler: Parfums – natürlich – Abb.:40

Bei den europäischen Marken-Parfums werden kaum "verbotene" Substanzen gefunden. Offensichtlich werden die Empfehlungen der "International Fragrance Association" IFRA allgemein berücksichtigt und weitgehend eingehalten.[434 435]

IFRA-Limits

CAS-Nr.	Stoff	Symbol	Anteil	Inhaltsstoff	Limit	IFRA
Abfrage	28. Nov 09					
						1 Lips 2 Deo 3 Shav 4 Skin
		Gefahrenhinweis	%		mg/kg	QRA
8015-65-4	Amyris oil	100				
8007-70-3	Anise seed oil (Pimpinella anisum)	Xn; R22	5	Estragole	10	
105-13-5	Anisyl alcohol	Xn	100			1 Lips
8015-73-4	**Basil**, linal. type	Xn; R22, N; R51/53	1	Methyl eugenol		
8015-73-4	Basil oil (estragol = me chav type)	Xn; R22	85	Estragole	10	
8015-73-4	Basil oil (estragol = me chav type)	Xn; R22, N; R51/53	5	Methyl eugenol	10	
100-52-7	**Benzaldehyde**	Xn	100			
100-51-6	Benzyl alcohol	Xn	100			1 Lips
120-51-4	Benzyl benzoate		100			1 Lips
103-37-7	Benzyl butyrate		100			1 Lips
103-41-3	Benzyl cinnamate	Xi,N	100			1 Lips
118-58-1	Benzyl salicylate	Xi,N	100			1 Lips
8007-75-8	**Bergamot** Oil expressed		0,25	Bergapten	10	
8007-75-8	Bergamot oil (see footnote 2)	(Xn+N)	55			
	Birch, sweet	Xn; R22, Xi; R36	95	Methyl salicylate		
	Bitter Orange Peel Oil expressed, Citrus amara		0,08	Bergapten	10	
	.....					

[434] Vergleiche hierzu beispielsweise: Kantonales Labor Basel-Stadt, Untersuchung vom 14.11.2002
[435] IFRA Standards 24.08.2013 http://www.basenotes.net/threads/370302-IFRA-Standards-Temporary-reference-thread-%28original-created-24-08-2013%29

IFRA-Limits
CAS-Nr. Stoff Symbol Anteil Inhaltsstoff Limit IFRA
Abfrage 28. Nov 09

IFRA Limits und Gefahrenhinweise
Ausschnitt aus PID von EdS-Parfums.de ©1997_2013_
Ed Siedler: Parfums – natürlich – Abb.:41

Die oben stark gekürzt nur von *Amyris* bis *Citrus amara* abgebildete Tabelle enthält im Original 2143 einzelne Einträge. Alle mit ***Prohibited*** gekennzeichneten Einträge wurden gelöscht. Nur die jeweils wichtigsten Limits, die den Einsatz für die Einsatzbereiche Lippenpflege, Deo, Rasierwässer und Parfums (QRA 1-4) begrenzen wurden berücksichtigt.

Die freiwillige Selbstbeschränkung der Parfumeure (Limits gemäß IFRA) wird weltweit anerkannt. Von einem Parfumeur waren bereits gemäß der Empfehlungen der IFRA strenge Limits einzuhalten.[436]
Parfumeure müssen eine Vielzahl an limitierenden Faktoren beachten: Dies sind einerseits die IFRA Limits, z.B. von *Estragol*, *Methyleugenol.*
Andererseits sind das beispielsweise die Gefahrenhinweise 'reizend', 'irritierend' und 'Umwelt gefährdend' und zusätzlich die R-Sätze. Die darin genannten Qualitäts-Ansprüche an die Riechstoffe waren bereits hoch.[437]
Bei Unternehmen, welche ihre Produkte exportieren, müssen noch mehr, meist rechtliche Hürden, beachtet werden: In Europa und vielen anderen Ländern wird mit Positiv-Listen gearbeitet. Dagegen müssen beim Export in die USA und dem damit verbundenen Wirtschaftsraum Canada sowie Mexico Negativ-Listen beachtet werden.[438]
Dabei muss jeder Inhaltsstoff und jeder Farbstoff separat daraufhin geprüft werden, ob er auch dort zulässig ist.[439]
Hinzu kommt, dass Kalifornien und einige andere Bundesstaaten eigene Vorschriften machen.[440] [441]
Darüber hinaus können es sich in manchen Ländern Anwälte aussuchen, wen sie alles vom Nachtwächter bis zur obersten Chefetage einzeln wegen mangelhafter Deklaration und-oder angeblicher Produktmängel verklagen. Wobei es beispielsweise bereits als Mangel gilt, dass nicht ausdrücklich darauf hingewiesen wurde, dass eine Suppe heiß sein kann...

Selbst die zulässigen INCI-Bezeichnungen differieren.
Während in Europa

- Wasser, ätherische Öle, gebleichtes Bienenwachs und Paraffin-Öl

als

- *Aqua, Parfum, Cera Alba und Paraffinum Liquidum*

bezeichnet werden müssen,

---

436 http://www.ifraorg.org/en-us/standards_index_1 → Specification → ***Restricted*** → ***Prohibited***
437 IFRA Code de bons usages, Empfehlungen http://www.ifraorg.org/en-us/standards_index_1
438 http://www.cir-safety.org/ingredients
439 http://www.accessdata.fda.gov/scripts/cdrh/cfdocs/cfcfr/CFRSearch.cfm?CFRPart=70
440 http://oehha.ca.gov/prop65/prop65_list/Newlist.html
441 http://www.arb.ca.gov/consprod/regact/2013surv/2013main.htm

heißt deren richtige Bezeichnung gemäß INCI in den USA

- *Water, Fragrance, Beeswax and Mineral Oil.*

Beachtenswert sind darüber hinaus die verwendeten Formulierungen (claims):
Arzneimittel-nahe Zubereitungen erfordern - neben der Einhaltung der deutlich engeren Grenzwerte für Kosmetika - die eindeutige Positionierung, Kennzeichnung und Notifizierung als Kosmetikum. [442]
In Deutschland dürfen beispielsweise die Begriffe "Linderung" und "heilend" sowie der Begriff "Salbe" nur für Heilmittel bzw. Arzneimittel verwendet werden.
Wer eine "Faltenverringerung" bzw. "wrinkle reduction" verspricht bekommt sicherlich eine Abmahnung. Dass dagegen das Versprechen "Reduces appearance of wrinkles" zulässig ist, ist einem Laien nur schwer vermittelbar.
Die Hersteller kosmetischer Mittel unterliegen einer kontinuierlich entwickelnden Rechtsprechung: Die Marktfähigkeit wird oftmals von Gerichtsurteilen bestimmt. [443] [444] [445]

---

[442] https://uk.diapharm.com/company/articles/detail/arzneimittelnahe-kosmetische-zubereitungen-positionierung-kennzeichnung-notifizierung/
[443] http://www.integritas-hwg.de/pdf/20141203_vortrag-dr-voss.pdf
[444] http://www.gtai.de/GTAI/Navigation/DE/trade.html und http://www.ikw.org/
[445] http://www.fda.gov/ or http://www.fda.gov/Cosmetics/RegistrationProgram/RegistrationHelp/default.htm

Gegenwart und Zukunft der Parfums

Allergie und Chemie reimt sich; aber gehören diese Begriffe wirklich in einen Topf? Aus Angst vor der übermächtigen Chemie greifen viele überzeugt zur Natur pur. Die rustikalen Naturparfums für die fanatischen Anhänger von Natur pur basieren auf Pflanzen aus aller Welt. Abgesehen davon, dass im Namen dieser Fans natürliche Ressourcen geplündert werden...
Gefährdete Lebensräume und die letzten Rückzugsgebiete werden auf seltene Duftpflanzen durchsucht und als Wildsammlung systematisch abgeerntet.[446]
Der riesige Erfolg dieses Marktsegments zeitigt gleichzeitig ein überproportionales Ansteigen an sogenannten Allergien. Diese Parfums und Kosmetika enthalten oft Reizstoffe.[447]

Fanatisch ist stets falsch: Das natürliche *Zimtaldehyd* ist heutzutage der häufigste Auslöser von Irritationen der Haut! [448]
Düfte, die heutzutage in Parfumerien und Drogerien angeboten werden sind meist durch und durch künstliche Schöpfungen.[449]
Die Tendenz zu immer höheren Riechstoff-Anteilen mit immer längerer Verweildauer stimmt bedenklich. Biologisch schlecht abbaubare *Mikrowachse*, *Paraffine*, *Vaseline*, sowie die *Konservierungsstoffe* und *Emulgatoren*, welche erst die hohen Anteile an Wasser in Cremes ermöglichen, gelten als Auslöser der immer wieder aufflackernden, vielfach als Allergie bezeichneten, Irritationen. Sie trocknen, auf Dauer, die Haut aus und gelten als Auslöser der Mallorca-Akne. [450] [451]

Die Zukunft gehört umweltfreundlichen und Ressourcen schonenden Verfahren, systematisch angebauten nachwachsenden Rohstoffen und nachhaltig hautfreundlichen und Haut schützenden Parfums und Kosmetika. Es gilt die aromatherapeutischen und Wundheilung beschleunigenden Eigenschaften sowie die emotional ausgleichenden Düfte so zu steuern, dass allenfalls die gesunde homöopathische Erstreaktion den Einsatz des richtigen Parfums anzeigt.

---

[446] Wildsammlung ist Raubbau an der Natur! Weitere Informationen: www.wwf.de
[447] Ott, Anneliese:"Haut und Pflanzen" Stuttgart 1991
[448] Schnaubelt, Kurt: "Neue Aromatherapie" Köln 1995
[449] Öko-Test 12/98
[450] Bedenklich sind vor allem Lippenpflege und Lip-Gloss auf der Basis Mineralöl. Cremes, Babypflege- und Lippenpflegeprodukte, Körper-Öle, Haarwachse und Vaselinen enthalten bis zu 9 Prozent *MOAH* (Mineral Oil Aromatic Hydrocarbons). Die Aufnahme von *MOAH* sollte nach Ansicht des Bundesinstituts für Risikobewertung (BfR) gänzlich vermieden werden, da nie auszuschließen ist, dass in dieser Fraktion auch krebserregende Verbindungen vorkommen. → ***Mikrowachs*** → ***Paraffin*** → ***Vaseline*** → ***MOAH*** http://www.spiegel.de/gesundheit/diagnose/stiftung-warentest-warnt-vor-schadstoffen-in-kosmetik-a-1035526.html
[451] Eingriff in Hormonhaushalt durch Parabene : http://www.swr.de/marktcheck/parabene-in-kosmetika/-/id=100834/did=16964846/nid=100834/18zqkov/index.html

Denn bei Parfum kommt es für den Konsumenten in erster Linie darauf an, sich einen für ihn zugeschnittenen, eben individuellen Duft, zu kaufen.[452] Diese Zukunft hat mit den »Eaux de Solide« der »Edition Sensuel« bereits begonnen. [453]

Schauen wir uns als Ausgangsprodukte, die ätherischen Öle genauer an. Auf den Etiketten sollte immer folgendes zu lesen sein:

- Name in der Landessprache (z.B. in deutsch)
- 100% ätherisches Öl
- lateinischer Name der Stammpflanze
- Herkunft der Stammpflanze
- Füllmenge in ml
- Hersteller und Charge
- Lagerung und Haltbarkeit
- Warnhinweise Vorsicht Gefahr / Achtung (Pictogramme) gemäß Gefahrstoffverordnung
- Warnhinweise Vorsicht Gefahr / Achtung (Pictogramme) gemäß Kosmetikverordnung

dazu zählen beispielsweise die Hinweise

- auf die richtige Handhabung (R- und S- Sätze)
- Einsatz äußerlich als Kosmetikum (Parfum)
- Flakons und ihre Einzelteile sind Kleinteile / ungeeignet für Kinder
- leichte Entflammbarkeit, brennbar nicht in der Nähe von Feuer und heißen Gegenständen
- (sogenannte) Allergene

Dazu zählen unter anderem auch

- kindersichere Verschlüsse und
- tastbare Zeichen (Braille) für Blinde in der jeweiligen Landessprache

Sollte der Platz auf dem Etikett nicht ausreichen, so ist ein Hinweis auf die beigelegte Gebrauchsanleitung erforderlich.

Ed Siedler: Parfums – natürlich – Abb.:42
EdS Daniela Glas-Flakon V Flakon-Hersteller: Saint Gobain e15ml E4
Fotoserie 'Flakons und Gläser' © 2003 EdS-Parfums

[452] Auf Wunsch auch individuell: ***EdS***-Parfums

[453] ***EdS*** ® Warenzeichen von ***EdS***-Parfums.de

Bei der Herstellung von neuen Produkten aus ätherischen Ölen sind neben vielen Vorschriften folgende Prinzipien einzuhalten:

- engmaschige gesundheitliche Überwachung der Zutritt-Berechtigten
- Reinlichkeit
- Sauberkeit am Arbeitsplatz / Restmengen aufnehmen und sofort entsorgen
- absolutes Rauchverbot
- nur geprüfte Flakons namhafter Hersteller verwenden
- Charge vor Füllung beschriften / etikettieren
- nur geprüfte Vorprodukte namhafter Hersteller verwenden
- aus Original-Behältern wird nur entnommen
- Charge prüfen / Misslungene Chargen verwerfen und entsorgen
- Rückstellproben

Daneben sind seit jeher die jeweiligen Arbeitsabläufe Schritt für Schritt festzulegen und gegebenenfalls anzupassen und-oder zu optimieren.
Beispiel:

1. Rezeptur Kopie
2. Charge Nr. Menge dokumentieren
3. Etiketten mit Charge Nr. drucken prüfen
4. Gebrauchsanleitung drucken bereitstellen Sichtprüfung
5. Flakons Anzahl bereitstellen Sichtprüfung
6. Verschlüsse Anzahl vormontiert bereitstellen Sichtprüfung
7. Faltkartons mit Charge Nr. bedruckt bereitstellen Sichtprüfung
8. Umkartons mit Charge Nr. bereitstellen Sichtprüfung
9. Paletten mit Charge Nr. bereitstellen Sichtprüfung
10. Folierung bereitstellen
11. Raum falls nötig nochmals reinigen Sichtprüfung
12. Hände reinigen
13. Arbeitsplatz vorbereiten
14. Rohstoffe bereit mit Charge Nr. Sichtprüfung dokumentieren
15. Behältnisse bereitstellen Sichtprüfung
16. Rezeptur herstellen, mischen Sichtprüfung & sensorisch
17. Flakons Anzahl mit Charge Nr. etikettieren
18. Flakons füllen Füllmenge Sichtprüfung
19. Flakons deckeln Sichtprüfung
20. Flakons Rückstellproben sicherstellen
    zumindest ersten und letzten Flakon der Charge
21. Flakons Dichtigkeit Sichtprüfung
22. Rohstoffe aufräumen Entnahme mit Charge Nr. dokumentieren
23. Behältnisse reinigen aufräumen
24. Tropfmengen aufnehmen entsorgen Sichtprüfung
25. Raum falls nötig nochmals reinigen Sichtprüfung
26. Hände reinigen
27. Arbeitsplatz aufräumen

28. Faltkartons bestücken mit Flakon & Gebrauchsanleitung
29. Umkartons bestücken mit Faltkartons Sichtprüfung
30. Paletten bestücken mit Umkartons Sichtprüfung
31. Folierung mit Versandhinweis / ins Lager mit sichtbarer Chargen Nr.
32. Charge Nr. Menge dokumentieren
33. Raum falls nötig nochmals reinigen Sichtprüfung

Die Qualitäts-Ansprüche an Riechstoffe, allgemein an die Inhaltsstoffe von Kosmetika, sind seit 1997 um ein Vielfaches gestiegen.[454]
Sie wurden weiter verschärft mit Inkrafttreten der nun in der EU geltenden **Kosmetikverordnung**. [455]
Die genauesten und aktuellsten Angaben finden sich in den aufwändigen Analysen als Beilage bei den Lieferungen, allgemeine bei **IFRA** in Verbindung mit Hinweisen der Untersuchungsämter. [456] [457]

Durch Zeit-aufwändige Anpassungen altbewährter Rezepturen an die sich ständig verschärfenden Bedingungen und die stetig umfangreicher werdenden Melde- und Mitteilungspflichten entstehen den Parfumeuren (damit den Kosmetikherstellern und anteilig auch den End-Verbrauchern) enorm steigende Kosten.

Außer den oben genannten chemischen Grundlagen müssen bei der Herstellung und beim Vertrieb von Kosmetika zusätzlich u.a. folgende gesetzliche Vorgaben eingehalten werden: [458]

Die **Betriebsstättenverordnung,** bzw. die **Arbeitsstättenverordnung** welche die die geltenden Sicherheitsanforderungen und die Gesundheitsanforderungen regelt, die am Arbeitsplatz einzuhalten sind. Dazu zählen u.a. auch Richtlinien (ASR) für Beleuchtung, zugfreie Belüftung, Raumtemperatur und Raumfeuchtigkeit.[459] [460]
Im Zusammenhang mit dem geforderten **Brand-** und **Explosionsschutz** wird bei Parfumeuren wegen der Lagerung und Verarbeitung von ätherischen Ölen, Alkohol und anderen brennbaren Stoffen jedoch gleichzeitig eine zügige stete Durchlüftung gefordert.[461]

---

[454] http://www.gesetze-im-internet.de/bundesrecht/kosmetikv/gesamt.pdf
[455] http://eur-lex.europa.eu/LexUriServ/LexUriServ.do?uri=OJ:L:2009:342:0059:0209:de:PDF
[456] http://www.ifraorg.org/en-us/standards_booklet IFRA_RIFM_QRA
[457] http://www.untersuchungsämter-bw.de/pub/default.asp und http://www.bvl.bund.de/DE/03_Bedarfsgegenstaende/03_AntragstellerUnternehmen/02_Kosmetik/bgs_Kosmetik_node.html sowie http://www.gmp-navigator.com/nav_link_navigator.html
[458] Rechtliche Grundlagen http://www.igw.uni-heidelberg.de/lehrstuehle/prof_eb/zurperson_publikationen_de.pdf
[459] http://www.baua.de/de/Themen-von-A-Z/Arbeitsstaetten/ASR/ASR.html
[460] https://www.ris.bka.gv.at/GeltendeFassung.wxe?Abfrage=Bundesnormen&Gesetzesnummer=10009098
[461] http://www.vds-industrial.de/service/vds-richtlinien/brandschutz/

Kunststoffböden sind zwar griffig, haben aber gegenüber Fliesen den Nachteil, dass sie brennbar sind und-oder beim Heißwerden giftige Gase freisetzen. Fliesen wiederum werden mit fetten Ölen zur Rutschpartie und bieten mit ihren Fugen Vertiefungen in denen sich brennende Flüssigkeiten und mit dem Wischwasser Krankheitskeime ausbreiten könnten...

Weitere einzuhaltende Vorschriften sind u.a.
Lebensmittel- und **Futtermittelgesetzbuch, LFGB** [462]
Lebensmittel dürfen nicht **für Kosmetik eingesetzt werden** [463]
Erucasäure-Verordnung - am 30.06.2015 aufgehoben.[464] [465]
Alkohol-Steuerverordnung, Branntwein-Monopolgesetz [466]
Kennzeichnungspflichten [467]
Verpackungsverordnung (VerpackV) beziehungsweise ab 2019 das **Verpackungsgesetz (VerpackG)** [468]
Wettbewerbsrecht, Markenrecht [469]

Hinzu kommen die Mitteilungen und Risikobewertungen des **BfR**,[470] nationaler und internationaler Gremien, beispielsweise bei der **OECD**, der **WHO/IPCS**, der Europäischen Behörde für Lebensmittelsicherheit **(EFSA)**, der Europäischen Chemikalienagentur (**ECHA**), dem EU-Scientific Committee on Consumer Safety **(SCCS)**, dem Committee of Experts on Cosmetic Products des Europarats, oder der BfR-Kommissionen für Bedarfsgegenstände (**BeKo**) und Kosmetische Mittel (**KoKo**) und in diversen Arbeitsgruppen (beispielsweise der **ALS**, Arbeitsgemeinschaft lebensmittelchemischer Sachverständiger) sowie von nationalen und internationalen Normungsausschüssen.

Beispielhaft seien hierfür genannt:
Das Gesetz über Verbraucherprodukte, **GPSG**. [471]

---

[462] Lebensmittel-, Bedarfsgegenstände- und Futtermittelgesetzbuch (LFGB)
[463] Gemäß Artikel 2 der europäischen Lebensmittel-Verordnung EG 178/2002 und dem LFGB vom 01.09.2005 dürfen **Lebensmittel** nicht **für** andere Bereiche, wie z. B. **Kosmetik,** eingesetzt werden.
[464] Kosmetika sind seit dem 10.07.2013 Lebensmitteln gleichgestellt. http://www.gesetze-im-internet.de/bundesrecht/erukas_urev/gesamt.pdf
[465] ErucasäureV aufgehoben 30.06.2015 http://www.umwelt-online.de/recht/lebensmt/ueber.htm
[466] http://www.gesetze-im-internet.de/branntwmong/index.html http://www.gesetze-im-internet.de/brstv_2010/index.html In der Schweiz http://www.admin.ch/opc/de/classified-compilation/19994220/index.html
[467] www.Anbieterkennung.de TMG, Impressum, Fernabsatz,... www.lebensmittelversandrecht.de Kennzeichnung von Allergenen, Kennzeichnung in deutscher Sprache
https://de.wikipedia.org/wiki/Produktkennzeichnung zeigt weitere Beispiele
[468] Das **Verpackungsgesetz (VerpackG)** ist die deutsche Umsetzung der europäischen Verpackungsrichtlinie 94/62/EG (**PACK)** zur Regelung des Inverkehrbringens von Verpackungen sowie der Rücknahme und Verwertung von Verpackungsabfällen. → 14-000 Körperpflegemittel https://www.verpackungsregister.org/stiftung-behoerde/katalog-systembeteiligungspflicht/
z.B. Hautpflege → 0030 Duftwässer → 0050 Lippenpflege → 0060
[469] http://www.gesetze-im-internet.de/uwg_2004/ Unlauterer Wettbewerb https://de.wikipedia.org/wiki/Wettbewerbsrecht_%28Deutschland%29 allgemein
[470] http://www.bfr.bund.de/de/risikobewertung_durch_das_bfr-1799.html
[471] Gesetz über technische Arbeitsmittel und Verbraucherprodukte (GPSG)

Ab Mitte 2013 erfolgte eine weitere Verschärfung durch das **SCCS** [472]
die Verordnung über kosmetische Mittel, **KosmetikV** [473]
und die damit vorgeschriebene Gute Herstellungs-Praxis, DIN EN ISO 22716, **Kosmetik-GMP**. [474]
Die ab dem 11.Juli 2013 geltende EU-Kosmetikverordnung ist auf Massenprodukte zugeschnitten. Die nun vorgeschriebenen Prüf-. Bewertungs- und Dokumentationspflichten sind sehr detailliert und zeitaufwändig. Mit der ab 11.Juli 2013 geltenden EU-Kosmetikverordnung wird zugleich **DIN EN ISO 22716** Pflicht. Die Checkliste für die Industrie umfasst 363 Punkte.

Kosmetik-GMP: Good Manufacturing Practice

Im Kosmetikrecht wird in Deutschland und der EU unter anderem die Herstellung kosmetischer Mittel unter Beachtung von GMP = Good Manufacturing Practice gesetzlich vorgeschrieben. Die Hersteller kosmetischer Mittel erfüllen diese gesetzliche Forderung, wenn sie ihre Produkte gemäß dieser Kosmetik-GMP-Regeln herstellen. Am 10.07.2013 endete die Übergangsfrist. Die Europäische Verordnung verweist ausdrücklich auf die NORM DIN EN ISO 22716, die damit einen hohen Stellenwert als Stand der Technik erhält.
Die Norm ISO 22716 zur Kosmetik-GMP ist ebenso wie die entsprechende frühere IKW-Leitlinie speziell auf die kosmetische Industrie abgestimmt und erlaubt die Umsetzung in Abstimmung mit firmenspezifischen Bedürfnissen und Vorschriften.
Auch mittlere und kleine Unternehmen und insbesondere Einzelpersonen, die in geringem Umfang Kosmetika herstellen und vertreiben, sollen diese Checkliste für den internen Gebrauch nutzen können. Deshalb habe ich die Checkliste der Arbeitsgruppe „Kosmetik-GMP“ des IKW überarbeitet.

Die überarbeitete Checkliste zur Selbstbewertung

	Checkliste – nur zur internen Verwendung –			
	Erfüllt Kosmetik-GMP			
	ganz / nicht anwendbar		+	/
		nicht / nur teilweise	-	~
	1. Anwendungsbereich	***siehe Norm DIN EN ISO 22716 (nicht Teil dieser Checkliste)***		
	2. Begriffe	***siehe Norm DIN EN ISO 22716 (nicht Teil dieser Checkliste)***		
	3. Personal			
	3.1 Kurzbeschreibung			

[472] http://ec.europa.eu/dgs/health_consumer/dyna/enews/enews.cfm?al_id=1283 European Commission SCCS
[473] Verordnung über kosmetische Mittel (KosmetikV)
[474] http://www.ikw.org/fileadmin/content/downloads/Sch%C3%B6nheitspflege/SP_Kosmetik-GMP2010.pdf vergleiche hierzu die Arzneimittel-GMP http://www.bmg.bund.de/fileadmin/redaktion/pdf_gesetze/bekanntmachungen/GMP-Leitfaden-1.pdf

	3.2 Organisation		
	3.2.1 Organisationsplan		
1	3.2.1.1 Liegt ein aktueller Organisationsplan vor, der verständlich ist und der Betriebsgröße sowie dem Produktangebot angemessen ist ? Dokumentation		
2	3.2.1.2 Ist in den einzelnen Tätigkeitsbereichen entsprechend der jeweiligen Herstellung ein angemessener Personalbestand vorhanden? Dokumentation		
3	3.2.1.3 Zeigt der Organisationsplan die Unabhängigkeit der Qualitätssicherung / Qualitätskontrolle von anderen Einheiten des Unternehmens? Dokumentation		
	3.2.2 Steht ausreichend geschultes Fachpersonal für die in diesem Leitfaden aufgeführten Tätigkeiten zur Verfügung: Dokumentation / Bewertung durch Dritte mit Sachkunde-Nachweis		
4	3.2.2 a - im Bereich Herstellung?		
5	3.2.2 b - im Bereich Qualitätsprüfung?		
6	3.2.2 c - im Bereich Einkauf / Beschaffung?		
7	3.2.2 d - im Bereich Eingang / Wareneingang?		
	3.3 Hauptverantwortlichkeiten		
	3.3.1 Aufgaben der Unternehmensleitung		
8	3.3.1.1 Ist eine Unterstützung der Organisation durch die Unternehmensleitung erkennbar?		
9	3.3.1.2 a Liegt die Verantwortung bei der Umsetzung der Guten Herstellungspraxis bei der Unternehmensleitung? Dokumentation		
10	3.3.1.2 b Bindet die Unternehmensleitung bei der Umsetzung der Guten Herstellungspraxis das Personal aller Abteilungen und Positionen des Unternehmens ein? Dokumentation		
11	76 / 768 / EG Hat der Leiter der Herstellung eine naturwissenschaftliche oder technische Grundausbildung? Dokumentation Befähigungsnachweis / Hochschulabschluss erforderlich!		
12	76 / 768 / EG Hat der Leiter der Qualitätsprüfung eine naturwissenschaftliche oder technische Grundausbildung? Dokumentation Befähigungsnachweis / Hochschulabschluss erforderlich!		
13	3.3.1.3 Sind Bereiche im Herstellbetrieb definiert, die nur von autorisierten Mitarbeitern betreten werden dürfen? Dokumentation		
	3.3.2 Aufgaben des Personals		
14	3.3.2 a Kennt das Personal seine Position innerhalb der Organisationsstruktur? Dokumentation		
15	3.3.2 b Kennt das Personal seine für sich festgelegten Verantwortungsbereiche und Tätigkeiten? Dokumentation		
16	3.3.2 c Hat das Personal Zugang zu den Dokumenten, die für den jeweiligen Verantwortungsbereich gültig sind? Dokumentation der Herstellungs-Abläufe		
17	3.3.2 d Werden die Bestimmungen der Dokumente in den jeweiligen Verantwortungsbereichen eingehalten? Dokumentation		
18	3.3.2 e Werden durch das Personal die Bestimmungen zur persönlichen Hygiene eingehalten? Dokumentation / Bewertung durch Dritte mit Sachkunde-Nachweis		
19	3.3.2 f Werden durch das Personal Unregelmäßigkeiten oder Nichtübereinstimungen für den Verantwortungsbereich gemeldet? Dokumentation		

20	3.3.2 g Ist das Personal ausreichend geschult und befähigt, die zugewiesenen Aufgaben und Tätigkeiten auszuführen? Dokumentation		
	3.4 Schulung / Unterweisung		
	3.4.1 Schulung und Fähigkeiten		
	3.4.2 Schulung und Gute Herstellungspraxis		
21	3.4.2.1 Werden den Mitarbeitern geeignete Schulungsmaßnahmen zur Guten Herstellungspraxis angeboten? Dokumentation Weiterbildung		
22	3.4.2.2 a Wird der Schulungsbedarf für das gesamte Personal ermittelt?		
23	3.4.2.2 b Wird anhand des festgestellten Schulungsbedarfs ein Schulungsprogramm entwickelt und umgesetzt? Dokumentation Weiterbildung		
24	3.4.2.2 c Wird das Schulungsprogramm dokumentiert? Dokumentation		
25	3.4.2.3 Sind die Schulungsmaßnahmen auf die Aufgaben und Verantwortlichkeiten, der Fachkentnisse und Erfahrungen der einzelnen Personen abgestimmt? Dokumentation		
26	3.4.2.4 Werden Schulungskurse / Unterweisungen durch internes oder externes Personal entwickelt und durchgeführt? Dokumentation		
27	3.4.2.5 a Werden Schulungen / Unterweisungen regelmäßig durchgeführt und an aktuelle Gegebenheiten angepasst? Dokumentation		
28	3.4.2.5 b Werden durchgeführte Schulungen / Unterweisungen dokumentiert? Dokumentation		
29	3.4.3 Werden neu eingestellte Mitarbeiter in Theorie und Praxis grundlegend bezüglich der Guten Herstellungspraxis sowie speziell bezüglich ihrer Aufgaben geschult? Dokumentation		
30	3.4.4 Wird das vom Personal erworbene Wissen während oder nach der Schulung ermittelt und bewertet? Dokumentation		
	3.5 Hygienemaßnahmen und Gesundheitszustand des Personals		
	3.5.1 Hygiene		
31	3.5.1.1 a Ist ein Hygieneprogramm für die Betriebsbereiche Herstellung, Qualitätskontrolle und Lager erstellt? Dokumentation		
32	3.5.1.1 b Ist das Hygieneprogramm an die Bedürfnisse des Werkes angepasst? Dokumentation		
33	3.5.1.1 c Werden die in dem Hygieneprogramm festgelegten Anforderungen verstanden und befolgt? Dokumentation der regelmäßigen unangekündigten Prüfungen		
34	3.5.1.2 a Sind Einrichtungen zum Händewaschen und Händedesinfektion ausreichend vorhanden? Dokumentation		
35	3.5.1.2 b Ist das Personal in das Händewaschen und -desinfizieren eingewiesen? Dokumentation		
36	3.5.1.2 c Werden die Einrichtungen zum Händewaschen und -desinfizieren genutzt? Dokumentation der regelmäßigen unangekündigten Prüfungen		
37	3.5.1.3 a Trägt das Herstellungspersonal geeignete und vorgeschriebene Schutzkleidung, um eine Verunreinigung der kosmetischen Mittel zu vermeiden? Dokumentation		
38	3.5.1.3 b Trägt das Qualitätskontrollpersonal geeignete und vorgeschriebene Schutzkleidung, um eine Verunreinigung der kosmetischen Mittel zu vermeiden? Dokumentation		
39	3.5.1.3 c Trägt das Lagerpersonal geeignete und vorgeschriebene Schutzkleidung, um eine Verunreinigung der kosmetischen Mittel zu vermeiden? Dokumentation		

40	3.5.1.4 a Besteht ein Verbot im Herstellungs-, Qualitätskontroll- und Lagerbereich für Essen und Trinken, Kaugummikauen und Rauchen? Dokumentation		
41	3.5.1.4 b Besteht ein Verbot im Herstellungs-, Qualitätskontroll- und Lagerbereich für das Aufbewahren von Speisen, Getränke, Rauchutensilien, persönlichen Medikamenten? Dokumentation der Belehrung / unangekündigten Überprüfungen		
42	3.5.1.4 c Besteht eine Regelung im Herstellungs-, Qualitätskontroll- und Lagerbereich für das Tragen von Uhren und jeglichem Schmuck (inkl. Eheringen), künstlichen Fingernägel und sichtbaren Piercings etc.? Dokumentation		
43	3.5.1.5 Besteht eine Anweisung für die Herstellungs-, Qualitätskontroll- und Lagerbereich, dass jegliches unhygienisches Verhalten untersagt ist, um eine Produktbeeinträchtigung zu vermeiden? Dokumentation		
	3.5.2 Gesundheit		
44	3.5.2 Sind Vorkehrungen getroffen, dass Mitarbeiter mit Krankheiten und / oder sichtbaren Verletzungen nicht im Bereich offener Produkte eingesetzt werden? Dokumentation		
	3.6 Besucher und ungeschultes Personal		
45	3.6 a Werden Besucher und ungeschultes Personal von den Herstellungs-, Qualitätskontroll- und Lagerbereichen ferngehalten? Dokumentation der Maßnahmen		
46	3.6 b Ist das Fernhalten aus den angegebenen Betriebsbereichen nicht möglich, wird dieser Personenkreis bezüglich Hygiene und vorgeschriebener Schutzkleidung unterwiesen und beaufsichtigt? Dokumentation der Maßnahmen		
47	3.6 c Gibt es eine Regelung für das Verhalten von Besuchern und Fremdhandwerkern in den Herstellungs- und Lagerbereichen? Dokumentation der Maßnahmen		
	4 Betriebsgelände / Herstellungsbetrieb		
	4.1 Kurzbeschreibung		
48	4.1.1 a Ist das Betriebsgelände so gestaltet und genutzt, dass der Schutz des Produktes sichergestellt ist? Dokumentation der Maßnahmen		
49	4.1.1 b Ist eine wirksame Reinigung, gegebenenfalls Desinfektion, und Instandhaltung des Betriebsgeländes möglich? Dokumentation der Maßnahmen		
50	4.1.1 c Ist das Betriebsgelände so gestaltet und genutzt, dass bei der Bewegung von Produkten, Ausgangsmaterialien und Verpackungsmaterialien die Verwechslungsgefahr so gering wie möglich gehalten wird? Dokumentation der Maßnahmen		
51	4.1.2 Sind Bereiche unterschiedlicher hygienischer Anforderung definiert, gekennzeichnet und den Bereichen Maßnahmen zugeordnet? Dokumentation der Maßnahmen		
	4.2 Betriebsbereiche		
52	4.2 Sind die Bereiche Lager, Herstellung, Qualitätskontrolle, Sozialräume, Sanitärräume und andere Nebenräume voneinander getrennt? Dokumentation der Maßnahmen		
	4.3 Räumlichkeiten		
53	4.3 Steht eine ausreichende Anzahl von Räumlichkeiten zur Verfügung? Dokumentation / Bewertung durch Dritte mit Sachkunde-Nachweis		
	4.4 Material- und Personalfluss		
54	4.4 Wurde der Personal- und Materialfluss festgelegt und wird dieser eingehalten? Dokumentation der Arbeits-Abläufe		
	4.5 Fussböden, Wände, Decken, Fenster		
55	4.5.1 a Sind Boden / Wände / Decken / Fenster in einem guten und sauberen Zustand? Dokumentation der Kontrollen / unangekündigten Überprüfungen		
56	4.5.1 b Sind Boden / Wände / Decken / Fenster so ausgelegt, dass eine gründliche Reinigung möglich ist? Dokumentation / Bewertung durch Dritte mit Sachkunde-Nachweis		

57	4.5.1 c Sind Boden / Wände / Decken / Fenster so ausgelegt, dass eine Desinfektion möglich ist? Dokumentation / Bewertung durch Dritte mit Sachkunde-Nachweis		
58	4.5.2 Sind Fenster, die sich in Außenbereiche (bspw. ins Freie oder in andere Produktions- / Lagerräume) öffnen lassen so ausgelegt, dass eine negative Beeinflussung der kosmetischen Mittel nicht möglich ist (z.B. Fliegengitter)? Dokumentation / Bewertung durch Dritte mit Sachkunde-Nachweis		
59	4.5.3 a Wurde/wird bei der Gestaltung des Herstellungsbetriebes je nach Produktart, die geeignete, rissfreie und glatte Bodenbeschaffenheit berücksichtigt? Dokumentation / Bewertung durch Dritte mit Sachkunde-Nachweis		
60	4.5.3 b Wurde / wird bei der Gestaltung des Herstellungsbetriebes je nach Produktart die optimale Reinigung und Desinfektion berücksichtigt? Dokumentation / Bewertung durch Dritte mit Sachkunde-Nachweis		
61	4.5.3 c Wurde / wird bei der Gestaltung des Herstellungsbetriebes je nach Produktart die Beständigkeit von Fußböden und Wänden gegenüber Lösungsmitteln und ätzenden Reinigungs- und Desinfektionsmitteln berücksichtigt? Dokumentation / Bewertung durch Dritte mit Sachkunde-Nachweis		
	4.6 Wasch- und WC-Bereich		
62	4.6 Sind ausreichend Toiletten und Waschgelegenheiten, die ausschließlich für die Mitarbeiter der hygienerelevanten Bereiche bestimmt sind, vorhanden und sind diese von den entsprechenden Bereichen direkt erreichbar? Dokumentation / Bewertung durch Dritte mit Sachkunde-Nachweis		
	4.7 Beleuchtung		
63	4.7.1 Ist die Beleuchtung ausreichend? Dokumentation / Bewertung durch Dritte mit Sachkunde-Nachweis		
64	4.7.2 Sind die Leuchtmittel gegen eventuellen Bruch gesichert? Dokumentation / Bewertung durch Dritte mit Sachkunde-Nachweis		
	4.8 Belüftung		
65	4.8 Ist die Belüftung ausreichend und ist sichergestellt, dass eine negative Beeinflussung der kosmetischen Mittel nicht erfolgt (z.B. Fliegengitter, Lüftung mit Filterstufen, kein direkter Luftstrom auf die Produkte...)? Produkt- und Arbeitsschutz, Brand- und Explosions-Schutz, Dokumentation / Bewertung durch Dritte mit Sachkunde-Nachweis		
	4.9 Rohrleitungen, Abwasserleitungen und Kanäle		
66	4.9.1 a Sind Leitungen so ausgelegt, dass bei Leckage keine Verunreinigung von Anlagen, Werkstoffen, kosmetischen Mitteln etc. bewirkt werden kann? Dokumentation / Bewertung durch Dritte mit Sachkunde-Nachweis		
67	4.9.1 b Sind Leitungen so ausgelegt, dass durch Kondensate keine Verunreinigung von Anlagen, Werkstoffen, kosmetischen Mitteln etc. bewirkt werden kann? Dokumentation / Bewertung durch Dritte mit Sachkunde-Nachweis		
68	4.9.1 c Sind Leitungen so ausgelegt, dass durch herabfallenden Schmutz keine Verunreinigung von Anlagen, Werkstoffen, kosmetischen Mitteln etc. entstehen kann? Dokumentation / Bewertung durch Dritte mit Sachkunde-Nachweis		
69	4.9.2 a Sind Abwasserleitungen so ausgeführt, dass sie stets sauber sind? Dokumentation / Bewertung durch Dritte mit Sachkunde-Nachweis		
70	4.9.2 b Sind Abwasserleitungen so ausgeführt, dass ein Zurückfließen von Abwasser auszuschließen ist? Dokumentation / Bewertung durch Dritte mit Sachkunde-Nachweis		
71	4.9.3 a Sind freiliegende Überkopfbalken, Rohrleitungen, Kanäle etc. vermieden? Dokumentation		
72	4.9.3 b Sind freiliegende Rohre in solch ausreichendem Abstand zur Wand / Decke installiert um eine gründliche Reinigung zu gewährleisten? Dokumentation / Bewertung durch Dritte mit Sachkunde-Nachweis		
73	4.9.3 c Sind technische Maßnahmen Alternativen bezüglich Rohrleitungen, Abwasserleitungen und Kanälen zum Schutz des Produktes vorhanden? Dokumentation / Bewertung durch Dritte mit Sachkunde-Nachweis		
	4.10 Reinigung und Desinfektion		
74	4.10.1 Befindet sich der Herstellungsbetrieb, vor allem aber die hygienerelevanten Bereiche, in einem sauberen Zustand? Dokumentation / Bewertung durch Dritte mit Sachkunde-Nachweis		

75	4.10.2 Erfolgt Reinigung / Desinfektion zum Schutz des Produktes? Dokumentation / Bewertung durch Dritte mit Sachkunde-Nachweis		
76	4.10.3 a Sind die verwendeten Reinigungsmittel festgelegt? Dokumentation		
77	4.10.3 b Sind die festgelegten Reinigungsmittel wirksam? Dokumentation / Bewertung durch Dritte mit Sachkunde-Nachweis		
78	4.10.3 c Sind die verwendeten Desinfektionsmittel festgelegt? Dokumentation		
79	4.10.3 d Sind die festgelegten Desinfektionsmittel wirksam? Dokumentation / Bewertung durch Dritte mit Sachkunde-Nachweis		
80	4.10.4 a Werden, auf die jeweiligen Bedürfnisse abgestimmt, Reinigungs- / Desinfektionsmaßnahmen mit geeigneten, wirksamen und festgelegten Mitteln durchgeführt? Dokumentation / Bewertung durch Dritte mit Sachkunde-Nachweis		
81	4.10.4 b Werden, auf die jeweiligen Bedürfnisse abgestimmt, Reinigungs- / Desinfektionsmaßnahmen mit geeigneten, wirksamen und festgelegten Mitteln dokumentiert? Dokumentation		
	4.11 Instandhaltung		
82	4.11 Ist ein entsprechender Instandhaltungsplan für Gebäude, Räumlichkeiten etc. vorhanden? Werden die Maßnahmen dokumentiert? Dokumentation / Bewertung durch Dritte mit Sachkunde-Nachweis		
	4.12 Verbrauchsmaterialien		
	83 4.12 Ist sichergestellt, dass Verbrauchsmaterialen (Schmierstoffe, Reinigungstücher, Hilfsstoffe.....) die kosmetischen Mittel nicht negativ beeinflussen? Dokumentation der Arbeitsabläufe / Bewertung durch Dritte mit Sachkunde-Nachweis		
	4.13 Schädlingsbekämpfung		
84	4.13.1 Ist der Herstellungsbetrieb so ausgelegt, dass das Eindringen von Insekten, Kleinnagern, Schädlingen und anderem Ungeziefer etc. verhindert wird? Dokumentation / Bewertung durch Dritte mit Sachkunde-Nachweis		
85	4.13.2 Ist ein Programm zur Schädlingsbekämpfung vorhanden und entsprechend dokumentiert? Dokumentation		
86	4.13.3 Gibt es Vorbeugemaßnahmen im Außengelände, die ein Nisten oder Vordringen verhindern (Bäume sehr nahe am Gebäude ebenso Abfallcontainer etc.)? Dokumentation / Bewertung durch Dritte mit Sachkunde-Nachweis		
	5 Ausrüstung/Geräte und Anlagen		
	5.1 Kurzbeschreibung		
	5.2 Ausrüstungsauslegung / Anlagenauslegung		
87	5.2.1 Wird eine Produktverunreinigung durch die Ausrüstung / Geräte und Anlagen verhindert? Dokumentation / Bewertung durch Dritte mit Sachkunde-Nachweis		
88	5.2.2 Sind die Behälter von Bulk- und Zwischenprodukten geschlossen? Dokumentation der Prüfung		
89	5.2.2 Sind die Produkte vor Feuchtigkeit, Staub und Verunreinigungen geschützt? Dokumentation / Bewertung durch Dritte mit Sachkunde-Nachweis		
90	5.2.3 Werden Umfüllschläuche und Zubehörteile gereinigt / desinfiziert und danach getrocknet? Dokumentation / Bewertung durch Dritte mit Sachkunde-Nachweis		
91	5.2.3 Werden Umfüllschläuche und Zubehörteile an einem trockenen Ort geschützt gegen Staub, Spritzer und sonstige Verunreinigungen aufbewahrt? Dokumentation / Bewertung durch Dritte mit Sachkunde-Nachweis		
92	5.2.4 Sind die Werkstoffe der Ausrüstung / Geräte und Anlagen verträglich mit Produkt, Reinigungs- und Desinfektionsmitteln? Dokumentation / Bewertung durch Dritte mit Sachkunde-Nachweis		
	5.3 Installation		
93	5.3.1 Ist eine gute Entleerbarkeit der Ausrüstung / Geräte und Anlagen gegeben, um die Reinigung und Desinfektion zu erleichtern? Dokumentation / Bewertung durch Dritte mit Sachkunde-Nachweis		

94	5.3.2 Sind die Ausrüstung / Geräte und Anlagen so angeordnet, dass keine Beeinträchtigung der Produktqualität durch Materialien, mobile Ausrüstungsgegenstände und Personal zu erwarten ist? Dokumentation der Arbeits-Abläufe		
95	5.3.3 Sind die Anlagen und Ausrüstungsteile allseits gut zugänglich, um Instandhaltungs- und Reinigungsarbeiten durchführen zu können? Dokumentation / Bewertung durch Dritte mit Sachkunde-Nachweis		
96	5.3.4 Sind die Anlagen / Hauptausrüstung ausreichend gekennzeichnet und gut identifizierbar? Dokumentation / Bewertung durch Dritte mit Sachkunde-Nachweis		
	5.4 Kalibrierung		
97	5.4.1 Werden die für die Produktqualität wichtigen Messinstrumente in Laboratorien und in der Herstellung regelmäßig kalibriert? Dokumentation / Bewertung durch Dritte mit Sachkunde-Nachweis		
98	5.4.2 Werden die Messinstrumente gekennzeichnet und ausgesondert, wenn die Kalibrierergebnisse außerhalb der erlaubten Grenzen liegen? Dokumentation		
99	5.4.3 Gibt es bei unakzeptablen Kalibrierergebnissen geeignete Untersuchungen um festzustellen, ob eine Beeinträchtigung des produzierten Produktes vorliegt und werden entsprechende Maßnahmen eingeleitet? Dokumentation / Bewertung durch Dritte mit Sachkunde-Nachweis		
100	Eichgesetz Werden Waagen und Messgeräte regelmäßig überprüft? Dokumentation		
101	Eichgesetz Werden Waagen und Messgeräte regelmäßig justiert? Dokumentation / Bewertung durch Dritte mit Sachkunde-Nachweis		
	5.5 Reinigung und Desinfektion		
102	5.5.1 Liegt für alle Ausrüstungsgegenstände / Geräte und Anlagen ein geeignetes Reinigungs- und gegebenenfalls Desinfektionsprogramm vor? Dokumentation / Bewertung durch Dritte mit Sachkunde-Nachweis		
103	Werden zur Anlagenreinigung CIP / SIP-Verfahren angewendet? (cleaning-in-place, sanitisation-in-place) Dokumentation		
104	5.5.2 Sind Reinigungs- und Desinfektionsmittel festgelegt? Dokumentation		
105	5.5.2 Ist die Wirksamkeit der festgelegten Reinigungs- und Desinfektionsmittel bestätigt? Dokumentation der Bewertung durch Dritte mit Sachkunde-Nachweis		
106	5.5.3 a Wird die Ausrüstung / die Anlage bei kontinuierlichen Produktionen in geeigneten Abständen gereinigt und ggf. desinfiziert? Dokumentation / Bewertung durch Dritte mit Sachkunde-Nachweis		
107	5.5.3 b Wird die durchgeführte Reinigung / Desinfektion bei kontinuierlichen Produktionen dokumentiert? Dokumentation		
108	5.5.3 c Wird die Ausrüstung / die Anlage bei diskontinuierlichen Produktionen in geeigneten Abständen gereinigt und ggf. desinfiziert, wenn nacheinander Chargen des selben Produktes produziert werden? Dokumentation / Bewertung durch Dritte mit Sachkunde-Nachweis		
109	5.5.3 d Wird die durchgeführte Reinigung / Desinfektion bei diskontinuierlichen Produktionen dokumentiert? Dokumentation		
	5.6 Instandhaltung		
109	5.6.1 Gibt es ein Wartungs- und Instandhaltungsprogramm der Ausrüstung / Anlagen? Dokumentation		
110	5.6.2 Ist sichergestellt, dass die Instandhaltungs-Maßnahmen die Produktqualität nicht beeinträchtigt? Dokumentation / Bewertung durch Dritte mit Sachkunde-Nachweis		
111	5.6.3 Werden beschädigte Ausrüstungsteile / Anlagen identifiziert, gekennzeichnet, von der Verwendung ausgeschlossen und möglichst ausgesondert? Dokumentation / Bewertung durch Dritte mit Sachkunde-Nachweis		
	5.7 Verbrauchsmaterialien/Betriebshilfsmittel		

112	5.7 Ist sichergestellt, dass die verwendeten Verbrauchsmaterialien/Betriebshilfsmittel die Produktqualität nicht beeinträchtigen? Dokumentation / Bewertung durch Dritte mit Sachkunde-Nachweis		
	5.8 Autorisierungen		
113	5.8 Werden die in der Herstellung und Überwachung / (Kontrolle) verwendeten Ausrüstungsgegenstände oder Herstellanlagen und Kontrollsysteme nur von autorisiertem / zugelassenem Personal bedient? Dokumentation / Bewertung durch Dritte mit Sachkunde-Nachweis		
	5.9 Sicherungssysteme / Redundanzen		
114	5.9 Stehen bei Störung oder Ausfall von Systemen geeignete Alternativ-Systeme (back up) zur Verfügung, um die Prozesse fortzusetzen? Dokumentation / Bewertung durch Dritte mit Sachkunde-Nachweis		
	6 Ausgangs- und Verpackungsmaterialien		
	6.1 Kurzbeschreibung		
	6.1 Entsprechen alle angelieferten Ausgangs- und Verpackungsmaterialien den festgelegten Annahmekriterien, welche für die Qualität des Endproduktes relevant sind? Dokumentation / Beurteilung durch Dritte mit Sachkunde-Nachweis		
115	6.1 a Sind für alle Ausgangs- und Verpackungsmaterialien Spezifikationen festgelegt? Dokumentation		
116	6.1 b Sind in den Spezifikationen für Ausgangs- und Verpackungsmaterialien alle Prüfpunkte festgelegt, die für die Qualität des Endproduktes relevant sind? Dokumentation / Bewertung durch Dritte mit Sachkunde-Nachweis		
117	6.1 c Enthalten die Prüfpunkte in den Spezifikationen für Ausgangs- und Verpackungsmaterialien festgelegte Grenzwerte als Annahmekriterium? Dokumentation / Bewertung durch Dritte mit Sachkunde-Nachweis		
	6.2 Beschaffung		
118	6.2.a a Gibt es ein Verfahren zur Beurteilung und Auswahl geeigneter Materiallieferanten / -hersteller? Dokumentation / Bewertung durch Dritte mit Sachkunde-Nachweis		
119	6.2.a b Wird das Verfahren zur Beurteilung und Auswahl geeigneter Materiallieferanten / hersteller verlässlich angewendet? Dokumentation / Bewertung durch Dritte mit Sachkunde-Nachweis		
120	6.2 b Liegen mit dem Lieferanten / Hersteller Vereinbarungen vor, die z.B. die Art der durchzuführenden Auswahl, die Annahmekriterien, Vorgehen im Falle von Schädigung oder Änderung, Transportbedingungen, festlegen? Dokumentation		
121	6.2 c Beinhalten die Vereinbarungen Aussagen zur Herstellung von Beziehungen wie zur Unterstützung und Auditierung durch den Auftraggeber? Dokumentation / Bewertung durch Dritte mit Sachkunde-Nachweis		
	6.3 Wareneingang		
122	6.3.1 a Gibt es einen Prozess, in dem überprüft wird, ob Auftrag, Lieferschein und geliefertes Material übereinstimmen? Dokumentation / Bewertung durch Dritte mit Sachkunde-Nachweis		
123	6.3.1 b Werden ggf. zusätzliche Überprüfungen auf Identität des Herstellers vorgenommen? Dokumentation		
124	6.3.2 Werden die Versand-Behältnisse durch Sichtprüfung auf Unversehrtheit und ggf. hinsichtlich der Transportdaten überprüft? Dokumentation		
125	Werden alle Wareneingänge einer festgelegten Probenentnahme unterzogen? Dokumentation / Bewertung durch Dritte mit Sachkunde-Nachweis		
126	Werden für alle Rohstoffe Probenentnahme-Geräte vorgeschrieben? Dokumentation		
127	Sind die vorgeschriebenen oder gegebenen Probeentnahme-Geräte für Rohstoffe geeignet, deren Qualitätskontroll-Ergebnisse zu sichern? Dokumentation / Bewertung durch Dritte mit Sachkunde-Nachweis		
	6.4 Kennzeichnung und Status		

128	6.4.1 Sind die Ausgangsmaterialien mit Etiketten gekennzeichnet, die Angaben zum Lieferanten / Hersteller, zu Identität und Charge enthalten? Dokumentation / Bewertung durch Dritte mit Sachkunde-Nachweis		
129	Sind die Ausgangsmaterialien mit Etiketten gekennzeichnet, die Angaben zu Gebindenummer, Menge, Brutto- / Taragewicht enthalten? Dokumentation		
130	6.4.2 Werden Eingänge mit sichtbaren, die Produktqualität beeinträchtigenden Mängeln bis zur Verwendungsentscheidung zurückgehalten? Dokumentation Freigabe / Sperrung		
131	6.4.3 Werden die Materialien physisch mit „frei"; „gesperrt" oder „Quarantäne" gekennzeichnet oder wird dies durch ein anderes System mit gleicher Sicherheit sichergestellt? Dokumentation Freigabe / Sperrung		
	6.4.4 Enthält die Materialkennzeichnung		
132	6.4.4 a - die Produktbezeichnung des Lieferanten / Herstellers und Empfängers (falls unterschiedlich)? Dokumentation		
133	6.4.4 b - das Eingangsdatum? Dokumentation		
134	6.4.4 c - den Lieferantennamen und Herstellernamen (falls unterschiedlich)? Dokumentation		
135	6.4.4 d- die Chargennummer des Lieferanten / Herstellers und Empfängers (falls unter schiedlich)? Dokumentation		
	6.5 Freigabe		
136	6.5.1 Gibt es physische oder alternative Freigabesysteme? Dokumentation der Freigabe		
137	6.5.2 Erfolgt die Freigabe durch autorisiertes Qualitätspersonal? Dokumentation / Bewertung durch Dritte mit Sachkunde-Nachweis		
	6.5.3 Wenn Freigaben teilweise oder ganz aufgrund von Lieferantenzertifikaten erteilt werden, sind dann:		
138	6.5.3 a - die technischen Anforderungen des Lieferanten bewertet worden? Dokumentation / Freigabe nur nach Bewertung (durch Dritte)		
139	6.5.3 b - die Erfahrungen und Kenntnisse des Lieferanten bewertet worden? Dokumentation / Bewertung durch Dritte mit Sachkunde-Nachweis		
140	6.5.3 c - Audits bei dem Lieferanten durchgeführt worden? Dokumentation / Bewertung durch Dritte mit Sachkunde-Nachweis		
141	6.5.3 d- Prüfverfahren mit dem Lieferanten vereinbart worden? Dokumentation / Bewertung durch Dritte mit Sachkunde-Nachweis		
	6.6 Lagerung		
142	6.6.1 / 6.6.2 Sind die Lagerbedingungen für die Materialien geeignet? Dokumentation / Bewertung durch Dritte mit Sachkunde-Nachweis		
143	6.6.3 Werden spezifische Lagerbedingungen eingehalten und überwacht? Dokumentation / Bewertung durch Dritte mit Sachkunde-Nachweis		
144	6.6.4 Werden die Materialien geschlossen und nicht direkt auf dem Boden gelagert (z.B. auf Paletten)? Dokumentation / Bewertung durch Dritte mit Sachkunde-Nachweis		
145	6.6.5 Werden neu- bzw. um- verpackte und rückgeführte Materialien mit den gleichen Etikettendaten wie im Wareneingang gekennzeichnet? Dokumentation		
146	6.6.6 Werden gesperrte und / oder in Qualitätsprüfung befindliche Materialien in einem abgetrennten / bezeichneten Bereich gelagert bzw. durch ein entsprechendes Datensystem verwaltet? Dokumentation / Bewertung durch Dritte mit Sachkunde-Nachweis		
147	6.6.7 Gilt bei Materialverwendung das FIFO-Prinzip („first-in-first-out")? Dokumentation		
148	6.6.8 a Werden regelmäßig Inventuren durchgeführt? Dokumentation		

149	6.6.8 b Werden nach Inventuren signifikante Differenzen untersucht und ggf. Korrekturmaßnahmen durchgeführt? Dokumentation		
	6.7 Erneute Bewertung		
150	6.7 Wird ein geeignetes System zur erneuten Prüfung und Bewertung nach Ablauf der Lagerdauer verwendet? Dokumentation der Entsorgung		
	6.8 Qualität des Produktionswassers		
151	6.8.1 Stellt das Wasseraufbereitungssystem die festgelegte Wasserqualität bereit? Trinkwasser verwenden / Dokumentation / Bewertung durch Dritte mit Sachkunde-Nachweis		
152	6.8.2 a Wird die Wasserqualität regelmäßig überwacht / überprüft? Dokumentation / Bewertung durch Dritte mit Sachkunde-Nachweis		
153	6.8.2 b Werden Überwachungs- / Überprüfungs-Maßnahmen und alle Ergebnisse dokumentiert? Dokumentation		
154	6.8.3 Kann das Wasseraufbereitungssystem desinfiziert werden? Trinkwasser verwenden / Dokumentation / Bewertung durch Dritte mit Sachkunde-Nachweis		
155	6.8.4 Ist im Wasseraufbereitungssystem eine dauernde Zirkulation sichergestellt (Reduktion des Kontaminationsrisikos)? Trinkwasser verwenden / Dokumentation / Bewertung durch Dritte mit Sachkunde-Nachweis		
156	6.8.5 Ist sichergestellt, dass die zur Wasseraufarbeitung verwendeten Materialien die Wasserqualität nicht beeinflussen? Trinkwasser verwenden / Dokumentation / Bewertung durch Dritte mit Sachkunde-Nachweis		
157	Ist sichergestellt, dass die zur Wasseraufarbeitung verwendeten Materialien die Produktqualität nicht beeinflussen? Trinkwasser verwenden / Dokumentation / Bewertung durch Dritte mit Sachkunde-Nachweis		
	7 Herstellung		
	7.1 Kurzbeschreibung		
	7.2 Arbeitsgänge der Bulkherstellung		
	7.2.1 Verfügbarkeit relevanter Dokumente		
158	7.2.1.1 Wird jede Phase der Bulkherstellung im Herstellprotokoll dokumentiert? Dokumentation / Bewertung durch Dritte mit Sachkunde-Nachweis		
	7.2.1.2 Gehören zur Vorgabedokumentation:		
159	7.2.1.2 a - die verwendete Ausrüstung / Anlage? Dokumentation		
160	7.2.1.2 b - die Rezeptur? Dokumentation		
161	7.2.1.2 c - die Liste aller Ausgangsmaterialien (incl. Chargennummer und Menge)? Dokumentation		
162	7.2.1.2 d - detaillierte Arbeitsgänge für jede Herstellphase (z.B. Abfüllfolgen, Temperaturen, Geschwindigkeiten, Mischzeiten, Probenahme, Reinigung / Desinfektion, Mengentransfer)? Dokumentation / Bewertung durch Dritte mit Sachkunde-Nachweis		
	7.2.2 Kontrollen vor Bulkherstellungsbeginn		
163	7.2.2 a Sind sämtliche für die Arbeitsgänge der Bulkherstellung relevanten Dokumente vorhanden? Dokumentation / Bewertung durch Dritte mit Sachkunde-Nachweis		
164	7.2.2 b Sind alle Ausgangsmaterialien vorhanden und freigegeben? Dokumentation		
165	7.2.2 c Ist die Ausrüstung funktionsfähig? Dokumentation		
166	7.2.2 c Ist die Ausrüstung gereinigt und ggf. desinfiziert? Dokumentation		
167	7.2.2 d Herstellbereich frei von Material vorheriger Arbeitsgängen („Line Clearance“)?		

	Sind für Arbeitsgänge mit Staubentwicklung geeignete Abluftsysteme:		
168	- vorhanden? Dokumentation / Bewertung durch Dritte mit Sachkunde-Nachweis		
169	- ausreichend dimensioniert? Dokumentation / Bewertung durch Dritte mit Sachkunde-Nachweis		
170	- korrekt positioniert? Dokumentation / Bewertung durch Dritte mit Sachkunde-Nachweis		
171	- funktionsfähig? Dokumentation / Bewertung durch Dritte mit Sachkunde-Nachweis		
	7.2.3 Zuweisung einer Chargennummer		
172	7.2.3 a Hat jede Charge eines Zwischenproduktes (z.B. Füllgut) eine Chargennummer? Dokumentation		
173	7.2.3 b Kann die Chargennummer eines Zwischenproduktes der Chargennummer auf dem Endprodukt leicht zugeordnet werden? Dokumentation / Bewertung durch Dritte mit Sachkunde-Nachweis		
	7.2.4 Kennzeichnung von prozessinternen Arbeitsgängen		
174	7.2.4.1 Werden alle Ausgangsstoffe entsprechend der Rezeptur abgemessen / abgewogen? Dokumentation Arbeits-Ablauf / Bewertung durch Dritte mit Sachkunde-Nachweis		
175	7.2.4.1 Werden alle abgemessenen / abgewogenen Ausgangsstoffe in geeignete, entsprechend etikettierte und saubere Behältnisse gefüllt bzw. direkt in den Mischbehälter der Bulkherstellung eingebracht? Dokumentation / Bewertung durch Dritte mit Sachkunde-Nachweis		
176	7.2.4.2 Ist jederzeit eine Identifikation der Hauptausrüstung und der Behältnisse mit den Ausgangsstoffen möglich? Dokumentation / Bewertung durch Dritte mit Sachkunde-Nachweis		
177	7.2.4.2 Ist jederzeit eine Identifikation der Hauptausrüstung und der Behältnisse mit den Zwischenprodukten möglich? Dokumentation / Bewertung durch Dritte mit Sachkunde-Nachweis		
	7.2.4.3 Enthält die Kennzeichnung der Behältnisse mit den Zwischenprodukten		
178	7.2.4.3 a - Bezeichnung oder Materialnummer? Dokumentation		
179	7.2.4.3 b - Chargennummer? Dokumentation		
180	7.2.4.3 c - Lagerungsbedingungen (falls wichtig für die Produktqualität)? Dokumentation / Bewertung durch Dritte mit Sachkunde-Nachweis		
	7.2.5 Inprozess-Kontrolle		
181	7.2.5.1 a Sind In-Prozess-Kontrollen mit Annahmekriterien festgelegt? Dokumentation / Bewertung durch Dritte mit Sachkunde-Nachweis		
182	7.2.5.1 b Sind die Durchführung der In-Prozess-Kontrollen und deren Ergebnisse dokumentiert? Dokumentation		
183	7.2.5.2 Werden die In-Prozess-Kontrollen nach einem festgelegten Programm durchgeführt? Dokumentation		
184	7.2.5.3 Werden außerhalb der Annahmekriterien liegende In-Prozess-Kontroll-Ergebnisse gemeldet und untersucht? Dokumentation / Bewertung durch Dritte mit Sachkunde-Nachweis		
	7.2.6 Lagerung von Zwischenprodukten / Bulk		
185	7.2.6.1 Werden die Zwischenprodukte in geeigneten Behältern, in festgelegten Bereichen, sowie bei geeigneten Bedingungen gelagert? Dokumentation / Bewertung durch Dritte mit Sachkunde-Nachweis		
186	7.2.6.2 Ist eine höchstzulässige Lagerungszeit für Zwischenprodukte festgelegt? Dokumentation		
187	7.2.6.3 Gibt es ein festgelegtes Verfahren, wenn diese Lagerungszeit überschritten ist? Dokumentation der Entsorgung		
	7.2.7 Wiedereinlagern von Ausgangsmaterialien		

188	7.2.7 Werden Restmengen von Ausgangsstoffen in geschlossenen, gekennzeichneten Behältern gelagert? Dokumentation		
	7.3 Arbeitsgänge der Abfüllung, Verpackung und Konfektionierung		
	7.3.1 Verfügbarkeit relevanter Dokumente		
189	7.3.1.1 Wird jede Phase der Abfüllung, Verpackung und Konfektionierung im Herstellprotokoll dokumentiert? Dokumentation / Bewertung durch Dritte mit Sachkunde-Nachweis		
	7.3.1.2 Gehören zur Vorgabedokumentation:		
190	7.3.1.2 a - die verwendete Ausrüstung / Anlage? Dokumentation		
191	7.3.1.2 b - die Liste der Verpackungsmaterialien? Dokumentation		
192	7.3.1.2 c - die Auflistung der einzelnen Verpackungsschritte (Abfüllen, Verschließen, Etikettieren, Versehen mit Kennziffern)? Dokumentation Arbeits-Ablauf		
	7.3.2 Kontrollen vor Beginn der Abfüllung, Verpackung und Konfektionierung		
193	7.3.2 a Wird vor Beginn kontrolliert, dass der gesamte Bereich frei ist von Material vorheriger Arbeitsgängen („Line Clearance“)? Dokumentation Arbeits-Ablauf		
194	7.3.2 b Sind alle relevanten Dokumente vorhanden? Dokumentation / Bewertung durch Dritte mit Sachkunde-Nachweis		
195	7.3.2 c Sind alle Verpackungsmaterialien vorhanden und freigegeben? Dokumentation		
196	7.3.2 d Ist die Ausrüstung funktionstüchtig? Dokumentation / Prüfung durch Dritte mit Sachkunde-Nachweis		
197	7.3.2 d Ist die Ausrüstung gereinigt und ggf. desinfiziert? Dokumentation		
198	7.3.2 e Sind Kennziffern vorhanden, um die Identifizierung des Produktes zu ermöglichen? Dokumentation		
	Sind für Arbeitsgänge mit Staubentwicklung geeignete Abluftsysteme:		
199	- vorhanden? Dokumentation / Bewertung durch Dritte mit Sachkunde-Nachweis		
200	- ausreichend dimensioniert? Dokumentation / Bewertung durch Dritte mit Sachkunde-Nachweis		
201	- korrekt positioniert? Dokumentation / Bewertung durch Dritte mit Sachkunde-Nachweis		
202	- funktionsfähig? Dokumentation / Bewertung durch Dritte mit Sachkunde-Nachweis		
	7.3.3 Zuweisung einer Chargennummer		
203	7.3.3.1 Hat jede Charge eines Endproduktes eine Chargennummer? Dokumentation		
204	7.3.3.2 Gibt es eine nachvollziehbare Verknüpfung zwischen der Zwischenproduktcharge und Endproduktcharge? (Rückverfolgbarkeit?) Dokumentation / Bewertung durch Dritte mit Sachkunde-Nachweis		
	7.3.4 Identifizierung der Verpackungsstraße / Verpackungslinie		
205	7.3.4 Kann die Verpackungslinie aus dem Endprodukt und dessen Chargennummer identifiziert werden? Dokumentation / Bewertung durch Dritte mit Sachkunde-Nachweis		
	7.3.5 Kontrollen der Ausrüstung/Geräte und Anlagen für die Online-Steuerung Dokumentation / Bewertung durch Dritte mit Sachkunde-Nachweis		
206	7.3.5 Wird bei Onlinesteuerung die Ausrüstung regelmäßig nach einem festgelegten Programm überprüft? Dokumentation / Bewertung durch Dritte mit Sachkunde-Nachweis		
	7.3.6 Inprozess-Kontrolle		
207	7.3.6.1 a Sind während der Verpackung In-Prozess-Kontrollen mit Annahmekriterien festgelegt? Dokumentation / Bewertung der Annahmekriterien durch Dritte mit Sachkunde-Nachweis		

208	7.3.6.1 b Sind die Durchführung der In-Prozess-Kontrollen und deren Ergebnisse dokumentiert? Dokumentation		
209	7.3.6.2 Werden In-Prozess-Kontrollen nach einem festen Programm durchgeführt? Dokumentation		
210	7.3.6.3 Werden außerhalb der Annahmekriterien liegende In-Prozess-Kontroll-Ergebnisse gemeldet und untersucht? Dokumentation / Bewertung durch Dritte mit Sachkunde-Nachweis		
	7.3.7 Wiedereinlagern von Verpackungsmaterialien		
211	7.3.7 Werden Restmengen von Verpackungsmaterialien in geschlossenen, gekennzeichneten Behältern oder Umverpackung gelagert? Dokumentation Arbeits-Ablauf		
	7.3.8 Identifizierung und Handhabung unfertiger Produkte		
212	7.3.8 Ist eine Verwechslung oder eine falsche Etikettierung ausgeschlossen, wenn die Prozesse der Abfüllung und der Etikettierung zeitlich voneinander getrennt durchgeführt werden? Etikettierung und Abfüllung sind ein Arbeits-Ablauf		
	8 Endprodukte / Fertigprodukte		
	8.1 Kurzbeschreibung		
	8.2 Freigabe		
213	Eichgesetz / ISO 2859-1 Gibt es verbindliche Spezifikationen einschließlich Annahmekriterien? Dokumentation / Bewertung durch Dritte mit Sachkunde-Nachweis		
214	8.2.1 a Werden Endprodukte / Fertigprodukte vor Inverkehrbringen nach festgelegten Prüfverfahren überprüft? Dokumentation / Bewertung durch Dritte mit Sachkunde-Nachweis		
215	8.2.1 b Entsprechen Endprodukte / Fertigprodukte vor Inverkehrbringen den Annahmekriterien? Dokumentation / Bewertung durch Dritte mit Sachkunde-Nachweis		
216	8.2.2 a Erfolgt die Produktfreigabe durch das für die Qualität autorisierte Personal? Dokumentation / Bewertung durch Dritte mit Sachkunde-Nachweis		
217	8.2.2 b Wird die Produktfreigabe angemessen dokumentiert? Dokumentation / Bewertung durch Dritte mit Sachkunde-Nachweis		
	8.3 Lagerung		
218	8.3.1 Werden die Endprodukte / Fertigprodukte in festgelegten Bereichen unter geeigneten (falls notwendig, überwachten) Bedingungen und über einen angemessenen Zeitraum gelagert? Dokumentation / Bewertung durch Dritte mit Sachkunde-Nachweis		
219	8.3.2 Sind die Lagerbereiche dafür entsprechend ausgerüstet und organisiert? Dokumentation / Bewertung durch Dritte mit Sachkunde-Nachweis		
220	8.3.3 Werden freigegebene, unter Quarantäne stehende oder gesperrte Endprodukte / Fertigprodukte in ihrem jeweiligen Bereich gelagert oder ist ein Datensystem vorhanden, die eine Trennung sicherstellt? Dokumentation Arbeitsablauf / Bewertung durch Dritte mit Sachkunde-Nachweis		
	8.3.4 Sind die Behältnisse mit den Endprodukten / Fertigprodukten (Versandeinheit und / oder Palette) gekennzeichnet mit		
221	8.3.4 a - Bezeichnung oder Kennziffer (Materialnummer)? Dokumentation		
222	8.3.4 b - Chargennummer? Dokumentation		
223	8.3.4 c - Lagerungsbedingungen (sofern erforderlich für die Produktqualität)? Dokumentation / Bewertung durch Dritte mit Sachkunde-Nachweis		
224	8.3.4 d - Menge? Dokumentation		
225	8.3.5 Wird das Endprodukt / Fertigprodukt mit dem ältesten Freigabedatum als erstes verwendet (FIFO-Prinzip)? Dokumentation		
226	8.3.6 a Werden in regelmäßigen Abständen Inventuren durchgeführt? Dokumentation		

227	8.3.6 b Werden die Mengen nach Qualitätsstatus erfasst? Dokumentation Arbeitsablauf / Fehlerhaftes wird entsorgt		
228	8.3.6 c Wird nach der Inventur jede signifikante Diskrepanz untersucht? Dokumentation		
	8.4 Versand		
229	8.4 a Gibt es Maßnahmen, die den Versand des richtigen Endproduktes / Fertigproduktes sicherstellen? Dokumentation Arbeitsablauf		
230	8.4 b Sind für den Versand der Endprodukte / Fertigprodukte Vorkehrungen getroffen, um die Produktqualität zu erhalten? Dokumentation Arbeitsablauf / Bewertung durch Dritte mit Sachkunde-Nachweis		
	8.5 Retouren		
231	8.5.1 Werden Retouren gekennzeichnet und in bestimmten Bereichen gelagert? Dokumentation		
232	8.5.2 Erfolgt eine Retourenbewertung anhand festgelegter Kriterien? Dokumentation / Festlegung der Kriterien durch Dritte mit Sachkunde-Nachweis		
233	8.5.3 Werden Retouren vor einem erneuten Inverkehrbringen erneut freigegeben? Dokumentation der Entsorgung		
234	8.5.4 a Können nachbearbeitete Retouren eindeutig identifiziert werden? Dokumentation der Entsorgung		
235	8.5.4 b Ist eine unbeabsichtigte Auslieferung noch nicht freigegebener, retournierter Endprodukte / Fertigprodukte ausgeschlossen? Dokumentation der Entsorgung		
	9 Qualitätskontrolllabor		
	9.1. Kurzbeschreibung		
236	9.1.1 Gelten die für Personal, Betriebsgelände, Ausrüstung, Untervergabe und Dokumentation beschriebenen Prinzipien auch für das Qualitätskontrolllabor? Dokumentation durch Dritte mit Sachkunde-Nachweis		
237	9.1.2 Ist das Qualitätskontrolllabor verantwortlich für Probennahmen, Kontrollen und Freigaben innerhalb festgelegten Annahmekriterien? Dokumentation durch Dritte mit Sachkunde-Nachweis		
	9.2 Prüfverfahren		
238	9.2.1 Verwendet das Qualitätskontrolllabor Prüfverfahren, die für die Übereinstimmung des Produktes mit den Annahmekriterien erforderlich sind? Dokumentation durch Dritte mit Sachkunde-Nachweis		
239	9.2.2 Erfolgen die Kontrollen auf der Grundlage festgelegter, geeigneter und verfügbarer Prüfverfahren? Dokumentation durch Dritte mit Sachkunde-Nachweis		
	9.3 Annahmekriterien		
240	9.3 Sind Annahmekriterien für Ausgangsmaterialien, Verpackungsmaterialien, Zwischenprodukte und Endprodukte festgelegt, um die Anforderungen zu erfüllen? Dokumentation durch Dritte mit Sachkunde-Nachweis		
	9.4. Ergebnisse		
241	9.4 a Werden alle Laborergebnisse dokumentiert? Dokumentation durch Dritte mit Sachkunde-Nachweis		
242	9.4 b Werden alle Laborergebnisse ausgewertet? Dokumentation durch Dritte mit Sachkunde-Nachweis		
243	9.4 c Wird diese Auswertung genutzt, um eine Freigabe oder Sperrung zu beschließen oder die Entscheidung vorläufig auszusetzen (Quarantäne)? Dokumentation der Entsorgung		
244	9.4 d Werden die durch Kontrollergebnisse abgeleiteten Entscheidungen angemessen dokumentiert? Dokumentation / Bewertung durch Dritte mit Sachkunde-Nachweis		
	9.5 Nicht spezifikationsgemäße Ergebnisse		
245	9.5.1 Werden nicht spezifikationsgemäße Ergebnisse von autorisiertem Personal überprüft und untersucht und anschließend ein entsprechender Verwendungsentscheid getroffen? Dokumentation der Entsorgung		
246	9.5.2 Werden Wiederholungsprüfungen ausreichend begründet? Dokumentation der Entsorgung		

247	9.5.3 Wird nach der erneuten Prüfung eine Entscheidung hinsichtlich einer Abweichung oder Ablehnung oder die Entscheidung vorläufig auszusetzen nur von autorisiertem Personal getroffen? Dokumentation der Entsorgung / Bewertung nur durch Personal mit Sachkunde-Nachweis / Hochschulausbildung		
	9.6 Reagenzien, Lösungen, Standards, Nährböden –		
	gekennzeichnet mit		
248	9.6 a - Name? Dokumentation		
249	9.6 b - Konzentration oder Stärke? Dokumentation		
250	9.6 c - Ablaufdatum / Verfalldatum? Dokumentation / Bewertung durch Dritte mit Sachkunde-Nachweis		
251	9.6 d - Name und / oder Unterschrift der Person, die diese hergestellt hat? Dokumentation		
252	9.6 e - Öffnungsdatum? Dokumentation		
253	9.6 f - Lagerungsbedingungen? Dokumentation Arbeitsablauf / Bewertung durch Dritte mit Sachkunde-Nachweis		
254	- Kennzeichnung nach Gefahrstoffverordnung? Dokumentation / Bewertung durch Dritte mit Sachkunde-Nachweis		
	9.7 Probenahme		
255	9.7.1 Werden die Proben durch autorisiertes Personal gezogen? Dokumentation Arbeitsablauf / Bewertung durch Dritte mit Sachkunde-Nachweis		
	9.7.2 Sind zur Probennahme folgende Aspekte festgelegt:		
256	9.7.2 a - Probeentnahmeverfahren? Dokumentation Arbeits-Ablauf		
257	9.7.2 b - zu verwendende Ausrüstung? Dokumentation Arbeits-Ablauf		
258	9.7.2 c - zu entnehmende Menge? Dokumentation Arbeits-Ablauf		
259	9.7.2 d - Vorkehrungen zum Schutz gegen Verunreinigung / Kontamination oder Qualitätsminderung? Dokumentation Arbeits-Ablauf		
260	9.7.2 e - Kennzeichnung der Probe? Dokumentation Arbeits-Ablauf		
261	9.7.2 f - Häufigkeit der Proben? Dokumentation Arbeits-Ablauf		
	9.7.3 Enthalten die Proben zur eindeutigen Rückverfolgbarkeit:		
262	9.7.3 a - Bezeichnung oder Kennziffer (Materialnummer)? Dokumentation		
263	9.7.3 b - Chargennummern, eigene und Lieferanten / Herstellnummern? Dokumentation		
264	9.7.3 c - Datum der Probenahme und gegebenenfalls Uhrzeit? Eigene Dokumentation und Dokumentation der Bewertung durch Dritte mit Sachkunde-Nachweis		
265	9.7.3 d - Behältnis aus dem die Probe gezogen wurde? Dokumentation		
266	9.7.3 e - Gegebenenfalls Probenentnahmestelle? Dokumentation		
	9.8 Probenaufbewahrung / Rückstellmuster		
267	9.8.1 Werden die Endproduktproben / Fertigproduktproben auf geeignete Weise und in entsprechenden, definierten Bereichen aufbewahrt? Dokumentation Arbeitsablauf / Bewertung durch Dritte mit Sachkunde-Nachweis		
268	9.8.2 Ermöglicht der Umfang der Endproduktproben / Fertigproduktproben die Durchführung von erforderlichen Analysen, die den lokalen Bestimmungen entspricht? Dokumentation Arbeitsablauf / Bewertung durch Dritte mit Sachkunde-Nachweis		

269	9.8.3 Erfolgt die Aufbewahrung der Proben von Endprodukten in deren primärer Verpackung über eine angemessene Zeitspanne unter den vom Hersteller empfohlenen Lagerbedingungen? (Produkthaftung 85/374/EG Art. 7e beachten) Dokumentation Arbeitsablauf / Bewertung durch Dritte mit Sachkunde-Nachweis		
270	9.8.4 a Werden Proben der Ausgangsmaterialien, insbesondere Rohstoffe und eventuell Bulkchargen, nach unternehmensinternen Regelungen aufbewahrt? Dokumentation Arbeitsablauf / Bewertung durch Dritte mit Sachkunde-Nachweis		
271	9.8.4 b Werden Proben der Ausgangsmaterialien entsprechend den lokalen Bestimmungen aufbewahrt? Dokumentation Arbeitsablauf / Bewertung durch Dritte mit Sachkunde-Nachweis		
	10 Behandlung von nicht spezifikationsgemäßen Produkten		
	10.1 Zurückgewiesene Fertigprodukte, Zwischenprodukte, Ausgangsmaterialien und Verpackungsmaterialien		
272	10.1.1 Wird die Untersuchung zurückgewiesener Fertig- / Zwischenprodukte oder Ausgangs- / Verpackungsmaterialien durch autorisiertes Personal durchgeführt? Dokumentation der Entsorgung		
273	10.1.2 Wird die Entscheidung über zurückgewiesenes Produkt / Material (Vernichtung, Nacharbeit) von dem für Qualität(ssicherung) verantwortlichen Personal getroffen? Dokumentation der Entsorgung		
	10.2 Nachgearbeitete Fertigprodukte und Zwischenprodukte		
274	10.2.1 Wird die Entscheidung zur Nachbearbeitung, Aufarbeitung oder Vermischung nicht konformer (Zwischen-)Produkte nur von dem für Qualität(ssicherung) verantwortlichen Personal getroffen? Dokumentation der Entsorgung / Bewertung durch Dritte mit Sachkunde-Nachweis		
275	10.2.2 Wird das Verfahren der Nacharbeit festgelegt und genehmigt? Dokumentation der Entsorgung		
276	10.2.3 Werden die nachgearbeiteten End- oder Zwischenprodukte von autorisiertem Personal kontrolliert und die entsprechenden Ergebnisse ausgewertet, um die Konformität mit den Annahmekriterien zu bestätigen? Dokumentation der Entsorgung		
	11 Abfälle		
	11.1 Kurzbeschreibung		
277	11.1 Werden Abfälle zeitnah und hygienisch entsorgt? Dokumentation der Entsorgung / Bewertung durch Dritte mit Sachkunde-Nachweis		
	11.2 Abfallarten		
278	11.2 a Sind die Abfallarten bei den gegebenen Herstellprozessen festgelegt, welche die Qualität der Endprodukte beeinflussen können? Dokumentation der Entsorgung		
279	11.2 b Sind die Abfallarten bei der Arbeit des Qualitätskontrolllabors festgelegt, welche die Qualität der Endprodukte beeinflussen können? Dokumentation der Entsorgung		
	11.3 Fluss / Entsorgungswege		
280	11.3.1 Hat der Abfallfluss / Entsorgungsprozess in Herstellung und Laboratorien keine Beeinträchtigung auf die Arbeitsgänge? Dokumentation der Entsorgung		
281	11.3.2 Werden Maßnahmen in Hinblick auf Sammlung, Transport, Lagerung und Entsorgung von Abfällen getroffen? Dokumentation der Entsorgung		
282	11.3.2 Werden die einzelnen Maßnahmenschritte von Sammlung, Transport, Lagerung und Entsorgung von Abfällen in geeigneter Weise dokumentiert? Dokumentation der Entsorgung / Bewertung durch Dritte mit Sachkunde-Nachweis		
	11.4 Behältnisse		
283	11.4 Sind die Abfallbehälter ausreichend gekennzeichnet (ggf. mit Zusatzinformationen versehen)? Dokumentation der Entsorgung / Bewertung durch Dritte mit Sachkunde-Nachweis		
	11.5 Entsorgung		
284	11.5 Erfolgt die Abfallvernichtung auf geeignete Weise? Dokumentation der Entsorgung / Bewertung durch Dritte mit Sachkunde-Nachweis		
285	11.5 Wird die Abfallvernichtung überwacht? Dokumentation der Entsorgung		

	12 Untervergabe / Dienstleistungen und Lohnherstellung		
	12.1 Kurzbeschreibung		
286	12.1 a Sind Untervergabe / Dienstleistung oder Lohnherstellung durch einen schriftlichen Vertrag festgelegt? Dokumentation		
287	12.1 b Sind in dem Vertrag die Anforderungen durch den Auftraggeber klar festgelegt? Dokumentation / Bewertung durch Dritte mit Sachkunde-Nachweis		
	12.2 Arten der Untervergabe		
	12.2 Sind für folgende Arten der Untervergabe die Verträge und Anforderungen klar festgelegt:		
288	12.2 a - Herstellung von Bulk-Zwischenprodukt? Dokumentation / Bewertung durch Dritte mit Sachkunde-Nachweis		
289	12.2 b - Herstellung von Bulkprodukt? Dokumentation / Bewertung durch Dritte mit Sachkunde-Nachweis		
290	12.2 c - Abfüllung von Bulkprodukt in Primärverpackung? Dokumentation / Bewertung durch Dritte mit Sachkunde-Nachweis		
291	12.2 d - Verpackung in Primärverpackung = Verbrauchereinheit? Dokumentation / Bewertung durch Dritte mit Sachkunde-Nachweis		
292	12.2 e - Verpackung in Sekundärverpackung = Handelseinheit? Dokumentation / Bewertung durch Dritte mit Sachkunde-Nachweis		
293	12.2 f - Verpackung in Tertiärverpackung = Paletteneinheit? Dokumentation / Bewertung durch Dritte mit Sachkunde-Nachweis		
294	12.2 g - sensorische Analyse? Dokumentation / Bewertung durch Dritte mit Sachkunde-Nachweis		
295	12.2 h - chemische Analyse? Dokumentation / Bewertung durch Dritte mit Sachkunde-Nachweis		
296	12.2 i - physikalische Analyse? Dokumentation / Bewertung durch Dritte mit Sachkunde-Nachweis		
297	12.2 j - mikrobiologische Analyse? Dokumentation / Bewertung durch Dritte mit Sachkunde-Nachweis		
298	12.2 k - Reinigung / Desinfektion gegebenenfalls einschließlich des Betriebsgeländes? Dokumentation		
299	12.2 l - Schädlingsbekämpfung? Dokumentation / Bewertung durch Dritte mit Sachkunde-Nachweis		
300	12.2 m - Instandhaltung Ausrüstung? Dokumentation / Bewertung durch Dritte mit Sachkunde-Nachweis		
301	12.2 n - Instandhaltung Betriebsgelände? Dokumentation / Bewertung durch Dritte mit Sachkunde-Nachweis		
	12.3 Auftraggeber		
	12.3.1 Der Auftraggeber sollte beurteilen ob der Auftragnehmer:		
302	12.3.1 a - in der Lage ist die Aufgaben zu erfüllen? Dokumentation / Bewertung durch Dritte mit Sachkunde-Nachweis		
303	12.3.1 b - die Aufgaben wie vereinbart ausführen kann? Dokumentation / Bewertung durch Dritte mit Sachkunde-Nachweis		
304	12.3.1 c - in der Lage ist, Kosmetik-GMP-Anforderungen (nach ISO 22716) zu erfüllen? Dokumentation / Bewertung durch Dritte mit Sachkunde-Nachweis		
	Der Auftraggeber sollte beurteilen ob der Auftragnehmer über die erforderlichen Mittel zur Erfüllung des Auftrages verfügt:		
305	12.3.1 d - technische Ausrüstung? Dokumentation / Bewertung durch Dritte mit Sachkunde-Nachweis		
306	12.3.1 e - geeignete Räumlichkeiten? Dokumentation / Bewertung durch Dritte mit Sachkunde-Nachweis		
307	12.3.1 f - geeignetes Betriebsgelände? Dokumentation / Bewertung durch Dritte mit Sachkunde-Nachweis		
308	12.3.2 Sind alle notwendigen Informationen zur ordnungsgemäßen Ausführung der		
	Aufgaben durch den Auftraggeber zur Verfügung gestellt? (Beispiele: Vorgabedokumente wie Spezifikationen, Herstellvorschriften etc.)? Dokumentation / Bewertung durch Dritte mit Sachkunde-Nachweis		
	12.4 Auftragnehmer		

	12.4.1 Ist durch den Auftragnehmer sichergestellt, dass er zur Erfüllung der vertraglich festgelegten Anforderungen:		
309	12.4.1 a - über die erforderlichen Mittel verfügt? Dokumentation / Bewertung durch Dritte mit Sachkunde-Nachweis		
310	12.4.1 b - über die erforderlichen Erfahrungen verfügt? Dokumentation / Bewertung durch Dritte mit Sachkunde-Nachweis		
311	12.4.1 c - über das erforderliche kompetente Personal verfügt? Dokumentation / Bewertung durch Dritte mit Sachkunde-Nachweis		
312	12.4.2 a Ist sichergestellt, dass der Auftragnehmer keine ihm vertrauten Aufgaben ohne vorherige Genehmigung und Zustimmung des Auftraggebers an Dritte weitergibt? Dokumentation		
313	12.4.2 b Ist durch den Auftragnehmer oder beteiligte Dritte sichergestellt, dass alle Informationen zu den Aufgaben dem Auftraggeber wie im Vertrag / in der Vereinbarung dargestellt zur Verfügung stehen? Dokumentation		
314	12.4.2 c Sind die Informationen definiert, die durch den Auftragnehmer oder beteiligte Dritte dem Auftraggeber zur Verfügung zu stellen sind? Dokumentation		
315	12.4.3 a Sind Kontrollen und Audits durch den Auftraggeber beim Auftragnehmer vertraglich fixiert? Dokumentation		
316	12.4.3 b Ermöglicht der Auftragnehmer die vertraglich vereinbarten Kontrollen und Audits? Dokumentation		
317	12.4.4 Informiert der Auftragnehmer den Auftraggeber über alle geplanten Änderungen, welche die Qualität der Dienstleistungen oder der Produkte beeinträchtigen könnten? (Hinweis: „Change Control“) Dokumentation / Bewertung durch Dritte mit Sachkunde-Nachweis		
	12.5 Der Vertrag		
318	12.5.1 Sind die Pflichten und Verantwortlichkeiten (Abgrenzung der Pflichten / Verantwortlichkeiten, „Matrix“) beider Parteien im Vertrag festgelegt? Dokumentation / Bewertung durch Dritte mit Sachkunde-Nachweis		
319	12.5.2. Werden vom Auftragnehmer sämtliche Daten für den Auftraggeber bereitgehalten bzw. diesem zur Verfügung gestellt? Dokumentation / Bewertung durch Dritte mit Sachkunde-Nachweis		
	13 Abweichungen		
320	13.1 Sind Maßnahmen vorhanden, die das Vorgehen bei Abweichungen von festgelegten Vorgaben regeln? Dokumentation / Bewertung durch Dritte mit Sachkunde-Nachweis		
321	13.1 Sind ausreichend Daten für die Entscheidung über eine eventuellen Korrektur vorhanden? Dokumentation / Bewertung durch Dritte mit Sachkunde-Nachweis		
322	13.2. Werden die Korrekturmaßnahmen so umgesetzt, dass erneute Abweichungen vermieden werden? Dokumentation / Bewertung durch Dritte mit Sachkunde-Nachweis		
	14 Reklamation und Rückruf		
	14.1 Kurzbeschreibung		
323	14.1.1 Werden alle Reklamationen, die in den Anwendungsbereich dieses Leitfadens fallen und dem Werk mitgeteilt werden, geprüft, untersucht und ggf. weiterverfolgt? Dokumentation		
324	14.1.2 a Werden im Falle eines beschlossenen Produktrückrufes geeignete Maßnahmen getroffen, um den Rückruf im Rahmen des GMP-Leitfadens durchzuführen? Dokumentation der Entsorgung		
325	14.1.2 b Werden im Falle eines beschlossenen Produktrückrufes entsprechende Korrektur- und Vorbeugemaßnahmen eingeleitet? Dokumentation		
326	14.1.3 Ist der Prozess der Behandlung von Reklamationen bei einer Weitervergabe von Tätigkeiten zwischen Auftraggeber und –nehmer vereinbart? (siehe 12.1) Dokumentation der Entsorgung		
	14.2 Reklamation von Produkten		

327	14.2.1 Werden Reklamationen von autorisiertem Personal zentral verwaltet? Dokumentation		
328	Werden bei Reklamation eines Produktfehlers die Originalinformationen zusammen mit den Folgeinformationen aufbewahrt? Dokumentation / Bewertung durch Dritte mit Sachkunde-Nachweis		
329	14.2.2 Werden für die betroffene Charge des reklamierten Produktes geeignete Folgemaßnahmen durchgeführt? Dokumentation der Entsorgung		
	14.2.3 Umfassen Untersuchungen und Folgemaßnahmen:		
330	14.2.3 a - Schritte zur Vermeidung einer Fehlerwiederholung? Dokumentation / Bewertung durch Dritte mit Sachkunde-Nachweis		
331	14.2.3 b - Kontrollen weiterer Chargen, um festzustellen, ob diese ebenfalls betroffen sind? Dokumentation / Bewertung durch Dritte mit Sachkunde-Nachweis		
332	14.2.4 Werden Reklamationen in regelmäßigen Abständen überprüft, um Trends oder ein wiederholtes Auftreten des Fehlers vorsorglich feststellen zu können? Dokumentation / Bewertung durch Dritte mit Sachkunde-Nachweis		
	14.3 Rückruf von Produkten		
333	14.3.1 Wird der Rückrufprozess von dem jeweils autorisierten Personal koordiniert? Dokumentation		
334	14.3.2 Werden Produktrückrufe rechtzeitig und unverzüglich eingeleitet? Dokumentation der Entsorgung		
335	14.3.3 Werden die zuständigen Behörden über Rückrufe informiert, die einen Einfluss auf die Sicherheit des Verbrauchers haben könnten? Dokumentation / Bewertung durch Dritte mit Sachkunde-Nachweis / Dokumentation der Entsorgung		
336	14.3.4 Werden zurückgerufene Produkte solange getrennt in einem sicheren Bereich gelagert, bis eine Entscheidung getroffen ist? Dokumentation der Entsorgung		
337	14.3.5 Wird der Produktrückrufprozess in regelmäßigen Abständen bewertet? Dokumentation der Entsorgung		
	15 Änderungskontrolle		
338	15 a Ist für Änderungen (Anlagen, Material, Prozess etc.), welche die Produktqualität beeinträchtigen können, ein Prozess definiert? Dokumentation Arbeitsablauf / Bewertung durch Dritte mit Sachkunde-Nachweis		
339	15 b Erfolgen Änderungen nur durch festgelegtes, autorisiertes Personal? Dokumentation / Bewertung durch Dritte mit Sachkunde-Nachweis		
340	15 c Wird die Änderung auf der Grundlage ausreichender Daten genehmigt und durchgeführt? Dokumentation / Bewertung durch Dritte mit Sachkunde-Nachweis		
341	15 d Erfolgt eine Dokumentation der Änderungen? Dokumentation / Bewertung durch Dritte mit Sachkunde-Nachweis		
	16 Internes Audit		
	16.1 Kurzbeschreibung		
	16.2 Herangehensweise		
342	16.2.1 Werden interne Audits von speziell beauftragtem, kompetentem Personal unabhängig und ausführlich in regelmäßigen Abständen oder nach Bedarf durchgeführt? Dokumentation / Bewertung durch Dritte mit Sachkunde-Nachweis		
343	16.2.2 Werden alle Beobachtungen des internen Audits bewertet und dem Führungspersonal mitgeteilt? Dokumentation / Bewertung durch Dritte mit Sachkunde-Nachweis		
	16.3 Anschlussuntersuchung / Nachverfolgung		
344	16.3 Werden geeignete Korrrekturmaßnahmen, die auf den Beobachtungen beruhen, in zufriedenstellender Weise umgesetzt? Dokumentation / Bewertung durch Dritte mit Sachkunde-Nachweis		
	17 Dokumentation		
	17.1 Kurzbeschreibung		

345	17.1.1 Hat das Unternehmen ein geeignetes Dokumentationssystem festgelegt und umgesetzt, welches für die jeweiligen Organisationsstruktur und die Art der Produkte geeignet ist, und hält dieses aufrecht? Dokumentation / Bewertung durch Dritte mit Sachkunde-Nachweis		
	17.2 Arten von Dokumenten		
346	17.2.1 / 17.2.2 Enthält das Dokumentationssystem alle Verfahrensanweisungen, Spezifikationen, Prüfvorgaben, Berichte, Verfahren und Aufzeichnungen zu den in dem GMP-Leitfaden behandelten Tätigkeiten? (als Ausdruck oder in elektronischer Form) Dokumentation / Bewertung durch Dritte mit Sachkunde-Nachweis		
	17.3 Schriftform, Genehmigung und Verteilung		
347	17.3.1 Beschreiben die festgelegten Dokumente mit der notwendigen Ausführlichkeit die entsprechenden Arbeitsgänge, Vorkehrungen und Maßnahmen? Dokumentation / Bewertung durch Dritte mit Sachkunde-Nachweis		
348	17.3.2 Werden Titel, Art und Zweck der Dokumente angeben? Dokumentation / Bewertung durch Dritte mit Sachkunde-Nachweis		
	17.3.3 Sind die Dokumente:		
349	17.3.3 a - leserlich? Dokumentation / Bewertung durch Dritte mit Sachkunde-Nachweis		
350	17.3.3 b - vor der Nutzung von autorisiertem Personal genehmigt, unterschrieben und datiert? Dokumentation / Bewertung durch Dritte mit Sachkunde-Nachweis		
351	17.3.3 c - vorbereitet, aktualisiert, widerrufen (zurückgezogen), verteilt und kategorisiert (geheim)? Dokumentation / Bewertung durch Dritte mit Sachkunde-Nachweis		
352	17.3.3 d - mit einem Verweis versehen, der sicherstellt, dass keine veralteten Dokumente verwendet werden? Dokumentation / Bewertung durch Dritte mit Sachkunde-Nachweis		
353	17.3.3 e - dem zuständigen Personal zur Verfügung gestellt? Dokumentation		
354	17.3.3 f - aus dem Arbeitsbereich entfernt und vernichtet, wenn sie nicht mehr aktuell sind? Dokumentation		
	17.3.4 Enthalten Aufzeichnungen, die handschriftliche Eintragungen erfordern:		
355	17.3.4 a - Angaben, was einzutragen ist? Dokumentation / Bewertung durch Dritte mit Sachkunde-Nachweis		
356	17.3.4 b - leserliche, dokumentenechte Eintragungen? Dokumentation / Bewertung durch Dritte mit Sachkunde-Nachweis		
357	17.3.4 c - Unterschrift und Datum? Dokumentation / Bewertung durch Dritte mit Sachkunde-Nachweis		
358	17.3.4 d - Korrekturen, welche die Originaleintragung lesbar lassen und ggf. den Grund für die Korrektur angegeben? Dokumentation / Bewertung durch Dritte mit Sachkunde-Nachweis		
	17.4 Revision		
359	17.4 Werden Dokumente erforderlichenfalls revidiert und mit Revisionsgrund und -nummer bzw. Grund der Ausgabe und Versionsnummer versehen? Dokumentation		
	17.5 Archivierung		
360	17.5.1 Werden nur Originaldokumente oder überprüfte Kopien archiviert? Dokumentation		
361	17.5.2 Entspricht die Archivierungsdauer geltenden gesetzlichen Bestimmungen (Produkthaftung 85/374/EG Art. 11) und internen Vorschriften? Dokumentation an zwei Stellen, verbunkert / Bewertung durch Dritte mit Sachkunde-Nachweis		
362	17.5.3 / 17.5.4 Sind gespeicherte/ gelagerte Dokumente (in Papier- oder in elektronischer Form) lesbar und gesichert? Dokumentation an zwei Stellen, verbunkert/ Bewertung durch Dritte mit Sachkunde-Nachweis		

363	17.5.5 Werden Sicherungsdaten in regelmäßigen Abständen separat an einem sicheren Ort gelagert / gespeichert? Dokumentation an zwei Stellen, verbunkert / Bewertung durch Dritte mit Sachkunde-Nachweis		
	18 bewerteter Bereich:		
	Unternehmer (ggf. Firma):		
	Adresse:		
	Unternehmen (ggf. Werk/Abteilung):		
	19 verantwortliche Personen:		
	Leiter Herstellung		
	Leiter Qualitätssicherung		
	20 Kosmetik-GMP-Check		
	durchgeführt von:		
	Datum:		
	Ed Siedler: Parfums – natürlich – Abb.:43 Kosmetik-GMP-Check - Fassung von ***EdS-Parfums.de*** für KMU ©2013_		

Gedacht war diese Liste zur internen Verwendung. Geprüft und dokumentiert wird die Vollständigkeit und Wirksamkeit aller unternehmensspezifisch festgelegten Herstellungsschritte.[475]
Diese Checkliste weist auf notwendige Eigenkontrollen hin. Inzwischen wird diese interne Liste von einigen überwachenden Behörden als Stand der Technik eingefordert. Im Zusammenhang mit bereits bekannten Gerichtsverfahren wird die Dokumentation aller Herstellungsschritte vom Wareneingang bis zum Versand, bzw. bei Retouren einschließlich der Dokumentation der Entsorgung immer wichtiger. Bei der Bewertung der Ausgangsmaterialien, aller Zwischen- und End-Produkte sind Gutachten unabhängiger Dritter einzuholen. Auch das ist zu dokumentieren. All diese Dokumentationen sind Feuer-, Hochwasser-, Diebstahl- und Sabotage-sicher über zehn Jahre lang - am besten an mindestens zwei unterschiedlichen Stellen - aufzubewahren...

[475] Siehe Kosmetikverordnung und den darin geforderten Kosmetik-GMP-Check gemäß NORM DIN EN ISO 22716 Quelle: http://www.ikw.org/

Die Anforderungen steigen und steigen...

Mit der neuen - seit Dezember 2009 veröffentlichten - Europäischen Kosmetikverordnung (Verordnung (EG) 1223/2009, Artikel 13) wurde die Pflicht zur Meldung vereinheitlicht. Seit 11. Juli 2013 müssen alle sich auf dem Markt befindenden kosmetischen Mittel und alle Kosmetikprodukte, die ab diesem Zeitpunkt neu auf den Markt kommen, in Brüssel gemeldet werden. Hierzu hat die Kommission eine neue Plattform, das CPNP (Cosmetic Products Notification Portal), eingerichtet. Die Meldung soll nach wie vor der medizinischen Behandlung von Vergiftungsfällen dienen, jedoch zusätzlich auch für Zwecke der Marktüberwachung, Marktanalyse, Evaluierung und Verbraucherinformation verwendet werden. So fordert der Gesetzgeber in diesem Zuge die verantwortlichen Inverkehrbringer auf, weitere Angaben und Informationen offenzulegen - entsprechend aufwändig ist die Meldung über das neue Portal.[476] [477]

CPNP-Referenz	Produktname	Verantwortliche Person	Postleitzahl	Ort	Kategorie	Bezeichnung der Rezeptur	Fassung	Datum der 1. Notifizierung	Status
1037600	EdS Hautpflege	EdS	73432	Aalen	Nicht hydro-alkoholische Parfüme	PARFÜMIERTES HAUTÖL	1	22/10/2012	Notifiziert
1037631	EdS Aromapflege	EdS	73432	Aalen	Hydro-alkoholische Parfüme	PARFÜM (KÖLNISCHWASSER, EAU DE TOILETTE, EAU DE PARFUM, PARFÜMEXTRAKT, PARFÜM)	1	22/10/2012	Notifiziert
1037595	EdS Anti-Stress-Parfum	EdS	73432	Aalen	Hydro-alkoholische Parfüme	PARFÜM (KÖLNISCHWASSER, EAU DE TOILETTE, EAU DE PARFUM, PARFÜMEXTRAKT, PARFÜM)	1	22/10/2012	Notifiziert
1037606	EdS Lippenpflege	EdS	73432	Aalen	Nicht hydro-alkoholische Parfüme	PARFÜMIERTES HAUTÖL	1	22/10/2012	Notifiziert

Ed Siedler: Parfums – natürlich – Abb.:44
CPNP-Meldung von EdS
EdS-Parfums.de ©2012_X_22

[476] http://www.giz-nord.de/cms/index.php/firmenservice/303-gesetzliche-meldepflicht-fuer-kosmetische-produkte.html

[477] http://ec.europa.eu/consumers/sectors/cosmetics/files/pdf/cpnp_user_manual_de.pdf

Wie geht es den betroffenen Unternehmen?

Gab es im Zusammenhang mit der KVO tatsächlich einen Kommissionsbetrug an den kleinen und mittleren europäischen Kosmetikherstellern? Offenbar will die EU große Unternehmen fördern. Auch "Das TTIP-Abkommen, wie es jetzt im Geheimen entworfen wird, dient nicht den beteiligten Ländern, der Mehrheit ihrer Bürger und der Mehrheit ihrer Unternehmen, und schon gar nicht dient es den ärmeren Ländern. Es dient fast ausschließlich den großen, weltweit agierenden Konzernen, die ihre Marktanteile und ihren Einfluss absichern und ausbauen wollen." [478]

Auch wenn das öffentlich bestritten wird: Tatsache ist, dass gerade die vielen kleinen und mittleren Unternehmen in ihrer Gesamtheit mehr Innovationen in den Markt einbrachten als die wenigen großen Unternehmen mit ihren, meist auch noch öffentlich geförderten, Forschungsvorhaben.

Bei Lieferungen aus dem Ausland und aus Übersee fehlen oftmals verlässliche Rohstoffunterlagen. Zwar wird jeder Unternehmer und jedes Unternehmen den Wareneingang mit den eigenen Mitteln prüfen. Auf der rechtlich sicheren Seite ist der Unternehmer und das Unternehmen jedoch erst, wenn die Prüfung von einem unabhängigen Institut stammt, welches für seine Analysen haftet.

Hinzu kommen umfangreiche Dokumentationspflichten für jede Charge, die Diebstahl-, Wasser-, Feuer- und Sabotage-sichere Lagerung von Rückstellproben und der umfangreichen Dokumentationen. Hinzu kommen umfangreiche Vorschriften für Produktionsräume: Die Doppelnutzung von Räumen, wie beispielsweise die Herstellung in Küchen und Garagen ist schon lange passé.[479]

Mehr als 180 Positionen mit öffentlich rechtlichen, privat rechtlichen und technischen Regelungen und die 363 Positionen umfassende interne Liste für die Gute Herstellungspraxis GMP gemäß **NORM DIN EN ISO 22716** erzwingen für die meisten Einzel-Unternehmer(innen) und viele Unternehmen die Auslagerung der Herstellung. Bei Lohnherstellungs-Vereinbarungen ist vorab schriftlich zu klären, wer für was haftet. Voraussetzung für eine Haftungsübernahme ist jedoch die vollständige Offenlegung des Rezeptes, der Lieferanten und der verwendeten Chargen aller Roh- und Zwischenprodukte...

Zwar meint der EU-Kommissar Borg es seien "keine neuen Sicherheitsbewertungen nötig". Doch auch bei der Beauftragung von Abfüllunternehmen ist der Unternehmer und das Unternehmen jedoch erst dann auf der rechtlich sicheren Seite, wenn die Prüfung von einem unabhängigen Institut stammt, das für seine Sicherheitsbewertungen haftet.

---

[478] http://www.zeit.de/angebote/buchtipp/bode/index https://www.compact-online.de/ttip-und-ceta-konzerne-okkupieren-staatliche-souveraenitaet-rezension-von-compact-live-18-05/ http://www.sueddeutsche.de/wirtschaft/ttip-private-schiedsverfahren-nutzen-nur-den-grossen-konzernen-1.2426013?cache=29599-10-2-2-23-2-6-11thema%2Fspiele

[479] Siehe Kosmetikverordnung und den darin geforderten Kosmetik-GMP-Check gemäß NORM DIN EN ISO 22716 Quelle: http://www.ikw.org/

Für die Überwachung der umfangreichen Vorschriften wurden nun zusätzlich beispielsweise bei den Landratsämtern 2013 neue Abteilungen geschaffen. **DIN EN ISO 22716** ist Pflicht. Viele deutsche Aufsichtsbehörden verlangen die 363 Punkte umfassende interne Checkliste für die Industrie jedoch auch von kleinen und mittleren Unternehmen und sogar von geringfügig tätigen Einzelunternehmer(inne)n im Nebenerwerb und hobbymäßig tätigen Imkern. In Deutschland hergestellte Kosmetika gelten 2014 als besser überwacht als Arznei-, Futter- und Lebensmittel.

Unternehmen klagen über

- fehlende Übersetzungen am HABM (Europäisches Markenamt),
- jahrelang fehlende deutsche Patent- und Markenrechte beim HABM,
- Sprachbarrieren,
- Entscheidungen z.B. nur in spanisch,
- Veröffentlichungen der Anmeldungen beim HABM nur in zwei Sprachen,
- deutlich unterschiedliche Behördenentscheidungen,
- Wettbewerbsverzerrungen z.B. durch unterschiedliche Prüftiefe,
- unterschiedliche Auslegung der KVO,
- Verletzungen des EU-Wettbewerbsrechts durch nicht-notifizierte Firmen ohne Sicherheitsbewertungen in verschiedenen EU-Mitgliedsstaaten,
- Gefälligkeit-Gutachten – auch aus EU-Mitgliedsstaaten,
- Angriffe auf die Datenverarbeitung,
- Domain-Anmeldungen mit demselben Firmennamen durch Dritte,
- Erpressungsversuche mit gleichnamigen Domains,
- Missbrauch von Warenzeichen,
- widersprüchliche und irreführende Vorschriften,
- fehlerhafte Vorwürfe,
- angeblich fehlende / falsche Anbieter-Kennzeichnung,
- behauptete Mängel der Internet-Seiten,
- angeblich fehlerhafte AGB,
- angebliche Verstöße gegen den Datenschutz (BDSG) [480]
- angebliche Falschdeklarierungen,
- angeblich fehlende Nachweise über angeblich angepriesene Wirkungen,
- angebliche Verstöße gegen das Arzneimittelgesetz,
- angeblich fehlende Produktinformationsdatei (PID),
- angeblich fehlende Sicherheitsbewertung,
- behauptete Wettbewerbsverstöße,

[480] https://www.bfdi.bund.de/DE/Datenschutz/datenschutz-node.html

- die Gleichsetzung von Ingredients (Zutaten) und Content (Inhaltsstoffen),
- Abmahnungen mit beigefügten überhöhten Kostennoten,
- Abmahnungen mit beigefügten (generell möglichst weit gehenden) Unterlassungserklärungen, ohne jedwede (zeitliche) Einschränkung,
- Strafandrohungen und Streitwerte ab fünfzigtausend Euro aufwärts,
- Urteile in Abwesenheit [481]
- Konzerne, oftmals große Mitbewerber, welche sogenannte Marken- und Wettbewerbsverbände in ihrem Interesse gründen und nutzen,
- provozierende Anfragen sogenannter Marken- und Wettbewerbsverbände und-oder deren Anwälte unter falschen Namen,
- eine Flut von anonymisierten Abmahnungen und Klagen durch derartige Interessenverbände und deren Anwälte,
- die Behinderung durch Mitbewerber - meist durch deren Marken- und Wettbewerbsverbände anonymisiert - mittels fragwürdigen Abmahnungen unter Hinweis auf angebliche Rechtsverstöße,
- die Behinderung durch Mitbewerber - meist durch deren Marken- und Wettbewerbsverbände anonymisiert - mittels Abmahnungen mit Zitaten von Gerichtsurteilen, die höchstrichterlich längst obsolet sind, [482]
- die Behinderung durch Mitbewerber - meist durch deren Marken- und Wettbewerbsverbände anonymisiert - mittels Klagen unter Ausnutzung sämtlicher Rechtsmittel, auch wenn die Erfolgsaussicht gering ist,
- Androhung von Klagen durch sämtliche Instanzen vom LG über das OLG, BGH bis zum EuGH,
- die Marktfähigkeit wird oftmals von Gerichtsurteilen bestimmt, [483] [484]
- letztendlich mit dem Anspruch Werbeaussagen, Rechtsprechung und Gesetze (z.B. der Bundesrepublik Deutschland) im Sinne der Kläger zu ändern,
- die illegale Ausnutzung der Marktmacht durch sogenannte Marken- und Wettbewerbsverbände und-oder kapitalkräftige Unternehmen,
- die Umgehung der Schadenminderungspflicht,

---

[481] Beispiel: 100.000 EUR Geldstrafe, 1 Jahr Gefängnis auf Bewährung, Eintragung ins Vorstrafenregister http://www.ardmediathek.de/tv/FAKT/Verurteilt-ohne-es-zu-wissen/Das-Erste/Video?bcastId=310854& documentId=45378268

[482] http://www.duden.de/rechtschreibung/obsolet: nicht mehr gebräuchlich, veraltet, anachronistisch, (umgangssprachlich) aus der Mottenkiste, out, passé, von gestern, (abwertend) antiquiert. - So sind beispielsweise einige Passagen des Wettbewerbsrechts wegen weiterer höchstrichterlicher Entscheidungen obsolet. Trotzdem begründete beispielsweise ein sogenannter Wettbewerbsverband seine Abmahnung mit beigefügter Kostennote und Unterlassungserklärung mit längst überholten Urteilen aus den Jahren vor 1990

[483] Für die Einstufung eines Produkts als kosmetisches Mittel ist häufig die Einstufung im Einzelfall nötig, welche die globale Betrachtung des Produkts, unter Berücksichtigung von Inhaltsstoffen und deren Höchstmengenvorgaben, Anwendungsort, überwiegender Zweckbestimmung, Packungsgestaltung und Werbung, erfordert. http://www.gd-online.de/german/veranstalt/images2010/GD_Symposium_12.11.2010_Abstract_B_Rung.pdf

[484] Die Marktfähigkeit wird oftmals von Gerichtsurteilen bestimmt: http://www.integritas-hwg.de/pdf/20141203_vortrag-dr-voss.pdf

- die Behinderung durch Mitbewerber durch „vertrauliche“ Meldungen unlauterer Wettbewerbs-Verbände an Ämter und Behörden,
- verschreckte und überzogene Reaktionen von Ämtern und Behörden z.B. vom Ordnungsamt, Finanzamt, Landratsamt auf die „vertraulichen Hinweise“ eines derartigen unlauteren Wettbewerbs-Verbandes,
- Verkaufsverbote wegen fehlerhaften behördlichen Probennahmen,
- angeblich fehlende oder fehlerhafte Meldungen beim CPNP (Cosmetic Products Notification Portal),... [485]

Die EU Kommission schien bei der Anfertigung der Leitlinie zur Sicherheitsbewertung von den externen Experten realitätsfremd beraten worden zu sein. So hatte der von Deutschland entsandte Experte doch wirklich den Mut, auf einer Fachveranstaltung auf die Frage, wie wir an all die geforderten Unterlagen kommen sollen, zu antworten „Das kann ich Ihnen auch nicht sagen“.[486]

Von den Unternehmern muss immer mehr Zeit und Geld für die Abwehr von überwiegend unberechtigten Angriffen verwendet werden.

Aber alle Ressourcen sind begrenzt: Auch Geduld (Zeit) und Geld.

- Innovationen brauchen Geduld (Zeit):
- Aber die Abwehr von überwiegend unberechtigten Angriffen verdrängt oftmals sogar die reguläre Geschäftstätigkeit. Viele frustriert dies zutiefst.

Viele Unternehmer(inne)n verloren die Geduld und zogen sich still zurück. Auf deren Innovationsaktivitäten hoffen wir alle in Zukunft vergebens.

- Die Abwehr von Angriffen verdrängt gerade bei kleinen und mittleren Unternehmen oftmals die reguläre Geschäftstätigkeit und kostet neben der knappen Ressource Zeit auch viel Geld. Geld kann ein Unternehmen aber nur einmal ausgeben:
- Der Mittelstand spart auch deshalb bei Innovationen - "Wenn der Mittelstand an Innovationskraft einbüßt, dann sind das schlechte Nachrichten für die internationale Wettbewerbsfähigkeit der deutschen Wirtschaft und auch für den Standort Deutschland", sagte KfW-Chefvolkswirt Jörg Zeuner.

---

[485] Verfolgt man die Einschränkungen von Einsatzmöglichkeiten natürlicher, kosmetischer Rohstoffe in Folge des Annex-1 KVO 1223-2009, findet man sehr schnell eine überproportionale Benachteiligung der Naturkosmetikfirmen. KVO, spezifische Probleme kleiner und mittlerer Unternehmen, europäische Harmonisierung der Überwachung, Anwendung des Small Business Act (SBA), Annex III-Veröffentlichung, Annex-1-Leitlinie, CPNP, Notifizierung kosmetischer Produkte, Erleichterung der Sicherheitsbewertung für KMU, Rahmen- Sicherheitsbewertung, Kosmetikanalyse, Aufgaben der vP, verantwortliche Person, Lohnherstellern. Lohnherstellung, Functional Cosmetic, Tierversuchsverbote, Optimierung der Unternehmensabläufe, Rohstoff-Kleinmengen-Börse, Wettbewerbsrechtliche Abmahnungen, amtliche Überwachung, fachlichen Firmen-Beratung, PID, Produktinformationsdatei, Sicherheitsbericht, Besuchsanmeldung der Überwachungsbehörden, Meldung ernster unerwünschter Wirkungen, Definition der Naturkosmetik, Naturkosmetik-Zertifizierung, PAO, MHD, Kosmetik GMP, TPO http://www.icada.eu/

[486] ICADA, u.a. Fachtagung am 11. und 12. November 2015 im Cosmopolitan-Tagungs-Zentrum (Frankfurt HBf)

Das gesamtwirtschaftliche Umfeld 2015 lasse nicht auf ein Anspringen der Innovationsaktivitäten im Mittelstand hoffen, heißt es in der Studie.[487]

Die deutsche Wettbewerbsfähigkeit werde weltweit nach wie vor bewundert, stellen die Autoren der GIZ-Studie 2015 fest. Die hiesige Innovationsfähigkeit gelte aber nicht als optimal. Gründe dafür seien eine übertriebene Angst vor dem Scheitern, aufwendige Prozesse der Konsensfindung und Überreglementierung.[488]

Wie leicht zugänglich sind diese Vorschriften?

Wie Barriere-frei waren Mitte 2013 (und sind) die Zugänge zu den wichtigsten Informationen? Suchen Sie 'mal:

Im Internet finden Sie unter

- **PAO** mehr als dreißig Synonyme,[489]
- bei **MHD** zwanzig,[490]
- für **GMP** vierzig Begriffe,[491]
- für **TPO** fünfundfünzig Synononyme,[492]
- bei **IFRA** acht, darunter IFRA.org den Handelsverband für Möbel [493]
- und bei **CPNP** sechs Synonyme, darunter u.a. CPNP.org die Psychatric & neurologic Pharmacists... [494]

[487] http://www.spiegel.de/wirtschaft/unternehmen/mittelstand-spart-laut-kfw-studie-bei-innovationen-a-1020354.html

[488] http://www.welt.de/wirtschaft/article145627125/Deutschland-die-zu-nette-Weltmacht.html

[489] PAO Period after Opening, z.B. (9M auf geöffnetem Kosmetikdöschen): "Nach dem Öffnen innerhalb von 9 Monaten aufbrauchen." Und weitere 30 Synonyme siehe http://acronyms.thefreedictionary.com/PAO

[490] MHD Mindeshaltbarkeitsdatum (Sanduhr): "Mindestens haltbar bis ..." und weitere Synonyme http://acronyms.thefreedictionary.com/MHD

[491] *GMP Good Manufacturing Practice, weitere 39 Synonyme http://acronyms.thefreedictionary.com/GMP*

[492] TPO Temperature-Programmed Oxidation - Messung der Stabilität gegen Hitze und Oxidation z.B. bei Kosmetikgrundstoffen – und weitere 54 Synonyme siehe http://acronyms.thefreedictionary.com/TPO

[493] IFRA stands for see http://acronyms.thefreedictionary.com/IFRA - International Fragrance Association - Institut Français de Recherche en Afrique (French: French Institute of Research in Africa) - Inca-Fiej Research Association (International Association for Newspaper and Media Technology) - Independent Footwear Retailers Association - Intercollegiate Football Researchers Association - Increasing Failure Rate Average - International Federation of Rowing Associations - International Furniture Rental Association (IFRA) is a non-profit trade organization http://ifra.org/

[494] CPNP stands for - see http://acronyms.thefreedictionary.com/CPNP - Certified Pediatric Nurse Practitioner - Canada Prenatal Nutrition Program - Calling Party's Network Pays) - Children for the Protection of Nature in Palestine - Certified Psychiatric Nurse Practitioner and the College of Psychiatric and neurologic pharmacists http://cpnp.org/

Drohen weitere Vorschriften durch das Ph Eur?

In der Kosmetik-Verordnung sind komplexe Anforderungen an kosmetische Produkte niedergelegt. So werden beispielsweise verbotene Stoffe, eingeschränkt zugelassene Stoffe, UV-Filter, Konservierungsstoffe und Farbmittel aufgelistet und zum Teil mit Limits (Höchstmengen) oder speziellen Anforderungen belegt. Weiterhin werden zahlreiche Ansprüche an die Produkt-Dokumentation und Deklaration formuliert. Um den Überblick über rund 1.800 reglementierte Stoffe und die Vielzahl der Anforderungen zu behalten, bedarf es einer intensiven Auseinandersetzung mit diesem Gesetzestext. Viele Riechstoffe werden unter sehr verschiedenen Namen, zum Teil auch irreführenden Bezeichnungen geführt. Hinzu kommen ständige Ergänzungen der Verordnung sowie diverse Experten-Empfehlungen von SCCS, IFRA, CIR, GDCh,..., die alle bei der Entwicklung und Begutachtung kosmetischer Mittel berücksichtigt werden müssen. [495]
Hinzu kommen neue Kennzeichen und neue Verpackungsvorschriften für Kosmetika, neuartige umfangreiche Unterlagen für Kosmetika wie beispielsweise toxikologische Sicherheitsberichte und Produktinformationsdateien (PID). [496]
Die Begutachtung der Verkehrsfähigkeit von kosmetischen Produkten; Ausstellung von Verkehrsfähigkeits-Bescheinigungen, die Korrespondenz mit Behörden, und dazu gehört auch die Meldung der Produkte beim CPNP.
Bis sich alle in die komplexen Empfehlungen und Vorschriften eingearbeitet haben und die Handhabung einheitlich ist, wird sich noch Manches aufschaukeln. Kosmetische Mittel unterliegen einer kontinuierlich entwickelnden Rechtsprechung: Die Marktfähigkeit ändert sich rasch, wird oftmals von Gerichtsurteilen bestimmt. [497]
Neues Ungemach droht: Gemäß der PhEur sind ätherische Öle Arzneimittel! Von Gesetzes wegen ist immer weniger möglich. "Schöne neue Welt! Und ohne Jurastudium haste ohnehin verloren, ja, mich frustriert diese Über-Regulierung zutiefst." [498]

Jede Änderung ist eine neue Charge

Bisher wurde vom Parfumeur jeder Rohstoff selbst auf Identität, Reinheit und gefordertes Duftprofil geprüft. Dies allein genügt keineswegs mehr den Vorschriften ab 2013:
Nun erfordert der Wareneingang jeder Charge möglichst eine Analyse eines unabhängigen Instituts. Jeder Wareneingang muss eineindeutig dokumentiert

---

[495] http://www.nahrungsmittel-intoleranz.com/nahrungsmittel-allergien-informationen/kennzeichnungspflicht-allergene-in-eu.html 13. Dez. 2014 Kennzeichnung von 14 Allergenen in Nahrungsmitteln (gilt wegen Gleichstellung auch für Kosmetika)
[496] Sicherheitsbericht & Produktinfo (PID) www.ages.at/fileadmin/AGES2015/Formular_PID_240615_Vers4.doc
[497] Die Marktfähigkeit wird oftmals von Gerichtsurteilen bestimmt: http://www.integritas-hwg.de/pdf/20141203_vortrag-dr-voss.pdf
[498] Ätherische Öle Arzneimittel? http://blog.aromapraxis.de/2010/11/25/atherische-ole-als-arzneimittel/

und die entsprechenden Daten und Rückstellproben Feuer-, Wasser-, Diebstahl- und Sabotage-sicher aufbewahrt werden. Dies gilt auch für jedes daraus hergestellte Zwischenprodukt, jede Komposition und jedes fertige Parfum. Gefordert ist darüber hinaus für jede Charge ein Sicherheitsbericht eines betriebsfremden unabhängigen Gutachters.
Für einen selbständigen Parfumeur sind diese Anforderungen nur noch unter Einbeziehung weiteren Unternehmen erfüllbar. Allein die Mehrkosten für das sogenannte „Drittgutachten" verteuern jede Charge um einige tausend Euro. Wird auch nur ein Detail verändert (neuer Rohstofflieferant, neuer Flakon, Kunststoff statt Glas,...) so wird sofort eine umfangreiche Neubewertung mit den entsprechenden Mehrkosten fällig.

	Charge	Mehrkosten	Mehrkosten
		zum Beispiel	zum Beispiel
	Stück	EUR	EUR / Stück
Mass-produced-article	10.000	10.000,00	1,00
Gruppenfertigung	100	10.000,00	100,00
Einzelfertigung	1	10.000,00	10.000,00

Die Kosmetikverordnung, die 363 Punkte umfassende Good Manufacturing Practice, das geforderte sogenannte „Drittgutachten" und weitere Vorschriften sowie die Anpassung der Unternehmensstruktur und der Gebäude verursachen Mehrkosten. Allein durch diese neuen Vorschriften kostet jede Charge einige tausend Euro mehr.

Mehrkosten ab 10.000 EUR machen sich bei Massenprodukten mit Chargen ab zehntausend Stück noch relativ moderat mit einem Euro bemerkbar.
Die Gruppenfertigung – beispielsweise die ersten 100 Parfums für die erste Testphase - verteuern sich um hundert Euro pro Stück und mehr.
Schon die bloße Creation von Parfums ist sehr zeitaufwändig. Bei der Entwicklung eines neuen Parfums werden zuerst Einzelstücke hergestellt. Manch ein Kunde wollte so ein Einzelstück als individuelles Parfum. Je nach Aufwand und Fremdkosten verteuern die Mehrkosten ein individuelles Parfum in Einzelfertigung nun um einige Tausend Euro.
Die individuelle (Gruppen)-Fertigung wird dadurch unbezahlbar. War es Absicht die kleinen Mitanbieter so aus dem Markt zu drängen?
Meine Marktbeobachtung ergab, dass sich inzwischen auch die Marken-Parfums deutlich verteuerten: Mass-produced-article-Parfums, welche 2013 im Fachhandel noch regulär um 50 bis 100 EUR / 100 ml erhältlich waren werden 2017 ab 80 bis 150 EUR / 100ml als Sonderangebot und regulär noch teurer angeboten.[499]

[499] Dabei handelt es sich um Sonderangebote mit 20 bis 35% Abschlag zum Originalpreis.

EdS-Parfums zieht die Reißleine

EdS-Parfums hatte sich auf kundenspezifische Einzel- und kundennahe Gruppen-Fertigung von selbst entwickelten Haut pflegenden Parfums, kühlender Aromapflege, Lippenpflege und (dekorativem) Hautschutz spezialisiert.
Die durch die Kosmetikverordnung, die 363 Punkte umfassende Good Manufacturing Practice, die geforderten „Drittgutachten" und weitere Vorschriften verursachten Mehrkosten müssen wir berücksichtigen.
Auch die fixen Kosten erhöhen sich. Die Gebäude und die Produktionsflächen müssen beispielsweise an die neuen Anforderungen im Brandschutz und der GMP angepasst werden.
Und: Derzeit müssen nur 26 sogenannte "allergene Inhaltsstoffe" ab dem Limit 10mg/kg, was 10µg /g = 10g/t = 0,001% und etwa D5 im Endprodukt entspricht, berücksichtigt werden. In Zukunft sollen statt den bereits genannten 26 sogenannten 'allergenen Inhaltsstoffen' sogar 127 extra deklariert werden... [500]

Die Kosten erhöhen sich, da sich durch vermehrte Dokumentation der eigene Personalaufwand erhöht und Dritte beispielsweise für die verlangten Drittgutachten und die aufwändige Hochwasser-, Feuer-, Diebstahl- und Sabotage-sichere Datensicherung bezahlt werden müssen. Bei der von uns gepflegten kundennahen Gruppenfertigung von Parfum, kühlender Aromapflege oder beim Hautschutz müssten wir ab sofort wesentlich mehr von unseren Kunden verlangen. Die bewährte Lippenpflege mit Herpes-blocking-System würde sich ebenfalls deulich verteuern. Und die von uns bisher gepflegte individuelle Einzel-Fertigung wäre in Zukunft jeweils um einige Tausend Euro teurer.
Dabei sind wir uns heute keineswegs sicher, dass wir Sie in Zukunft weiter beliefern dürfen. Denn: Neues Ungemach droht: Gemäß der Ph Eur sind ätherische Öle Arzneimittel! All unsere duftenden Kosmetika (Parfums) bestehen neben den Duftträgern aus ätherischen Ölen...
Es gibt sicherlich - auch im europäischen Wirtschaftsraum - Gutachter, welche wesentlich weniger verlangen. Aber Papierwerte in Gefälligkeitsgutachten schaden auf Dauer nur.[501]

EdS-Parfums feierte im August 2013 sein Jubiläum: 25 Jahren Forschung und Entwicklung und 20 Jahren Verkauf von selbst entwickelten Haut pflegenden Parfums. ***EdS*-Parfums** hat seine Direktvermarktung beendet. Am 29. August 2013 wurde die letzte Bestellung versandt.

---

[500] http://www.zeit.de/2013/36/parfum-verbot-allergiker-chanel-no5 - http://www.cosmetic-business.com/Neuigkeiten/131015

[501] Beispiel: *Abgasbetrug: Das Märchen vom Klimaweltmeister | Panorama | NDR* https://www.youtube.com/watch?v=5QR8V8C1SJE und https://www.n-tv.de/wirtschaft/Autoindustrie-soll-sich-abgesprochen-haben-article19948524.html

Tabellen

Duft-Schwellenwerte – ODT

Bei den nachfolgenden Listen wurden jeweils nur die am stärksten duftenden bzw. die meines Erachtens wichtigsten Riechstoffe berücksichtigt. Schwache, fettig, metallisch oder allgemein unangenehm riechende Riechstoffe wurden von mir gelöscht. Die unbearbeitete Gesamtübersicht finden Sie bei Bedarf unter: [502]

Die hauptsächlich im englischen Sprachraum übliche oftmals irreführende Benennung ppb „part per billion“ kennzeichnet richtig übersetzt tatsächlich lediglich das Verhältnis eins zu einer Milliarde = $1 / 10^9 = 10^{-9}$.

Die Unterscheidung, ob es sich hierbei um ein Massen-Verhältnis (m/m) oder um das Verhältnis von Volumina (v/v) handelt ist oftmals erst durch weitere Angaben im begleitenden Text erkennbar. Es ist leicht einzusehen, dass sich das Masseverhältnis in ppb / Liter Luft (air) sich deutlich von ppb / Liter Wasser (water) und von ppb m/m unterscheiden.

Die Dichte von Ethanol mit 70% v/v bei 20°C weicht mit 0,885kg / Liter lediglich um etwas mehr als 10% vom Wert 1 ab. Wo keine weiteren Angaben vorgefunden wurden ging ich von ppb m/m und einer Dichte von 1kg / Liter (wie bei Wasser) aus.

Setzten wir darüber hinaus einen Inhaltsstoff mit 100% = Urtinktur D0 so entspricht davon 1 ppm m/m = D9 oder 1mg/t = 1µg/kg. Sollte die Urtinktur beispielsweise nur 10% m/m des relevanten Inhaltsstoffes enthalten, so enthält die Potenzierung D9 lediglich 10%*D9 = 0,1*D9 = D10 des relevanten Inhaltsstoffes.

Terpenoide, monocyclische Cyclic Terpenoid Odorants	µg/kg = ppb m/m ~ µg/L ~ *D9
(R)-(+)-limonene - fresh citrus, orange-like	200
(S)-(+)-alpha-phellandrene - characteristic dill note	200
(R)-(+)-alpha-terpineol - heavy floral lilac-like	
(1R,3R,4S)-(-)-menthol - cooling, fresh, sweet, minty	400
(1R,3R,4R)-(+)-neoisomenthol - musty, earthy-camporaceous, woody, carrot, herbaceous, minty, very little cooling.	200
(4R,2S)-(-)-cis-rose oxide - floral green with clean sharp, light, rose green note, diffusive, strong; also has been described as powerful fruity	0,5
(4S,2R)-(+)-cis-rose oxide - herbal, green floral, hay green, earthy, heavy; also has been described as sweet, floral	50
(4S,2S)-(-)-cis-dihydrorose oxide - floral green, clean, light, ripe fruit, rose green and leafy note (Matsuda)	17

[502] Gesamtübersicht: http://www.leffingwell.com/chirality/miscellaneous.htm weitere Duftschwellenwerte: http://www.env.go.jp/en/air/odor/measure/02_3_2.pdf Table 2 Odor thresholds by the odor bag method (ppm,v/v)

Terpenoide, monocyclische Cyclic Terpenoid Odorants	µg/kg = ppb m/m ~ µg/L ~ *D9
(S)-(-)-1-p-menthen-8-thiol - grapefruit, possessed a more fruity and less sulfury note than its (R)-(+)-enantiomer	0
(R)-(+)-1-p-menthen-8-thiol - grapefruit, but less fruity than the (S)-(-)-enantiomer	0
(1S,4R)-cis-p-menthan-8-thiol-3-one - black currant leaf, tropical note of passion fruit, intensive fruit note	
(3S,6S)-cis-linalool oxide (pyranoid) - sweet, floral, creamy	
(2S,2'S,5'S)-Lilac aldehyde - fresh, flowery	0,2 ng
(2R,2'S,5'S)-Lilac aldehyde - pleasant, flowery, fresh	0,3 ng
(2R,2'S,5'S)-Lilac alcohol - green, grassy, fresh	4 ng
(2S,2'S,5'S)-Lilac alcohol - flowery	2 ng
(2S,2'R,5'S)-Lilac alcohol - sweet, flowery	2 ng
(S)-(-)-Karahanaenol - Both enantiomers of karahanaenol have a mint like, The (S)-enantiomer had a notably fresher odor than the (R).	
+)-Ethyl 3-methyl-3-[(4R)-4-methylcyclohex-1-en-1-yl]butanoate - fruity with a ripe pear note	
(-)-Ethyl 3-methyl-3-[(4S)-4-methylcyclohex-1-en-1-yl]butanoate - fruity-pear with a woody note	
(4R)-(-)-carvone - Sweet spearmint, fresh herbal	43
(4S)-(+)-carvone - caraway, fresh herbal	600; 50 µg/L Wasser
(+)-(2S,4S)-carveol - Spicy, peppermint, minty	
(-)-(2S,4R)-carveol - Heavy, spearmint, minty	
(-)-(2R,4s)-2-Acetyl-p-menth-6-ene - provides a sweetness, specifically reminds of a grapefruit or Mandarin having green fruity citrus aroma	0,1 ppm in water
(+)-(1R,1'S,3'S,4'R)-1-(p-Menth-3'-yl)ethanol - unique fresh citrus aroma reminiscent of a grapefruit, a muscat or a litchi	
(-)-(1R,1'R,2'R,4'S)-1-(p-menthen-2'-yl)ethanol - has specifically a grapefruit and citrus aroma reminiscent of Orange and (lemon?)	
(2R,2'S,1''R)-Nectaryl - Powerful, very intense, sweet and dry fruity-lactonic odour in the direction of peach and apricots, with some floral undertone, does contribute much to the overall odour of commercial Nectaryl.	0,094 ng/L air
(2R,2'R,1''R)-nectaryl - Powerful, very intense, sweet and dry fruity-lactonic odour in the direction of peach and apricots, with some floral undertone, does contribute much to the overall odour of commercial Nectaryl.	0,112 ng/L air
(-)-(5R)-N-Isobutyl-(5-isopropenyl-2-methyl)cyclohex-2-en-1-imine - Spearmint-like which gets stronger with the time, sweet side note	
(-)-(5R)-N-Octyl-(5-isopropenyl-2-methyl)cyclohex-2-en-1-imine - Caraway note, fatty, mushroom-like which gets stronger with time, later also a weak jasmine note, reminiscent of octanol acetate	
(-)-(5R)-N-Cyclohexyl-(5-isopropenyl-2-methyl)cyclohex-2-en-1-imine - Carvone-like, spearmint, clean, sweet and very pleasant	

Terpenoide, bicyclische Bicyclic Terpenoid Odorants	µg/kg = ppb m/m ~ µg/L ~ *D9
(1R,5R)-(+)-alpha-pinene - harsh, terpene-like, minty	
(1S,5S)-(-)-alpha-pinene - harsh, terpene-like, coniferous	
(R)-(-)-2-methylisoborneol - camphoraceous, rubbery (Tyler); also described as musty, mold-like, earthy by Blank & Grosch	0,006-0,012 ng/liter (air)
(1R,4S)-(+)-fenchone - camphoraceous, strong, diffusive, sweet	240-510
(1S,4R)-(-)-fenchone - camphoraceous, strong, diffusive, sweet	350-440
(1R,4R)-(+)-camphor - camphoraceous	1000-1290
(1S,4S)-(-)-camphor - camphoraceous	520
(1R,3R,4S)-3-Acetoxy-1,8-cineole - mild woody (Kubota, et al.); woody (Loandos et al.)	
(1S,2S,4R)-(-)-2-Hydroxy-1,8-cineole - Cineole-like, sweet (Miyazawa and Hashimoto); Also described as Citrus (2), sweet (1), grape juice (1), eucalyptus (1) as evaluated by 6 panelists by GC-O (Kirsch and Buettner)	
(1R,2R,4S)-(+)-2-Hydroxy-1,8-cineole - Camphorous (Miyazawa and Hashimoto); Also described as Eucalyptus (5), pine needle (4), fresh/pungent (3), citrus (2), cleanser (2), soapy (1), flowery (1), sweet (1) as evaluated by 6 panelists by GC-O (Kirsch and Buettner)	
(1S,2R,4S)-(-)-borneol - camphoraceous, India ink like (odor evaluation by GC-olfactometry) (Nishimura); (-)-Borneol has a camphoraceous and evident woody (Tabanca et. al & Jogdeo)	80 ppb
(1R,2S,4R)-(+)-borneol - camphoraceous, India ink like, slight fatty-putrid (odor evaluation by GC-olfactometry) (Nishimura); The (+) form has a camphoraceous and a slightly sharp, earthy-peppery note different from that of the (-) form (Tabanca et. al).	180 ppb
(1R,2R,4E,5R)-(+)-4-propylidene-isopinocamphone - Damascone-like, fine rose odour, ethylrosat®-like, camphoraceous and herbaceous side note	
(1S,2S,4E,5S)-(-)-4-heptylidene-isopinocamphone - Mushroom flavour, champignon-like	
(1R,2R,4E,5R)-(+)-4-heptylidene-isopinocamphone - Anethol-like, menthol note with a cooling effect, camphoraceous	
(1S,2S,4E,5S)-(-)-4-cinnamylidene-isopinocamphone - Strong cinnamic flavour, styrax note, balsamic	
(1R,2R,4E,5R)-(+)-furfurylidene-isopinocamphone - Phenolic, later benzaldehyde, marzipan note	
(1S,2S,4E,5S)-(-)-4-cyclohexylmethylene-isopinocamphone - Fatty, oily, marzipan-like, peanut note	
(1R,2R,4E,5R)-(+)-4-cyclohexylmethylene-isopinocamphone - Woody, cedarwood, later note of camomile tea	
(3S,3aS,7aR)-Dill ether - Dill; The naturally occurring dill ether - showed the typical odour of dill oil.	25 ppb in water
(1R)-(+)-menthofuran - Mint-like, leafy, herbal, camphor-like	0,1-0,2 ppb in air
(1R,5S)-(-)-Myrtenal - Probability levels of significant differentiation between the enantiomer pairs - >99.0% with 96 untrained panelists; >99.0% with 28 expert panelists; overall >99.9% (all 124 panelists). Theimer's personal comments indicates that he had no problem in differentiating the enantiomers - the d- and l-myrtenals suggested cuminic aldehyde and cyclohexyl acetaldehyde respectively.	
(1R,5S)-(-)-Pinoacetaldehyde - Probability levels of significant differentiation between the enantiomer pairs - >95.0% with 42 untrained panelists; >95.0% with 20 expert panelists;	

Terpenoide, bicyclische Bicyclic Terpenoid Odorants	µg/kg = ppb m/m ~ µg/L ~ *D9
overall >98.0% (all 62 panelists). Theimer's personal comments indicates that he had no problem in differentiating the enantiomers of the pinoacetaldehydes since the laevo had a "hydroxycitronellal" character and the dextro reminded of cyclohexyl acetaldehyde.	
(1S,3R,5S)-(+)-trans-Pinocarveol - Probability levels of significant differentiation between the enantiomer pairs - >90,0% with 99 untrained panelists; >99.9% with 29 expert panelists; overall >99.9% (all 128 panelists). Theimer's personal comments indicates that he had no problem in differentiating the enantiomers - the (-)- and (+)-pinocarveols "were easily separated by reminding of geraniol palmarosa and camphor respectively".	

Terpenoide, acyclische Acyclic Terpenoid Odorants	µg/kg = ppb m/m ~ µg/L ~ *D9
(S)-(+)-linalool - sweet, floral; reminiscent of petitgrain and lavender	7.4
(R)-(-)-linalool - floral, woody lavender note	0,8
(S)-(-)-citronellol - floral, rose-like, reminiscent of geranium oil; Described by Yamamoto et. al.. as very fresh light and clean rosy-leafy, petal-like	40-50
(2S,3S)-(+)-Epoxygeraniol - green-rosy	
(2R,3R)-(-)-Epoxygeraniol - floral-rosy	
(3S)-(-)-citronellal - powerful, fresh, bright clean, herbaceous-citrusy	25
(3R)-(+)-citronellal - powerful, fresh, herbaceous-citrusy	25
(3RS)-citronellyl (2R)-lactate - a flowery character of lily of the valley type, warm and rich and more natural than rosy alcohols (Rosilial Plus^{TM}); this enantiomer (2-diastereomers) was introduced into commerce by Rhodia in early 2003 and is described in their literature as "Rosy floral note with a citrus facet. It brings a natural effect."	
(3S)-(-)-citronellyl ethyl ether - clean sweet rosy , powerful fresh topnote	500
(3R)-(+)-citronellyl ethyl ether - floral rosy	250
(3S)-(+)-citronellyl nitrile - strong citrus with aldehyde note	75
(3R)-(-)-citronellyl nitrile - mild fresh citrus	100
(3S)-(-)-dihydrocitronellal - floral with sweet rosy note	5
(3R)-(+)-dihydrocitronellyl acetate - sweet citrus and muguet floral	250
(3RS)-dihydrocitronellyl (2R)-lactate - citronella-like, grassy, woody character	
(3RS)-dihydrocitronellyl (2S)-lactate - rosy, woody, lemony character	
(3S)-(-)-dihydrocitronellyl ethyl ether - clean, rosy	1000
(3R)-(+)-dihydrocitronellyl ethyl ether - fresh rosy with clean fatty topnote	500
(3S)-(+)-dihydrocitronellyl nitrile - citrus floral with fatty and herbal topnote	50
(3S)-(+)-2-methylene-citronellal - clean citrus like bergamot	250
(3S)-(-)-7-hydroxy-6,7-dihydrocitronellal - fresh floral, sweet lily-of-the-valley notes (Skorianetz et al.); also described as "clean, green, lily-of-the-valley and is superior in fine fragrance to its (3R)-(+)- antipode" (Yamamato)	

Terpenoide, acyclische Acyclic Terpenoid Odorants	µg/kg = ppb m/m ~ µg/L ~ *D9
(3S,6E)- (-)-2,3-dihydrofarnesol - a clean, graceful and long-lasting fragrance similar to cyclamen	
(3E,6R)-2,6-dimethylocta-3,7-diene-2,6-diol - citrus, sweet, powdery	
(3E,6S)-2,6-dimethylocta-3,7-diene-2,6-diol - herbal green	
(3S)-(+)-3,7-Dimethyl-2-methylene-6-octen-1-al - an extremely fresh green bergamot-like citrus-based fragrance	
(-)-(2S)-5-methyl-2-[(1S)-1-methylprop-2-enyl]hex-4-en-1-ol - possesses a floral rosy, natural note, very fine, presenting multiple aspects, slightly rosinol and green, reminding a little of rose oxide. It provokes indeed odor notes of the family of roses and geranium, with an extremely refined character which evokes the best fractions of rose oil.	
(+)-(2R)-5-methyl-2-[(1R)-1-methylprop-2-enyl]hex-4-en-1-ol - develops a floral odorant note, rosy, with a dimension of Rosacène (floral composition; origin: Firmenich SA), tea rose - more pronounced than that of its (S,S)-isomer to which the odor is however closer to that of citronellol.	
(3S)-(+)-Hotrienol - Green fresh flower aroma, graceful and sweet	
(3R)-(-)-Hotrienol - Citrus fruit-juice aroma with a pure sweet flower aroma	
(S)-(+)-Sulcatol - Both enantiomers of sulcatol were odoriferous to the human nose and smelled like geraniol with almost no difference in the odor as tested by the noses of the author (Mori) and his students	
(3S)-(-)-Aurantiol - an orange flower fragrance that is not much different from those (prepared from) the other isomeric (d- or dl) forms of hydroxycitronellal, but with a less irritating and imparts a clean and green note note as compared to the dextro or racemic forms; therefore, the impression of this substance was that it was of higher quality than the other forms. (Yamamato)	

Jonone, Damascone & ähnliche Ionones, Irones, Damascones & Structurally Related Odorants	µg/kg = ppb m/m ~ µg/L ~ *D9
(R)-(+)-(E)-alpha-ionone - violet-like, fruity, raspberry-like, flowery, strong impact	0,03-328
(S)-(-)-(E)-alpha-ionone - woody, cedar wood like, raspberry & beta-ionone like	0,1-656
(S)-(+)-gamma-Ionone - Linear, very pleasant, floral, green, woody with a very natural violet tonality; the most powerful and pleasant isomer.	0,07
(S)-(-)-(E)-alpha-damascone - floral, reminiscent of rose petals and characterized by a more pronounced and fresher floral note possessing moreover a green and slightly winey notes without presenting the "cork" tone and the typical green apple note of the racemic mixture or of the (R)-(+)-enantiomer. When used as a flavoring ingredient, (S)-(-)-alpha-damascone develops a floral note. Moreover, it is reminiscent of tea, especially with regard to its herbal character.	1.5
(S)-gamma-damascone - Nice damascone character, camphoraceous	
Methyl (R)-alpha-cyclogeranate - a precious flowery, fruity, damascone-like fragrance	
Methyl (S)-gamma-cyclogeranate - aromatic, damascone-like, thujone, fruity	
(+)-Methyl (1R,2S)-delta-cyclogeranate - Perfumers have also noticed some differences between the two enantiomers - although the odor of both enantiomers is clearly damascone-like and in the same trend described, the fragrance of the (1R,2S)-(+)- enantiomer is stronger than the (1S,2R)-(-)- enantiomer which, in the other hand, is more aromatic.	

Ethyl (R)-gamma-cyclogeranate - less fruity, aromatic, rosemary, less powerful than the (S)-enantiomer	
Ethyl (S)-gamma-cyclogeranate - aromatic, fruity, damascone-like	
Allyl (S)-gamma-cyclogeranate - green, floral, blackcurrant, aromatic, fruity, pleasant	
(1R,6S)-(+)-ethyl tetrahydrosafranate - clean and sweet floral	20
(1R,6S)-(-)-1,6-dihydrodamascone - ripe fruity with fresh rosy note	5
(1S,6R)-(-)-1,6-dihydrodamascone - slightly camphoraceous fruity like beta-damascone	0,75
(1'R,6'S)-(+)-1',2,3,6'-tetrahydrodamascone - heavy fruity	10
(1'S,6'R)-(+)-1',2,3,6'-tetrahydrodamascone - fruity with slight peach note	25
(1S,6S)-(+)-1,6-dihydroionone - very strong violet leaf like alpha-ionone (Yamamoto, et. al.); aromatic, carvone, woody, humus, powdery, ionone, myrrh, violet, strong (Chapuis & Brauchli)	25
(1R,6R)-(-)-1,6-dihydroionone - weak woody with chemical note (Yamamoto, et. al.); woody, ionone, leather, camphor, weak (Chapuis & Brauchli)	10
(R)-(+)-Dihydro-alpha-ionone - Floral, violet-type odor with slightly fruity aspects. Also possesses a woody side, but less pronounced than in dihydro-beta-ionone	31
(S)-(-)-Dihydro-alpha-ionone - Exhibits a floral orris-type odor, with woody aspects and a distinct honey note.	100
(R)-(-)-Dihydro-gamma-ionone - Emanates a fatty, earthy with floral, orris-type nuances	6.2
(S)-(+)-Dihydro-gamma-ionone - Fatty-floral, less orris-type than the other compounds of the dihydro series. An animalic undertone is also present.	39
(1R,6S)-(+)-Tetrahydroionone - Woody, powdery, amber, ionone	
(1S,6R)-(-)-Tetrahydroionone - Woody, cedar, powdery	
(S)-(-)-beta-Ionol - a floral, ambery, and woody scent	
(R)-(+)-beta-Ionol - a floral, fruity, and woody scent	
(R)-(-)-dihydro-beta-ionol - excellent retaining properties and a fine floral-musky type fragrance accompanied with a high-class feeling (Yasushi et al.); also described as an outstanding high-class musky leathery scent and also had a powdery floral aroma of violet and cassis (Komaki et al.)	
(S)-(+)-dihydro-beta-ionol - excellent retaining properties and a fine floral-amber fragrance accompanied with a high-class feeling (Yasushi et al.); also described as a woody ambery scent and a powdery floral aroma of violet and cassis (Komaki et al.)	
(1R,6S)-(+)-tetrahydroionol - diffusive amber with slightly floral, orrisy and earthy note (Yamamoto et al.); also described as slightly floral and orris-lke amber fragrance (Ohmoto et al. for an ~95: 5 % ratio of trans/cis isomers)	400
(1'S,6'R)-(-)-1-(2',2',6'-Trimethyl-cyclohexyl)-pentan-3-one - Amber, woody, saffron	
(1'R,6'R)-(-)-1-(2',2',6'-Trimethylcyclohexyl)-pent-1-en-3-one - Saffron, woody, floral	
(1'S,6'S)-(+)-1-(2',2',6'-Trimethylcyclohexyl)-hex-1-en-3-one - Liquor, quince, violet, woody, powdery	
(1'R,6'R)-(-)-1-(2',2',6'-Trimethylcyclohexyl)-hex-1-en-3-one - Woody, dry	
(1'R,3'R,6'R)-(-)-1-(2',2',3',6'-Tetramethylcyclohexyl)-pent-1-en-3-one - Woody	
(1'R,6'S)-(+)-1-(2',2',6'-Trimethyl-cyclohexyl)-pentan-3-ol - very diffusive sharp amber with slight orrisy camphoraceous side note	56
1-[(1'R,6'S)-2',2',6'-trimethylcyclohexyl]heptan-3-ol - highly diffusible amber fragrance with slight orris-like side note	
(+)-(1'R,3'S,6'S)- Limbanol® = (+)-(1'R,3'S,6'S)-3'-methyl-norlimbanol - woody-amber of extraordinary intensity, together with a slight transpiration side note	
(1'R,6'S)- (+)-5-methyl-norlimbanol - woody notes	

(1'R,3S,6'S) -(+)-norlimbanol - strong very elegant woody-amber note strongest of 4 trans isomers	
(1'S,3'S,6'S)-(E)-(+)-dihydroirone - iris-irone note with a very warm balsamic-myrrh, woody character. The violet-iris character is more pronounced than in (1'R,3'R,6'R)-(E)-(-)-enantiomer or the racemate and the note is even stronger	
(1'R,3'R,6'R)-(E)-(-)-dihydroirone - Woody, powdery, incense. The description given for racemate is: iris-violet note, powdery, balsamic, reminiscent of myrrh, woody, exceptional strength and tenacity odor	
(1R,3S, 6S)-(+)-Tetrahydroirone - Woody, powdery, ambergris	
(1S,5R)-(+)-cis-gamma-irone - iris, sweet, woody ionone, dry floral (Galfry, et.al, by GC sniffing); Inoue, et. al., indicate the (-)-cis-gamma-irone fragrance is Floral, green; weak; Brenna, et. al. describe it as showing a floral, fatty, sweet, and woody odour character, an ionone-type odour with slightly sweet aspects	0,1
(1R,5S)-(-)-cis-gamma-irone - odourless (Galfry, et. al.); In contrast, Inoue, et. al., indicate the (-)-cis-gamma-irone fragrance is superior to its enantiomer with Floral, sweet, ionone-like notes; Brenna, et. al. describe it as showing a "beta-ionone-type odour of warm floral-woody tonality. Green aspects are present, too. It shows some fruity nuances, reminiscent of pineapples. The odour is linear, and it can be considered a dry-down note"	0,1
(1S,5S)-(-)-trans-gamma-irone - iris and floral note, ionone, like trans-alpha-irone (Galfry, et.al, by GC sniffing); Brenna, et. al. describe it as not very powerful, but it possesses a soft 'orris-butter'-type of odour	0,03
(5R)-(+)-beta-irone - iris family, anis, liquorice, green (Galfry, et.al, by GC sniffing); Brenna, et. al. describe it as possessing a beta-ionone-type odour of warm floral-woody tonality with green and anisic aspects. The odour is linear, and the tenacity of the note is good. It can be considered a dry-down note	
(1S,6R)-(+)-trans-2,2,6-Trimethyl-cyclohexyl methyl ketone - Pleasant mint-like, camphor-like fragrance that is extremely sharp, strongly dispersing and characteristic	.
(1R,6S)-(-)-trans-2,2,6-Trimethyl-cyclohexyl methyl ketone - Characteristic marine, ozone and white floral fragrance in which the mint-like and camphor- like fragrance is weaker resulting in a softer aroma overall	
(1'R,2S,6'S)-(+)-1-(2',2',6'-trimethylcyclohexyloxy)-2-pentanol - amber, costus, Limbanol-type; dry, very powerful much more powerful than the three other possible optically active isomers. Its odour possesses a top note of the amber type which is particularly strong, accompanied by a woody note, less pronounced than in the other isomers. Its fragrance is also characterised by its dryness and an original costus note	
(1'S,2R,6'R)-(-)-1-(2',2',6'-trimethylcyclohexyloxy)-2-pentanol - woody, earthy, sesquiterpenes, lacks character; odoriferous notes of the woody type, but much less powerful than the (1'R,2S,6'S)-(+)-isomer	
(+)- (1'R,2S,3'S,6'S)-1-(2',2',3',6'-tetramethylcyclohexyloxy)-2-pentanol - the best odorant ingredient of the series, amber, woody, dry, exceedingly powerful; possesses a fragrance which is much more intense and long-lasting than that of the other possible optically active isomers. Its extremely intense woody fragrance also has an amber-scented, dry, very natural character.	
(+)-(1'R,2R,3'S,6'S)-1-(2,2,3,6-Tetramethylcyclohexyloxy)-pentan-2-ol - woody, amber, somewhat powerful	
(+)-(2S)-1-[(2,2,6,6-tetramethylcyclohexyl)oxy]butan-2-ol - amber, woody, cedar, strong	
(-)-(1'R,2S,2'S)-Ambercore® - amber, woody, dry, nice and strong	
(1'S,6'R)-(-)-1-(2',2',6'-Trimethyl-cyclohexyl)-hexan-3-one - Ionone, woody	
(1'R,6'S)-(+)-1-(2',2',6'-Trimethyl-cyclohexyl)hexan-3-one - Myroxyde, lavender, woody, ionone	
(2S,8aS)-3,4-Dihydro-3-oxoedulan - In the mixture of 2S,8aS and 2S,8aR isomers (2S,8aS : 2S,8aR ratio of 15:85), a camphoraceous note dominated	
(2R,8aR)-3,4-Dihydro-3-oxoedulan - In the mixture of of 2R,8aR and 2R,8aS isomers	

(2R,8aR : 2R,8aS ratio of 15:85), a weak tobacco note was detectable	
(2R,5RS)-Theaspirane - aroma of fruits, peach and honey, and sweet scent, clearly different from the racemate	
(2S,5RS)-Theaspirane - aroma of camphor, mint, wood, and eucalyptus, clearly different from the racemate	
(-)-(2R,5S)-Theaspirane - isomer exhibited a highly attractive, intense fresh-fruity (black currant or cassis) odor - other isomers: camphoraceous - almost naphthalene-like	
6S)-(+)-8,9-dehydrotheaspirone - Fruity-floral aroma (Kataoka, et. al.); floral, woody-ambery, powdery, reminiscent of Cetonal with natural fruity, orris-like facets (Serra, et. al.).	100
(6R)-(-)-8,9-dehydrotheaspirone - Woody aroma (Kataoka, et. al.); woody, dry, cedarwood with a green, earthy, tobacco and olibanum inflection and floral-fruity nuances (Serra, et. al.).	500
(+)-1-[(1R)-2,6,6-trimethylcyclohex-2-en-1-yl]acetone - a strongly diffusive floral-fruity with an iris-like note.	
(+)-(1S,6R,8S)-Riesling acetal - woody, fruity, ionone, flowery note	
(-)-(1R,6S,8R)-Riesling acetal - slightly camphoraceous, flowery note	
(+)-(6S)-3,4-Didehydro-gamma-ionone - stronger than (-)-(R)-isomer on blotter, floral-woody, cetonal-like, slightly fruity, damasconic, sweet	0,080 ng/L in air
(-)-(6R)-3,4-Didehydro-7,8-dihydro-gamma-ionone - weaker on blotter than (+)-(S)-isomer, fruity, agrestic, floral, ionone- and damascone-like, slightly woody, and saffron-like	99.4 ng/L in air
(+)-(6S)-3,4-Didehydro-7,8-dihydro-gamma-ionone - stronger on blotter than (-)-(R)-isomer, woody-powdery, ionone, slightly fruity-floral, more pronounced ionone character than (-)-(R)-isomer.	92 ng/L in air
(+)-(6R)-alpha-Iso-methylionone (ee = 94%) - typical dry warm ionone note, irisone, clean tea-like, also on blotter more intense and dryer than (-)-enantiomer.	0,079 ng/L in air
(-)-(6S)-alpha-Iso-methylionone (ee = 98%) - about ten times weaker floral note in the direction of iris and ionone, with hesperidic—citric elements and sweet fruity damascone-like aspects. More rich and complex in odour than (+)-enantiomer.	0,83 ng/L in air
(+)-(6R)-gamma-Iso-methylionone - Rich and interesting woody-ambery leather odour with fruity-floral facets in the direction of irone and methyl ionone and additional green accents.	
(-)-(6S)-gamma-Iso-methylionone - Woody-ambery mix odour between methyl ionone and Iso E Super of dry character.	
(+)-(6R)-alpha-n-Methylionone (ee = 93%) - woody, powdery, floral odour in the direction of the ionone family, but less powerful and less intense. Dry-down linear, after 4 h woody-ionone, somewhat orris-like, and after 24 h woody-ionone, fruity, raspberry-type.	0,53 ng/L in air
(-)-(6S)-alpha-n-Methylionone (ee = 98%) - woody, powdery, floral odour in the direction of the ionone family, but less powerful and less intense. Dry-down linear, after 4 h woody-ionone, somewhat orris-like, and after 24 h woody-ionone, only very slightly fruity.	0,24 ng/L in air
(-)-(6R)-gamma-n-methylionone - Woody odour in the direction of methyl ionone with additional dry, leathery aspects.	
(+)-(6S)-gamma-n-methylionone - Woody-floral odour in the direction of methyl ionone, with a fruity-floral violet inclination and facets of orris, but also an oily background.	

Acyclische Alkohole, Ester, Säuren, Aldehyde Acyclic Alcohols, Esters, Acids, Aldehydes	µg/kg = ppb m/m ~ µg/L ~ *D9

(2S)-(+)-2-Butanol - oily, wine-like (vinous)	59.1 µg/Liter in air
(2R)-(-)-2-Butanol - oily, wine-like (vinous)	41.8 µg/Liter in air
(R)-(+)-2-methylbutanol - fermented, fatty	
(S)-(-)-2-methylbutanol - ethereal, fresh	
(-)-(2R)-2-ethylhexanol - heavy, earthy, and slightly floral	
(S)-(+)-2-methylbutanal - pungent, fresh, fruity (Boelens, et. al.); Peculiar to burnt cocoa and coffee like, in high concentrations pungent (Bartschat et. al)	10 (in air)
(3S)-3-methylpentanal -Intensive green, fresh, in high concentrations sweet(y) & faint fruity; in low concentrations - a slightly pungent	30 (in air)
(4R)-4-methylhexanal - Intensive, flowery, warm with a green & fresh note	30 (in air)
(S)-(+)-2-methylbutanoic acid - fruity, sweet	
(R)-(-)-2-methylbutanoic acid - cheesey, sweaty	
(R)-2-methylpentanoic acid - pleasant sweet, fruit note; also described as weak sweaty fruity	
(S)-2-methylpentanoic acid - sweet, pungent, heavy; also described as sweaty fruity	
R)-2-methylhexanoic acid - sweet, sweaty	
S)-2-methylhexanoic acid - sour, pungent, musty	
(4S)-4-methyloctanoic acid - muttony, goaty, fresher than the (R)-enantiomer	<13 (in air)
(S)-(-)-4-ethyloctanoic acid - goaty, reminiscent of fresh goat's milk cheese	<6 (in air)
(R)-(+)-4-ethyloctanoic acid - fusty, goaty-muttony	<13 (in air)
Methyl (R)-(-)-2-methylbutanoate - fruity, dairy	~ 0,5 perception in water
Ethyl (S)-(+)-2-methylbutanoate - fresh fruity, apple-like; also described as an etheric, sweety, unspecific, pleasant apple note at extreme dilution (Amano, et al.)	0,01
Propyl (S)-2-methylbutanoate - intensive, full-ripe apple-note (by GC-O)	
Methyl (S)-2-methylpentanoate - fruity, sweet, apple-like (by GC-O)	
Ethyl (R)-2-methylpentanoate - fruity, sweet, apple-like (by GC-O)	
Ethyl (S)-2-methylpentanoate - very intensive, fruity, sweet, very pleasant apple note (by GC-O)	
Ethyl (S)-(+)-3-methyl-2-oxo-pentanoate - a typical walnut note, accompanied by a walnut-husk, pungent, ethereal, slightly fruity	
(+)-Ethyl (2R)-2-(1,1-dimethylpropoxy)propanoate - a connotation of the chamomile type. This note is particularly distinct in the odor of the ethyl (R)-2-(1,1-dimethylpropoxy)propionate whose fruity note is also very strong.	
(-)-Ethyl (2S)-2-(1,1-dimethylpropoxy)propanoate - a more spicy note which also comprises a chamomile type under note and other notes reminiscent of ethyl 2-acetyl-4-methyl-4-pentanoate, the wine lees, linalool and also coriander	
(2S)-(+)-2-Butyl acetate - intensive fruity ester note, slightly volatile	
(2R)-(-)-2-Butyl acetate - musty, herbaceous, slightly volatile	
(2S)-(+)-2-Butyl butanoate - intensely fruity, sweet ester note	
(2R)-(-)-2-Butyl butanoate - flowery, musty, weaker than its enantiomer	
(2S)-(+)-2-Butyl octanoate - distinct ester note	
(2R)-(-)-2-Butyl octanoate - first sweet, then smoky	
(2S)-(+)-2-Pentyl butanoate - fruity, easily volatile, sweaty aftersmell	

(2R)-(-)-2-Pentyl butanoate - spicy, smoky	
(S)-(+)-2-pentyl hexanoate - pleasant, fruity note	
(R)-(-)-2-pentyl hexanoate - flowery fragrance like	
(S)-2-hexyl acetate - Sweaty, sour, fruity, plum, nectarine	
(R)-2-hexyl acetate- Sour, fruity, cherry, plum, strawberry	
(2S)-(+)-2-Hexyl butanoate - pure fruity	
(2R)-(-)-2-Hexyl butanoate - weak fruity, herbaceous	
(2S)-(+)-2-hexyl hexanoate - spicy	
(2R)-(-)-2-hexyl hexanoate - sweet, flowery	
(S)-(+)-2-heptyl acetate - Mushroom, earthy, wild berry (Nozaki, et. al.); also described as weak, pure fruity (Mosandl & Deger)	
(R)-(-)-2-heptyl acetate - Green, fatty, banana, methyl ketone (Nozaki, et. al.); also described as penetrating, sweat note (Mosandl & Deger)	
(2S)-(+)-2-Heptyl butanoate - distinct fruity aroma note	
(2R)-(-)-2-Heptyl butanoate - fruity-sweet ketone note	
(2S)-(+)-2-Heptyl hexanoate - distinct fruity ester note	
(2R)-(-)-2-Heptyl hexanoate - fruity sweet ketone note	
(2S)-(+)-2-Octyl butanoate - weak fruity	
(2R)-(-)-2-Octyl butanoate - weak flowery note	
(2S)-(+)-2-Octyl hexanoate - intensive pure fruit note, reminiscent of raspberries	
(2R)-(-)-2-Octyl hexanoate - herbaceous, green	
(2S)-(+)-2-Octyl octanoate - first fine fruity, then intensive lovage note	
(2S)-(+)-2-Nonyl acetate - typical fruity note	
(2R)-(-)-2-Nonyl acetate - flowery, more intense than its enantiomer	
(2S)-(+)-2-Nonyl hexanoate - flowery sweet	
(2R)-(-)-2-Nonyl hexanoate - weak fruity, slightly earthy note	
(S)-3-Heptyl acetate - exhibits a rosy, fresh, agrest scent	
(R)-3-Heptyl acetate - exhibits a green, fruity pear scent	
(S)-2-pentanol - Heavy, wild berry, ripe, dusty, astringent	
(R)-3-Heptanol - exhibits an earthy, mushroom scent	
(S)-2-octanol - Mushroom, oily, fatty, creamy, grape	
(R)-2-octanol - Creamy, cucumber, fatty, sour	
(+)-(1S,2R)-2-heptylcyclopropanecarboxylic acid - The enantiomers of the cis isomer give odour notes that can be described as follows: woody, balsamic, incense-like, green, herbal, pith-like and waxy; In addition, mixtures of the enantiomers of the cis isomers of 2-heptylcyclopropyl-1-carboxylic acid have a balsamic, peel-like but not aldehydic flavour note. However, the natural (1S,2R) cis enantiomer displays a very much stronger odour than the non-naturally occurring (1R,2S) enantiomer.	
(S)-1-hexen-3-ol - Metallic, green, earthy	
(R)-1-hexen-3-ol - Top impact, acid, meat, stronger than the (S)-enantiomer	
(S)-1-hepten-3-ol - Fruity, earthy	
(R)-(-)-1-octen-3-ol – Vinylhexanol - fruity, genuine mushroom-like Pilz-artig; also desribed as intensive mushroom note, fruity, soft	1µg/L Wasser; 10 ppb in aqueous ethanol
(R)-1-decen-3-ol - Heavy, aldehydic, lactone	
(R)-(-)-2-ethylhexanoic acid - herbaceous, earthy	

(S)-(+)-2-ethylhexanoic acid - sweet, herbaceous, faint musty	
(R)-(+)-2,5,6-trimethyl-2-heptanol - typical of white flowers, reminiscent of linalool, with a slight connotation of terpineol, and a lilac and fruity note	
(-)-(E,R)-Filbertone [(-)-(E,R)-5-methyl-2-hepten-4-one] - hazelnut, soft, butter, chocolate, metallic, weaker impact (at 25 ppb in water)	see comments
(+)-(R)-Undecavertol (ee = 93%) - Typical Undecavertol odour, floral, green, fresh, violet leaves, stronger and greener than the racemic commercial material, with aspects of cucumber and Neofolione (methyl non-2-enoate).	0,31 ng/L air
(4S)-4-hydroxypentan-2-one - fresh herbaceous, grassy notes.	
(R)-8-Methyldecanal - Green, fresh (stronger than (S)-form), lack of Yuzu-like note	
(S)-8-Methyldecanal - Fresh, green, bitter odor, reminiscent of Yuzu	
(S)-6-Methyloctanal - Fresh, green, sweet, citrus-like	
(S)-Ethyl 2-methylpentanoate - Fruity (apple, pear, star fruit, pineapple-like), sweet and full-flavored	
Methyl (2S,3S)-2-hydroxy-3-methylpentanoate - Odor quality perceived at the sniffing port during GC-O = fruity	10 ng/L in air
Methyl (2R,3S)-2-hydroxy-3-methylpentanoate - Odor quality perceived at the sniffing port during GC-O = fruity	11 ng/L in air
4-((2R)-6-methylheptan-2-yloxy)butanal - Aldehydic, floral, citrus, muguet, lower intensity than the racemate	
4-((2S)-6-methylheptan-2-yloxy)butanal - Aldehydic, floral, green, watery, more intensive and diffusive than the racemate	
3-((2'R)-6-methylheptan-2'-yloxy)-(2RS)-2-methylpropanal - Aldehydic, citrus	
3-((2'S)-6-methylheptan-2'-yloxy)-(2RS)-2-methylpropanal - Aldehydic, citrus, marine	
Methyl (R)-(-)-3-hydroxyhexanoate - sweet, woody, fruity	2.1 ng/L in air
Ethyl (R)-(-)-3-hydroxyhexanoate - sweet, woody, fruity.	2.1 ng/L in air
(R)-2-Methylundecanal - similar to its enantomer in description and intensity; the racemate is describe as having a dry, slight fruity odor reminiscent of ambergris and incense with floral waxy notes (Givaudan) and a strong "fatty, green, citrus odor with fatty citrus taste" (Leffingwell, Flavor-Base 2007)	
(+)-(2S,3S)-2,3-Methano-3,7-dimethyl-6-octen-1-ol - Woody rosy odor with sweetness of nerol; similar to, but more woody than the racemate.	
(+)-(2R,3S)-2,3-Methano-1-pentanol - Difusive ether green odor, close to nor-leaf alcohol, more green than the racemate or its enantiomer	
(-)-(2S,3R)-2,3-Methano-1-pentanol - Weak rosy odor without characteristic green aspect found in the racemate	
(-)-(R)-1,2-Methano-3-octanol - Sweet matsutake-like (mushroom-like), close to natural (R)-matsutakeol (natural 1-octen-3-ol)	
(+)-(S)-1,2-Methano-3-octanol - Humid mossy rosy odor, no mushroom character as found in the racemate	
(-)-(S)-1-isopropoxy-1-oxopropan-2-yl pivalate - possesses an odor having a floral, rosy/geranium type note having also a linalool, citronellol, geranyl acetate aspect, as well as a fruity, citrusy type note having lemon, bergamot aspects. The overall hedonic effect is an interesting rosy/geranium and fruity impression.	
(2R)-3-mercapto-2-methylpropan-1-ol - Stronger than than the (2S)-enantiomer (35-40 ppb). Although both of the enantiomers are characterized by the same broth and sweat odour, they have very different odour strength and thresholds.	3-7 ppb
3R)-3-mercaptohexan-1-ol - In dilution, the (R)-enantiomer is distinctly weaker, showing only sulfury and herbaceous odor impressions - (description of Werkhoff, et. al.); The two enantiomers have quite different aromas; Tominaga et. al. (2006) indicates "The R form is fruitier, with a zesty aroma reminiscent of grapefruit, while	0,08 ng/L in air

the S form smells more of passion fruit".	
(3S)-3-mercaptohexan-1-ol - In dilution, posseses interesting exotic and tropical fruit notes - (description of Werkhoff, et. al.); Werkhoff, et. al. described the 3-mercaptohexanols as fruity, juicy, tropical fruits, grapefruit, black currant, buccu, mango, guava; Tominaga et. al. (2006) indicates "The R form is fruitier, with a zesty aroma reminiscent of grapefruit, while the S form smells more of passion fruit".	0,07 ng/L in air
(3R)-(-)-3-mercaptohexyl acetate - In dilution, posseses attractive tropical fruity notes (for the (3R)-3-mercaptohexyl acetate and (3R)-3-mercaptohexyl butanoate) - (description of Werkhoff, et. al.); Werkhoff, et. al. described the 3-mercaptohexyl acetates as grapefruit, black currant, buccu, mango, passion fruit, guava	0,10 ng/L in air
(3S)-(+)-3-mercaptohexyl acetate - In dilution, posseses insignificant sulfury, herbaceous and oniony characteristics (for the (3S)-3-mercaptohexyl acetate and (3S)-3-mercaptohexyl butanoate) - (description of Werkhoff, et. al.)	0,03 ng/L in air
(3R)-3-mercaptohexyl butanoate - In dilution, posseses attractive tropical fruity notes (for the (3R)-3-mercaptohexyl butanoate) and (3R)-3-mercaptohexyl acetate - (description of Werkhoff, et. al.); Werkhoff, et. al. described the 3-mercaptohexyl butanoates as fruity, grapefruit, black currant, buccu, tropical fruits, mango	
(3R)-3-mercaptohexyl hexanoate - herbaceous, fresh sulfur note	
(3S)-3-mercaptohexyl hexanoate - sulfurous, burnt	
(3R)-(-)-3-mercaptoheptyl acetate - 3-mercaptoheptyl acetate (as the racemate) possesses a relatively weak top note reminding of a peach, citrus and tea tonality	
(3S)-(+)-3-mercaptoheptyl acetate - Amongst said enantiomers the most appreciated is the (S) one, which has a taste very close to the one of the racemate, although its grapefruit type note is weaker than the one of the racemate.	
(3R)-3-acetylthiohexanol - fruity, grapefruit, sulfurous	
(3S)-3-mercaptohexanal - green, citrus peel, fruity	
(3S)-3-acetylthiohexanal - fruity, sweet, grapefruit	
(R)-3-methylthiobutanal - exhibits the odour typical of cooked potatoes.	
(S)-(+)-3-(methylthio)-hexan-1-ol - exotic, fruity; also described as exotic and tropical fruit	
(3R)-3-(methylthio)hexyl acetate - fruity	
(3S)-3-(methylthio)hexyl acetate - intensive sulfurous, herbaceous	
(2R,3S)-3-mercapto-2-methyl-pentane-1-ol - broth-like, sweaty, leek-like	0,04
(2S,3R)-3-mercapto-2-methyl-pentane-1-ol - broth-like, sweaty, leek-like	0,03
(3S)-(-)-3-mercapto-3-methylhexan-1-ol - The (S)-isomer exhibits herbaceous, agrestic and green notes; Also described as sweat and onion-like (Troccaz, et.al); also described by Hasegawa et. al. as having a strong meaty, fruity note with a charachteristic sulfury odor	
3R)-(+)-3-mercapto-3-methylhexan-1-ol - The (R)-isomer can be described as grapefruit/passion fruit, black currant and onion-like; Also described as fruity and grapefruit-like (Troccaz, et.al); also described by Hasegawa et. al. as having a green fruity note	
(-)-(2S)-Heptane-2-thiol - bell pepper, fruity, vegetable at lower concentrations; at higher concentrations (100-1000 times the threshold) - sulfury, onion, with some mushroom note; No differences in odor note and threshold value were observed for the enantiomeric forms.	10
(+)-(3S)-1-Methoxyhexane-3-thiol - In addition to the herbaceous and (clary) sage odor tonalities it has strong connotations of burnt sulfur and alliaceous notes and evokes associations with human olfactory axillary perspiration.	**0,04* 10-3 ng/liter** air
(-)-(3R)-1-Methoxyhexane-3-thiol - sulfury, herbaceous and onion-like and definitely lacks the unique clary-sage signal.	1,9* 10-3 1,1ng/liter air

(-)-(S)-1-methoxyheptane-3-thiol - a nice natural black-currant note accompanied by green and tropical fruit notes.	
(+)-(R)-1-methoxyheptane-3-thiol - 1-methoxyheptane-3-thiol (racemic) imparts a floral, green gardenia note recalling the floral-fruity odor of styrallyl acetate, whereas 1-ethoxyhexane-3-thiol is able to impart a berry, blackberry type and vegetable note.	
(-)-S-methyl (2R)-2-methylbutanethioate - A beautiful, fresh, highly-taste, unique, strong odor which reminds a strong, fresh passion fruit. As seen, the S-methyl (R)-2-methylbutanethioate used in the flavor composition or fragrance composition of the present invention had a beautiful, fresh, highly-taste, unique, strong flavor and fragrance which reminded (of) a strong, fresh passion fruit.	
D-Methionine - "moldy", "old potatoes" and "rotten dairy products" (panelists spontaneous comments) for both D- & L-methionine	1.5 ppm
L-Cysteine - "sulfur" and "rotten eggs" (panelists spontaneous comments) for both D- & L-cysteine	24.2 ppm
D-Proline - smell of "semen", "sperm", and "chlorine" (panelists spontaneous comments) for both D- & L-proline	8635 ppm
(2R,3R)-3-((dimethyl(2,3-dimethylbutan-2-yl)silyl)methyl)butan-2-ol - camphoraceous-earthy and green odor, slightly sweaty and somewhat floral	
4-{[(1R)-1,5-dimethylhexyl]oxy}butanal - Aldehydic, floral, citrus, muguet, lower intensity than racemate	
4-{[(1S)-1,5-dimethylhexyl]oxy}butanal - Aldehydic, floral, green, watery, more intensive and diffusive than racemate	
3-{[(1R)-1,5-dimethylhexyl]oxy}-2-methylpropanal - Aldehydic, citrus	
3-{[(1S)-1,5-dimethylhexyl]oxy}-2-methylpropanal - Aldehydic, citrus, marine	
Ethyl (2S)-2-hydroxy-4-methylpentanoate - fresh blackberry aroma. Both enantiomers have quite similar aromatic nuances.	55 ppb
(3R)-3-Hydroxy-2-octanone - a mushroom-like, fresh grass odour.	
(3S)-3-Hydroxy-2-octanone - a mushroom-like, earthy note	
(4S)-4-acetylthio-2-pentanone - more fruity-pleasant (grapefruit, blackcurrant) notes for the (S)-enantiomer (by GC-O)	110 n g/L air
(4S)-4-acetylthio-2-hexanone - more fruity-pleasant (grapefruit, blackcurrant) notes for the (S)-enantiomer (by GC-O)	350 ng/L air
(4R)-4-acetylthio-2-heptanone - more unpleasant (catty, sulfury) descriptions for the (R)-enantiomer (by GC-O)	22 ng/L air
(4S)-4-acetylthio-2-heptanone - more fruity-pleasant (grapefruit, blackcurrant) notes for the (S)-enantiomer (by GC-O)	21 ng/L air
(4R)-4-acetylthio-2-octanone - more unpleasant (catty, sulfury) descriptions for the (R)-enantiomer (by GC-O)	24 ng/L air
(4S)-4-acetylthio-2-octanone - more fruity-pleasant (grapefruit, blackcurrant) notes for the (S)-enantiomer (by GC-O)	57 ng/L air
(4R)-4-acetylthio-2-nonanone - more unpleasant (catty, sulfury) descriptions for the (R)-enantiomer (by GC-O)	200 ng/L air
(4S)-4-mercapto-2-pentanone - more fruity-pleasant (grapefruit, blackcurrant) notes for the (S)-enantiomer (by GC-O)	0,99 ng/L air
(4S)-4-mercapto-2-hexanone - more fruity-pleasant (grapefruit, blackcurrant) notes for the (S)-enantiomer (by GC-O)	0,45 ng/L air
(4S)-4-mercapto-2-heptanone - more fruity-pleasant (grapefruit, blackcurrant) notes for the (S)-enantiomer (by GC-O)	0,22 ng/L air
(4S)-4-mercapto-2-octanone - more fruity-pleasant (grapefruit, blackcurrant) notes for the (S)-enantiomer (by GC-O)	0,04 ng/L air
(4S)-4-mercapto-2-nonanone - more fruity-pleasant (grapefruit, blackcurrant) notes	0,76

for the (S)-enantiomer (by GC-O)	ng/L air
(4S)-4-mercapto-2-decanone - more fruity-pleasant (grapefruit, blackcurrant) notes for the (S)-enantiomer (by GC-O)	36 ng/L air
(2R,4R)-4-mercapto-2-heptanol - sulfury, fruity, flowery (by GC-O)	0,1 ng/L air
(2S,4S)-4-mercapto-2-heptanol - sulfury, onion, sweet (by GC-O)	0,05 ng/L air
(2S,4R)-4-mercapto-2-heptyl acetate - sulfury, passion fruit (by GC-O)	0,2 ng/L air
(2S,4S)-4-mercapto-2-heptyl acetate - sulfury, onion (by GC-O)	0,03 ng/L air
(2S,4R)-4-acetylthio-2-heptyl acetate - sulfury, grapefruit (by GC-O)	0,3 ng/L air
(2S,4S)-4-acetylthio-2-heptyl acetate - sulfury, onion, fruity (by GC-O)	0,09 ng/L air
(2S,4R)-4-acetylthio-2-heptanol - grapefruit, refreshing (by GC-O)	0,2 ng/L air
(2S,4S)-4-acetylthio-2-heptanol - sulfury, onion, sweet (by GC-O)	0,03 ng/L air
Prenyl (2S)-2-methylpentanoate - reminiscent of black currant	

Lactone (-olide) Lactones	µg/kg = ppb m/m ~ µg/L ~ *D9
(R)-(+)-4-ethylbutan-4-olide - faint, sweet coconut, hatty, herbaceous, hay note	
(S)-(-)-4-ethylbutan-4-olide - sweet, creamy coconut, woody aspects	
(R)-(+)-4-propylbutan-4-olide - sweet, spicy, herbaceous, hay note, coumarin-like	700 ppb in water
(S)-(-)-4-propylbutan-4-olide - fatty, coconut-note, fruity-sweet aspects	890 ppb in water
(R)-(+)-4-butylbutan-4-olide - spicy-green, coconut note, with almond notes (Mosandl & Gunther, Evaluated as a 1% solution on blotter strips)	300 ppb in water 238 ppb in red wine
(S)-(-)-4-butylbutan-4-olide - fatty coconut note, less intense than (R)-isomer (Mosandl & Gunther, Evaluated as a 1% solution on blotter strips)	130 ppb in water 135 ppb in red wine
(R)-(+)-4-pentylbutan-4-olide - strong, sweet, soft coconut with fatty-milky aspects (Mosandl & Gunther, Evaluated as a 1% solution on blotter strips)	220 ppb in water 285 ppb in red wine
(S)-(-)-4-pentylbutan-4-olide - fatty, moldy, weak coconut note, less intense than (R)-isomer (Mosandl & Gunther, Evaluated as a 1% solution on blotter strips)	150 ppb in water 91 ppb in red wine
(R)-(+)-4-hexylbutan-4-olide - strong, fatty-sweet fruity note, some reminiscence to coconut, caramel (Mosandl & Gunther, Evaluated as a 1% solution on blotter strips); Bourdineaud et. al. describe this as: Fatty, animalic top note. Upon evaporation clearly	34 ppb in red wine

different from the racemate with regard to the acidic and animalic base notes; In particular suitable for flavours.	
(S)-(-)-4-hexylbutan-4-olide - soft, sweet coconut note with fruity-fatty aspects (Mosandl & Gunther, Evaluated as a 1% solution on blotter strips); Bourdineaud et. al. describe this as: Fruity, banana like, lactonic and jasmonic like floral top note. Base note is closest to that of the racemate with more volume, less sweet and floral, but heavier and more lactonic.	47 ppb in red wine
(R)-(+)-4-heptylbutan-4-olide - strong, fatty-sweet, reminiscent of peach, with some bloomy aspects (Mosandl & Gunther); strong, sweet, coconut (Yamamoto)	4 ppb in water
(R)-(+)-4-octylbutan-4-olide - strong, fruity-sweet, bloomy note with aldehyde and woody aspects (Mosandl & Gunther, Evaluated as a 1% solution on blotter strips)	8 ppb in red wine
(3R,4S)-(-)-4-butyl-3-methylbutan-4-olide -strong coconut note, reminiscent of celery	305-330 ppb in white wine 285-305 ppb in red wine
(3S,4R)-(+)-4-butyl-3-methylbutan-4-olide - piquant celery note, faint coconut note, green walnut note	140-172 ppb in white wine 370-380 ppb in red wine
(3R,4R)-(+)-4-butyl-3-methylbutan-4-olide - sweet woody, bright fresh coconut note	132 ppb in white wine 170-175 ppb in red wine
(3S,4S)-(-)-4-butyl-3-methylbutan-4-olide - faint coconut note, faint musty, earthy, remeniscant of hay	20-24 ppb in white wine 54-57 ppb in red wine
(3S,4S)-(-)-3-Methyl-4-decanolide - Top note has a strong matured fruity smell. Middle note has a waxy and milky scent. The overall tonality is a good long lasting aroma with a strong matured fruity and a little bit of milky scent.	
(3R,4R)-(+)-3-Methyl-4-decanolide - Top note has lactone notes with a little bit of a fatty smell. Middle note has lactone notes along with a little stimulant green scent. The overall tonality is a good long lasting aroma with lactone-like, greeny smell.	
(R)-(+)-5-pentylpentan-5-olide - sweet, fruity, milk note; Bourdineaud et. al. describe this as: Top note: alpha-allyl-ionone; heavier, more lactonic and tuberose than racemate. Floral notes stronger than in the S-(-)-enantiomer.	
(S)-(-)-5-pentylpentan-5-olide - sweet, fruity, peach note, fatty, butter-like; Bourdineaud et. al. describe this as: Fruity top note; heavier, milder and more coumarin but less tuberose than racemate. The more the sample is enriched in the R-(+)-enantiomer the more the floral notes are important; inversely, the more enriched in the S-(-)-enantiomer, the more the sample is intense and lactonic.	
(R)-(-)-delta-Jasmolactone - Exhibits a floral coconut note which is fresher and more rising than in the S-(+)-enantiomer; the fruity note is more marked than that of the racemate. Base' note is coconut without the fatty aspect.	
(S)-(+)-delta-Jasmolactone - Exhibits a heavy woody coconut note with the spicy celery-jasmone aspect of the racemate; the base note is creamy tuberose like.	
(R)-(-)-massoialactone - Heavy tonka like top note and less fruity than (S)-(+)-enantiomer. Base note is strongly coconut like with fatty aspects. This enantiomer exhibits a more pleasant character with more volume than the racemate.	
(S)-(+)-massoialactone - Fatty fruity (a bit tuberose like) top note, which is more intense than that of the (R)-(-)-enantiomer. upon evaporation the fatty aspects disappear in favor of a milky, coconut, tonka and a strong coumarin note.	
(R)-(-)-Tuberolactone - Fruity, coconut, tonka note with metallic and slightly fatty aspects. Base note, which is essentially tuberose lactonic, has less volume than (S)-(+)-	

enantiomer. In comparison to the racemate this enantiomer is more pleasant with regard to the tuberose note, but has less volume.	
(S)-(+)-Tuberolactone - Heavy fatty and less fruity top note. Upon evaporation becomes clearly lactonic, tuberose and tonka. In general much more volume than the (R)-(-)-enantiomer. Less pleasant general floral note, but more voluminous than the racemate.	
(R)-(+)-5-hexylpentan-5-olide - Fruity, sweet, creamy	100
(S)-(-)-5-hexylpentan-5-olide - Fruity, sweet, milky	30
(R)-(+)-5-heptylpentan-5-olide - Fruity, sweet, apricot	500
(S)-(-)-5-heptylpentan-5-olide - Fruity, sweet	50
(4S,5S)-(+)-cis-4-methyl-5-decanolide or (4S,5S)-(-)-cis-Aerangis lactone - reminiscent of certain aspects of the smell of the flower of the tuberose (Polianthes tuberosa) and gardenia varieties and on the other hand is reminiscent of caramel, condensed milk and coconut, especially coconut milk	0,13 ng
(S)-(+)-(Z)-7-gamma-decenolactone - creamy, milky, soft, caramel, fruity gamma-decalactone-like, weakly peach-like	
(R)-(-)-(Z)-7-gamma-decenolactone - racemate-like, fruity, intensive peach-like, coconut, distinctly stronger than (S)-(+) -antipode	
(R)-(-)-(Z)-7-delta-decenolactone - milky, coconut, fruity, less intensive than racemate, distinctly stronger than (S)-(+) -antipode	
(4R)-gamma-hexathionolactone - green, grassy	
(4R)-gamma-Octathionolactone - mushroom-like odor, hay-like odor	
(4S)-gamma-Decathionolactone - sweet, fruity	
(4R)-gamma-Decathionolactone - fruity	
(4R)-delta-Octathionolactone - mushroom-like odor, grassy, green	
(4S)-delta-decathionolactone - sweet, fruity	
(3S)-Butylphthalide - Celery stem odor, strong, fresh, with aspects of celery leaf	0,07 ppm
(3S,3aS,7aR)-3-Butylhexahydrophthalide - sweet, warm, heavy, slightly medicinal (by GC-O); also described as "sweet and sickly"	0,13 ng
(3R,3aS,7aS)-3-Butylhexahydrophthalide - herbaceous, like celery by GC-O; also described as "celery, fruity"	12.5 ng
(-)-(3S,3aR)-Sedanolide - 99.9% ee - Natural celery leaf odor, herbal, and strong bitter.	1.3×10^{-2} ppm
(+)-(3R,3aS)-Sedanolide - 99.4% ee - Celery seed odor, heavy, and spicy. Weak impression of celery.	2.7×10^{-1} ppm
(+)-(3R,3aR)-Sedanolide - 99.1% ee - Natural celery stem odor, herbal, and bitter.	1.6 ppm
(-)-(S)-Sedanenolide - Celery stem odor, strong, fresh, with aspects reminiscent of celery fibers.	0,14 ppm
(-)-(3S,3aS,6R,7aS)-perhydro-3,6-dimethyl-2-benzo[b]furanone (98% pure) - coumarinic, lactonic, cold tobacco side (Gaudin); also described as coconut like by GC-O (Katja Buhr)	0,000001 ng/l in air
(+)-(6R)-3(RS)-3,6-dimethyl-4,5,6,7-tetrahydro-1-benzofuran-2(3H)-one - it develops a phenolic/coumarin-like odour, making it a useful alternative to coumarin. It also has a completely original, minty odoriferous note much appreciated by perfumers	
(-)-(3aS,6R,7aS)-perhydro-3,3,6-trimethyl-2-benzo[b]furanone - lactonic, fruity, coumarinic	
(3S,3aS,7aR)-**Wine lactone** - intense sweet and coconut-like (coumarinic); this is the naturally occurring enantiomer	0,00001-0,00004 ng/l in air
(3S,3aS,7aS)-Wine lactone - coconut like	0,007-0,014 ng/l in air

(+)-(5R,8S)-4,4,8-trimethyl-1-oxaspiro[4.5]dec-6-en-2-one - floral with a fresh and sweet fruit of coconut tree	
(3aR,5R,7aR)-5-isopropenyl-7a-methylhexahydro-1-benzofuran-2(3H)-one - moderately intense, agreeable, herbaceous odor with lupine flower and parsley root notes	
(-)-(S)-4,8-dimethylnon-7-en-4-olide - fresh fruity lactone odour with peach and/or pear-like nuances It also has green and floral notes.	0,65 ppb (in water)
(+)-(R)-4,8-dimethylnon-7-en-4-olide - an oily and heavy lactone odour which is expressed rather milky and coconut-like.	0,16 ppb (in water)
(4S)-Solerone - fruity, wine-like	
(4R,5R)-Solerole - fruity, sweet	
(5R)-Demethylmarmelo lactone - butter cake smell	
(5S)-Demethylmarmelo lactone - milky almond smell	
(4R)-(-)-(2Z,6Z)-2,6-Nonadien-4-olide - strong odor described to be "waxy and jasmin-like lactonic"	
(S)-cis-6-gamma-dodecenolactone - flowery, fruity, coconut-, peach- and apricot-like. The odor of the (S)-enanantiomer was described as being significantly stronger than the (R)-enantiomer, although no sensory differences in odor quality were noted.	4.6 pg (in air)
(+)-(2R)-Furaneol® - obviously strong, sugary, jammy, sweet	
(+)-(2R)-Mesifuran - burnt, intensive caramel	
(-)-(2S)-Mesifuran - lactone, coumarin like, no caramelic odor	
(R)-(+)-4-Acetoxyfuraneol - burnt, intense caramel odor	
(2R)-(+)-Homofuraneol I - strong roast sweet	
(+)-(S)-Sotolone - curry, walnut (strongly caramelic)	0,8 ppb
(-)-(R)-Sotolone - walnut, rancid. Although the aromatic nuances of both enantiomers were quite similar, the perception threshold of (S)-sotolon in dilute alcohol solution (12%v/v) was >100 times lower than that of (R)-sotolon.	0,89 ppb
(R)-(+)-Maple furanone - possessed a significantly intense maple syrup-like odor at 100 ppt solution in H_2O, while (S)-(-)-Maple furanone was less intense.	10fg/Liter
(4S)-(+)-Dihydrobovolide - deep green tea notes (a metallic, spicy, green tea note)	3.7 ppm
(4R)-(-)-Dihydrobovolide - light green tea notes (a light and spicy green tea note)	1.6 ppm
(R)-6-Carbomethoxyethyl-6-Methyl-epsilon-caprolactone - pleasant almond-like aroma, sweet notes	

Sesquiterpenoide & Diterpenoide Sesquiterpenoid & Diterpenoid Related Odorants	µg/kg = ppb m/m ~ µg/L ~ *D9
(-)-(1R,3R,6S,7S,8S)-patchoulol - a strong, typical patchouli scent with an earthy, slightly camphoraceous, powdery cellar note which was indistinguishable from natural patchoulol; deep woody like patchouli oil	~ Patchouli
(+)-(1S,3S,6R,7R,8R)-patchoulol - much weaker, less characteristic, nearly indefinable and by no means reminiscent of patchouli. It might have a beta-santalol odour with a green undertone; woody with underlying green notes	
(-)-(1S,3R,6S,7S,8S)- patchoulenol - The odour profile of (-)-patchoulenol can be described as patchouli-like camphoraceous whose earthy cellar note is there more pronounced than in (-)-patchouli alcohol. A slight galbanum scent is also recognized.	
(+)-(1R,3S,6R,7R,8R)-patchoulenol - is much weaker than its antipode, less earthy and also less patchouli-like; however, it possesses a weak but fine woody, warm	

Sesquiterpenoide & Diterpenoide Sesquiterpenoid & Diterpenoid Related Odorants	µg/kg = ppb m/m ~ µg/L ~ *D9
amber tone.	
(2S, 4aS)-(-)-alpha-ambrinol - powerful amber note with a natural, somewhat musky and animal character	~ Ambra
(2R, 4aR)-(+)-alpha-ambrinol - exhibits a strongly dry earthy, musty tonality, reminiscent of geosmine	~ Geosmine
(-)-**Ambrox**® - moist, soft, creamy, persistent, warm, animalic, amber odor with a velvety effect	0,3
(+)-Ambrox® - accentuated woody note and lacks the strong animalic warmth" of the (-)-isomer	2.4
(-)-((5S,8R,9R,10S)-8a,13-desoxyambreinolide - Strong; this material was mostly described as woody ambergris-like in the sense of the tonality of the standard odorant Ambrox; the descriptions musky and balsamic followed. Owing to its additional warm animal note this ether resembles ambergris most.	~ Ambrox
(+)-((5R,8S,9S,10R)-8a,13-desoxyambreinolide - A weaker woody character although its intensity and ambergris tonality differed considerably from that of its enantiomer; 20% of panelists found it to be odorless. The only subject (female) extremely sensitive to this enantiomer characterized it as camphoraceous, slightly sweaty and urine-like.	20% geruchsblind
(-)-(5R,8R,9S,10R)-8b,13-desoxyambreinolide - Strongly odorous, but not ambergris-like. Of the 30 panelists - Minty-camphoraceous (6 females & 8 males), fruity (2 females & 4 males) and balsamic (3 males) were the most frequent replies. Four participants (2 females & 2 males) described this enantiomer as musk-like and woody; However, none of the subjects could identify ambergris-like tonalities in this enantiomer.	Kein Ambra-Duft, unterschiedliche Beschreibung
(+)-(5S,8R,9R,10S)-20-desmethyl-8a,13-desoxyambreinolide - Moderately strong odor - Mostly described as woody ambergris-like in the sense of the tonality of the standard odorant Ambrox; the descriptions musky and balsamic followed. However, practically 50% of the subjects being extremely odor-sensitive, including all the **female** participants, indicated tonalities (green, moss and ionone-like) which cannot or can only with difficulty be associated with ambergris. Less sensitive subjects, however, committed fewer errors.	X: grün, Moos, Jonon-ähnlich
(-)-(5R,8S,9S,10R)-20-desmethyl-8a,13-desoxyambreinolide - Strong odor; Six out of eight subjects ascribed woody ambergris-like odor qualities to the strong odor of this nor-either, although its intensity and ambergris tonality differed considerably. The other four highly sensitive participants gave the following description: flowery (female), cyclohexanone-like (female) , minty, floor polish (male), and green-peppery (male).	X: blumig, wie Cyclahexan Y: minzig, grün-pfeffrig
(-)-(5S,9R,10S)-9b,13-epoxy-14,15,16,20-tetranorlabdane - Strongly odorous - Mostly described as woody ambergris-like in the sense of the tonality of the standard odorant Ambrox; the descriptions musky and balsamic followed.	~ Ambrox
(+)-(5R,9S,10R)-9b,13-epoxy-14,15,16,20-tetranorlabdane - Much Weaker odor than its enantiomer and clearly lacking ambergris odor; Imperceptible to 1/3 of panelists!	33% geruchsblind
(5S,8R,9R,10S,13S)-8a,13:13,20-diepoxy-15,16-dinorlabdane - Powerful, woody ambergris-like in the sense of the tonality of the standard odorant Ambrox. - Die drei anderen Enantiomere waren für 20/30; 29/30 und 7 von 30 Versuchspersonen nicht wahrnehmbar!	
(4R,4aS,6R)-(+)-nootkatone - strong grapefruit odor, bitter in taste	800
(4R,4aS)-(+)-alpha-vetivone - some grapefruit character in combination with its strong characteristic woody balsamic odor; also has been described as floral-waxy-woody	600-1000

Sesquiterpenoide & Diterpenoide Sesquiterpenoid & Diterpenoid Related Odorants	µg/kg = ppb m/m ~ µg/L ~ *D9
R-(+)-(E)-nerolidol - pleasant, woody, warm, musty	
S-(-)-(E)-nerolidol - slightly sweet, mild, soft, flowery, different than (S)-(Z)-isomer	
R-(-)-(Z)-nerolidol - intensive, flowery, sweet, fresh	
S-(+)-(Z)-nerolidol - woody, green-like, fresh bark	
(5R,10R)-(-)-beta-vetivone - quinoline-like, fruity (cassis, grapefruit) aroma with a woody by-note (the natural enantiomer)	
(5R,10R)-(-)-6-demethyl-beta-vetivone - a sweet coumarin-like odor with a woody note	
(5S,10S)-(+)-6-demethyl-beta-vetivone - a woody smell with a quinoline-like by-note	
(5S)-(-)-10-demethyl-beta-vetivone - intense cresolic	
(5R)-(+)-10-demethyl-beta-vetivone - intense cresolic	
(4R,5S)-(+)-3,5-Dimethyl-4-(3-methyl-but-2-enyl)-cyclohex-2-enone - balsamic (myrrh-like) with a woody bynote	
(+)-(2R,4aR,8aS)-Polywood® - Odor properties: described as exhibiting a rich, voluminous woody note with a powdery ionone-like undertone.	
(-)-(4aS,8aR)-5,5,8a-trimethyloctahydronaphthalen-2(1H)-one - Odor properties: described as strong, woody amber-like, with a distinct note of damp earth, cellar, geosmin.	
(R,R)-Iso-beta-bisabolol - very strong, flowery, lilley-of-the-valley like and very pleasant odor - stronger than the (1S)-1-[(1S)]-, (1R)-1-[(1S)]-OR (1S)-1-[(1R)]-enantiomers	
(+)-(4aR,5S)-Karanone - a strong bright woody-amber note	
(+)-(4aR,5S)-Dihydrokaranone - a remarkable and intense woody note	
(-)-(4aS,5R)-Dihydrokaranone - has a citrus and mild woody note; it lacks in sharpness and brightness, and is deficient in the charm as compared to its enantiomer, but is pleasant in another aroma direction	
(+)-(1S,2S,5R,7R,8R)-Jinkohol II - the woody note characteristic of sesquiterpenes in combination with a somewhat camphorous odor and, when heated or burnt, the characteristic odor of **agar**wood is strengthened	
(-)-(7R)-7,11-epoxymegastigma-5(6)-en-9-one - Sweet, food-like, slightly vanillic note	
(R)-Tetrahydrozerumbone - a strong balmy fragrance	

Steroide Steroid Urine Type Odorants	µg/kg = ppb m/m ~ µg/L ~ *D9
(+)-androstenone - strong urine odor	0,18
(-)-androstenone - odorless	Odorless
(-)-androsta-4,16-dien-3-one - odorless	Odorless
(+)-androsta-4,16-dien-3-one - very persistent odor of urine & sweat	0,98
(+)-5-alpha-**androst-16-en**-3-alpha-ol - Animalic, musk-like odor with a strong (fine) sandalwood tonality	0,02

Urinartige Non-Steroid Urine Type Odorants	µg/kg = ppb m/m ~ µg/L ~ *D9
(-)-2-Methyl-4-(5,5,6-exo-trimethyl-2-exo-norborny)cyclohexanone - strongly urinous - about 20% that of (+)-Androstenone	0,28 ppb in water
(+)-4-(2-endo-Bornyl)-2-methylcyclohexanone - very weakly urinous (near perception threshold) - about 0,1% that of **(+)-Androstenone**	

Sandelholz-Düfte, naturidentische Nature Identical Sandalwood Odorants	µg/kg = ppb m/m ~ µg/L ~ *D9
(-)-(1'S,2'R,4'R)-(Z)-beta-santalol - Typical sandalwood scent, identical to the natural product (Krotz &Helmchen); very strong, woody to animal, typical sandalwood (Brunke); sandalwood, natural, woody, milky (Chapuis)	
(+)-(1'R,2'R,3'R,4'S,5'R)-(E)-alpha-Photosantalol - Sandalwood, natural, pleasant, strong	
(-)-(1'S,2'R,4'R)-(E)-beta-Photosantalol - Sandalwood, similar to (-)-(Z)-beta-Santalol	

Sandelholzartige Aldehyde Sandalwood Type Odorants from Campholenic aldehyde	µg/kg = ppb m/m ~ µg/L ~ *D9
(-)-(1'R)-4-(2',2',3'-trimethyl-3'-cyclopenten-1'-yl)-4-penten-1-al - fragrance further possessing an aldehydic note, reminiscent of citronellal, citrusy, spicy, recalling the odor of the citronella leaves. As to its bottom note, it has a character which is reminiscent of the odor of 3-(4-tert-butyl-1-phenyl)-2-methylpropanal, but with an even greener connotation and a slightly orangy aspect	
(+)-(1'S)-4-(2',2',3'-trimethyl-3'-cyclopenten-1'-yl)-4-penten-1-al - a more metallic and aldehydic odor, recalling that of trans-4-decenal, and the bottom note of which is more floral and even stronger in the aqueous character. The use of this latter compound to enhance the latter odor character in perfumed compositions and articles is in fact preferred to that of its (-)-(1'R)-enantiomer	
(-)-(1'R)-2-methyl-4-(2',2',3'-trimethyl-3'-cyclopenten-1'-yl)-4-pentenenitrile - a woody-citrus, fruity and slightly fatty odor prefered to the (+)-(1'S)-isomer	
(-)-(1'R,2R)-2-methyl-4-(2',2',3'-trimethyl-3'-cyclopenten-1'-yl) -4-pentenenitrile - citrus, fruity and fresh character accompanied by a sandalwood bottom character	
(-)-(1'R,2R)-2-methyl-4-(2',2',3'-trimethyl-3'-cyclopenten-1'-yl) -4-penten-1-ol - elegant and powerful sandalwood note (prefered of the four isomers)	
(+)-(1'S,2S,E)-3,3-dimethyl-5-(2,2,3-trimethyl-3-cyclopenten-1-yl)-4-penten-2-ol - develops a sandalwood note of remarkable strength, wherein the typical milky character is represented at its best and accompanied by a slightly animal note; prefered of four possible isomers	
(1'R,E)-(+)-2-Methyl-4-(2',2',3'-trimethyl-cyclopent-3-enyl)-but-2-en-1-ol - fresh and strong sandalwood oil odor associated with green trees	51

(1'R,E)-(-)-2-Ethyl-4-(2',2',3'-trimethyl-cyclopent-3-enyl)-but-2-en-1-ol - clean, bright and strong sandalwood oil odor with richness and a woody note	0,85
(1'R,E)-(+)-2-Propyl-4-(2',2',3'-trimethyl-cyclopent-3-enyl)-but-2-en-1-ol - soft and warm sandalwood oil odor	
(-)-(1'R)-2-methyl-4-(2',2',3'- trimethyl-3'-cyclopenten-1'-yl) -4-penten-1-al - possesses an unexpected odor in view of the prior knowledge regarding the odor properties of campholenic aldehyde derivatives. It develops a woody-sandalwood type odor note, slightly aldehydic, which is more reminiscent of the cedar-pine odor connotation than of the sandalwood type one, which note is combined with a distinct marine, ozone character. The latter is reinforced in the bottom note, which is strongly ozone-marine-like, recalling the odor of seaweeds. In addition, the odor of this compound has a good strength and tenacity.	
(1'S,1"S,2'S,3"R,5"R)-Javanol - sandalwood, creamy, warm, strong	
(1'R,1"R,2'R,3"S,5"S)-Javanol - lactonic, lily of the valley	
(1'R,1"S,2'R,3"R,5"R)-Javanol - lactonic, with a sandalwood aspect	
(1'S,1"R,2'S,3"S,5"S)-Javanol - floral, rosy, milky, sandalwood	
(+)-axial-4-((1'S)-2,2,3-trimethylcyclopent-3-enyl)cyclohexanol - vaguely woody, slightly sandalwood	
(-)-{trans-4-[(1R)-2,2,3-trimethylcyclopent-3-en-1-yl]cyclohexyl}methanol - Woody, cedar	
(+)-{trans-4-[(1R)-2,2,3-trimethylcyclopent-3-en-1-yl]cyclohexyl}methanol - Woody	
(1S,2'S,3'R)-Ebanol - Powerful sandalwood, more than 100X more powerful than its enantiomer (based on relative GC sniff threshold) and more than 3X stronger than (1R,2'S,3'R)-Ebanol	1 (relative in series)
(1R,2'S,3'R)-Ebanol - Powerful sandalwood, more than 33X more powerful than its enantiomer and more than 3X weaker than (1S,2'S,3'R)-Ebanol	3 (relative in series)
(-)-(2R)-2-methyl-4-[(1R)-2,2,3-trimethylcyclopent-3-en-1-yl]butan-1-ol - peculiar sandalwood's strongly excellent smell	18.7
(+)-(2R)-2-methyl-4-[(1S)-2,2,3-trimethylcyclopent-3-en-1-yl]butan-1-ol - peculiar sandalwood's strongly excellent smell	14.5
(-)-(3S,1'R)-HomoPolysantol - Very clean sandalwood odour, with waxy note at end (by GC-sniffing); On blotting paper strips Lucta perfumers described it as: - Top notes: sandalwood, polysantol-type, woody and dry. Heart notes: sandalwood and sandela very intense. Base note: mild but clear sandalwood note. (Best of the four diastereoisomers)	

Sandelholz-Düfte Other Sandalwood Odorants	µg/kg = ppb m/m ~ µg/L ~ *D9
(1R,3R,1'S,2'R,4'S,6'S)-(+)-threo-trans-3-isocamphylcyclohexanol - Strong, diffusive, and sandalwood-like odor; natural sandalwood odor, but very strong and keen	0,2
(1R,3R,1'R,2'S,4'R,6'R)-(-)-erythro-trans-3-isocamphylcyclohexanol - strong, warm sandalwood	3
(-)-(1S,E)-5-(2',2-dimethyl-3'-methylene-1'-cyclohexyl)-3,3-dimethyl-4-penten-2-ol - Woody, sandal, sweet note, reminiscent of the odor of the bark and milk of the sandalwood tree.	
(+)-(1S,3R,6R,8R)-8-tertbutylbicyclo[4.4.0]decan-3-ol - strong, sandalwood like, warm, sweet and fatty, long persisting,	
(2S,3R,4E)-3-methyl-4-[(1R,2R,6R,7R)-tricyclo[5.2.1.0^{2,6}]dec-4-en-8-ylidene]butan-2-ol - very strong, sandal(wood), animalic	5

Moschus-artige Musk Odorants	µg/kg = ppb m/m ~ µg/L ~ *D9
(4S,7R)-(-)-galaxolide - powerful musk odor	0,00063 (in air)
(R)-(-)-muscone - rich, powerful, musky; very nice musky note, rich and powerful."	61
(12R,9Z)- Nirvanolide®	0,05
(+)-(11R)-11-methyl-12-dodecanolide - a faint musk note with very fresh nuances of clary sage and bergamot is accompanied by cedar-wood accents. Only a slightly earthy-musty undertone has to be accounted.	
(12R)-(+)-12-methyl-13-tridecanolide - sandalwood-like musk note	
(12R,13S)-(+)-12-methyl-13-tetradecanolide - strong woody odor with a pronounced musk character	
(12R)-(-)-12-methyl-9-oxa-14-tetradecanolide - intense musky-floral, powdery odor reminiscent of the nitro musk musk ambrette, with additional woody, myrrh-type factors	0,09
(-)-(S)-Muscolide - weak intensity, but possesses a very pleasant musk note with a more distinctive erogenous-animalic character.	
(+)-(1'R,4S)-Helvetolide - Odor properties: musky, ambrette, pear. The fragrance effect imparted by the above-cited preferred compound of the invention is even more powerful and muskier when said compound is used in the form of one of its optically active isomers.	1.1 ng/liter in air
(1S,1'R)-Romandolide® or (1S,1'R)-1-[(3',3'-dimethyl-1'-cyclohexyl)-ethoxycarbonyl]methyl propanoate - The odor properties are best represented in the enantiomer of the configuration (1S, 1'R), which renders this compound a choice ingredient of the invention. This compound possesses a classical musky type odor, reminiscent of that of Galaxolide® (7,8-dihydro-4,6,6,7,8,8-hexamethyl-6H-cyclopenta[9]-2-benzopyrane; and confers an olfactive impression which is that of a sweet and natural musky odor, with a velvety connotation, and which provides much volume. There is also found a light ambrette nuance which is accompanied by an undernote reminiscent of the odor of green fruits.	0,7 ng/liter in air
(+)-(1S,1'R)-Rosamusk - powerful rose/ionone character with fruity and musk-like undertones	
(3R)-(+)-3-Methyl-1,4-dioxacyclohexadecan-2-one - musk, sweet-woody, ambergris, erogenous, animalic, reminiscent of ambrette musk and nitromusk, stronger than the (S)-(-)-enantiomer.	
(+)-(3R)-3,7-dimethyloct-6-enyl ethyl oxalate - Floral musk	200 ppb
(-)-(3S)-3,7-dimethyloct-6-enyl ethyl oxalate - Rose-like floral	500 ppb
(4R)-(-)-4-methyloxacyclopentadec-9-en-2-one - Diffusive powdery musk odor	
(3R)-(+)-3-Methyl-1,4-dioxa-(E/Z)-6-cyclohexadecen-2-one - Odor: musk, sweet-woody, ambergris, erogenous, animalic, reminiscent of ambrette musk, stronger than the enantiomer mixture.	
(+)-(1R,3R)-Muscol - strong musk scent and softness, excellent in diffusibility, and had a graceful aroma for musks	
(3S)-(-)-Fixolide - strong musk	
(S,S)-(-)-Vulcanolide - this enantiomer possesses the best developed odor properties. Its musky, markedly earthy, slightly amber character is particularly powerful.	
(-)-(3R,5E)-3-methylcyclopentadec-5-en-1-one - Strong and pure smell of musk	
(+)-(S)-13-Tetradecanolide - Complex, woody-cedar, balsamic odor; very similar to is enantiomer	
Ethyl (1S)-1-[(1'R)-3,3-dimethylcyclohexyl]ethyl malonate - Powerful Musky, Fruity, Woody, Ambery – Enantiomer mit dem stärksten Moschusduft	Rel. Odor Int. = 7.5
(S)-(-)-Tonalide - strongly musky odor with a good fixation property	

(14S)-14-ethyloxacyclotetradecan-2-one - distinct woody, fresh and fruity, clearly musk	
(17R)-17-ethyloxacycloheptadecan-2-one - distinct musk odour: pleasant powdery and slightly fresh	
(14R)-14-Ethyl-11-methylideneoxacyclotetradecan-2-one - strong musk note, fresh and clearly woody with cedarwood-like aspects	

Thioxane, Jasmonate,... Miscellaneous: Oxathiane, Jasmonate,...	µg/kg = ppb m/m ~ µg/L ~ *D9
(2R,4S)-(-)-cis-2-methyl-4-propyl.-1,3-oxathiane - sulfurous, herbaceous-green, roasty, linseed oil-like, onion; described by Ohloff as fresh, floral, less sulfury than the 2S,4R-isomer	4
(2S,4R)-(+)-cis-2-methyl-4-propyl.-1,3-oxathiane - sulfurous, fatty, fruity-green, tropical fruits, grapefruits	2
(2S,3S,4R)-(-)-cis-2-methyl-4-propyl.-1,3-oxathiane-S-oxide - Intensive, exotic fruit note, very volatile	
(4R)-4-Propyl-1,3-oxathiane - artificial fruity, fatty, slight grapefruit note	
(4R)-2,2-dimethyl-4-propyl-1,3-oxathiane - typical carrot note, sweet	
(1R,2S)-(+)-Z-Methyl epijasmonate - Strong odor; floral, true jasmin-like	3 ppb
(1R,2R)-(-)-Methyl dihydrojasmonate - Floral, sweet, jasminelike [503]	240 (recognition)
(1R,2S)-(+)-Methyl epidihydrojasmonate - Intensely floral, jasminelike, bright, cis-jasmone, slightly fatty, woody, ß-ionone like, extremely long lasting	15 (recognition)
(3S,7R)-(-)-Z-Methyl 4,5-didehydrojasmonate - the natural (3S,7R)-enantiomer has a fresh natural, sweet floral fruity odor, reminiscent of Jasmin and Ylang Ylang flower, more intensive and tenacious that was superior to that of the unnatural (3R,7S)-enantiomer.	
(R)-(-)-Lilial® - lily of the valley odor but slightly stronger odor than the (S)-(+)-isomer; also described as "floral, oily, lily-of-the valley"(Yamamoto)	
(-)-(1R,2S,2'S,4R)-1,2',7,7-tetramethyl-spiro[bicyclo[2.2.1]heptane-2,4'-[1,3]dioxane] - Woody, ambery, camphor, animal, earthy/mossy, musky	
(1R,2S,2'S,4R,6'S)-1,2',6',7,7-pentamethylspiro[bicyclo[2.2.1]heptane-2,4'-[1,3]dioxane] - Woody, ambery, animal, earthy/mossy, metallic, musky (see note on assumed configurations at the 2' & 6' positions)	
(1R,2S,2'S,4R)-2'-ethyl-1,7,7-trimethylspiro[bicyclo[2.2.1]heptane-2,4'-[1,3]dioxane] - Woody, ambery (see note on assumed configuration at the 2' position)	
(-)-(1R,2S,2'S,4R)-2'-isopropyl-1,7,7-trimethylspiro[bicyclo[2.2.1]heptane-2,4'-[1,3]dioxane] - Amber, woody, cedarwood, animal, strong	0,2 ng/liter (in air)
(1R,2S,4R)-1,7,7-trimethyl-dispiro[bicyclo[2.2.1]heptane-2,4'-(1,3 -dioxane)-2',1''-cyclopentane] - Woody, ambery, fatty, earthy/mossy, tobacco, camphor	
(2R,4S)-Pamplefleur® - natural, fruity odor in the direction of grapefruit and rhubarb, close to Gardenol ("methyl phenyl carbinyl acetate") and 2,5-dimethyloct-2-en-6-one, slightly metallic	
(+)-(1R,2R)-2-tert-butylcyclohexyl acetate - reminiscent of a peach and a plum - it had a distinctly characteristic sweet fruity aroma.	80 mg/L in air
(-)-(1R,2R)-2-tert-butylcyclohexanol - strong fresh green aroma with Woody camphor	40 mg/L

[503] *Methyldihydrojasmonat, TM Hedion* erzeugt im menschlichen Gehirn geschlechtsspezifische Aktivierungsmuster, die bei klassischen Riechstoffen nicht entstehen. → *Pheromon*

notes	in air
(+)-(1S,4R,5R,9S)-1-hydroxy-1,4,7,7,9-pentamethylspiro[4.5]decan-2-one - Powerful patchouli-like odor	0,067 ng/L air for racemate
(-)-[(1R,3S)-3-isopropyl-1-methylcyclopentyl]methanol - floral, green, jasmine, lily-of-the-valley, fresh, clean.	
(+)-[(1S,3R)-3-isopropyl-1-methylcyclopentyl]methanol - floral, fruity, green, rosy, hesperidic (grapefruit).	
(-)-1-[(1R,1'RS,3S)-3-isopropyl-1-methylcyclopentyl]ethanol - floral, earthy/mossy, slightly terpineol, earthy	
(+)-1-[(1S,1'RS,3R)-3-isopropyl-1-methylcyclopentyl]ethanol - hesperidic/citrus, fruity, green, fresh (grapefruit, rhubarb)	
(-)-1-[(1R,1'RS,3S)-3-isopropyl-1-methylcyclopentyl]propan-1'-ol - anisic, floral, green, marine	
(+)-1-[(1S,1'RS,3R)-3-isopropyl-1-methylcyclopentyl]propan-1'-ol - fruity, green, leathery, floral.	
(-)-1-[(1R,2'RS,3S)-3-isopropyl-1-methylcyclopentyl]propan-2'-ol - earthy/mossy, woody, camphoraceous, ambery, sweet.	
(+)-1-[(1S,2'RS,3R)-3-isopropyl-1-methylcyclopentyl]propan-2'-ol - Odour description: hesperidic/citrus, fruity, fresh (grapefruit).	
(-)-1-[(1R,2'RS,3S)-3-isopropyl-1-methylcyclopentyl]butan-2'-ol - camphoraceous, earthy/mossy, woody, slightly patchouli.	
(+)-1-[(1S,2'RS,3R)-3-isopropyl-1-methylcyclopentyl]butan-2'-ol - fruity, floral, green (pineapple).	
(-)-1-[(1R,3S)-3-isopropyl-1-methylcyclopentyl]ethanone - earthy/mossy, green, woody.	
(+)-1-[(1S,3R)-3-isopropyl-1-methylcyclopentyl]ethanone - floral, agrestic, fruity, green.	
(-)-1-[(1R,3S)-3-isopropyl-1-methylcyclopentyl]propan-1-one - green, earthy/mossy, fruity, floral.	
(+)-1-[(1S,3R)-3-isopropyl-1-methylcyclopentyl]propan-1-one - earthy/mossy, fruity, green.	
(+)-(2S,3R)-Magnolione® - floral, jasmine, fruity, fresh most intense	0,29 ng/L
(-)-(2R,3S)-Muguesia (ee = 99%) - top note: floral, rosy, buttery, rich, slightly green; dry down: floral, sweet, lily of the valley and linalool-like.	
(-)-(2S,3S)-Muguesia (ee = 99%) - top note: floral, balsamic, sweet, floral, slightly fruity; dry down: floral, cinnamic, balsamic, sweet.	
(+)-(1R,2R,8aS)-Arborone - possesses an intense woody odor that was clean and very pleasant.	<5 x 10^{-12} g/L
(-)-(1R,2R,8R,8aR)-desMethyl Arborone - possesses an intense warm woody-amber odor in common with Georgyone and Arborone. Its odor also has a slight fresh minty note.	
(+)-((S)-2,3-dihydro-2,5-dimethyl-1H-inden-2-yl)methanol - Muguet, floral, Lilial, hydroxycitronellal, stronger and more powerful, less hydroxycitronellal than enantiomer, base mor Lilial	
(2R,6R)-cis-exoPelargene - (99% pure, ee 98%); Weak, green, agrestic, and herbaceous odor, with a slightly fruity side. Dry down very weak green, fruity.	
(2R,6S)-trans-exoPelargene - (33% pure, ee 90%); Harsh, green, technical, pyrazine-type, vegetal odor, with acetic, Rose Oxide type, floral-rosy facets. Dry down green, fruity, and rosy.	
(2S,6R)-trans-Pelargene "A" - (98% pure, ee 98%); Green, petit-grain and orange flower-type pleasant odor, with aspects of neroli oil. Dry down linear, but more herbal, buccoxime-like.	

(2R,6S)-trans-Pelargene "B" - (99% pure, ee 98%); Green, metallic, Rose Oxide note, stronger than (2S,6R)-trans-Pelargene "A" and (2R,6R)-cis-Pelargene "A". Dry down green, fruity, buccoxime-like.	
(-)-(3S,4R)-Jasmal - Fruity, floral, and slightly technical.	
(-)-(3R,4R)-Jasmal - Strong, floral, jasminic, spicy, and slightly acidic.	
(-)-(3R,4S,5R)-Jessemal - The most powerful of this series, floral-fruity, agrestic odor in the direction of jasmine with herbaceous facets.	
(-)-(4R,4aR,8aR)-dehydrogeosmin - similarr odor to (+)-dehydrogeosmin, but not as fresh or camphoraceous	10 pg/liter in air
(2S)-(+)-Gardamide - Strong grapefruit aroma associated with a tropical fruit	
(2S)-(+)-N,2-dimethyl-N-meta-toluamide - Grapefruit aroma with a woody-element	
(-)-2-(1R,2S,5R)-menthyloxypyrazine - Fruity, sweet.	2
(R)-(-)-Citralis Nitrile is 'similar in smell, but slightly stronger, and with additional waxy aspects, and a more pronounced green, leafy side' (compared to its enantiomer).	6.8 ng/L air
(S)-(+)-Citralis Nitrile - is 'typical citrus, reminiscent of lemon peel and geranyl nitrile, with fresh, fruity and slightly green nuances'	12.5 ng/L air
(R)-(+)-Citralis - is 'very close to racemic Citralis, and stronger than its antipode; aldehydic, fresh, floral, citronellal-like odour, reminiscent of verbena and lemongrass; a somewhat slightly latex and plastic connotation is present as well'	2.5 ng/L air
(S)-(-)-Citralis - is 'citronellal-like, floral-aldehydic, but less fresh, more fruity in the direction of red fruits, and with a fatty-rosy undertone that somewhat even reminds of Phenoxanol'	7.9 ng/L air
(S)-(-)-Phenoxanol - is 'also reminiscent of a typical Phenoxanol note, but stronger; softer, with a more powdery rose character of pronounced floralcy with fruity facets in the direction of red fruits and rhubarb, and a fresh even slightly aquatic tonality'.	5.0 ng/L air
(-)-(9R,10S)-10-Acetyl-9,10-dimethylbicyclo[6.4.0]dodec-1(8)-ene - it emanates a strong woody-ambery odor reminiscent of Iso E Super, Georgywood and cedarwood, and has an odor threshold of 0,19 ng/L air which is about 100 times stronger than its enantiomer.	0,19 ng/L air
(+)-(2S,8aR)-2,5,5,8a-tetramethyl-3,5,6,7,8,8a-hexahydronaphthalen-1(2H)-one - although having organoleptic properties similar to the racemate, it is more powerful than the (2R,8aS) enantiomer. The racemate is described as having an odour with woody (earthy-patchouli type), powdery and ionone (violet) notes. In fact, this unique combination of odour notes can give the impression of a nice woody, irone and slightly patchouli scent.	
(-)-(2R,4R)-Okoumal - strong, pronounced, typical ambery odor in the okoumal–karanal family, with woody aspects, clearly the strongest okoumal enantiomer on blotter	0,40 ng/L in air (+/-0,14)
(+)-(2R,4S)-Okoumal - ambery, typically in the okoumal–karanal family, with woody aspects, significantly stronger than (+)-(2S,4S)-Okoumal	0,54 ng/L in air (+/-0,52)
(-)-(2R,4R)-Disila-okoumal - pronounced, typical ambery odor with woody aspects, stronger than (+)-(2R,4S)-Disila-okoumal, the strongest disila-okoumal enantiomer on the blotter, but on the blotter clearly weaker than (-)-(2R,4R)-Okoumal	0,31 ng/L in air (+/-0,14)
(+)-(2R,4S)-Disila-okoumal - ambery odor with woody aspects, characteristically okoumal-like, on the blotter very close in intensity to (-)-(2R,4R)-Disila-okoumal	0,31 ng/L in air (+/-0,14)
(-)-2-Methyl-2-(3-methylbenzyl)but-3-en-1-ol - described as a flowery, but more Majantol like and showed no Linalool like fragrance	
(+)-2-Methyl-2-(3-methylbenzyl)but-3-en-1-ol - strong floral and linalool-like - With a very weak Majantol-like character - and was perceived as much more intense than that of the (-)-antipode	
(S)-3-(dimethyl(2,3-dimethylbutan-2-yl)silyl)butan-2-one - much stronger, fruity, floral, ambery, and woody than its enantiomer	
(R,R)-(3-hydroxybutan-2-yloxy)dimethyl(2,3-dimethylbutan-2-yl)silane - camphoraceous-earthy and green, slightly sweaty and somewhat floral	

2-[(1S)-1,5,5-trimethylcyclohex-2-en-1-yl]ethyl propanoate - a pleasant fruity with a cherry note	
2-[(1R)-1,5,5-trimethylcyclohex-2-en-1-yl]ethyl propanoate - a fruity with fresh planed board note	
(S)-Isophorol - The Racemate and the (R)-, and (S)-enantiomers showed very similars, with terpenic, camphor, and borneol notes	
(R)-Isophoryl acetate - a blueberry note	
(R)-Isophoryl propionate - a forest berry note	
(S)-Isophoryl propionate - similar to the racemate, fruity with freshly collected blackcurrant note	
(+)-2-[(1S)-5,5-dimethylcyclohex-2-en-1-yl]ethanol - Weak–intensive, dried pine needles, litter, earthy, woody	
(+)-Ethyl [(1S)-5,5-dimethylcyclohex-2-en-1-yl]acetate - Medium–intensive, pleasant, clear, sweet, ripe pear	
(+)-2-[(1S)-5,5-dimethylcyclohex-2-en-1-yl]ethyl acetate - Intensive, fruity with a note of green, tart	
(+)-2-[(1S)-4,4-dimethylcyclohex-2-en-1-yl]ethanol - Intensive, green floral, grassy	
(+)-2-[(1S)-4,4-dimethylcyclohex-2-en-1-yl]ethyl acetate - Intensive, fruity, ripe red apple	
(-)-(6R)-Dictyopterene D - seaweed, green notes - moss like scent (accompanied by the feeling of Green with diffusibility in floral perfume compositions)	
(+)-(6S)-Dictyopterene D - a little spicy impression - with a strong seaweed like scent	
(-)-(1R,2R)-Dictyopterene B - characteristic very intense, rather pleasant, "ocean smell"	
(-)-(2S,4R)-cis-2-Hexyl-4-acetoxytetrahydrofuran - A strong sweet, alcoholic odour with weak milk-like note	FD Factor = 128
(+)-(2R,4S)-cis-2-Hexyl-4-acetoxytetrahydrofuran - A weak burnt woody, sour odour with faint sweet onion-like note	FD Factor = 16
(-)-(2R,4R)-trans-2-Hexyl-4-acetoxytetrahydrofuran - A fresh fruity, sweet, sour odour with weak garlic-like note	FD Factor = 64
(+)-(2S,4S)-trans-2-Hexyl-4-acetoxytetrahydrofuran - A cooling, sweet odour with faint sour, fruity note	FD Factor = 32
(S)-(-)-3-(3-(4-methylpentyl)phenyl)butanal - watery-marine, floral-aldehydic, fatty-buttery, slightly metallic, green citrus. The (S) enantiomer is more powerful (having an about 5-times lower threshold) and is the more marine smelling enantiomer compared to its (R) enantiomer.	
(2R,3R)-(+)-2-methyltetrahydrofuran-3-thiol acetate - raw garlic and onion-like, savory, musty, sulfurous	3.8 ng/L (air)
(2S,3R)-(-)-2-methyltetrahydrofuran-3-thiol acetate - roasted meat, burnt, fried onion	7.3 ng/L (air)

-- .-.-. ...-.-

Dioxolane

Ausgehend vom 1,3-Dioxolan - einem Cyclopentan mit jeweils einem Sauerstoff in Position 1 und 3 - wurden eine Vielzahl von Dioxolane synthetisiert. Die folgenden 19 Dioxolane haben interessante Aroma- und Riechstoff-Eigenschaften.[504]

Nr.	**Verbindung**	**Struktur**	**Sensorische Beschreibung**
1	2-Isobutyl-4-vinyl-[1,3]dioxolan	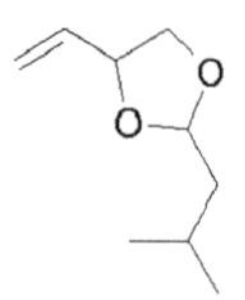	Stark, grüne Oliven, natürlich
2	2-secButyl-4-vinyl-[1,3]dioxolan	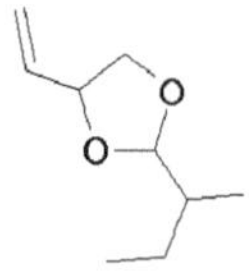	Frucht
3	2-Isopropyl-4-vinyl-[1,3]dioxolan	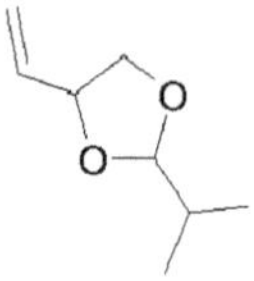	Metallisch, Grün
4	2-(2,4-Dimethylcyclohex-3-enyl)-4-vinyl-[1,3]dioxolan	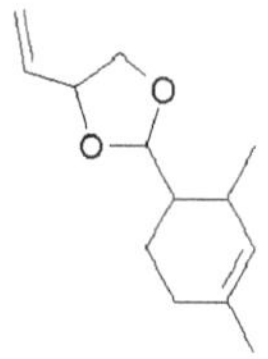	Frucht, Blüte, Rose
5	2-(2,6-Dimethylhept-5-enyl)-4-vinyl-[1,3]dioxolan	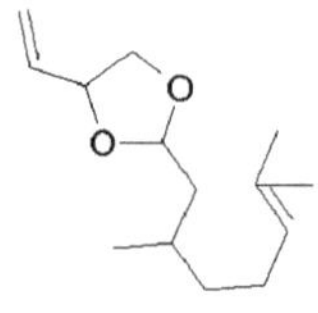	Frisch, Myrrhe, Frucht, Birne, Mango, Blüte, Grün
6	2-Ethyl-2-(2-methylbutyl)-4-vinyl-[1,3]dioxolan	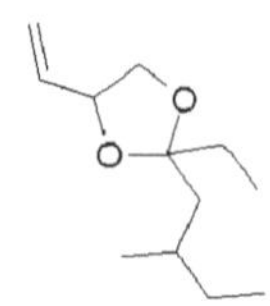	Frucht, Grapefruit

[504] *Dioxolane* https://www.google.com/patents/EP2524959A1?cl=de

Nr.	Verbindung	Struktur	Sensorische Beschreibung
7	2-(2,4,4-Trimethylpentyl)-4-vinyl-[1,3]dioxolan	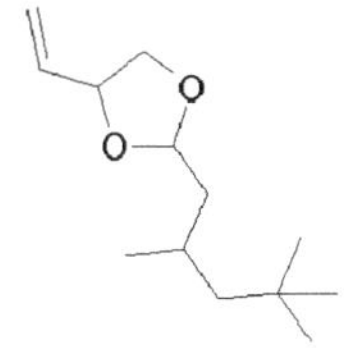	Wässrig, Frucht, Melone
8	2-(3,5-Dimethylhex-4-enyl)-2-methyl-4-vinyl-[1,3]dioxolan	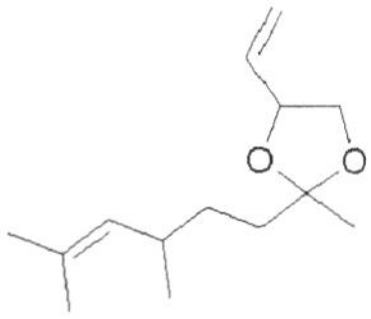	Frucht, Grün
9	2-Methyl-2-(4-methylpent-3-enyl)-4-vinyl-[1,3]dioxolan	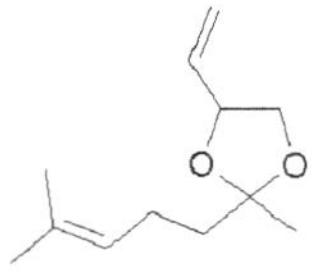	Grün, Blüte, Aromatisch, Zitrone, Linalool
10	8-tertButyl-2-vinyl-1,4-dioxaspiro-[4.5]-decan	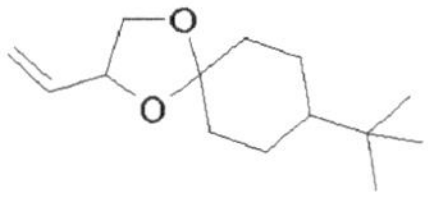	Frucht, Melone
11	2-(2,6-Dimethylhepta-1,5-dienyl-4-vinyl-[1,3]dioxolan	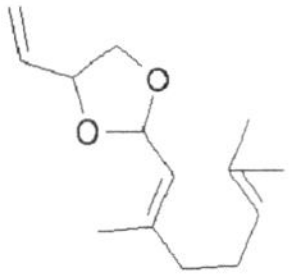	Frisch, Zitrone, Wässrig
12	2-[2-(4-Methylcyclohex-3-enyl)-propyl]-4-vinyl-[1,3]dioxolan	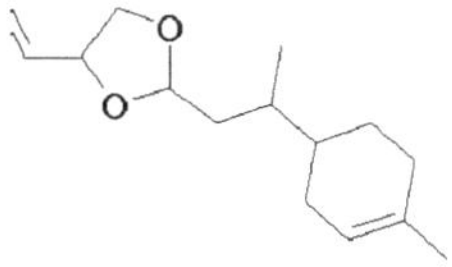	Frucht, Mirabelle
13	2-Phenyl-4-vinyl-[1,3]dioxolan	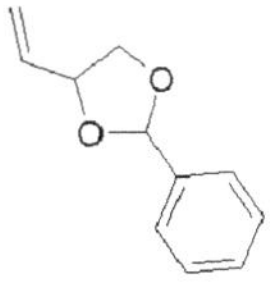	Kraut, Krauseminze, phenolisch, Pilz, metallisch

Nr.	Verbindung	Struktur	Sensorische Beschreibung
14	2-Cyclohexyl-4-vinyl-[1,3]dioxolan	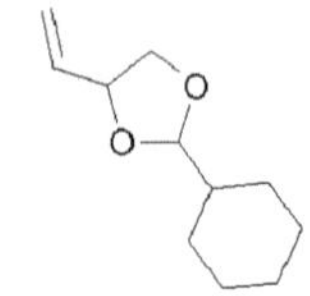	Frucht, Kamille, Apfel, Aromatisch
15	2-(2,2,3-Trimethylcyclopent-3-enylmethyl)-4-vinyl-[1,3]dioxolan	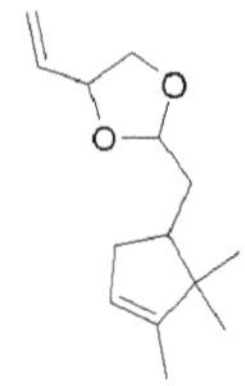	Frucht, Apfel, Blüte, Carbinol
16	2-Vinyl-1,4-dioxas-piro[4.5]decan	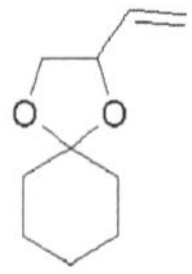	Frucht, Zitrone
17	7-Methyl-2-vinyl-1,4-dioxas-piro[4.5]decan	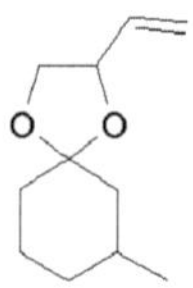	Frisch, Agrumen, Zitrone
18	2-(2-Methylpropenyl)-4-vinyl-[1,3]dioxolan	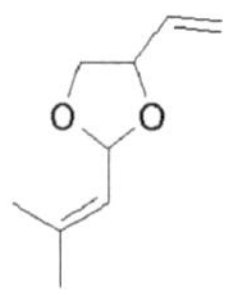	Kraut, Fettig
19	2-Methyl-2-(3-methylbutyl)-4-vinyl-[1,3]dioxolan	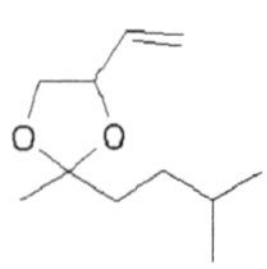	Frisch, Grapefruit
Quelle	https://www.google.com/patents/EP2524959A1?cl=de		

Fruchtester

Ester Name	Formula	Odor or occurrence
Allyl hexanoate	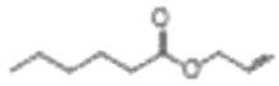	pineapple
Benzyl acetate	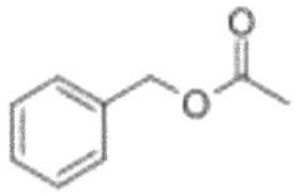	pear, strawberry, jasmine
Bornyl acetate	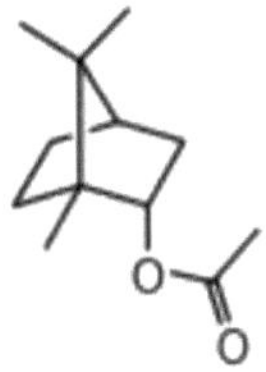	pine
Butyl acetate	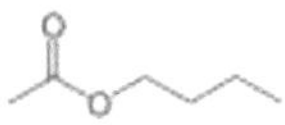	apple, honey bee
Butyl butyrate	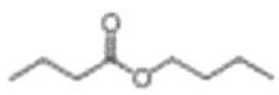	pineapple
Butyl propanoate		pear drops
Ethyl acetate	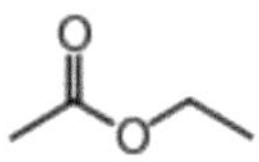	nail polish remover, model paint, model airplane glue
Ethyl butyrate	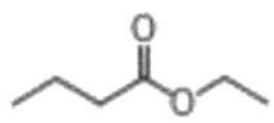	banana, pineapple, strawberry
Ethyl hexanoate	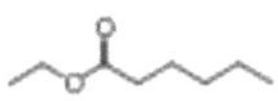	pineapple, waxy-green banana
Ethyl cinnamate	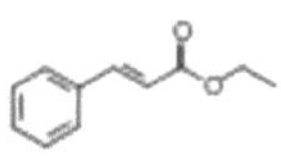	cinnamon
Ethyl formate	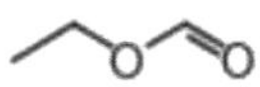	lemon, rum, strawberry
Ethyl heptanoate	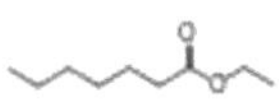	apricot, cherry, grape, raspberry
Ethyl isovalerate	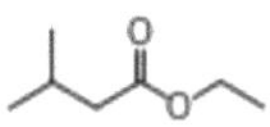	apple
Ethyl lactate	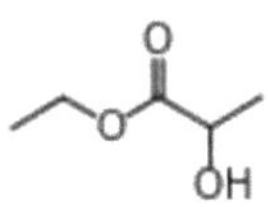	butter, cream
Ethyl nonanoate		grape
Ethyl pentanoate	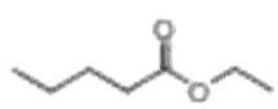	apple
Geranyl acetate	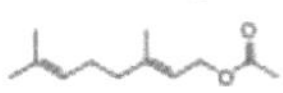	geranium
Geranyl butyrate	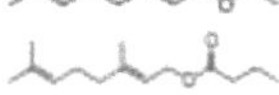	cherry
Geranyl pentanoate		apple
Isobutyl acetate	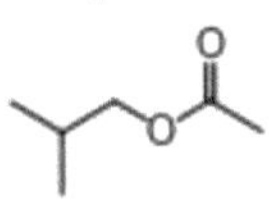	cherry, raspberry, strawberry
Isobutyl formate	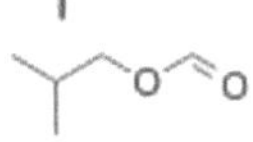	raspberry
Isoamyl acetate	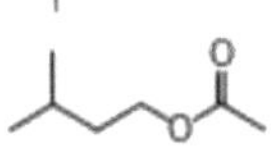	pear, banana (flavoring in Pear drops)

Ester Name	Formula	Odor or occurrence
Isopropyl acetate	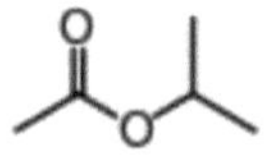	fruity
Linalyl acetate	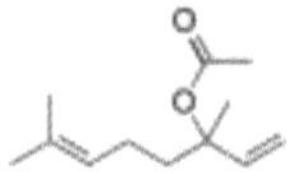	lavender, sage
Linalyl butyrate	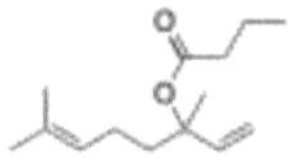	peach
Linalyl formate	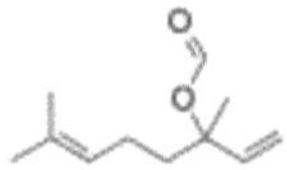	apple, peach
Methyl acetate	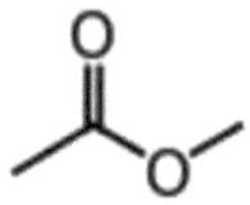	glue
Methyl anthranilate	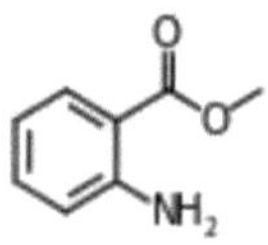	grape, jasmine
Methyl benzoate	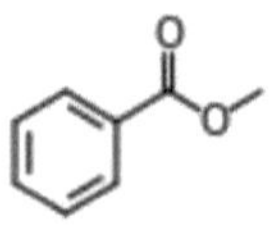	fruity, ylang ylang, feijoa
Methyl butyrate (methyl butanoate)	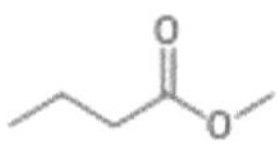	pineapple, apple, strawberry
Methyl cinnamate	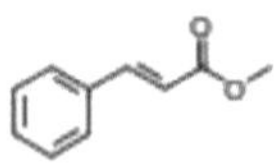	strawberry
Methyl pentanoate (methyl valerate)	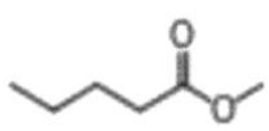	flowery
Methyl phenylacetate	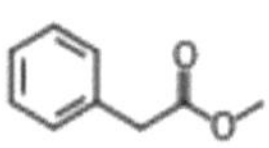	honey
Methyl salicylate (oil of wintergreen)	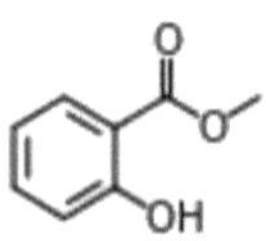	Modern root beer, wintergreen, Germolene and Ralgex ointments (UK)
Nonyl caprylate		orange
Octyl acetate		fruity-orange
Octyl butyrate	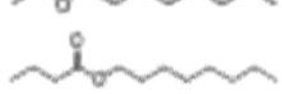	parsnip
Amyl acetate (pentyl acetate)	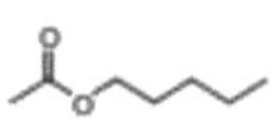	apple, banana
Pentyl butyrate (amyl butyrate)	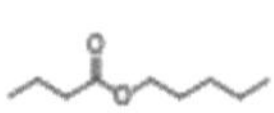	apricot, pear, pineapple
Pentyl hexanoate (amyl caproate)	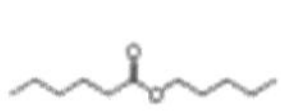	apple, pineapple
Pentyl pentanoate (amyl valerate)	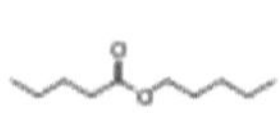	apple
Propyl acetate	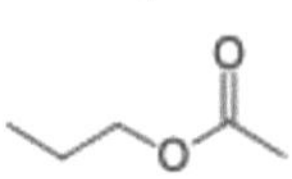	pear

Ester Name	Formula	Odor or occurrence
Propyl hexanoate	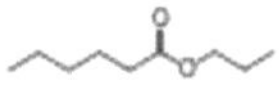	blackberry, pineapple, cheese, wine
Propyl isobutyrate	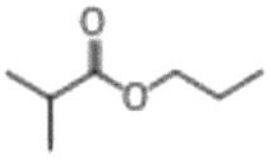	rum
Terpenyl butyrate	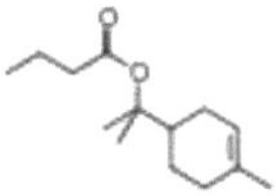	cherry

Welche Riechstoffe passen zueinander?

Es gibt einfache Übersichten, welche aufzeigen sollen, welche ätherische Öle miteinander harmonieren.

	Ang	Bgm	Cor	Dougl	Fen	Ger	Junip	Lav	Lem	Limett	Man	Mint	Nelk	Olib	Ors	Rose	Rosm	Sant	Scl	Thym	Ylang	Zeder	Zimt	Zypr
Ang		x					x		x	x					x				x					
Bgm	x		x	x		x		x		x	x	x	x		x			x	x	x	x	x		x
Cor		x			x						x		x		x	x							x	
Dougl		x					x	x	x											x		x	x	
Fen			x																x					x
Ger		x					x	x	x							x		x	x			x		
Junip	x			x				x	x								x							
Lav		x		x		x	x		x			x			x	x			x	x				x
Lem	x			x		x	x	x		x				x			x				x		x	
Limett	x	x							x				x		x		x							
Man		x	x												x								x	
Mint		x					x	x									x			x			x	
Nelk		x	x							x						x							x	
Olib									x								x	x				x		x
Ors	x	x	x					x		x								x			x		x	x
Rose			x			x		x					x					x			x		x	
Rosm							x		x	x		x		x										x
Sant		x				x								x	x	x			x		x	x		
Scl	x	x			x	x		x		x					x			x						x
Thym		x		x				x				x												
Ylang		x								x					x	x		x					x	
Zeder		x		x		x								x				x						
Zimt			x	x						x	x	x	x		x	x					x			
Zypr		x			x			x						x	x			x	x					

Wichtige Faktoren werden dabei übersehen:
Welche Düfte sich für wen eignen ist äußerst subjektiv.
Zur richtigen Zusammenstellung gehört auch die richtige Einsatzmenge.
Erst die gelungene Parfumeur-Leistung unter Einhaltung der jeweils gültigen Limits und Vorschriften, die Berücksichtigung der Produkt-Ziele und Zielgruppe(n), die Einhaltung des Kostenrahmens und letztendlich die Akzeptanz der Verbraucher sind entscheidend.

Riechstoffe haben ihren Preis

Die nachfolgende Tabelle listet einige Extrakte exemplarisch auf.
Es kann durchaus vorkommen, dass einige Pflanzen-Auszüge – wie beispielsweise Absolues des mexikanischen Lotus – zeitweise bei den Lieferanten vergriffen sind.

Absolues, nachwachsend aus herkömmlichen Anbau.

Absolue	**Extrakt**	**aus**	***Deklarationspflichtige Inhaltsstoffe*** *(2017)*	**~EUR / 1ml**
Boronia (grün)	Boronia megastigma	Blüten		**80**
Cassie	Acacia farnesiana		*Geraniol, Citral, Benzyl-Alcohol, Benzyl-Benzoat*	
Cassis	Ribes nigrum	Knospen	*Limonen*	
Champaca rot	Magnolia champaca	Blüten	*Benzyl-Benzoat, Eugenol, Linalool*	**68**
Frangipani 80%	Plumeria rubia	Blüten	*Benzyl-Alkohol, Benzyl-Benzoat, Benzyl-Cinnamat, Benzyl-Salicylat, Farnesol, Geraniol*	**35**
Ginster 90%	Spartium junceum	Blüten	*Benzyl-Alcohol, Benzyl-Benzoat, Citral, Eugenol, Farnesol, Limonen, Linalool, Geraniol*	**42**
Heu 75%	Hierochloe alpina		*Coumarin, Limonen, Linalool, Benzyl-Alcohol*	**10**
Iris 75%	Iris pallida	Wurzeln		**31**
Jasmin	Jasminum grandiflorum	Blüten	*Benzyl-Alcohol, Eugenol, Geraniol, Linalool*	**24**
Jasmin	Jasminum sambac	Blüten	*Linalool, Benzyl-Benzoat, Benzyl-Alcohol*	**24**
Mimose 66%	Acacia dealbata	Blüten	*Benzyl-Alcohol, Benzyl-Benzoat*	**8**
Narzisse 80%	Narcissus poeticus	Blüten	*Benzyl-Benzoat, Benzyl-Alkohol*	**63**
Osmanthus 80%	Osmanthus fragrans	Blüten		**40**
Pappel	Populus balsamifera	Blätter, Zweige und Holz		**16**
Tabak	Nicotiana tabacum	Blätter		**13**
Tonka 50%	Dipteryx odorata	Bohnen	*Coumarin*	**5**

Bei vielen Riechstoffen für Einsatz in Parfums und parfümierten Kosmetika wird unterschieden zwischen

- naturrein, von der Stammpflanze
- natürlich
- naturidentisch
- Parfüm-Öl / Aroma
- Racemat

◆ einheitlicher Riechstoff

und den Arten des Anbaus

- ökologisch, z.B. *Ecocert*
- biologisch, z.B. *Bio* mit zusätzlichen Angaben
- aus Anbau, nachwachsender Rohstoff
- Wildsammlung.

Die nachfolgende Tabelle listet einige ätherische Öle exemplarisch auf. Die Preise sind Preisbeispiele vom April 2015 für -1- e***inheitliche Riechstoffe* und *naturreine Öle aus der Stammpflanze***, nachwachsend aus herkömmlichen Anbau.

Öl Name	*lat.*	engl.	Herkunft	EUR / 1ml	EUR / 10ml	EUR / 1kg	Qualität
Ackerminze	*Mentha arvensis*	Mint	China		3,55	17	naturrein
Ambrofix				34,90			1
Anethol aus	*Illicium verum*	Star anise				19	1
Anis	*Pimpinella anisum*	Anise seed			2,95		naturrein
Basilikum	*Ocium basilicum*		Comoren		6,95		naturrein
Benzoe Resin. *Styrax tonkinensis*	Storax		Siam		4,95		naturrein
Benzylcinnamat	*Cinnamein >98%*	*Benzyl cinnamate*			7,30		1
Bergamotte	*Citrus Bergam.risso*	Bergamotte	Reggio, Italien		5,4	89..110	naturrein
Blattalkohol		*Leaf alcohole*			5,45		1
Cajeput	*Melaleuca cajep.*		Australien		2,95		naturrein
Cardamom	*Elletaria cardam.*		Maton, Indien		8,90		naturrein
Cassia	*Cinnamomum arom.*	Cassia	China		4,70	49	naturrein
Citronell Java 85/35%	*Cymbopogon winter.*	Citronella			2,95	21	naturrein
Coriander	*Coriandrum sat.*		Russland	+++	4,85	95..165	naturrein
Coumarin	*1,2-Benzopyron*	*Benzopyrone*			4,30		1
Eucalyptol >99%	*1,8-Cineol*					19	1
Eucalyptus 80/85%	*Eucalyptus globulus*		Portugal, China		2,25	15	naturrein
Eugenol					2,50		1
Farnesol					3,60		1
Fenchel, süß	*Foeniculum vulgare*	Fennel seed	Spanien		3,55	33...62	naturrein
Geranium	*Pelargonium cap.*	Geranium	China		6,55	175	naturrein
Geranium, naturid.					3,45		id

Öl Name	*lat.*	engl.	Herkunft	EUR / 1ml	EUR / 10ml	EUR / 1kg	Qualität
Grapefruit (white)	*Citrus decumana*		Israel		3,95	32 ..46	naturrein
Heliotropin		*(Piperonal)*			8,90		1
Indol					8,80		1
Iris abs. "concret" *Iris pallida*	Orris butter		28,90			naturrei n	
Jasmin abs.	*Jasminum grandif.*		Indien	17,90			naturrein
Jasminaldehyd alpha		*Amylcinnamaldehyde rac.*			4,85		1 rac
Jonon alpha		*Alpha Ionon*			5,35		1
Kamille, hell	*Ormenis multicaulis*	Chamomile	Ägypten		15,90		naturrein
Kamille, deutsche, bl.	*Matricaria rec.*	Chamomile	Ägypten, D	5,50			naturrein
Kamille, röm., gelb	*Chamaem. nobile*	Chamomile	Italien	3,90			naturrein
Kampfer, Ho >85%	*Cinnam. camphora*	Howood	China	+	2,95	47	naturrein
Krauseminze	*Mentha spicata*	Spearmint			3,75	70	naturrein
Kümmel	*Carum carvi*	Caraway seed	Balkan, Holland		3,95	39	naturrein
Latschenkiefer	*Pinus mugo turra*		Österreich	+	6,90		naturrein
Lavandin abrialis	*Lavandula hybrida*	Lavandin	Kroatien	++	3,40	28	naturrein
Lavendel 50/52%	*Lavandula angustif.*	Lavender	Barreme, F	++	4,40	135	naturrein
Lemongras	*Cymbopogon citrat.*	Lemongrass	Cochin		2,95	18	naturrein
Lilial					4,55		1
Limette, destilliert	*Citr.aurantif.swingle*	Limette	Mexico		3,55	46	naturrein
Lyral					4,40		1
Mandarine, rot	*Citrus nobilis*		Spanien		4,95		naturrein
Melisse	*Melissa off.*	Balm mint	Deutschland	18,95			naturrein
Methyljonon gamma		*Methylionone*			3,95		1
Nelkenblätter	*Eugenia caryphyll.*	Clove leaf	Madagaskar		3,95	20	naturrein
Nerol					4,70		1
Neroli	*Citr.aurant.amara*	Or.flower	Guinea	17,90			naturrein
Orangen	*Citrus sin.sinensis*	Orange	Florida		2,95	8	naturrein
Patchouli	*Pogostemon cablin* Patchouli	Sumatra		4,35	80...84	naturrei n	
Petitgrain	*Citrus amara*	Petitgrain		++	3,25	55...58	naturrein

Öl Name	*lat.*	engl.	Herkunft	EUR / 1ml	EUR / 10ml	EUR / 1kg	Qualität
Rose	*Rosa centifolia*	Rose		15,90			naturrein
Rose	*Rosa damascensis*	Rose	Türkei	18,95			naturrein
Rosenholz *)	*Aniba roseodora*	Rosewood	Brasilien	+++*)		500	naturrein
Rosenketon >90%		*β-Damascone*		18,50			1
Rosmarin	*Rosmarinus off.*	Rosemary	Marokko	+	3,94	45...58	naturrein
Salbei	*Salvia offic.*	Sage			3,95	75	naturrein
Salbei, Muskateller	*Salvia sclarea*	Clary sage	Russland		6,65		naturrein
Sandelholz *)	*Santalum album*	Sandalwood	Mysore, India	+++*)		2.800	naturrein
Sandelholz, Amyris	*Amyris balsamifera*	Sandelwood	West Indies	+	4,65	49...55	naturrein
Thymian	*Thymus vulgaris*	Thyme			2,95		naturrein
Vanillin					3,95		1
Vetiver	*Vetiveria zizanoides*	Vetiver	Java, Haiti	++	9,95	200	naturrein
Wacholderbeeren	*Juniperus communis*	Juniper berry			8,95	450	naturrein
Ylang (III)	*Cananga odorata*	Cananga	Comoren		5,25	69	naturrein
Zeder, Atlas-	*Cedrus atlantica*	Cedarwood			4,50		naturrein
Zeder, Bleistift-	*Juniperus mex.*	Cedarwood	Virginia, Florida		2,99	24	naturrein
Zypresse	*Cupressus semp.v.*	Cypress	Frankreich		4,95		naturrein
Einheitl. Riechstoff							*1*
Racemat							*rac*
naturidentisch							*id*
rar, vergriffen				+			
rar				++			
sehr rar				+++			
gefährdete Art				*)			

Angebote aus *Wildsammlung*, sowie aus biologischem und ökologischem Anbau sind oft um ein Vielfaches teurer.

- *Wildsammlung* ist meist Raubbau an der Natur.
- Es besteht Verwechslungsgefahr mit hochgiftigen Pflanzen.
- Einige Arten sind stark gefährdet.
- Natürliche ätherische Öle enthalten z.T. selbst bedenkliche Inhaltsstoffe:

Deshalb wurden beispielsweise das Öl aus Selleriesamen (Celery seed), Dill, Petersiliensamen (Parsley seed) und aus Ingwer (Ginger) weggelassen.

Der Einkäufer muss eine erfahrene Fachkraft sein:

- Selbst dann, wenn Sie nur "einheitliche Riechstoffe" verwenden müssen Sie damit rechnen, dass Sie teilweise sehr unterschiedliche Düfte erhalten.

Duftstoffe sind oftmals Enantiomere.
(S)-(+)-*linalool* - sweet, floral; reminiscent of petitgrain and lavender ODT 7.4 ppb
(R)-(-)-*linalool* - floral, woody lavender note ODT 0,8 ppb

Enantiomere (Stereoisomere) sind chirale Stoffe. Sie haben

- dieselbe Summenformel und
- dieselben Schmelz- und Siedepunkte,
- einen spiegelbildlichen Aufbau - wie die linke und rechte Hand -
- in polarisiertem Licht (-) links- oder (+) rechtsdrehende optische Aktivität,
- in nichtchiralen Stoffen dieselbe Löslichkeit und Reaktionsgeschwindigkeit,
- mit anderen chiralen Stoffen unterschiedliche Reaktionen,
- oftmals aber deutlich unterschiedlichen Geruch und Geschmack.

Diastereomere sind durch eine Doppelbindung festgelegte, durch E- oder Z-gekennzeichnete, cis-/trans-Isomere. Durch die unterschiedliche räumliche Anordnung haben diese in der Regel auch unterschiedliche Eigenschaften.
R-(+)-(E)-*nerolidol* - pleasant, woody, warm, musty
S-(-)-(E)-*nerolidol* - slightly sweet, mild, soft, flowery, different than (S)-(Z)-isomer
R-(-)-(Z)-*nerolidol* - intensive, flowery, sweet, fresh
S-(+)-(Z)-*nerolidol* - woody, green-like, fresh bark

Bei der enantioselektiven Synthese wollen wir von vornherein das unerwünschte Enantiomer ausschließen und nur noch das gewünschte Enantiomer herstellen. Von unterschiedlichen Rohstofflieferanten erhalten wir oftmals unterschiedliche Reinheitsgrade der einheitlichen Riechstoffe oder Racemate (Isomeren-Gemische).

Fehlaromen, welche sich am Riechstreifen (by blotter) zeigen, werden bei der Gaschromatographie-Olfaktometrie (GC-O) entfernt und deshalb nicht wahrgenommen.

Wenn Ihnen "*natürliche Öle"* angeboten werden, müssen Sie damit rechnen, dass es sich dabei auch um *natürliche Öle aus anderen Pflanzen* handeln kann:

Sie erhalten so beispielsweise

- statt duftenden Rosen - eine Komposition aus Palmarosa- und Pelargonium-Öl (Ruch-Gräsern und Geranium).
- statt dem sehr raren echten Sandelholz aus Mysore - Amyris-Öl.
- statt dem gefährdeten Rosenholz - eine Komposition aus Kampfer- oder Ho-Öl mit Pelargonium-Ölen.
- statt der Atlas-Zeder (*Cedrus atlantica)* die ebenfalls, aber irreführend, als Zeder bezeichnete Bleistiftzeder, Red cedar *(Juniperus virginiana).*
- statt der Zitronenmelisse - preiswertes Citronell-Öl.
- statt der echten Kamille *Matricaria recutita* oder der römischen Kamille *Chamaemelum nobile* – billige *Ormensis,* Haut reizende Öle *aus Tanacetum (Pyrethrum)* oder mit Hundskamille *Anthemis x.* [505]

Je nach Herkunft unterscheiden sich die Umwelt- und Anbaubedingungen. Fremdstoffe, Radioaktivität und unsachgemäßer Pflanzenschutz sowie eine falsche Lagerung der Pflanzenteile verderben meist unwiederbringlich ganze Partien: Die Reinheit der Urproduktion, der Erntezeitpunkt und die unverzügliche sachgerechte Aufarbeitung sind entscheidend für die Qualität der ätherischen Öle.

Limits – selbst auferlegte

Es gibt selbst auferlegte Limits und Empfehlungen, welche die zulässigen Grenzwerte unterstützen und meist wesentlich unterschreiten. Diese beruhen einerseits auf (Jahrhunderte) alten Erfahrungen, andererseits auf aktuelle, immer genauere Kenntnis der Inhaltsstoffe und deren Wirkungen.

Während Anis, Bohnenkraut, Oregano, Safran und-oder Ceylon-Zimt als Gewürz, Fenchel oder Schafgarbe als Tee, Anis-Schnaps oder Wermut im Absinth bei Einhaltung der Limits durchaus Sinn machen, ist die Anwendung dieser ätherischen Öle in Parfums und duftenden Cremes (Kosmetik) relativ selten. Dasselbe gilt meist auch für die Pflanzenfamilien
Raute *(Ruta),* Santolina, Beifuß und Wermut *(Artemisia),* Thuja, Ysop *(Hyssopus).*
Diese enthalten *neurotoxische Ketone*, wie die Rauten-Ketone *Undecanon* und *Nonanon*, *Trimethylheptadienon* das *Artemisia-Keton*, *Thujon*, *Pinocamphon.*

Selbst bei so bekannten und allgemein beliebten Pflanzenfamilien wie Lavendel und Minzen gibt es Bedenken:
Absolut meiden sollte man beispielsweise die *Pulegon* enthaltende Poleiminze (*Mentha pulegum*) und den *Campher*(*on*) enthaltenden

[505] "Kamille": Neben den drei genannten Arten die Chrysantheme (*Tanacetum cinerariifolium)* - Pyrethrum ist ein natürliches Pflanzenschutzmittel / Insektizid - und Hundskamillen wie die gefürchtete *Anthemis cotula*.

Schopflavendel (*Lavandula stoechas*). Campher(on) enthalten neben Kampfer (*Cinnamomum camphora*), Speik-Lavendel *(Lavandula latifolia)* auch Lavandin *(Lavandula hybrida off x latifolia)* und Rosmarin. Ebenfalls *Ketone* enthalten Pfefferminze (*Mentha x piperita*), Strohblume *(Helichrysum),* aber auch Eucalyptus und Vetiver.

Die Atlas-Zeder (*Cedrus atlantica)* enthält neben *Himachalen*, *Himachalol* das Keton *Atlanton.* Eine Vielzahl an Zypressengewächsen wird ebenfalls, aber irreführend, als Zedern bezeichnet.
Es handelt sich dabei hauptsächlich um die
Chinesische Zeder (*Chamaecyparis funebris) -*
Texaszeder, Texas cedar *(Juniperus mexicana) -*
Bleistiftzeder, Red cedar *(Juniperus virginiana).*

Laut North Carolina State University's Consumer Horticulture Website ist *Juniperus virginiana* bei Nahrungsaufnahme nur leicht giftig. Die Bleistiftzeder ist ein Kernholzbaum mit rotbraunem, wohlriechendem Kern. Das Holz ist dauerhaft, leicht zu bearbeiten und zu schnitzen. Es wird zur Herstellung von Bleistiften verwendet. Es findet auch im Instrumentenbau als Block der Blockflöte Verwendung. Es wurde sogar auch schon für Fass-Dauben für französischen Wein verwendet. Als Haupt-Inhaltsstoffe genannt werden ~30% *(+)-Cedrol* und *alpha-Cedrene.*[506]
Wacholderbeeren vom Machandel (*Juniperus communis*), dem Gemeinen Wacholder, sind Bestandteil von Gin. Sie enthalten hauptsächlich *alpha-Pinen* und *Sabinen* und als Oxidationsprodukt das *Terpinen-4-ol.*[507]

Sehr bedenklich sind ätherische Öle mit relativ hohen Anteilen an Phenylpropan-Verbindungen wie

- Estragon (*Artemisia dracunculus);* Basilikum (*Ocimum basilicum)* → *Estragol* = *Methylchavicol*
- Lorbeer (*Laurus nobilis)* → *Methyleugenol*
- Sassafras (*Sassafras albidum*) → *Safrol*
  und wahrscheinlich auch die 3 isomeren Phenylpropanoide
- Kalmus (*Acorus*) → *Asaron.*

Bedenklich und photo-sensibilisierend sind unter anderen auch ätherische Öle mit hohen Anteilen an Lactonen[508]

- ➔ Massoia (Cryptocarya massoia*)* → *C10- und C12-Lacton*
- ➔ Costuswurzel *(Saussurea lappa)* → *Dehydrocostuslacton*
- ➔ Alant *(Inula graveolens)* → *C15-Lacton*
- ➔ Lorbeer *(Laurus nobilis)* → *Costunolid und andere*
- ➔ Schafgarbe *(Achillea millefolium)* → *C15-Lactone (Proazulene)*

---

506 http://www.bojensen.net/EssentialOilsEng/EssentialOils06/EssentialOils06.htm#Cedar
507 *Ein Gemisch (Racemat) aus wenig unterschiedlichen Stereo-Isomeren von 1-Terpinen-4-ol.*
508 *http://onlinelibrary.wiley.com/doi/10.1002/3527600418.mb0sqtrd0041/tables*

Das Bischofskraut (*Ammi visnaga*), auch bekannt unter dem Namen "Khella", gehört zu den Doldenblütlern und wurde im Orient einst zur Herstellung von Zahnstochern verwendet. Die reifen Pflanzenfrüchte, die zur Herstellung der homöopathischen Arznei genommen werden, enthalten beispielsweise Herzglycoside und photo-sensibilisierende *Furocumarine*. Photo-sensibilisierend wirken auch *Angelica, Tagetes,* Bergamotte (*Citrus bergamia)* und viele andere Citrusöle, sowie beispielsweise die Gewürze Sellerie *(Apium)* und Petersilie *(Petroselinum crispum).*

Folgende Gewürze, und vor allem ihre ätherischen Öle, sind auf der Haut irritierend und reizend:

- ➔ Zimt (*Cinnamomum cassia*) → *Zimtaldehyd, Coumarin, Methyleugenol*
- ➔ Zimt, Ceylon *(Cinnamomum verum)* → *Zimtaldehyd*
- ➔ Gewürznelke *(Syzygium aromaticum)* → *Eugenol*
- ➔ Oregano *(Oreganum vulgare)* → *Carvacrol*
- ➔ Bohnenkraut (*Satureja hortensis & montana*) → *Carvacrol, Thymol*
- ➔ Thymian *(Thymus vulgaris & zygis)* → *Carvacrol, Thymol*

Darüber hinaus gibt es Kontraindikationen: So sollten beispielsweise die ätherischen Öle von Zypresse (*Cupressus sempervirens*), Angelica, Fenchel *(Foeniculum vulgare)*, Anis *(Pimpinella anisum)*, Kümmel *(Carum carvi)* nicht angewendet werden in der Schwangerschaft, bei Brustkrebs oder Menstruationsbeschwerden und anderen Hormon-beeinflussten Erkrankungen.

Selbst das Mädesüß (*Filipendula / Spiraea ulmaria*) kann mit seinen beim Trocknen entstehenden geringen Anteilen an *Salicylaldehyd* und *Methylsalicylat* möglicherweise *Aspirin-überempfindlichen* Personen einen Streich spielen.

Limits – Risikobeurteilung von Riechstoffen

Bekannte (Jahrhunderte) alte Erfahrungen und die neuerdings immer genaueren Kenntnisse der Inhaltsstoffe und deren Wirkungen ermöglichen eine verfeinerte Risikobewertung. Bei vielen Riechstoffen ist deren Einsatz in Parfums und parfümierten Kosmetika "**restricted**", d.h. sie dürfen nur bei besonderer Reinheit und-oder nur bis zu einem – allgemein als sicher geltenden – Limit verwendet werden.

Bei unserem Beispiel Eichenmoos -Absolue (Oakmoss extract) wurde die zulässige Höchst-Konzentration im Fertigprodukt nach und nach zuerst auf 0,6% und am 16. Februar 2009 auf 0,1% heruntergesetzt: [509]

---

[509] *http://www.ifraorg.org/en-us/ search/ oak_moss/*

Oakmoss extracts

CAS N°:	90028-68-5 = Evernia prunastri extract 9000-50-4 = oils, Oakmoss resinoid 68917-10-2 =oils, Oakmoss	Empirical formula:	N/A
Synonyms:	Oakmoss absolute Evernia absolute *Evernia prunastri*, ext. Mousse de Chêne absolute Oakmoss absolute (*Evernia prunastri*) Evernia prunastri (Oakmoss) extract		

History:	Initial reviews:	April 1991, July 2001	
	Current revision date:	2008	
	Implementation date:	For new submissions*:	February 16, 2009
		For existing fragrance compounds*:	February 16, 2011
	Next review date	2013	

* This date applies to the supply of fragrance compounds (formulas) only, not to the finished products in the marketplace.

RECOMMENDATION:	RESTRICTED

RESTRICTIONS:

Limits in the finished product:			
Category 1 See Note box (1)	0.02 %	Category 7	0.1 %
Category 2	0.03 %	Category 8	0.1 %
Category 3	0.1 %	Category 9	0.1 %
Category 4	0.1 %	Category 10	0.1 %
Category 5	0.1 %	Category 11	See Note Box (2)
Category 6	0.5 %		
Note box:			

Die Werte in der IFRA QRA Category 1 (Lippenpflege) sind besonders niedrig. Für Rasierwässer und Parfums gelten die Categories 3 und 4. Je nach Endprodukt (Product Type) werden für elf verschiedene Kategorien unterschiedliche Maximalwerte (Limits) genannt. [510] [511]

[510] IFRA_RIFM_QRA **RIFM** (Research Institute for Fragrance Materials) **QRA** (Quantitative Risk Assessment) http://www.ifraorg.org/Upload/DownloadButtonDocuments/d9d4e420-8d2f-4290-a3fb-838d8449dc7d/22182_GD_2008_02_15_IFRA_RIFM_QRA_Information_booklet_V6.0_%2846th_IFRA_Amendment%29.pdf

[511] **Vorsicht**: Diese 11 Kategorien für Parfumierte Kosmetika entsprechen **keinesfalls** den 13 Gruppen der kosmetischen Rahmenrezepturen (Standard formulations).

IFRA QRA (Quantitative Risk Assessment) **Category**	**SAF** (highest Sensitization Assessment Factor)	**Category Consumer Exposure** 1mg /cm² /day	**Product Type** that drives the Category Consumer Exposure Level	**Maximum Pragmatic Level**
Not Necessary Acceptable Exposure Level derived from QRA				*
Category 1	300	11.7	**Lip Products**	*
Category 2	300	9.1	Deodorants/Antiperspirants	*
Category 3	300	2.2	**Hydroalcoholics for Shaved Skin**	*
Category 4	100	2.2	**Hydroalcoholics for Unshaved Skin**	*
Category 5	100	4.2	Hand Cream	*
Category 6	100	1.4	Mouthwash	*
Category 7	300	4.4	Intimate Wipes	*
Category 8	100	1.0	Hair Styling Aids	**2%**
Category 9	100	0,2	Rinse-off Hair Conditioners	**5%**
Category 10	100	0,1	Hard Surface Cleaners	**2.5%**
Category 11	10	0	Candles	**neg**
Due to the expected negligible skin exposure from such products the risk of induction of dermal sensitization through the normal formulation and use of such products is considered to be negligible. As such, the concentration of fragrance ingredient is not restricted in the finished product.				**neg**
IFRA_RIFM_QRA SAF and Product Type Consumer Exposure Levels that Drive the IFRA QRA Category.				

Die Kenntnis dieser IFRA_RIFM_QRA Categories sind unabdingbare Voraussetzung für die korrekte Nutzung der IFRA-Limits. [512]

Vorschriften beim Export

Unternehmen, welche ihre Produkte exportieren, müssen noch mehr beachten:
In Europa und vielen anderen Ländern wird mit Positiv-Listen gearbeitet. Dagegen müssen beim Export in die USA und dem damit verbundenen Wirtschaftsraum Canada sowie Mexico Negativ-Listen beachtet werden.[513] Hinzu kommt, dass Kalifornien und einige andere Bundesstaaten der USA eigene Vorschriften und Umwelt-Auflagen machen.[514] [515]

Es gibt klare Importverbote. Viel heimtückischer sind jedoch überraschende, meist zeitraubende und kostenintensive bürokratische Stolperschwellen: Angeblich ist in manchen Ländern die menschliche Haut länderspezifisch; sie fordern umfangreiche Untersuchungsreihen. Viele Länder wollen Zertifikate und Untersuchungen, welche nur in ihrem Land durchgeführt werden können und umfangreiche Gutachten welche natürlich nur landesintern erstellt, geprüft und anerkannt werden dürfen.[516]

[512] http://www.ifraorg.org/en-us/ search/ …
[513] http://www.cir-safety.org/ingredients
[514] http://oehha.ca.gov/prop65/prop65_list/Newlist.html
[515] http://www.arb.ca.gov/consprod/regact/2013surv/2013main.htm

Dabei muss jeder Inhaltsstoff und jeder Farbstoff separat daraufhin geprüft werden, ob er auch dort zulässig ist.[517]

Darüber hinaus können es sich in manchen Ländern Anwälte aussuchen, wen sie alles vom Nachtwächter bis zur obersten Chefetage einzeln wegen mangelhafter Deklaration und-oder angeblicher Produktmängel verklagen.

Selbst die INCI-Bezeichnungen differieren:

Aqua, Parfum, Cera Alba und Paraffinum Liquidum

heißen in den USA

Water, Fragrance, Beeswax and Mineral Oil.

Beachtenswert sind darüber hinaus die verwendeten Formulierungen (claims):
Arzneimittelnahe Zubereitungen erfordern - neben der Einhaltung der deutlich engeren Grenzwerte für Kosmetika - die eindeutige Positionierung, Kennzeichnung und Notifizierung als Kosmetikum. [518]

In Deutschland dürfen beispielsweise die Begriffe "Linderung" und "heilend" sowie der Begriff "Salbe" nur für Heilmittel bzw. Arzneimittel verwendet werden. Wer eine "Faltenverringerung" bzw. "wrinkle reduction" verspricht bekommt sicherlich eine Abmahnung. Dass dagegen das Versprechen "Reduces appearance of wrinkles" zulässig ist, ist einem Laien nur schwer vermittelbar.
Die Hersteller kosmetischer Mittel unterliegen einer kontinuierlich entwickelnden Rechtsprechung: Die Marktfähigkeit wird oftmals von Gerichtsurteilen bestimmt. Weitere Informationen [519] [520]

---

[516] *Zertifizierungswahn - Schikane bei Exportzulassungen* nicht nur in China, Korea und Japan sondern z.B. auch in Russland, Brasilien, USA und Mexico... http://www.br.de/nachrichten/zertifizierung-zulassung-wto-100.html http://www.br.de/nachrichten/export-kaese-bier-100.html

[517] http://www.accessdata.fda.gov/scripts/cdrh/cfdocs/cfcfr/CFRSearch.cfm?CFRPart=70

[518] https://uk.diapharm.com/company/articles/detail/arzneimittelnahe-kosmetische-zubereitungen-positionierung-kennzeichnung-notifizierung/

[519] http://www.gtai.de/GTAI/Navigation/DE/trade.html und http://www.ikw.org/

[520] http://www.fda.gov/ or http://www.fda.gov/Cosmetics/RegistrationProgram/RegistrationHelp/default.htm

Lebensmittel-Zusatzstoffe

Kosmetika enthalten oftmals auch Inhaltsstoffe welche als Lebensmittel-Zusatzstoffe zugelassen sind.
Überarbeitete Liste der **Zusatzstoffe** in Lebensmitteln **E-Nummern** (Quelle: Verbraucherzentrale Hamburg e.V) [521]

E 100 – E 180 Farbstoffe

E-100 Kurkumin (Gelbwurz)

- Natürlich
- gelber Farbstoff
- Bestandteil von Curry-Gewürz, kann synthetisch hergestellt werden
- gilt als unbedenklich

- E-101Riboflavin, Farbstoff
- synthetisch hergestellt Vitamin B2

- E-101a Riboflavin-Phosphatester, Farbstoff
- synthetisch mit geringer Phosphatmenge hergestellt
- unterscheidet sich kaum von Vitamin B2

E-102 Tartazin

- Künstlich, gelber Farbstoff
- kommt in Pudding und Gebäck vor
- kann *Allergien* und *Asthma* auslösen;
- sollte nicht gleichzeitig mit Aspirin eingenommen werden

E-104 Chinolingelb

- Künstlich, gelber Farbstoff
- noch wenig bekannt
- kann *Allergien* auslösen

E-110 Gelborange S

- Künstlich, gelboranger Farbstoff
- kann *Allergien* auslösen

E-120 Cochenille

- Natürlich, roter Farbstoff
- wird aus der Scharlach-Schildlaus gewonnen
- kann in seltenen Fällen zu allergischen Reaktionen führen

E-122 Azorubin

- Künstlich roter Farbstoff
- kann *Allergien* auslösen

E-123 Amaranth

- Künstlich, roter Farbstoff
- NICHT mit dem gleichnamigen Getreide verwechseln!;
- ist in den USA verboten
- kann *Allergien* auslösen

E-124 Cochenille rot A (Ponceau 4R)

- künstlich roter Farbstoff
- kann *Allergien* auslösen

E-127 Erythrosin

[521] http://www.fachportal-gesundheit.de/pdfs/zusatzstoffe_in_lebensmitteln.pdf - http://www.rabatteemsland.de/zusatzstoffe.html

- künstlich roter Farbstoff
- Kann zu Störungen der Schilddrüsenfunktion führen;
- Nervenschädigungen sind bisher noch nicht abschließend nachgewiesen.

E-129 Allurarot AC
- künstlich roter Farbstoff
- noch keine Nebenwirkungen erforscht

E-131Patentblau V
- künstlich blauer Farbstoff
- gilt als unbedenklich

E-132 Indigotin
- künstlicher bläulicher Farbstoff
- dient als Färbemittel für Jeans
- kann *Allergien* auslösen

E-140 Chlorophyll
- natürlich, grüner Farbstoff
- wird aus grünen Blättern gewonnen
- gilt als unbedenklich

E-141 Kupferchlorophyll
- Abkömmling des Chlorophylls
- gilt als unbedenklich

E-142 Brilliantsäuregrün
- grünblauer künstlicher Farbstoff
- bisher wenig untersucht

E-150 a-d Zuckerkulör Farbstoff
- wird verwendet z.B. in Cola, Essig, braunen Soßen
- bei der Herstellung (Maillard Reaktion) entsteht ein Stoffgemisch,
- mit zum Teil nicht bekannten gesundheitlichen Folgen

E-151 Brilliantschwarz BL
- künstlicher Farbstoff
- wird selten verwendet
- wenig untersucht

E-153 Pflanzenkohle, Carbo medicinalis
- Inhaltsstoff der Kohletabletten gegen Durchfall
- gilt als unbedenklich

E-154 Braun FK
- synthetischer Farbstoff
- ACHTUNG: nur in geräucherten Heringen aus England und Norwegen erlaubt
- gilt als äußerst bedenklich; kann Nieren und Herz schädigen

E-155 Braun HAT
- künstlicher Farbstoff
- wenig untersucht

E-160 a-f natürliche Farbstoffe Carotinoide aus Möhren, Tomaten, Paprika u.a. Pflanzen;
- kann aber auch künstlich hergestellt werden (z.B. Beta-Carotin, Provitamin A)
- gelten als unbedenklich

E-161 a-g Xanthophylle
- natürliche Farbstoffe (Carotinoid-ähnlich)
- sind pflanzlichen oder tierischen Ursprungs
- gelten als unbedenklich

E-162 Betanin, Beetenrot

- roter Farbstoff
- wird aus roten Rüben oder roter Beete gewonnen
- gilt als unbedenklich

E-163 Anthocyane

- natürlicher Farbstoff
- kommt in Rotwein, Rotkohl und schwarzen Holunderbeeren vor
- keine Nebenwirkungen bekannt

E-170 Calciumcarbonat

- Kalk
- gilt als unbedenklich

E-171 Titandioxid

- Mineral
- wird nicht vom Körper aufgenommen

E-172 Eisenoxid

- wird zum Schwarzfärben z.B. von Oliven verwendet
- wird vom Körper kaum aufgenommen

E-173 Aluminium

- wird als Überzug verschiedener Lebensmittel verwendet
- gilt als bedenklich (Auslöser von Alzheimer?)

E-174 Silber

- gilt in geringen Mengen als harmlos

E-175 Gold

- gilt in geringen Mengen als harmlos

E-180 Litholrubin

- künstlicher roter Farbstoff
- wird in Käserinden verwendet
- gilt als bedenklich

E 200 – E 297 Konservierungsstoffe

E-200 bis E-203 Sorbinsäure und die Salze der Sorbinsäure

- sehr häufig eingesetzte Konservierungsstoffe
- gelten als gut verträglich; werden vom Körper ähnlich wie Fett verarbeitet

E-210 bis E-213 Benzoesäure und die Salze der Benzoesäure

- Konservierungsstoffe, kommen in natürlicher Form z.B. in Preiselbeeren
- und Honig vor; starker Eigengeschmack, deshalb mehr in der Kosmetik angewendet
- gelten als stark *allergieauslösend*; wenn irgend möglich, Verzehr vermeiden

E-214 bis E-219 Parahydroxy-Benzoesäure-Ester (PHB-Ester) und ihre Salze Konservierungsstoffe;

- starker Eigengeschmack, deshalb mehr in der Kosmetik angewendet
- gelten als *stark allergieauslösend*; wenn irgend möglich, Verzehr vermeiden

E-220 Schwefeldioxid Konservierungsstoff für Wein, Trockenfrüchte, Chips und Pommes frites;

- *ACHTUNG: muss im Wein nicht gekennzeichnet werden; zerstört das Vitamin B1 (Nervenvitamin)*
- *Nebenwirkungen können Kopfschmerzen, Übelkeit und Asthmaanfälle sein*

E-221 bis E-227 Salze der schwefligen Säure „enthält Sulfite“ Konservierungsstoffe

- *Nebenwirkungen* können Kopfschmerzen, Übelkeit und *Asthmaanfälle* sein

E-230 Diphenyl, Biphenyl

- Konservierungsstoffe für die Oberflächenbehandlung von Citrusfrüchten
- *sehr bedenklicher Stoff*, der beim Schälen der Früchte an die Hände kommt;
- Hände stets sehr gut waschen; die Schalen nicht als Marmelade etc. verzehren.

E-231/232 Orthophenylphenol und Natriumsalz

- Konservierungsstoffe für die Oberflächenbehandlung von Citrusfrüchten
- *sehr bedenklicher Stoff*, der beim Schälen der Früchte an die Hände kommt;
- *Hände* stets sehr gut waschen; die Schalen nicht als Marmelade etc. verzehren.

E-233 Thiabendazol

- *Pilzbekämpfungsmittel* in der Landwirtschaft; Rückstände in Obst und Kartoffeln möglich
- gilt als *sehr bedenklich*

E-234 Nisin

- Natürlicher Eiweißstoff aus Milchsäurebakterien
- gilt mit Einschränkungen als harmlos

E-235 Natamycin

- Antibiotikum; hauptsächlich auf Käserinde und trockenen Hartwürsten zu finden
- kann *Allergien* auslösen

E-236 bis E-238 Ameisensäure und ihre Salze

- natürlicher Konservierungsstoff
- gilt weitgehend als harmlos

E-239 Urotropin

- wird in Käse verwendet und setzt Formaldehyd frei
- gilt als *bedenklich*

E-242 Dimethyl-dicarbonat

- Konservierungsstoff, der Limonaden zugesetzt wird; zersetzt sich schon in der Flasche;
- ACHTUNG: es besteht keine Kennzeichnungspflicht.
- Folgeprodukte sind *problematisch*

E-249/250 Kaliumnitrit / Natriumnitrit

- Konservierungsstoff für Wurst und Schinkenwaren; ist im „Nitritpökelsalz" enthalten;
- ACHTUNG: Keine Kennzeichnungspflicht
- Nitrite wirken im Körper als KREBSFÖRDERNDE SUBSTANZEN

E-251/252 Kaliumnitrat / Natriumnitrat

- Konservierungsstoff hauptsächlich in Wurst und Fleischwaren
- Nitrate wirken im Körper als KREBSFÖRDERNDE SUBSTANZEN

E-260 Essigsäure

- Uraltes Konservierungsmittel
- gilt als unbedenklich

E-261 bis E-263
Salze der Essigsäure

- Werden als sogenannte Säureregulatoren verwendet
- gelten als unbedenklich

E-270 Milchsäure

- Natürlich vorkommendes Säuerungsmittel; wird von Milchsäurebakterien z.B. in Joghurt erzeugt
- gilt als unbedenklich

E-280 Propionsäure

- Konservierungsstoff in Brot; wird aber kaum verwendet, da es schlecht schmeckt
- ACHTUNG: gilt als gesundheitlich *bedenklich*

E-281 bis E-283 Propionate, Salze der Propionsäure

- Konservierungsstoff in Brot; wird aber kaum verwendet, da es schlecht schmeckt
- ACHTUNG: gilt als gesundheitlich *bedenklich*

E-284/285 Borsäure / Borax

- darf nur im Kaviar verwendet werden,
- wird aber auch in diversen Kosmetika verarbeitet
- ACHTUNG: bereits in kleinsten Mengen ***giftig***

E-290 Kohlendioxid, Kohlensäure

- konservierendes Treibgas, welches Brause und Mineralwasser sprudeln lässt
- keine direkten Nebenwirkungen bekannt

E-296 Äpfelsäure

- Säuerungsmittel in vielen Fertigprodukten
- gilt als unbedenklich

E-297 Fumarsäure

- Säuerungsmittel
- gilt als unbedenklich

E 300 – E 327 Antioxidationsmittel

E-300 Ascorbinsäure Vitamin C;

- vielseitig verwendeter Zusatzstoff (Antioxidans)
- gilt als gesundheitsfördernd

E-301/302 Natriumascorbat / Calciumascorbat

- vielseitig verwendete Zusatzstoffe
- gelten als unbedenklich

E-303/304 Ascorbylpalmitat / Calciumascorbat

- wird als Zusatzstoff (Antioxidans) in fetthaltigen Speisen wie z.B. Mayonnaise verwendet
- gelten als unbedenklich

E-306 Tocopherole Vitamin E

- gilt als gesundheitsfördernd

E-307 bis E-309 Tocopherole

- nur E-307 (α-Tocopherol) wirkt als Vitamin E. Tocopherole gelten als gesundheitsfördernd

E-310 bis E-312 Gallate, Ester der Gallussäure

- Konservieren Fette in Tütensuppen, Fertiggerichten usw.;
- werden aus der pflanzlichen Gallussäure hergestellt
- gelten bei Hautkontakt als allergieauslösend; ACHTUNG: bei Babys Auslöser von Blausucht

E-315/316 Isoascorbinsäure / Natrium-Isoascorbat

- wird oft als Ersatzstoff für Ascorbinsäure (Vitamin C) eingesetzt
- sind in ihrer gesundheitlichen Auswirkung umstritten

- E-320Butylhydroxy-anisol (BHA)Antioxidans in Z.B. Salzstangen und Chips, sowie Fertigsuppen
- ACHTUNG: löst *Allergien* aus und behindert die Leberfunktion; kann Blutfettwerte erheblich erhöhen

E-321 Butylhydroxy-tuluol (BHT)

- in Kaugummis zugelassen
- gilt als allergieauslösend

E-322 Lecithin

- Emulgator und Antioxidans. Naturstoff kommt z.B. aus Sojabohnen.
- ACHTUNG: Sojalecithin kann auch aus gentechnisch verändertem Soja stammen.
- Nebenwirkungen auf Grund gentechnischer Veränderungen möglich

E-325 bis E-327 Natrium-Lactat / Kalium-Lactat / Calcium-Lactat

- in vielen Fertigprodukten zu finden
- gelten als unbedenklich

E 330 – E 385 Säuerungsmittel

E-330 bis E-333 Citronensäure/Natriumcitrat/Kaliumcitrat/Calciumcitrat

- Citronensäure ist ein beliebtes SäuerungsmittelCitrate speichern Wasser im Organismus

E-334 bis E-337 Weinsäure; Salze der Weinsäure (Tartrate)

- Säuerungsmittel; Tartrate sind Stabilisatoren, die das Wasser z.B. in der Wurst halten
- gelten als unbedenklich

E-338 Phosphorsäure

- Beliebtes Säuerungsmittel in Limonaden und Cola
- ACHTUNG: Äußerste Vorsicht bei Osteoporose;
- entzieht in größeren Mengen dem Körper das Calcium

E-339 bis E-342 Verschiedene Phosphate (Salze der Phosphorsäure)

- dienen hauptsächlich als Stabilisatoren,
- um das Wasser in Wurstwaren und Schmelzkäse zu halten
- ACHTUNG: kommen als Auslöser für das Zappelphilipp-Syndrom in Betracht;
- entziehen dem Organismus Calcium.

E-350 bis E-352 Salz der Äpfelsäure (Malate)

- selten verwendete Säuerungsmittel in vielen Fertigprodukten
- gelten als unbedenklich

E-354 Calciumtartrat

- Salz der Weinsäure; Säuerungsmittel; Tartrate sind Stabilisatoren, die das Wasser z.B. in der Wurst halten
- gilt als unbedenklich

E-355 Adipinsäure

- Säuerungsmittel
- gilt als unbedenklich

E-356/357 Natriumadipat / Kaliumadipat

- Säureregulatoren; Salze der Adipinsäure
- gelten als unbedenklich

E-363 Bernsteinsäure

- Selten verwendetes Säuerungsmittel
- gilt als unbedenklich

E-385 EDTA

- Konservierungsstoff und Fänger von Metallen, um Verfärbungen von Lebensmitteln zu verhindern
- ACHTUNG: Löst bei Hautkontakt *Allergien* aus. Fördert die Aufnahme von Schwermetallen.

E 400 – E 469 Verdickungsmittel, Geliermittel

E-400 bis E-405 Alginsäure und ihre Salze (Alginate),
E 405 ist ein Ester der Alginsäure

- Verdickungs- und Geliermittel, die aus Braunalgen hergestellt werden
- gelten als unbedenklich

E-406 Agar-Agar -

- Geliermittel, dass aus Rotalgen gewonnen und
- seit langem verwendet wird
- ist noch nicht richtig untersucht worden

E-407 Carragen -

- Geliermittel, Stabilisator;
- z.B. in süßer Sahne und anderen Milchprodukten
- ACHTUNG: gilt als Auslöser von *Allergien*

E-410 Johannisbrotkernmehl -

- Verdickungsmittel
- wird vom Körper nicht aufgenommen, wirkt als Ballaststoff;
- ACHTUNG: kann *Allergien* auslösen

E-412 Guakernmehl

- Verdickungsmittel
- wirkt als Ballaststoff;
- ACHTUNG: kann *Allergien* auslösen

E-413 Tragant

- selten eingesetztes Verdickungsmittel
- wirkt als Ballaststoff;
- ACHTUNG: kann *Allergien* auslösen

E-414 Gummi arabicum -

- Stabilisator von Lebensmitteln; Naturstoff aus Akazienrinde.
- ACHTUNG: kann *Allergien* auslösen

E-415 Xanthan -

- Verdickungsmittel vor allem in Suppen und Salatsaucen
- gilt als unbedenklich

E-418 Gellan

- erst seit kurzem eingesetztes Verdickungsmittel
- noch nichts bekannt

E-420 Sorbit

- Zuckeraustauschstoff
- ACHTUNG: kann in größeren Mengen Durchfälle und starke Blähungen verursachen

E-421 Mannit

- Zuckeraustauschstoff
- ACHTUNG: kann schon in geringen Mengen Durchfälle und starke Blähungen verursachen

E-440 a/b Pektine / Amidiertes Pektin

- Verdickungsmittel, Geliermittel z.B. in Marmeladen;
- Pektin ist ein sehr gesundes Naturprodukt aus Äpfeln;
- amidiertes Pektin ist chemisch verändert
- gelten als unbedenklich

E-442/E-450a/E-450b/E-450c
Di-,Tri- und Polyphosphate

- dienen hauptsächlich als Stabilisatoren, um das Wasser in Wurstwaren und Schmelzkäse zu halten
- ACHTUNG: kommen als Auslöser für das Zappelphilipp-Syndrom in Betracht;
- entziehen dem Organismus Calcium.

E-460 Cellulose
- Faserstoff im Holz; wird als Verdickungsmittel und Füllstoff eingesetzt
- gilt als unbedenklich
- E-461 bis E-465Celluloseether (z.B. Methylcellulose)Stabilisatoren und Füllstoffe hauptsächlich in Backwaren, diätetischen Lebensmitteln und Eis
- gelten als unbedenklich

E-466 bis E-469 Carboxymethylcellulose
- Verdickungsmittel;
- verhindert im Eis die Bildung großer Kristalle
- gelten als unbedenklich

E 470 – E 495 Emulgatoren

E-470/E-470a/E-470b Salze der Speise-Fettsäuren
- Emulgatoren
- gelten als unbedenklich

E-472 a-f
- Mono- Diglyceride von Speise-Fettsäuren
- Emulgatoren, Stabilisatoren; Spaltprodukte natürlicher Fette
- gelten als unbedenklich

E-473 Zuckerester von Speise-Fettsäuren
- dient zur Volumenvergrößerung von Gebäck
- gilt im allgemeinen als unbedenklich, es können aber Spuren von Lösungsmitteln enthalten sein

E-474 Zuckerglyceride
- dient zur Volumenvergrößerung von Gebäck
- gilt im allgemeinen als unbedenklich, es können aber Spuren von Lösungsmitteln enthalten sein

E-475Polyglycerinester von Speise-Fettsäuren
- Stabilisiert Schäume in Gebäck und Kuchen
- gilt als unbedenklich

E-476 Polyglycerin-PolyricinoleatEmulgator, Stabilisator
- wenig untersucht

E-491 bis E-495 Sorbit-Ester mit unterschiedlichen Fettsäuren
- dienen als Schaumverhüter, Emulgatoren z.B. in Marmelade und Kaffeeweißer
- kaum untersucht

E 500 – E 579 Stabilisatoren u. Verschiedene Anwendungen

E-500 Natriumcarbonate
- bekannt als Backpulver; ansonsten als Säureregulator eingesetzt
- gilt als unbedenklich

E-501 Kaliumcarbonat
- dient als Backtreibmittel in Lebkuchen
- gilt als unbedenklich

E-503 Hirschhornsalz (Ammoniumcarbonat)

- Klassisches Backmittel im Lebkuchen
- in größeren Mengen gesundheitsschädlich;
- im Lebkuchen unbedenklich

E-504 Magnesiumcarbonat

- verhindert Klumpenbildung im Kochsalz
- gilt als unbedenklich

E-507 Salzsäure

- wird als technischer Hilfsstoff z.B. bei der Würzeherstellung benutzt
- gilt in geringen Mengen als unbedenklich

E-508 Kaliumchlorid

- verschiedene Verwendungsmöglichkeiten: z.B. als Salzersatzstoff
- gilt als unbedenklich

E-509 Calciumchlorid

- verschiedene Verwendungsmöglichkeiten: z.B. als Salzersatzstoff
- gilt als unbedenklich

E-510 Ammoniumchlorid

- Salmiak; hauptsächlich in Lakritz
- ACHTUNG: gilt als gesundheitlich bedenklich.

E-511 Magnesiumchlorid

- verschiedene Verwendungsmöglichkeiten: z.B. als Salzersatzstoff
- gilt als unbedenklich

E-513 Schwefelsäure

- Technischer Hilfsstoff
- gilt in geringen Mengen als harmlos

E-514 Natriumsulfat

- dient als Farbstoffträger; als sogenanntes Glaubersalz ist es ein Abführmittel
- gilt als unbedenklich

E-516 Calciumsulfat

- Gips; Säureregulator z.B. im Brot
- gilt als unbedenklich

E-520 bis E-523 Aluminiumsulfate

- wird kaum im Lebensmittelbereich verwendet
- gelten als unbedenklich

E-524 Natriumhydroxid

- wird bei der Herstellung von Laugengebäck verwendet
- gilt als unbedenklich

E-525 Kaliumhydroxid

- wird als technischer Hilfsstoff eingesetzt aber meist nicht deklariert
- gilt in geringer Konzentration als unbedenklich

E-526 Calciumhydroxid

- wird kaum im Lebensmittelbereich verwendet
- gilt als unbedenklich

E-527 Ammonium-hydroxid

- wird kaum im Lebensmittelbereich verwendet
- gilt als unbedenklich

E-529 Calciumoxid

- wird bei der Zuckerherstellung verwendet

- gilt als unbedenklich

E-530 Magnesiumoxid

- Verhindert Klumpenbildung bei pulverförmigen Stoffen
- gilt als unbedenklich

E-535 bis E-538 Hexacyanoferrate (Blutlaugensalze)

- Verhindert Klumpenbildung im Kochsalz; hilft bei der Klärung des Weines
- gelten als unbedenklich

E-540/E-543/E-544 Calcium-Phosphate

- Verhindert Klumpenbildung im Kochsalz; hilft bei der Klärung des Weines;
- VORTEIL: Calcium
- gelten als unbedenklich

E-553a/E-553b Magnesiumsilikat / Talcum

- Antiklumpmittel
- gelten als unbedenklich

E-574 bis E-579 Gluconsäure und deren Abwandlungen binden Metalle, welche die Farbe des Lebensmittels verändern können;

- E-579 ist für die Schwärzung von Oliven verantwortlich
- gelten als unbedenklich

E 620 – E 637 Geschmacksverstärker

E-620 bis E-625 Glutaminsäure und ihre Salze (Glutamate)

- Geschmacksverstärker; aus Fertignahrung nicht mehr wegzudenken;
- wird vielfach bei chinesischen Produkten eingesetzt
- ACHTUNG: bei Überdosierung können Kopf- und Brustschmerzen und Übelkeit auftreten

E-626 bis E-629 Guanylsäure und ihre Salze (Guanylate)

- Geschmacksverstärker, der inzwischen häufig die Glutamate ersetzt
- ACHTUNG: beim Abbau entsteht Harnsäure, die Gicht auslösen kann.

E-630 bis E-633 Inosinsäure und ihre Salze (Inopinate)

- Geschmacksverstärker; gelten als weitaus wirksamer als Glutamate;
- sind auch Geschmacksträger in echten Fleischbrühen
- gelten nach bisherigem Kenntnisstand als harmlos

E-634/E-635 RibonucleotideGeschmacksverstärker; körpereigener Stoff

- gelten als unbedenklich

E-636 Maltol

- Süßungsmittel; wird in Süßwaren und Brot verwendet; natürlicher Aromastoff im Brot.
- ACHTUNG: Risiken für die Gesundheit können nicht ganz ausgeschlossen werden

E-637 Ethylmaltol

- Süßungsmittel; wird in Süßwaren und Brot verwendet
- gilt als unbedenklich

E 900 – E 921 Trennmittel, Überzugsmittel

E-900
Dimethyl-polysiloxan

- Schaumverhüter; weit verbreitet z.B. in Marmelade
- gilt als unbedenklich

E-901 Bienenwachs

- Konsistenzgeber
- Trennmittel: vor allem in Süßigkeiten (z.B. Gummibären und Kaugummis)

- gilt als unbedenklich, wenn es kein Ceresin (Cerin) enthält → ***MOAH***

E-902 Candelillawachs
- Konsistenzgeber
- Trennmittel: vor allem in Süßigkeiten (z.B. Gummibären und Kaugummis)
- gilt als unbedenklich

E-903 Carnaubawachs
- Konsistenzgeber
- Überzugsmittel; Trennmittel; natürliches pflanzliches Wachs
- gilt als unbedenklich

E-904 Schellack
- Behandlungsmittel für Oberflächen; z.B. Citrusfrüchte; Ausscheidung von Schildläusen
- ACHTUNG: Risiken für die Gesundheit können nicht ausgeschlossen werden,
- allerdings noch nicht intensiv untersucht

E-905 Hartparaffin
- Überzugsmittel, dass aus der Erdölproduktion stammt
- galt als unbedenklich,
- Reinheit → ***MOAH***

E-906 Benzoeharz
- wird für Kaugummi als Überzugsmittel verwendet
- gilt vermutlich als unbedenklich, aber ist noch wenig untersucht

E-907 Mikrokristalline Wachse
- Kosmetikrohstoff
- Kaumassegrundstoff in Kaugummi; aus Erdöl
- galten als unbedenklich,
- Reinheit → ***MOAH***
- ACHTUNG: gesundheitliche Bedenken bei Übertragung auf Hände und Fruchtfleisch sind nicht auszuschließen

E-913 Wollwachs
- Kosmetikrohstoff Lanolin (Lanolinum) wird aus 65% gereinigtem Wollwachs mit 20% Wasser und 15% dickflüssigem *Paraffin* hergestellt.
- Kaumassegrundstoff, der selten verwendet wird
- ACHTUNG: Typ IV-Kontaktallergen [522] und → ***MOAH***

E-914 Polyethylenwachsoxidate
- Überzugsmittel für Citrusfrüchte
- galt als unbedenklich, Reinheit → ***MOAH***

E-915 Kolophonester
- Kaumassegrundstoff
- gilt vermutlich als unbedenklich, ist aber noch wenig untersucht

E-920/E-921Cystein / Cystin Aminosäuren:
- werden als Backmittel zur Verbesserung der Teigkonsistenz verwendet;
- körpereigene Stoffe
- gelten als unbedenklich

E 925 – E 926 Trinkwasserdesinfektion

E-925 Chlor
- dient hauptsächlich zur Desinfektion von Trinkwasser

---

[522] http://www.alles-zur-allergologie.de/Allergologie/Artikel/4404/Allergen,Allergie/Wollwachs/Wollwachsalkohle/

E-926 Chlordioxid

- dient hauptsächlich zur Desinfektion von Trinkwasser

E 950 – E 966 Süßstoffe

E-950 Acesulfam Süßstoff

- gilt vermutlich als unbedenklich, jedoch können gesundheitliche Risiken
- nicht ausgeschlossen werden

E-951 Aspartam Süßstoff

- z. Z. umstritten: Es gibt Forschungen, die Aspartam als Krebs-erregend ansehen,
- andere halten es für unbedenklich;
- ACHTUNG: in einigen Fällen werden auch plötzliche Angstzustände damit in Verbindung gebracht

E-952 Cyclamat Süßstoff

- gesundheitliche Risiken auf Grund von Spaltprodukten.

E-953 Isomalt Süßstoff

- kann in größeren Mengen Durchfall verursachen

E-954 Saccharin Süßstoff

- ACHTUNG: erzeugte im Tierversuch Blasenkrebs

E-957 Thaumatin

- Natürlicher Süßstoff aus einem afrikanischen Strauch
- gilt als unbedenklich

E-959 Neohesperidin

- Süßstoff; schmeckt nach Lakritz
- bisher kaum gesundheitliche Schäden bekannt

E-965 Maltit

- Süßstoff und Feuchthaltemittel, z.B. in Marzipan
- gilt als unbedenklich

E-966 Lactit Süßstoff

- ACHTUNG: verursacht Durchfall

E-967 Xylit Süßstoff

- ACHTUNG: verursacht in größeren Mengen Durchfall

E-999 Quillaja-Extrakt

- Pflanzlicher Schaumbildner
- ACHTUNG: Biologisches Produkt, dass jedoch nicht als harmlos angesehen wird

E 1100 – E 1105 Enzyme

E-1100 Amylasen

- Enzyme, die in Bäckereien eingesetzt werden, um die Gehzeiten von Teig zu verkürzen
- ACHTUNG: gelten als Allergieauslöser

E-1101 Proteasen

- Enzyme, die Eiweiß abbauen; kommen in natürlicher Form im Magen und Darm vor
- ACHTUNG: es besteht ein nicht zu unterschätzendes *allergisches* Potential

E-1102 Glucoseoxidasen

- Enzyme, die als Konservierungsstoffe verwendet werden
- ACHTUNG: hat *allergisches* Potential

E-1103 Invertase

- Enzym, das Haushaltszucker abbaut und z.B. Marzipan feucht hält

- ACHTUNG: es besteht ein nicht zu unterschätzendes *allergisches* Potential

E-1105 Lysozym

- Konservierungsstoff; ein Enzym, das Bakterienwände zerstört und dadurch Keime tötet;
- wird bei der Käseherstellung verwendet
- gilt vermutlich als unbedenklich

E 1201 – E 1202 Trägerstoff

E-1201/E-1202 Polyvinyl-pyrrolidon (PVP) / Polyvinylpoly-pyrrolidon (PVPP)

- Trägerstoff; in Süßstofftabletten; Hilfsstoff bei Weinherstellung
- gilt vermutlich als unbedenklich

E 1400 – E 1450 Verdickungsmittel,Geliermittel

E-1401 Säurebehandelte Stärke

- chemisch behandelte Stärke, die als Verdickungsmittel, Geliermittel,Emulgatoren und Stabilisatoren eingesetzt wird
- gilt vermutlich als harmlos

E-1403 Gebleichte Stärke

- chemisch behandelte Stärke, die als Verdickungsmittel, Geliermittel,Emulgatoren und Stabilisatoren eingesetzt wird
- gilt vermutlich als harmlos

E-1404 Oxidierte Stärke

- chemisch behandelte Stärke, die als Verdickungsmittel, Geliermittel,Emulgatoren und Stabilisatoren eingesetzt wird
- gilt vermutlich als harmlos

E-1410 Monstärke-phosphat

- chemisch behandelte Stärke, die als Verdickungsmittel, Geliermittel,Emulgatoren und Stabilisatoren eingesetzt wird
- gilt vermutlich als harmlos

E-1411 Distärkephosphat

- chemisch behandelte Stärke, die als Verdickungsmittel, Geliermittel,Emulgatoren und Stabilisatoren eingesetzt wird
- gilt vermutlich als harmlos

E-1412 Distärkephosphat

- chemisch behandelte Stärke, die als Verdickungsmittel, Geliermittel,Emulgatoren und Stabilisatoren eingesetzt wird (andere Herstellungsmethode)
- gilt vermutlich als harmlos

E-1413 Phosphatiertes Distärkephosphat

- chemisch behandelte Stärke, die als Verdickungsmittel, Geliermittel,Emulgatoren und Stabilisatoren eingesetzt wird
- gilt vermutlich als harmlos

E-1414 Acetyliertes Distärkephosphat

- chemisch behandelte Stärke, die als Verdickungsmittel, Geliermittel,Emulgatoren und Stabilisatoren eingesetzt wird
- gilt vermutlich als harmlos

E-1420 Stärkeacetat

- chemisch behandelte Stärke, die als Verdickungsmittel, Geliermittel,Emulgatoren und Stabilisatoren eingesetzt wird
- gilt vermutlich als harmlos

E-1422 Acetyliertes Distärkeadipat

- chemisch behandelte Stärke, die als Verdickungsmittel, Geliermittel,Emulgatoren und Stabilisatoren eingesetzt wird
- gilt vermutlich als harmlos

E-1440 Hydroxypropyl-stärke

- chemisch behandelte Stärke, die als Verdickungsmittel, Geliermittel,Emulgatoren und Stabilisatoren eingesetzt wird
- gilt vermutlich als harmlos

E-1442 Hydroxypropyl-distärkephosphat

- chemisch behandelte Stärke, die als Verdickungsmittel, Geliermittel,Emulgatoren und Stabilisatoren eingesetzt wird
- gilt vermutlich als harmlos

E-1450 Stärkeatrium-octenylsuccinat

- chemisch behandelte Stärke, die als Verdickungsmittel, Geliermittel,Emulgatoren und Stabilisatoren eingesetzt wird
- gilt vermutlich als harmlos

In Deutschland hergestellte Kosmetika gelten ab 2014 als besser überwacht als Arznei-, Futter- und Lebensmittel. Bei der kritischen Bewertung ist zu beachten, dass Kosmetika – im Gegensatz zu Lebensmitteln – für äußerliche Anwendungen verwendet werden. Kosmetika (dazu zählen auch die Parfums) welche gemäß der ab dem 11. Juli 2013 geltenden EU-Kosmetikverordnung hergestellt werden sind darüber hinaus gemäß der Guten Herstellungs-Praxis, DIN EN ISO 22716 angehalten auch Produktionszwischenschritte durch Dritte mit Sachkunde-Nachweis prüfen zu lassen: Kosmetik-GMP [523]

---

[523] http://www.ikw.org/fileadmin/content/downloads/Sch%C3%B6nheitspflege/SP_Kosmetik-GMP2010.pdf *vergleiche hierzu die Arzneimittel-GMP* http://www.bmg.bund.de/fileadmin/redaktion/pdf_gesetze/bekanntmachungen/GMP-Leitfaden-1.pdf

Phytohormone in Lebensmitteln

Auch Lebensmittel enthalten oftmals pflanzliche Hormone, welche als Inhaltsstoffe den Hormonhaushalt beeinflussen können. [524]

Lebensmittel	**Phytoöstrogen-Anteile in µg/g** bzw. **mg/kg**
Sojabohnen	**1294**
Leinsamen	**675-808**
Tofu	**257**
Schälerbsen	**81**
Alfalfasprossen	**51**
Linsen (getrocknet)	**18**
Kichererbsen (getrocknet)	**15**
Weizen	**5**
Haferflocken	**2**

Säuglinge und Kleinkinder haben nur sehr niedrige Östrogenspiegel. Säuglingsanfangs- oder Folgenahrung auf Sojabasis weisen Hormongehalte auf, die im Tierversuch ausreichen, um die Fortpflanzungsorgane zu beeinträchtigen.
Die Effekte auf den Menschen, insbesondere die Langzeiteffekte, konnten jedoch bisher nicht abschließend geklärt werden. [525] [526]

---

[524] http://www.spiegel.de/gesundheit/diagnose/endokrine-disruptoren-wenn-chemikalien-wie-hormone-wirken-a-1034390.html
[525] https://www.ugb.de/forschung-studien/edokrine-disruptoren-hormone-aus-der-umwelt/
[526] http://www.reach-info.de/endokrin.htm

Komedogene Rohstoffe

Als komedogen, "Hautunreinheiten und Mitesser fördernd", gelten allgemein u.a. folgende Rohstoffe [527]

- ***Erdnuss-Öl*** *(Arachis Hypogaea Oil)*
- ***Kokos***- oder ***Palm-Öl*** *(Cocos Nucifera Oil)*
- ***Maiskeim-Öl*** *(Corn Oil)*
- ***Oliven-Öl*** *(Olive Oil)*
- ***Paraffin-Öl*** *(Petrolatum)* / Vaseline (*Ceresin, Cera microcristallinum*)
- ***Saflor - Öl*** *(Carthamus Tinctorius)*
- ***Sesam - Öl*** *(Sesamum Indicum)*
- ***Cetylalkohol*** *(Cetyl Alcohol)*
- ***Isopropylester***
- ***Kakaobutter*** *(Cocoa Butter oder Theobroma Cacao)*
- ***Lanolin,*** *auch Wollwachs*
- ***Ölsäure*** *(Oleic Acid)*
- ***Stearinsäure*** *(Stearic Acid) und viele Stearate*
- ***Polyäthylenglycol*** *(PEG-12)*

Die Zuordnung ist offenbar stark von der individuellen Beschaffenheit und der Belastung der Haut abhängig. [528]

[527] https://www.hautschutzengel.de/komedogene-inhaltsstoffe.html *und* https://www.oelversum.de/magazin/komedogene-oele/

[528] http://www.aknetherapie.de/faq/komedogen.htm

Maße und Gewichte

Alte Hohlmaße für Flüssigkeiten 1810/1829 bis 1871

1 Kubikzoll		= 27,0 ml
1 Glas		= 150,0 ml
1 Schoppen		= 375,0 ml
1 Liter		= 1.000 ml
1 Maß	= 4 Schoppen = 10 Glas	= 1,50 Ltr
1 Stütze	= 10 Maß = 40 Schoppen	= 15,0 Ltr
1 Ohm / Ahm	= 10 Stützen = 100 Maß	= 150 Ltr
1 Zulast / Stück Wein	= 4 Ohm = 40 Stützen = 400 Maß	= 600 Ltr
1 Stückfaß	= 2 Zulast	= 12 hl
1 Fuder	= 1,25 Stückfaß = 2,5 Zulast = 10 Ohm = 100 Stützen = 1000 Maß	= 15 hl

Alte Gewichtsmaße 1810/1829 bis 1871

1 Richtteil	= $\frac{1}{4}$ Gränchen = $\frac{1}{131072}$ Pfund	= 3,81476 mg
1 Gränchen (bis 1810)		= 14,26 mg
1 Gränchen (ab 1831)	= $\frac{1}{4}$ Gran = $\frac{1}{32768}$ Pfund	= 15,2588 mg
1 As	= $\frac{1}{10000}$ Pfund	= 50 mg
1 Gran	= $\frac{1}{64}$ Quint = $\frac{1}{8192}$ Pfund = 4 Gränchen = 16 Richtteile	= 61,036 mg
1 Dekas	= $\frac{1}{1000}$ Pfund	= 0,5 g
1 Skrupel	= $\frac{1}{24}$ Unze = $\frac{1}{384}$ Pfund	= 1,3020833 g
1 Quint / Quentchen / Drachme	= $\frac{1}{8}$ Unze = $\frac{1}{128}$ Pfund = 3 Skrupel = 64 Gran	= 3,90625 g
1 Centas		= 5 g
1 Loth	= $\frac{1}{2}$ Unze = $\frac{1}{32}$ Pfund	= 15,625 g
1 Unze	= $\frac{1}{16}$ Pfund = 2 Loth = 8 Quint = 24 Skrupel	= 31,25 g
1 Zehnling	= $\frac{1}{10}$ Pfund = 10 Centas = 100 Dekas = 1000 As	= 50 g
1 Vierling	= $\frac{1}{4}$ Pfund	= 125 g
1 Pfund	= 4 Vierlinge = 10 Zehnlinge = 16 Unzen	= 500 g
1 Zentner	= 100 Pfund	= 50 kg

Angaben in ppm, ppb und mg/kg

	=	=	bei 0,885 kg/Liter	~[529]
ppm	g/t	mg/kg	0,885mg/Liter	*D 6
ppb	mg/t	µg/kg	0,885µg/Liter	*D 9
	µg/t	ng/kg	0,885ng/Liter	*D12
	ng/t	pg/kg	0,885pg/Liter	*D15
	pg/t	fg/kg	0,885fg/Liter	*D18

529 *D Dezimalpotenz. Hier bezogen auf das verwendete ätherische Öl, wobei 100% = D0 ; 1% = D2*

Umrechnung von Tropfen in ml und g

Bei ätherischen Ölen entsprechen 20 bis 40 Tropfen einem Milliliter [ml]. Je Tropfen sind das zwischen 0,025 bis 0,050 ml was bei einer Dichte von 0,885kg/Liter 22 bis 44 mg entspricht. [530]

Noch immer kursieren Tabellen, welche eine 'optimale Mischung' und-oder die 'richtige Dosierung' suggerieren. Beispiel:

Produkt	**Äth. Öl [%]**	**ad 100ml [ml]**	**ad 100ml [Tr]**
Gesichts-Öl	0,3	0,3	6
Körper-Öl	0,5	0,5	10
Massage-Öl	1	1	20
Einreibung	2	2	40
Wickel	5	5	100

Übersehen wird dabei jedoch, dass es auf die in den verwendeten ätherischen Ölen enthaltenen Inhaltsstoffe ankommt.
Bei Produkten mit natürlichen ätherischen Ölen unvermeidbar ist das Einbringen von bedenklichen Inhaltsstoffen wie *Cinnamal* (sowie *Amylcinnamal* und deren *Alkohole*), *Isoeugenol*, *Methyleugenol*, *Farnesol*, *Estragol* und *Safrol*, *Benzylverbindungen*, *Coumarin* und *Coumarinverbindungen* wie *Bergapten* und von *Lactonen.*

Die Menge, genauer: die Konzentration, macht's.

Die Gesamtkonzentration an bedenklichen Inhaltsstoffen der jeweiligen Creation und Charge limitiert deren Einsatzmenge. Nahezu alle Laien und auch manche Hersteller scheitern heutzutage an der Vielzahl an Limits und Vorschriften. Viele altbewährte Rezepturen sind heutzutage keineswegs mehr verkehrsfähig.

Unbedingte Voraussetzung für den sicheren hautfreundlichen Einsatz ätherischer Öle und anderer kosmetischer Rohstoffe ist das detaillierte Wissen über die verwendeten Rohstoffe und deren Inhaltsstoffe. [531] [532]

---

[530] *Ethanol = Äthylalkohol = Weingeist mit 70%v/v. hat bei 20°C eine Dichte von 0,885kg/Liter; Bergamotte-Öl 0,8785kg/Liter, Lavendel-Öl 0,875-0,890kg/Liter.* - 70%iger Weingeist gilt als hervorragendes Desinfektionsmittel. http://www.chemie.de/lexikon/Ethanol.html

[531] " Hersteller von ätherischen Parfums und Naturkosmetik fürchten um ihre Geschäftsgrundlage." Bei jeder Änderung eines Produkts entstünden hohe Überarbeitungskosten für Forschung, Entwicklung und Verpackung. Die Parfumeure sind heutzutage bereits übervorsichtig: "Eine Verschärfung der Richtlinie ist daher möglicherweise gar nicht nötig: In der Parfumbranche kann es sich ohnehin niemand leisten, gefährliche Produkte herzustellen und die Kunden zu vergraulen." http://www.zeit.de/2013/36/parfum-verbot-allergiker-chanel-no5/komplettansicht

[532] Amtsblatt der Europäschen Union https://www.verbrauchergesundheit.gv.at/lebensmittel/lebensmittelkontrolle/l_09720060405de00010528.pdf?40xutc

Bilder und Quellen

Computergraphiken und Tabellen

- "Allergie-Test" © 2003 ***EdS-Parfums***
- "Genialogie der Düfte" von Haarmann&Reimer bzw. Symrise
- "Leitfaden zur Symrise Genealogie der Düfte (Bundesfachschule des Parfümerie-Einzelhandels e.V.)
- "Parfum-Aufbau: Spitze,Herz,Fond." © 2003 ***EdS-Parfums***
- "Parfum-Klassifikation" © 2003 ***EdS-Parfums***
- "Typ-Beratung: Genetische Zusammenhänge ... Haut ... und Parfum" © 2003 ***EdS-Parfums***

Fotos 'Bilder'

- "Ackerrain" Pigmente: ***EdS***-Colors, Malmittel: Öl © 2002 Ed Siedler
- "Badende" Pigmente: ***EdS***-Colors, Malmittel: Öl © 2002 Ed Siedler
- "***EdS***-Colors Auswahl" © 2003 Ed Siedler
- "Glas-Flakon I - ***EdS***-Parfum Daniel" © 2003 Ed Siedler
- "Glas-Flakon II - ***EdS*** - duftende Hautpflege" © 2003 Ed Siedler
- "Glas-Flakon 'Dover' von Villeroy&Boch" © 2003 Ed Siedler
- "Glas-Flakon IV von Villeroy&Boch"© 2003 Ed Siedler
- "Glas-Flakon V - ***EdS***- Bad/Dusche/Sauna -Konzentrat" © 2003 Ed Siedler
- "Viola odorata, Duftveilchen" © 2002 Ed Siedler

Bücher, Drucksachen und Adressen

- Arcadi Boix Camps: Perfumery: Techniques in Evolution, Allured Business Media, 2nd Edition, 2009; 319 Seiten
- Arctander S: Arctander's Perfume and Flavor Materials of Natural Origin. Wissenschaftliche Verlagsgesellschaft Stuttgart, 1961; 736 Seiten
- Baltes W: Lebensmittelchemie, 6. Aufl., Springer-Verlag, Berlin Heidelberg, 2007; 497 Seiten
- Bauer K, Garbe D, Surburg H: Common fragance and flavor materials. 4th Edition, WileyVCH, Weinheim, 2001; 293 Seiten
- Belitz HD, Grosch W, Schieberle P: Lehrbuch der Lebensmittelchemie, 6. Aufl., SpringerVerlag, Berlin Heidelberg, 2008; 1059 Seiten

- Berger RG (Edt.): Flavours and fragrances: chemistry, bioprocessing and sustainability; Springer Verlag, Berlin Heidelberg New York, 2007; 648 Seiten
- Breitmaier E: Terpene – Aromen, Düfte, Pharmaka, Pheromone, 1. Aufl., B. G. Teubner, Stuttgart Leipzig, 1999
- De Rovira D: Dictionary of Flavors, 2nd Edition, Verlag Wiley-Blackwell, 2008; 736 Seiten
- Diaconu M: Tasten Riechen Schmecken: eine Ästhetik der anästhesierten Sinne. Verlag Königshausen & Neumann, Würzburg, 2005; 494 Seiten
- Dravnieks A: Atlas of Odor Character Profiles Data Series 61 (DS 61). American Society for Testing & Materials (Juli 1985), Philadelphia, PA; 354 Seiten
- Edwards Michael, Fragrances of the Word …2013 Sydney (...2013_29)
- Groom N: The New Perfume Handbook. 2nd Edition, Blackie Academic & Professional, Springer Verlag, 1997; 448 Seiten
- Groom, Nigel: Parfum – Von Chanel No 5 bis Trésor. Evergreen/Benedikt Taschen Verlag (2000)
- Gschwind J: Repräsentation von Düften. Verlegt bei Dr. Bernd Wißner, Augsburg, 1998
- Guderian R. Atmosphäre, Handbuch der Umweltveränderungen und Ökotoxikologie: Anthropogene und biogene Emissionen Photochemie der Troposphäre Chemie der Stratosphäre und Ozonabbau. 1. Aufl., Springer Verlag, Berlin Heidelberg New York, 2000; 424 Seiten
- Hatt H, Dee R: Niemand riecht so gut wie du. Die geheimen Botschaften der Düfte. Verlag Piper, München, 2010; 320 Seiten
- Hurton, Andrea: Erotik des Parfums Geschichte und Praxis der schönen Düfte. Ffm, Eichborn, (1991)
- Jellinek P: Die psychologischen Grundlagen der Parfümerie. 4. Aufl., Verlag Hüthig, 1999; 256 Seiten
- Jellinek, Stephan J.: Parfum - Der Traum im Flakon. Mosaik, München (1992)
- Kim-Beickler Huase: Aromatherapie und Aromamassage. Umschau, Neustadt an der Weinstraße 1978_13
- Kirk-Othmer, Food and Feed Technology, Vol. 1 (Teil der Encyclopedia of Chemical Technology), Wiley-Interscience, 2008; 1760 Seiten
- Klein, Stefan: Die Glücksformel oder: Wie die guten Gefühle entstehen. rowohlt (2002)
- Kneipp Sebastian, Meine Wasserkur. Ehrenwirt München (1972) – 2. Teil Agave ...Zinnkraut S. 143-194

- Knoblich / Schubert: Marketing mit Duftstoffen. Oldenbourg Verlag, München (1993)
- Krähmer Barbara: Ätherische Öle. Irisiana 2015_1
- Lake Max: Duft und Sinnlichkeit – Wie Aromen unser Leben bestimmen. Irisiana Hugendubel, München (1995)
- Lavabre, Marcel: Mit Düften Heilen – Das praktische Handbuch der Aromatherapie. Hernann Bauer (1999)
- Liedtke, Rüdiger: Wem gehört die Republik 2000? Konzerne und ihre Verflechtungen. Eichborn 2000
- Mamlouk AM, Chee-Ruiter C, Hofmann UG, Bower JM. Quantifying Olfactory Perception: Mapping Olfactory Perception Space by using Multidimensional Scaling and Self-Organizing Maps. Neurocomputing 53-53: 591-597 (2003)
- Martinetz D, Hartwig R: Taschenbuch der Riechstoffe: Ein Lexikon von A-Z. Verlag Harri Deutsch, Frankfurt am Main, 1998; 416 Seiten
- McGorrin RJ: Character-impact Flavor Compounds. In: Sensory-Directed Flavor Analysis. Marsili R (Edt.), Taylor & Francis/CRC Press, Boca Raton, FL, 2007, pp. 223-267.
- Möller D: Luft. Chemie Physik Biologie Reinhaltung Recht. 1. Aufl., Verlag de Gruyter, Berlin, 2003.
- Müller-Grünow R: Die geheime Macht der Düfte 2018²
- Ohloff G, Pickenhagen W, Kraft P: Scent and Chemistry The Molecular World of Odors, 1st Edition, Verlag Helvetica Chimica Acta, Zürich, 2011; 350 Seiten
- Ohloff G: Düfte Signale der Gefühlswelt. Sachbuch. Wiley-VCH, Verlag Helvetica Chimica Acta, Zürich, 2004: 313 Seiten ISBN 978-3-906390-30-7
- Öko-Test: Die Kosmetik-Liste12/98
- Ott, Anneliese: Haut und Pflanzen. Deutscher Apotheker Verlag, (September 30, 1991) ; ISBN-10: 3437006347
- Poucher WA: Poucher's Perfumes, Cosmetics and Soaps: Volume 2, The Production, Manufacture and Application of Perfumes. 9th Edition, Chapman & Hall, London, Weinheim, New York, 1993
- Pritzel M, Brand M, Markowitsch HJ: Gehirn und Verhalten: Ein Grundkurs der physiologischen Psychologie. Spektrum Akademischer Verlag, Heidelberg, 2009; 590 Seiten
- Pütz Jean & Niklas C. : Betörende Parfums – Heilende Düfte, Hobbythek / VGS (1993) ISBN: 3-8025-6182-1
- Rimmel, Eugene: Das Buch des Parfums - Die klassische Geschichte des Parfums... - Dreieich (1985)

- Rowe DJ (Edt.): Chemistry and Technology of Flavors and Fragrances: John Wiley & Sons Blackwell Publishing, Oxford, 2004; 352 Seiten
- Royal Horticultural Society: Encyclopedia of herbs & their uses. DuMont, Köln (1996)
- Samel / Krähmer: Düfte der Natur. Heilessenzen & Aromaöle. Ludwig, München (1997)
- Schnaubelt, Kurt: Neue Aromatherapie. Köln (1995_2)
- Schulz, S: The Chemistry of Pheromones and other Semiochemicals II. Verlag Springer, Berlin Heidelberg New York, 2005; 333 Seiten
- Schwartau / Rosenkranz: Der Kosmetik-Tester - Inhaltsstoffe, Naturkosmetik, Rezepte - Ein Sachbuch von Mitarbeitern der Verbraucher-Zentrale Hamburg e.V. Rowohlt TB, ISBN: 3499187795
- Selby, Anna: Praktische Einführung in die Aromatherapie. Irisiana, Hugendubel (2000)
- Siedler Ed: ***EdS***-Parfums: Parfums mit besonderen Eigenschaften. Aalen (1997)
- Stiens, Rita: Kursbuch Kosmetik. Südwest (1998) ISBN: 3-471-78823-9
- Süskind, Patrik: Das Parfum – Die Geschichte eines Mörders. Diogenes Verlag, Zürich (1985)
- Tisserand, Robert B.: Aromatherapie. Bauer, Freiburg 1988_4
- Valnet, Jean: Aromatherapie. P. Kart Verlag 1976
- Vroon, van Amerongen, de Vries: Psychologie der Düfte. Kreuz, Zürich (1996)
- Wabner D, Beier C, Demleitner M, Struck D: Aromatherapie. Grundlagen, Wirkprinzipien, Praxis. Urban & Fischer, Elsevier, 2008; 592 Seiten
- Werner, Monika: Ätherische Öle. Gräfe und Unzer (1999) ISBN-10: 3774216851 ISBN-13: 978-3774216853

Ätherische Öle, Beschreibung und Bezugsquellen

- http://www.aetherische-oele.net/aetherische-oele/index.html
- http://www.awl.ch/heilpflanzen/index.htm Heilpflanzen / Arzneipflanzen
- http://escop.com/ Monographien
- http://www.bojensen.net/EssentialOilsEng/EssentialOils.htm
- http://www.lavita-iserlohn.de/
- https://www.duftlaedchen.de/produkte/aetherische-oele-k-o/
- http://www.naturrohstoffe.de/index.php
- http://www.nipgr.res.in/Essoildb/index.html Inhaltsstoffe
- http://www.omikron-online.de/
- https://www.ätherisches-öl.com/
- https://www.docjones.de/wirkstoffe Heilpflanzen-Lexikon
- https://www.ggiz-erfurt.de/etherische-oele.html Giftzentrale
- https://www.kuhnke24.de/aetherische-oele-richtig-dosieren-verduennungsformel/
- https://www.primaveralife.com/shop/aetherische-oele
- https://www.voegele-lauffen.de/aromen-geschmack-duefte-rohstoffe/fragrances.html
- https://www.wlw.de/de/firmen/aetherische-oele
- https://www.zeitzuleben.de/atherische-ole-anwendung-und-wirkung/
- https://www.garten-treffpunkt.de/lexikon/pflanzengifte.aspx
  Pflanzengifte und Pflanzengiftstoffe
- http://magazin.spiegel.de/EpubDelivery/spiegel/pdf/88137186
  Jean-Claude Ellena: "Ich rieche mit … Gehirn"
- Amtsblatt der Europäischen Union 5.4.2006 – Positivliste – BESTANDTEILE KOSMETISCHER MITTEL, DIE KEINE AUSGANGSSTOFFE FÜR RIECH- UND AROMASTOFFE SIND - Riechstoffe → Stichwort: maskierend https://www.verbrauchergesundheit.gv.at/lebensmittel/lebensmittelkontrolle/l_09720060405de00010528.pdf?40xutc
- Bundesfachschule des Parfümerie-Einzelhandels e.V. → www.bundesfachschule.de
- ***EdS*** ® ***EdS*** ist ein eingetragenes Warenzeichen ***EdS***-Parfums: Schutzrechte Aalen (1997)
- ***EdS***-Parfums.de → Internetseiten von ***EdS***-Parfums → http://www.eds-parfums.de/

- Gesundheit http://www.spiegel.de/gesundheit/diagnose/aromatherapie-helfen-aetherische-oele-wie-lavendeloel-gegen-krankheiten-a-971155.html
- ICADA: Informationen, Service und Interessens-Vertretung für die Kosmetikbranche → www.icada.eu
- INCI, Hautverträglichkeit http://www.drachenzuber.de/incis.html
- International Fragrance Association (IFRA): "Code de bons usages"
- IFRA standards - IFRA International Fragrance Association → http://www.ifraorg.org/en-us/standards
- Museum für Parfumerie: 8, place Cours, F 06 130 Grasse. Tel.: (33) 93 36 80 20.
- Museum für Flakons: 33, rue du Temple, F 17 000 La Rochelle. Tel.: (33) 46 41 32 40.
- Stimmungsänderung durch Orangen- / Lavendel-Öl, Dissertation von Eidt Julia, Medizinische Fakultät der Ludwig-Maximilians-Universität zu München, 2008: https://edoc.ub.uni-muenchen.de/7994/1/Eidt_Julia.pdf

Glossar

Parfumgrundstoffe sind grundsätzlich für die bestimmungsgemäße äußerliche Anwendung unter Beachtung der aktuellen Empfehlungen und Vorschriften z.B. als Parfum bestimmt.
Generell gilt: Was, wie viel, wie lange,...?

[T] **Anwendung meiden - toxisch oder neurotoxisch -** ***Prohibited***

[!] ***Anwendung meiden*** *– z.B. wegen Artenschutz, Hormonwirkung, bei Epilepsie,... -*

[B] ***Anwendung meiden - in der Schwangerschaft***

[P] ***Anwendung**, **äußerlich - Vorsicht - macht lichtempfindlich.***

***Anwendung**, **äußerlich** – Gefahrenhinweis*

[X+] *Mindestalter [age X+]* ***bei Mädchen ab 10 Jahre*** *(Hormonwirkung)*

[7+] *Mindestalter [age 7+]* ***bei Kindern ab 7 Jahre***

...% ***Anwendung**, äußerliche - Anwendungskonzentration*

lim Limit maximal ...% *Gewichtsprozent m/m oder ...mg/kg Fertigprodukt.*[533]

' ***Duft*** *(erinnert auch an)*

→ ***Inhalt**, enthält u.a.* *→* ***Hinweis,** siehe auch ...*

® – Viele Riechstoff-Namen sind geschützte eingetragene Warenzeichen. Nur ein Beispiel: Florol® is a registered trademark of Firmenich SA

™ – Viele Riechstoffe tragen Handelsnamen ihrer (ursprünglichen) Hersteller. Nur ein Beispiel: Hedion ™ [Firmenich S.A.]

Die genannten Daten sind ohne Gewähr und können sich nachhaltig ändern.
- Irrtum und-oder Änderung durch neuere Forschungsergebnisse sind stets vorbehalten. -

A

Ätherische Öle *- sind, im Gegensatz zu den "fetten Ölen" wie zum Beispiel Oliven-Öl, leicht flüchtig und werden als Riechstoffe eingesetzt. Citrus-Öle (Agrumen-Öle) werden meist aus Fruchtschalen von Zitronen, Orangen, Mandarinen, Limette, Grapefruit, Bergamotte gepresst / zentrifugiert. –* ***[P]*** *photo-sensibilisierende Anteile - lim 0,4% (Bergamotte-Öl)*

Abelmoschus moschatus = Hibiscus abelmoschus L., *eine Malvenart, enthält u.a. das phototox.Lacton →* ***Exaltolid***

Abies *– Tannen (Pinaceae) -*

1. ***Abies alba – Weißtanne,*** *eines der beliebtesten Tannen-Öle, enthält u.a. Pinen, Limonen, Bornylacetat. Jedoch oftmals auch → Abies sibirica - Hautdurchblutung anregend -* ***[!]*** *Kann im heißem Badewasser Haut reizen - Besser verträglich → Fichtennadelöl*
2. ***Abies balsamea – Harz der Balsam-Tanne**, frisch aromatisch duftend. Hauptbestandteile sind: α- und β-Pinen sowie β-Phellandren und Limonen. Das ebenfalls darin enthaltene (+)-cis-Abienol wird u.a. für die synthetische Herstellung des Ambrariechstoffs → Ambrox verwendet.*

---

[533] *Category 4 'Leave-on' products (Stand 23.08.2013)*
Fine fragrance and anything in an alcohol base, sprayed on the skin for scent except products intended for freshly shaved skin where some of the limits are lower.

3. ***Abies sibirica* – *Sibirische Tanne,*** *Tannen-Öl, wird oftmals statt der →* ***Abies alba* – *Weißtanne*** *verwendet.*

Absolue - Extraktion *(meist von Pflanzenteilen) mittels unpolarem Lösungsmittel. - Eine der ältesten Methoden, um ätherische Öle aus Blüten zu extrahieren, ist die Enfleurage. Auf gereinigte tierische Fette (zum Beispiel Schweineschmalz) werden (wiederholt) Blüten gegeben. Anschließend wird das Fett mit Alkohol ausgewaschen ("lavage"). So entsteht das "Absolue d`enfleurage". Diese Methode ist sehr aufwendig und kostspielig: Mengen-Beispiele pro Kilo Absolue: 4 Tonnen Tuberosenblüten, 2 Tonnen Veilchenblätter, 1 Tonne Rosenblütenblätter, 600 Kilogramm Jasminblüten.*

Acacia

1. ***Gelbe Mimose,*** *Silber-Akazie (Acacia* ***dealbata)*** *wird auch als Zierpflanze genutzt* ***– Mimose 66% Absolue*** *aus den Blüten, als Fixateur genutzte süßblumige Basisnote - → Benzyl-Alcohol, Benzyl-Benzoat*
2. ***Cassieblüte*** *– gelbe, süße Akazie (Acacia* ***farnesiana)*** *- Speise-Öl aus reifen Samen, schwarze**r** Farbstoff aus Schoten, über 3 Stunden anhaltender fruchtiger Riechstoff - intime feminine Note* ***-*** *→ "Veilhenketon" Jonon → Anis- und Benz-Aldehyd, → Eugenol, Methyleugenol, → Coumarin, Cuminaldehyd, Decanal (Aldehyd C10), Cresol, Methylsalicilat, → Nerolidol, Farnesol*

Acetyl isovaleryl *(5-Methyl-2,3-hexanedione)* **Prohibited**

Achillea *millefolium – , Yarrow* ***-*** *→ Thujon, C15-Lactone (Proazulene) –* ***[P] [B] [X+]*** *Nicht bei Schwangeren und Kindern. - Kann Allergien auslösen.* [534]

ad – ad Ethanol *= auffüllen auf 100% Endvolumen mit Ethanol –* ***4g ad 100ml Aqua dest.*** *= 4g (der Substanz) in Meßzylinder geben und bis auf 100ml mit destilliertem Wasser auffüllen.*

Adaption – *Geruchssinn blendet länger einwirkende Düfte aus. Vorübergehende Geruchs-Müdigkeit.*

Adlerholz - al-Oud*, Aloeholz, Agaro,* ***Jinko*** *– Als Haupt-Bestandteile von Adlerholz, dem verpilzten Holz des Aquilaria agallocha gelten 4-Phenyl-2-butanone, Jinkoh-eremol, and α-Guaiene. In kommerziellen Produkten befinden sich neben α-Guaiene meist Caryophellene oxide. Weitere Bestandteile sind β-Agarofuran, α-Agarofuran, Agarospirol and 10-epi-γ-Eudesmol. Bei der Qualitätskontrolle werden neben α-Guaiene und β-Agarofuran, α-Bulnesene, Jinkoh-eremol, Kusunol, Selina-3,11-dien-9-one, Oxo-agarospirol und Guaia-1(10),11-dien-15,2-olide als Marker verwendet. (+)-(4aR,5S)-Karanone, (+) Dihydrokarananone und (+)-(1S,2S,5R,7R,8R)-Jinkohol II gelten als synergetische, den Duft verstärkende, Bestandteile.* [535]

Agathosma serratifolia; Barosma betulina → Buchu

Agatophyllum aromatica - Ravensara – *Das Destillat der Blätter erinnert stark an Estragon mit einem Hauch von Basilikum und im Abgang an Anis.* ***[!]*** *Dieses ätherische Öl enthält neben 13-25% Limonen, 6-17% Sabinen, ~6% Methylchavicol =* ***Estragol, ~6% Methyleugenol*** *und Furocoumarine (Aucune). Allenfalls als Nuance in Parfums.* ***[P] [!]***

Agonis *(Agonis fragans) – Das unter dem ™* ***Fragonia*** *gehandelte noch relativ unbekannte ätherische Öl wird als Wasserdampfdestillat aus den Blättern und Zweigen der westaustralischen Zierpflanze Agonia fragans gewonnen. Es ähnelt im Duft dem Teebaumöl, ist jedoch blumiger. Durch das zu je etwa einem Drittel enthaltene 1.8-Cinelol, alpha-Pinen und Linalool ist seine antimikrobielle Eigenschaft angeblich bis zu acht Mal stärker als Tea Tree.* ***[!]*** *Deklarationspflichtig sind Linalool, Limonen, Geraniol, Citronellol, Citral. –*

Alant *-*

1. ***Alant*** *(Inula helenium)* ***- Alantrootoil*** ***[!] - Alantwurzel-Öl [Elecampane-oil, Essence d'aunée]*** *sensibilisiert, meiden.* **Prohibited**

---

[534] https://aromaticstudies.com/yarrow-essential-oil-achillea-millefolium/

[535] http://www.naturalproduct.us/content/NPC-5-12-2010.pdf

2. **Alant** *(Inula / Dittrichia graveolens) – der* ***Klebrige Duft-Alant****, ein vom Vieh gemiedenes Weideunkraut, ist ein Mottenmittel* ***[!]***

Alarm-Pheromon *– allgemein: Alarmierender Duftstoff*

1. ***Essigsäure-isoamylester*** *= Isoamylacetat = Isopentylacetat = 3-Methylbutylacetat,* ***Bananenaroma, [!]*** *Essigsäure-isoamylester ist das* ***Alarm-Pheromon der Honigbienen****. Das Pheromon wird auch freigesetzt, wenn eine Biene zusticht – was dann dazu führt, dass weitere Bienen zur Verteidigung angeregt werden und ebenfalls stechen.* ***[!] Lebensgefahr für Bienengift-Allergiker – Notarzt!***
2. ***(+)-(3S)-1-Methoxyhexane-3-thiol*** *hat den Duft-Schwellenwert (ODT) 0,04 pg/Liter Luft – Der Duft des Salvia sclarea / Muskateller Salbeis mit seiner deutlichen Bei-Note nach verbranntem Schwefel weckt Assoziationen an menschlichen Achselduft. (+)-(3S)-1-Methoxyhexane-3-thiol ist wahrscheinlich das für das ungute Gefühl und die warnende Aura verantwortliche* ***Alarm-Pheromon:*** *„Da ist doch jemand." Oder: „Da war doch gerade noch jemand."*

Aldehyd *– "Primärer Alkohol, dem Wasser entzogen wurde" - Moleküle, die mindestens eine endständige Formylgruppe* ***(-CHO)*** *aufweisen. Beispielsweise*

1. *Benzaldehyd → Bittermandelaroma, "Marzipanduft";ODT 350 - 3500 µg/L Wasser*
2. *Citral (Geranial und Neral) → Agrumen-Öle,*
3. *Citronellal → Cyclosia Base,*
4. *Fett-Aldehyde C8...C13-al -* ***[!]*** *Wachs-artige (fettig-ranzige) Nuancen. -*
   - ➔ *C7-al – Heptanal - natürlich in Ylang (Cananga odorata), Muskatellersalbei (Salvia sclarea), Zitrone (Citrus x limon), Bitterorange (Citrus x aurantium), Rose (Rosa) und Hyazinthe (Hyacinthus); Aroma erinnert an grüne Kräuter.*
   - ➔ *C8-al – Octanal riecht fruchtig, nach Orange.*
   - ➔ *C9-al – Nonanal = Pelargonaldehyd – Natürlicher Bestandteil von Iriswurzel, Geranium, Rosen, Zimt und einiger Citrus-Öle – Rosenduft.*
   - ➔ *C10-al – Decanal – Natürlich in Citrus-Ölen, Zitruschalen-artiger (fettiger) Duft.*
   - ➔ *C11-al – Undecanal - wachsartig mit leichtem (metalischem) Koriander-, Rosen-Blätterduft*
   - ➔ *C12-al – Dodecanal = Laurinaldehyd - Natürlich in Fichtennadel-Öl, würzig blumig Veilchen, Flieder.*
   - ➔ *C12-al MNA - 2-Methylundecanal wurde als erster vollsynthetischer Duftstoff 1921 in Chanel N° 5 als Kopfnote verwendet. Er kommt natürlich in der Schale der Kumquat-Frucht vor. Krautiger Duft nach Orange und Ambra, stark verdünnt honigsüß nussartig.*
   - ➔ *C13-al - Tridecanal – Natürlich in Koriander-Blättern, Gurken und Zitronen, Grapefruitduft.*
   - ➔ *C14-al – Tetradecanal = Myristylaldehyd - Pfirsichschalen-Duft.*
5. *Der sogenannte »Kokos-Aldehyd C18«, und das sogenannte »Pfirsich-Aldehyd C14« sind → Lactone*

Alkohol *- Allgemein: Ein Kohlenwasserstoff mit einer oder mehreren OH-Gruppen. –* ***[!]*** *OH-Gruppen am Benzolring →* ***Phenol***

1. ***Alkohol*** *-* ***Fehlgärung*** *- Bei Fehlgärung entstehen als Begleitstoffe auch andere Alkohole:* ***[!][T] Methanol*** *»Methylalkohol« ist* ***giftig. [!] Propanol*** *»Propylalkohol«,* ***[!] Butanol*** *»Butylalkohol«,... tragen den Beinamen "Fusel-Öle" und sind verantwortlich für den schweren Kopf und den Brummschädel am nächsten Morgen.*
2. ***Alkohol*** *-* ***»Iso-Propanol«****, ist ein durch Destillation nicht weiter trennbares Gemisch aus Propanol-(2) mit 12,1% Wasser. Einsatz äußerlich in Arzneimitteln, Desinfektionsmitteln und als Kosmetikalkohol.*
3. ***Alkohol – Weingeist – Ethanol*** *entsteht als nachwachsender Rohstoff bei der alkoholischen Gärung, Zersetzung von Zucker durch Hefen. Handelsüblich ist heutzutage Ethanol mit 96,5%v/v »Äthylalkohol«- →* ***Weingeist*** *ist ein –*

Azeotrop – ein durch Destillation nicht weiter trennbares Gemisch aus 95,58 % Ethanol und 4,42 % Wasser. [536]

***Allantoin** – gut verträglicher Wunden heilender Wirkstoff – 0,1...0,5% Allantoin, äußerlich – Statt dem Alkaloid-haltigen Beinwell (Symphytum officinale) werden heute Hybride wie Symphytum × uplandicum Nyman var. Harras und meist der Wirkstoff Allantoin verwendet.*

Allergie** - die, durch ein **Allergen** (mehrere Allergene) ausgelöste, bei wiederholtem Kontakt wiederkehrende Abwehrreaktion des Körpers. Echte Allergien sind selten. Auslöser von Allergien sind meist denaturiertes Eiweiß oder Stoffe, die Eiweiß verändern. Beispiel: → **Nickel**. Nach dem Erstkontakt entstehen Antikörper. Oberhalb einer Reizschwelle kann jeder weitere Kontakt mit dem Allergen oder ähnlichen Stoffen massive Abwehrreaktionen auslösen. **[!]** Vorsicht, bei Allergien der Atemwege oder Insektenstich-Allergien besteht **Lebensgefahr**. **Notarzt**! → **Hyposensibilisierung** → **Irritation** → **Homöopathische Erstreaktion

***Allopathie** - [griechisch állos »anderer«] die, nach Samuel Hahnemann, in der Schulmedizin übliche Behandlung mit Arzneimitteln, die den Krankheitssymptomen entgegenwirken. Im Gegensatz zur → Homöopathie*

***Allyl heptine carbonate** Prohibited*

***Allyl isothiocyanate** Prohibited*

***Aloe vera - [!]** Kann Haut irritieren. Vorsicht bei Überempfindlichkeit auf Aloen.*

Aloysia** triphylla (Lippia citriodora, Verbena triphylla) → **Verbena

***Alpinia** (Alpinia officinarum) – **Galgant** – Das Wasserdampfdestillat erinnert an Ingwer, ist jedoch milder. - **[7+]** Bei Kindern niemals im Gesicht anwenden. - Es droht **Atemnot!** - Der Wurzelstock (Rhizom) des Galgant wir medizinisch bei Appetitlosigkeit und bei Magenschmerzen angewendet. Das Rhizom enthält bis zu 4% → Eugenol, aber auch → Eucalyptol und Limonen*

***Amber** –*

1. ***Bernstein (baltischer), fossiles Harz** der ehemals in Skandinavien vorkommenden stark harzenden Pinaceen (Pinus **succinifera** x). Fundorte sind beispielsweise Helgoland, Rügen und Bitterfeld. Ähnliche heute lebende Arten der Kiefern-Familie sind die Atlaszeder (Cedrus atlantica) und die Lärche (Larix).*
2. ***Kopal** – aus unterschiedlichen Harzen, z.B.: Copal-Mayan (Pinus **contorta copal**) - USA; Copal-White/Blanco (Bursera jorullense) – Mexico; Copal-Gold (Agathis dammara) – Manila; Copal-Black/Negro (Agathis dammara) – Philippinen.*
3. ***Geigenharz** (Kolophonium, Colophony) oder **Tannenharz** – wird leicht mit verwechselt mit dem Bernstein (Typ Gedanit) oder Kopal – Geigenharz wird heutzutage meist hergestellt aus dem bei der Papierherstellung vor allem aus Kiefernholz anfallenden Tal-Öl –Oxidationsprodukte der enthaltenen Harzsäuren gelten als Allergene – Duft: rauchig (nach Teer) **[!]** Kann Haut irritieren.*
4. ***Phosphor** kann auch mit Bernstein verwechselt werden. **[!]** Phosphor brennt sich tief in die Haut ein - bis in die Muskulatur. **Notarzt** und Spezialklinik erforderlich! Wunde sofort im Wasser kühlen.*

***Ambra** –*

1. ***Ambra grisea [!]** Das natürliche Ambra, Ambra grisea, finden wir schwimmend auf dem Meer oder wurde als Produkt des Walfangs dem toten Tier entnommen. Es musste dann allerdings noch mindestens ein Jahr in Meerwasser reifen, erst danach ist es für die Parfumherstellung verwendbar. Der Ambra-Hauptbestandteil Ambrein ist vollkommen geruchslos, erst durch Oxidation entstehen die eigentlichen Riechstoffe Ambrox und Ambrinol.*
2. ***Ambra** – → **Ambrox** und → **Ambrinol** sind das riechende Prinzip des Ambra. ' holzig, balsamisch, warm, (erdig) - Die einheitlichen Riechstoffe **Ambrox** und*

[536] http://www.chemie.de/lexikon/Ethanol.html

Ambrinol werden heute ausschließlich synthetisch hergestellt. Basisrohstoffe sind z.B. → Salbei (Salvia sclarea) → Sclareol, sowie die kanadische Balsam-Tanne (Abies balsamea) - → (+)-cis-Abienol → Canada-Balsam → Vitamin A

Ambrette – Moschuskörner-Öl ' blumig, moschusartig, (süß) - **[P]** - → **Ambrettolid**

Ambrettolid = Oxacycloheptadec-8-en-2-on = Omega-6-Hexadecenlacton = (Z)-7-Hexadecen-1,16-olid - ein in Moschuskörnern und Angelicawurzeln natürlich vorkommender → **Lacton** wurde früher als Fruchtaroma genutzt. Die innerliche Anwendung wurde wegen der Giftwirkung dieser Lactone aufgegeben.

Ambrolione ™ [Firmenich S.A.] = **10-Undecenal**, erfrischend fruchtiger → Aldehyd

Amine – Stickstoffverbindungen mit NH_3 – Grundstruktur. Durch Erhitzen (Rösten, Frittieren, Backen, Braten, Grillen) ausgelöste Maillard-Reaktionen entstehen Röstprodukte wie Kaffee, Kakao, Malz oder Röst-Zwiebeln, Lebensmittel wie Pommes frites, Brot, Toast, gebratene und gegrillte Speisen wie Steaks. – Dabei können drei gesundheitsschädliche (krebserregende) Substanzgruppen entstehen: polyzyklische aromatische Kohlenwasserstoffe (PAK), heterozyklische aromatische Amine (HAA) sowie Nitrosamine. Diese lassen sich durch schonende Zubereitungsmethoden und Marinieren wesentlich reduzieren.[537]

1. Es gibt – primäre Amine: **$R\text{-}NH_2$**
2. sekundäre Amine: **$R_2\text{-}NH$**
3. tertiäre Amine: **$R\text{-}NR_2$**

Ammi visnaga – Khella, Bischofskraut, Zahnstocherdolde – Homöopathisches Heilmittel [!]z.B. D4 gegen Krämpfe - Öl enthält neben Terpenen wie Visnadin und Khellin, Terpenalkohole wie Khellol und Linalool sowie **photo-sensibilisierende** Furo-Coumarine **[P]**

Amyl cinnamic aldehyde lim ..10,7%

Amylcyclopentenone Prohibited

Amyris (Amyris balsamifera) - 'westindisches Sandelholz' enthält u.a. → Caryophyllen / Eudesmol - Amyris-Öl hemmt Entzündungen. Es ist gut geeignet bei kleineren Wunden oder Abschürfungen. Bei Hautirritationen kann man es gut einsetzen. Es findet Verwendung bei Krampfadern oder auch bei Hämorrhoiden. **[1+]** - Duft: holzig warm, entspannend und beruhigend, weniger intensiv als → Sandelholz

Analyse ergibt **Zutaten ≠ Inhalt:** Eine einzelne natürliche **Zutat** kann mehr als hundert Stoffe enthalten. Abhängig von den Substanzen im System verschiebt sich das Reaktions-Gleichgewicht oder es bilden sich sogar neue Substanzen, beispielsweise durch Umesterung. Auch deshalb sind Zutaten und **Inhalt** nur selten dasselbe. Aber machen Sie das einmal einem Juristen klar: Der englischsprachige Begriff Ingredient ist zweideutig und bedeutet sowohl Zutat als auch Inhaltsstoff... → Ingredient

Andropogon citratus = Cymbopogon citratus – West Indian Lemongrass, Indisches Eisenkraut, Indian Verbena – Öl enthält ebenso wie → **East Indian Lemongrass** (Cymbopogon flexuosus), Echtes Eisenkraut (Lippia verbena), May Chang (Litsea cubeba) und Echte Melisse (Melissa officinalis) viel → **Citral [!] - lim 0,6% [7+]**

Anethum (Anethum graveolens) **– Dill, Gurkenkraut –** Gewürz mit hohem → Carvon-Anteil, Cumarine, Limonen, Linalool – **[B][7+]** Das Wasserdampfdestillat duftet nach Gras - Einige Pflanzen sehen dem wild wachsenden Dill zum Verwechseln ähnlich. Es gibt darunter tödlich giftige Arten.

Angelica (Angelica archangelica) – wurde im Mittelalter als Heilkraut aus Nordeuropa bis in den Orient exportiert – Bestandteil vieler Käuterliköre - Tee gegen Appetitlosigkeit, leichte Magen- und Darmkrämpfe, Völlegefühl und Blähungen. Engelwurz wirkt karminativ, antimikrobiell und regt die Magensaft- und Bauchspeicheldrüsen-Sekretion an. - **lim 3,9%** Angelicawurzel-Öl [Essence de racines d'angélique] - ' moschusartig,

---

[537] Lebensmittelwissenschaftlerin Monika Gibis, Uni Hohenheim in https://www.aerzteblatt.de/nachrichten/63433 http://www.rp-online.de/leben/gesundheit/ernaehrung/grill-special/grillen-diese-marinade-reduziert-krebsrisiko-um-74-prozent-aid-1.5232274

(pfeffrig, würzig-herb) – Wichtige Bestandteile → Limonen, mehrere Lactone u.a. 0,1-0,37% 15-Oxypentadecenlacton = ***Exaltolid, Methylbutansäure****,* ***Coumarine:*** *Angelicin, Bergapten, Imperatorin, Osthenol, Xanthotoxin, Xanthotoxol und Umbelliprenin.* ***[!] [P] [B] [X+]*** *- Bei Prostata-Problemen, Brustkrebs, Menstruations-Beschwerden und in der Schwangerschaft meiden.*

Aniba roseodora – Rosenholz, *Bois de Rose -* ***[!]*** *Meiden. Gefährdete Art. - Empfindliche Wildpflanze. 10...15 Jahre alte Bäume werden gefällt und für die Destillation des Rosenholz-Öls zerkleinert. Die ursprünglichen Bestände in Französisch-Guyana und im brasilianischen Regenwald sind erschöpft. Stattdessen wird nun oft ätherisches Öl aus den Blättern und Zweigen angeboten. → Linalool, Geraniol - Manche empfehlen statt dessen* ***indisches "Rosenholz"*** *(Dalbergia sissoo), das oftmals nicht lieferbare* ***Linaloe*** *(Bursera delpechiana)* ***[!]*** *oder →* ***Ho*** *Sho* ***wood*** *or* ***leaf oil:*** *80% Linalool und 10% Monoterpene.*

Anis *(Pimpinella anisum) – Gewürz – ' süß-krautig z.B. in Kräuterlikören vom Typ Pernod, Ouzo, Raki - → trans-****Anethol*** *(~ 95 %), cis-Anethol (0,3 bis 0,4 %); Estragol (bis zu 4,0 %); Isoeugenyl-2-methylbutyrate (~1 %)], Anisaldehyd (bis zu 0,9 %); Phyto-Hormone, Safrol. - Tee steigert Milchsekretion. - Äußerlich und als Tee bei leichten Oberbauchbeschwerden, die mit Krämpfen und Blähungen einhergehen; bei Katarrhen der Luftwege.-* ***lim*** *0,1% Anis-Öl –* ***[B][X+][!]*** *Ungeeignet für Schwangere und Kinder unter 10 Jahren. Meiden bei Neigung zu Epilepsie, Prostata-Problemen, Brustkrebs, Menstruationsbeschwerden.*

Anisylidene acetone (4-(p-methoxyphenyl)-3-butene-2-one) ***Prohibited***

Anosmie – allgemeine, partielle oder selektive Geruchsblindheit: *Unfähigkeit (eine Stoffgruppe oder einen Stoff) zu riechen. Es gibt beispielsweise Menschen mit einer partiellen Geruchsblindheit gegenüber Bittermandel-artig riechenden Stoffen. Allgemeine Geruchsblindheit ist oftmals ein (unerkannter) Grund für Appetitlosigkeit.*

Anthemis nobilis = Chamaemelum nobile - *Kamille, römische -* ***→ Methylbutensäure, 80% Tigliate*** *und andere* ***Ester –*** *beruhigender Apfelduft, Haar pflegend und aufhellend. Sensibilisierungpotenz: mittelstark, Sensibilisierung: selten.*

Anthroposophie *- [griechisch] die, von Robert Steiner 1902 begründete, gegen Mechanisierung und Verflachung des modernen Lebens gerichtete Weltanschauungs- und Erkenntnislehre.*

Antisepsis *- [griechisch] die (Antiseptik), die Abtötung der Krankheitserreger in der Wunde mit chemischen Mitteln (Antiseptika).*

Aphrodisiakum *- Bezeichnung für teilweise schon seit der Antike bekannte Mittel, die vor allem die geschwächte oder erstorbene männliche Zeugungskraft beleben oder wieder erwecken beziehungsweise allgemein die sexuelle Begierde steigern sollen. Das Wort Aphrodisiakum (Plural: Aphrodisiaka) kommt von griechisch aphrodisiakós zum Liebesgenuss gehörend.*

Aprikose *(Prunus armeniaca) -* ***Aprikosenkern-Öl*** *(Prunus Armeniaca Oil) - Dieses fette Öl zieht rasch in die Haut ein und eignet sich sehr gut als Massage-Öl und für empfindliche, entzündete und trockene Haut.. Marillen-Öl hat ähnliche Eigenschaften.* ***[0+]*** *Durch den hohen Anteil an ungesättigten Fettsäuren ist die Haltbarkeit auf wenige Monate begrenzt. Es wird deshalb meist mit stabileren Ölen gemischt.*

Aqua, Water *- Hauptbestandteil vieler Cremes.* ***[!]*** *Wasser wirkt wie ein zu langes Bad, es laugt auf Dauer die Haut aus. Es werden* ***Emulgatoren*** *und eine* ***Konservierung*** *erforderlich. →* ***Mallorca-Akne***

Argan *(Argania spinosa)* ***– Argan-Öl*** *(Argania Spinosa Oil) ist das aus den Kernen gepresste fette Öl. → Ähnliche Anwendung wie* ***Oliven-Öl****.*

Arnika (Arnica montana) – *meist als Extrakt der getrockneten Blüten - Die Sensibilisierungspotenz von Arnika ist als stark einzuschätzen. -* ***[!]*** *Nur* ***äußerlich*** *anwenden:* ***[T]*** *Arnikaöl wirkt innerlich giftig und verursacht Atemnot, Herzbeschwerden oder im schlimmsten Fall zu einem Kreislaufzusammenbruch.* ***[!]*** *Gefahr durch*

Fremdmaterial (bis zu 5% bei Blüten) z.B. durch ebenfalls gelb blühende aber Leber-giftige Kreuzkraut-Arten (Senecio x).

Aromatherapie - *die, Nutzung der antiseptischen, anregenden, beruhigenden, Wundheilung beschleunigenden Eigenschaften Ätherischer Öle. → Allopathie*

Artemisa *(Artemisa dracunculus)* **Estragon** *– Durchgehende in Spitze und Basis wahrnehmbare, intensiver werdende, krautig süße Herz-Note nach Lakritz - → Coumarine, <60%* **Estragol, Methyleugenol** *-* **[P] [B] [7+] [!]** *Zumindest bei Neigung zu Grünem Star meiden. - lim 0,02% Estragon-Öl* [538]

Artemisia *(Artemisia herba alba)* **Beifuß**- **[B]** *- Beifuß-Öl ist sehr variabel und enthält je nach Herkunft u.a. → 1,8-Cineol, Campher, Linalool,* **Thujon** *[T] , Sesquiterpenlactone (unter anderem Vulgarin und Psilostachyin) - Von Anwendung wird abgeraten.* **lim** *Gewürz*

Asarone *cis-und trans* **=(E)-** *und***(Z)-2,4,5-Trimethoxypropen-1-yl benzene** **Prohibited**

Attraktant (Lockstoff) *– Ein Lockstoff verführt zum gezielten Aufsuchen. - →* **MHC-Komplex** *→* **Copuline** *– Ein Attraktant ist der Gegensatz zum →* **Repellent**

Avocado *(Persea americana / gratissima) -* **Avocado-Öl** *(Persea Gratissima Oil) ist das fette Öl, das man durch Auspressen des getrockneten Fruchtfleischs erhält. Es ist nur bis 4 Monate haltbar und wird deshalb meist mit stabileren Ölen gemischt. Durch seinen Anteil an Phytosterinen und Haut pflegendem Squalen ist es für trockene, rissige Haut geeignet.* **[7+]**

B

Baldrian *(Valeriana officinalis) – bei zwei Jahre langem Trocknen dieser* **Wurzel** *entsteht die auf den Menschen beruhigend wirksame und Kater verrückt machende* **Isovaleriansäure**. *- Der Alkoholauszug hilft bei Prüfungsangst und erleichtert das Einschlafen.* **[12+][B]** *– Neben* **Borneol** *und* **Kampfer,** *sowie* **ß-Bisabolen** *enthält die Baldrian-Wurzel 0,5-2%* **Valepotriate** *die sich zur Isovaleriansäure abbauen. Der Hauptinhaltsstoff 3-Methylbutansäure = Isovaleriansäure kommt auch im menschlichen Schweiß vor und riecht intensiv holzig-erdig moschusartig nach Baldrian. -*

Bananen-Aroma *-* **[!] Essigsäure-isoamylester** *ist ein* **Alarm-Pheromon der Honigbienen**. *- Das Pheromon wird freigesetzt, wenn eine Biene zusticht – was dann dazu führt, dass weitere Bienen zur Verteidigung angeregt werden und ebenfalls stechen.* **[!] Lebensgefahr** *für Bienengift-Allergiker* **- Notarzt!** *- →* **Alarm-Pheromon**

Basilikum *(Ocimum basilicum) – ' aromatisch-scharf, Gewürz- und Heilkraut -* **[!]** *→ 3<31% Estragol → <6% Methyleugenol -* **lim 0,2%** *Basilikum-Öl meist für Herrenparfums -* **[15+][B]** *Ungeeignet für Kinder. Menstruations-fördernd: Vorsicht bei Schwangerschaft.*

Baummoos Absolue *- Usena x, Tree-moss-extracts, Extraits de mousse d'arbre - Pseudevernia furfuracea ist eine Rentierflechte. -* **[!]** *meiden. Limit für Auszugmittel <10mg/kg Benzol [T] - Extrakte sensibilisieren, besser →* **Eichenmoos**

Beifuß *(Artemisia herba alba) -* **[B]** *- Beifuß-Öl ist sehr variabel und enthält je nach Herkunft u.a. → 1,8-Cineol, Campher, Linalool,* **Thujon** *[T] , Sesquiterpenlactone (unter anderem Vulgarin und Psilostachyin) - Von Anwendung wird abgeraten.* **lim** *Gewürz*

Benzene **Prohibited**

Benzoe *(Styrax tonkinensis) Harz (Resinoid) – ' vanille- und schokoladenähnlich, süß, balsamisch - → Benzylbenzoat, Benzylcinnamat, Hydrozimtalkohol, ~1,5% Vanillin - →* **Fixateur** *-* **[3+] [!]** *Nur alkoholische Auszüge verwenden.*

Benzaldehyde lim *0,27%*

Benzyl alcohol lim *2,7%*

Benzyl benzoate lim *26,7%*

Benzyl cinnamate lim *2,1%*

Benzyl salicylate lim *8,0%*

---

[538] https://aromaticstudies.com/learn-about-tarragon-essential-oil-artemisia-dracunculus/

Bergamotte *(Citrus bergamia) – ' frisch, citrus, (süß) –* ***[7+] [P]*** *→ Citral, Limonen, Linalool,* ***Bergapten*** *→ Coumarine* ***lim*** *0,4% Bergamotte-Öl gepresst / zentrifugiert. - Es gibt unbedenkliche Vakuumdestillate.* ***[3+]*** *- Meist als emotional ausgleichende Spitzen- und Herz-Note mit Neroli und Lavendel in →* ***EdC***

Betula *(Betula alba)* ***Birke*** *–*

1. ***Birkenblätter-Destillat –*** *Durchblutung anregend – in Haarwasser gegen Schuppen - ,,,0,2% -* ***Keinesfalls anwenden bei der Einnahme von Gerinnungshemmern! [!] [B] [15+] Ungeeignet für Kinder und Schwangere!***
2. ***Birkenrinde*** *- → Betulinsäure, hemmt HIV. Birkensaft enthält Feuchtigkeit-speichernde, zellschützende, entzündungshemmende Zuckermoleküle.*
3. ***Birkenteer - "Juchten" - Birch Tar*** *(crude)* ***Prohibited*** *-* ***Birch Tar rectified, lim 1ppb PAH*** *- Das intensiv nach Rauch riechende Birkenteer-Öl diente früher zur Imprägnierung von russischem Rindsleder. →* ***Ledernoten***

Bibergeil, *verbotenes echtes Castoreum -* ***[!]*** *Um das Geschlechtssekret Bibergeil zu entnehmen, müssen Biber getötet werden. →* ***Castoreum***

Bienenwachs *(Cera flava) - empfehlenswerter Konsistenzgeber. - Cera alba - ist gebleicht. -* ***[!]*** *Bienenwachs kann Ceresin (Cerin, Erdwachs) aus künstlichen Waben enthalten. - Anteile >15% Mineral-Öl (Ceresin, Paraffin,...) in Cremes und Salben können auf Dauer die Hautfunktionen schädigen. →* ***Paraffin → MOAH***

Bio *- oftmals wie →* ***Natur*** *nicht geschützte Bezeichnung. Bioartikel benötigen deshalb zusätzlich Gütesiegel. Diese machen jedoch meist keine Aussagen über die Hautfreundlichkeit.*

Birke *(Betula alba) –*

1. ***Birkenblätter-Destillat –*** *Durchblutung anregend – in Haarwasser gegen Schuppen - ,,,0,2% -* ***Keinesfalls anwenden bei der Einnahme von Gerinnungshemmern! [!] [B] [15+] Ungeeignet für Kinder und Schwangere!***
2. ***Birkenrinde*** *- → Betulinsäure, hemmt HIV. Birkensaft enthält Feuchtigkeit-speichernde, zellschützende, entzündungshemmende Zuckermoleküle.*
3. ***Birkenteer -*** *"Juchten" -* ***Birch Tar*** *(crude)* ***Prohibited*** *-* ***Birch Tar rectified, lim 1ppb PAH*** *- Das intensiv nach Rauch riechende Birkenteer-Öl diente früher zur Imprägnierung von russischem Rindsleder. →* ***Ledernoten***

Bisabolol *- Riechstoff mit fixierenden Eigenschaften - entzündungshemmender Kamillenwirkstoff, optimale Einsatzmenge 0,8%*

Bitter – *Geschmacks- und Dufteindruck. Bitterer Geschmack ist oftmals ein Warnhinweis auf ungenießbare* ***[!]*** *oder giftige* ***[T]*** *Stoffe. Bitter(frisch)e Duftnoten entstehen beispielsweise durch die Kombination von süßen (animalischen) Düften wie Kokos oder Leder mit Galbanum, Rosmarin, Wermut oder Vetiver.*

Bittermandel -

1. ***Bittermandelaroma*** *aus* ***Benzaldehyd lim*** *→ Wildkirsch-Aroma*
2. ***Bittermandel*** *– Vorsicht Cyano-Verbindungen! -* ***[T]*** *Blausäure in Kernen von Kirschen, Pflaumen, Zwetschgen und von Mandeln → Marzipan oder Pfirsichkernen → Persipan*

Blätter-Alkohol *- (Z)-3-Hexen-1-ol =* ***cis-3-Hexen-1-ol*** *wird meist synthetisch hergestellt. Er kommt in den Blättern und Früchten duftender Pflanzen vor und ist in geringen Mengen in den grünen Teilen nahezu aller Pflanzen enthalten. Der Duft ungesättigten Alkohols cis-3-Hexen-1-ol hat frappierende Ähnlichkeit mit dem Geruch von frisch geschnittenem grünen Gras. - ODT 10 – 70 µg/L Wasser.*

Bohnenkraut*, Savoy winter, Bergbohnenkraut (Satureja hortensis x montana) – →* ***Carvacrol*** */ Thymol, <1%* ***Methyleugenol - lim*** *1% Bohnenkraut-Öl –* ***[7+]***

Boldo *(Peumus boldus) - →* ***Ascaridol [T]*** *.* ***Prohibited***

Borretsch (*Borago officinalis) –* ***Borretsch-Öl*** *(Borago Officinalis Seed Oil) ist das fette Öl aus den Samen. Es enthält die essentielle entzündungshemmende gamma-Linolensäure (GLA) und wird zu 2% mit Basis-Ölen verwendet.*

Boswellia -

1. ***Olibanum** (Boswellia sacra = carteri) **Weihrauch** – 'typischer sehr intensiver Weihrauchduft, - deklaratiomspflichtig sind → Limonen, Linalool*
2. ***Olibanum-Destillat** (Boswellia sacra = carteri) – ' balsamisch-würzig, leicht zitronig, (etwas kienig-koniferig) - In vielen orientalischen Parfums - **[B]** –*
3. ***Indischer Weihrauch** (Boswellia serrata) wird in der Ayurveda-Medizin gegen Entzündungen eingesetzt.*

***Bucco-Barosma, Buchu** (Agathosma serratifolia = **Long Buchu**; Barosma betulina = **Short Buchu**; Diosma crenulata = **Ovate Buchu**) - Buccoblätter-Öl als Lebensmittelaroma, intensiver Riechstoff - **lim 1%** - **[B]** - unterstützt Johannisbeeraroma (Ribes nigra) → Cassis*

***Butansäure = Buttersäure** riecht nach ranziger Butter , Käse, säuerlich, Schweiß - ODT 3mg/L Wasser → Buttersäureester = **Butanoatate** = Butyrate*

Butylcinnamaldehyde** alpha- **lim 0,45%

C

***Cade** Oil - (Juniperus off.) – Öl aus **Wacholderzweigen.** → Wacholder*

1. ***Cade** Oil (crude) **Prohibited***
2. ***Cade** Oil ((rectified) **lim 1ppb PAH***

Cajeput** (Melaleuca leucadendron) [Kayu Putih] – eukalyptusartige Kopfnote. Cajeput-Öl enthält → 1,8 Cineol → ß-Pinen sowie → Geraniol → Limonen → Linalool und ist ungeeignet für Schwangere sowie Babies. **[B][7+]

Calendula officinalis** - Ringelblume – gelb-orange blühender Korbblütler.[539] Die seit dem Altertum bewährten Wundheilung-beschleunigenden Calendula-Salben bestehen aus Ringelblumen-Blüten in ungesalzener Butter oder in ungesalzenem Schmalz; diese sind nur begrenzt haltbar und werden nach einiger Zeit ranzig. - **[!]** Kann Haut irritieren. Vorsicht bei Überempfindlichkeit auf Korbblütler. - **[!]** Von der Verwendung von Creme-Grundlagen wie Melk-Fett wird abgeraten: Emulgatoren und trocknen auf Dauer die Haut aus. → **MOAH** → **Salbe

*(+)-**Camphen** ist ein Inhaltsstoff von Terpentin-Öl, Desodoranzien und Duft-Ölen. Sensibilisierende Wirkungen beim Menschen sind nicht bekannt. **Campher** → **Kampfer***

***Cananga** (Cananga odorata) **Ylang -** Pfirsich- und Aprikosen-Aroma für Lebensmittel, intensiver Duft, beruhigend und entspannend, kann Kopfschmerz auslösen **[!]** - → <0,5% Methyleugenol - **lim** 2% Ylang-Öl - Ylang ylang extracts 0,8% - Bei Ylang gibt es mehrere Fraktionen mit stark unterschiedlichen Duft-Qualitäten: Ylang Extra / I, II, III. - Ylang III gilt als guter Fixateur für blumige Noten. → Linalool, Benzylbenzoat, Benzylsalicylat, Farnesol, Geraniol, Isoeugenol, Limonen*

***Canarium** (Canarium luzonicum) **Elemi-Destillat** ...0,5% 'harziges Zitrusaroma' - → Limonen, Methyleugenol*

***Carene** - **Delta-3-Caren** ist in Naturprodukten (z.B. Terpentin-Öl) anzutreffen. Gesichert ist die sensibilisierende Wirkung bei Mensch und Tier.*

***Carum** (Carum carvi) **Kümmel** - als Gewürz. - → <63% Carvon, Limonen – **[P] lim 0,4%** Kümmel-Öl – **[!][B]** Meiden bei Prostata-Problemen, Brustkrebs, Menstruationsbeschwerden. Östrogen-ähnliche Hormonwirkung. → Cumin Kreuzkümmel*

***Carvon –** S-(+) Carvon "Kümmel" – ODT 50 µg/L Wasser*

Cascarilla** (Croton eulateria) - Tabak-Aroma - **lim 0,001%** oder **10mg/kg Methyleugenol

***Cassia** → Zimt (Cinnamomum cassia), [Cassia oil, Essence de cannelle de Chine] ist für Schwangere tabu – es ist **Wehen fördernd [B]**, außerdem enthält es neben → Zimtaldehyd → Methyleugenol*

***Cassieblüte** – gelbe, süße Akazie (Cassier du Levant, Acacia / Mimosa / Vachellia farnesiana) - Speise-Öl aus reifen Samen, schwarzer Farbstoff aus Schoten, über 3 Stunden anhaltender fruchtiger Riechstoff - intime feminine Note - → "Veilchenketon"*

---

[539] *http://www.fid-gesundheitswissen.de/pflanzenheilkunde/ringelblume/*

Jonon → Anis- und Benz-Aldehyd, → Eugenol, Methyleugenol, → Coumarin, Cuminaldehyd, Decanal (Aldehyd C10), Cresol, Methylsalicilat, → Nerolidol, Farnesol

Cassis - (Ribes nigrum) - meist synthetische Duftbase mit ' fruchtig (bitterem) Johannisbeerblüten-Duft (blackcurrant buds / Bourgeons de Cassis) - → **Bucco-**Barosma, **Buchu** (Agathosma serratifolia = Diosma crenulata) – Buccoblätter-Öl

Castoreum Absolue - Das ' warm, ledrig, animalisch, in Verdünnung angenehm süß riechende Prinzip des Geschlechtssekrets. Castoreum wird heute synthetisch hergestellt. → Die Menge, genauer: die Konzentration, macht's.

Category - Ohne die Kenntnis der → **IFRA_RIFM_QRA** - Categories sind die genannten Limits der IFRA nicht nutzbar.

Cedrus - [!] ursprünglich die nahezu ausgerottete Libanonzeder (Cedrus lib.) - heutzutage die

1. **Atlas-Zeder** (Cedrus atlantica) - äußerlich unbedenklich ab **[3+] [!] Keinesfalls anwenden bei Epilepsie!** .
2. **Himalaya-Zeder** (Cedrus deodara) – Möbel-Holz, Öl auch als Mottenschutz oft aber auch
3. **East Red Cedar -** (Juniperus virginiana) - Die **Bleistiftzeder** ist ein rasch nachwachsender Rohstoff - **[!][B][7+] äußerlich!**
4. **West Red Cedar –** (Thuja plicata) **–** Holz wird auch für Mottenkugeln verwendet.
5. **Lebensbaum - (Thuja occidentalis)** – Das ätherische Öl des Lebensbaums enthält 50 - 90% → **Thujon** [T] und wird irreführend auch als Zedernblätter-Öl deklariert. **Thujon ist ein sehr starkes Nervengift und wird vom Körper nur schwer abgebaut. [B][T]**

Celeriax (3-Propylidenepht halide) lim 0,01%

Cera - Wachs - zum Beispiel → **Bienenwachs** → **Jojoba**, aber auch Wachse aus Erdöl wie Ceresin (Cerin, Ozokerit) → **Mikrowachs** → **Paraffin** → **Vaseline** → **MOAH**

Chamaemelum nobile = Anthemis nobilis - Kamille, römische **-** → **Methylbutensäure, 80% Tigliate** und andere **Ester –** beruhigender Apfelduft, Haar pflegend und aufhellend. Sensibilisierungpotenz: mittelstark, Sensibilisierung: selten.

Chenopodium-oil Prohibited

Cinamic alcohol lim 0,4%

Cineol = Cajeputol = Eucalyptol = 1,8-Cineol ist beispielsweise in vielen Eukalyptus- und Melaleuca-Arten, Myrten-Öl, Rosmarin, Galanga (chin. Ingwer), Kardamom enthalten. Einflüsse auf das Zentralnervensystem sind sind erhöhte Aufmerksamkeit und langsamerer Serotoninabbau. **[7+]**

Cinnamomum - → Kampfer → Zimt

Cistrose, Cistus Labdanum -

1. **Balsam** aus (Cistus ladanifer - und anderen Zistrose-Arten) riecht lederartig mit einem lang anhaltenden Ambra-Ton. –
2. **Cistus-Öl** (Destillat) enthält → Limonen und ist eine intensive warmwürzige Ambra-artige Herz- bzw. Fondnote welche zu fruchtig-frischen Kopfnoten gut passt. **[3+] [B]**

Citral* ist eine Mischung aus **Geranial** und **Neral - lim 0,6% [7+] -** Citral wirkt in geringen Dosierungen beruhigend, darüber psychisch anregend, hohe Dosierung kann den Geist verwirren.

Citral* - Cymbopogon **citratus** = **Andropogon citratus** – West Indian Lemongrass, Indisches Eisenkraut, Indian Verbena – Öl enthält ebenso wie Cymbopogon **flexuosus** → East Indian Lemongrass , Echtes Eisenkraut (Lippia verbena), May Chang (Litsea cubeba) und Echte Melisse (Melissa officinalis) viel → **Citral [!] lim 0,6% [7+]**

Citronella -

1. **Citronellgras, Ceylon** (Cymbopogon nardus) enthält → **Geraniol** ~19%, → Limonen ~10%, Methyl-Isoeugenol ~9%, → **Citronellal** ~10%, → Citronellol ~7%, → **Methyleugenol** <2% - **lim** 0,5% Citronell-Öl – Ähnlicher Duft: → Zitronenmelisse
2. **Citronellgras Java** 85/35 (Cymbopogon winterianus) – irreführend auch Melissa indicum genannt, enthält → **Citronellal** ~38%, → **Geraniol** ~12%, → Geranylacetat

~5%, → Limonen ~2%. - Mit ~50% Gesamt-Anteil an Geraniol und Citronellal ist dieser zitronenartige Duft mit seinem Hauch Rose besser für die Parfümerie geeignet.[540] -

Citronellal - **Citronellal**-haltige ätherische Öle, wie Citronell Java, Eucalyptus citriodora und andere, maskieren Körperdüfte und halten viele Insekten ab. → Repellent.

Citronellol* lim 13,3%

Citrus

1. Citrus **aurantifolia** (expressed) → **Limette**
2. Citrus **aurantium var. amara** - → **Neroli,** aus den Blüten → **Petitgrain,** aus Blättern und Zweigen der bitteren Orange → **Orangen-Öl, bitter** [Essence exprimée de bigarade] aus der Schale
3. Citrus bergamia → Bergamotte
4. Citrus limon → **Zitrone**
5. Citrus x **paradisi** / decumana → **Grapefruit**
6. Citrus **reticulata** → **Mandarine;** Öl, aus der Schale → Petitgrain, aus Blättern und Zweigen
7. Citrus **sinensis** → **Orange, Portugal**-Öl (Orangen-Öl, süss)

Commiphora (Commiphora molmol, Commiphora mukul und andere.) **Myrrhe,** Harz – **[B]** ...0,1% 'leicht würzig-süß, (warm) - **Bdellium,** Harz (Commiphora gileadensis, - foliacea, - habessinica.) → **Opoponax**

Copuline – Stoffe, die zum Geschlechtsverkehr anregen: Das Vaginalsekret enthält Essig-, Propan-, (Methyl-)Butan- und Pentan-Säuren und einige Ester. Männer bewerten Frauen deutlich positiver und sanfter, wenn sie zuvor (unbewusst) diesen Duft wahrnehmen. Was wiederum die Bereitschaft der Männer zum Sex immens erhöhte und deren Verstand weitgehend ausschaltete. -

1. **Ethansäure = Essigsäure** riecht verdünnt frisch (Assoziation: gesund, jugendlich) → **Essigsäureester**;
2. **Butansäure = Buttersäure** riecht nach ranziger Butter → Buttersäureester = **Butanoatate** = Butyrate;
3. **3-Methylbutansäure = Isovaleriansäure** riecht nach Baldrian (Hauptinhaltsstoff) → Isovaleriansäureester;
4. **(R)-2-Methylbutansäure** riecht durchdringend käsig, schweißig, nach altem Hopfen (z.B. Fehlaroma in Bier);
5. **(S)-2-Methylbutansäure** riecht angenehm süß, fruchtig Aprikose = Marille → **Isobuttersäureseester**

Coriandrum (Coriandrum sativum) **Koriander** – **[B]** → Linalool = Coriandrol, Coumarine – ' warm, würzig, blumig, sehr aromatisch, (Pfeffer-ähnlich) – wirksam bei 10 von 12 Bakterienstämmen einschließlich MRSA und Eschericha coli - Hauptbestandteil von Curry, Brotgewürz –

Corymbia citriodora (aus China, Brasilien) dieses Destillat enthält ~80% → Citronellal - wird auch als Zitroneneukalyptus bezeichnet. Citronellal-haltige ätherische Öle maskieren Körperdüfte und halten viele Insekten ab. → Repellent.

Costus (Saussurea lappa) aus der Familie der Gänseblümchen – Das Öl aus den Wurzeln riecht exotisch, Veilchen-artig, (warm) – **Costus** rootoil, absolute and concrete **Prohibited**

Coumarin lim 1.6% - **1,2-Benzopyron** = 2H-1-Benzopyran-2-on = 2-Oxo-1,2-benzopyran = Chromen-2-on = Tonka bean camphor = cis-o-Coumarinic acid lactone = o-Hydroxycinnamic acid deltalactone = Cumarin (deutsch); Cumarina (spanisch); Coumarine (französisch); CAS 91-64-5, C9H6O2 - Das 'Kräuter-artig süß-würzige an Waldmeister, Vanille und frisches Heugras erinnernde **1,2-Benzopyron** ist ein in Tonka natürlich vorkommendes unbedenkliches Coumarin. **1,2-Benzopyron**, ist

[540] +(-)-Citronellal verhindert das Wachsen von Leberkrebs https://www.swr.de/swr2/wissen/krebszellen-haben-riechrezeptoren/-/id=661224/did=14963444/nid=661224/6zvzrx/index.html

ein über drei Stunden lastender intensiver Riechstoff. Ersetzt die vielen bedenklichen (natürlich vorkommenden) photo-sensibilisierenden → Coumarine.[541]

Coumarine, photo-sensibilisierende Fur(an)ocoumarine - ***[P]*** *In Angelicawurzel-Öl, Kumin-Öl, Rauten-Öl Ruta x, Petersilien-Öl und Ölen von anderen Doldenblütlern, Bergamotte-Öl und anderen gepressten Citrus-Ölen ist das stark photo-sensibilisierende '5-MOP' enthalten.* ***lim 0,001.5% Bergapten (Limit 15mg/kg 5-Methoxy-Psoralen).***

Creme - *besteht aus Ölen und Wasser. -*

1. *Die meisten Cremes bestehen zu über 95% aus Wasser und Paraffinen, die restlichen 5% sind Emulgatoren, Konservierung, Parfumierung und die in der Werbung groß herausgestellten Wirkstoffe; es ist leicht auszurechnen, dass die pflegenden Anteile in der Minderzahl sind oder oft nur 0,5% der Gesamtmenge ausmachen. →* ***Mallorca-Akne → Paraffin → MOAH***
2. ***Creme – natürliche*** *aus fetten Pflanzen-Ölen und Wasser. - Hauptbestandteile sind Wasser und Pflanzen-Öle, Konsistenzgeber, Emulgatoren, Konservierung und Parfumierung. Wobei einige Stoffe zugleich konservierende und parfumierende Eigenschaften haben. →* ***Mallorca-Akne → Paraffin → MOAH***
3. ***Creme – natürliche wasserfreie: → EdS Kosmetik → Salbe***

Cuminum *(Cuminum cyminum)* ***Kreuzkümmel, Cumin-oil ...0,4%*** *- Cumin-Aroma in Curry –* ***[P]*** *- Kreuzkümmel und Koriander sind Gewürz-Bestandteil von →* ***Curry***

Cupressus *(Cupressus sempervirens)* ***Zypresse*** *- nachwachsender Rohstoff, möglicherweise der Namensgeber für Chypre und Zypern – ' frisch, etwas würzig, Limonen- und Fichten-artig, zusammenziehende und besänftigende Hautpflege und Massage - Zypressen-Öl → Phyto-Östrogene -* ***[B][X+][!] meiden bei Prostata-Problemen, Brustkrebs, Neigung zu Grünem Star. Kontraindikation: Schwangerschaft.***

Cyclamen alcohol *(...1.5% permitted in ~ Cyclamen aldehyde)* ***Prohibited***

Cyclamen propanal *(p-tert-Butyldihydrocinnamaldehyde; Bourgeonal)* ***0,5%***

Cyclosia Base ™ *[Firmenich S.A.] - (+)-7-Hydroxydihydrocitronellal* ***lim 1% → Lyral***

Cymbopogon

1. *Cymbopogon* ***citratus*** *=* ***Andropogon citratus – West Indian Lemongrass, Indisches Eisenkraut, Indian Verbena –*** *Öl enthält ebenso wie*
2. *Cymbopogon* ***flexuosus*** *→* ***East Indian Lemongrass ,*** *viel →* ***Citral [!] lim 0,6% [7+]***
3. *Cymbopogon* ***martinii*** *var. motia* ***Rusagras- → Palmarosa*** *~80%* ***Geraniol*** *- Ausgangsstoff für das sogenannte türkische Geranien-Öl. Allgemein ...1% sehr gut verträglich.*
4. *Cymbopogon* ***martinii*** *var. sofia* ***Ingwergras*** *- → ~50%* ***Geraniol.***
5. *Cymbopopgon* ***nardus*** *-* ***Citronellgras, Ceylon*** *enthält →* ***Geraniol*** *~19%, →* ***Limonen*** *~10%, Methyl-Isoeugenol ~9%, →* ***Citronellal*** *~10%, → Citronellol ~7%, →* ***Methyleugenol*** *<2% -* ***lim 0,5% Citronell-Öl*** *– Ähnlicher Duft: → Zitronenmelisse*
6. *Cymbopogon* ***winterianus*** *-* ***Citronellgras Java*** *85/35 – irreführend auch Melissa indicum genannt, enthält →* ***Citronellal*** *~38%, →* ***Geraniol*** *~12%, → Geranylacetat ~5%, → Limonen ~2%. - Citronell Java und andere* ***Citronellal****-haltige ätherische Öle maskieren Körperdüfte und halten viele Insekten ab. → Repellent. - Mit ~50% Gesamt-Anteil an Geraniol und Citronellal ist dieser zitronenartige Duft mit seinem Hauch Rose besser für die Parfümerie geeignet.*[542]

D

D* *- In der Homöopathie übliche Kennzeichnung der auf der Basis 10 potenzierten mehrstufigen Aufarbeitung. C* kennzeichnet die auf Basis 100 potenzierten Heilmittel.*

---

[541] Eventuelle Alternativen: https://scentandmolecules.wordpress.com/

[542] *+(-)-Citronellal* verhindert das Wachsen von Leberkrebs https://www.swr.de/swr2/wissen/krebszellen-haben-riechrezeptoren/-/id=661224/did=14963444/nid=661224/6zvzrx/index.html

Homöopathische Heilmittel beruhen auf der bei zunehmender Verdünnung beobachteten Wirkungs-Umkehr. Allgemein: Dezimalpotenz wobei D0 = Urtinktur. Hier:
D Dezimalpotenz bezogen auf das verwendete ätherische Öl, wobei D0 ~ 100% ;
D4 ~ 10^{-4} ~ C2 ~ 100^{-2} ~ 0,000.1 ~ 0,01% ;
D12 ~ 10^{-12} ~ C6 ~ 100^{-6} ~ 0,000.000.000.001 ~ 0,000.000.000.1%

DAB - *Arzneibuch für die Arzneimittelqualität und -sicherheit. Diese Werke benötigt jeder selbstständige Apotheker sowie jeder, der Arzneimittel, Ausgangsstoffe, Hilfsstoffe, Reagenzien oder Behältnisse für pharmazeutische Zwecke herstellt oder vertreibt. (Es ist kein Verzeichnis der Fertigarzneimittel wie die Rote Liste). - Es besteht z.B. aus dem*

1. *Deutschem Arzneibuch 2009 (DAB 2009)*
2. *Europäischem Arzneibuch, 6. Ausgabe 2008, mit den Nachträgen 6.1, 6.2 und 6.3*
3. *Homöopathischem Arzneibuch 2008 (HAB 2008) → Schweiz:* **Ph.Helv.**

Daucus *(Daucus carota)* ***Karotte, Carrot – [B] [P]*** *Iris-Duft - Ähnlichkeitsgeruch: rothaarig, schwül - → Geraniol, Limonen, Linalool,* ***<0,5% Methyleugenol - lim 2% Daucus-Öl***

Davana *(Artemisia pallens) -* ***[P] [B] [T]*** *- Dieser indische Beifuß enthält neurotoxische C15-Ketone und Benzaldehyd.* ***Haut reizend, meiden [!] lim 0,2%.*** *Der Duft des Davana-Öls erinnert an Früchte wie Himbeere, schwarze Johannisbeere mit laubigen, balsamischen und rosinenartigen Duftnoten. Der Geschmack ist süßfruchtig rosinenartig mit aprikosen-pfirsichartigen Trockenfruchtnoten.*

denat. *- [bei Alkohol im Sinne von »vergällen« und »ungenießbar machen«]. Die Vergällung erfolgt bei »Äthylalkohol« durch Pyridin* ***[T]*** *, Methanol* ***[T]*** *, Benzol* ***[T]*** *, Petrolether* ***[T]*** *, Kampfer* ***[T]*** *, Kohlenstofftetrachlorid* ***[T]*** *, durch Ätherische Öle wie Rosmarin-Öl oder Teebaum-Öl. Der Bitterstoff Diethylphthalat ist deutlich weniger toxisch und hautfreundlicher als alle anderen o.g. Vergällungsmittel. Die Deutsche Bundesmonopolverwaltung bevorzugt die Vergällung mit 1% Diethylphthalat. →* ***Alkohol***

Diacetyl = **2,3-Butandion** – *ODT 2 - 7 µg/L Wasser – Butterduft, Fehlaroma in Bier oder Wein.*

Die Menge macht's. *- Ein wichtiger Leitsatz in der Biochemie. Ein und derselbe Stoff kann ätzend, reizend, desinfizierend, desodorierend und Haut schützend sein.*[543] *"Tränengas", "atemberaubend", "aufdringlich stark", "deutlich wahrnehmbar", "gerade noch erkennbar", "angenehme Aura" sind die Umschreibungen für ein und denselben Riechstoff. → Die Menge, genauer: die Konzentration, macht's.→* ***Mallorca-Akne → Estragon / Estragol → Methyleugenol → Safrol → Thuja / Thujon***

Dill, Gurkenkraut *(Anethum graveolens)* ***– [B][7+] → Anethum*** *- Einige Pflanzen sehen dem wild wachsenden Dill zum Verwechseln ähnlich. Es gibt darunter tödlich giftige Arten.*

Dimethyl anthranilate *(Methyl N-methylanthranilate) 0,1%*

Douglasie *(Pseudotsuga menziesii) – weder Kiefer, Fichte noch Tanne: Das Kieferngewächs der eigenen Gattung Pseudotsuga ist raschwüchsig und liefert wertvolles Holz. - Das farblose Harz riecht stark nach Zitrone. Das ätherische Öl ist ein angenehm frischer, sanfter etwas zitroniger Nadelduft. Es gilt als desinfizierend, Verschleimungen lösend , stimulierend, die Atmung angeregend. Hauptbestandteile mit bis zu 50 % und 25 % sind ß-Pinen und a-Pinen, bis zu 18 % Limonen, Borneol sowie Geraniol, Geranylacetat und andere Ester und geringe Mengen von dem Keton Borneon.*

Duftende Salben – *Synonym: →* ***EdS Kosmetik → Salbe***

Duftstoff → Riechstoff

---

[543] *Die Nichtbeachtung dieses Leitsatzes führt zu groben Fehleinschätzungen des Gefahrenpotentials.*

***EdC** - [franz. »Eau de Cologne«] das, 4 - 8% Duftextrakt, meist ohne Fond, in 80-85%igem Alkohol; »**EdC** pH« das Eau de Cologne für ihn, 3 - 5% Duftextrakt in 75-80%igem Alkohol.*

***EdP** - [franz. »Eau de Parfum«] das, 8 - 15% Duftextrakt in 90%igem Alkohol.*

EdS** - [franz. Synonym für »Eau de Solide« und Naturkosmetik der »Edition Sensuel«] ein eingetragenes Warenzeichen von **EdS**-Parfums.de – → **EdC** → **EdT** → **EdP

***EdS** – Von Ed Siedler entwickelte und nach ihm **EdS** benannte neuartige Parfum-Klasse (perfume-classification) mit Fond, Herz und Kopf und ~1% Riechstoff-Anteil. Die Kollektion umfasst Haut pflegende und Haut schützende Naturkosmetik (Lip Balm / Gloss and Skin / Face Balm) und Parfums mit aromatherapeutisch nutzbaren und kühlenden Eigenschaften (Perfume Collection and Skin Tonic).*

***EdT** - [franz. »Eau de Toilette«] das, 8 - 12% Duftextrakt in 85-90%igem Alkohol; »**EdT** pH« enthalten nur 5 - 10% Duftextrakt in 80-90%igem Alkohol.*

***Eichenmoos Absolue** (Evernia prunastri) – ' moosig, erdig, (würzig,waldig) - Extrakte sensibilisieren. - Kaum hatte die EU die Verwendung von Eichenmoos eingeschränkt, stellte sich heraus, dass der Bösewicht das billigere Baummoos war, das zum Strecken des Eichenmooses benutzt wurde... - **Oakmoss** absolute 0,1% , Extraits de mousse de chêne*

***Eisenkraut** (Lippia citriodora) → ~40% Citral - **Lemon verbena** – **[P] [B],** Haut reizend, meiden.*

***Elemi** (Canarium luzonicum) - **Elemi-Destillat** ...0,5% 'harziges Zitrusaroma' - → Limonen, Methyleugenol*

***Elettaria** (Elettaria cardamomum) – **[7+]** Ungeeignet für Kinder unter 7 Jahren. Der Grüne **Kardamom** enthält neben dem frischen 1,8-Cineol als blumige Nuance den Flieder-Riechstoff alpha-Terpineolacetat.*

***Emulgator** - Emulgatoren ermöglichen stabile Gemische aus fetten Ölen und Wasser. Je nach verwendetem Emulgator sprechen wir von von Öl-in-Wasser- oder Wasser-in-Öl-Emulsionen. Emulsionen vom Typ O-W sind relativ langzeitstabil. W-O-Emulsionen gelten als hautfreundlich. - Probleme ergeben sich bei gleichzeitiger Anwesenheit von Konservierungsstoffen und energiereicher Strahlung. → Mallorca-Akne → Creme*

Erstreaktion** - → **Homöopathische Erstreaktion

***ESCOP** – European Scientific Cooperative on Phytotherapy (ESCOP)*
*– Die Kommission E ist die deutsche selbstständige, wissenschaftliche Sachverständigenkommission für pflanzliche Arzneimittel → **Monographien***

Essigsäure = Ethansäure** riecht verdünnt frisch (Assoziation: gesund, jugendlich) → **Copuline** → **Essigsäureester

***Ester** - chemische Verbindung einer Fettsäure (Alkan- / Alken-Säure) mit Alkohol oder Phenol unter Abspaltung von Wasser. Viele Düfte und Fruchtaromen sind Ester.*

1. ***Ethanoate = Acetate** sind Essigsäure-Ester, - Beispiel: Linalyl-Acetat → **Lavendel** -*
2. ***Butanoate = Butyrate** sind Butansäure-Ester,...**Fruchtester** → Tabelle*
3. ***Ester, innere** - → **Lactone***

Estragol** - bedenklicher Inhaltsstoff **- lim 0,001% oder 10mg/kg** → **Estragon** → **Fenchel

***Estragon** (Artemisa dracunculus) – Durchgehende in Spitze und Basis wahrnehmbare, intensiver werdende, krautig süße Herz-Note nach Lakritz - → Coumarine, <60% **Estragol, Methyleugenol – lim** 0,02% Estragon-Öl [544] – **[P] [B] [7+] [!]** zumindest bei Neigung zu Grünem Star meiden.*

***Ethyloctanal = 4-Ethyl-Octanal** (FEMA4117) – Riechstoff mit Orangen- und Costus-Duft – Geschmacksverstärker: 3pbb in Zuckerwasser ergeben Citrusnote, 3ppb in Salzwasser ergeben Fleischgeschmack nach fettem Lamm. - Das 4-Ethyloctanal im Körperduft des Ziegenbocks lockt Ziegen an, beeinflusst deren Hormonhaushalt und sorgt für eine Empfängnisbereitschaft.*

---

544 https://aromaticstudies.com/learn-about-tarragon-essential-oil-artemisia-dracunculus/

Ethyloctansäure = 4-Ethyl-Octanoic-Acid *riecht nach Ziegenbock (ODT 4 ppb / Luft).*

Eugenol – *Hauptbestandteil der Gewürznelke (Syzygium aromaticum = Eugenia caryophyllata) und Bestandteil vieler Gewürz-Öle - ODT 6 - 30 µg/L Wasser* ***- lim*** *0,1% (IFRA 0,5%)* ***[!]*** *kann Haut reizen.*

Eukalyptus *- Mehrere Arten und Chemotypen mit unterschiedlichen Inhaltstoffen.*

1. *Eucalyptus* ***dives*** *– meist Chemotyp Piperiton - Kommerzielle Anbau in Transvaal (Südafrika) – dient der Aromatisierung von Schwarzem Tee → Billy Tea - Schleim lösend -* ***[B] [10+]*** *- Ätherisches Öl enthält ~50% → Piperiton*
2. *Eucalyptus* ***citriodora*** *– Zitroneneukalyptus – das ätherische Öl enthält als deklarationspflichtige Inhaltsstoffe → Citronellol → Limonen → Linalool - Verwechslungsgefahr* ***[!] Corymbia citriodora*** *(aus China, Brasilien) wird auch als Zitroneneukalyptus bezeichnet, dieses Destillat enthält jedoch ~80% →* ***Citronellal*** *-* ***Citronellal****-haltige ätherische Öle maskieren Körperdüfte und halten viele Insekten ab. → Repellent.*
3. *Eucalyptus* ***globulus*** *– Destillat der Blätter enthält ~85% → Cineol, bis zu 15% Pinen und bis zu 3% das deklarationspflichtige → Limonen* ***– [7+][B]*** *- Nie bei Kleinkindern anwenden.* ***-*** *Niemals im Gesicht anwenden! Es droht* ***Atemnot!***
4. *Eucalyptus* ***polybractea*** *- Destillat der Blätter enthält ~90% → Cineol -* ***[7+][B]*** *- Nie bei Kleinkindern anwenden.* ***-*** *Niemals im Gesicht anwenden! Es droht* ***Atemnot!***
5. *Eucalyptus* ***radiata – [3+]*** *- das Destillat enthält neben → Cineol → Citral→ Geraniol → Limonen → Linalool*
6. *Eucalyptus* ***radiata var, amygdalina*** *– der Pfefferminz-Eukalyptus —* ***[7+]*** *- das Destillat enthält neben → Terpineol → 1,8-Cineol → Limonen → alpha-Pinen*
7. *Eucalyptus* ***staigeriana*** *enthält bis zu 26% Limonen bis zu 6% 1,8-Cineol und bis zu 5% Pinen;* ***[1+]*** *gering dosiert beruhigend und sanft; auch für Erkältungen bei Kindern.*

Exaltolid *= 1,15-Pentadecanolid, ODT: 2ng/L, ist ein Moschusriechstoff. Exaltolid ist ein Bestandteil des Angelica-Öls und findet sich auch als Hauptbestandteil im Moschus. Exaltolid wird von Frauen (Zyklus-abhängig) bei höherem Östrogenspiegel früher wahrgenommen. Habanolid unterstützt den Duft von Exaltolid derart, dass neben 4% Habanolid nur noch 40% Exaltolid benötigt wird.*

Extrait de Parfum *- [franz.] das, 15 - 30% Duftextrakt in 96%igem Alkohol. Im Gegensatz zu →* ***EdS***

F

Farnesol – *Deo-Wirkstoff* ***Farnesol* 1,2%***

Feige *(Ficus) -* ***[P] [!]*** *Feigenblatt -* ***Absolue*** *(de feuilles de figuier)* ***Fig leaf absolute Prohibited***

Fenchel *(Foeniculum vulgare) - → Safrol und Estragol, z.T. bis zu 72% Asaron! -* ***lim*** *0,01% Fenchel-Öl – ' warm (süß), Anis-artig –* ***[B] [7+] [!]*** *Meiden bei Schilddrüsen-Unterfunktion, Brustkrebs, Tumoren, Neigung zu Epilepsie. Milchfluss fördernde Hormonwirkung.*

Fettaldehyde *→* ***Aldehyde***

Fette und Öle – Lebensmittel - - *gemäß Artikel 2 der europäischen Lebensmittel-Verordnung EG 178/2002 und dem LFGB vom 01.09.2005 dürfen Lebensmittel* ***nicht*** *für andere Bereiche, wie z. B. Kosmetik, eingesetzt werden.*

Fichten *(Picea x) meist (Picea abies und Picea mariana) – Fichte und Schwarzfichte (Black spruce) –* ***Fichtennadelöl****: Durchblutung der Haut fördernd, Einreibungen bei Antriebslosigkeit (Adrenalin-Mangel), Bronchitis (Husten), Erkältungen. -* ***Fichtennadelöl*** *– ist wegen seinem hohen Ester-Anteil wesentlich besser verträglich als → Tannennadelöl* ***–*** *Vergleiche hierzu auch →* ***Douglasie (Pseudotsuga menziesii)***

Flieder (*Syringa vulgaris x Hybriden) – Der aus den Blüten gewonnene Extrakt gibt den Fliederduft nur unzureichend wieder. Der mit α-***Terpineol**, **Anisaldehyd** *und evtl. mit* **Heliotropin** *angereicherte Extrakt ist eine ausgezeichnete Komponente für blumige Parfums. →* ***Lyral***

Fragonia ™ → ***Agonis*** *(Agonis fragans) –*

Frangipani *– Die Blüten des des auch Jasminbaum genanntenTempelstrauchs (Plumeria alba) duften sehr stark. Citrusnoten unterstützen die Anklänge an Ylang / Jasmin und Pfirsich / Narzisse.*

1. ***Frangipani-Absolue*** *(Plumeria rubia) enthält Benzyl-Alkohol, Benzyl-Benzoat, Benzyl-Cinnamat, Benzyl-Salicylat, Farnesol, Geraniol als deklarationspflichtige Inhaltsstoffe. -*
2. ***Frangipaniwasser*** *ist angeblich ein Weingeistauszug eines Riechpulvers hauptsächlich bestehend aus* ***Veilchenwurzeln*** *und gleichen Teilen der im alten Rom bekannten Gewürze. →* ***ß-Jonon*** *→ Ambrox*

G

Galbanum *(Ferula gummosa = galbaniflua) - Verleiht Gewürzen Sellerie-Geschmack. - Galbanum-Öl duftet ' frisch-grün mit waldig-balsamischen Untertönen, sehr markant, meist in Herrendüften.*

Galbanum ketone *(various trade names; 1-(5,5-Dimethyl-1-cyclohexen-1-yl)pent-4-en-1-one) 1.13%*

Gänsefuß *(Chenopodium) - → Ascaridol* ***[T] - [!] meiden.***

Gauttheria *(Gaultheria procumbens)* ***Wintergrün - [!] → Methylsalicylat [T]*** *. Wurde für Parfums mit einer Holzduftnote verwendet.* ***Gilt als Gift für Wasserpflanzen.***

Georgywood® = Iso E Super® 21.4% = (-)-(1R,2S)-Georgywood® *- Holzig-ambraartig, als Fond-Note frischgrün, süß, ODT 20 pg/Liter.*

Geraniol 5.3% *- Geraniol-haltige Pflanzen werden von Kaninchen nicht verbissen, halten Hunde fern und werden im Gartenbau in einem Mittel zur Vergrämung von Maulwürfen verwendet.*

Geranium *(Pelargonium x) - Große Duft-Vielfalt, u.a. ' blumig-süße, Rosen-ähnliche, Herz-Note - beliebt, für Gesichts- und Hautpflege.*[545]

Geranyl acetate 6%

Ginster – *(Genista x) - Genet* **Absolue** *- süßer heublumiger Duft, sehr intensive Herz-/Basisnote.*

GHB = Gamma-Hydroxy-Buttersäure = 4-Hydroxybutansäure, *HO-CH_2-CH_2-CH_2-COOH und deren Salze und Ester* ***(Oxybate):*** *Der Einsatz als Partydroge, Liquid Ecstasy oder K.O.-Tropfen ist strafbar. Der sexuelle Missbrauch widerstandsunfähiger Personen ist eine Straftat und wird mit bis zu zehn Jahren Haft geahndet und danach wird oft Sicherheitsverwahrung angeordnet! Bei Todesfolge lautet die Anklage zumindest auf Tötung aus Heimtücke und niederen Beweggründen...*

Grapefruit-Oil *(expressed)* ***lim 3%*** *- (Citrus paradisi / decumana) - →* ***Limonen*** *und →* ***Mercaptan*** *enthaltende charakteristische Kopfnote. Fördert das Ausschütten von Endorphinen.* ***[7+] [P] [!]*** *Kann im heißem Badewasser Haut reizen -*

H

Habanolid *= Oxacyclohexadec-12-en-2-one ist ein typischer makrozyklischer Moschusduft mit warmen, leicht holzigen Untertönen. Es ist noch nach zwei Wochen auf dem Riechstreifen wahrnehmbar.* ***Habanolid*** *unterstützt den Duft von* ***Exaltolid*** *derart, dass neben 4% Habanolid nur noch 40% Exaltolid benötigt wird.*

[545] https://aromaticstudies.com/pelargonium-graveolens-or-pelargonium-x-asperum/ https://aromaticstudies.com/pelargonium-finale/https://aromaticstudies.com/pelargonium-finale/https://aromaticstudies.com/pelargonium-finale/

Hagebutte *(Rosa canina, moschata,...) –* ***Hagebuttenkern-Öl*** *(Rosa Seed Oil) – wird oft mit anderen fetten Ölen verwendet – verkleinert Poren, lässt Narben nach Operationen und Verbrennungen sowie Pickel rasch abheilen.*

Haltbarkeit *- Die vom Hersteller, bei entsprechender Aufbewahrung, zugesagte Mindesthaltbarkeit. Diese wird meist durch Konservierung erzwungen. → Konservierung → Mallorca-Akne*

Harnstoff – Urea – *synthetischer Harnstoff kostet derzeit nur wenige Cent pro Kilo – [!] meiden. Ungeeignet für entzündete Haut! Erzeugt brennenden Schmerz!*

Haselnuss *(Corylus americana / avellana) – Haselnuss-Öl (Corylus Nut Oil) ist ein fettes Öl aus Haselnüssen. Es empfiehlt sich bei trockener Wind und Sonne ausgesetzter Haut.*

Helichrysum italicum [546] ***–*** *Immortelle - Als Gewürz "Currygeschmack" in Reis –* ***[3+] [P]*** *Individuelle Verträglichkeit testen.*

1. *Das intensiv duftende* ***Absolue*** *der →* ***Strohblume*** *ist ein starker Fixateur. Es trägt den Beinamen: "Everlast".*
2. ***Das ätherische Öl ...0,1%*** *ist eine heuartig duftende Herznote und enthält → Nerylacetat → Italidone → Limonen → Nerol → b-Carophyllene → g-Curcumene.*

Helional *5.3%*

Ho *sho wood or leaf essential oil: → 80% Linalool und 10% Monoterpene. →* ***Kampfer, Ravintsara*** *(Cinnamomum camphora)*

Holismus *- [von griechisch hólos »ganz«] der, Bezeichnung für das methodische Vorgehen, die Wirklichkeit unter dem Aspekt der Ganzheit zu deuten, besonders in der Biologie, Wissenschaftstheorie und Quantenphysik.*

Homöopathie *- ist die von Samuel Hahnemann begründete Heilmethode, die auf dem sogenannten "Ähnlichkeitsgesetz" basiert. In diesem Gesetz vertritt Hahnemann die Ansicht, dass Krankheiten durch solche Arzneistoffe geheilt werden können, die beim Gesunden möglichst ähnliche Symptome wie beim vorliegenden Krankheitsfall hervorrufen: Gleiches mit Gleichem heilen. → D* → Potenzierung → Homöostase → Die Menge, genauer: die Konzentration, macht's.*

Homöopathische Erstreaktion *- oftmals falsch als →* ***Allergie*** *oder →* ***Irritation*** *eingestuft. Im Gegensatz zu Allergie oder Irritation tritt die Homöopathische Erstreaktion (Name!) nur beim ersten Mal auf.*

Homöostase *- [griechisch] - Die Fähigkeit lebender Organismen zur Konstanthaltung bestimmter physiologischer Parameter, z.B. Blutdruck, Körpertemperatur, Wasser- oder Elektrolythaushalt, gegenüber Störeinflüssen.*

Hormone*, östrogenartige Phytohormone - → Zypresse, Salbei, Angelica, Anis, Kümmel –* ***[B][15+[[X+].***

Hormonwirkung – *Etwa 45% der 2016 zugelassenen* ***chemischen UV-Filter*** *steht im Verdacht ähnlich wie* ***Progesteron*** *zu wirken und die Beweglichkeit der Spermien zu verringern.*[547] *- Schon im Jahr 2011 haben Wissenschaftler nachgewiesen, dass →* ***Parabene*** *aus Körperpflegeprodukten ins Blut und ins Gewebe gelangen. Sie stehen im Verdacht, als endogene Disruptoren, in den Hormonhaushalt einzugreifen - bei Männern und Frauen.*[548]

Hyacinthe – *→ Zimtsäureester, Benzylbenzoate – ätherisches Öl oder Extrakte – mit süßblumigem (betäubendem) intensiv laubartigem Duft. →* ***Lyral***

Hydratropic Aldehyde *(2-Phenylpropionaldehyde) 0,17*

Hydroxycitronellal *1%*

Hyacinth *absolute 0,3%, beruhigend, entspannend*

---

546 https://aromaticstudies.com/helichrysum-helichrysum-italicum/
https://aromaticstudies.com/helichrysum-species/

547 http://derstandard.at/2000034179432/Sonnenmilch-koennte-zu-Unfruchtbarkeit-beitragen
https://www.sciencedaily.com/releases/2016/04/160401111847.htm Progesteron-ähnliche Wirkung

548 http://www.icada.eu/wp-content/uploads/2016/07/16-06-30-...Identification-of-endocrine-disruptors...pdf

Hyacinth butanal *(3-Phenylbutanal, Trifernal) 2.7%*

Hyposensibilisierung *- Verfahren zur systematischen Erhöhung der individuellen Reizschwelle. Nur durch den Facharzt! Ziel: Toleranz des Allergens. Risiko: Entstehen weiterer Antikörper. →* ***Allergie***

I

IFRA (*International Fragrance Association)* ***RIFM*** *(Research Institute for Fragrance Materials)* ***QRA*** *(Quantitative Risk Assessment) - →* ***IFRA_RIFM_QRA*** *Ohne die Kenntnis der IFRA_RIFM_QRA Categories sind die genannten Limits der IFRA nicht nutzbar.*

Illicum *(Illicum verum)* ***Sternanis – [B] [7+] [!] → Safrol - lim 0,1% Sternais-Öl → Anis***

Immortelle, Strohblume, Currykraut (*Helichrysum italicum ssp. Microphyllum / species) – Als Gewürz "Currygeschmack" in Reis –* ***[3+] [P]*** *Individuelle Verträglichkeit testen. –*

1. *Das intensiv duftende* ***Absolue*** *der →* ***Strohblume*** *ist ein starker Fixateur. Es trägt den Beinamen: "Everlast". -*
2. *Das* ***ätherische Öl ...0,1%*** *ist eine heuartig duftende Herznote und enthält → Nerylacetat → Italidone → Limonen → Nerol → b-Carophyllene → g-Curcumene.*

Immunsystem *– Gene bzw. Erbinformationssequenzen bestimmen das Immunsystem und den Körpergeruch.*[549]

Indol *- Champaca und Ginster enthalten je bis zu 5%; Jasmin-Absolue bis zu 2,5 Prozent; Orangenblüte-Absolue ~2,1% und Tuberose-Absolue nur Spuren der animalisch riechenden Stickstoffverbindung* ***Indol****. Ebenso wie bei Scatol, Muscon und Zibeton wird der Duft mit zunehmender Verdünnung süß und erogen. → Die Menge, genauer: die Konzentration, macht's.→* ***Muscon → Zibeton → Scatol***

Ingredient *(INCI) - Der Hersteller muss seine Zutaten als Ingredients gemäß INCI auflisten.*[550] ***Zutaten ≠ Inhalt****: Eine einzelne natürliche Zutat kann mehr als hundert Stoffe enthalten. Abhängig von den Substanzen im System verschiebt sich das Reaktions-Gleichgewicht oder es bilden sich sogar neue Substanzen, beispielsweise durch Umesterung. Auch deshalb sind Zutaten und Inhalt nur selten dasselbe. Aber machen Sie das einmal einem Juristen klar: Der englischsprachige Begriff Ingredient ist zweideutig und bedeutet sowohl Zutat als auch Inhaltsstoff...*

Ingwer *– [Zingiber officinale] – bis zu 4g Rhizome als Gewürz und Heilmittel (Ayurveda) –* ***[!]*** *bei Einnahme von Blut-Verdünnern - enthält die Scharfstoffe* ***Gingerol*** *und* ***Shogaol****. - Ingwer enthält die ätherischen Öle →* ***Zingiberol*** *und* ***Zingiberen, → Borneol*** *und →* ***Cineol****,* ***Harzsäuren*** *sowie* ***Vitamin C****. Ingwer soll die* ***Durchblutung fördern und die Blutgerinnung hemmen****, sowie gegen Unwohlsein (bei Reisekrankheit) helfen.*

Ionone - Iralia *™ [Firmenich S.A.] - →* ***Methyljonon***

Iris *(Iris germanica var. florentina, I. pallida, I. versicolor) – ' Veilchen-artig mit süßen, fruchtig-blumigen Nuancen, leicht warm-holzig, (pudrig). - Die Rhizome enthalten Iron. –* ***[!]*** *Alle Teile der Iris sind Haut reizend, besonders die Rhizome. Bei der Suche nach dem riechenden Prinzip der Iris wurden die Jonone (engl.: Ionone) entdeckt. Wesentlich billiger als die natürlich vorkommenden α-, β- und γ-Irone ist auch heute noch das β-***Jonon.***[551]

---

[549] http://www.t-online.de/eltern/schwangerschaft/id_69489802/eisprung-macht-schoen-maenner-sehen-frauen-die-fruchtbarkeit-an.html

[550] Eine INCI-Bezeichnung kann verschiedene chemische Verbindungen abdecken. https://www.verbrauchergesundheit.gv.at/lebensmittel/lebensmittelkontrolle/I_09720060405de00010528.pdf?40xutc

[551] *β-Jonon* ist ein Teilschritt zur Synthese von Vitamin A – Veilchenduft in der Krebsforschung *http://news.rub.de/presseinformationen/wissenschaft/2016-06-02-duftforschung-riechrezeptor-pigmentzellen-der-haut-entdeckt* und *https://www.swr.de/swr2/wissen/krebszellen-haben-riechrezeptoren/-/id=661224/did=14963444/nid=661224/6zvzrx/index.html*

Irritation *- Irritationen der Haut sind abhängig von Anwendungshäufigkeit, Konzentration und Verweildauer der Reizstoffe auf der Haut. Der allgemein beobachtete Trend zu immer größeren Konzentrationen desinfizierender und emulgierender Inhaltsstoffe, immer längerer Verweildauer durch stärkere Fixierung und immer häufigerer Anwendung, führt auf Dauer zur Austrocknung und Reizung der Haut.* ***Immer wieder: zu oft, zu viel, zu lange...*** *→ Die Menge, genauer: die Konzentration, macht's.→* ***Mallorca-Akne*** *→* ***Aloe vera*** *→* ***Calendula*** *→* ***Jasmin*** *→ Sandelholz* ***– Im Gegensatz zu:*** *→* ***Allergie*** *→* ***Homöopathische Erstreaktion***

Iso E Super® 21.4% = (-)-(1R,2S)-Georgywood® *- Holzig-ambraartig, als Fond-Note frischgrün, süß, ODT 20 pg/Liter*

Isoamylacetat = 3-Methylbutylacetat *– ODT 2 - 20 µg/L Wasser – Banane, Eisbonbon, fruchtig, Bestandteil des Wein- und Bieraromas,* ***Bienen-Alarm-Pheromon [!]***

Isoeugenol *0,2%*

Ivy carbaldehyde *(Dimethylcyclohex-3-ene-1-carbaldehyde (mixed isomers)) → 2.7%*

J

Jasmin Absolue 0,7% *(Jasminum grandiflorum, officinale, odoratissimum) -* ***Jasmine Sambac Absolute 4% –*** *' intensiv, blumig, auch zur Aromatisierung von Tee. -* ***Absolue*** *(durch Ölextraktion gewonnener Riechstoff) → Benzyl Alcohol, Benzyl Benzoate, Eugenol, Isoeugenol, Linalool,* *bis zu 2,5%* ***Indol****: "Der Duft der Jugend."* ***[!]*** *Kann Haut irritieren! - Die wichtigen Jasminriechstoffe werden in industriellem Maßstab synthetisiert. Neue Erkenntnisse zwischen Struktur und Duft ermöglichten die Erfindung einer bedeutenden Anzahl von nicht natürlich vorkommenden Riechstoffen vom Jasmin-Typ. →* ***Methyldihydrojasmon*** [552]

Johanniskraut *(Hyperici perforatum) –* ***Johanniskraut-Öl*** *(Hypericum Perforatum Oil) war ursprünglich das Oliven-Öl-****Mazerat*** *aus den Blüten des Echten Johanniskrauts. Wochenlange Auszugszeiten bei warmer und heller Lagerung, zersetzten die Blüten des Echten Johanniskrauts oxidativ und enzymatisch zu* ***"Rot-Öl"****. Sonnenblumen-Öl-Auszüge von Johanniskraut und den Ringelblumen bewähren sich und haben heute noch ihre Einsatzgebiete. →* ***Oliven-Öl*** *→* ***Sonnenblumen-Öl***

Jojoba *(Simmondsia californica = Buxus chinensis) – Jojoba ist ein leuchtend gelbes flüssiges Wachs mit dem Lichtschutzfaktor SF3..4. – Verwendung: Äußerlich für trockene Haare und Haut, Psoriasis, Akne und Sonnenbrand. Als Grundpflege und Hautschutz ist Jojoba sehr gut geeignet; es wird gut vertragen. Eine Belastung durch Umweltgifte kann nahezu ausgeschlossen werden, weil es aus dem Samen eines Wüstenstrauches gewonnen wird. →* ***Lippenpflege*** *→* ***Massage*** *→* ***SF3..4***

Jonon *- →* ***Methyljonon***

Jonquille *– Aus den Blüten der weißen Osterglocke / Dichter-Narzisse (Narcissus poeticus) gewinnt man durch Extraktion ein heuartig-erdig-würzig duftendes ätherisches Öl, welches verdünnt nach Narzissen riecht.*

Juniperus – Wacholder

1. ***Juniperus off. – Wacholderbeeren*** *- deklarationspflichtig → Limonen, Linalool -* ***[B]*** *-* ***Machandel-Öl*** *kann Haut und reizen.* ***[!]***
2. ***Juniperus off. – Wacholderzweige*** *sind ein desinfizierendes Räuchermittel -* ***Cade-Öl reizt Nieren!*** *Stattdessen → Lavendel, fein verwenden.*
3. ***Juniperus virginina*** *-* ***East Red Cedar*** *- ist die rasch nachwachsende amerikanische Bleistiftzeder. →* ***Zeder***
4. ***Juniperus sabina - Savin oil - Prohibited***

K

Kakao *(Theobroma cacao) –* ***Kakaobutter*** *(Cacao Butter) wird in Cremes als geschmeidig machender Konsistenzgeber (und Emulgator) eingesetzt. Kakaobutter gilt*

[552] *Methyldihydrojasmonat,* Hedion ™ [Firmenich S.A.] zählt heute zu den bedeutendsten Jasmin-Riechstoffen.

als "Mitesser fördernd". Hinzu kommt die relativ eng begrenzte Haltbarkeit. Das bedeutet, dass diese Cremes bei längerer Lagerung unbedingt zusätzlicher Konservierung und-oder steter Kühlung bedürfen.

***Kalmus** (Calamus) - → **Asarone** [T] und Methyleugenol. **lim 0,001%** oder **10mg/kg** Methyleugenol*

***Kamelie** (Thea sinensis = Camellia sinensis) - grüner Tee und fermentierter schwarzer Tee - wegen hohem Tanningehalt Tee mit Milch trinken - **[!]** Öl aus schwarzem Tee, ledriger Duft, meiden.*

***Kamille** – wichtigste Arten:*

1. ***Kamille, deutsche** (Matricaria recutita) – intensive und teure honigartig süß und leicht medizinisch riechende Herz- und Basis-Note - → entzündungshemmende Stoffe, α-Bisabolol; Chamazulen. Das blaue Chamazulen entsteht erst beim Destillieren aus Matricin = Proazulen - Das Sensibilisierungspotential der Kamille (Chamomilla recutita = Matricaria chamomilla L.) ist sehr gering. - **[!]** Wird oft verfälscht: Probleme entstehen meist durch die stinkende Hundskamille (Anthemis cotula), die bis zu 5% als Verunreinigung - z.B. beim Anbau der echten Kamille in Argentinien oder Chile - vorkommen kann.*
2. ***Kamille, römische** (Chamaemelum nobile = Anthemis nobilis L.) - → **Methylbutensäure, 80% Tigliate** und andere Ester – beruhigender Apfelduft, Haar pflegend und aufhellend. Sensibilisierungpotenz: mittelstark, Sensibilisierung: selten.*
3. ***Mutterkraut**, (Tanacetum parthenium / Chrysanthemum parthenium). **[!] [B] [X]** Bei einer Allergie gegen Kamille, Schafgarbe oder Beifuß Mutterkraut-Präparate meiden. - In Großbritannien ist es auch unter dem Namen Feverfew (Fiebersenker) bekannt.[553]*

***Kampfer** – Das Keton Campher(on) ist u.a. Bestandteil des ätherischen Öles von Rosmarin, Beifuß und Lavendel. Die durchblutungsfördernde und schleimlösende Eigenschaft des Kampfers wird kaum mehr genutzt. **lim 0,1% Kampfer** - Anwendungen des Kampfers beschränken sich heute meist auf Rheuma-Salben, Campher-Spiritus für Abreibungen und andere äußerliche Anwendungen. Kampfer finden wir ihn in Mottenabwehrmitteln und in der Bienenpflege als zugelassenes Mittel gegen Milben. -*

Kampfer,

1. ***Kampfer gelb** bis braun (Cinnamomum camphora) (China: so called Chinese sassafras) → 80% **Safrol** [T] **,** 10% monoterpenols. **. meiden !***
2. ***Kampfer Nerolidol:** 40-60% nerolidol with 20% each of mono and sesquiterpenoids -*
3. ***Ho** sho wood or leaf oil (China) → 80% Linalool und 10% Monoterpene. -*
4. ***Hon-Sho-Camphor** (Japan) Rinde enthält bis zu 50% → Campher(on) - **[T] [B] [7+]** -*
5. ***Ravintsara** oil (Madagascar) → 55-76% 1,8 cineole with 20% alpha-pinene and alpha-terpinene. **[7+]***

***Kardamom** (Elettaria cardamomum) – **[7+]** Ungeeignet für Kinder unter 7 Jahren. Der Grüne **Kardamom** enthält neben dem frischen 1,8-Cineol als blumige Nuance den Flieder-Riechstoff alpha-Terpineolacetat.*

Karotte, Carrot** (Daucus carota) – **[B] [P]** Iris-Duft - Ähnlichkeitsgeruch: rothaarig, schwül - → Geraniol, Limonen, Linalool, **<0,5% Methyleugenol - lim 2% Daucus-Öl

Keton** – Kohlenwasserstoffverbindung mit nicht endständige Carbonylgruppe (>C=O) – Deshalb enthalten Ketone mindestens drei Kohlenstoffatome. → Fenchon, Flavon, → Carvon, → Kampfer = Campher(on), → Thujon - Wegen ihres hohen Ketonanteils **giftig sind Schopflavendel / Lavandula stoechas** (Campher), **Poleiminze** (Pulegon), **Ysop / Hyssopus off.** (Pinocamphon), **Wermut** und **Beifuß / Artemisia x, Thuja occ.,

553 http://www.heilpflanzen-lexikon.com/mutterkraut.html

(Thujon). Meiden Sie bitte besonders **Santolina** (Santolineon ein Artemisia-Keton) und **Raute** (Methylnonyl-Keton).

Khella, Zahnstocherkraut (Ammi = Daucus visnaga) - **[P]** photo-sensibilisierend, meiden.

Kiefern (Pinus x) - **Kiefernnadeln** (Pinus sylvestris) – ' frisch, harzig, herb - Durchblutung der Haut fördernd, für Einreibungen gegen Erkältungen und Muskelschmerzen. Weitere Arten → Pinus, Douglasie

Kokos (Cocos nucifera) -

1. **Kokoslacton** - **»**Aldehyd C18« - γ-**Nonalacton =** gamma-Amylbutyrolacton – ODT 30 - 65 µg/L Wasser - Kokosduft, Bestandteil des Whiskyaromas**,** in Pfirsich, Aprikose und tropischen Früchten natürlich vorkommend,
2. **Kokos- oder Palm-Öl** (Cocos Nucifera Oil) ist das durch Auspressen gewonnene fette Öl.
3. Umgeestertes Palm-Öl → **Neutral-Öl** (MCT-Öl)

Konservierung - Zusatz von desinfizierenden und antimykotischen Wirkstoffen zur Erhöhung der Haltbarkeit. → **Haltbarkeit** → **Mallorca-Akne**

Konservierung – Konservierungsmittel - Schon im Jahr 2011 haben Wissenschaftler nachgewiesen, dass → **Parabene** aus Körperpflegeprodukten ins Blut und ins Gewebe gelangen. Sie stehen im Verdacht, in den Hormonhaushalt einzugreifen - bei Männern und Frauen.

Koriander (Coriandrum sativum) – **[B]** → Linalool = Coriandrol, Coumarine – ' warm, würzig, blumig, sehr aromatisch, (Pfeffer-ähnlich) – wirksam bei 10 von 12 Bakterienstämmen einschließlich MRSA und Eschericha coli - Hauptbestandteil von Curry, Brotgewürz –

Körperduft maskieren - → Citronellal → **Corymbia citriodora**

Körpergeruch – Gene bzw. Erbinformationssequenzen bestimmen das Immunsystem und den Körpergeruch. → **MHC-Komplex** → **Immunsystem** → **Copuline**

Krauseminze (behaart), Spearmint (Mentha spicata, Mentha suaveolens) - Hauptsächlich als Aroma. - → <67% **Carvon** - **lim** 0,4% Krausminze-Öl

Kümmel (Carum carvi) - als Gewürz. - → <63% Carvon, Limonen – **[P] lim** 0,4% Kümmel-Öl – **[!][B]** Meiden bei Prostata-Problemen, Brustkrebs, Menstruationsbeschwerden. Östrogen-ähnliche Hormonwirkung. → **Cumin Kreuzkümmel**

Kurkuma - (Curcuma longa), Gelbwurz → **Curcumin,** gelber Farbstoff, Gewürz: mit Koriander Bestandteil von Curry – Kurkuma-Öl: beruhigende, warme, würzige Basisnote mit leichter Östrogenwirkung -

L

Labdanum - Balsam aus (Cistus ladanifer **-** und anderen Zistrose-Arten) riecht **'** lederartig mit einem lang anhaltenden Ambra-Ton. **[3+] [B] –** Cistus-Öl hat einen warmwürzigen Ambra-artigen Duft.

Lactone - die (Singular: Lacton - das), ringbildende → **innere Ester** sind z.B. das »Vitamin C«, die Aromen von Pfirsich und Kokos, sowie die photo-sensibilisierenden langkettigen (natürlichen) Moschusriechstoffe Ambrettolid und Exaltolid. Exaltolid ist ein Pheromon (duftender Lockstoff). → **Moschus-Lactone**

Lärche (Larix decidue) **-** Lärchenterpentin wirkt wie gewöhnliches Terpentin aus **Pinus pinaster: [T] Terpentin**-Dämpfe sind giftig! - stark verdünnt allenfalls äußerlich anwenden

Lanolin → **Wollwachs** → **MOAH**

Latsche, Latschenkiefer (Pinus montana, mugus) **[7+]** Kann bei Kindern Asthmaanfälle auslösen. **Atemnot!** → **Fichtennadeln** → **Eucalyptus** → **Menthol**

Lauraceen – Pflanzenfamilie mit ~2500 Arten - → **Zimt, Cinnamomum** verum syn. C. zeylanicum (cinnamon bark and leaf oils), → **Cassia-Zimt,** C. cassia (cassia oil), → **Kampfer,** C. camphora **(Ravintsara,** camphor and **Ho** oils). **Ravintsara** oil: → 55-76% 1,8 cineole with 20% alpha-pinene and alpha-terpinene. **Ho** sho wood or leaf oil: →

*80% linalol and 10% monoterpenes. → **Bay**, bay laurel (Laurus nobilis), → **Rosenholz,** rosewood (Aniba rosaeodora), → **May chang** (Litsea cubeba), aber auch die → **Avocado** (Persea americana / gratissima).*

Laurus nobilis - Lorbeer – ' frisch, süß-würzig – [!] *Vorsicht: Lorbeer-Öl enthält 12% Methyleugenol.*

Lavendel *(Lavandula x)*

1. **Lavendel, fein** *(Lavandula officinalis = Lavandula angustifolia) – ' frisch, Kräuter-artig, (blumig-waldig) - → Linalool → Linalylacetat - beruhigend und emotional ausgleichend - Wundheilung beschleunigend bei Verbrennungen und Insektenstichen - In vielen Parfums enthalten: Citrus fresh (**EdC**) pH, Fougère fresh / classic*
2. **Lavendel, Lavandin** *(Lavandula hybrida off x latifolia) –* Lavendel-Öl wird heutzutage meist aus Lavandin hergestellt. *Äußerlich! → Campher – **[B] [3+][!]** Langfristige Anwendungen meiden: Aufwendige Untersuchungen an menschlichen Zellkulturen ergaben, dass Lavendelöl östrogen- und antiandrogene Eigenschaften besitzt.*[554]
3. **Lavendel, Schopflavendel** *(Lavandula stoechas) – Äußerlich! → **Campher** [T] - **[B][7+]** Absolut ungeeignet für Kinder!*
4. **Lavendel, Speik** *(Lavandula latifolia) → Seifenparfum - Äußerlich! → Campher -*

Leaf aldehyde *(trans-2-Hexenal) 0,002%*

Lebensmittel - *gemäß Artikel 2 der europäischen Lebensmittel-Verordnung EG 178/2002 und dem LFGB vom 01.09.2005 dürfen Lebensmittel **nicht** für andere Bereiche, wie z. B. Kosmetik, eingesetzt werden.*

Lein *(Linum usitatissimum) Lein-Samen enthält Phytoöstrogene –* **Lein-Öl** *(Linum Usitatissimum Oil) ist das gepresste fette Öl aus dem getrockneten Samen des Leins. Das Öl wird meist mit anderen fetten Ölen verwendet, macht Haut geschmeidig und ist auch ein Lösungsmittel. Lein-Öl polymerisiert an der Luft sehr rasch und die ganze Charge verharzt nach kurzer Zeit, es bildet sich Firnis (Exotherme Reaktion, Brandgefahr).*

Lemon *– (Citrus limonum) Zitrone - (expressed) → Citral – harzt, **lim** 2% Zitronenöl. - **[P] [!] -** Kann im heißem Badewasser Haut reizen -*

Lemongras, Malabargras *(Cymbopogon flexuosus) - und -* **Westindisches Lemongras** *(Cymbopogon citratus) - Citrus-artig, herb – **[7+]** → <85% **Citral** - Lebensmittel-Aroma und Riechstoff. Äußerlich für Einreibungen bei schmerzenden Gelenken (Rheuma) Verstauchungen und Verrenkungen - **lim 1,2%** Lemongras-Öl*

Leptospermum *scoparium -* **Manuka** *– → C-15-Terpene /-Ketone, deklarationspflichtig → Linalool, Limonen - Das Destillat aus den Blättern und Zweigen hat eine leicht würzig-krautige Herznote mit Haut pflegenden Eigenschaften (Heilmittel der Maori).*

Lichtschutz *- Lichtschutzfaktor [SF, LF oder LSF] → SF → Strahlung, energiereiche*

Liebstöckel, Lovage leaf, Maggi-Kraut (*Leviscum officinale) - → <1,5% Methyleugenol - **lim** 0,7% Liebstöckel-Öl z.B. bei Rheuma*

Limbisches System *- Das limbische System wird auch als »Sitz der Gefühle« bezeichnet. Es ist mitverantwortlich für starke Emotionen und es setzt Reaktionen wie Angst in Gang. Auch innere Organe, die über das vegetative Nervensystem gesteuert werden, beeinflusst das limbische System.* [555]

Limette = Lime (*Citrus aurantifolia) **expressed 0,7% -** leichte und frische Kopfnote – enthält je nach Herkunft → Citral, Limonen – **[P]***

Linaloe *(Bursera delpechiana) → Linalool, Geraniol, Limonen – **[!]** Es ist bedenklich dieses rare, oftmals nicht lieferbare, ätherische Öl wird statt **Rosenholz** (Aniba roseodora) → **Aniba** zu verwenden. **[!]** Meiden. Gefährdete Art. Vergleiche hierzu auch → **Ho** sho wood or leaf oil: 80% linalol and 10% monoterpenes.*

---

[554] https://www.aerzteblatt.de/archiv/57051/Gynaekomastie-nach-Lavendel-und-Teebaumoel Ärzteblatt 39/2007

[555] Trauer https://aromaticstudies.com/aromatherapy-and-grieving/

Linalool *= 3,7-Dimethyl-1,6-octadien-3-ol rac – ODT 0,2-7 µg/L Wasser -blumig, citrusartig, Bergamotte, in Gewürzaromen oder Aromahopfen - (S)-(+)-linalool - sweet, floral; reminiscent of petitgrain and lavender: ODT 7.4 ppb; (R)-(-)-linalool - floral, woody lavender note: ODT 0,8 ppb*

Lilial *(p-tert-Butyl-α-methylhydrocinnamic aldehyde; BMHCA)* ***1.9%***

Limonen *(d, l and dl) (1-methyl-4-prop-1-en-2-ylcyclohexene) ~ (Peroxide content less than 20 millimoles per litre)**

1. ***Limonen*** *– Limonen ist das in Pflanzen am häufigsten vorkommende Monoterpen. -*
2. ***D-(+)-Limonen*** *auch als optisch rechts drehendes (R)-(+)-Limonen oder kurz (+)-Limonen bezeichnet riecht nach Orange und ist vor allem in Orangen-, Zitronen- und Pomeranzenschalen-Öl, sowie z.B. in Dill, Koriander oder Kümmel enthalten.*[556] *-*
3. *Dagegen riecht* ***(S)-(–)-Limonen*** *- es wird auch als L-(–)-Limonen oder kurz (–)-Limonen bezeichnet - nach Terpentin und kommt in Nadel-Ölen und Pfefferminz-Öl vor. -*
4. *Das racemische Gemisch der beiden Enatiomere* ***D-(+)-*** *und* ***(S)-(–)-Limonen*** *wird auch* ***Dipenten*** *genannt und ist beispielsweise in Muskatnuss, Neroli (Orangenblüten-Öl) und (sibirischen) Fichtennadeln und anderen Nadel-Ölen (Kien-Öl) enthalten.*

Lippenpflege

1. ***Lippenpflege*** *aus / mit Cera Microcristallina (Mikrowachs), Ceresin (Cerin), Diisopropyl Adipate,(Hydrogenated) Microcrystaline Wax, Isohexadecane, Isoparaffin, Microcrystalline Wax, Mineral Oil (Erdöl), Mineral Spirits, Ozokerit (Erd- oder Bergwachs, Bergtalg, Kenderbal, Neftgil), Paraffin (Paraffinum Liquidum / Subliquidum), Petrolatum, Synthetic Wax, Vaseline sind Bezeichnungen für Produkte (Kohlenwasserstoffe) aus Mineral-Öl.*[557] [558] *-* ***[!]*** *Bedenklich sind vor allem Lippenpflege und Lip-Gloss auf der Basis Mineral-Öl. Cremes, Babypflege- und Lippenpflegeprodukte, Körper-Öle, Haarwachse und Vaselinen enthalten bis zu 9 Prozent MOAH (Mineral Oil Aromatic Hydrocarbons). Die Aufnahme von MOAH sollte nach Ansicht des Bundesinstituts für Risikobewertung (BfR) gänzlich vermieden werden, da nie auszuschließen ist, dass in dieser Fraktion auch krebserregende Verbindungen vorkommen. Anteile >15% in Cremes und Salben können auf Dauer die Hautfunktionen schädigen. - Sogar Wollwachs (Lanolin) enthält bis zu 15% dickflüssiges Paraffin und Bienenwachs kann Ceresin (Cerin, Wollwachs) aus künstlichen Waben enthalten. -* ***[!]*** *Die WHO warnt vor innerlicher Anwendung,"kann Herzschwäche auslösen." Die Stiftung Warentest hat Cremes, Babypflege- und Lippenpflegeprodukte, Körper-Öle, Haarwachse und Vaselinen analysiert: Der Gehalt an MOAH lag im Bereich von 0,005 bis 9 Prozent; das Bundesinstitut für Risikobewertung (BfR) berichtet von bis zu 5 Prozent MOAH (Mineral Oil Aromatic Hydrocarbons). Die Aufnahme von MOAH sollte nach Ansicht des Bundesinstituts für Risikobewertung (BfR) gänzlich vermieden werden, da nicht auszuschließen ist, dass in dieser Fraktion auch krebserregende Verbindungen vorkommen.*[559] *→* ***Mikrowachs*** *→* ***Paraffin*** *→* ***Vaseline*** *→* ***MOAH***
2. ***Lippenpflege*** *aus / mit natürlichem Pflanzen-Öl / -Wachs und Ätherischen Ölen und pflegenden Auszüge aus weltweit als Lebensmittel, als natürliche Aromen*

---

[556] *D-(+)-Limonen* schützt Fruchtfliegen http://www.juraforum.de/wissenschaft/vorliebe-fuer-orangen-schuetzt-fruchtfliegen-vor-parasiten-461871

[557] http://www.ikw.org/schoenheitspflege/themen/recht-empfehlungen-fuer-hersteller/sicherheit-von-petrolatum-als-rohstoff-fuer-die-kosmetikindustrie/c73e6af6006565b354a0ae0b96313023/ COLIPA Recommendation No. 15 (IKW, 05.07.2004)

[558] http://www.barcoo.com/news/wetten-dass-du-dich-heute-mit-erdoel-eingecremt-hast

[559] http://www.spiegel.de/gesundheit/diagnose/stiftung-warentest-warnt-vor-schadstoffen-in-kosmetik-a-1035526.html

*oder Gewürze genutzten Pflanzen. - → Lip-Balm / Gloss von **EdS** made by **EdS**-Parfums*

Lippia** citriodora (Aloysia / Verbena triphylla) → **Verbena

***Litsea cubeba,** May chang - **ein Lorbeergewächs,** Destillat aus den Beeren **lim 0,5%** - **[7+] [!] → ~75% Citral** !*

Lorbeer** (Laurus nobilis) – ' frisch, süß-würzig – **[!]** Vorsicht: Lorbeer-Öl enthält 12% Methyleugenol. Allenfalls als Nuance (< D4) in Parfums. **[!]

***Lyral** (3 and 4-(4-Hydroxy-4-methylpentyl)-3-cyclohexene-1-carboxaldehyde (HMPCC)) **0,2%** - Lyral ist auch im natürlichen ätherischen Öl des Salbeis, Rosmarins, und Lorbeers nachweisbar. Süßer Blüten-Duft mit ausgeprägter Maiglöckchennote. Lyral zählt aufgrund seiner ausgezeichneten fixierenden Eigenschaften zu den meist benutzten zehn Riechstoffen der letzten 25 Jahre. Wie bei vielen Riechstoffen entfaltet sich der volle Dufteindruck erst bei der Verdünnung. Sein Duft ist sehr angenehm, seine Maiglöckchennote ausgeprägter als die von Hydroxycitronellal - mit dem Vorteil besserer Haftfestigkeit und höherer Stabilität in Seifen. Die Zugabe von Lyral verstärkt die blumige Note und bewirkt eine Abrundung von Parfumkompositionen wie "Lily of the Valley", "Muguet", Hyacinthe und Flieder.*

M

***Macadamia** (Macadamia ternifolia)- **Macadamia-Öl** (Macadamia Ternifolia Seed Oil) ist das fette Öl aus den Nüssen. Dieses Hautschutz-Öl ist so mild, dass es auch die Haut in Augennähe nicht reizt. Es enthält Palmitoleinsäure und ist bei kühler und dunkler Lagerung 12 Monate haltbar.*

***Magnolie** (Annona odorata) **Absolue:** Intensiv süßblumig, leicht würzig, frisch, mit milder Honignote; besänftigt, entspannt, schafft sinnliche Stimmung*

Maiglöckchen, Muguet, Lily of the Valley -** meist → **Lyral

***Majantol** (Lily propanol; 2,2-Dimethyl-3-(3-tolyl)propan-1-ol) 4.5%*

***Majoran** (Origanum majorana) - Riecht angenehmer als Teebaum-Öl. **[B]** - Ideales Wurstgewürz - **[!]** Wilder / Spanischer Majoran mit Eukalyptus-artigem Duft ist Thymus mastichina → Thymian*

Mallorca-Akne** - Als Auslöser der Mallorca-Akne gelten vor allem Emulgatoren und Konservierungsstoffe. Mit steigendem Lichtschutzfaktor kommt zusätzlich immer mehr Chemie auf die Haut. Durch die häufige und längere Anwendung austrocknender und desinfizierender Stoffe werden die natürlichen Hautfunktionen gestört. → **SF

***Mandarine** (Citrus reticulata) - Ausgeprägte Spitze, die nach 30 Minuten nachlässt. → Limonen <77 %, Anthranilsäure-Ester, darunter bis zu 0.85 % N-Methylanthranilat - **[!]** Kann im heißem Badewasser Haut reizen - **[P]** kann photo-sensibilisierende Inhaltsstoffe enthalten, Lieblings-Öl der Kinder – Thymol (Thymian) verstärkt den Mandarinen-Duft. → Petitgrain*

***Mandel** (Prunus amygdalus var. dulcis) - **Süßes Mandel-Öl** (Prunus Domestica Seed Oil) war schützender, Reiz-lindernder und pflegender Bestandteil der über Jahrhunderte bewährten Cold-Creme und ist für alle Hauttypen inkl. Babyhaut, vor allem bei trockener, irritierter Haut empfehlenswert. **[0+]** - Süßes Mandel-Öl ist bis zu 10 Monaten haltbar. Der Duft verändert sich trotzdem merklich. - Um Kosten zu sparen dient oftmals Sonnenblumen-Öl zum Strecken (Verschneiden, Mischen).*

***Manuka** (Leptospermum scoparium) – → C-15-Terpene /-Ketone, deklarationspflichtig → Linalool, Limonen - Das Destillat aus den Blättern und Zweigen hat eine leicht würzig-krautige Herznote mit Haut pflegenden Eigenschaften (Heilmittel der Maori).*

***Marinieren -** Die Basis von Marinaden bilden saure Sahne oder Buttermilch, saure Flüssigkeiten wie Essig, Wein oder Zitronensaft ergänzt mit Kräuter und Gewürzen, Pflanzen-Öl, Zwiebeln und Knoblauch und süßen Zutaten wie Honig oder Zucker. Das klassische Marinaden-Gewürz enthält Pfeffer, Piment, Senfkörner, Dill, Korianderkörner, Lorbeer und weitere Gewürze, für Schweinefleisch z. B. Majoran und Salbei, für Wildbret Basilikum und Rosmarin. Das Marinieren von Fleisch mit Oregano, Thymian, Pfeffer, Ingwer, Cayenne-Pfeffer, Knoblauch, Rosmarin und mit etwas Zucker oder*

Zwiebeln vor dem Grillen oder Braten vermindert die Entstehung von heterozyklischen aromatischen Aminen (HAA) um 74 Prozent gegenüber einer nicht marinierten Vergleichsprobe. [560]

***Maskierende (Riech)Stoffe** - verringern oder hemmen den Grund-Geruch oder Geschmack des Produkts. - Eucalyptus citriodora und andere Citronellal-haltige ätherische Öle maskieren Körperdüfte und halten viele Insekten ab. → Repellent*

Massage** - Geben Sie einige Tropfen auf die Handfläche und massieren damit sanft den Körper ein. Verwenden sie bitte nur soviel, dass sich die Haut nach der Massage weich anfühlt; sie sollte keineswegs glänzen. → **Jojoba** → **SF3..4

Mastix → Pistazienharz → Pinene

Matricaria → Kamille

May chang** (Litsea cubeba) - **ein Lorbeergewächs,** Destillat aus den Beeren **lim 0,5% - [7+] [!] → ~75% Citral !

1. ***Melaleuca** Melaleuca **alternifolia** - Teebaum, Tea-tree - Teebaum-Öl hat ein breites desinfizierendes Spektrum. - Destillat aus den Blättern – **[!]** Nur verdünnt ...1% anwenden. Durch die zunehmende Verwendung zeigt sich, dass - bei längerer Anwendung - die allgemein gute Verträglichkeit einer kritischeren Betrachtung bedarf. Es treten Irritationen vom Typ → Mallorca-Akne auf.*
2. *Melaleuca **leucadendron - Cajeput -** Cajeput-Öl enthält → 1,8 Cineol → ß-Pinen sowie → Geraniol → Limonen → Linalool und ist ungeeignet für Schwangere sowie Babies. **[B][7+]**Melaleuca **quinquenervia & viridiflora - Niaouli - [!] Pollen extrem sensibilisierend! – [B][X+]** Niaouli-Öl hat Östrogen-ähnliche Wirkung. Ungeeignet für Schwangere und Kinder unter 10 Jahren. **-***

***Melisse, Zitronenmelisse, Balm Mint** (Melissa officinalis) **- 0,63% -** Hervorragend als beruhigender Tee. **–** Wegen der geringen Öl-Ausbeute eines der teuersten ätherischen Öle. **[!]** IFRA: Melissen-Öl wird oft verfälscht und sollte nicht als Riechstoff verwendet werden. "Indische Melisse" → Citronell*

Melk-Fett** - Cremes auf der Basis von Mikrowachs, Vaseline, Paraffin. Die meisten Cremes sind sogenannte „Melk-Fett-Rezepturen“ und bestehen zu über 95% aus Wasser und Paraffin, die restlichen 5% sind Emulgatoren, Konservierung und Parfumierung und die in der Werbung groß herausgestellten Wirkstoffe. → **Creme** → **Emulgatoren** → **Konservierung** → **Mikrowachs** → **Paraffin** → **Vaseline** → **MOAH

Mentha

1. ***Bergamotteminze** (Mentha citrata / piperita var. citrata Bergamotte) – Zur Hautpflege bei Juckreiz **[3+]** -*
2. ***Krauseminze (behaart), Spearmint** (Mentha spicata, Mentha suaveolens) **-** Hauptsächlich als Aroma. - → <67% Carvon - **lim 0,4%** Krausminze-Öl*
3. ***Pfefferminze** (Mentha x piperita) – ' frisch, (kühl, herb) - → <90% Menthol - **lim 0,1% Pfefferminz-Öl - [7+] Vorsicht bei Kindern. [!] Atemnot!***
4. ***Poleiminze -** (Mentha pulegium) **- [B] → Pulegon [T] , meiden.***

***Menthol = 2-Isopropyl-5-methylcyclohexanol** – ODT 1000 µg/L Wasser, kühlend – Duft- und Wirkstoff der Acker- und Pfefferminze. Menthol kommt in vielerlei Präparaten (z.B. Einreibemitteln, wie das chinesische Heilpflanzen-Öl) vor. Menthol gilt als Auslöser leicht rauschhafter Zustände und kann bei Kindern unter 7 Jahren Atemnot hervorrufen.*

***Methylbutansäuren** - **3-Methylbutansäure** = **Isovaleriansäure** riecht nach Baldrian (Hauptinhaltsstoff) → Isovaleriansäureester; -*

1. ***(R)-2-Methylbutansäure** riecht durchdringend käsig, schweißig, nach altem Hopfen (in Bier); - dagegen riecht die*
2. ***(S)-2-Methylbutansäure** z.B. in → Angelica archangelica (Engelswurz) und einigen ätherischen Ölen aus → Orangen angenehm süß, fruchtig nach Aprikose = Marille. Ähnlicher Duft → **Isobuttersäureseester.***

***Methylbutensäuren** -*

[560] Dr. Gibis, Uni Hohenheim in https://kuechentipps.de/kuechentricks/gesund-grillen-ohne-schadstoffe-so-gehts/

1. ***(E)-2-Methyl-2-butensäure** = **Tiglin-Säure** kommt in der nach Re(i)nette-Apfel duftenden → **römischen Kamille** vor; ähnlich → **Ester** der Isobutensäure –*
2. *Dagegen riecht die auch als Beruhigungsmittel verwendete **(Z)-2-Methyl-2-butensäure** = **Angelica-Säure** beißend sauer.*

Methyl β-naphthyl ketone** (Oranger Crystals) **0,2%

***Methyldihydrojasmonat,** Hedion ™ [Firmenich S.A.] ist heute einer der bedeutendsten → Jasmin-Riechstoffe. **Methyldihydrojasmonat** erzeugt im menschlichen Gehirn ab 240ppb geschlechtsspezifische Aktivierungsmuster, die bei klassischen Riechstoffen nicht entstehen.* [561]

Methyleugenol* *0,02% ('Fine Fragrance' IFRA) or 0,008% ('Eau de Toilette' IFRA) - in vielen Pflanzen vorkommender bedenklicher Inhaltsstoff - fördert den Austausch von DNS/RNS - **lim 0,001%** oder **10mg/kg Methyleugenol** → Basilikum → Bay/Piment → Bohnenkraut → Cascarilla → Citronellgras/Zitronenmelisse → Estragon → Kalmus → Karotte → Liebstöckel → Muskatnuss/Macis → Nelke → Gewürznelke → Rose → Ylang → Ysop → Zimt*

***Methyl heptadienone (**6-Methyl-3,5-heptadien-2-one) 0,002 %*

***Methyl heptine carbonate** 0,01 % (but total 0,002% if used with MOC)*

***Methyljonon** (engl.: **Methyl Ionone** (mixed isomers) 31.7% –*

1. *Die intensiven **alpha-iso-Methylionone** zeigen verdünnt eine warme Irisnote, konzentriert eine Teenote. - Nur die **Didehydro-gamma-Ionone** sind nahezu ebenso intensiv blumig-waldig, leicht fruchtig. -*
2. *Die **alpha-n-Methylionone** sowie alle **gamma-Methylionone** sind deutlich schwächer, jedoch trotzdem interessante Holz-Ambra-Leder-Düfte mit fruchtigen Facetten in Richtung Iris / Veilchen mit zusätzlichen grünen Akzenten.*

***Methyl octine carbonate lim** 0,002%*

***3-Methyl-2-(pentyloxy)cyclopent-2-en-1-one lim** 0,5%*

MHC-Komplex** wird beim Menschen auch **HLA** (engl. human leucocyte antigen) genannt. Erbinformationssequenzen, welche für das Immunsystem und den Körpergeruch wichtig sind. Kurz vor ihrem Eisprung (während ihrer fruchtbaren Tage) bevorzugen Frauen Männer mit fremden Genen / abweichendem MHC-Komplex. → **Immunsystem** → **Copuline

Mikrowachs** - Cera Microcristallina (Mikrowachs), Ceresin (Cerin), Diisopropyl Adipate, (Hydrogenated) Microcrystaline Wax, Isohexadecane, Isoparaffin, Microcrystalline Wax, Mineral Oil (Erdöl), Mineral Spirits, Ozokerit (Erd- oder Bergwachs, Bergtalg, Kenderbal, Neftgil), Paraffin (*Paraffinum Liquidum, *Paraffinum Subliquidum), Petrolatum,*[562] *Synthetic Wax, Vaseline sind Bezeichnungen für Produkte (Kohlenwasserstoffe) aus Mineral-Öl.*[563] *- **[!]** Bedenklich sind vor allem Lippenpflege und Lip-Gloss auf der Basis Mineral-Öl. Cremes, Babypflege- und Lippenpflegeprodukte, Körper-Öle, Haarwachse und Vaselinen enthalten bis zu 9 Prozent MOAH (Mineral Oil Aromatic Hydrocarbons). Die Aufnahme von MOAH sollte nach Ansicht des Bundesinstituts für Risikobewertung (BfR) gänzlich vermieden werden, da nie auszuschließen ist, dass in dieser Fraktion auch krebserregende Verbindungen vorkommen. Anteile >15% in Cremes und Salben können auf Dauer die Hautfunktionen schädigen. - Sogar Wollwachs (Lanolin) enthält bis zu 15% dickflüssiges Paraffin und Bienenwachs kann Ceresin (Cerin, Wollwachs) aus künstlichen Waben enthalten. - **[!]** Die WHO warnt vor innerlicher Anwendung,"kann Herzschwäche auslösen."* [564] *→ **Mikrowachs** → **MOAH

***Mindesthaltbarkeit** → Haltbarkeit*

---

[561] Pheromonwirkung : http://www.internetchemie.info/news/2015/apr15/hedion-pheromonrezeptor.php

[562] http://www.ikw.org/schoenheitspflege/themen/recht-empfehlungen-fuer-hersteller/sicherheit-von-petrolatum-als-rohstoff-fuer-die-kosmetikindustrie/c73e6af6006565b354a0ae0b96313023/ COLIPA Recommendation No. 15 (IKW, 05.07.2004)

[563] http://www.barcoo.com/news/wetten-dass-du-dich-heute-mit-erdoel-eingecremt-hast

[564] http://www.spiegel.de/gesundheit/diagnose/stiftung-warentest-warnt-vor-schadstoffen-in-kosmetik-a-1035526.html

MNA - *Methylnonylacetaldehyd; zu dieser Gruppe gehören auch die 'Fettaldehyde' C8... C13-al, mit 8...13 C-Atomen, die den natürlichen Hautduft mit verursachen. Sie riechen in hoher Verdünnung blumig citrusartig.* → ***Aldehyde***

MOAH *(Mineral Oil Aromatic Hydrocarbons). März 2018: Karzinogene Bestandteile in Mineralölen mit Bezug auf Lippenpflege - Befürchtungen scheinen nunmehr unberechtigt und Kritik unangemessen, wenn die KVO und die CE-Empfehlungen* beachtet werden. Als bedenklich galten vor allem Lippenpflege und Lip-Gloss auf der Basis Mineral-Öl. Die Aufnahme von MOAH sollte nach Ansicht des Bundesinstituts für Risikobewertung (BfR) gänzlich vermieden werden, da nicht auszuschließen ist, dass in dieser Fraktion auch krebserregende Verbindungen vorkommen.*[565]

Monographie - *Monographien, Qualitätsvorschriften für gebräuchliche und bekannte Arzneimittel und pharmazeutische Hilfsstoffe sowie für einzelne Medizinprodukte.* → ***ESCOP*** → ***Ph.Eur. - Pharmacopea Europaea*** *das Europäische Arzneibuch* → ***DAB*** → ***Ph.Helv.*** - ***Pharmacopoea Helvetica*** *das Schweizerische* ***Arzneibuch***

Moos - ***Eichenmoos***, ***Baummoos*** *(Evernia prunastri, Usena x) - Kaum hatte die EU die Verwendung von Eichenmoos eingeschränkt, stellte sich heraus, dass der Bösewicht das billigere Baummoos war, das zum Strecken des Eichenmooses benutzt wurde...* ***lim*** *0,1% Oak-moss-, Extraits de mousse de chêne.*

Moringa *(Moringa pterygosperma / oleifera)* – ***Moringa-Öl*** *(Moringa Pterygosperma Oil) ist das fette Öl aus den Samen. Es enthält Ölsäure und ähnelt dem Oliven-Öl. Es hat jedoch nicht den typischen Oliven-Öl-Duft.*

Morphologie - *ist in der Biologie jene Teildisziplin, die sich mit dem Aufbau der Organismen und ihren Wechselbeziehungen befasst. Sie liefert durch methodische Beschreibungen und Vergleiche Einsichten, die für die Anatomie und Cytologie wichtig sind.*

Moschus - ***Muscon = 3-Methylcyclopentadecanon*** *ist das riechende Prinzip des Geschlechtssekrets Moschus. Muscon wirkt als Fixateur, rundet ab und riecht verdünnt animalisch süß. Der einheitliche Riechstoff Muscon wird heute ausschließlich synthetisch hergestellt.*

Moschus - ***Lactone*** - ***[P] lim*** *10mg/kg Fertigprodukt. Die* → *Lactone* ***Ambrettolid*** *und* ***Exaltolid***, *die auch in Moschuskörnern und Angelicawurzeln natürlich vorkommen, sind photo-sensibilisierend.*

Moschus – Riechstoffe

1. ***Moschus – Riechstoffe, verbotener natürlicher Moschus [!]*** *Um das Geschlechtssekret Moschus zu entnehmen, mussten die Tiere getötet werden.*
2. ***Moschus – Riechstoffe, verbotene – Musk ambrette Prohibited - Musk tibetene Prohibited - Musk Xylene Prohibited*** - *Seit 1888 wird synthetisch* ***[!]*** *Baur-Mochus = $C_{11}H_{13}N_3O_6$ hergestellt, bald darauf folgten die* ***[!]*** *Nitro-Moschusverbindungen: Moschus-Ambrette = $C_{12}H_{16}N_2O_5$ - Moschus-Keton = 4-tert.-Butyl-3,5-dinitro-2,6-dimethylacetophenon = $C_{14}H_{18}N_2O_4$ - Moschus-Mosken, Moschus-Tibeten und Moschus-Xylol. Alle* ***[!]*** *Nitro-Moschusverbindungen reichern sich im Fettgewebe an und sind seit der Jahrtausendwende verboten.*
3. ***Moschus – Riechstoffe, limitierte bzw. bedenkliche*** – *Auch die* ***[!]*** *polyzyklischen Moschus-Riechstoffe ADBI = 4-acetyl-1,1-dimethyl-6-tert.-butylindan = Celestolide® = Crysolide® - AHTN = 7-acetyl-1,1,3,4,4,6-hexamethyl-tetralin = Fixolide® = Tonalide® - DPMI = Cashmeran® - HHCB = 1,3,4,6,7,8-Hexahydro-4,6,6,7,8,8-hexamethyl-cyclopenta-[g]-2-benzopyran = 1,3,4,6,7,8-Hexahydro-4,6,6,7,8,8-hexamethylindeno(5,6-c)pyran = Hexamethylindanopyran = Pearlide = Abbalide® = Galaxolide® reichern sich (angeblich) im Fettgewebe an.*

Moskene Prohibited

Musk indane *(5-Acetyl-1,1,2,3,3,6-hexamethyl indan; AHMI; phantolid, fixolide)* ***lim*** *2%*

---

[565] http://www.spiegel.de/gesundheit/diagnose/stiftung-warentest-warnt-vor-schadstoffen-in-kosmetik-a-1035526.html

Musk Ketone *1-(4-tert-butyl-2,6-dimethyl-3,5-dinitrophenyl)ethanone)* ***lim*** *<0,1%*

Muskateller Salbei *(Salvia sclarea) -* ***[B]*** *Nicht in der Schwangerschaft: Wehen fördernd.* ***[X+][!]*** *Krebs;* ***[!]*** *innerlich mit Eisenpräparaten und-oder Alkohol: unkontrolliert verstärkte Euphorisierung -* ***[!]*** *Wird oft mit Citrus-Ölen als Deckparfum gemischt. Stundenlang haftender Geruch nach Schweiß oder schmutziger Wäsche! Der Stoff* ***Sclareol*** *gleicht der Struktur von Estradiol und ist auch für die enorm menstruationsregelnde, Östrogen-ähnliche Wirkung dieses ätherischen Öles verantwortlich.*

Myrrhe*, Harz (Commiphora molmol, Commiphora mukul und andere.) –* ***[B]*** *' leicht würzig-süß, (warm) -* ***Bdellium****, Harz (Commiphora gileadensis, - foliacea, - habessinica.) →* ***Opoponax***

Myristica fragans – Muskatnuss *(Samen) und* ***Macis*** *(Samenhülle) werden als Gewürze verwendet. -*

1. ***Macis / Muskatblüte,*** *der getrocknete Samenmantel 4-15 % ätherisches Öl mit 7-18 % aromatischen Ethern, darunter* ***Myristicin [T]*** *und u.a. Diphenylpropanoide. Diese Inhaltsstoffe werden zu Mescalin- und Amphetamin-ähnlichen Substanzen abgebaut. Verwendung: als Gewürz.*
2. ***Muskatnuss****, die getrockneten, vom Samenmantel und der Samenschale befreiten Samenkerne enthalten 7-16 % ätherisches Öl; ~80 % Monoterpene - hauptsächlich (+)-α-Pinen und (+) β-Pinen – die Terpenalkohole Geraniol, Borneol, Linalool und Terpineol sowie ~10 % Phenylpropane mit* ***Myristicin [T]*** *als Hauptkomponente und geringen Mengen Safrol, Elemicin und Eugenol. Außerdem sind weitere Phenylpropane, Sterole und Saponine enthalten. Verwendung der (gekalkten) Muskatnüsse: in geringer Menge als Gewürz. - Das ätherische Öl – Destillat aus getrockneten Muskatnüssen –* ***[B] [!]*** *allenfalls als Nuance z.B. in Orangenöl verwenden, oder besser* ***meiden → Myristicin [T]***

Myrte*, Brautmyrte (Myrtus communis) – gelblichgrünes Öl –' frisch, Kräuter-artig, herbwürzig - → 1,8 Cineol, α-Pinen – Äls Raumduft – hält Insekten fern. -* ***[7+]*** *Myrten-Öl kann bei Kleinkindern Asthma-artige Atemnot-Anfälle auslösen.*

Myrtol *ist eine eingetragene* ***Wortmarke*** *zur Kennzeichnung eines Mischdestillats aus Eukalyptus-Öl, Süßorangen-Öl, Myrten-Öl und Zitronen-Öl (Verhältnis 66:32:1:1), das laut Herstellerangaben nicht weniger als 25% Limonen, 25% Cineol und 6,7% (+)-α-Pinen enthält. Einsatz in → Arzneimitteln bei Bronchitis & Sinusitis (Nebenhöhlenentzündung)*

N

Nachtkerze *(Oenothera biennis) – Nachtkerzen-Öl (Oenothera Biennis Oil) ist das fette Öl aus den Samen der gemeinen Nachtkerze. Es ist kurz haltbar, sollte im Kühlschrank aufbewahrt und innerhalb von 6 Monaten aufgebraucht werden. Einsatzmenge in Kosmetika: 5...10% in länger haltbaren fetten Ölen.*

Nachwachsende Rohstoffe *- Der systematische Anbau von Pflanzen* ***(Urproduktion),*** *in guter landwirtschaftlicher Praxis, als Rohstoffe für Parfum (Duftpflanzen, Alkohol aus pflanzlichen Rohstoffen, Pflanzen-Öle und Pflanzenwachs). Kosmetika und Parfums von* ***EdS*** *made by* ***EdS****-Parfums basieren auf nachwachsenden Rohstoffen. Nachwachsende Rohstoffe sind nachhaltig umweltfreundlich. - Gegenteil →* ***Wildsammlung***

Narde*, Spikenarde (Nardostachys jatamansii = grandiflora) - wird in der ayurvedischen Medizin in ihrer beruhigenden Wirkung dem Baldrian (Valeriana officinalis) - gleichgesetzt. → Valeranon, Borneol-Acetat, β-Jojon, 6% Patchouli-Alkohol. - Narden-Öl wird oft verfälscht.*

Narzisse Absolue – Jonquille – *Aus den Blüten der weißen Osterglocke / Dichter-Narzisse (Narcissus poeticus) gewinnt man durch Extraktion ein heuartig-erdig-würzig duftendes ätherisches Öl, welches verdünnt nach Narzissen riecht. – → Die Menge, genauer: die Konzentration, macht's.→* ***Pfirsichlacton***

Natur - ebenso wie → **Bio** oftmals nicht geschützte Bezeichnung. Bioartikel benötigen deshalb zusätzlich Gütesiegel. Diese machen jedoch meist keine Aussagen über die Hautfreundlichkeit.

Neem (Melia azadirachta) – **Neem-Öl** (Melia Azadirachta Seed Oil) ist ein intensiv riechendes antiseptisches Öl aus den Samen des Neem-Baums. Einsatz meist kurzzeitig 10 Minuten als Insektizid z.B. gegen Kopfläuse oder als Anreicherung einige Tropfen in Basis-Ölen.

Nelke, Gewürznelke (Syzygium aromaticum = Eugenia caryophyllata – → **Eugenol lim** 0,1% Gewürznelken-Öl - **[B][7+]** Gewürznelken-Öl kann Haut reizen.

Neroli, Orangenblüten Absolue – Stimmung aufhellender betäubend süßer Orangen-artiger Duft aus den Blüten der Orangen (Citrus aurantium) – → Nerol, Linalool, Limonen, Farnesol

Nerolidol - **R-(+)-(E)-Nerolidol** – angenehm holzig, warm; **S-(-)-(E)-Nerolidol** – leicht süß, mild, sanft blumig, anders als (S)-(Z)-isomer; **R-(-)-(Z)-Nerolidol** – intensiv blumig süß, frisch; **S-(+)-(Z)-Nerolidol** - holzig, grün, wie frische Rinde.

Neutral-Öl (MCT-Öl), ein umgeestertes gesättigtes Palm-Öl mit der INCI-Bezeichnung Caprylic/Capric Triglyceride. Die Haltbarkeit von MCT-Öl beträgt etwa 2 Jahre.

Niaouli (Melaleuca quinquenervia & viridiflora) - **[!]** Pollen extrem sensibilisierend! – **[B][X+]** Niaouli-Öl hat Östrogen-ähnliche Wirkung. Ungeeignet für Schwangere und Kinder unter 10 Jahren - **Cajeput** (Melaleuca leucadendron) - Cajeput enthält → 1,8 Cineol sowie → ß-Pinen und ist ebenfalls ungeeignet für Schwangere sowie Babies. **[B][7+]**

Nitrobenzene **Prohibited**

O

Oakmoss absolute 0,1% **Eichenmoos Absolue** (Evernia prunastri) – ' moosig, erdig, (würzig,waldig) - Extrakte sensibilisieren. - Kaum hatte die EU die Verwendung von Eichenmoos eingeschränkt, stellte sich heraus, dass der Bösewicht das billigere Baummoos war, das zum Strecken des Eichenmooses benutzt wurde...

Ocimum -

1. Ocimum **basilicum - Basilikum –** ' aromatisch-scharf, Gewürz- und Heilkraut - **[!]** → 3<31% Estragol → **<6%** Methyleugenol **- lim 0,2%** Basilikum-Öl meist für Herrenparfums **- [15+][B]** Ungeeignet für Kinder. Menstruations-fördernd: Vorsicht bei Schwangerschaft.
2. Ocimum **sanctum** - **Tulsi-Öl -** Indisches Basilikum **- [B][!]** Vorsicht, enthält sehr viel → **Eugenol**

1-Octen-3-yl acetate lim 0,3%

Olive (Olea europea) – Oliven-Öle sind zum Teil verfälscht. Gemäß Artikel 2 der europäischen Lebensmittel-Verordnung EG 178/2002 und dem LFGB vom 01.09.2005 dürfen Lebensmittel **nicht** für andere Bereiche, wie z. B. Kosmetik, eingesetzt werden. Bereits im Mittelalter wurde in der Cold-Creme Cerat de Galien, Ceratum refrigerans galeni mit Oliven-Öl verfälscht. – Pflanzenauszüge mittels Oliven-Öl werden rasch ranzig. – Oliven-Öl in Kosmetika gilt als komedogen,"Hautunreinheiten und Mitesser fördernd". → **Argan** → **Moringa**

Opoponax – (Commiphora erythrea / guidotti / kataf) **0,4%**- sehr balsamisch, warm, (süß mit buttrig-kieniger Beinote) - **lim** 0,6% Opoponax-Öl → **Myrrhe**

Orange – (Citrus x)

1. **Orange** – (Citrus aurantium x) - → **Neroli,** aus den Blüten → **Petitgrain,** aus Blättern und Zweigen der bitteren Orange
2. **Orange, bitter**; **Pomeranze** (Citrus aurantium ssp. amara) - aus der Schale ' fruchtig, herb-würzig (bitter) - **[P] lim 1,4%** Bitterorangen-Öl [Essence exprimée de bigarade] → Coumarine
3. **Orange, süß; Portugal-Öl** (Citrus sinensis) - aus der Schale ' fruchtig (süß), Haut pflegend, beruhigend und optimistisch stimmend - → Limonen, Citral, α-Sinensal - Hautpflege: Cellulite, Hautdurchblutung anregend – **[P] [!]** Kann im heißem Badewasser Haut reizen -

Oregano *(Origanum vulgare x) - →* ***Carvacrol [B][!] Oregeno-Öl meiden****. - Als Gewürz: Marinieren von Fleisch mit Oregano, Thymian, Pfeffer, Ingwer, Cayenne-Pfeffer, Knoblauch, Rosmarin und mit etwas Zucker oder Zwiebeln vor dem Grillen oder Braten vermindert die Entstehung von heterozyklischen aromatischen Aminen (HAA) um 74 Prozent gegenüber einer nicht marinierten Vergleichsprobe.* [566]

Origanum -

1. *Origanum* ***majorana - Majoran****- Riecht angenehmer als Teebaum-Öl. -* ***[B]*** *- Ideales Wurstgewürz -* ***[!]*** *Wilder / Spanischer Majoran mit Eukalyptus-artigem Duft ist Thymus mastichina → Thymian*
2. *Origanum* ***vulgare*** *- →* ***Oregano [B][!] Oregeno-Öl meiden****.*

Osmanthus *(Osmanthus fragrans), auch Duftblüten genannt - aus den Blüten des Strauches kann Osmanthus-****Absolue*** *extrahiert werden, welches einen fruchtig-blumigen und dennoch holzigen Pfirsichduft mit ledrigen und animalischen Noten verströmt.*

P

Palmarosa*, *Rusagras *(Cymbopogon martinii var. motia) - → ~80%* ***Geraniol*** *- Ausgangsstoff für das sogenannte türkische Geranien-Öl. Allgemein sehr gut verträglich. -* ***Ingwergras*** *(Cymbopogon martinii var. sofia) - → ~50% Geraniol.*

Parabene – *Hydroxybenzoesäure, Hydroxybenzoat, Metagin, Nipagin, Oxybenzoesäure, Oxybenzoat, Parahydroxybenzoat (PHB), Propagin - Stoffgruppe zur Konservierung von Kosmetika –* ***lim*** *0,4% Ethylparaben bzw. Methylparaben gelten als sicher. Methylparaben hat die geringste Östrogenwirkung.*[567] ***[!]*** *Schon im Jahr 2011 haben Wissenschaftler nachgewiesen, dass* ***Parabene*** *aus Körperpflegeprodukten ins Blut und ins Gewebe gelangen. Sie stehen im Verdacht, in den Hormonhaushalt einzugreifen - bei Männern und Frauen.* [568]

Paraffin *- Cera Microcristallina (Mikrowachs), Ceresin (Cerin), Diisopropyl Adipate, (Hydrogenated) Microcrystaline Wax, Isohexadecane, Isoparaffin, Microcrystalline Wax, Mineral Oil (Erdöl), Mineral Spirits, Ozokerit (Erd- oder Bergwachs, Bergtalg, Kenderbal, Neftgil), Paraffin (*Paraffinum Liquidum, *Paraffinum Subliquidum), Petrolatum,*[569] *Synthetic Wax, Vaseline sind Bezeichnungen für Produkte (Kohlenwasserstoffe) aus Mineral-Öl.*[570] *-* ***[!]*** *Bedenklich sind vor allem Lippenpflege und Lip-Gloss auf der Basis Mineral-Öl. Cremes, Babypflege- und Lippenpflegeprodukte, Körper-Öle, Haarwachse und Vaselinen enthalten bis zu 9 Prozent MOAH (Mineral Oil Aromatic Hydrocarbons). Die Aufnahme von MOAH sollte nach Ansicht des Bundesinstituts für Risikobewertung (BfR) gänzlich vermieden werden, da nie auszuschließen ist, dass in dieser Fraktion auch krebserregende Verbindungen vorkommen. Anteile >15% in Cremes und Salben können auf Dauer die Hautfunktionen schädigen. - Sogar Wollwachs (Lanolin) enthält bis zu 15% dickflüssiges Paraffin und Bienenwachs kann Ceresin (Cerin, Wollwachs) aus künstlichen Waben enthalten. -* ***[!]*** *Die WHO warnt vor innerlicher* Anwendung,"kann Herzschwäche auslösen." [571] *→* ***Mikrowachs → MOAH***

---

[566] Dr. Gibis, Uni Hohenheim in https://kuechentipps.de/kuechentricks/gesund-grillen-ohne-schadstoffe-so-gehts/

[567] http://www.spiegel.de/gesundheit/diagnose/stiftung-warentest-cremes-ohne-konservierungsstoffe-bleiben-keimfrei-a-896472.html

[568] http://www.swr.de/marktcheck/parabene-in-kosmetika/-/id=100834/did=16964846/nid=100834/18zqkov/index.html – Östrogenwirkung : http://www.bfr.bund.de/cm/343/parabenhaltige_deodorants_und_die_entstehung_von_brustkrebs.pdf – Limit : http://www.bfr.bund.de/cm/343/verwendung_von_parabenen_in_kosmetischen_mitteln.pdf

[569] http://www.ikw.org/schoenheitspflege/themen/recht-empfehlungen-fuer-hersteller/sicherheit-von-petrolatum-als-rohstoff-fuer-die-kosmetikindustrie/c73e6af6006565b354a0ae0b96313023/ COLIPA Recommendation No. 15 (IKW, 05.07.2004)

[570] http://www.barcoo.com/news/wetten-dass-du-dich-heute-mit-erdoel-eingecremt-hast

[571] http://www.spiegel.de/gesundheit/diagnose/stiftung-warentest-warnt-vor-schadstoffen-in-kosmetik-a-1035526.html

***Patchouli** (Pogostemon cablin) - **Dilem** (Pogostemon heyneanus) - Patchouli-Öl wird aber auch aus Pogostemon comosus, Microtaena cymosa und Plectranthus pachouli gewonnen. - ' Stark durchdringender, modrigholziger, (exotisch, moschusartig süßer) Duft, der durch Lagerung besser wird. – Schutz gegen Insekten, Schutz gegen Mottenfraß (Teppiche). Lang haftende Holznote z.B. in Fougère-Parfums. -*

***Patchouli ethanone** (1-(1,2,3,4,5,6,7,8 Octahydro-2,3,8,8-tetramethyl-2-naphthalenyl) ethanone; OTNE) 21.4%*

***Pelargonium graveolens / roseum / x – Geranium –** Große Duft-Vielfalt, verschiedene Arten mt unterschiedliche Zusammensetzung u.a.→ Citronellol → Geraniol → Citral → Limonen → Linalool - ' blumig-süße, Rosen-ähnliche, Herz-Note - beliebt, für Gesichts- und Hautpflege.*[572]

Peru Balsam** (Myroxylon pereirare) -klebrig, ölig, bräunlich transparent **- –** dagegen ist **Tolubalsam** (Myroxylon balsamum), wohlriechend und spröde - **Peru Balsam** (Baume du Pérou - crude) **Prohibited

***Petersilie** (Petroselinum crispum) – Verwendung als Gewürz. → Östrogen-ähnliches Phytohormon, hemmt Brusttumore. - **[!] [B]** Das Destillat aus den Samen enthält das **[T]** giftige Apiol.*

***Petitgrain** –*

1. *ursprünglich aus den Blättern, Zweigen und unreifen Früchte der Bitterorange (Citrus aurantium ssp. Amara) → Citral, Limonen, Linalool, Pinen – Über Stunden anhaltende frische grüne Note.*
2. *Petitgrain aus Citrus reticulata (Mandarine) **lim** 0,165%.*
3. *Petitgrain aus Blättern und Zweigen anderer Zitrusfrüchte: Bergamotte, Clementine, Grapefruit, Limone, Orange (süß), Tangerine, Zitrone...*

***Pfefferminze** (Mentha x piperita) – ' frisch, (kühl, herb) - → <90% **Menthol** - **lim** 0,1% Pfefferminz-Öl - **[7+]** Vorsicht bei Kindern. **[!]** Atemnot!*

***Pfirsichlacton** - **»**Aldehyd C14« - γ-**Undecalacton** = 5-Heptyltetrahydro-2-furanon – ODT 4 µg/L Wasser – Pfirsich- und Aprikosen-Duft, im Blüten-Öl der Narzisse natürlich vorkommend*

Ph.Eur. - Pharmacopea Europaea** das Europäische Arzneibuch → **DAB** → **Ph.Helv.

Ph.Helv.** - **Pharmacopoea Helvetica** das Schweizerische Arzneibuch - Die Pharmakopöe besteht in der Schweiz aus der Europäischen (Pharmacopoea Europaea, Ph.Eur.) und der Schweizerischen Pharmakopöe (Pharmacopoea Helvetica, Ph.Helv.). Sie enthält Monographien, Qualitätsvorschriften für gebräuchliche und bekannte Arzneimittel und pharmazeutische Hilfsstoffe sowie für einzelne Medizinprodukte. Die enthaltenen Vorschriften sind verbindlich und haben Gesetzescharakter.*[573] *→ **DAB** → **Ph.Eur.

Phenylacetaldehyde lim 0,3 %

Pheromone** - sind wie die Hormone Wirkstoffe, die jedoch nicht in ein und demselben Individuum erzeugt und wirksam werden, sondern von einem erzeugenden auf andere derselben Art übertragen werden, wo sie dann ihre Wirkung entfalten. Die bekannteste Gruppe der Pheromone sind die Sexuallockstoffe. → **Copuline** → **Alarm-Pheromon

***Picea abies** und **mariana –** Fichte und Schwarzfichte (Black spruce) – Durchblutung der Haut fördernd, Einreibungen bei Antriebslosigkeit (Adrenalin-Mangel), Bronchitis (Husten), Erkältungen.*

Pigmente** - sind Farbstoffe. Bevorzugen Sie stabile hautfreundliche einheitliche Farbstoffe die neben der Eignung für Kosmetik Lebensmittelqualität (EU-Standard) entsprechen. Natürliche Pigmente enthalten häufig **[T]** Schwermetalle, die zu einer latenten Vergiftung führen können. **[!]

---

572 https://aromaticstudies.com/pelargonium-graveolens-or-pelargonium-x-asperum/ https://aromaticstudies.com/pelargonium-finale/https://aromaticstudies.com/pelargonium-finale/https://aromaticstudies.com/pelargonium-finale/

573 Ph.Helv. http://phhelv.ch/icefaces/resource/MjA2MjYzNTM1MQ==/Pharmacopoea_Helvetica_11.1_Deutsche%20Ausgabe_2013_Monographienverzeichnis.pdf

Piment (Pimenta dioca) – Allspice – Verwendung als Gewürz z.B. in Wurst. - Hauptaromakomponenten sind → Eugenol und Eugenolmethylether, daneben 1,8-Cineol, Myrcen, α-Phellandren. - **[B] [15+] [!]** Je nach Herkunft stark unterschiedliche Zusammensetzung! -

- 🗁✍ Pimentfrüchte aus Jamaica enthalten 65 bis 90% Eugenol als Hauptkomponente, **[!]** ~10% Methyleugenol und ~1% Myrcen. Das **lim 0,001%** oder **10mg/kg Methyleugenol** begrenzt den Einsatz dieses Piment-Destillats auf maximal 0,01%.
- 🖹✍ Piment aus Mexico enthält **[!]** 50 bis 60% Methyleugenol als Hauptkomponente, gefolgt von ~15% Myrcen und ~10% Eugenol. Unbedingt **lim 0,001%** oder **10mg/kg für das enthaltene Methyleugenol beachten!**

Pinene -

1. **Alpha-Pinen** kommt in den Gewürzpflanzen Pfeffer, Rosmarin und Ysop, und in Bau-Holz und Holz-Produkten (Terpentin-Öl) sowie Mastix (Pistazienharz) und Myrten-Öl vor. Einflüsse auf das Zentralnervensystem sind erhöhte Aufmerksamkeit und langsamerer Serotoninabbau. -
2. **Beta-Pinen** kommt im Pfeffer und oftmals neben Limonen in Mandarinen, Orangen (Petitgrain) und Zitronen vor.

Pinus (x) - **Kiefern, Föhren** oder Forlen, Destillat aus Zweigen -

1. **Pinus cembra –** Arve, Swiss red pine, Zirbelkiefer, Duft: anregend, Schleim lösend, waldig, balsamisch, kampferartig, frisch. Anwendung: äußerlich.
2. **Pinus edulis** – Pinon Pine (New Mexico) – mehr als 50% a-Pinen, Ester – Einreibemittel
3. **Pinus mugus –** Latschenkiefer - **[7+]** - Kann bei Kindern Asthmaanfälle auslösen. **Atemnot!** → **Fichtennadeln** → **Eucalyptus** → **Menthol**
4. **Pinus nigra** – Die Schwarzkiefer gibt es in verschiedenen Unterarten auf Korsika (var. laricio) und in den Pyrenäen (var. salzmanii)
5. **Pinus pinaster / pinea –** Pinie – **Terpentin**-Dämpfe sind giftig! - stark verdünnt allenfalls äußerlich anwenden z.B. mit → **Picea mariana**
6. **Pinus sylvestris** – Gewöhnliche Wald-Kiefer, Rot-Föhre - ' frisch, harzig, herb - → Pinen, Bornylacetat, deklarationspflichtig → Limonen, Linalool, Citronellol - Durchblutung der Haut fördernd, für Einreibungen gegen Erkältungen und Muskelschmerzen.

Piper nigrum - Schwarzer Pfeffer enthält den Scharfstoff Piperin, den Nelkenriechstoff Caryophyllen, das leicht oxidierende 3-Caren sowie alpha- und beta-Pinen. Verwendung der Pfefferkörner: als Gewürz. Das Destillat der unreifen Früchte wird verdünnt als wärmende Einreibung bei Muskelschmerzen verwendet. -

Pistazie – (Pistacia atlantica – heute meist: Pistacia terebintus) → Terpene - **Terpentin**

Pistazienharz → Pinene (Mastix)

Pogostemon cablin - Patchouli - Pogostemon heyneanus - Dilem - Patchouli-Öl wird aber auch aus Pogostemon comosus, Microtaena cymosa und Plectranthus pachouli gewonnen. **-** ' Stark durchdringender, modrigholziger, (exotisch, moschusartig süßer) Duft, der durch Lagerung besser wird. – Schutz gegen Insekten, Schutz gegen Mottenfraß (Teppiche). Lang haftende Holznote z.B. in Fougère-Parfums. -

Poleiminze - (Mentha pulegium) - **[B]** → **Pulegon [T]** , meiden.

Polianthes tuberosa - **Tuberose Absolue – [B] [7+] -** Heute meist Extrakt (mittels Hexan) aus der Nachthyazinthe - honigartig, betäubend süßblumig - → Lactone

Potenzierung - die, mehrstufige Aufarbeitung. → **Homöopathie** → **D***

ppb - Die hauptsächlich im englischen Sprachraum übliche oftmals irreführende Benennung ppb „part per billion" kennzeichnet richtig übersetzt lediglich ein Verhältnis von eins zu einer Milliarde = $1 / 10^9 = 10^{-9}$

1. **ppb m/m** - (wobei die Kennzeichnung m/m für das Massenverhältnis oftmals fehlt) wird heutzutage meist auch international eineindeutig durch die Benennung µg/kg = 0,001 mg/kg oder 1000 ng/kg ersetzt.

2. ***ppb v/v*** *- Oftmals fehlt die Kennzeichnung v/v, dass es sich um Volumina handelt ist oft erst aus dem Begleittext erkennbar. Bei ppb v/v ist zu beachten, dass es sich dabei um ein Volumenverhältnis 1 / 10^9 (eins zu einer Milliarde) handelt. Diese Werte werden üblicherweise unter Berücksichtigung der jeweiligen Dichte (Raumdichte, Massedichte, spezifische Masse, density, Formelzeichen ρ (rho), wobei ρ = m/V d.h. "Masse pro Volumen") zuerst in kg/m³ und dann in mg/kg umgerechnet. Üblich sind heutzutage eineindeutige Benennungen in mg/kg*

ppm *- Die hauptsächlich im englischen Sprachraum übliche ppm „part per million" kennzeichnet ein Verhältnis von eins zu einer Million = 1 / 10^6 = 10^{-6}*

1. ***ppm m/m –*** *(wobei die Kennzeichnung m/m für das Massenverhältnis oftmals fehlt) wird heutzutage meist auch international eineindeutig durch die Benennung mg/kg ersetzt.*
2. ***ppm v/v*** *- Oftmals fehlt die Kennzeichnung v/v, dass es sich um Volumina handelt ist oft erst aus dem Begleittext erkennbar. Bei ppm v/v ist zu beachten, dass es sich dabei um ein Volumenverhältnis 1 / 10^6 (eins zu einer Million) handelt. Diese Werte werden üblicherweise unter Berücksichtigung der jeweiligen Dichte (Raumdichte, Massedichte, spezifische Masse, density, Formelzeichen ρ (rho), wobei ρ=m/V d.h. "Masse pro Volumen") zuerst in kg/m³ und dann in mg/kg umgerechnet. Üblich sind heutzutage eineindeutige Benennungen in mg/kg*

Q

QRA *(Quantitative Risk Assessment) - →* ***IFRA_RIFM_QRA*** *Ohne die Kenntnis der IFRA_RIFM_QRA Categories sind die genannten Limits der IFRA nicht nutzbar.*

Quinoline ***Prohibited***

R

Rainfarn *(Tanacetum parthenium) - →* ***Thujon [T]*** *. Meiden.*

Raps *(Brassica napus) -* ***Canola Oil*** *(Raps-00-Öl) - Durch Züchtungen konnte der Anteil auf bis zu 1% Erucasäure gesenkt werden, was den Einsatz als Speise-Öl ermöglicht. Das farblose raffinierte Raps-00-Öl gilt als ausgezeichneter Träger für Massage-Öle.*

Raute *(Ruta graveolens)* ***[B]*** *→* ***Methylnonylketon [T]*** *- Rauten-Öl (Rue oil, Essence de rue). Von Anwendung wird abgeraten.*

Ravensara *(Agatophyllum aromatica) -*

1. *Das Destillat der Blätter erinnert stark an Estragon mit einem Hauch von Basilikum und im Abgang an Anis.* ***[!]*** *Enthält neben 13-25% Limonen, 6-17% Sabinen, ~6% Methylchavicol =* ***Estragol****, ~6%* ***Methyleugenol*** *und Furocoumarine (Aucune).*
2. *- Rinden-Öl (Ravensara aromatic bark oil) enthält gemäß Burfield bis zu 90% Methylchavicol =* ***Estragol [!]****.- Wegen der Verwechslungsgefahr meiden.****[P] [!]***

Ravintsara *(Cinnamomum camphora, Chemotyp 1,8-Cineol) –* ***Ravintsara*** *oil: → 55-76% 1,8 cineole with 20% alpha-pinene and alpha-terpinene. Das Destillat der jungen Blätter und Zweige des Kampferbaums aus Madagaskar riecht sehr charakteristisch wie Eukalyptus.* ***[7+][B]*** *- Verwechslungsgefahr* ***[!]*** *Ravensara aromatic leaf essential oil – gemeint ist hier wahrscheinlich* ***Ravintsara*** *oil - enthält laut Behra and Rakotoarison (2001) 53-68% 1,8 Cineole und einige Monoterpene. - Aufgrund der hohen Anteile an 1,8-Cineol gilt hierfür auch:* ***[7+][B]*** *- Nie bei Kleinkindern anwenden. - Niemals im Gesicht anwenden! Es droht* ***Atemnot!***

Repellent (Schreckstoff) – *Ein Schreckstoff (Repellent) bewirkt das gezielte Entfernen. Insekten vertreibend wirkt beispielsweise der Duft von* ***Patchouli*** *(Pogostemon cablin),* ***Zedernholz*** *(Juniperus virg.),* ***Gewürznelken*** *(Syzygium aromaticum),* ***Citronell*** *(Cymbopogon nardus). Nach* ***Geraniol*** *riechende Pflanzen werden von Hasen und Hunden gemieden und vergrämen auch Maulwürfe. – Ein Repellent ist der Gegensatz zum → Attraktant (Lockstoff).*

Riechstoff - *[umgangssprachlich Duftstoff]. Intensität und Fixierung sind von Riechstoff zu Riechstoff stark unterschiedlich. Mit steigender Konzentration wird aus angenehmem Duft penetranter Gestank. Es ist die Kunst des Parfumeurs die Riechstoffe in der jeweils richtigen Konzentration so zusammenzubringen, dass ein angenehm duftendes, haltbares Parfum entsteht. → Die Menge, genauer: die Konzentration, macht's.*

1. ***Riechstoffe**, einheitliche - Hochreine, saubere, meist sehr teure, Einzelsubstanzen. Sie können aus natürlichen ätherischen Ölen stammen, oder synthetisiert sein.*
2. ***Riechstoffe**, synthetische - Bei der Suche nach dem riechenden Prinzip der Iris wurden die **Jonone** (engl.: Ionone) entdeckt. Wesentlich billiger als das die natürlich vorkommenden α-, β- und γ-**Irone** ist auch heute noch das β-**Jonon.**[574] - Die wichtigen Jasminriechstoffe werden in industriellem Maßstab synthetisiert. Neue Erkenntnisse zwischen Struktur und Duft ermöglichten die Erfindung einer bedeutendenden Anzahl von nicht natürlich vorkommenden Riechstoffen vom Jasmin-Typ.[575]*

***RIFM** (Research Institute for Fragrance Materials) **QRA** (Quantitative Risk Assessment) - → **IFRA_RIFM_QRA** Ohne die Kenntnis der IFRA_RIFM_QRA Categories sind die genannten Limits der IFRA nicht nutzbar.*

***Ringelblume** (Calendula officinalis) – **Ringelblumen-Öl** (Calendula Officinalis Extract) ist ein Mazerat aus Sonnenblumen-Öl und (den Blüten) der Ringelblume. Sonnenblumen-Öl-Auszüge von Johanniskraut und den Ringelblumen bewähren sich und haben heute noch ihre Einsatzgebiete. **[!]** Kann Haut irritieren. Vorsicht bei Überempfindlichkeit auf Korbblütler. **[!]** -*

***Rose** (Rosa damascena & gallica), **Mairose** (Rosa centifolia, x alba) -*

1. *Rosen-**Absolue** - enthält bis zu 3,5% → **Methyleugenol** sowie → **Phenylethylalkohol** - Es gibt je nach Herkunft deutlich unterschiedliche Qualitäten - 'warm, süß bis fruchtig oder Veilchen-artig. - Es gibt neuerdings auch Methyleugenol-freie Absolues.*
2. ***Destillat**: **Rosen-Öl** ist sehr gut hautverträglich und duftintensiv. - Die Hauptinhaltsstoffe sind 34–55 % (–)-**Citronellol**, 30–40 % **Geraniol** und **Nerol**, in geringen Spuren sind ferner **Linalool**, **Farnesol**, **Citral**, **Phenylethylalkohol = 2-Phenylethanol**, **Nonylaldehyd, Carvon** vorhanden. Insgesamt enthält natürliches Rosen-Öl mindestens 350 Verbindungen. Das bulgarische Rosen-Öl erhält seine besondere Note durch Spuren von **Damascenon** und **Rosenoxid.** - **[!]** "Methyleugenol-arme" Rosen-Öl -Chargen enthielten beispielsweise bis zu 0,5% **Methyleugenol**.[576]*
3. ***Rosenwasser** – Echtes Rosenwasser entsteht neben Rosen-Öl bei der Wasserdampfdestillation von Rosen. Bei der Wasserdampfdestillation geht → **Phenylethylalkohol = 2-Phenylethanol** infolge seiner guten Wasserlöslichkeit fast vollständig in diese wässrige Phase über. - Aroma in Marzipan / Persipan. - Rosenwasser ist meist konserviert und-oder besteht oftmals nur aus einigen Tropfen Rosen-Öl in Wasser.*
4. ***Hagebuttenkern-Öle** – fette Öle aus den Früchten der Rosen → **Hagebutte***

Rose Ketones 0,02%

***Rosenholz** (Aniba roseodora) - **Bois de** Rose - **[!]** Meiden. Gefährdete Art. - Empfindliche Wildpflanze. 10...15 Jahre alte Bäume werden gefällt und für die Destillation des Rosenholz-Öls zerkleinert. Die ursprünglichen Bestände in*

---

[574] β-*Jonon* ist ein Teilschritt zur Synthese von Vitamin A – Veilchenduft in der Krebsforschung http://news.rub.de/presseinformationen/wissenschaft/2016-06-02-duftforschung-riechrezeptor-pigmentzellen-der-haut-entdeckt und https://www.swr.de/swr2/wissen/krebszellen-haben-riechrezeptoren/-/id=661224/did=14963444/nid=661224/6zvzrx/index.html

[575] *Methyldihydrojasmonat, Hedion ™ [Firmenich S.A.]* zählt heute zu den bedeutendsten *Jasmin-Riechstoffen.*

[576] *http://manualzz.com/doc/4603275/sicherheitsdatenblatt-rosen%C3%B6l--methyleugenolarm*

*Französisch-Guyana und im brasilianischen Regenwald sind erschöpft. Stattdessen wird nun oft ätherisches Öl aus den Blättern und Zweigen angeboten. → Linalool, Geraniol - Manche empfehlen statt dessen **indisches "Rosenholz"** (Dalbergia sissoo), das oftmals nicht lieferbare **Linaloe** (Bursera delpechiana) **[!]** oder → **Ho** Sho **wood** or **leaf oil:** 80% Linalool und 10% Monoterpene.*

Rosmarin *(Rosmarinus officinalis) -*

1. ***aus Nordafrika**, meist Tunesien, gilt als das Beste - Chemotyp → **Cineol** – ' erfrischend - Einsatz: Meist gemeinsam mit Lavendel in klassischen Citrus fresh (**EdC**) pH - **[7+] [!]** Rosmarin-Öl ist meist verlängert!*
2. ***aus Spanien und Kroatien** - → <12% **Campher** – **[B][X+]** Für Schwangere und Kinder ungeeignet! **lim** 0,1% Rosmarin-Öl*
3. ***aus Korsika** - → **Verbenon [B][X+]** Für Schwangere und Kinder ungeeignet!*

S

Sadebaum *(Juniperus sabina) - **[!]** Sadebaum-Öl (Savin oil, Essence de sabine) aus Juniperus sabina sollte nicht verwendet werden.*

Safran *(Crocus sativus) - → **Safrol**. Trotzdem ist es ein teures und beliebtes Gewürz. → Die Menge, genauer: die Konzentration, macht's.*

Safrol *- Safrole, Isosafrole, Dihydrosafrole - **Prohibited** (permitted if total below 0,01%) -*

Safranal *(2,6,6-Trimethylcyclohexa-1,3-dienyl methanal) – **lim** 0,005% - → Safran-Aroma.*

Safrol *- in vielen Pflanzen vorkommenden bedenklicher Inhaltsstoff - **lim 0,001%** oder **10mg/kg** → Sassafras → Fenchel → Anis / Sternanis → Safran - siehe auch → Methyleugenol*

Salbe *– altbewährte **wasserfreie Creme** - Die seit dem Altertum bewährten Calendula-Salben bestehen aus Ringelblumen-Blüten in ungesalzener Butter oder in ungesalzenem Schmalz; diese sind nur begrenzt haltbar und werden nach einiger Zeit ranzig. - **[!]** Von der Verwendung von Creme-Grundlagen wie Melk-Fett wird abgeraten. Emulgatoren und trocknen auf Dauer die Haut aus. → **MOAH***

1. ***Salbe – liquide Fett- und Wasser-freie** Kosmetik → **EdS Lip Gloss** (Lippenpflege) und **EdS Face / Skin Balm** (Hautschutz). Basis sind natürliche Öle und Wachse. → **EdS** Kosmetik*
2. ***Salbe – medizinisch** – verspricht Heilwirkung - **[!]** Enthält oftmals Lanolin und andere Salben-Grundlagen.[577] → **Mikrowachs** → **Paraffin** → **Vaseline** → **MOAH***

Salbei *(Salvia officinalis) - → 20...70% **Thujon** - **lim** 0,02% Salbei-Öl. - **[B][15+][X+]** Stark wechselnde Zusammensetzung. Auch wegen des Thujon-Gehalts nicht geeignet für Schwangere und Kinder! – **[!]** Meiden bei Prostata-Problemen, Brustkrebs, Menstruationsbeschwerden, Neigung zu Epilepsie. Östrogren-ähnliche Hormonwirkung.*

Salbei, **Muskateller Salbei** *(Salvia sclarea) - **[B]** Nicht in der Schwangerschaft: Wehen fördernd. **[X+][!]** Krebs; **[!]** innerlich mit Eisenpräparaten und-oder Alkohol: unkontrolliert verstärkte Euphorisierung - Wird oft mit Citrus-Ölen als Deckparfum gemischt. Stundenlang haftender Geruch nach Schweiß oder schmutziger Wäsche! Der Stoff **Sclareol** gleicht der Struktur von Estradiol und ist auch für die enorm menstruationsregelnde, Östrogen-ähnliche Wirkung dieses ätherischen Öles verantwortlich.*

Sandelholz *(Santalum album) - **[!]** Sandelholz entfaltet bei 60%, vor allem an blonden Menschen, einen urinösen Geruch. Sandelholz wird eine stark erotisierende Wirkung zugeschrieben: Bestandteile dieses Öles weisen eine ähnliche Struktur wie Androstenol, einem Abbauprodukt vom männlichen Geschlechtshormon Testosteron, auf. - **[!]** Zunehmend gefährdete Art: Sandelholz-Bäume sollten erst geschlagen werden, wenn sie mindestens 50 Jahre alt sind. Indien ergreift bereits Maßnahmen zum*

---

[577] *Unguentum* Salbengrundlagen https://de.wikipedia.org/wiki/Salbe

Schutz der Sandelholz-Bäume. Oft mit Zedern-Öl gestreckt. **[!]** Sandelholz kann Haut irritieren. → **Amyris**

Santolina (Santolina chamaecyp.) – [T] **[B]** - Von Anwendung wird abgeraten! Prohibited

Sassafras (Sassafras albidum) - → **Safrol** [T] . - Von Anwendung wird abgeraten!

Satureja hortensis x montana – Bohnenkraut / Savoy winter, Bergbohnenkraut – → Carvacrol / Thymol, <1% Methyleugenol - **lim 1% Bohnenkraut-Öl – [7+]**

Savin oil from **Juniperus sabina** Prohibited

Schafgarbe (Achillea millefolium) – Yarrow - ~ **Thujon – [P] [B] [X+]** Nicht bei Schwangeren und Kindern. Kann Allergien auslösen. [578]

Sesam (Sesamum indicum) – **Sesamöl** (Sesam Seed Oil) ist oxidativ relativ stabil, bietet leichten Lichtschutz, gilt jedoch als komedogen, `"Mitesser fördernd".

SF – Sonnen-Filter-Wirkung

1. **SF 0,5** - **[P]** - Dies entspricht der Verstärkung der Wirkung energiereicher Strahlung auf das Doppelte. Kosmetika und Parfums enthalten (natürliche) Inhalte, die z.T. unter Einwirkung energiereicher → **Strahlung** photo-sensibilisierend wirken. Es wird deshalb generell empfohlen keine Parfums vor einem ausgiebigen Sonnenbad, einer Behandlung mit UV-Licht oder einer Strahlenbehandlung anzuwenden.
2. **SF 3...4** - Natürliche Zutaten ermöglichen die Verlängerung der ungefährdeten Aufenthaltsdauer an der Sonne bis auf das Drei- bis Vierfache. Dies entspricht einer UV-A und UV-B Filterwirkung von 67 bis 75%. → **Lichtschutz** → **Mallorca-Akne**
3. **SF 4...10** - Lichtschutzwerte ab SF4 lassen sich mit erhöhtem Einsatz an Chemie erreichen; einige dieser **chemischen** UV-Filtersubstanzen haben deutlich Progesteron-ähnliche Wirkungen.[579]
4. **SF10...30** - Sunblocker z.B. mit Titanoxid oder Zinkoxid gelten als unbedenklich; und ermöglichen SF10 und mehr. **Vorsicht:** SF30, was einer UV-Filterwirkung von 97% entspricht, erhöht die ungefährdete Aufenthaltsdauer an der Sonne am Meer, auf Gletschern und Bergen wegen der dort erhöhten UV-Strahlung höchstens auf das Zehnfache! → **Strahlung, energiereiche**

Shea Butter wird aus den Nüssen des **Karité** (Butyrospermum Parkii) gewonnen. Er wird in Cremes für trockene gereizte Haut als Konistenzgeber eingesetzt.

Silvial / Suzaral / Rhodial (p-Isobutyl--methyl hydrocinnamaldehyde) 1,04%

Sonnenblume (Helianthus annuus) – **Sonnenblumen-Öl** (Helianthus Annuus Seed Oil) ist das gepresste fette Öl aus den Samen der Sonnenblume. Es sind zwei Sorten Öl aus Sonnenblumen auf dem Markt:

1. Normales Sonnenblumen-Öl enthält ~20 % Ölsäure und 45-70% Linolsäure. **[3+]** Es hat von Natur aus einen hohen Vitamin-E-Gehalt und ist bis zu 8 Monate haltbar; danach harzt es. Sonnenblumen-Öl wirkt leicht desinfizierend, gilt als regenerierend und pflegend bei Hautproblemen und ist für alle Hauttypen geeignet. Es hat wenig Eigengeruch und sollte für Massagen 1:1 mit Jojoba-Öl (bessere Gleitfähigkeit und längere Haltbarkeit) gemischt werden.
2. HO-Öl. Das durch Selektion gezüchtete High-Oleic-Sonnenblumen-Öl gleicht dem Oliven-Öl und enthält mehr als 70 % Ölsäure. HO-Sonnenblumen-Öl und ist ein relativ oxidationsstabiles Basisöl.

Sternanis (Illicum verum) - **[B] [7+] [!]** → Anisalkohol, Limonen, **Safrol - lim** 0,1% Sternais-Öl → Anis

Strahlung, energiereiche - Licht, γ- und Röntgenstrahlung - Auch hier gilt: → Die Menge, genauer: die Konzentration, macht's. Kurze Aufenthalte an der Sonne beeinflussen die Hautfunktionen positiv. Bekommt die Haut zu viel Energie ab, sei es durch infrarote

---

[578] https://aromaticstudies.com/yarrow-essential-oil-achillea-millefolium/

[579] http://derstandard.at/2000034179432/Sonnenmilch-koennte-zu-Unfruchtbarkeit-beitragen
https://www.sciencedaily.com/releases/2016/04/160401111847.htm Progesteron-ähnliche Wirkung

wärmende (IR) Strahlung, bräunende ultraviolettes Licht (UV-A und UV-B), γ- oder Röntgenstrahlung, so führt dies zu Verbrennungen der Haut. Vorsicht: Ungefährdeter Aufenthalt in der Sonne am Meer, auf Gletschern und Bergen und anderen Regionen mit erhöhter UV-Strahlung erfordert entsprechend höhere Lichtschutzfilter! → SF

Strohblume (Helichrysum italicum = H. angustifolium) - *Als* **Gewürz** *"Currygeschmack" in Reis* **– [3+] [P]** *Individuelle Verträglichkeit testen.* **– Immortelle -**

1. *Das intensiv duftende* **Absolue** *der →* **Strohblume** *ist ein starker Fixateur. Es trägt den Beinamen: "Everlast". -*
2. *Das* **ätherische Öl ...0,1%** *ist eine heuartig duftende Herznote und enthält → Nerylacetat → Italidone → Limonen → Nerol → b-Carophyllene → g-Curcumene.*

Styrax *(from* **Liquidambar styraciflua macrophyla** *or* **Liquidambar orientalis** *only) 0,6%* **[3+] [!]** *- Styrax (all other species)* **Prohibited**

Syzygium aromaticum *= Eugenia caryophyllata -* **Gewürznelke** *- →* **Eugenol** *- ODT 6 - 30 µg/L Wasser* **- lim 0,1% (IFRA 0,5%) [B] [7+] [!]** *Gewürznelken-Öl kann Haut reizen.*

T

Tacrolimus *(1-(2,4,4,5,5-Pentamethyl-1-cyclopenten-1-yl)ethan-1-one) 0,45%*

Tagetes, **Marigold** *(Tagetes x) –* **[B][P]** *photo-sensibilisierend* **lim** *0,05% Tagetes-Öl hat eine intensive erdig warme Herznote und ist antiseptisch und nützlich bei Wunden Abszessen und Pilzinfektionen. -*

Tannen – *meist Arten der Gattung → Abies - aber auch die Hemlocktannen Tsuga (canadensis), die Andentanne (Araucaria araucana), die → Douglasie (Pseudotsuga menziesii) und sogar die Fichten → Picea (abies) werden häufig als Tannen bezeichnet. Besser verträglich → Fichtennadelöl*

Tea Leaf *Absolute 0,2%*

Teebaum, **Tea-tree** *(Melaleuca alternifolia) - Teebaum-Öl hat ein breites desinfizierendes Spektrum. - Destillat aus den Blättern –* **[!]** *Nur verdünnt ...1% anwenden.* **[!]** *Langfristige Anwendungen meiden: Durch die zunehmende Verwendung zeigt sich, dass - bei längerer Anwendung - die allgemein gute Verträglichkeit einer kritischeren Betrachtung bedarf. Es treten Irritationen vom Typ → Mallorca-Akne auf. Aufwendige Untersuchungen an menschlichen Zellkulturen ergaben, dass Teebaumöl östrogen- und antiandrogene Eigenschaften besitzt.*[580]

Terpene – **Terpentin,** *meist aus Kiefernharz (z.B. alpha-Pinen, delta-3-Caren und Limonen) wird häufig als "natürliches" Lösemittel eingesetzt.* **Terpentin-***Dämpfe sind giftig! - Terpene sind Isopren-Abkömmlinge, d.h. Vielfache des 2-Methylbuta-1,3-diens mit der Grundformel* $(H_2C{=}CCH_3{-}CH{=}CH_2)_n$ *Terpenoide sind Terpene deren Säuren, Alkohole, Aldehyde bzw. Ketone, Ester (Lactone sind innere Ester) und Oxide. Viele davon sind →* **Riechstoffe, Steroide** *und* **Sterole** *(Hormone),* **Carotinoide** *(Farbstoffe, Vitamine),* **Poly-Terpene** *und* **Poly-Isoprenoide** *(Balsame oder polyprene Kautschukmassen).*

Thuja - **[B]** → **Thujon** *[T] - Allenfalls in sehr kleinen Mengen, äußerlich.*

Thymian *(Thymus x) Thymus-Öle können Haut reizen! -*

1. **Thymian** *(Thymus satureioides; Marokko) -* **[!]** *Bei Neigung zu Grünem Star meiden. –*
2. **Quendel (***Thymus serpyllum) bei Prostata-Problemen meiden.*
3. **Thymian** *(Thymus vulgaris) - Thymian* **Carvacrol** *meiden.***[!]**
4. **Thymian** *(Thymus vulgaris) - Thymian* **Linalool** *– Zitronenthymian gilt als mildester Thymian.* **[3+]**
5. **Thymian** *(Thymus zygis; Spanien) - → <48%* **Thymol** *-* **lim** *0,1% Thymian-Öl.* **[7+][!]** *Maximal 1Tropfen/ 50ml Massage-Öl, 1Tropfen/Vollbad. Kann im heißem Badewasser Haut reizen. -*

---

[580] https://www.aerzteblatt.de/archiv/57051/Gynaekomastie-nach-Lavendel-und-Teebaumoel Ärzteblatt 39/2007

Tierversuche – *Kosmetika aus der EU sind ohne Tierversuche*

Tolubalsam *(Myroxylon balsamum), wohlriechend und spröde – dagegen ist* **Peru Balsam** *(Myroxylon pereirare) klebrig, ölig, bräunlich transparent -* **- Peru Balsam** *(Baume du Pérou) (crude)* **Prohibited**

Toluene **Prohibited**

Tonka *(Dipteryx = Coumarouna odorata) – Tonka-Absolue 10% in Weingeist. Entspannender, oft als Vanille-artig bezeichneter, Duft. - Das an Waldmeister und Heugras erinnernde* **1,2-Benzopyron**, *ein in Tonka natürlich vorkommendes unbedenkliches Coumarin, ersetzt die vielen bedenklichen (natürlich vorkommenden) Coumarine* [581]

Tränen – *Die Tränen von traurig schluchzenden Frauen enthalten ein chemisches Signal, das den Testosteronspiegel und die sexuelle Erregbarkeit von Männern reduziert. Es ist durchaus möglich, dass auch die Tränen von Kindern spezielle Signalstoffe enthalten.*

Trauben *(Vitis vinifera) –* **Traubenkern-Öl** *(Grape Seed Oil) ist ist bei dunkler und kühler Lagerung sechs Monate haltbar. Es wird in der Kosmetik für empfindliche (Kinder-)Haut verwendet.*

Trigonella *foenum-graecum –* **Bockshornklee,** *gelber Schabziger - eng verwandt mit dem Schabzigerklee (Trigonella caerulea) ein Schmetterlingsblütler welcher oftmals auch in Curry-Mischungen verwendet wird. - Bockshornsamen enthalten ~30 % Schleimstoffe und bis zu 3 % Steroidsaponine. Das Alkaloid Trigonellin und das Steroidpeptid Foenugraecin gehören möglicherweise zu den Wirksamkeit-bestimmenden Inhaltsstoffen. Aus den Samen wird ein wachsartiges, gelbes* **Absolue** *gewonnen.* **[B]** *Es beeinflusst den Menstruationszyklus. -* **[!] Vorsicht** *- Die 2011 aufgetretene EHEC-Epidemie mit 53 Toten und Hunderten von Erkrankten wurde wahrscheinlich durch Bockshornkleesamen, welche aus Ägypten importiert wurden, ausgelöst.*

Trivertal *(Aka ivy carbaldehyde; Dimethylcyclohex-3-ene-1-carbaldehyde)* **2,7%**

Tuberose Absolue – [B] [7+] *- Heute meist* **Extrakt** *(mittels Hexan) aus der Nachthyazinthe (Polianthes tuberosa) honigartig, betäubend süßblumig - →* **Lactone**

Tuberose-Lacton *(CAS153175-57-6) - Dihydro-5-((Z,Z)octa-2,5-dienyl)-2(3H)-furanon = (Z,Z)-6,9-Dodecadien-4-olid*

Tulsi-Öl - *Indisches Basilikum (Ocimum sanctum)* **- [B][!]** *Vorsicht, enthält sehr viel →* **Eugenol**

U

Ultravanil *(vanilla cresol; 2-Ethoxy-4-methylphenol)* **0,1%**

Urea – Harnstoff – *synthetischer Harnstoff kostet derzeit nur wenige Cent pro Kilo –* **[!]** *meiden. Ungeeignet für entzündete Haut! Erzeugt brennenden Schmerz!*

Urtica urens *- die kleine Brennnessel – Auszüge werden in der Homöopathie meist als kühlendes Gel bei Sonnenbrand und Insektenstichen eingesetzt.* [582]

V

Valeriana officinalis – *Baldrian - bei zwei Jahre langem Trocknen dieser Wurzel entsteht die auf den Menschen beruhigend wirksame und Kater verrückt machende Isovaleriansäure. - Der Alkoholauszug hilft bei Prüfungsangst und erleichtert das Einschlafen.* **[12+][B]** *– Neben* **Borneol** *und* **Kampfer,** *sowie* **ß-Bisabolen** *enthält die Baldrian-Wurzel 0,5-2% Valepotriate die sich zur Isovaleriansäure abbauen. Der Hauptinhaltsstoff 3-Methylbutansäure =* **Isovaleriansäure** *kommt auch im menschlichen Schweiß vor und riecht intensiv holzig-erdig moschusartig nach Baldrian.*

-

Vanille *(Vanilla planifolia) -* **[B] [!]** *Zunehmend gefährdete Art. -* **[7+]** *Extrakt 30% in Weingeist → Vanillin (ODT 20 - 200 µg/L Wasser) und weitere 35 weitere aromatische*

---

581 *IFRA Code de bons usages, Empfehlungen http://www.ifraorg.org/en-us/standards_index_1*

582 *http://www.fid-gesundheitswissen.de/pflanzenheilkunde/brennessel/*

Verbindungen. - **Ethylvanillin** (Bourbonal) übertrifft die Duft-Intensität des natürlichen Vanillins um das Fünffache. Mit ebenfalls hoher Haftfestigkeit und mit dem Vanillin eng verwandt ist das süßblumige, leicht würzige (Mandel-artige) **Heliotropin** (Piperonal™).

Vaseline - Gemisch aus festen und flüssigen Erdölkohlenwasserstoffen. Cera Microcristallina (Mikrowachs), Ceresin (Cerin), Diisopropyl Adipate,(Hydrogenated) Microcrystaline Wax, Isohexadecane, Isoparaffin, Microcrystalline Wax, Mineral Oil (Erdöl), Mineral Spirits, Ozokerit (Erd- oder Bergwachs, Bergtalg, Kenderbal, Neftgil), Paraffin (Paraffinum Liquidum, Paraffinum Subliquidum), Petrolatum,[583] Synthetic Wax, Vaseline sind Bezeichnungen für Produkte (Kohlenwasserstoffe) aus Mineralöl.[584] - **[!]** Bedenklich sind vor allem Lippenpflege und Lip-Gloss auf der Basis Mineralöl. Cremes, Babypflege- und Lippenpflegeprodukte, Körper-Öle, Haarwachse und Vaselinen enthalten bis zu 9 Prozent MOAH (Mineral Oil Aromatic Hydrocarbons). Die Aufnahme von MOAH sollte nach Ansicht des Bundesinstituts für Risikobewertung (BfR) gänzlich vermieden werden, da nie auszuschließen ist, dass in dieser Fraktion auch krebserregende Verbindungen vorkommen. Anteile >15% in Cremes und Salben können auf Dauer die Hautfunktionen schädigen. - Sogar Wollwachs (Lanolin) enthält bis zu 15% dickflüssiges Paraffin und Bienenwachs kann Ceresin (Cerin, Wollwachs) aus künstlichen Waben enthalten. - **[!]** Die WHO warnt vor innerlicher Anwendung,"kann Herzschwäche auslösen." [585] → **Mikrowachs** → **Paraffin** → **MOAH**

Veilchen (Viola odorata) - Blüten Farb- und Aromastoffe - Veilchen-Öl wird für die Parfumherstellung genutzt. → **Jonon** kann seit 1893 chemisch hergestellt werden. → **Iris** - Veilchenblätter-Öl enthält eine intensive Grünnote. → **cis-3-Hexen-1-ol**

Verbena absolute lim 0,2% **Zitronen-Verbene** (Verbena triphylla, Lippia citriodora, Aloysia triphylla) – Blätter - → Citral = Neral & Geranial, Geraniol, Limonen, Linalool, Nerol

Verbena oil - Prohibited

Versalide (Acetyl ethyl tetramethyl tetralin; Musk 36A) Prohibited

Vetiver (Vetiveria zizanoides) - Riechstoff und Lebensmittel-Aroma für Khus-khus – **[7+]** - Vetiver-Öl und → Vetiverylacetat sind Basis für orientalisch-holzige Parfums.

Vetiveryl acetate~ 1.04%

Viola odorata – Veilchen, Blüten: Farb- und Aromastoffe - Veilchen-Öl wird für die Parfumherstellung genutzt. → **Jonon** kann seit 1893 chemisch hergestellt werden. → **Iris -** Veilchenblätter-Öl enthält eine intensive Grünnote. → **cis-3-Hexen-1-ol**

Vinylhexanol = 1-Octen-3-ol – intensiv Pilz-artig, Waldboden, Bestandteil des Schweinefleischaromas - ODT 1µg/L Wasser.

W

Wacholder (Juniperus off.) –

1. **Juniperus off.** – **Wacholderbeeren** - deklarationspflichtig → Limonen, Linalool - **[B]** - **Machandel-Öl** kann Haut und reizen. **[!]**
2. **Juniperus off.** – **Wacholderzweige** sind ein desinfizierendes Räuchermittel - **Cade-Öl reizt Nieren!** Stattdessen → Lavendel, fein verwenden.

Weihrauch -

1. **Olibanum** (Boswellia sacra = carteri) **Weihrauch** – 'typischer sehr intensiver Weihrauchduft, - deklaratiomspflichtig sind → Limonen, Linalool
2. **Olibanum-Destillat** (Boswellia sacra = carteri) – ' balsamisch-würzig, leicht zitronig, (etwas kienig-koniferig) - In vielen orientalischen Parfums - **[B]** –

---

[583] http://www.ikw.org/schoenheitspflege/themen/recht-empfehlungen-fuer-hersteller/sicherheit-von-petrolatum-als-rohstoff-fuer-die-kosmetikindustrie/c73e6af6006565b354a0ae0b96313023/COLIPA Recommendation No. 15 (IKW, 05.07.2004)

[584] http://www.barcoo.com/news/wetten-dass-du-dich-heute-mit-erdoel-eingecremt-hast

[585] http://www.spiegel.de/gesundheit/diagnose/stiftung-warentest-warnt-vor-schadstoffen-in-kosmetik-a-1035526.html

3. ***Indischer Weihrauch*** *(Boswellia serrata) wird in der Ayurveda-Medizin gegen Entzündungen eingesetzt.*

Weißtanne *(Abies alba) - ' waldig, balsamisch, emotional ausgleichend, Hautdurchblutung anregend. Weitere Arten → Abies -* ***[!]*** *Maximal 1Tropfen/ 50ml Massage-Öl, 1Tropfen/Vollbad. Kann im heißem Badewasser Haut reizen - Besser verträglich ist → Fichtennadelöl*

Weizen *(Triticum Vulgare) –* ***Weizenkeim-Öl*** *(Wheat Germ Oil) ist sechs Monate bis zu einem Jahr haltbar; Anbruch sollte allerdings in sechs bis acht Wochen aufgebraucht sein. Die darin enthaltenen Phytosterine sind dem hauteigenen Cholesterin strukturell sehr ähnlich und zeigen eine starke hautschützende Wirkung. In Kosmetika wird 5...10% Weizenkeim-Öl meist mit stabileren Ölen gemischt.*

Wermut *(Artemisia absinthium) -* ***[B][X+]*** *→* ***Thujon*** ***[T]*** *. Allenfalls äußerlich. Die Menge, genauer: die Konzentration, macht's!*

Wildsammlung – [!] *Natur-Medizin und Natur-Kosmetik bedrohen die Pflanzenwelt. Der Kosmetik-Trend "nur Natur" boomt. Für viele Fans von "bio" erscheint das Angebot "aus Wildsammlung" besonders attraktiv und ist deshalb besonders werbewirksam. Was passiert? Weltweit werden gefährdete Lebensräume systematisch nach bereits selten gewordenen Heil- und Duftpflanzen durchsucht und auch deren letzte Rückzugräume geplündert. Wildsammlung ist Raubbau an der Natur! Besser →* ***Nachwachsende Rohstoffe***

Wintergrün *(Gaultheria procumbens) -* ***[!]*** *→* ***Methylsalicylat*** ***[T]*** *. Wurde für Parfums mit einer Holzduftnote verwendet.* ***Gilt als Gift für Wasserpflanzen.***

Wollwachs – *Der Kosmetikrohstoff Lanolin (Lanolinum) wird aus 65% gereinigtem Wollwachs mit 20% Wasser und 15% dickflüssigem Paraffin hergestellt.*[586] *→* ***MOAH***

Y

Ylang *(Cananga odorata) - Pfirsich- und Aprikosen-Aroma für Lebensmittel, intensiver Duft, beruhigend und entspannend, kann Kopfschmerz auslösen* ***[!]*** *- → <0,5% Methyleugenol -* ***lim*** *2% Ylang-Öl - Ylang ylang extracts 0,8% - Bei Ylang gibt es mehrere Fraktionen mit stark unterschiedlichen Duft-Qualitäten: Ylang Extra / I, II, III. - Ylang III gilt als guter Fixateur für blumige Noten. → Linalool, Benzylbenzoat, Benzylsalicylat, Farnesol, Geraniol, Isoeugenol, Limonen*

Ysop *(Hyssopus officinalis) - →* ***Pinocamphon [T]*** *-* ***[B]*** *Meiden - Allenfalls <1% Ysop-Öl mit äußerster Vorsicht, äußerlich!* ***[!]*** *Bei Neigung zu Epilepsie, Grünem Star und bei Prostata-Problemen meiden. Hormonwirkung?*

Z

Zeder *-* ***[!]*** *ursprünglich die nahezu ausgerottete Libanonzeder (Cedrus lib.) - heutzutage die*

1. ***Atlas-Zeder*** *(Cedrus atlantica) - äußerlich unbedenklich ab* ***[3+] [!] Keinesfalls anwenden bei Epilepsie!***
2. ***Himalaya-Zeder*** *(Cedrus deodara) – Möbel-Holz, Öl auch als Mottenschutz oft aber auch*
3. ***East Red Cedar -*** *(Juniperus virginiana) - Die* ***Bleistiftzeder*** *ist ein rasch nachwachsender Rohstoff -* ***[!][B][7+] äußerlich!***
4. ***West Red Cedar –*** *(Thuja plicata) – Holz wird auch für Mottenkugeln verwendet.*
5. ***Lebensbaum*** *- (Thuja occidentalis) – Das ätherische Öl des Lebensbaums enthält 50 - 90% →* ***Thujon [T]*** *und wird irreführend auch als* ***Zedernblätter-Öl*** *deklariert.* ***Thujon*** *ist ein sehr starkes Nervengift und wird vom Körper nur schwer abgebaut.* ***[B][T]***

Zibet *-*

[586] Detergenzien und Insektizide im Wollwachs http://www.lanolin.de/neu/deutsch/monography.php http://www.alles-zur-allergologie.de/Allergologie/Artikel/4404/Allergen,Allergie/Wollwachs/Wollwachsalkohle/

1. ***Zibet*** *– **[!]** Früher wurde das Markierungssekret Zibet dem Kaiman bzw. der Zibetkatze lebend entnommen. Dies ist in der EU seit der Jahrtausendwende verboten.*
2. ***Zibeton = 9-Cycloheptadecen-9-on-1*** *ist das riechende Prinzip des Markierungssekrets Zibet. Der einheitliche Riechstoff Zibeton wird heute ausschließlich synthetisch hergestellt. Sehr intensiver Duft, wird erst bei starker Verdünnung angenehm animalisch süß, gilt als Fixateur. → Die Menge, genauer: die Konzentration, macht's.→* ***Indol*** *→* ***Muscon*** *→* ***Castoreum*** *→* ***Scatol***

Zimt

1. ***Zimt*** *(Cinnamomum cassia) - →* ***Cassia ist für Schwangere tabu – es ist Wehen fördernd [B],*** *außerdem enthält es neben →* ***Zimtaldehyd*** *<90%,* ***Coumarin*** *- **[!][7+]***
2. ***Zimt*** *(Cinnamomum verm / ceyl.) -* ***lim*** *0,1%* ***Zimtrinden-Öl*** *Cinnamon bark oil, Ceylon; Essence de cannelle de Ceylan] – intensiver, dominiernder Duft –* ***Weihnachtsduft:*** *1 Tropfen Zimt-Öl und einige Tropfen Schwarzfichten-Öl und Mandarinen-Öl auf einen Tannenzapfen reinigt die Luft und hellt emotional auf. - →* ***Zimtaldehyd*** *(Cinnamal) <76%, Eugenol, Linalool, Benzylbenzoat, Cinnamylalkohol -* ***[!][7+]*** *Zimtrinden-Öl kann Haut sensibilisieren. Ungeeignet für Kinder unter 7 Jahren!*
3. ***Zimtblätter*** *(Cinnamomum ceyl.) -* ***lim*** *0,1%* ***Zimtblätter-Öl*** *–* ***[!][7+]*** *Besondere Vorsicht bei Kindern und bei Badezusätzen. - →* ***Eugenol*** *<80%, Cinnamal, Linalool, Benzylbenzoat, Cinnamylalkohol → Nelke*

Zimtaldehyd *-* ***lim*** *0,1% Cinnamal – ODT 4 - 90 µg/L Wasser - Auslöser der meisten Irritationen der Haut, vor allem bei werden natürlichen Kompositionen.*

Zingiber

1. *Zingiber* ***cassumunar*** */ montanum –* ***Plai,*** *Ponlei, Wan-fai – Die Rhizome der Variante 'Roxburgh' werden in Thailand als Nahrungsmittel und ebenso wie das Destillat medizinisch als Schmerz-linderndes Entzündung-hemmendes Massage-Mittel eingesetzt. Das Destillat erinnert etwas an Eukalyptus und enthält 31-48% Sabinen, 4-30% Terpineol und Curcumin-ähnliche Antioxidantien u.a. (E)-1-(3,4-dimethoxyphenyl)but-1-en mit Schmerz-lindernden Entzündung-hemmenden Eigenschaften. -*
2. *Zingiber* ***officinale*** *-* ***Ingwer*** *– bis zu 4g Rhizome als Gewürz und Heilmittel (Ayurveda) –* ***[!]*** *bei Einnahme von Blut-Verdünnern - enthält die Scharfstoffe* ***Gingerol*** *und* ***Shogaol****. - Ingwer enthält die ätherischen Öle →* ***Zingiberol*** *und* ***Zingiberen,*** *→* ***Borneol*** *und →* ***Cineol****,* ***Harzsäuren*** *sowie* ***Vitamin C****. Ingwer soll die* ***Durchblutung fördern und die Blutgerinnung hemmen****, sowie gegen Unwohlsein (bei Reisekrankheit) helfen.*

Zingiberen *wird nach und nach zu (+)-ar-Curcumen = (+)-alpha-Curcumen = (S)-(+)-Curcumen abgebaut wird, und erinnert an Koriander und einige Zitrusnoten. -*

Zink – Zn *- Zink gehört zu den lebensnotwendigen Spurenelementen. Zink-Mangelerscheinungen zeigen sich durch Anosmie und mangelndem Appetit, Störungen des Immunsystems und Störungen des Enzymhaushaltes. - Zinc ricinoleate, ein Zinksalz der Ricinolsäure - Zinkricinoleat ist ein Deowirkstoff (Geruchsabsorber).*

Zitrone *(Citrus limon) – → Citral, Limonen – harzt,* ***lim*** *2% Zitronenöl. -* ***[P] [!]*** *- Kann im heißem Badewasser Haut reizen -*

Zitronenmelisse, Melisse, Balm Mint *(Melissa officinalis)* ***- 0,63% -*** *Hervorragend als beruhigender Tee.* ***–*** *Wegen der geringen Öl-Ausbeute eines der teuersten ätherischen Öle.* ***[!]*** *IFRA: Melissen-Öl wird oft verfälscht und sollte nicht als Riechstoff verwendet werden. "Indische Melisse" → Citronell*

Zitronenverbene *(Verbena triphylla, Lippia citriodora, Aloysia triphylla)→* ***Verbena***

Zutat *- Der Hersteller muss seine Zutaten als Ingredients gemäß INCI auflisten.*

Zutaten ≠ Inhalt*: Eine einzelne natürliche Zutat kann mehr als hundert Stoffe enthalten. Abhängig von den Substanzen im System verschiebt sich das Reaktions-Gleichgewicht* *oder es bilden sich sogar neue Substanzen, beispielsweise durch Umesterung. Auch deshalb sind Zutaten und Inhalt nur selten dasselbe. Aber machen Sie das einmal einem Juristen klar: Der englischsprachige Begriff Ingredient ist zweideutig und bedeutet sowohl Zutat als auch Inhaltsstoff.... → **Ingredient***

***Zypresse** (Cupressus sempervirens) - nachwachsender Rohstoff, möglicherweise der Namensgeber für Chypre und Zypern – ' frisch, etwas würzig, Limonen- und Fichten-artig, zusammenziehende und besänftigende Hautpflege und Massage - Zypressen-Öl → Limonen, Phyto-Östrogene - **[B][X+][!]** meiden bei Prostata-Problemen, Brustkrebs, Neigung zu Grünem Star. Kontraindikation: Schwangerschaft.*

Stichwortverzeichnis

Ed Siedler

Duft ist Lebenslust

Parfums und duftende Kosmetik

mein Buch
https://osiander.bookmundo.de

ISBN 9789463862813

Ed Siedler

Duft
ist Lebenslust

Parfums und duftende Kosmetik

Düfte sind biochemische Botschaften; sie wecken Gefühle, Erinnerungen, höchst subjektive und-oder kollektiv anerzogene Assoziationen. Deshalb wurde der Titel der dritten, erweiterten Auflage auf *"Duft ist Lebenslust – Parfums und duftende Kosmetik"* erweitert. Düfte alarmieren und provozieren, können anziehend oder abstoßend sein, Emotionen beeinflussen, betrügen und verführen. Sie wirken sich auf unser Sozial- und Sexualverhalten aus, sind Auslöser für Sympathie und Antipathie und verändern sogar unseren Hormonstatus.

Stichworte:
Aroma, Aura, attraktiv, Duft, Haut,
Kosmetik, Parfum

Ed Siedler
hat Psychologie, Chemie und Wirtschafts-Wissenschaften fürs Lehrfach studiert. Ein Stipendium förderte früh seine Begabung und belohnte seinen Fleiß.
Seine vielfältigen Kenntnisse verwertete er über Jahrzehnte als Pädagoge und freier Parfümeur.
Einen Teil davon stellt er nun als "Wissen fürs Leben" Interessierten mit diesem Buch zur Verfügung.

mein Buch
https://osiander.bookmundo.de

ISBN 9789463862813

Ed Siedler
Duft
ist Lebenslust -
Parfums und
duftende Kosmetik
© EdS-Parfums.de

Die unterschiedlichen Hersteller liefern oftmals Zusammenstellungen mit deutlich voneinander abweichenden Riechstoff-Qualitäten.
Die Nennung von Warenzeichen, Marken und-oder Trademarks erfolgt nur zur eineindeutigen Kenntlichmachung der möglicherweise jeweils eingesetzten Rohstoffe.
Dies dient den Herstellern der erwünschten Original-Riechstoffe und ermöglicht Interessierten die zweifelsfreie Bestellung.

Die genannten Daten sind ohne Gewähr und können sich nachhaltig ändern. - Irrtum und-oder Änderung durch neuere Forschungsergebnisse sind stets vorbehalten. -

Zur Vermeidung von unnötigen Rechtsstreitigkeiten und damit verbundenen Kosten, bitten wir Sie uns im Falle von rechtlichen Problemfällen bereits im Vorfeld zu kontaktieren. Ed Siedler ist auch über t-online.de erreichbar. Mit dieser Maßnahme kommen Sie Ihrer Schadenminderungspflicht im Sinne des Gesetzgebers nach. Ohne vorhergehende Kontaktaufnahme, über die Ihnen hier zugänglichen Kommunikationsmöglichkeiten, werden Kostennoten anwaltlicher Abmahnungen bereits jetzt, wegen Nichtberücksichtigung der gesetzlich vorgeschriebenen Schadenminderungspflicht, als unbegründet zurückgewiesen.

mein Buch
https://osiander.bookmundo.de

ISBN 9789463862813

Dieses Buch wurde in Übereinstimmung mit den GPSR-Richtlinien der EU zur Sicherheit von Produkten erstellt.

Die Verordnung über die allgemeine Produktsicherheit ist der aktualisierte Rahmen der Europäischen Union, um sicherzustellen, dass alle Verbraucherprodukte, einschließlich Bücher, für Verbraucher sicher sind.

Dieses Buch wurde von Libri Plureos GmbH gedruckt. Der Drucker hat Sicherheitszertifikate für die verwendeten Materialien wie Tinte, Papier und Kleber ausgestellt.

Die Produktkennung ist: 9789463862813

Der Autor ist für den Inhalt des Buches verantwortlich und hat das Buch von Bookmundo produzieren lassen.

Sollten Sie Fragen zur Sicherheit des Produkts haben, kontaktieren Sie uns bitte.

Bookmundo
Delftsestraat 33
3013AE Rotterdam
Die Niederlande
info@bookmundo.com